HISTOIRE

DE LA

VILLE DE ROYÉ

COMPIÈGNE. — IMPRIMERIE A. MENNECIER ET Cie

HISTOIRE
DE LA
VILLE DE ROYE

PAR
ÉMILE COËT

Ouvrage couronné par la Société des Antiquaires de Picardie.

TOME SECOND

PARIS
H. CHAMPION, LIBRAIRE-ÉDITEUR
QUAI MALAQUAIS, 15

1880

LISTE DES SOUSCRIPTEURS

(SUPPLÉMENT)

MM.

Andrieux, Imprimeur, à Noyon.
Balny d'Avricourt ✳ (le Comte), Conseiller général de l'Oise.
Bertin (Paul), Agent de change, à Paris.
Bracquemont (de), Propriétaire, au château de Damery.
Bry, Membre de la Société archéologique de Noyon.
Cazin, Docteur en Médecine, à Noyon.
Chauvenet (de), Propriétaire, à la Ville d'Eu.
Collin (Edmond), Négociant, à Roye.
Cornet (Charles), Négociant, à Paris.
Dauthuile, Comptable, à Compiègne.
Dournel (Jules), Membre de la Société des Antiquaires de Picardie.
Fontaine-Hordé, Peintre, à Roye.
Grégoire (Alfred), Propriétaire, au château de Fonchettes.
Guillemont, Charpentier, à Roye.
Hodent, Agent-voyer, à Bouchoir.
Holmann, Agent-voyer, à Roye.
Hourdequin de Beaupré, Antiquaire, à Montdidier.
Lacloche, Agent d'affaires, à Roye.
Lemoine, Employé du chemin de fer, à Montdidier.

MM.

Méresse, Membre de la Société historique de Compiègne.
Montel (Philibert), Propriétaire, à Beuvraignes.
Mourier, Rentier, à Roye.
Péchon, Secrétaire de la Mairie, à Roye.
Peyrecave, Propriétaire, à Elincourt-Sainte-Marguerite.
Pluchet, Agriculteur, à Roye.
Quézin (Fernand), à Roye.
Ramon (Gustave), Homme de Lettres, à Péronne.
Rousseau-Dodancourt, Négociant, à Paris.
Triboulet ✻, Agriculteur, à Assainvillers.
Vasseur (Emile), Huissier, à Roye.
Wallet ✻ (Emile), Agriculteur, à Haussu.

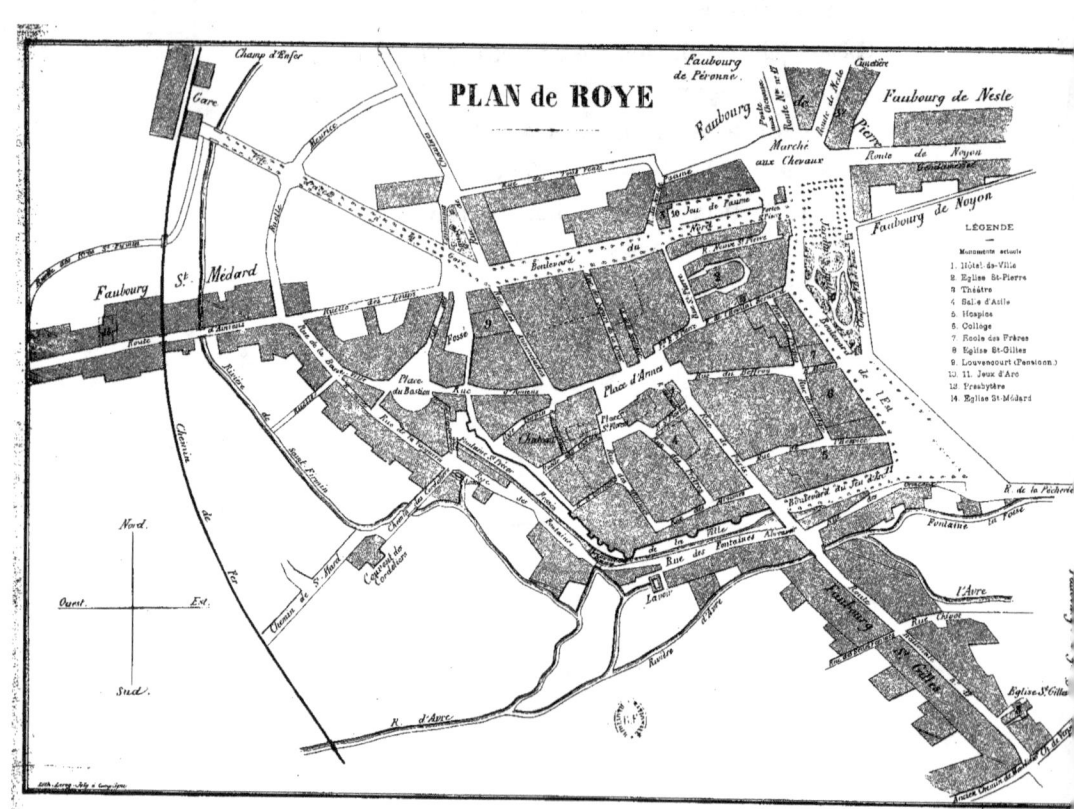

HISTOIRE

DE LA

VILLE DE ROYE

―――

CHAPITRE PREMIER

LA VILLE — POSITION TOPOGRAPHIQUE — ASPECT —
POPULATION — STATISTIQUE

La ville de Roye, chef-lieu de canton de l'arrondissement de Montdidier, est située à l'extrémité sud-est du département de la Somme. Elle faisait partie du Santerre, dont elle est dite : *Ancienne capitale*; titre que lui dispute vivement le bourgeois Scellier. « Il est à remarquer,
« que dans un registre de la ville de Roye, il y est mis
« que Roye est la capitale du Santerre, sur ce que le
« régiment du Santerre-infanterie, est obligé de prendre
« les armes de cette ville ; mais pour la vérité de l'his-
« toire, il convient de faire connaître la fausseté de cette
« prétention, en ce que ce régiment du Santerre porte

« pour armes dans ses deux drapeaux d'ordonnance :
« *Vert et feuilles mortes fasçonné dans les quatre coins*
« *d'une croix blanche* et non pas les armes de Roye ; de
« plus, si c'était la preuve de sa prétendue capitalité, que
« serait-elle devenue cette preuve, avant l'année 1692,
« qu'a été créé le régiment de Santerre : l'on verrait
« d'ailleurs par le procès-verbal de la rédaction de la
« coutume du gouvernement de Péronne, Montdidier et
« Roye, que les deux premières y sont regardées comme
« les deux principales de ce gouvernement. Ce n'est donc
« pas par mauvaise humeur, ni par esprit de jalousie,
« que je combats l'honneur que se veut arroger la ville
« de Roye, mais pour ne pas laisser passer à la postérité
« une erreur si peu soutenable ; de plus, Roye est de
« l'élection de Montdidier, donc dépendante. »

Nous nous inclinons devant des raisons aussi péremptoires, et le bourgeois Scellier n'avait pas à se défendre ici « de mauvaise humeur, ni de jalousie », peut-être a-t-il laissé percer ailleurs ce dernier sentiment ; nous pensons que Roye ne pouvait pas être la capitale du Santerre, à cause de sa situation aux confins de cette division de la Picardie, nous laissons l'honneur de la « capitalité » à la ville de Péronne.

Roye est par 0,29° de longitude et par 29°41' de latitude ; sa hauteur au-dessus du niveau de la mer est de 97 mètres au nord de la ville, et de 83 mètres à l'ouest.

La ville est bâtie en amphithéâtre sur une colline qui s'élève au nord, s'incline au sud vers la rivière d'Avre, et à l'ouest vers le ruisseau de Saint-Firmin. Sur le bord opposé de ces cours d'eau, prennent naissance deux autres collines qui dominent la vallée ; sur leurs flancs sont bâtis : le faubourg de Saint-Gilles, au midi, et celui de Saint-Médard, à l'occident.

De quelque côté que la ville se présente, elle offre un aspect agréable ; la route de Paris à Lille, comme une grande artère, la traverse du sud au nord. Du haut du faubourg de Saint-Gilles se déroulent, en gradins, les maisons de la ville, que dominent le campanile du beffroi, le clocher de l'église de Saint-Pierre, et les hautes cheminées des usines balançant dans les airs leur noir panache. De la plaine fertile du Santerre, l'aspect est plus riant encore ; on voit, à gauche, les boulevards établis sur l'emplacement des fortifications, puis de belles habitations bourgeoises. A droite s'élève l'ancien château des comtes de Roye, avec ses murailles de briques flanquées de tourelles, que baigne l'abreuvoir des Minimes.

On peut remarquer à Roye ce que l'on voit dans bien des villes, la tendance qu'a la population aisée à se porter vers l'ouest. Bien que limitées dans leur développement à cause des remparts, les plus belles habitations : le vieux château, l'ancien couvent des Minimes, l'hôpital des femmes, sont de ce côté ; toutes ces propriétés sont converties en maisons bourgeoises de la plus heureuse situation. La vue domine au loin la campagne, et l'œil jouit d'un gracieux panorama.

Le sol sur lequel repose la ville appartient au terrain secondaire supérieur ; les caves sont creusées dans la craie. La surface du sol offre une terre végétale fertile, très perméable à l'infiltration des eaux, ne présentant aucune cause d'insalubrité. La vallée formée par les rivières d'Avre et de Saint-Firmin, renferme des terrains modernes consistant en mauvaise tourbe, et en dépôts terreux amenés par les eaux descendant des côteaux voisins.

L'air que l'on respire à Roye est parfaitement salubre ; on ne constate aucune maladie régnante, aucune affection endémique. Aussi la santé publique s'est-elle singulièrement améliorée, comparée surtout aux siècles passés. (*Topographie médicale de la ville de Roye, par E. Coët.*)

Le nombre des décès est d'environ quatre-vingt-quatre par année, et la vie moyenne des habitants est de quarante ans environ.

C'est que Roye est accessible à tous les vents, et malgré la vallée marécageuse qui s'étend au sud et à l'ouest de la ville, les miasmes paludéens n'ont aucune influence sur la santé publique.

La ville est bâtie sur trente-cinq hectares de terre ; dans l'enceinte, un assez grand nombre de maisons ont des jardins, presque toutes ont des cours.

Le chiffre de la population a beaucoup varié, il est difficile d'indiquer le nombre des habitants dans les temps reculés. En 1697, il y avait 2,250 âmes et 1,620 feux en 1769 ; Roye comptait 3,174 habitants en 1790. Le recensement de 1862 porte la population à 3,797 ; celui de 1866 à près de quatre mille. En 1877, les habitants étaient au nombre de 3,773, occupant 883 maisons ; ils se composaient de : 1,464 mariés, de 76 veufs, de 238 veuves, de 968 garçons et de 1,027 filles.

Les guerres, les pestes ont dû souvent réduire le chiffre de la population ; les naissances enregistrées dans la paroisse de Saint-Pierre, depuis 1567 jusqu'en 1780, furent de 16,264, ce qui fait 76 naissances par an.

Si le chiffre de la population a beaucoup varié, sa composition s'est aussi singulièrement modifiée. Dans le siècle dernier, beaucoup de familles nobles habitaient la ville, les seigneurs des environs quittaient leurs manoirs pour venir se retirer dans ses murs, soit pour se soustraire aux invasions des ennemis, soit pour chercher des distractions pendant la saison rigoureuse ; tous ces nobles avaient leurs demeures à Roye. D'un autre côté, les différentes administrations civiles et militaires amenaient des personnages de robe et d'épée, qui formaient une certaine aristocratie nobiliaire : les bourgeois, les artisans composaient le reste de la population.

Aujourd'hui, par suite de la suppression des anciennes administrations et de la juridiction du bailliage, les éléments constitutifs de la population ont changé ; le commerce, l'industrie ont transformé les habitants. Cette vie nouvelle donne à la ville un mouvement, une activité qui troubleraient le silence des cloîtres, et qui mettraient en fuite ces bons religieux que Roye possédait autrefois.

La population habitait jadis de chétives demeures, à l'exception de quelques hôtels de seigneurs, toutes les maisons étaient construites en bois et couvertes en chaume. En 1740, il n'y avait pas dans les faubourgs de Saint-Gilles et de Saint-Médard, six maisons couvertes en tuiles.

Il est difficile de donner une idée exacte des constructions des temps passés ; les maisons présentaient généralement un pignon sur rue, l'intervalle des pièces de bois était rempli par un placage en torchis ; les fenêtres accouplées par deux, étaient surmontées d'un trèfle pris dans la baie même, généralement elles étaient inégalement percées et se partageaient en forme de croix, de là le nom de croisées. Des volets formés de compartiments en bois, servaient à fermer ces fenêtres ; quelquefois les contrevents étaient faits de panneaux évidés à jour, qui laissaient pénétrer la lumière dans les appartements, alors que les volets étaient fermés. Ce n'est que dans le XIVe siècle que l'on employa les vitraux aux fenêtres des simples habitations, pour remplacer le papier huilé dont on faisait usage jusqu'alors. On disposait les vitres en forme de losanges, retenus par du plomb, et quelquefois dans les maisons des riches bourgeois, on y joignait des vitraux coloriés. Il en subsistait encore au numéro 20 de la place d'Armes ; jusqu'au siècle dernier, on voyait souvent aux croisées des habitations peu aisées des carreaux de verre à bouteilles avec des boursouflures.

Les entrées des maisons étaient basses et étroites, fermées par des portes pleines, divisées en deux vanteaux, dont l'un, celui du bas, restait fermé, tandis que la partie supérieure s'ouvrait ; on en voit encore ainsi. Plus tard, les portes eurent plus de largeur et plus de hauteur, surtout celles des grandes maisons ; on fit des portes pour laisser passer le coche, de là le nom de : portes-cochères ; elles se présentaient alors sous un aspect parfois monumental, elles étaient isolées sur la rue, en avant de la cour, sous forme de niches cintrées, comme on peut en remarquer encore aujourd'hui dans la rue des Minimes et dans la rue des Annonciades ; les panneaux des portes étaient décorés d'armoiries ou d'attributs sculptés, le fronton portait au milieu une pierre en forme d'écusson entourée de guirlandes de feuillages, et portant les armes du maître de la maison, comme au numéro 6 de la rue des Minimes, et au numéro 13 de la rue de Paris. Cette demeure était habitée autrefois par Du Fay, seigneur de Courtemanche, qui avait ses armoiries : *d'argent semé de lys de sable.* Supports : *deux lions.*

La forme des maisons variait beaucoup ; au XVe siècle les étages s'avançaient souvent en saillie les uns sur les autres, de sorte que dans les rues, les étages d'un rang d'habitations se rencontraient avec ceux des maisons d'en face. Cette disposition rendait les rues fort sombres ; on exigeait seulement, pour la hauteur du premier étage, qu'un homme à cheval pût librement passer dessous.

PORTE COCHÈRE, RUE DES MINIMES

Les bois du pignon et de la devanture étaient souvent sculptés ; les poutres étaient saillantes et portaient des mascarons ou des figures grotesques ; les pièces de bois supportant la toiture formaient l'ogive ou l'arc, elles étaient aussi sculptées et reposaient sur des consoles ornées de statuettes. « Ces sortes de figures, dit M. Charles « Louandre, que l'on plaçait ainsi sur les poteaux corniers « et sur les solives, n'étaient point une simple parure, « mais un témoignage de vénération, une sauvegarde, à « peu près ce qu'étaient pour les anciens les dieux Lares « et Pénates. » (*Histoire d'Abbeville*.)

Une seule maison qui porte le numéro 9 de la place d'Armes, nous offre encore un exemple de l'architecture d'alors ; le pignon sur rue a la forme d'un arc Tudor, coupé au sommet par une tige de bois sculpté, qui simule la flèche d'un arc tendu : dans toute leur courbure, les pièces de bois portent des branches de chêne. Ces morceaux de charpente reposent sur deux consoles que supportent de chaque côté, en forme de cariatides, des statuettes d'un assez beau travail. Les solives, les poteaux corniers sont aussi sculptés et représentent des figures grotesques ou grimaçantes. Le linteau des fenêtres et de la porte d'entrée est aussi orné de feuillages et de fruits. Les poutres qui soutiennent les deux étages en saillie sont décorées, à leur extrémité, de figures et de têtes d'animaux. Cette maison, qui menace ruine, est d'une grande valeur archéologique. (*Voir la gravure n° 6*).

A l'intérieur, les habitations étaient peu décorées ; un bahut, quelques escabeaux formaient le mobilier des maisons de la plupart des habitants. Dans la demeure des riches ou des seigneurs, l'ameublement était plus complet : des tapisseries couvraient les murailles, une cheminée à larges proportions, décorait les appartements et portait sur le manteau des ornements ou des blasons. Il y a quelques années encore, dans une cuisine voûtée en briques, dépendante de l'ancien château, on voyait sur le manteau de la cheminée : les armes de France ; dans une chambre située à l'étage supérieur, un écusson portait les armoiries de la Maison de Condé et de Roye.

A Gruny, dans la ferme de l'abbaye, un ours sculpté sur la cheminée, rappelle les armoiries de l'abbaye d'Ourscamp qui possédait ce domaine.

Dans le fond de l'âtre était une plaque en fer représentant les armes royales ou quelques sujets historiques et religieux. Le dessus de la cheminée offrait parfois, à son sommet, des sculptures qui, dans le XVIIe siècle, servaient de cadre à un tableau. On voit encore des cheminées semblables à l'hospice et à l'Hôtel de Ville.

Le plus grand nombre des anciennes maisons avaient pour conduire aux étages supérieurs un escalier sombre, étroit, en forme de spirale et privé de repos ; celui de la maison numéro 9 de la Place, est un modèle du genre. Parfois une corde glissant le long du noyau, aidait à monter les degrés ou à les descendre.

Dans les hôtels, les escaliers étaient placés à l'extérieur, dans des tourelles saillantes, comme autrefois, à la Collégiale et aujourd'hui à l'église de Saint-Gilles. On construisit aussi de ces tours en encorbellement sur la rue, pour servir au même usage, mais alors c'était un signe de puissance ; les restes d'une de ces tourelles se remarquent encore près d'un bâtiment de l'ancien château.

Le devant des habitations était souvent garni d'un auvent, qui projetait les eaux pluviales loin du seuil de la porte.

Les boutiques des marchands n'étaient point ouvertes jusqu'au plancher du premier étage, il y avait de petites fenêtres placées dans le haut comme impostes, et défendues par des balustrades.

Les poutres et les solives saillantes à l'intérieur, étaient garnies de marchandises ; dans la boutique de l'apothicaire Fremin Clarentin, rue d'Amiens, on voyait suspendus au plancher des lézards et des serpents empaillés. Au-dessus de la porte d'entrée, était dans une niche, la statuette en bois d'un pileur, entourée de guirlandes de plantes médicinales.

Quant aux rues, il est difficile aussi de donner une idée exacte de la physionomie qu'elles avaient autrefois. Les différents incendies qui ont détruit les maisons de la ville, ont obligé à des reconstructions élevées peut-être sur l'emplacement des anciennes rues. Nous pouvons dire que les rues étaient généralement sombres, étroites, sinueuses, malpropres, remplies de débris de toutes sortes. Dans la ville, il y avait des granges, des étables et les animaux domestiques vaguaient par la ville. Cependant on voit, à plusieurs reprises, les maires de Roye s'occuper de la propreté des rues ; c'était surtout lors d'une peste que l'on songeait à faire enlever les ordures, et à les faire transporter hors des murs. Les chiens débarrassaient les rues des débris d'animaux, mais par leur nombre, ils devenaient eux-mêmes un danger pour la sécurité publique ; alors leur destruction était résolue. Il y avait des tueurs de chiens ; des habitants de Tournay, de Montreuil exerçaient surtout ce métier. L'Echevinage s'entendait avec eux, et moyennant deux deniers par tête, la ville était délivrée des chiens errants.

Il est bien certain que l'état des rues devait être une cause déterminante des épidémies qui désolèrent tant de fois la cité ; la plupart d'entr'elles n'étaient pas pavées : l'eau chargée de déjections animales croupissait sur la voie publique, desséchée par le soleil, elle laissait dégager des miasmes insalubres, qui devaient nécessairement porter atteinte à la santé publique. Du reste, les habitations étaient elles-mêmes construites contre toutes les règles d'une bonne hygiène ; l'air était peu renouvelé, des animaux domestiques étaient élevés près des maisons.

Les édifices religieux étaient eux aussi d'une fréquentation dangereuse pour la santé, à cause de la décomposition des corps que l'on y enterrait. Ce ne fut qu'en 1776 qu'il fut défendu d'inhumer dans les églises ; mais cette ordonnance royale ne fut pas toujours exécutée, et après cette époque, ces monuments servirent encore de sépulture.

Les anciennes rues que nous voyons aujourd'hui sont plus étroites à chaque extrémité qu'au milieu, cela tient à l'habitude que l'on avait de les fermer le soir, au moyen de chaînes. On rencontre dans la ville d'énormes grès servant aujourd'hui de bornes, qui portent encore l'empreinte des chaînes, indiquée par un cercle creusé à leur partie supérieure.

La plupart des rues sont perpendiculaires au cours de la rivière d'Avre, leur direction est du nord au sud ou de l'ouest à l'est ; elles se coupent de façon telle, que les angles de rencontre forment équerre : les maisons qui sont au coin des rues sont généralement étroites, sans profondeur, le plus souvent elles n'ont pas de cour.

Le sol des rues s'est beaucoup exhaussé ; on peut évaluer à trente centimètres par siècle son exhaussement. Cela tient à ce qu'après la destruction des maisons, nos ancêtres ne déblayaient pas le terrain des matériaux, ils se contentaient de le niveler ; nous en avons cité des exemples.

La nuit, les rues n'étaient pas éclairées, il était souvent dangereux de les parcourir ; cependant un sergent rétribué par l'Echevinage, veillait sur les habitants : muni d'une corne, il parcourait toutes les rues, et le son du cornet rassurait les bourgeois. Dans un compte de l'échevinage de 1250, on lit : « *à la gaite qui corne* par nuit « et qui va par la ville pour la garder : C sols. »

Le couvre-feu sonné par la cloche du beffroi, indiquait aux habitants l'heure du repos et la fermeture des portes. Depuis Pâques jusqu'à la Toussaint, les portes de la ville étaient fermées à huit heures du soir et ouvertes à cinq heures du matin.

Dans les temps de troubles, les bourgeois armés parcouraient les rues, les chanoines, les chapelains étaient soumis comme les habitants à la faction, garde du guet et des portes, tant de nuit que de jour.

Au XVIe siècle, l'édilité d'alors s'occupa sérieusement de faire paver les rues et de les faire entretenir dans un bon état de propreté ; on fit creuser de nouveaux puits et nettoyer ceux qui existaient : les douze puits publics que l'on rencontre aujourd'hui, datent pour la plupart de cette époque.

En 1681, le prévôt Soucanye invite les habitants à tenir propres les cours et les rues, à porter les ordures hors de la ville, sous peine de trois livres quinze sols d'amende, au profit de l'hôpital du sexe féminin.

Ces prescriptions se renouvelèrent sous chaque administration et devinrent une des charges de la ville. En 1702, on payait quatre-vingt-quinze livres à celui qui enlevait les ordures des rues.

CHAPITRE II

PLACES — RUES — HÔTELLERIES — ENSEIGNES — CÉLÉBRITÉS — MAISONS REMARQUABLES — FAUBOURGS.

La ville de Roye possède aujourd'hui quatre places et quarante rues ; ce nombre existait autrefois, on a ouvert peu de voies nouvelles, on a plutôt supprimé des ruelles étroites qui étaient un danger pour la sécurité publique et pour la salubrité.

La place d'armes occupe à peu près le centre de la ville, les rues principales viennent y aboutir. Elle forme un parallélogramme irrégulier d'environ quarante ares de superficie. Vers le milieu se trouvait un puits supprimé au mois de mai 1864, il était rond, bâti en pierres de taille, sur la margelle s'élevaient quatre colonnes en fer recourbées à leur extrémité supérieure en forme de dôme ; au centre, était fixée la poulie sur laquelle s'enroulait la corde ; au-dessus du dôme orné de plaques de fer découpées en guirlandes, existait une flèche portant des fleurs de lys. Près du puits s'élevait en face d'une porte latérale de la collégiale une croix en pierre dite : *Croix de Saint-André ou de Justice*. C'était une colonne entourée de quatre marches et surmontée d'une croix ; elle fut renversée à la Révolution ; vis-à-vis de cette croix avaient lieu les exécutions.

La place d'Armes est traversée à l'est et au nord par les deux routes numéros 3 et 17 ; la première est la route départementale qui va de Noyon à Amiens, c'est une ancienne voie romaine. Cette route suivant la rue Saint-Pierre, passe devant l'église, traverse la Place de l'est à l'ouest et descend le faubourg Saint-Médard par une déclivité de six centimètres par mètre.

La route numéro 17 est celle de Paris à Lille, elle fut construite sous Louis XIV et terminée sous Louis XV ; elle établissait une communication directe entre la Flandre et la capitale. Avant cette époque, le chemin qui conduisait à Lille ne passait pas par la ville, mais entre le hameau de Saint-Georges et Roye.

Les hôtelleries étaient autrefois en grand nombre sur la Place ; des enseignes bizarres indiquaient aux passants les maisons en renom. En 1431, on voyait : l'*Hôtel des Maillets*; une commission du roi Henri obligeait Pierre Chiquet, maître de l'hôtel, à payer soixante-quatre sols de redevance que le Chapitre avait droit de percevoir sur cette maison. On voyait encore : l'*Hôtel de l'Esquier* (Echiquier), dont une porte donnait en face du puits de la rue Saint-Pierre. En 1418, cet hôtel appartenant au roi, était tenu par Jehan Gasterel et produisait au domaine royal environ XII livres VI sols de rente annuelle ; cette redevance résultait d'un bail passé à Roye en 1407 et fait au nom du roi. L'Hôtel de l'Echiquier était la chambre de justice royale, (*scacarium*) dans laquelle se tenaient les assises, les assemblées générales pour juger les affaires importantes, et que présidaient les baillis du Vermandois. L'*Hôtel de la Harpe*, sous le château, tenu par Aubert Guibon. L'*Hôtel du Cygne*, vis-à-vis la Croix-Saint-André, c'était la maison du président Goret ; elle était divisée en deux parties séparées par une ruelle. Aujourd'hui on voit l'*Hôtel du Signe de la Croix*, dont l'enseigne représente un cygne nageant. L'*Hôtellerie de l'Ours*, tenant d'un bout sur la Place et touchant à la *Grosse-Tête*.

En 1513, l'*hôtel de la Grosse-Tête* existait déjà ; la porte d'entrée était surmontée d'un médaillon représentant une tête énorme. Dans cette hôtellerie descendaient de grands personnages ; en 1608, le 24 septembre, le duc de Mantoue logea à la Grosse-Tête, le maire et les échevins lui présentèrent les clefs de la ville et neuf lots de vin.

Près de cet hôtel était : la *poste aux chevaux*, située sur la Place, au coin de la rue du Beffroi ; c'est là que s'effectuaient les relais des chevaux. Ce ne fut qu'en 1698 que la poste fut établie sur la Place, par suite de l'acquisition que fit Jehan Bertin, maître de poste, d'une maison dans laquelle il installa la poste royale, et qui subsista jusques vers 1845. Son successeur fut Boitel, propriétaire de l'hôtel de la Grosse-Tête. Jehan Bertin ne fut pas le premier maître de poste connu, le plus ancien que nous ayons pu trouver est Berthe Antoine, qui exerçait ces fonctions en 1606 ; il est probable même, qu'avant lui, cet établissement existait à Roye. En 1663, Louis Gouilliart acheta à Louis Lalau, l'état et office de maître de poste à Roye, moyennant le prix de trois mille cent livres.

Lors de la guerre dans les Flandres, les passages étaient fréquents ; le 30 août 1745, Bertin reçut l'ordre du directeur général Grimod-Dufort, de tenir prêts, le 6 septembre, cent soixante-dix-neuf chevaux pour le relais des voitures du roi. Bertin n'avait assurément pas dans ses écuries ce nombre de chevaux, il fit appel aux maîtres de poste de Fonches et de Conchy, qui fournirent leur contingent.

Aujourd'hui, la poste aux chevaux est transférée dans le faubourg de Péronne, et la famille Bertin possédait encore le brevet de maître de poste.

Il existait autrefois sur la place du Marché, une hôtellerie alors fort en renom, ce fut celle dans laquelle mourut Jeanne de Bourgogne. La tradition prétend que cette hôtellerie existe encore, et que c'est cette maison en bois qui porte aujourd'hui le numéro 9. M. l'abbé J. Corblet a démontré avec beaucoup de raison que ce fait était inexact, puisque l'architecture de cette maison n'est pas du xive siècle, mais bien du xvie. Cependant de ce que l'architecture de cette hôtellerie ne date pas du xive siècle, il ne s'en suit pas que Jeanne ne soit pas morte, non il est vrai, dans la maison actuelle, mais dans celle qui l'a précédée. En effet, sur le même emplacement que celle-ci se trouvait une autre construction qui était adossée à l'église de Saint-Florent et contre l'ancien clocher. En 1553, lors de la prise de Roye par l'armée de Charles-Quint, l'incendie réduisit en cendres le clocher, et l'ancienne hôtellerie fut en même temps détruite. Plus tard fut reconstruite, sur le même emplacement, la maison qui existe actuellement. Ceci est confirmé par un acte constatant que l'hôtellerie dans laquelle mourut Jeanne de Bourgogne, fut brûlée par les Impériaux, et « qu'en son emplacement fut basti un autre logis. » Eh bien ! cet acte confirme la tradition, en ce sens, que c'est dans l'ancienne hôtellerie, sur l'emplacement de laquelle on a bâti un autre logis, qu'est morte la femme de Philippe-le-Long, et cet autre logis est la maison actuelle. En 1566, cette demeure était rebâtie ; elle était grevée d'une redevance au profit d'Antoine de Meulan et de Jeanne Cornet sa femme, ils en furent déchargés par un acte du 19 juin. Cette redevance avait été fixée en vertu d'un contrat du 21 avril 1548. A droite de la porte d'entrée de cette maison, une console représente une figure coiffée du chapeau de Charles IX.

L'ancien château s'étendait jusque sur la Place, mais après sa destruction, les fossés furent comblés et sur leur emplacement s'éleva la prison royale ; dans les tours du château étaient les cachots, ils furent abandonnés et la prison fut vendue.

La Place de Roye porta successivement différents noms : *Place du Marché*, *Place d'Armes* ; c'est là, en effet, que les lundi, mercredi et vendredi de chaque semaine se tiennent les marchés au blé et aux légumes. C'est sur cette Place encore qu'ont lieu les prises d'armes ; au temps où florissait la garde nationale, la Place était couverte de ses bataillons armés. En 1848, on a vu nos voisins y déployer leurs valeureuses légions, et fraterniser avec nos soldats dans un banquet patriotique. C'était un spectacle touchant qui restera longtemps gravé dans le cœur des Royens ; si l'Historien de Montdidier avait été témoin de cette fête, il aurait vu de quel oubli les Royens couvraient les épigrammes de Scellier. Aussi pouvait-on dire avec raison : *les glorieux de Roye*, tant ils étaient fiers de cette condescendance de la part des Montdidériens.

(On disait en picard :

Les glorieux de Roye
Ventres de son, habits de soye.)

LA PLACE SAINT-FLORENT contiguë à la grande Place, formait le parvis de la Collégiale, elle a environ quarante mètres de superficie ; l'endroit où s'ouvrait le portail est encore indiqué par la disposition du pavé en forme de croix.

A droite de l'église et s'ouvrant sur la place Saint-Florent, se trouve une rue qui aboutit à la rue de Paris, en passant devant l'ancien hôtel de la gendarmerie. Cette voie de communication était autrefois une étroite ruelle à laquelle on donna, en 1816, le nom de Nicole Gilles, dénomination qui ne resta pas longtemps; car il y a vingt-cinq ans, la ruelle ayant été élargie, de nouvelles constructions s'étant élevées, on l'appela : *rue Neuve-Saint-Florent*.

Les bâtiments qui servaient à la gendarmerie avaient été achetés, le 25 janvier 1735, par le Corps-de-Ville, Gaudefroy étant maire, à Marguerite Coulon, veuve de Louis Dupille, marchand à Roye, moyennant cent sols de cens envers la marquise de Belleforière, à cause de son fief de Roye, et quatre mille livres comptant. Cette acquisition ayant été approuvée par l'intendant Chauvelin, on fit des écuries pour y loger les chevaux des gardes-du-corps. Plus tard, le local reçut une disposition nouvelle, on en fit une caserne pour la maréchaussée et par la suite, un logement pour la brigade de gendarmerie. Enfin, les gendarmes ayant quitté cet hôtel pour demeurer dans le faubourg de Noyon, l'administration municipale affecta les bâtiments à une des institutions les plus utiles que possède la ville de Roye : à la Salle d'asile.

Dans la rue Saint-Florent, aboutit une petite ruelle venant de la Place et longeant l'Hôtel-de-Ville, appelée d'abord : *rue des Boucheries*, à cause des appentis en charpente établis en 1706, et sous lesquels se vendait la viande de boucherie; puis, plus tard : *rue Guy de Roye*, du nom d'un membre de l'ancienne famille des seigneurs.

En quittant la place Saint-Florent si, au lieu de prendre à gauche on va, au contraire, directement, on descend la *rue des Prêtres* ou *rue des Clercs*. Les prêtres de la Collégiale logeaient pour la plupart dans cette rue, de là son nom. En 1498, on y voyait : *l'hôtellerie de la Houchette;* au coin se trouvait la maison du maître de musique de la Collégiale. En 1503, Guillaume Bachu, chanoine, donna sa maison pour servir de demeure au maitre de chapelle, et fit amortir son canonicat pour l'entretien de ce maitre et de six enfants de chœur.

La rue des minimes est celle qui, partant de la place Saint-Florent, va aboutir à la rue de Paris. Cette rue se subdivisait autrefois et portait différents noms ; la partie comprise entre la place Saint-Florent et la *rue d'Ourscamp* s'appelait originairement : *rue du Pavillon*, dont une portion fut occupée, plus tard, par le couvent des Minimes.

La rue du Pavillon porta successivement les noms de : *rue du Doyenné, rue de l'Hôpital, rue de Bourbon* et s'appelle maintenant *rue des Minimes*. Nous allons examiner ces différentes dénominations.

C'est à cause de la maison décanale ou maison occupée par le doyen de la Collégiale que la rue prit le nom de : *Doyenné*. Cette maison située en face la rue d'Ourscamp, porte aujourd'hui le numéro 5 ; après la Révolution, elle servit d'habitation au docteur Midy. On voit dans les appartements, des dessus de porte dont les peintures ne sont pas sans valeur.

La rue du Doyenné changea de nom vers 1685, quand fut bâti l'hôpital des femmes, et s'appela : *rue de l'Hôpital*. Cet établissement hospitalier ayant été supprimé, les bâtiments furent vendus, et convertis en maisons bourgeoises. Dans une de ces habitations logea Louis XVIII, pendant son séjour à Roye. C'est pour rappeler la présence du monarque que le maire Graval fit donner le nom de : *rue de Bourbon*.

Près de l'Hôpital des femmes, au coin d'une ruelle conduisant au château, existait l'*hôtellerie Notre-Dame*. En 1774, il fut question d'acheter cette maison pour en faire un hôtel de ville.

La *ruelle du Château* va *de la place du Château* à la rue Bourbon ; en déblayant des décombres dans cette ruelle, on mit à découvert, en 1772, les fondations d'une tour qui avait dû appartenir au vieux manoir féodal. Cette tour creusée jusqu'à l'eau, fut convertie en *water-closet*.

La *rue d'Ourscamp* tirait son nom d'un terrain que possédait cette abbaye et qui fut acheté, en 1632, par Maximilien de Belleforière, pour établir le couvent des Minimes ; elle longe, au sud, ce couvent et va aboutir au rempart du château. L'hôpital du sexe féminin avait une sortie sur la rue d'Ourscamp ; vers 1770, cette ruelle était en mauvais état, les ordures l'encombraient au point de gêner l'ordre de la procession du Saint-Sacrement. Le terrain vendu par les moines d'Ourscamp au sire de Soyecourt leur avait été donné, ainsi qu'une maison, par Mathieu du Chessoy, au mois de mai 1232, pour le repos de son âme et pour celle d'Helwide sa femme.

L'abbaye avait encore à Roye une maison rue Saint-Pierre, deux immeubles que les chapelains de la Collégiale lui avait vendus en 1265 ; puis une maison dite : maison d'Ourscamp qu'ils avaient achetée de Florent Lecat, moyennant deux chapons par an (1298). Le Chapitre établit différents cens sur ces possessions. (*Cartulaire d'Ourscamp.*)

A partir du couvent des Minimes, la rue entière prenait originairement le nom de : *Coppegueule ;* la tradition prétend qu'au XVe siècle, des malfaiteurs se réunissaient dans une espèce de cour des miracles, et commettaient toutes sortes de crimes. Comme cette rue était alors étroite, sombre et sinueuse, on peut supposer quelle devait être un véritable coupe-gorge. Son extrémité venait aboutir à la *rue de Paris ;* à l'angle formé par les deux rues, existait, en 1641, l'*Hôtellerie de Saint-Eloi*, à laquelle attenait un moulin appartenant à Jean Hannique. Les scènes de désordre dont la rue Coupe-Gueule fut le théâtre, font le sujet d'un roman intitulé : *Les Malvivants à Roye*, écrit par Dautrevaux de Warsy, et publié en feuilleton dans le *Propagateur Picard*. (1864). Aujourd'hui élargie et bien pavée, elle porte dans toute son étendue la dénomination de rue des Minimes.

LA RUE DE PARIS est formée par la route numéro 17 de Paris à Lille ; elle commence au coin du boulevard et s'élève par une ascension de huit centimètres par mètre, jusqu'à la place d'Armes. La rampe de la rue de Paris fut modifiée à diverses reprises ; avant la Révolution, il fut même question de donner à la route une autre direction, au lieu de lui laisser continuer la rue Saint-Pierre qui est fort tortueuse, la route devait passer entre l'hôtel du Soleil-d'Or, au coin de la Place, et prolonger son extrémité à l'ouest du Jeu-de-Paume, jusqu'à la sortie de la ville. Ce projet ne fut pas mis à exécution.

La rue de Paris est très fréquentée, elle est étroite et la rapidité de sa descente donne souvent lieu à des accidents. Son entrée était autrefois commandée par une porte précédée d'un pont-levis, sous lequel passait l'eau de la fontaine du Jeu d'Arc. Deux tours en maçonnerie flanquaient la porte de chaque côté et complétaient le système des fortifications. Au-dessus de l'arche qui reliait les tours, se trouvait une galerie couverte et crénelée. En 1662, on démolit le comble de la Porte-Paris, et le Corps-de-Ville céda à la compagnie de l'arc, une tour et le fossé à l'est, pour y établir un jardin.

En montant la rue de Paris, à droite, on voyait : l'*Hôtellerie du Mouton*, depuis de *Saint-Hubert*. On remarquait encore en 1788, sur l'un des montants de la grand'porte, un mouton sculpté en relief et portant la date de 1583. En

1498, se voyaient aussi les hôtelleries de *Saint-Jacques*, du *Porc-épic* et de *Saint-Eloi* ; mais le plus célèbre de ces établissements était l'*Hôtel du Chevalet*, dans lequel logèrent le roi, la reine et le duc d'Orléans, en 1636.

Près de cette hôtellerie était la maison d'Antoine Hannique, où pendait pour enseigne : l'*image de Saint-Crépin*. Antoine Hannique, seigneur de Rouailles, fut avocat et procureur du roi avant 1575 ; puis il fut prévôt royal et député aux états-généraux de Blois, au mois d'octobre 1588. Il avait épousé Marie Cornet, fille du seigneur de Saint-Georges dont les armes étaient : *écartelé aux 1 et 4 d'azur au cornet d'or, au 2 de gueules à trois fasces d'argent, au 3 d'azur à la croix pattée d'or.* Il mourut en 1596 et fut enterré dans l'église de Saint-Pierre. Hannique portait : *d'argent à la fasce de gueules, accompagné de trois roses de même, deux en chef et une en pointe.*

Au coin de la rue Bridet, demeurait Antoine Berthe, seigneur du fief de Coursebonne, et dont la famille était originaire de Grivillers. Berthe, deuxième du nom, était fils d'Antoine Berthe, grenetier ; il fut président du Grenier à sel. Louis XIII le pourvut de l'un des quatre offices de trésorier de France, établi à Amiens ; il en reçut les provisions le 21 février 1637. Il mourut dix ans après et fut inhumé dans l'église de Saint-Pierre. Berthe avait épousé, le 27 mai 1625, Jeanne Bellot, fille d'Adrien Bellot, d'une des plus honorables familles de Roye. Jeanne mourut à Pont-Sainte-Maxence, où elle s'était retirée à cause de la peste qui régnait à Roye ; elle fut enterrée dans l'église de Saint-Pierre, le 8 juin 1636. Antoine Berthe portait : *d'argent à la bande de gueules chargée de trois coquilles d'or.* Les armoiries de la famille Bellot étaient : *d'azur à trois cannes d'argent, posées 2 et 1.*

A l'angle opposé de la rue Bridet, était la demeure de François Aubé de Bracquemont, de l'illustre famille des seigneurs de Damery. Aubé était né au château de son père Louis Aubé, le 31 juillet 1738; après avoir servi comme lieutenant de vaisseau dans la marine royale, il se retira à Roye; il était chevalier de Saint-Louis. Aubé de Bracquemont avait épousé, en 1789, Luglienne Aubert de Rosainville, native de Roye, fille du seigneur de Marquivillers. Il mourut le 15 avril 1806; sa femme, qui se distinguait par une charité sans borne, expira le 7 mai 1837, à l'âge de soixante-dix-sept ans onze mois. Aubé de Bracquemont portait de : *gueules à huit losanges d'argent mis en croix, accompagnés au canton dextre du chef d'une étoile de même.* La maison Aubé existait à Roye depuis longtemps; en 1483, Aubé, seigneur de Bracquemont, fut enterré dans la chapelle Saint-Nicolas de l'église de Saint-Pierre. Charles Aubé était conseiller du roi et lieutenant de la prévôté; il avait épousé en 1621, Antoinette Dupré, native de Roye.

Des religieuses Ursulines vinrent en 1840, occuper la maison du coin de la rue Bridet, elles remplacèrent les Bénédictines, qui après un séjour de quelques années quittèrent la ville. Les Ursulines, comme les Bénédictines, donnaient de l'instruction aux jeunes filles; elles cédèrent leur pensionnat aux Dames de Louvencourt.

Un peu plus haut, dans la rue de Paris, se trouve un établissement industriel d'une grande importance pour la ville : c'est une filature de laine.

Nous avons vu que la *rue Bridet* s'ouvrait dans celle de Paris; sa position resserrée contre les remparts, la fit sans doute appeler ainsi. Plus tard, elle porta le nom de : *rue de la Charité*, à cause de l'hôpital établi sur sa droite;

aujourd'hui, d'après le nouveau classement, elle se nomme : *rue de l'Hospice.*

Vers le milieu de son parcours, vient aboutir la *rue du Collége*, qui prend naissance au carrefour formé par les rues *des Torches* et du *Beffroi*. Cette voie s'appelait autrefois : *rue Duval* ; en 1665, on y tenait le marché aux moutons ; elle tire son nom actuel du collége. Près de cet établissement était : *la ruelle du Moulinet* qui, prenant naissance dans la rue du Collége, allait aboutir aux remparts ; on l'appelait ainsi à cause d'un croisillon mobile ou moulinet en bois placé à l'entrée, qui interdisait l'accès aux chevaux et aux voitures. Cette ruelle fut déplacée et reportée plus haut, elle sépare le collége, de l'Ecole des Frères ; au coin se trouve le magasin des pompes à incendie. En face de la ruelle s'ouvre la *rue du Beffroi* ; partant du carrefour, elle vient aboutir sur la place d'Armes et tire son nom de la présence de l'ancien beffroi. En 1698, on y voyait : l'*Hôtellerie du Cerf* comprenant de vastes logis, et qui avait un jeu de paume ; puis l'*Hôtellerie du Croissant* et celle des *Trois Coquelets.*

Au coin de la rue du Beffroi était la demeure de Charles Soucanye, président du Grenier à sel, conseiller du roi et prévôt royal. Il portait : *d'azur à un pal écartelé de gueules et d'or*. Soucanye mourut à l'âge de soixante-dix-sept ans et fut enterré dans la chapelle de la Vierge, en l'église de Saint-Pierre. Sa maison fut vendue en 1693, à Claude-Charles Gaudefroy, avocat au Bailliage. La famille Gaudefroy, originaire de Corbie, fournit à la ville plusieurs personnages célèbres. Le 2 mai 1699, Charles Gaudefroy obtint les provisions de l'office de conseiller du roi et de lieutenant criminel au Bailliage. Il fut nommé, à plusieurs reprises, maire de Roye ; ayant perdu sa femme Louise Honoré, fille d'un bourgeois royen, il épousa, en secondes noces, Catherine Billecocq, le mariage fut célébré dans l'église des Minimes : il n'eut pas d'enfant de cette union. Le mayeur Gaudefroy portait : *de gueules à trois molettes d'argent posées 2 et 1, d'une étoile d'or en abîme et d'un croissant de même sous la troisième molette.* On voyait ces armoiries sur une des cloches de l'église de Saint-Pierre.

Son fils Florent issu du premier mariage, fut aussi conseiller du roi et prévôt royal ; il obtint des lettres-patentes (1723) à l'effet d'avoir entrée, séance et voix délibérative au Bailliage, sans avoir égard à son degré de parenté avec son père qui siégeait en même temps, mais à la condition que la voix de Florent ne serait comptée que pour une, avec celle de son père.

La rue du Beffroi, s'appela aussi : *rue de la Poste*, d'abord, parce que les relais de la poste aux chevaux étaient établis au coin de la rue, et parce que la poste aux lettres y avait aussi son bureau. Nous ne savons à quelle époque le service de la poste aux lettres fut organisé à Roye ; toutefois, en 1700, un sieur Prévot était directeur du bureau des lettres. En 1774, les correspondances n'arrivaient pas à Roye tous les jours; le lundi, le mercredi et le samedi, elles restaient à Montdidier. Attendu l'utilité reconnue pour les commerçants de recevoir leurs lettres quotidiennement, le Corps-de-Ville accorda un traitement annuel de cinquante livres à un courrier, qui allait les chercher à Montdidier.

Le 8 messidor (an VII), la citoyenne Marie-Anne Lepère, veuve Pourcelet, en qualité de directrice de poste, prêta serment à la Constitution.

En l'an XII, le directeur donnait cent francs à un facteur pour la distribution des lettres dans la ville ; le Conseil municipal lui faisait un supplément de traitement de cinquante francs. La municipalité fut obligée de supprimer cette indemnité en 1825, car le directeur d'alors faisait distribuer les lettres par sa servante, ce qui entraînait de grands retards dans la remise des dépêches ; on fit des démarches pour avoir un facteur.

Près de la poste aux lettres était la maison de Jean-Baptiste Goret, un des citoyens les plus honorables de la cité. Son dévouement, son désintéressement étaient sans borne, et les actes publics proclament son intégrité. J. B. Goret était natif de Folies-en-Santerre ; il fut conseiller du roi, président du Grenier à sel, échevin et receveur des biens patrimoniaux. Dans ces fonctions, il rendit d'immenses services en faisant des avances considérables, notamment à l'occasion du passage du roi, et ce, sans en tirer aucun intérêt. Une lettre de l'intendant de Picardie d'Aligre constate qu'en 1753, la ville devait au receveur six mille cinq-cent dix livres. C'était J. B. Goret qui était chargé de suivre toutes les affaires, soit au Conseil du roi, soit au siége de l'Election, ou partout ailleurs ; en 1753, il fut envoyé à Paris afin d'obtenir un arrêt du Conseil pour la réunion de l'office de lieutenant de police au Corps-de-Ville ; ses démarches furent couronnées de succès, car l'année suivante, la réunion eut lieu. Le receveur Goret avait encore la mission de diriger et de surveiller les travaux exécutés pour la ville ; c'est sous sa surveillance qu'eurent lieu l'aplanissement de la place du bastion, et la construction de cinq à six ponts tant dans la ville que dans la banlieue. Aussi de nombreux témoignages affirment que tous les travaux avaient été exécutés de la manière la plus satisfaisante, et que le sieur « Goret s'était acquis par sa
« conduite, la bienveillance, l'estime de toutes les per-
« sonnes qui pensent judicieusement et la confiance du

« Corps-de-Ville. » Le 4 août 1774, J. B. Goret prêta dix mille livres au corps municipal, pour la reconstruction de l'Hôtel-de-Ville.

Un autre membre de cette famille, du nom d'Antoine, fut aussi receveur municipal ; il était fils d'Antoine Goret, commis au Grenier à sel, et de Jeanne Hubert. Sa gestion honnête et désintéressée lui valut l'estime et la considération de ses concitoyens. Etant mort le 4 février 1786, laissant une veuve et plusieurs enfants sans fortune ; le Corps-de-Ville, « considérant que son désintéressement lui « avait fait oublier ses intérêts personnels », constitue à sa veuve une pension viagère de cent livres. Cette délibération fut approuvée par l'intendant de Picardie d'Agay ; elle honore tout à la fois le Corps-de-Ville et celui qui en est l'objet.

C'est le fils d'Antoine, qui laissa de nombreux manuscrits composés de poésies, de réflexions philosophiques, d'extraits politiques... et une *notice sur les principaux événements qui se sont passés à Roye pendant la Révolution*. Ce dernier manuscrit avait été offert à la ville en 1844, par sa sœur madame Remi Bertin, mais depuis il a disparu.

La maison voisine de Goret fut le berceau d'une famille qui donna à la cité plusieurs administrateurs, et dont un des membres faisait partie du dernier Sénat impérial ; nous voulons parler de Larabit. (*Biographie.*)

Nous avons vu que la *rue des Torches* (ou *Torques*) formait le carrefour de la rue du Collége ; elle s'étend vers le nord jusques à la *rue de l'Hôpital-Bernard* qui la traverse à son extrémité. En 1812, il fut question de prolonger la rue des Torches, en passant derrière l'église, afin d'ouvrir une communication directe avec la sortie de la ville ; on devait donner à la voie nouvelle le nom de : *rue Impériale;* mais ce projet ne fut pas mis à exécution.

Au coin de la rue des Torches et de la ruelle du Moulinet se trouve : l'Ecole des Frères.

La rue de l'Hôpital-Bernard va jusqu'au rempart ; cette partie prolongée s'appelait autrefois : *rue du Waast.* Une maison située dans ce passage, devait seize sols de rente pour le pain du chapitre de Saint-Florent. (1498). Au coin de ces deux rues existait, en 1661, l'*Hôtellerie de Sainte-Barbe,* aujourd'hui nommée : *de la Croix de bois.*

LA RUE DE L'HÔPITAL BERNARD part de la *rue Saint-Pierre* ; à son extrémité, vers le rempart, existait un calvaire élevé de plusieurs marches, entouré d'un mur d'appui, portant aux quatre coins des lanternes. A la Révolution, un individu ayant voulu décorer la croix d'une cocarde tricolore, fit une chute et se cassa la jambe. Ce calvaire fut supprimé et transféré dans le nouveau cimetière.

La rue de l'Hôpital-Bernard porta aussi les noms de : *rue Tripette* et *rue du Presbytère.* Elle tire son nom actuel d'un ancien hôpital dit : *de maître Bernard,* qui occupait le terrain compris à l'angle des deux rues. Sur son emplacement s'élevèrent des maisons ; c'est dans l'une d'elles habitée par la famille Mangon de la Lande, que prit naissance le poëte et l'archéologue Jacques Mangon de la Lande. *(Voir la Biographie).*

Elle s'appela aussi : *rue du Presbytère*; en septembre 1621, les habitants de la paroisse de Saint-Pierre assemblés, donnent pouvoir au sieur Favinien de choisir, louer ou acheter une maison propre et convenable pour servir d'habitation au curé perpétuel de Saint-Pierre : ce fut *le presbytère.*

Cette maison fut achetée par le curé Claude Bucquet qui, par testament de janvier 1645, la légua à la fabrique, sous certaines charges.

Plus tard, en 1687, le presbytère fut agrandi par suite de l'acquisition d'un immeuble faite par les paroissiens, qui avaient été condamnés par deux arrêts du Parlement à fournir une maison convenable au sieur Gérard, alors curé. Cette portion du presbytère était chargée envers le Chapitre, de quatre sols et de deux chapons de rente, au jour de Noël, plus de quatre sols au jour de Saint-Jean-Baptiste. Les deux maisons furent réunies et forment la demeure actuelle du curé-doyen de Saint-Pierre.

Au coin de la rue de l'Hôpital-Bernard et de celle de Saint-Pierre, en face du puits, se trouvait le four banal appartenant au chapitre ; la maison dans laquelle il était placé devait, en 1498, soixante-quatre sols aux chanoines, mais à cause de la destruction de la ville, cette redevance avait été réduite (1536) à trente-quatre sols, payables à la Saint-Jean.

Le puits qui était « à tour », fut restauré et converti en puits à poulie. (1770.)

La rue de Saint-Pierre se divisait autrefois en trois parties, qui portaient différents noms : *petite rue Saint-Pierre, rue Neuve et rue Haute-Saint-Pierre*. Malgré ces divisions, elle ne présente qu'une voie continue qui, prenant naissance à la place d'Armes, va s'ouvrir à la Porte-Saint-Pierre ; c'est le prolongement des routes numéros 30 et 17, elle tire son nom de l'église.

Au coin de cette rue et de la place d'Armes était l'*Hôtel du Soleil d'or* tenu en 1694, par Florent Pille, maître cuisinier. Près de cet hôtel se trouvait la *maison de la Croisette*; en 1429, la fabrique de Saint-Pierre avait cinquante sols de rente à prendre sur cette maison, pour l'obit de Gabrielle de Bailly ; les propriétaires étant morts insolvables, la fabrique fit saisir et vendre l'immeuble moyennant sept cent cinquante livres.

La *rue Neuve-Saint-Pierre* ne date que de 1586, époque à laquelle le Corps-de-Ville concéda trente places pour y bâtir des maisons, moyennant une redevance annuelle ; c'est le côté de la rue qui fait face à l'église. Une de ces maisons qui portait pour enseigne : *Hôtel de la Herche*, tenait à une ruelle conduisant au rempart ; elle prit plus tard le nom de : *Hôtel du Grand Cerf*. En 1814, un incendie terrible qui faillit embraser tout le quartier, réduisit en cendres cet hôtel, et une maison voisine occupée par un magasin d'épicerie. C'est dans la cave de ce magasin que le feu avait pris naissance.

LA RUE HAUTE SAINT-PIERRE va aboutir à la porte de la ville, elle offre des sinuosités dans son parcours. Autrefois, on y voyait un grand nombre d'hôtels : l'*hôtellerie du Gros Barillet* appartenant en 1643, à Jacques Leclerc, marchand boucher ; l'*hôtel de la Croix Verte* dont la maison tenait aux remparts et au cimetière de l'église. Il y a quelques années, pendait encore une enseigne portant : *A la bonne Femme*, et représentant une femme sans tête. Une maison de la même rue devait à la fabrique : *un bouquet de fleurs*, plus cinq livres pour la fondation du service de Saint-Roch.

La porte de Saint-Pierre était située au nord ; l'accès était défendu par un pont-levis qui en 1751, fut remplacé par un pont fixe en maçonnerie. La porte était flanquée de chaque côté de deux tours servant de corps-de-garde ; sous l'une d'elles on trouva en 1694, deux pièces de canon en fer d'environ deux pieds de circonférence, et qui furent transportées dans la tour Saint-Laurent.

La rue des Sœurs-de-la-Croix partant du boulevard du nord, à gauche de la Porte-Saint-Pierre, vient aboutir sur la Place d'Armes.

Avant de nous en occuper, nous dirons quelques mots de la ruelle *de la Sapience*, s'ouvrant sur la Place. C'est une impasse étroite, obscure, qui était autrefois un lieu de libertinage et de rendez-vous pour les filles de joie. C'est par ironie qu'on l'appelle : *impasse de la Sapience*. La municipalité fut obligée, pour faire cesser cet état de choses, d'en fermer l'entrée par une grille.

Dans une maison faisant le coin de l'impasse, habitait en 1660, Martin Franc-Varlet, cordonnier. La fabrique de Saint-Pierre avait huit livres à prendre sur cet immeuble pour le *Veni Creator*, qui se chantait le dimanche et les jours notaux, après la procession et avant la grand'messe ; puis, pour un service à Saint-Crépin qui se disait le dimanche après la Pentecôte. On célébrait la messe sur l'autel Saint-Nicolas, et après l'office, on faisait l'aspersion de l'eau bénite sur les tombes des défuntes épouses de Franc-Varlet : Hubert Tourmel et Jeanne Sénart, inhumées dans la chapelle Saint-Adrien.

La rue des Sœurs de la Croix porta successivement différents noms. Dans l'origine, elle s'appela : *rue des Saulniers*, à cause des marchands de sel qui tenaient là leurs magasins, avant l'établissement du grenier à sel. Plus tard, elle prit le nom de : *rue des Arbalétriers*, parce que le jardin dans lequel s'exerçaient les chevaliers de l'arbalète, était au bout de la rue, tenant « à l'alloir » du rempart. Dès que leur jardin fut transféré à la Porte-Paris, la rue cessa de porter ce nom.

Une maison composée de quelques filles pieuses, dont la mission était de donner de l'instruction aux enfants pauvres de la ville, s'éleva dans cette rue sous le titre de :

Sœurs de la Croix et lui donna son nom ; ce couvent ayant été supprimé à la Révolution, un arrêté du maire Graval désigna la rue sous le nom de : *rue Cathoire*. Le but de ce magistrat était de rappeler le souvenir du mayeur Cathoire qui en 1775, avait par sa fermeté sauvé la ville de la fureur d'une populace irritée par le prix élevé du blé.

Cathoire n'était pas un enfant de Roye, né à Chauny, le 2 juillet 1717, il était fils de Daniel et de Catherine Hannique de Roye ; il entra dans la carrière militaire. Il était officier d'infanterie lorsqu'il épousa dans l'église de Saint-Pierre, le 7 novembre 1754, Pierre-Charlotte Prévost, fille d'un notaire et procureur ; il se fixa à Roye. Nommé maire pour trois ans, par un brevet royal du 12 juillet 1771, il prêta serment, en cette qualité, pardevant le lieutenant-général du Bailliage. C'est pendant l'exercice de ces fonctions que survint l'émeute dont nous avons parlé. La conduite de Cathoire fut l'objet du rapport suivant adressé au roi. « Le sieur Cathoire s'est
« distingué par son zèle, sa fermeté et son intelligence ;
« il a prévenu par les précautions les plus sages,
« les désordres qu'avait occasionnés un attroupement de
« plus de deux mille personnes qui s'étaient ameutées
« pour piller le marché de Roye, le mois dernier. Les
« officiers généraux commandant en la Picardie rendent
« des témoignages les plus favorables de la conduite du
« sieur Cathoire, et se réunissent à M. le maréchal
« duc de Biron, pour lui obtenir une marque particulière
« de la satisfaction du roi. Ce maire a servi pendant vingt-
« deux ans dans l'infanterie, il jouit d'une fortune très
« médiocre qui suffit à peine à ses besoins ; il est digne
« des bontés du roy, et une récompense qui lui serait
« donnée pour avoir contenu le peuple et empêché le

« pillage, sera très propre à animer l'émulation des
« citoyens. L'on propose à Sa Majesté d'accorder six cents
« livres de pension au sieur Cathoire. »

« Au bas est écrit de la main du roy :   Bon.

« Pour ampliation :   Turgot. »

Cathoire fut maire jusqu'en 1782; après cette époque, il fit encore partie de l'administration municipale et mourut le 24 juillet 1791. Cathoire portait : *d'argent à une ruche d'or, accompagnée de trois mouches de sable, deux en chef et une en pointe.*

Une maison appartenant à Florent Bellot, touchait au jardin des Arbalétriers ; elle avait été achetée au chanoine Belette par Adrien Bellot, grenetier au Grenier à sel, le 18 juillet 1474. Cette maison fut, plus tard, la demeure de la famille Couilliart, originaire de Roye ; plusieurs de ses membres ont occupé des fonctions publiques. Couilliart François né le 12 novembre 1584, était avocat du roi au Bailliage, il fit don de son office à son beau-frère Pierre Cordier ; il mourut en 1652 et fut enterré aux Cordeliers.

Couilliart Pierre, marchand drapier, fut argentier de la ville : il épousa, en 1591, la fille de François Bucquet, procureur à Montdidier ; ils furent inhumés en l'église de Saint-Pierre.

Lors de l'invasion des Impériaux, au mois d'août 1636, Florent Couilliart qui était contrôleur au Grenier à sel, fut tué par les ennemis et enterré dans l'église des Cordeliers de Moyencourt.

Couilliart Louis fut maître de la poste aux chevaux en 1663. Nicolas était apothicaire : un de ses petits-fils fut médecin à Roye ; lors de la peste qui régna en 1668, il prodigua ses soins avec le plus grand dévouement et périt victime du fléau le 15 septembre ; il avait épousé Suzanne

Leclerq, fille du président en l'élection de Montdidier, qui elle aussi mourut de la peste. Leur fils Henri fut brigadier des mousquetaires du roi, chevalier de Saint-Louis et servit avec distinction ; il subit une peine disciplinaire, mais il obtint de Sa Majesté des lettres de grâce, moyennant dix-huit cents livres. (1673.)

Couilliart Pierre, chevalier d'Hautmesnil, était noble, sa fille Antoinette née à Roye le 16 décembre 1757, fut admise à la maison de Saint-Cyr, à cause de sa noblesse. Elle épousa, le 16 septembre 1784, en l'église de Saint-Pierre, Etienne-Alexandre Faucon, sieur de la Londe, alors négociant et qui fut plus tard secrétaire du roi. Il était natif d'Essigny au diocèse de Bayeux.

La famille Couilliart portait : *d'azur à la croix d'argent, cantonnée au 1er et au 4 d'une fleur de lys d'or, et au 2 et 3 d'une coquille de même.*

LA RUE D'AMIENS prend naissance à la place du Marché et va aboutir à la Porte-d'Amiens ; c'est la route n° 17 qui conduit de Roye au chef-lieu du département. Elle se subdivise en deux parties : la *petite rue d'Amiens*, qui va de la place d'Armes à la rue des Annonciades, et la *Grande rue* qui aboutit au bastion.

C'est dans la petite rue d'Amiens que demeurait le notaire Jobart, d'une ancienne et illustre famille ; en 1697, Gabriel Jobart était aide de la panneterie du roi. Jobart de Beauvais fut maire de 1760 à 1764. Catherine Jobart était femme de Jean Cloquemant, aussi d'une ancienne famille éteinte aujourd'hui ; Louis Cloquemant était homme d'armes des ordonnances du roi, seigneur de la Vallée et de la Cense du Leu, fiefs situés au faubourg de Saint-Gilles.

Dans la grande rue d'Amiens était la maison de François-Antoine Cabaille, avocat, conseiller du roi et lieutenant-général de police ; il mourut garçon le 3 juin 1751 et fut enterré dans l'église du couvent des Cordeliers, où l'on voyait son épitaphe avec ses armoiries : *de gueules à une barre d'or chargée d'une molette d'argent.* Cabaille laissa cinq volumes manuscrits contenant différents documents intéressant la ville de Roye.

Une petite ruelle supprimée depuis peu, allait de la rue d'Amiens à la rue Turpin ; dans le classement de 1816, elle avait reçu le nom de : *Gilles de Roye.*

Dans la rue d'Amiens se voyait : l'*Hôtellerie Saint-Claude*, tenant à une ruelle, l'*hôtellerie de la Fontaine*, celle des *Quatre-Nations* et l'*hôtel Sainte-Geneviève.*

A droite s'ouvre la RUE DES ANNONCIADES, antérieurement *rue des Prévots ;* puis *rue des Sœurs-Grises*, rue des *Sans-Culottes*, en 93, et *rue Royale*, en 1816.

Le nom de *rue des Prévots* lui vient de la présence de ces officiers qui demeuraient dans les anciennes prisons, sur l'emplacement desquelles fut établi le couvent des Sœurs-Grises ou Annonciades.

Il existait au bout de la rue tenant aux remparts, une ruelle obscure, d'environ deux pieds de largeur sur soixante-dix de longueur ; afin de contribuer à l'embellissement de la ville et de supprimer surtout une retraite au libertinage, les officiers municipaux firent, moyennant cinq sols de redevance annuelle, la concession de ce terrain au lieutenant-général Billecocq, à la charge par lui de satisfaire aux formalités voulues par l'édit du mois d'août 1764, et d'élever à l'alignement des maisons de la rue, un bâtiment en pierre, couvert en tuiles ou en ardoises. La première pierre fut posée en présence du maire, le comte d'Orillac et du greffier-syndic Hudeline d'Estourmelle. (1767.)

C'est à côté de cette maison qu'était l'hôtel du chanoine de la Merrye, dans lequel descendirent Louis XV et le Dauphin, en 1745. On voit encore la chambre qu'occupa le roi, les boiseries qui l'entourent sont en chêne ornées de sculptures ; l'appartement porte le cachet du style de Louis XIV. Au chanoine de la Merrye de la famille de Montoviller, succédèrent comme propriétaires de la maison, les Graval dont plusieurs membres remplirent des fonctions publiques.

Aujourd'hui, cet hôtel est occupé par un pensionnat de demoiselles, dirigé par les religieuses des sacrés cœurs de Jésus et de Marie, dites de Louvencourt. Ces dames ont fait élever une chapelle dont l'architecture simple et de bon goût, contribue puissamment à l'embellissement de la rue des Annonciades.

En face de l'hôtel du chevalier Graval demeurait Pierre Aubert de Rosainville, seigneur de Grivillers et de Marquivillers. Par testament du 1er août 1754, il laissa sa maison à son gendre Jacques Luglien de Fourment, avec tous les tableaux qu'elle contenait, à la réserve toutefois d'un appartement pour sa fille Fanchon.

Ce Jacques Fourment était d'une famille originaire de Montdidier, il était lieutenant particulier au bailliage de cette ville ; son père, Jacques Louis, fut mayeur, prévôt royal de Montdidier et mourut en 1759.

Jacques Fourment habita Roye vers 1757, cependant avant lui existait une famille de ce nom : en 1588, Adrien Fourment était laboureur au faubourg de Toule ; en 1600, Jean Fourment était marchand à Roye.

Après la mort de Jacques en 1792, Louis-François Luglien Fourment, seigneur de Montoviller, l'Etoile et autres lieux, conseiller du roi et maître ordinaire en la Cour des Comptes, vint habiter Roye. Il y mourut le 24 avril 1840, le jour même du passage de la duchesse de Nemours ; il fut enterré à Montdidier. La famille Fourment portait pour armoiries : *d'azur au chevron d'argent accompagné, en chef, à dextre, d'une étoile d'or, à senestre, d'un croissant d'azur, et en pointe, d'une gerbe de froment d'or.*

La rue des Annonciades est une des plus belles de la ville ; elle porte de chaque côté des trottoirs, et son extrémité se prolonge au-delà du boulevard pour former la voie d'accès, qui conduit à la gare du chemin de fer de Picardie et Flandres.

En face de la rue des Annonciades se trouve : la *rue des Vieilles-Boucheries*. Elle prend naissance à la rue d'Amiens et vient aboutir à la place du Château, en longeant, à l'ouest, les murailles de l'ancienne demeure seigneuriale. Au coin formé par les deux rues était l'*Hôtellerie du Mouton*, remplacée par l'hôtel du *Chapeau-Rouge*.

On l'appela rue des Vielles-Boucheries pour la distinguer de celle des *Boucheries* située près de l'Hôtel-de-Ville, derrière lequel furent construits, en 1706, des appentis en charpente, où étaient les boucheries. Bien avant cette époque furent établis près des murs du château, des étaux pour la vente de la viande de boucherie. Ces étaux étaient loués par adjudication et rapportaient à la ville un droit de place. On voit, en effet, avant 1640, le maire affermer les boucheries. Le Corps-de-Ville désignait un boucher pour la vente de la viande pendant le carême.

Sur la place du Vieux-Château se tenait, en 1665, le marché aux porcs ; il fut transféré, plus tard, place du Bastion. La ville possédait le droit de « langueyage », c'est-à-dire le droit de soumettre à un examen les porcs que l'on amenait au marché, afin de s'assurer s'ils n'étaient pas atteints de *ladrerie*. C'est par l'inspection de la langue que le *langueyeur* voyait si le porc était *ladre*. L'Echevinage mettait ce droit en adjudication, au prix de soixante livres année moyenne, payables en deux termes. Le langueyage était une sage mesure, car la viande de porc atteint de ladrerie ne devrait pas entrer dans la consommation, son ingestion donne lieu à de graves affections : la présence du cysticerque peut engendrer le ver solitaire.

Une rue longeant au sud la muraille du château et prenant naissance à la rue des Vieilles-Boucheries, portait autrefois le nom de : *rue Lebœuf*. Le maire Graval changea ce nom et l'appela : *rue Turpin*, afin de perpétuer le souvenir d'un mayeur qui avait su donner à ses concitoyens l'exemple du dévouement et du courage, pendant le siége de 1653.

Nous avons vu que Louis XIV, instruit de la belle conduite de Turpin, lui avait adressé des lettres-patentes l'autorisant, lui et ses descendants, à porter des armes timbrées d'un casque. Le monarque, par une lettre de cachet du 21 avril 1667, exempta Turpin du logement des gens de guerre : « et pour témoignage de ce qui est en
« cela de la volonté de Sa Majesté, elle a permis et
« permet audit Turpin de faire mettre et apposer sur les
« portes de sa maison et ailleurs que bon lui semblera,
« nos armoiries, panonceaux et bâtons royaux, à ce
« qu'aucun n'en prétende cause d'ignorance. » Fait à Saint-Germain-en-Laye, le vingt-un avril mil six cent soixante-sept. Louis.

Pierre Turpin descendait d'une famille noble du Poitou; la maison Turpin de Crissé était une des plus anciennes du royaume. Elle paraît de bonne heure à Roye, en 1498 Jean Turpin possédait deux maisons dans la rue des

Torches. Pierre Turpin était procureur du roi ; il avait épousé, le 20 juillet 1625, Charlotte de Villers. Il demeurait rue d'Amiens, numéro 30 ; il fut inhumé dans l'église de Biare, où l'on voyait ses armes : *losangé d'argent et de gueules*, sommées d'un casque. Supports : *deux lions.*

Il nous reste maintenant à parcourir les places et les rues situées en dehors de l'enceinte fortifiée, c'est-à-dire les faubourgs. Ils sont au nombre de six : les faubourgs de Saint-Médard, de Saint-Gilles, de Saint-Georges et de Saint-Pierre, ce dernier se compose des faubourgs de Péronne et de Noyon.

En avant de la Porte-d'Amiens était un emplacement désigné sous le nom de : *Place Saint-Jean ;* c'est-là, qu'en 1702, fut transféré le marché aux chevaux, et plus tard, celui des animaux à pieds fourchus. En 1751, le bastion ayant été démoli et les fossés comblés, on forma une place demi-circulaire sur laquelle on permit de bâtir des maisons, mais sans étage. Cette place agrandie et entourée de bornes portant des anneaux, sert de marché pour les vaches et les porcs ; elle s'appelle : *Place du Bastion.*

A droite de cette place, et se dirigeant vers le nord, se trouve la *rue des Communes ;* cette voie mène vers les prairies que baigne la rivière Saint-Firmin et qui portent le nom de : *Communes.* Elles dépendaient de la ferme des Granges et se composaient d'environ dix journaux de prés ; les habitants pouvaient y mener paître leurs bestiaux.

Les Célestins avaient planté des arbres sur les bords du ruisseau Saint-Firmin. Le Corps-de-Ville s'avisa de faire « botter » ces arbres ; un procès s'ensuivit, dans lequel les religieux produisirent des titres de propriété, et le Corps-de-ville perdit son procès.

A la Révolution, le fameux Babeuf voulait le partage entre tous les citoyens de la ville, des communes qui comprenaient alors vingt-huit journaux de terre ; chaque habitant obtint une verge moins un dixième.

Près de là était le *fief de Bracquemont* dont la famille Aubé de Damery était possesseur. Ce fief consistait en cent sept journaux de terres labourables, prés et bois ; il y avait un manoir féodal, qui subsistait encore en 1583, il fut remplacé par une ferme démolie à la Révolution. La garenne existant aujourd'hui s'appelle : *bois de Bracquemont*.

A gauche de la place du Bastion, en descendant, se trouve une rue conduisant au chemin des Cordeliers (ancienne *voie du Saulchoy*), située entre la *ruelle Jacob* et le lavoir. Elle portait autrefois le nom de **rue du Sart** : cette dénomination indique que son emplacement était couvert de bois qu'il fallut essarter pour construire des maisons.

En 1816, la rue perdit son nom pour prendre celui de : *rue La Vacquerie*, qu'elle conserve aujourd'hui, afin de perpétuer le souvenir de Jean de La Vacquerie, premier président du Parlement. Cette rue aboutit au chemin vicinal qui mène de Roye à Saint-Mard.

La partie de la rue conduisant de la place du Bastion au faubourg de Saint-Médard, s'appelait autrefois : *rue de Popincourt*, du nom d'un magistrat illustre, qui prit naissance à Roye.

Dans le nouveau classement des rues, on a supprimé le nom de Popincourt pour donner à la chaussée celui de : *rue Basse-Ville*, sans doute à cause de son inclinaison vers le faubourg Saint-Médard.

La rue Basse-Ville se termine, à droite, à la *ruelle des Loups* ; il est certain que les loups visitaient le faubourg et faisaient des victimes. Le 19 décembre 1678, Jean Potier, sieur de Morvais, lieutenant de la louveterie de France, accorda à François Devaux la charge de lieutenant de louveterie pour l'Ile-de-France, à la résidence de Roye. Entre la ruelle des Loups et celle *du Puchot* se trouvait une maison où pendait pour enseigne : « l'image de Saint-Adrien. » La rue du Puchot prenait son nom du puits qui était à l'entrée du faubourg Saint-Médard ; elle se nomma plus tard *rue Meurisse*, dénomination qui rappelait une illustration du faubourg : Martin Meurisse, fils d'un maréchal-ferrant, qui vint au monde dans la maison portant aujourd'hui le numéro 54.

Le faubourg de Saint-Médard s'appelait autrefois : faubourg *de Toule*, peut-être à cause de la rivière Saint-Firmin, car Toule est un vieux mot, qui signifie fossé, canal ; toutefois cette désignation est très ancienne et pourrait avoir une autre origine. On lit, en effet, dans un ancien titre, qu'en mai 1239, *Jean de Toule*, chevalier, et Gobert son fils aîné, font à l'abbaye Sainte-Marie de Monchy une donation de trois muids de blé froment, mesure de Roye, à prendre par chacun an, le jour de Saint-Remi, sur la grange de Toule, située en la ville de Roye, et ce, pour le salut de leurs âmes. (*Pièce justificative, tome 1er.*)

Dans la suite, le faubourg ajouta à son nom celui du saint, sous l'invocation duquel était placée l'église, et s'appela : *Saint-Médard de Toule* ou simplement *Saint-Médard* ; mais le terroir du faubourg conserva longtemps le nom de Saint-Firmin, vocable de sa première église, comme le prouvent les titres suivants.

Le Chapitre de Saint-Florent achète, au mois de février 1200, de Gobert de Quiquery, trois journaux de terre, sis au terroir de *Saint-Firmin*. Dans un échange fait en 1280, entre le maître de l'Hôtel-Dieu de Roye et les moines de l'abbaye d'Ourscamp, il est question de terres situées dans la vallée de *Saint-Firmin*, et d'autres près du chemin qui conduit de Goyencourt à Saint-Médard. Mais, comme on le voit dans une charte de Richard, évêque d'Amiens, la paroisse reste désignée sous le nom de paroisse de Toule, *Parochià de Tolà*.

Près du faubourg de Saint-Médard étaient le fief et la ferme *des Granges de Falelz*, que les Célestins de Saint-Antoine d'Amiens avaient achetés du sénéchal Jean de Wisemale, seigneur de Falvy, le 16 juillet 1404. Les religieux avaient une chapelle domestique dans la ferme. D'après un dénombrement de 1539 présenté aux officiers royaux, le fief des Granges comprenait deux cent soixante-dix journaux de terres labourables, situées autour de la ferme, et cinquante-trois journaux sis dans la banlieue de Roye. Deux journaux tenaient à la *Moffe de Clermont*, où il y avait un moulin à vent.

Les religieux possédaient, en outre, des près, des bois et des vignes. Ils avaient moyenne et basse justice sur leur domaine ; la justice haute appartenait au roi, comme seigneur de la châtellenie de Roye. Ils étaient tenus de bailler un homme vivant et mourant qui, en 1539, était Jean Caron, écuyer, seigneur de Crémery.

Les Célestins avaient encore le domaine de Goyencourt, consistant en cinquante-sept journaux de terres labourables ; il leur avait été donné par Renaut de Sarcus, chevalier, seigneur de Goyencourt, à titre de fondation pour le repos de son âme.

Non loin de là était la ferme du Quesnoy qui avait deux cent quatre-vingt-six arpents de terre, provenant de la libéralité de Gérard d'Athies, archevêque de Besançon et seigneur de Moyencourt. Il donna aux religieux d'Amiens la moitié de ce domaine, et l'autre moitié aux Célestins de Sainte-Croix d'Offémont, à la charge, par chacun d'eux, d'entretenir dans la chapelle de la ferme deux moines, spécialement destinés à prier Dieu pour le duc de Bourgogne et pour le donateur. (18 février 1413.)

La *ruelle du Clos* était située plus haut que l'église ; la ville devait pour cette ruelle, à maître Louis de Béronne, écuyer, seize sols par an, le jour de la Saint-Jean ; elle conduisait au *Champ-d'Enfer*, auquel la tradition attribue une origine fabuleuse. *(Chroniques royennes.)*

Nous pensons que cette dénomination de Champ-d'Enfer, rappelle un immense incendie qui, à une époque éloignée, a détruit les constructions élevées sur cet emplacement. En effet, les travaux exécutés pour l'établissement de la gare du chemin de fer ont mis à découvert des traces nombreuses d'habitations, des charbons, des ossements calcinés d'hommes et d'animaux, puis beaucoup de débris d'ustensiles, de poteries et de tuiles à rebords. Tous ces vestiges prouvent que sur le Champ-d'Enfer existaient des constructions détruites par le feu.

Il est difficile de déterminer l'époque à laquelle des habitants attirés par le voisinage des eaux de la rivière Saint-Firmin, sont venus fixer leurs demeures dans le Champ-d'Enfer. Toutefois, on peut dire, par les débris trouvés, que cette époque remonte aux Gallo-romains. *(Voir notre notice archéologique sur le canton de Roye.)*

La tradition prétend que de la ferme des Granges s'ouvrait un souterrain, qui s'étendait jusqu'au *Vieux-Catil* dont les flancs recèlent le *Veau-d'or*.

C'est au haut du faubourg de Saint-Médard que se trouvait le *champ des pestiférés*, où étaient établies les tentes destinées à recevoir les malades atteints de la peste.

A gauche de la route d'Amiens était le *Champ de Justice,* sur lequel s'élevaient les fourches patibulaires où l'on attachait les suppliciés.

Près de là était le *fief de La Fère (fara,* ferme, métairie) qui comprenait quatre-vingts journaux de terre, situés entre la chaussée romaine, la Grange de Toule et le chemin qui mène de Villers-les-Roye à Falvert. Ces terres étaient données à ferme au Prieur de Saint-Mard, moyennant quatre livres tournois ; il était obligé de faire charrier une partie des récoltes dans la grange dimeresse de La Fère, qu'il était chargé d'entretenir.

Un personnage du nom de Jean de La Fère, natif de Roye, était chanoine de la Collégiale. Il existait au XIIIe siècle et se fit connaître dans les lettres par un roman ayant pour titre : *Du riche homme et du ladre.*

Le prolongement de la rue de La Vacquerie, après avoir traversé le chemin des Cordeliers, forme la **rue des Fontaines** ou chemin vicinal numéro 8, qui met en communication le faubourg de Saint-Médard avec celui de Saint-Gilles.

La rue des Fontaines tire son nom des différents cours d'eau qu'elle cotoie ; elle s'appela aussi : *rue de la Pépinière* et devait donner accès à l'abattoir public, que l'administration voulait élever sur le terrain de l'ancienne pépinière de la ville.

La porte de Paris, avons-nous dit, fermait au sud l'entrée de la ville. Cette porte, comme les autres, empêchait non-seulement l'accès de la cité à ceux venant du dehors, mais encore ne permettait pas aux habitants de sortir à toute heure, et pendant le temps qu'ils voulaient.

Aucun bourgeois ne pouvait quitter la ville sans une permission de l'Echevinage ; son absence ne pouvait durer que depuis la fête de la Purification jusqu'à la fin d'avril, ou depuis la Saint-Jean-Baptiste jusqu'à la Saint-Martin. Si son absence se prolongeait an-delà de ces époques, ou s'il abandonnait la cité sans autorisation, le bourgeois était condamné à l'amende par le Maire et les Jurés.

Jean de Breteuil ayant quitté la ville sans permission, pour marier son fils, l'Echevinage lui fit payer sa sortie ; le bourgeois Jean refusa d'acquitter l'amende. Un arrêt du Parlement de Paris de l'an 1300, le condamna à payer et ordonna la saisie de tous ses biens, comme nantissement de sa dette. Si ces biens sont insuffisants, dit l'arrêt, on fera d'abord une répartition « au sol la livre » entre tous les créanciers ayant une obligation réelle contractée avant que l'amende ait été encourue.

Si un étranger voulait venir habiter la ville, il payait un droit d'entrée ou de bourgeoisie ; dès lors, sa personne comme ses biens étaient sous la sauvegarde de la Commune.

Un pont-levis précédait la porte et s'abaissait sur un fossé ; il fut remplacé par un pont en maçonnerie de deux arches, garni d'une rampe.

Lors de la destruction du beffroi, et avant le rétablissement de l'Hôtel-de-Ville, la cloche fut suspendue dans une des tours de la Porte-Paris.

Au pont jeté sur l'Avre, commence le *faubourg de Saint-Gilles* ; les maisons occupent le versant et le plateau d'une colline dominant la ville. On se rappelle que la rue de Paris, qui n'est que le prolongement de la chaussée du faubourg de Saint-Gilles, offre une ascension de huit centimètres par mètre, sur une longueur de deux cent vingt-quatre mètres.

La colline du faubourg est moins raide, sa plus grande déclivité ne dépasse pas six centimètres par mètre. Au pied des deux collines est située une vallée qui offre une largeur d'environ deux cents mètres; dans cette vallée profonde et marécageuse serpentent différents cours d'eau. Leur importance rendait difficile autrefois l'approche de la ville.

Non loin de la Porte-Paris existaient *des étuves*. Les lieux destinés à l'usage des bains, s'appelaient jadis : étuves; elles étaient placées près des fossés de la ville, à proximité de plusieurs cours d'eau: *la Fontaine des Sueurs*, et la rivière d'Avre prêtaient la salubrité de leurs eaux. Sans doute, à l'exemple d'autres villes, ces étuves devinrent un lieu de débauche et de prostitution ; dès lors, elles furent l'objet de répressions, suivant l'article X des ordonnances des Etats d'Orléans de 1360, et furent supprimées. Par un acte de 1498, on voit que Gilles Blavet devait au chapitre de Saint-Florent, à titre de cens, deux chapons pour le lieu « là où furent les estuves » : à cette date, elles n'existaient plus.

Près du pont qui fermait le faubourg, et derrière le cimetière de l'église de Saint-Gilles, se trouvait la *rue des Belles-Femm s*, le nom seul de cette rue a disparu. Cette désignation venait, peut-être, de la présence des filles de joie, qui tenaient leurs demeures près des étuves, alors rendez-vous des galants. Elles habitaient une maison que leur assignait l'Echevinage « qui soulloit estre hors la ville » ; il leur était défendu, sous des peines sévères, de sortir et d'agacer les passants.

En face, mais de l'autre côté de la chaussée, existait une petite ruelle qui, en 1661, portait le nom de: *rue des Quatre-Vertus*. Cette dénomination avait sans doute la même origine que celle de la rue des Belles-Femmes : au coin de cette ruelle était l'*Hôtellerie de la Fleur de Lys*.

Au-dessus du pont de Saint-Gilles était autrefois la *rue des Vieses-Monnoies* ; elle tenait d'une part à la « Vieille-Bouloire » et de l'autre à l'ancien chemin conduisant à Montdidier.

Malgré ce nom, nous ne pensons pas qu'il y ait eu dans cette rue un atelier monétaire. Nous ne connaissons pas de monnaie frappée à Roye, il peut en exister : lorsque Philippe-Auguste devenait possesseur d'une ville, il avait l'habitude de faire frapper une monnaie particulière à légende locale, ainsi qu'il le fit pour Saint-Quentin, Péronne et d'autres localités. Dans les anciens titres on lit : *rue des Vieses-Monnoies*, c'est plus tard que l'on négligea la qualification de *vieses* pour dire seulement : *rue de la Monnaie*. Nous croyons que le nom de : « *vieilles-monnaies* » indique la découverte de monnaies anciennes. Cette opinion est d'autant plus vraisemblable, que cette rue aboutissait au vieux chemin de Montdidier, précisément à l'endroit où Dom Grenier, en 1761, découvrit des objets antiques.

A Saint-Georges, il y avait aussi la *rue des Monnaies*, dans laquelle se tenaient les marchands de médailles de dévotion.

Il existait dans le faubourg de Saint-Gilles un établissement hospitalier, qui s'appelait : *Hôpital Saint-Jean*. Sa démolition fut résolue à cause du mauvais état des constructions ; le terrain fut vendu et fut occupé par l'*Hôtellerie du Cheval-Blanc*.

Dans son arrêté du 9 septembre 1816, le maire Graval s'exprime ainsi ; « La seconde rue à gauche, en sortant « par la Porte-Paris et conduisant du faubourg de Saint- « Gilles à celui de Saint-Georges, sera appelée : *rue Chivot*, « du nom de Marie-Antoine Chivot, né dans le faubourg, « savant helléniste enlevé aux lettres en 1786, à l'âge de « trente-trois ans. » Ce nom fut conservé à la rue.

Dans le faubourg existait autrefois une famille dont les membres furent ou procureurs ou notaires, c'est la famille Cordier, dont les armes étaient : *d'argent à trois C entrelacés, accompagnés de trois étoiles d'or, deux en chef et une en pointe.*

Nous pouvons encore citer comme originaires du faubourg, les apothicaires Coulon père et fils, qui furent, pour leur époque, des savants distingués. Le chapitre VIII de l'Histoire de Roye, de Grégoire d'Essigny, concernant les productions naturelles du canton, est dû à M. Coulon fils, membre de diverses sociétés savantes.

FAUBOURG DE SAINT-GEORGES

Nous avons dit que la rue Chivot conduisait du faubourg de Saint-Gilles à celui de Saint-Georges.

Saint-Georges est un hameau de cinquante maisons renfermant deux cent vingt-cinq habitants ; il est considéré comme un faubourg de Roye, dépendant de la paroisse de Saint-Gilles, et distant de la ville d'environ huit cents mètres. Il faisait autrefois partie de la cité, ou plutôt formait une agglomération d'individus dont se sont détachés quelques habitants, qui sont venus fixer leurs demeures plus au sud, le long de la rivière.

Le hameau de Saint-Georges est situé à l'Est de Roye, à mi-côte d'une colline dont la pente s'incline vers la vallée dans laquelle coule la rivière d'Avre. *Erat itaque non longè à Castello ipso Roya, villa quœdam, in sinistra parte, subter currentis fluminis Aurœ Sancti Georgii vocabulo appellata.* « Il existait non loin du château de Roye une *villa* appelée Saint-Georges, située sur la rive gauche de la rivière d'Avre. » Ainsi s'exprime un document ancien analysé par les

Bollandistes. Saint-Georges est appelé *villa*, ville champêtre, par rapport à Roye, *Castellum*, qui était un lieu fortifié, tandis que Saint-Georges était une simple bourgade qui n'avait d'autre moyen de défense, que ses accidents de terrain fortifiés par la nature ou par des ouvrages primitifs. Saint-Georges pouvait être une *villa fiscalis* de l'époque romaine ou une *villa regalis* des rois mérovingiens. Sa position au sud d'une rivière ; ses chemins creux et profonds ne sont autre chose que des fossés, dont les terres relevées en talus, formaient avec des palissades, des moyens de défense. La forme quadrilatérale de ses sections, ses rues nombreuses, l'examen topographique, prouvent que Saint-Georges, après avoir été une oppide, une bourgade gauloise, est devenue une *villa* romaine, ayant son temple, ses portiques, ses murailles, puis une *villa regalis* de l'époque franque, avec ses constructions rurales élevées en bois et détruites par le feu. Le nom de : *Chemin brûlé* donné à une rue de Saint-Georges, rappelle le souvenir d'un incendie.

La forêt de Bouveresse qui avoisinait Saint-Georges, permettait le plaisir de la chasse ; les étangs et la rivière offraient celui de la pêche ; les plaines fertiles qui l'entouraient, fournissaient d'abondantes moissons.

C'est précisément parce que Saint-Georges était un lieu important, que le comte de Vermandois songea à le doter des reliques de Saint-Florent ; il fallait qu'il se recommandât par sa position stratégique aussi bien que par sa basilique, et par le chiffre de sa population, pour qu'Herbert songeât à faire de l'église de Saint-Georges, une collégiale et la dotât d'un chapitre de chanoines.

On trouve à Saint-Georges des débris de toutes les époques préhistoriques et historiques : des silex taillés, des hâches polies, des monnaies gauloises et romaines, des tuiles à rebords, des sépultures, des **sarcophages**, puis enfin un temple dédié au dieu Mythra, et converti en église.

Malgré les soins pris par la foi chrétienne et par la piété religieuse, pour faire disparaître toutes les traces païennes de l'ancien temple, cette basilique conservait encore certains détails dissimulés sous une couche de ciment, des matériaux enfouis dans les fondations ou dans l'intérieur d'un pilier, qui décelaient, au xviie siècle, des vestiges, des débris de l'ancien temple.

Si l'abbé Lebeuf, qui visita l'église de Saint-Gorges, n'a vu en elle qu'un édifice du xiie siècle ; Dom Grenier aussi l'a visitée, il l'a mesurée, il a fait lui-même exécuter des travaux, détacher le mortier qui couvrait le linteau de la porte principale, il a examiné le monument dans tous ses détails, et après des recherches attentives dirigées sans prévention, animé du seul désir de connaître la vérité, le savant bénédictin conclut que l'église de Saint-Georges fut primitivement un temple païen, converti en monument chrétien : « Tout semble annoncer un temple « du paganisme, ou du moins, un monument bâti par des « payens. »

Cette supposition plausible, acceptable, **incontestable**, ne blesse en rien les sentiments religieux. Ce n'est pas un fait isolé que la conversion d'un temple païen en une église, que l'adoration du vrai Dieu, là où furent célébrés les mystères du paganisme. L'histoire de l'église primitive est remplie de faits semblables. **Non-seulement** Dom Grenier a visité l'église, mais il a parcouru aussi les lieux qui l'entourent, et il ajoute : « Il est surprenant de voir « à Saint-Georges, autant de vestiges du paganisme. » C'est là un témoignage digne de foi qui, joint à la tradition, à l'examen attentif des lieux, devient une **certitude** pour l'observateur.

Saint-Georges est le *Rodrina* de la carte de Ptolémée, c'est l'ancienne bourgade gauloise assise sur les bords de l'*Hama* (Avre). En effet, plusieurs vestiges rappellent à Saint-Georges la présence des anciens habitants de la Gaule-Belgique, et plusieurs monuments de leur culte ont subsisté jusqu'au siècle dernier.

C'était d'abord un étang ou lac dont les eaux servaient aux lustrations, cérémonie du culte druidique ; un bois consacré (*lucus*) dans lequel les Druides faisaient la cueille du gui sacré, l'emplacement de ce bois occupait environ deux hectares de terre, et dans les désignations cadastrales, il s'appelle encore le bosquet ; puis un lieu appelé : Montjoie, situé sur le terroir de Saint-Georges, enfin, un temple servant aux mystères du dieu Mythra.

Tels sont les monuments sur lesquels nous nous appuyons pour dire que le hameau de Saint-Georges est d'origine gauloise, et que son existence est antérieure à celle de la ville de Roye.

C'est sur le terroir de Saint-Georges que passait l'ancienne voie romaine de Beauvais à Bavay ; d'autres chemins en grand nombre, creux, profonds, hiératiques venaient aboutir au même endroit, l'église du faubourg.

Le chemin *de la Barbarie* qui est un ancien chemin gaulois, formant une communication directe entre Soissons et Amiens, passait à Saint-Georges, sur la rive gauche de l'Avre ; il partait de Laffaux, arrivait à Thiescourt, puis à Lassigny, à la Potière, Amy, Verpillières, Saint-Georges, et se dirigeait sur Amiens. Le trajet de cette voie gauloise fut modifié par les Romains ; la chaussée passa alors par Noyon, Roiglise et Amiens, mais par la rive droite de l'Avre.

La route de la Flandre occidentale de Paris dans le Nord est un ancien chemin gaulois, qui traversait l'Oise à Pontpoint, allait à Gournay, Ressons, Roye-sur-le-Matz, Crapeaumesnil, les Loges et Saint-Georges.

Du reste, Saint-Georges qui n'est aujourd'hui qu'un chétif hameau, a été plus important ; son origine urbaine peut se démontrer par les noms d'anciennes rues comme : *la rue des Orfèvres* et celle *de la Monnaie*,

Le faubourg de Saint-Georges subit de fréquentes dévastations ; tout prouve qu'il s'étendait sur le plateau que quelques maisons occupent encore aujourd'hui, et le long du chemin qui prend plus loin la désignation de chemin de Montdidier (voie romaine). Les anciens habitants, privés de la pierre dont on faisait usage pour la sépulture des morts, enterraient les cadavres dans des cercueils en bois ; puis, suivant les traditions du paganisme, ils y mettaient des vases, des monnaies et des ornements. Nul doute que la découverte faite par Dom Grenier, ne soit celle d'une sépulture publique d'habitants de Saint-Georges.

A gauche de la route qui mène aujourd'hui à ce hameau, on découvre des vestiges d'habitations ; à droite, existe un ancien cimetière dans lequel on trouva des sarcophages et une quantité considérable d'ossements que déplace chaque jour la culture.

A quelle époque le hameau de Saint-Georges perdit-il de son importance ? il est difficile de le préciser ; mais il est présumable que l'émigration des habitants vers la vallée, date de l'époque des Francs.

Quand s'éleva sur le bord opposé de la rivière le château-fort des comtes de Vermandois, les leudes de Saint-Georges comme ceux de Roiglise (*Rhodium*), vinrent chercher un refuge sous les palissades de la forteresse et se rapprocher de la chaussée romaine. Dès lors, il se fit un déplacement dans la population ; Saint-Georges qui avait eu sa part aux libéralités des comtes de Vermandois, vit la chapelle du château transformée en une église, et son chapitre de chanoines passer dans le nouveau monument.

A partir de cette époque, la bourgade de Saint-Georges devint moins importante ; les nombreux pélerinages au nouveau Saint (Florent), attirèrent ses marchands, la rue des Orfèvres devint déserte, et la population du hameau diminua.

Lorsque Roye passa sous la domination de Philippe-Auguste ; lorsque des murailles s'élevèrent pour protéger les bourgeois renfermés dans l'enceinte de la ville, Saint-Georges perdit tout-à-fait son ancienne splendeur ; ses habitants livrés sans défense aux fureurs d'un ennemi nombreux et sans cesse renaissant, furent décimés ou dispersés. Quelques enfants fidèles au sol que foulèrent leurs pères, restèrent seuls autour de leur église.

Les rues changèrent leurs noms de cité pour prendre des dénominations rurales : *la rue Bergère, la rue des Moineaux, la ruelle des Marais.*

Cependant, la commune possédait une école qui fut reconstruite en 1766 ; comme elle devait servir d'habitation au clerc séculier, on donna au bâtiment trente pieds de longueur sur seize de largeur.

On trouve de 1507 à 1693, des actes d'hommes vivants et mourants fournis au Chapitre de Saint-Gervais de Soissons, à cause de la seigneurie de Saint-Georges. Cette seigneurie consistait en dix-neuf journaux de terres labourables, situés aux terroirs de Saint-Gilles et de Saint-Georges, tenus en rôture du Chapitre et qui appartenaient tant à l'église qu'à la cure de Saint-Georges.

Il y avait aussi à Saint-Georges le *fief de Vicour* qui en 1732, passa des Célestins d'Amiens au Chapitre de la Cathédrale. Ce fief se composait de terres et de droits de justice ; il avait été concédé aux Célestins par Aubert de Folleville et Catherine d'Emery sa femme, (1422). Les religieux l'avaient baillé à cens, le 14 février 1598, à noble homme Vincent Boytel, sieur de Verpillières et du *Petit-Champy* ou *Sempy*, demeurant à Roye, qui le leur revendit moyennant douze cents livres tournois.

Comme nous l'avons vu, le faubourg de Saint-Georges possédait une église, démolie à la Révolution, nous en parlerons ailleurs.

FAUBOURG DE SAINT-PIERRE

Le faubourg de Saint-Pierre commence à la Porte et s'ouvre sur une espèce d'esplanade qui, à la Révolution, prit le nom de *Place de Lille* et qui s'appelle aujourd'hui : *Marché-aux-Chevaux*.

Sur cette place trois routes prennent naissance : les routes de Rouen à La Capelle, d'Amiens à Noyon et de Paris à Lille.

La route départementale n° 30 est l'ancienne voie romaine dont nous avons donné l'itinéraire ; elle forme la rue du Faubourg de Noyon dans laquelle se trouve l'hôtel de la brigade de gendarmerie.

La route de La Capelle est encore une ancienne chaussée romaine, mais d'un ordre secondaire, qui établissait une communication particulière et directe entre Saint-Quentin et Roye.

La ville de Saint Quentin était le centre de plusieurs grands chemins ; celui dont nous nous occupons, en quittant la capitale du Vermandois, passait près de Vaux, à Tombes, à Voyenne, puis près d'un endroit dit : *Tombeau du roi Roboam*, indiqué seulement par un arbre ; de là, il franchissait la rivière d'Ingond à *Aubinpont* ou *Bipont*, allait à Quiquéry, Landevoisin, Billancourt, Marché-Allouarde, Waucourt et Roye.

On retrouve surtout des traces de cette voie romaine au village de Marché-Allouarde ou à la Warde, qui semble même tirer son nom du voisinage de cette chaussée ; l'étymologie de Marché ou Marcel, dérive du mot *Marck* qui veut dire : marche, frontière, limite ; à la *warde* ou en *la garde*, ce qui paraît indiquer une station, un poste pour la garde du chemin.

A environ cent mètres de la ville, et sur cette route, se trouve le cimetière de Roye, dont la création remonte à 1848 ; on ne remarque dans cet asile de paix qu'une chapelle monumentale élevée au centre du cimetière et qui rappelle le style byzantin dans toute sa pureté. Cette chapelle en pierres de taille, a la forme d'une croix latine, et se termine par un dôme recouvert de lames de plomb ; le fronton est soutenu par deux colonnes unies dont les chapiteaux sont ornés de feuilles d'acanthe et de chardons ; dans le tympan s'ouvre une fenêtre en forme de rosace dont les meneaux sont cylindriques. Au-dessus, sur le linteau, est cette inscription : *Ego sum resurrectio et vita*. Au sommet sont les armes de la ville, avec deux lions pour supports ; du côté opposé, sont celles du baron de Fourment. L'intérieur de la chapelle est simple, le dallage forme mosaïque, l'autel est en pierre, la table est supportée par des colonnes d'ordre byzantin. Au-dessus est une verrière qui représente, d'un côté : saint Lugle et saint Luglien ; de l'autre : saint Florent dans sa barque. Cette chapelle sert de sépulture à la famille de Fourment qui l'a fait élever et qui l'a donnée à la ville ; c'est ainsi que s'explique la présence des saints Lugle et Luglien, patrons du noble défunt.

A deux kilomètres au-dessus du cimetière se trouve ~~le~~ le village de Carrépuits, dont l'étymologie est : puits carré ; il existe, en effet, auprès de la maison d'école un puits, dont la maçonnerie forme un carré parfait. La tradition prétend que c'est dans ce puits que furent cachées les reliques de saint Florent, lorsqu'en 1475, Louis XI voulut les faire enlever de Roye ; la tragédie de l'*Enlèvement de la châsse de saint Florent* dit que les reliques furent cachées dans un puits voisin du chemin de Roye à Nesle, vraisemblablement dans celui de Carrépuits.

Grégoire d'Essigny donne pour étymologie à ce village, *Correi puteus* ou puits Corré, du nom de Corré (*Correus*), homme de la nation des Bellovaques : « il suffit, dit-il, que « Corré ait passé à Carrépuits et qu'il s'y soit rafraîchi « pour que le village ait pris son nom. » Cet historien est assurément dans l'erreur. Un acte, du cartulaire d'Ourscamp, de 1224, s'exprime ainsi : « *Albericus filius* « *Tenardi de Roia dedit bovaria terre sita inter Cham-* « *pieny et quadratum puteum* (puits carré-Carrépuits). » Un autre de 1286, porte : « Gile de Fay, femme de Jean « de Quarrépuis, donne trois journaux de terre, séanz « entre la *Couturelle* et *Quarrépuis*, tenant au chemin qui « va de Roye à Nesle. » Devant ces textes, le doute n'est plus possible.

Ce village est la patrie des Cavillier qui, depuis 1510, se sont fait un nom dans l'art de fondre les cloches. La fonderie de Carrépuits date de 1647 ; Philippe Cavillier est le premier membre de cette maison ; la grosse cloche de l'église de Saint-Pierre, qui pèse quatorze cent cinquante kilogrammes, et les cloches du clocher de Saint-Gilles, furent fondues à Carrépuits.

Près de ce village est le hameau de Waucourt, annexe de Champien, où se trouve uue chapelle dédiée à saint

Marcoul, et qui est l'objet d'un pieux pèlerinage pour la guérison des écrouelles. La fête se célèbre au mois de mai.

Le passage des reliques de saint Marcoul, et les miracles qui s'accomplirent, en 1101, lorsque les religieux de l'abbaye de Corbeny promenèrent la châsse du saint dans le Vermandois, sont l'origine de l'érection de cette chapelle, dépendante du château du lieu. Elle fut restaurée par les soins de la famille Louvet de Champien ; un office en français, imprimé à Noyon en 1852, porte ce titre : *Pèlerinage de saint Marcoul, abbé et confesseur à Waucourt, hameau de Champien, près de Roye.*

La terre de Waucourt fut donnée, en 1180, à l'abbaye d'Ourscamp par Elisabeth, comtesse de Vermandois. Sa sœur Eléonore, aumôna à la même abbaye tout ce qu'elle possédait à Waucourt. (1184).

Le dernier chemin qui nous reste à décrire est la route nationale n° 17, conduisant de Paris à Lille. Elle traverse toute la ville, sa construction ne remonte qu'à Louis XV. Pour venir du Nord à Roye, on prenait le *chemin des postes*, c'est-à-dire le chemin que suivaient les courriers. Le service de la poste ne se faisait qu'à cheval, les dépêches étaient enfermées dans une malle, de là l'origine des malles-postes ; il paraît que ce chemin était horriblement mauvais. On rapporte que le roi se rendant en Flandre, passa sur cette route et la qualifia de *Casse-cou.* Dès lors, la suppression du chemin des postes fut résolue, il passait à gauche des villages que la route nationale traverse aujourd'hui : Liancourt-Fosse et Fonches.

Ce dernier village appelé autrefois : Ponches (*Pontes*), avait un pont jeté sur la rivière d'Ingond qui traversait la route. A droite et à gauche du chemin, on trouve des tombeaux en pierre, renfermant des squelettes, parfois des armes et des ornements de l'époque mérovingienne. Il y avait à Fonches un relais de poste aux chevaux.

Sur cette même route, près de Roye, se trouve le bois de *Lessart*, qui occupe l'emplacement d'un château du Moyen-Age ; on y voit encore les vestiges des fossés de circonvallation et des débris de l'édifice. Non loin du bois, est la ferme de l'Abbaye, à Gruny, qui appartenait aux moines d'Ourscamp.

La route nationale était autrefois très fréquentée, elle mettait la capitale en communication directe avec les villes du nord de la France, aussi était-elle une des voies les plus importantes ; on la nomme vulgairement : *Chaussée Brunehaut*. Elle était pavée dans tout son parcours ; sa longueur dans le département, est de cinquante-sept kilomètres, sa largeur moyenne est d'environ dix-sept mètres, dont quatre mètres quatre-vingt-sept en chaussée.

Sur cette route fut construite, en 1838, la première fabrique de sucre indigène, qui fonctionna dans le canton.

Près de la place du Marché se trouvait la poste aux chevaux ; au coin étaient l'*hôtellerie de Saint-Claude* et l'*hôtel du Saint-Esprit*. Une autre auberge portait pour enseigne : *Aux deux entêtés*, représentant une femme voulant faire passer l'eau à un âne.

CHAPITRE III

HYDROGRAPHIE. — RIVIÈRES. — FONTAINES. — PUITS. — LAVOIRS. — PONTS.

La situation de la ville de Roye au pied d'une colline, offre des ressources différentes sous le rapport des eaux. Des rivières, des fontaines, des puits, fournissent de l'eau de bonne qualité pouvant servir à tous les besoins des habitants. C'est notamment l'eau des fontaines, quelquefois celle des puits, qui est employée comme boisson ; l'eau de pluie recueillie dans des citernes, n'entre pas dans l'alimentation.

La nappe aquifère qui fournit les puits est à vingt-cinq mètres de profondeur, elle semble correspondre au niveau de l'eau des rivières ; cette profondeur varie suivant l'inclinaison du terrain.

Les marais formés par différents cours d'eau occupent une superficie de treize hectares, dont une faible partie est desséchée et convertie en culture maraîchère.

Deux rivières arrosent la ville au sud et à l'ouest : ce sont celles de l'Avre et de Saint-Firmin.

Ces cours d'eau, comme les fontaines, éveillèrent, en tout temps, la sollicitude des administrateurs ; leur curage, leur bon état d'entretien étaient une des charges de la commune, et chaque année, l'Echevinage affectait des fonds pour ces travaux.

Une ordonnance du 11 avril 1745, rendue par le lieutenant du roi et par le corps municipal, avait pour but d'empêcher les habitants de laver leur linge dans les fontaines. « Il est défendu à toute personne de qualité
« quelle qu'elle soit de faire mettre, ni laver du linge dans
« les bassins à puiser de l'eau, de toutes les fontaines de
« la ville, à peine de confiscation du linge appliqué aux
« hôpitaux, de six livres quinze sous d'amende, qui seront
« payés ès-mains du receveur de la ville pour l'entretien
« desdites fontaines de Roye. »

Les sergents de ville furent chargés de veiller à l'exécution de cette ordonnance, qui fut lue et publiée au son du tambour, dans les rues et dans les carrefours. Le corps municipal fit alors établir des lavoirs publics pour servir à essanger le linge ; mais il arriva que le sieur Delobel, inspecteur des domaines royaux, revendiqua le terrain sur lequel étaient construits les lavoirs. Il assigna la Ville en restitution, attendu que, selon lui, l'emplacement appartenait au roi, comme seigneur de Roye. Le maire et les échevins prétendaient, au contraire, que la Ville jouissait de ce terrain depuis un temps immémorial. Ils furent confirmés dans leur droit par une ordonnance royale.

Le 9 janvier 1749, parut un arrêt du Conseil ordonnant le curage des rivières et des ruisseaux, afin de prévenir les inondations qui avaient dévasté certaines contrées. La grande quantité de neige tombée pendant l'hiver de 1748, avait occasionné des débordements ; un relevé fait par les officiers des Elections, évaluait à six cent mille livres les pertes causées par le mauvais état des fossés d'écoulement. L'intendant Chauvelin donna des ordres pour qu'il fut procédé au curage de la rivière d'Avre et de ses affluents.

La rivière d'Avre, appelée dans les anciens titres : *Hama*, Avrègne ou Aureigne, prend sa source près d'Avricourt, village situé à sept kilomètres de Roye, et qui faisait partie du Bailliage.

A sa source, l'Avre est un faible ruisseau qui se trouve bientôt augmenté des eaux descendant des montagnes de Lagny, et de celles provenant de la forêt de Bouveresse ; la rivière serpentant dans un lit étroit, creusé sur la partie déclive des collines, n'occupe nulle part le fond de la vallée, elle longe, sans s'y mêler, les marais de Roiglise et arrive au hameau de Saint-Georges. Autrefois, la rivière plus importante faisait tourner un moulin. Sur son emplacement on a voulu de nos jours établir une usine pour moudre le blé, mais on ne put obtenir une chute d'eau assez puissante.

La rivière d'Avre se dirige vers Roye ; là, au lieu dit : *la Pêcherie*, elle faisait jadis tourner un autre moulin, puis traversait un chemin qui conduisait de Saint-Georges au faubourg de Noyon ; il fallait passer à gué.

Le 30 juillet 1737, par une sentence rendue en la maîtrise des eaux et forêts de Noyon, confirmée par celle de la Table de marbre de Paris, il fut ordonné qu'entre le « marais de la Planque » et le terrain « du vivier Leroy », il existerait une chaussée de huit pieds de longueur prise tant sur le fief de la Planque que sur le bassin du vivier, qu'il serait de plus construit un aqueduc ou un pont pour laisser couler les eaux ; un tiers de l'eau devait être gardé pour les besoins de l'étang, et le reste conduit par un aqueduc de douze pieds partant du coin « des anciennes fondations du moulin » jusques dans « l'abreuvoir des gardes. »

C'est depuis cette époque que l'Avre coule sous un pont ; la rivière continuait sa course et passait derrière l'ancienne *hôtellerie de la Galoche*, tenant aux « viels fossez de la ville », en alimentant « le pré des Vicaires. » Ce pré appartenait à l'église de Saint-Florent, à charge d'une messe à dire pour le repos de l'âme de Robert Bazin, son ancien propriétaire.

Ainsi, la rivière d'Avre ne suivait pas le trajet qu'elle parcourt aujourd'hui, elle passait un peu au-dessous de la rue Chivot, sous un pont en charpente. Lors du passage du roi, en 1745, le pont était si peu solide que la communauté des portefaix fut placée dessous, afin de le soutenir de leurs épaules pendant le passage du cortége royal. Dès lors, sa démolition fut résolue, et deux ans après, l'intendant Chauvelin ordonna sa reconstruction.

Mais les tanneurs du faubourg demandèrent à ce que le cours de l'Avre fut détourné, de manière à ce qu'ils pussent jouir de l'eau pour leur industrie. Alors la rivière, au lieu de suivre directemeut son cours pour retomber dans le canal qu'elle occupe aujourd'hui, descendit vers le fond de la vallée pour rejoindre la *fontaine la Fosse*, et former avec elle un seul cours d'eau passant sous le pont actuel du faubourg de Saint-Gilles.

L'Avre, à sa sortie de la ville, se trouve grossie de l'eau des fontaines, elle offre alors un lit de quatre mètres de largeur; elle se dirige vers Saint-Mard, et sur un parcours de quinze cents mètres, reçoit les eaux du ruisseau Saint-Firmin et celles du marais qu'elle traverse. Plus forte alors, la rivière se précipite sous les vannes du moulin de Saint-Mard et débite cinq mètres cubes d'eau par minute; elle recueille sur son passage les eaux de la fontaine ferrugineuse et celles de la *source des Lieutenants*. L'Avre se dirige ensuite vers Falvert, Saint-Taurin, Léchelle, Diencourt, dans chacune de ces stations, elle fait mouvoir un moulin; elle continue sa course vers Guerbigny, Pierrepont, où elle reçoit les eaux du Dom, puis se dirige sur Moreuil. L'Avre reçoit encore les eaux de la rivière de Brache à droite, celles de la Luce à gauche, et celles de la Noye au-dessus de Fouencamp; avant d'arriver au pont de Longueau, près d'Amiens, elle se partage en deux bras, pour se réunir ensuite à la rivière de Somme, l'un à Camon, l'autre à la Neuville-les-Amiens. Son parcours est d'environ cinquante kilomètres, sa direction est de l'est à l'ouest. Arrivée à Moreuil, l'Avre change de nom et d'aspect, autrefois on l'appelait: *le Moreuil*; à partir de Pierrepont, elle est navigable jusqu'à l'endroit où elle se jette dans la Somme.

La navigation de l'Avre paraît avoir existé du temps de J. César, ce conquérant s'en servait pour conduire à Amiens les blés provenant des plaines du Santerre. Il paraît aussi que Bernard III, seigneur de Moreuil, s'occupa, vers 1215, de rendre cette rivière plus navigable ; dans ce but, il convint avec le sieur de Saint-Aubert de Boves de faire détruire le moulin de Pavry. Sa navigation entre Pierrepont et Moreuil s'effectuait par bateaux conduits à l'aviron. Depuis la Révolution, la rivière a cessé d'être navigable entre ces deux localités par suite des obstacles que des particuliers ont créés sur son parcours. (*Histoire de Montdidier.*)

Dans les premières années du XVIIe siècle, il fut question de canaliser l'Avre par la rivière du Dom jusqu'à Amiens. Déjà des études avaient été faites sous Henri IV ; Nicolas de Law, trésorier de France, fut envoyé sur les lieux et reconnut la facile exécution du projet : le mauvais vouloir de quelques riverains le fit abandonner. Ce projet de canalisation fut repris sous Louis XIV, en 1680. Du Buisson, ingénieur du roi, fut envoyé à Montdidier pour reconnaître le terrain ; mais cette fois encore l'exécution n'eut pas lieu.

Un autre projet consistait à canaliser l'Avre, de Moreuil à Avricourt et de ce village à Pont-l'Evêque, près de Noyon, en creusant à ciel ouvert un canal de vingt kilomètres de long. Ce canal aurait été alimenté par les eaux du Marquet et de la Verse, aurait traversé la route de Roye à Noyon, pour aller vers Catigny, Ecuvilly, prendre les eaux abondantes de ces communes, puis il aurait traversé de nouveau la route près de la forêt de Bouveresse pour venir se grossir de l'Avre à Avricourt, où il y aurait eu une écluse. Une fois le canal arrivé à Roye, il suivait la vallée et la navigation était assurée jusqu'à Pierrepont. Ce projet préoccupa beaucoup l'attention du commerce de Roye et de Noyon, les négociants firent faire un plan et des études, puis ils sollicitèrent du gouvernement son exécution.

Bien des avantages résultaient de la présence de ce canal, qui mettait en communication l'Oise et la Somme ; il facilitait les transactions commerciales entre les villes de la Picardie et celles du littoral de la Manche ; de plus, les vallées étaient assainies et des terrains vagues étaient rendus à la culture.

En 1787, l'assemblée départementale demanda la canalisation de l'Avre, de Moreuil à Noyon par Roye, et réclama les études de M. de la Touche, ingénieur en chef de la généralité. Les intérêts particuliers surgirent de nouveau ; la duchesse d'Elbeuf, dame de Moreuil, s'y opposa et prétendit que le canal était impossible, le lit de la rivière d'Avre étant plus élevé que celui de l'Oise ; le comte de Clermont-Thoury, seigneur de Pierrepont, soutint le contraire et offrit même six mille livres pour les travaux préparatoires : « pendant que l'un et l'autre
« faisaient valoir leurs prétentions, la Révolution française
« grandissait et ne devait pas tarder à occuper les esprits
« et à faire oublier le canal. »

Sous le règne de Louis XVIII, ce projet fut repris, des pétitions furent envoyées au roi ; le docteur Midy adressa même au souverain une supplique en vers, dans laquelle il développait les avantages que les populations retireraient de la présence du canal, au point de vue du commerce et de l'agriculture. Dans sa requête, le docteur fait parler un crocodile qui se trouve engagé dans la rivière d'Avre, sans pouvoir en sortir ; le saurien demande qu'un passage lui soit ouvert jusqu'à la mer. Le docteur raconte ainsi comment lui est venue la pensée de faire d'un crocodile le héros de son poëme : « Le 24 mai 1822,
« jour d'un grand orage, où cinq personnes ont été

« frappées de la foudre dans les environs de Montdidier,
« Meunier, ancien militaire, (concierge de la prison),
« revenait de Léchelle, où il s'était amusé à pêcher à la
« ligne : entre Falvert et Saint-Mard, vers trois heures
« après-midi, il voit le chemin barré par un grand animal
« qu'il prend d'abord pour un loup, mais en l'observant
« de plus près, il est bientôt désabusé en apercevant de
« vingt à vingt-deux pieds de terrain occupé par cette
« bête. Après l'avoir bien examinée, il lance son chien
« sur elle, qui ouvre une large gueule garnie de redou-
« tables dents, assez énorme pour l'engloutir, avec un
« sifflement assez bruyant pour être entendu par le
« voyageur, le chien épouvanté se sauve à toutes jambes
« et n'entend plus son maître qui le rappelle. »

Quelques années plus tard, le docteur Midy adressa sa demande à Louis-Philippe, en modifiant seulement la péroraison ; mais ce projet de canal fut définitivement abandonné.

Nous avons vu que l'Avre arrivait à Roye près de la Pêcherie, appelée : *rue de la Pêcherie*. En effet, l'Avre produisait du poisson, la perche, le brochet et l'anguille étaient surtout les espèces que l'on y rencontrait en abondance. On lit dans un compte de l'hôtel du roi Charles VI : « pour le terme de Noël 1381 : Recepte
« pour poissons des étangs du roi, de la fosse de Beauté,
« de Gouvieux et de Roye, quarreaux, anguilles, brochets,
« bresmes, perches, carpeaux : 219 liv. 11 s. 4 d. parisis. »

L'Avre a si peu d'eau que ces poissons ont presque disparu. En aval, la rivière n'est pas plus poissonneuse, les égouts de la ville, les eaux savonneuses de la filature éloignent le poisson. Vers Saint-Mard, on trouve encore la carpe et le brochet ; ils sont, du reste fort estimés.

Près de la Pêcherie se trouvait une allée plantée d'arbres, qui longeait la rivière d'Avre et qui conduisait à Saint-Georges par les marais ; cette allée, appelée autrefois : le *Chemin du Moulin*, servait de promenade aux bourgeois de Roye. Il arriva qu'en 1842, le propriétaire voulut faire abattre les arbres et empêcher le public de se promener dans les allées ; un procès s'ensuivit. L'administration locale prétendait avoir le droit de « voierie » sur ce chemin, parce qu'il avait fait partie de l'ancienne seigneurie de Roye, dont les droits seigneuriaux étaient perçus par le domaine royal ; l'article 91 de la Coutume affranchissait les habitants de Roye du paiement de ces droits. Un arrêt du Conseil d'Etat ayant aliéné, au profit de la ville, le droit de voierie, c'est sur cette cession que le maire fondait ses prétentions, non pas sur la propriété du fond, mais sur le droit de passage. Une longue procédure eut lieu entre la ville et le propriétaire ; après plusieurs jugements rendus tant par le juge de paix que par le tribunal civil de Montdidier, les droits du propriétaire furent consacrés et les belles allées de Saint-Georges cessèrent d'être ouvertes au public. Cette affaire fut prise fort à cœur par les Royens ; elle éveilla la verve poétique de Plinguier, qui fit sur ce sujet une charmante satyre.

Nous avons dit que le faubourg de Saint-Médard était traversé par la *rivière Saint-Firmin* : elle passe sous un pont qui, primitivement en charpente, fut remplacé par un pont en maçonnerie réparé en 1677, et reconstruit en 1754.

Les proportions données à l'élévation des arches, prouvent l'abondance des eaux qui, dans un moment donné, affluent sous le pont. C'est que la rivière Saint-Firmin était autrefois beaucoup plus importante qu'aujourd'hui ;

encaissée dans une vallée étroite et profonde, elle roulait ses eaux avec rapidité.

La rivière prend sa source dans les marais communaux, au pied d'une colline, autrefois boisée, située au nord-ouest de la ville ; elle coule vers le sud, passe sous un pont jeté sur le chemin de Saint-Mard, se perd dans les marais des Cordeliers, pour tomber ensuite dans la rivière d'Avre.

La propriété de la fontaine Saint-Firmin fut l'objet de contestations très-vives entre les riverains Jehan Billecocq et consorts, et l'Echevinage. Une sentence rendue le 21 mars 1514, par Jean Collesson, lieutenant du bailli de Vermandois, confirme à la ville la propriété de la rivière de Saint-Firmin. Cet acte est transcrit sur une feuille de parchemin qui n'a pas moins d'un mètre de long sur soixante centimètres de large.

Par suite du défrichement, les sources qui alimentaient la rivière ont cessé de donner ; son volume d'eau n'est augmenté qu'au moment des pluies, par les ruisseaux qui amènent les eaux de la partie occidentale de la ville.

Deux fontaines publiques alimentent Roye : la fontaine du *Jeu d'Arc* et la fontaine *Saint-Précord*. La fontaine du Jeu d'Arc passait sous le pont de la Porte-Paris, coulait dans les fossés à l'ouest de la cité, pour aller dans l'abreuvoir des Minimes, et de là, dans la rivière d'Avre. La fontaine qui prenait sa source au pied des murailles de la Tour-Lupart, fut détournée de son cours ; elle passe aujourd'hui près des maisons du boulevard, le long de la *rue des Ormeaux*, et forme une fontaine publique dont l'eau sert aux besoins de la population. Cette eau est limpide et de bonne qualité ; un bassin en maçonnerie sert de réservoir, le trop-plein se déverse dans le ruisseau qui passe sous la route de Paris et qui forme un abreuvoir, où l'on mène les chevaux.

Un autre cours d'eau venant de l'est, se répandait autrefois dans la vallée et détrempait son sol marécageux ; aussi les maisons qui se sont élevées sur ce terrain sont toutes ou sur pilotis ou sur des remblais de terre ; elles n'ont pas de caves bien profondes, et quand les eaux sont hautes, le sous-sol est immergé. Cette source qui jadis s'appelait : *Fontaine des Sueurs* est aujourd'hui la *Fontaine-la-Fosse*. Elle prend naissance au pied d'une colline, près de Roiglise ; elle arrose environ treize hectares de marais avant d'arriver à Roye. Elle fait son entrée dans la ville en traversant l'ancien *vivier de Wallier* ou *Abreuvoir des Gardes*, ainsi appelé, parce que les gardes-du-corps y menaient leurs chevaux. La Fontaine des Sueurs arrosait « le pré du Chapitre », sur lequel les chanoines avaient toute justice et seigneurie ; puis passait derrière la *rue des Raines*, aujourd'hui rue des Ormeaux. C'est sur ce cours d'eau que sont situés deux établissements de bains ; il traverse ensuite le faubourg de Saint-Gilles, sous un pont construit en 1747, et va se jeter dans la rivière d'Avre.

La source qui alimente la *Fontaine Saint-Précord*, semble venir du flanc gauche de la place du Bastion, elle est amenée au puisement au moyen d'un aqueduc. L'écoulement de l'eau se fait de l'ouest à l'est, le ruisseau va former l'abreuvoir situé derrière l'ancien couvent des Minimes, pour rejoindre ensuite les affluents de la rivière d'Avre. Un escalier en pierre de vingt-cinq marches, conduit au puisement ; l'eau, à part le moment des pluies, est claire et limpide, elle jouit de toutes les qualités potables.

Le 7 mai 1658, l'abbaye de Corbie donna à l'église de Saint-Florent une vertèbre et une côte de Saint-Précord, en échange d'une relique du patron de la ville. Le culte du solitaire soissonnais, s'établit, dès cette année, dans la Collégiale ; « il était si populaire à Roye, qu'on donna le « nom de Saint-Précord à la fontaine si renommée par la « pureté et la limpidité de ses eaux salubres, que l'on dit :

De l'eau de la fontaine Saint-Précord,
Pour la santé du corps. »

Près de cette fontaine, est un lavoir public destiné à essanger et à rincer le linge ; un autre est placé presqu'en face de la tour Saint-Laurent. Ces lavoirs couverts sont alimentés par des sources abondantes, et l'écoulement des eaux savonneuses se fait dans la rivière d'Avre.

Onze puits publics situés dans les faubourgs et dans différents quartiers de la ville, mettent l'eau à la disposition des habitants ; généralement, cette eau n'est pas potable, cependant, celle qui provient des puits ayant une profondeur moindre de dix mètres, est d'assez bonne qualité.

Nous avons vu qu'une fontaine ferrugineuse avait été découverte à Saint-Mard ; qu'en 1770, la municipalité de Roye en avait fait faire l'analyse et avait exécuté des travaux à la source.

C'est à droite du chemin vicinal de Roye à Saint-Mard, dans la vallée de l'Avre, que se trouve cette fontaine. Elle est située au pied d'une colline qui s'élève à plus de quatorze mètres au-dessus du niveau de l'eau. La source coule sur un fond crayeux, les parois du canal sont recouvertes de dépôts ocreux, la surface de l'eau est irisée, son lit offre dans tout son parcours des traces évidentes de la présence du fer ; elle alimente un ruisseau qui se jette dans la rivière d'Avre.

D'après l'analyse que nous en avons faite en 1859, le fer se trouve à l'état de carbonate et de crénate, tenu en dissolution à la faveur de l'acide carbonique. La présence de ces sels constitue une eau bienfaisante, jouissant de toutes les propriétés des ferrugineux, très efficace dans les affections provenant de l'altération du globule sanguin. Les principes alcalins de cette eau ajoutent encore à ses propriétés celle d'absorber les acides de l'estomac et de faciliter la digestion. (*Hydrologie du canton de Roye.*)

Les docteurs Boulanger, Midy et Lescardé ont publié d'intéressantes observations sur les maladies guéries par l'usage des eaux ferrugineuses de Saint-Mard. Des travaux importants dûs à la libéralité d'aimables philanthropes, ont été exécutés à la fontaine ; un bassin renferme les sources et un escalier en maçonnerie conduit au puisement.

CHAPITRE IV

DROITS FÉODAUX : PÉAGE — PONTENAGE — TRAVERS — CHAUSSÉE — GUIONNAGE

Le *péage* était un droit féodal perçu sur les marchandises transportées d'un lieu dans un autre, et passant sur des chemins seigneuriaux.

Ce droit prenait le nom de *pontenage* lorsqu'il était levé à cause du passage d'un pont.

Par une charte d'environ 1166, Raoul II de Vermandois, pour le repos de l'âme de son père, accorde aux moines d'Ourscamp, en présence d'Albéric de Roye et de Rorgon son fils, l'exemption du péage et des droits de passage sur toutes les terres de son comté de Roye.

Selon certains historiens, Roye était d'abord un péage qui fut acheté par Philippe-Auguste à Barthélemy de Roye, en échange de quelques terres. La charte suivante prouve cette assertion : « Ego Bartholomeus de Roya, notum
« facimus, quod ego, carissimo Domino meo Philippo
« illustre Franciœ regi et hœridibus ejus, quitto in perpe-
« tuum totum pedagium, quod habebam apud Royam,
« quod ipse emeram à Richaldo de Morlemont et hœri-
« dibus ejus. Idem, vero Rex mihi et hœridibus meis,
« in excambium, hujus pedagü concedit in perpetuum,
« totam terram suam arabilem, cum omne jure terrœ
« illius, quam ipse habebat apud Royam, quam Tenardus
« excolebat, et quam Hubertus, ante eumdem Tenardum
« excoluit. (1205). »

On voit par ce document que Barthélemy de Roye avait lui-même acheté le droit de péage de Richard de Morlemont, et qu'il l'échangea contre des terres que Philippe-Auguste possédait à Roye.

En 1266, Pierre de la Brosse, chambellan de Philippe-le-Hardi, acquit du seigneur de Coucy, une rente sur le péage de Roye.

Les religieux du Mont-Saint-Eloi de Noyon étaient exempts du droit de péage, pour les charrettes chargées d'objets destinés à leur usage, et passant par Roye, en vertu d'un privilége accordé à cette abbaye par Louis IX, confirmé par un arrêt du Parlement de 1292.

Philippe-le-Bel, au mois d'août 1300, donne à Pierre de Fouilloy et à Gilles de Hangest, en récompense de leurs services, quatre cents livres tournois à prendre sur le péage de Roye.

Alphonse de Rouvroy, sire de Plainville, chevalier, Jehan dit Durmas, Pierre et Guillaume, écuyers, frères du chevalier, vendent au roi Philippe VI, par un acte passé à Paris, au mois de février 1344, cinquante livres parisis de rente à toucher sur le péage.

En 1345, le roi rachète cent livres de rente que prélevaient Jehan de Hangest, et avant lui, Camus de Beaurevoir.

Le 17 février 1349, Philippe de Valois acquiert encore cinquante livres parisis sur ce même droit féodal.

On trouve, à la date de novembre 1364, une quittance donnée par Jehan Camus de Beaurevoir, écuyer, pour cent florins d'or reçus du roi, à cause de cent livres de rente qu'il avait droit de percevoir sur le péage de Roye. En 1374, par une charte datée de Laon, Jehan Camus vend à Charles V ses cent livres de rente.

La vente du *petit péage* de Roye est faite au roi Charles VI en 1394, par Regnaud de la Chapelle, son maître des comptes. Le petit péage était alors tenu à foi et hommage de Jehan de Dargies, écuyer, fils de Regnault de Dargies, qui avait vendu à Charles V la chatellenie de Roye. Comme conséquence de cette cession, Charles, comte de Dammartin, et Jeanne Dambroise sa femme, renoncent par un acte du mois de juillet 1394, à tous les droits qu'ils avaient sur le péage de Roye, à cause de leur chatellenie de Nesle.

Jean de Dargies, seigneur de Parvillers et de Ressons, reconnaît par une quittance du 2 juillet 1394, avoir été désintéressé du prix de la vente faite au roi, « et quint « deniers quy luy pouvoient appartenir. »

Les frères et les sœurs de l'Hôtel-Dieu de Paris avaient, aux termes de l'Ascension et de la Chandeleur, cent livres parisis à prendre sur les revenus de péage de Roye.

Le Chapitre de Saint-Pierre de Beauvais percevait cent livres par an sur le même péage. Cette somme lui avait été donnée par Antoine Du Bois, évêque de Béziers, abbé commandataire de Saint-Lucien de Beauvais, et possesseur du fief de Roye.

On voit par ces différents documents, de quelle importance étaient les produits provenant du droit de péage. Un tarif des taxes perçues, vers 1393, en donnera une idée :

Article Ier. — Tous avoirs (marchandises) venant de Flandre, d'Arras et autres lieux que ce soit, doivent acquit et péage parmi la ville de Roye, et à faute de le faire, paieront double péage, avec amende au profit du « péageur. »

II. — Tous vins d'Orléans, Bourgogne, Auxerre et autres, doivent deux sols par queue, et par chemin dévoyé paieront double péage, qui est de quatre sols par queue.

III. — Tous marchands, voituriers venant de Saint-Quentin, Ham et autres lieux, passant par Roye, branches et circonstances d'icelui, doivent péage audit Roye, sans franchise.

IV. — Tous chevaux et juments passant, doivent six deniers par bête.

V. — Tous avoirs chargés sur chariots et charrettes en façon de cibbes, doivent dix sols six deniers, et par faux-passages, trente-cinq sols.

VI. — Tous fardeaux ou trousseaux étant chargés sur chariots ou charrettes, doivent trois sols par fardeaux ; s'ils passent trois cents pesant, ils doivent six sols.

VII. — Tous autres avoirs ou trousseaux doivent péage audit Roye, c'est à sçavoir : un sol pour cent, et par-dessus de trois cents, doivent péage entier.

VIII. — Tous cuirs à poil qui sont sur chariots ou charrettes, doivent dix-sept sols six deniers, et par le faux-passage, ils doivent trente-cinq sols.

IX. — Tous cuirs tannés, bœufs, vaches doivent péage. C'est à sçavoir : huit deniers par pièce.

X. — Tous huiles, miels, harengs, d'où qu'ils soient, doivent huit deniers pour barils, et passant par faux-passage, donneront seize deniers.

XI. — Tous chevaux, mules, mulets, baudets chargés de quelques marchandises que ce soit, doivent six deniers.

XII. — Tous épiceries, fers, aciers, étain, cuivre, doivent un sol pour cent.

XIII. — Tous marchands venant de Saint-Quentin et autres lieux, ayant trousseau derrière la tête, doivent pour péage, seize deniers.

XIV. — Tous merciers, porteurs à dos, doivent péage, à sçavoir : *un pater et un ave*.

XV. — Tous asines, pourceaux, brebis, agneaux et aultres pieds fourchus, doivent trois deniers par pièce.

En 1348, Jehan d'Abancourt, seigneur de la Mairie de Warloy, fait à Mathieu de Roye le dénombrement d'un fief appelé le : *Pontenage de Roye* ; on voit par ce document que les chevaux, ânes et mulets passant sur « le pont-Avre », soit attelés ou portant à somme, payaient : un denier parisis ; les porcs, les moutons devaient une maille parisis. Les gens passant de pied, étaient tenus de dire chacun et chaque fois « une patenôtre » à l'église de Saint-Gilles, en priant Dieu pour ceux auxquels appartenait le Pontenage, et ce, sous peine de soixante sols parisis d'amende, dont moitié pour le seigneur et l'autre moitié pour le prévôt forain de Roye.

Le détenteur du fief du Pontenage était obligé au bon entretien du pont ; il était en outre tenu de « servir les plaids » en la cour du seigneur de Roye, de quinzaine en quinzaine.

Le chapelain de l'hôpital Saint-Ladre avait droit de prendre, au jour de Noël, dix sols par an sur le pontenage, mais il devait dire un obit annuel.

Les religieux de l'abbaye de Saint-Lucien de Beauvais avaient une rente de deux cents livres à toucher sur le pontenage de Roye, en deux termes : « c'est à sçavoir, « Chandeleur et Ascension, par égale portion. » En 1448, la rente payée aux religieux fut de deux cent dix-sept livres huit sols six deniers, peut-être y avait-il un arriéré. (*Documents inédits.*)

La perception du droit de péage ou de pontenage, donnait quelquefois lieu à des contestations ; ainsi, sous Louis IX, en 1268, des bourgeois de Saint-Audemar envoyaient des draps à la Rochelle, et afin d'éviter le péage de Roye, les voituriers prirent un autre chemin. Ils étaient près d'arriver, lorsque les préposés du péage (*pedigaria*) les firent arrêter et saisirent leurs marchandises, sous prétexte qu'ils n'avaient pas acquitté les droits. Les bourgeois en appelèrent à la cour du Parlement, qui jugea qu'il n'était rien dû au pontenage de Roye. « Tandem « viso registro domini regis et per ipsum registrum, « invento quod dicti burgenses, eundo apud Rupellam, . « non debent ad dicta pedagia cheminum. »

Les registres du roi différaient de ceux de la cour du Parlement, ils ne contenaient que l'état des impôts et redevances dûs au roi, en sa qualité de seigneur féodal.

Charles VI apporta des modifications à l'impôt du péage ; par lettres du 24 mars 1393, le roi ordonna que les droits de péage et de pontenage seraient perçus à Roye, Péronne et Compiègne, quand même les voituriers conduisant des marchandises auraient évité de passer par ces villes.

D'après un compte de la prévôté de Roye, du 9 janvier 1438, le péage avait été adjugé moyennant la somme de trente-deux livres parisis, à haut et puissant seigneur Charles d'Athies, chevalier. Dans un autre compte des revenus royaux provenant du domaine de Roye, les droits du grand et petit péage produisaient, en 1564, deux cent dix livres parisis.

Les marchands de Roye qui menaient du vin au-delà de la châtellenie de Nesle, payaient seize deniers et une obole, pour le péage de Nesle (1581). Si, au contraire, les chariots allaient de Nesle à Roye et que le vin fut vendu dans cette dernière ville, ils devaient un demi-acquit de dix deniers ; mais si au lieu de le vendre à Roye, le vin passait outre, ils devaient vingt deniers de péage.

Par une charte datée de Paris du mois d'avril 1223, Philippe-Auguste autorise Jean de Nesle à prendre des droits de péage à Vrély-en-Santerre, de la même manière qu'il en percevait à Hallu.

Un arrêt du Parlement, comme nous l'avons dit, avait adjugé à Maximilien de Belleforière de Soyecourt, les terres et seigneurie de Roye, ainsi que le droit de pontenage. Le 21 octobre 1716, Marie-Renée de Belleforière afferma le droit de pontenage de Roye, pour neuf années, moyennant cinquante livres par an. Mais ce droit fut contesté par l'Echevinage à la marquise de Soyecourt ; un arrêt du Parlement du 4 mars 1727, ordonna à la dame de Belleforière d'en justifier la possession, tant par elle que par ses auteurs.

Il faut croire que le droit de pontenage ne fut pas bien établi par la dame de Soyecourt, car par un arrêt de 1733, le roi supprima le droit de pontenage prétendu par la marquise, tant sur le pont du faubourg de Saint-Gilles que sur la rivière d'Avre, avec défense expresse d'en continuer la perception, sous peine de restitution des droits perçus et d'une amende arbitraire au profit de Sa Majesté : les fermiers furent menacés d'être poursuivis extraordinairement, comme concussionnaires.

Par un autre arrêt du même jour, Louis XV supprima également le droit de Travers, aussi prétendu par la dame de Belleforière, dans le village de Guerbigny, quoiqu'elle eût justifié de ce droit par d'anciens dénombrements, dont l'un de 1395, et par des comptes de receveurs des années 1430 et suivantes.

Enfin, le 21 janvier 1750, trois arrêts du Conseil d'Etat supprimèrent également le droit de Travers, dans les villages de Crapeaumesnil, de Beuvraignes, de Warsy que la marquise voulait percevoir, et ce, sous les mêmes peines que celles rapportées plus haut.

Ce fut sur la requête des habitants de Roye que ces ordonnances furent rendues. Le droit de pontenage et le droit de Chaussée avaient été confirmés à la ville par un arrêt du Conseil d'Etat du 8 avril 1727.

Le droit de Chaussée se percevait sur les forains passant par la ville, les faubourgs et la banlieue ; ce droit était affermé par adjudication et un tarif réglait les sommes à percevoir. Ainsi, par chariot attelé, chargé ou non chargé : quatre pièces de la plus petite monnaie ou quatre liards ; par charrette : deux liards ; par cheval, mulet, âne, bœuf : un liard ; et pour les troupeaux : deux sols par quinzaine. Huit sols par livre étaient en outre payés par les conducteurs de troupeaux, pour le produit être compté par le percepteur, en sus du prix de son bail, au profit du roi, conformément à l'édit du mois de novembre 1771. Avec le droit de Chaussée, il était également perçu huit sols pour livre, mais proportionnellement ; ainsi, quand le droit de Chaussée s'élevait à quinze deniers, les huit sols pour livre étant de six deniers, le receveur percevait en tout un sol neuf deniers, « à proportion pour autre et plus grand droit. »

Les droits de péage et de pontenage appartenaient aux maire et échevins, ainsi qu'ils le prouvèrent par des titres représentés au Conseil d'Etat, en exécution de l'arrêt du 29 août 1724, et d'un autre interlocutoire du 13 janvier 1750 ; ils se prétendaient fondés, en qualité « d'engagistes du roi » à percevoir des droits de péage à Roye, à Guerbigny, Branches et dépendances. Parmi les pièces produites se trouvait une ordonnance du bailli du 9 octobre 1679, rendue au profit des adjudicataires du droit de péage les autorisant à le percevoir, pour le temps de trois années, moyennant cinq cents livres, payables en deux termes.

Le Conseil d'Etat, d'après les conclusions du maître des requêtes Maboul, procureur-général, et sur l'avis des commissaires, prit l'arrêt suivant : « Le roi étant en son « Conseil, a maintenu et maintient les maires et échevins « dans la jouissance du droit de péage en la ville de Roye « et aux lieux de Guerbigny, de Saint-Mard et de Roiglise, « ou Branches de Noyon, conformément à l'arrêt du « Conseil du 29 avril 1749, pour les percevoir aux charges « et conditions portées par cet arrêt, et suivant le tarif « ci-après :

« 1° Par queue de vin, *deux sols tournois.*

« 2° Par baril d'huile, de miel, de harengs : *huit deniers.*

« 3° Par cuir tanné de bœuf ou vache : *trois deniers.*

« 4° Par chariot chargé de marchandises autres que « des blés, grains, farines, légumes verts ou secs : *dix sols.*

« 5° Par charrette chargée de même : *huit sols.*

« 6° Par cheval ou autre bête de somme chargé de « même : *un sol quatre deniers.*

« 7° Par cheval ou jument mené vendre : *six deniers.*

« 8° Pour chaque âne ou ânesse mené de même : « *trois deniers.*

« 9° Pour chaque bœuf ou vache mené de même : « *trois deniers.*

« 10° Par chaque porc : *trois deniers.*

« 11° Par douzaine de moutons ou brebis : *un sol,* « et à proportion du plus ou du moins.

« Lorsque les droits cy-dessus auront été acquittés dans « l'un desdits lieux, il ne sera rien payé en passant par les « autres... Ordonne, Sa Majesté, que les maire et échevins « seront tenus d'acquitter les charges portées par l'arrêt du « Conseil du 29 avril 1749, en conséquence, d'entretenir, « à l'avenir, en bon état, le pont situé sur la rivière « d'Avre, qui communique de la ville de Roye au fau- « bourg de Saint-Gilles, de le reconstruire au cas qu'il y « ait lieu, de payer une rente annuelle de six cents livres « à la dame Du Crozé (adjudicataire) sa vie durant, et « après son décès de continuer la même rente au domaine « du roi, d'acquitter les autres charges dont ils peuvent « être tenus, en raison dudit péage et de se conformer « pour la perception aux édits et réglemens concernant « les droits de péage, le tout à peine contr'eux de réunion « dudit droit au domaine, de restitution des sommes qui « auroient été indûment exigées, d'une amende arbitraire « au profit de Sa Majesté et contre leurs fermiers ou « receveurs, d'être poursuivis extraordinairement comme « concussionnaires et punis comme tels, suivant la rigueur « des ordonnances. »

Par cet arrêt rendu à Versaillles le 22 février 1752, on voit qu'il a été fait une enquête, dans laquelle ont été entendus des habitants de Guerbigny, sur l'usage établi pour la perception des droits de péage ; le curé et les marguilliers déclarent qu'ils ont vu lever un droit de péage, consistant seulement en trois sols par voiture et six deniers par bête chargée passant sur le pont de Guerbigny, mais rien sur les marchands forains, ni sur ceux de Montdidier venant au marché, ni même sur ceux des communes éloignées de deux lieues de Guerbigny, mais seulement sur les marchandises arrivant de Flandre, de Champagne ou de Bourgogne. Des habitants de Warsy, des marchands drapiers, des bonnetiers, des cordonniers, des corroyeurs de Montdidier, confirment les mêmes faits.

L'arrêt précédent avait été rendu en exécution des lettres-patentes du roi, données à Versailles le 13 janvier 1750, qui mettaient en demeure les maire et échevins de rapporter « la pancarte » d'après laquelle étaient perçus les droits de péage. Pour appuyer ses droits, l'Echevinage avait député à Paris le receveur municipal Goret ; il avait en outre, pour mission, de soutenir devant la Chambre des Comptes, le remboursement de six mille livres que devait à la ville Bosquillon de Bouchoir, receveur des tailles, et auquel il avait été condamné.

L'Echevinage continua de percevoir les droits de péage et de pontenage, qui formaient une des principales ressources du budget municipal, jusqu'à la Révolution, époque à laquelle disparurent ces droits féodaux.

Le droit de *Travers* perçu sur certains chemins équivalait au droit de douane ; il se payait lorsque l'on passait d'un territoire sur un autre.

En 1204, le Travers de Roye s'étendait jusqu'au village de Boiteaux, du côté de Montdidier.

Dans le cartulaire de Philippe-Auguste (folio 55), il est question du Travers de Roye, sous ce titre : *De transversis Domini regis et comitis sancti Pauli*. Dans une enquête faite devant Barthélemy de Roye et Aubert de Hangest, on voit que l'usage était que tous ceux qui venaient de la Flandre en France, en Bourgogne ou en

Champagne, devaient le droit de Travers à Roye et à Bapaume ; tous les vins venant de France ou de Bourgogne pour aller en Flandre, payaient de même aussi le Travers dans ces villes. (1316).

Un arrêt du Parlement de 1318, rendu sous Philippe V, confirme également la ville de Roye dans le droit de Travers à percevoir sur les marchandises passant même par Bapaume.

C'était le roi, comme seigneur féodal, qui faisait toucher cet impôt par des préposés. Les habitants de Roye demandèrent, sous certaines conditions, à ce que ce droit leur fut abandonné.

Louis XV, par lettres sur arrêt, abandonne la perception de cet impôt aux maire et échevins, à la condition d'une rente annuelle de six cents livres.

Voici la teneur de ces lettres : « Louis par la grâce de
« Dieu.... Nos chers et bien amez les maire, échevins et
« habitants de la ville de Roye en Picardie, nous ont fait
« représenter que ladite ville a trois portes, à chacune
« desquelles est un pont, pour l'entretien desquels ponts
« ils percevoient un droit de trois deniers par cheval, qu'il
« y avoit un quatrième pont construit sur la petite rivière
« d'Avre qui sépare la ville d'avec le faubourg de Saint-
« Gilles et qui passe aussi à Guerbigny. Que sur cette
« rivière il se percevait un droit de Travers dont la dame
« veuve du sieur de Granval, à présent épouse du sieur
« de Crozé, estoit engagiste à vie, et qu'au mois
« d'avril 1747, l'Intendant d'Amiens ayant visité ce dernier
« pont et l'ayant trouvé en très mauvais estat et prest
« à tomber, a chargé les exposants de le faire abattre et
« d'en faire construire un autre pour notre passage lors
« prochain, ce qu'ils avoient fait avec toute la célérité et
« tout le soin qu'exigeoit un cas aussi pressant et aussi

« intéressant, que cette dépense avoit été considérable et
« ne devoit point estre à leur charge, qu'ils consentoient
« cependant à la suporter, et se charger même à l'avenir
« de celle de l'entretien de ce pont, s'il nous plaisoit leur
« aliéner dès à présent, lesdits droits de Travers de Roye
« et de Guerbigny, moyennant une rente payable à la
« dame de Crozé pendant sa vie, et à nous, après le décès
« de lad. dame, le tout sur le pied du bail actuel de la
« ferme desdits droits, dans cette vue, les exposants
« avoient proposé à la dame de Crozé de les subroger en
« son lieu et place pour lesd. droits de Travers, ce qu'elle
« avoit accepté.....

« En conséquence, ordonnons que lesdits maire, éche-
« vins et habitans de Roye jouiront, à l'avenir, et à
« perpétuité des droits de Travers à nous appartenans en
« ladite ville et au lieu de Guerbigny, tout ainsy et de la
« même manière que nous, nos fermiers et lesd. sieur et
« dame de Crozé en ont jouy et deu jouyr et ce, à com-
« mencer du vingt-neuf avril dernier, à la charge par
« lesdits de payer à la dame de Crozé, sa vie durant, une
« rente annuelle de six cents livres, et après le décès de
« la dame de Crozé, de continuer de payer la rente
« à notre domaine, et à la charge, en outre, de payer tout
« ce qui peut estre dû de la dépense de la reconstruction
« du pont, et de demeurer chargez, à perpétuité, de l'en-
« tretien de ce pont, même de nouvelles reconstructions,
« si le cas y échoit. Permettons aux maire, échevins et
« habitans de Roye de résilier le bail desdits droits de
« Travers à Roye et à Guerbigny, passé par les sieur et
« dame de Crozé, au nommé Gervais, à la charge par eux
« de les garantir.

« Donné à Marly le douzième jour de may l'an de « grâce mil sept cent quarante-neuf, et de notre règne, le « trente-quatrième. »

Les maire et échevins se conformèrent aux conditions imposées par les lettres royales, seulement « à cause de divers empêchements qui leur sont survenus », ils ne purent les faire enregistrer dans le temps prescrit. Ils eurent de nouveau recours au roi qui, le 23 septembre 1778, leur accorda des lettres « de surannation. » L'Echevinage, le 27 février 1779, fit enregistrer ces lettres au Parlement, rappelé dans ses fonctions.

Le Corps-de-Ville mettait en adjudication le droit de Travers, perçu suivant le règlement du 22 février 1752. Cette adjudication se faisait au plus offrant et pour un bail de six années. Au mois d'avril 1770, le droit de Travers fut adjugé à Cavel, maître de l'hôtellerie du Cheval-Blanc, moyennant la somme de deux mille deux cent quatre-vingts livres de fermage annuel, payable par quartiers. On voit que l'Echevinage avait fait une bonne spéculation, puisqu'il ne rendait que six cents livres à l'Etat.

Le prix élevé du fermage des droits de Travers, qui constituait une grande ressource pour la caisse municipale, fait voir l'importance des recettes. En effet, la situation de Roye, au centre de plusieurs routes, donnait lieu à un passage continuel de marchandises et de voyageurs.

« La consommation du pain est beaucoup plus grande « à Roye qu'à Montdidier, dit le bourgeois Scellier, ce qui « provient de la quantité de monde que produit la grande « route de Paris dans les Pays-Bas et de la chaussée « d'Amiens à Noyon, qui traversent la ville de Roye, « toutes les deux en se croisant. »

Des chariots de marchandises, des coches pour les correspondances traversaient Roye continuellement. Le carrosse de Valenciennes et de Lille passait par la ville, quatre fois par semaine ; celui de Valenciennes à Paris, couchait le mercredi à Roye, comme celui de Paris à Lille. La voiture de Paris pour Valenciennes et celle de Lille à Paris passaient à Roye la nuit du samedi.

Il coûtait alors dix livres pour aller de Roye dans la capitale, et on mettait deux jours pour y arriver. La diligence de Paris à Lille, établie en 1755, voyageait depuis la Toussaint jusqu'à Pâques ; elle partait tous les deux jours de Paris pour venir passer la nuit à Roye. Une autre voiture partait de Lille en même temps, pour s'arrêter à Roye ; cette diligence passait vers deux heures de l'après-midi, pour aller coucher à Péronne ; elle quittait cette ville pour Paris à quatre heures du matin : en sorte que deux diligences traversaient Roye chaque jour. Il coûtait cinquante-cinq livres de Paris à Lille, nourriture comprise, et seulement vingt-six livres en partant de Roye.

Toutes ces diligences qui communiquaient à la ville un certain mouvement, augmentèrent dans la suite ; on a vu dix et quinze voitures publiques traverser Roye chaque jour.

Les marchandises qui se transportaient par chariots et qui passaient par Roye, payaient des droits ; aussi, la ville possédait un receveur des Aides pour toucher les revenus dûs au domaine royal. Bien que Roye fit partie de l'Election de Montdidier, elle avait toujours eu un receveur des Aides, dépendant du directeur résidant à Montdidier ; mais, en 1751, la ferme des Aides créa un directeur à Roye, tout-à-fait indépendant de celui de Montdidier. Le premier fut Pouchot, nommé à ces fonctions le 3 août 1751.

Les affaires commerciales exigeaient des correspondances faciles, aussi Roye avait des postillons pour Montdidier et pour Noyon, qui portaient les lettres dans ces villes. Il y en avait un qui allait à Montdidier le dimanche, le mardi, le jeudi et le vendredi de chaque semaine ; il partait à huit heures du matin, arrivait vers onze heures à Montdidier et en repartait le même jour, vers deux heures. Le postillon de Noyon quittait Roye les lundi, mercredi et vendredi de chaque semaine.

Parmi les droits féodaux prélevés sur les commerçants, existait encore : le *Guionnage;* c'était un impôt que les seigneurs faisaient payer pour la sûreté du passage sur leurs terres, les marchands étaient ainsi garantis contre tout vol.

Le Guionnage de Roye appartenait vers 1230, à Guillaume Fursy, bourgeois de Péronne, qui avait acheté à Florent de Hangest, dix livres parisis à percevoir sur ce droit, comme le prouve le dénombrement que Jehan, sire de Nesle, fait au roi Saint-Louis.

Ces droits cessèrent de se percevoir en 1793, ils furent remplacés par un octroi exercé à l'entrée de la ville. Les droits d'octroi frappent non-seulement les boissons, mais les animaux de boucherie, le poisson de mer, les huiles, les bois à brûler et les matériaux de construction ; un tarif publié en 1875, indique les denrées imposées et les prix qu'elles doivent payer.

CHAPITRE V

ADMINISTRATION MUNICIPALE : MAIRIE. — CHARTE DE COMMUNE. — BEFFROI. — HÔTEL-DE-VILLE. — ÉCHEVINAGE. — ÉLECTIONS MUNICIPALES. — SUPPRESSION DE LA COMMUNE. — ÉDIT DU ROI HENRI IV. — LETTRES DE LOUIS XIII. — TROUBLES DANS LES ÉLECTIONS. — CHANGEMENTS DANS L'ORGANISATION MUNICIPALE. — COMPTES ET REVENUS. — BANLIEUE.

La ville de Roye était sous l'administration des comtes de Vermandois, la justice était rendue en leur nom par un officier de leur choix. Le comte Herbert, qui déjà avait donné à la cité naissante tant de marques de sa bienveillance, accorda aux habitants certaines franchises municipales, et le droit d'administrer eux-mêmes les intérêts de leur commune.

Un maire fut choisi, avec lui des jurés et des échevins; les premiers connaissaient des causes civiles entre les habitants, des crimes et des délits non réservés par les comtes, ils avaient aussi l'administration des deniers de la ville. Les échevins, au contraire, formaient avec le châtelain ou son lieutenant, un tribunal qui s'occupait de la justice foncière, jugeait les meurtres en même temps qu'il avait l'exécution des sentences rendues par le maire et les jurés.

Ces deux institutions (jurage et échevinage) furent maintenues quelque temps, mais les conflits qui s'élevèrent entr'elles firent supprimer les châtelains, pour les remplacer par des prévôts royaux; et bientôt il ne resta plus que le maire et ses assesseurs pour administration municipale.

Les châtelains étaient des officiers de l'ordre judiciaire, leurs fonctions devinrent héréditaires ; ils rendaient la justice sous les ordres du bailli de Vermandois ou au nom des seigneurs de Roye, suivant les cas. Les châtelains jouissaient de certains droits et privilèges ; la châtellenie, qui comprenait l'étendue de leur juridiction, leur appartenait ; ils avaient la présidence de l'Echevinage.

Primitivement, le châtelain tenait ses plaids sous le porche de la collégiale de Saint-Florent ; le Chapitre se plaignit de cet état de chose, et un arrêt du Parlement de 1292, enjoignit au bailli de Vermandois d'interdire au châtelain de tenir, à l'avenir, ses assises devant le portail de l'église, nonobstant l'usage qui en existait depuis longtemps.

Malgré cette injonction, le châtelain continua, dans la suite, à ouvrir ses audiences, non plus cependant sous le porche de l'église, mais sur une place vague située derrière le chœur de la Collégiale *qui vocatur cavetum Sancti Florentini*, qui s'appelait : le caveau ou chevet de Saint-Florent. Un arrêt du Parlement de l'hiver 1319, fit défense aux maire, jurés, échevins de Roye et au châtelain, de tenir leurs plaids ou de faire des ventes dans ce lieu consacré, dépendant de l'église, ni dans les emplacements situés entre les piliers extérieurs.

Il résulte d'une sentence rendue par le lieutenant du bailli de Vermandois, le 26 mai 1379, que devant les assises tenues par lui à Roye, s'étaient présentés les doyen et chanoines de Saint-Florent, se plaignant de ce que Jehan Lemaire, substitut du procureur du roi, avait fait enlever des pierres et des matériaux qui se trouvaient sur la place derrière le chevet de la Collégiale, et qui gênaient la circulation. Le bailli fit une enquête, se rendit sur les lieux et entendit des témoins, lesquels déposèrent qu'il était vrai que ce lieu s'appelait : « cave ou caveau de Saint-Florent » et appartenait au Chapitre, « que plusieurs « fois on avait vu que quand aucun avoit méfait en la « ville, il alloit sur la place dessus dicte, il était en la « franchise, en lieu saint de l'église, sans qu'aucun les osât « prendre ou traire hors dudit lieu. » Le bailli ordonna la restitution des pierres enlevées. Sur ce lieu d'asile, le Chapitre fit élever deux maisons canoniales pour le logement des chanoines de la Collégiale.

Les franchises octroyées aux bourgeois de Roye par les comtes de Vermandois, durent être l'objet d'une transaction dont le prix ne nous est pas parvenu ; généralement, ces libertés communales arrachées par la nécessité à la souveraineté des seigneurs, étaient largement payées par les habitants.

Louis VII, parvenu au trône, confirma les privilèges de la ville, et affranchit les vassaux appartenant à la Couronne. Il laissa aux bourgeois le droit d'élire leur maire et les échevins.

En 1256, Saint-Louis rendit une ordonnance par laquelle il fixa au lendemain de la fête de Saint-Simon, c'est-à-dire au 28 octobre, l'élection des maires et des jurés ou notables.

Lorsque le Vermandois fut réuni au domaine royal, Philippe-Auguste donna aux habitants de Roye une charte de Commune, par laquelle il substitua son autorité à celle des comtes de Vermandois. (*Pièce justificative.*)

Le roi accorde la Commune à la louange, gloire et honneur de l'église de Saint-Georges et de Saint-Florent, « sauf son droit, le nôtre et celui de nos vassaux. » C'est là une restriction qui devait se trouver dans la charte primitive, et que le roi ne fait que répéter en l'appliquant à lui et à ses vassaux.

A part quelques clauses nouvelles introduites pour les droits royaux, la charte n'était que la confirmation de celle donnée par les comtes de Vermandois. Comme nous l'avons dit, elle reproduit beaucoup d'articles qui se retrouvent dans la charte de Saint-Quentin. En effet, les articles 18, 25, 30, 37, 38, 40, 45 sont la répétition de ceux contenus dans la Commune de la capitale du Vermandois.

Si quelqu'un commettait un crime, le maire et les jurés pouvaient ordonner de faire raser la maison du coupable ; l'exécution de ce jugement se faisait avec le plus grand appareil : les échevins se rendaient sur les lieux escortés par des arbalétriers et suivis de chariots portant des torches, des cordes et les engins nécessaires pour jeter bas la construction. Si la maison était assez solide pour résister aux efforts des bourgeois, le roi alors prêtait main-forte à la municipalité.

La peine du bannissement était une des peines les plus graves que pût infliger la justice communale. L'homicide était puni du bannissement, l'exécution de cette sentence avait lieu au son de la cloche du beffroi ; le condamné était livré au bourreau chargé de le conduire hors de la ville et de la banlieue. Le coupable banni de la cité, ne pouvait y rentrer sans encourir un nouveau châtiment ; le roi seul avait droit de lui faire grâce et de lui permettre de rentrer, mais alors le gracié devait payer quarante sols d'amende à la commune.

Par l'article 14, le roi abolit une clause insérée sans doute dans l'ancienne charte. Philippe-Auguste s'interdit le droit d'appeler en duel un bourgeois accusé d'un délit. « Notre sergent ne pourra appeler par gage de bataille, un homme de la Commune. » *Appellare per vadia* ne veut pas dire ici: « appeler en garantie », comme un savant l'a écrit dans le *Journal de Paris*, en répondant à la lettre de M. de Corselles du 24 juin 1787, insérée dans la même feuille, mais bien : « appeler en duel. » Le roi déroge par cette clause à l'usage général ; car alors, en matière criminelle, c'était par le duel judiciaire que se décidait la culpabilité de l'accusé : s'il sortait vainqueur de l'épreuve, il était déclaré innocent. Le roi comprenant sans doute combien ce moyen pouvait être injuste dans son application, abolit le duel et voulut que le coupable fut renvoyé devant le tribunal des Echevins.

La charte s'occupe de l'alimentation publique, « nul ne fera de pain qu'à une obole. » Cet article est reproduit de la charte communale de Saint-Quentin, mais cette dernière a un complément qui n'existe pas dans celle de Roye. « Les hommes de la ville pourront moudre et cuire « leur pain où ils voudront » ; la même latitude ne paraît pas être laissée aux bourgeois de Roye ; les seigneurs possédaient un moulin banal, où les habitants devaient porter leurs grains. Le Chapitre de Saint-Florent, de son côté, avait un four banal auquel les habitants étaient obligés de cuire leur pain.

Un autre article (42) singulier est celui qui s'occupe de la confection « des flans et des gâteaux », comme pouvant nuire à la ville. Pour bien comprendre l'utilité de cette interdiction, il faut se reporter à ces époques calamiteuses, où la disette et la famine étaient si fréquentes ; la culture des terres était peu avancée, les guerres continuelles, les dévastations que commettaient chaque jour, dans les campagnes, les seigneurs ou leurs gens, soit à l'occasion de la chasse, soit par représailles entre seigueurs voisins et rivaux, empêchaient les blés de venir à maturité, et rendaient ainsi toute récolte insuffisante pour l'alimentation du peuple. On comprend dès lors que la farine dût servir exclusivement à la fabrication du pain : son emploi à la confection de pâtisseries pouvant augmenter le prix de cette denrée, causer ainsi un préjudice aux consommateurs et nuire, par conséquent, aux intérêts généraux de la commune. Aussi, la charte autorise le Maire à défendre, dans certains cas, la fabrication des gâteaux. Ce sont là des détails qui peuvent paraître puérils, et qui cependant ont leur raison d'être, si l'on se reporte au temps où ces mesures furent prises, et aux causes qui durent les déterminer.

La charte de Philippe-Auguste ne s'occupe pas de l'organisation municipale, c'est qu'à l'époque de son octroi, il y avait déjà un maire et des jurés. Le roi trouva le Corps-de-Ville constitué et ne fit que confirmer l'autorité du maire ; c'est ce magistrat, avec les jurés, qui fixe le montant des amendes, dont le roi aura la moitié ; si cependant, le prince a lieu de croire que les bourgeois n'ont pas été de bonne foi dans la répartition de ce qui lui est dû, le roi exige alors que le maire et trois jurés, affirment sur les saintes reliques, que rien n'a été soustrait à son préjudice.

C'est devant les échevins, au contraire, que le maire et les hommes de la ville seront appelés, s'il s'agit de quelque chose qui appartienne au roi. Le document que nous analysons, tout en constatant la présence du maire et des jurés, ne nous dit pas le nombre de ces derniers ; dans l'article 8, il est bien question du maire et des trois jurés, mais rien n'indique leur chiffre, il est probable qu'il était supérieur à trois : *major cum tribus juratis*, le maire avec trois jurés, est-ce à dire avec trois des jurés ; il en est de même du nombre des échevins. Cependant une ordonnance de Saint-Louis, dont nous parlons plus loin, fixe à quatre le nombre des jurés.

L'Echevinage était, du reste, une juridiction fort ancienne, ainsi qu'on le voit dans les Constitutions de Charlemagne ; elle était parfaitement distincte de celle des maire et jurés. Les échevins étaient bien des bourgeois de la ville chargés de veiller, concurremment avec les jurés, sur les droits et les libertés de la commune, mais ils agissaient sous les ordres du comte de Vermandois, et plus tard, sous les seigneurs de Roye ou sous leurs châtelains.

On trouve dans un arrêt du Parlement la confirmation de l'existence des jurés, concurremment avec les échevins : « Ballivus Viromandensis ceperat quemdam burgensem « de Roya, qui dicitur Moritinus occasione cujusdam cle- « rici quem in via graviter et proditione vulnaverat, et « ipsum duxit captum apud Compendium. *Major* et *Jurati* « Royenses petebant justitiam de ipso, dicentes quod per « cartam suam, debebat causam hujus modi finiri « inter villam Roya, retro scabinorum judicio. » Le maire et les jurés de Roye réclamaient le coupable, mais un arrêt du Parlement de la Saint-Martin d'hiver de 1261, décida que la connaissance de ce crime n'appartenait pas aux maire et jurés, mais aux échevins, parce qu'eux seuls pouvaient connaître des faits relevant de la justice du roi.

Le sceau dont nous avons donné ailleurs la description, est le sceau de la commune représentant seulement le maire et les jurés. Le maire avait aussi un lieutenant ou adjoint, comme on le voit par la charte d'Ermentrude, châtelaine de Roye ; parmi les témoins de cet acte figure : *Tenardus tunc loco majoris,*

Aprés la réunion de la ville à la couronne royale, les échevins furent des officiers du roi, jugeant en son nom. « Nous ne pourrons, dit le monarque, (art. 2), exercer « aucune poursuite contre les hommes de la Commune, « si ce n'est en jugement devant les Echevins. » « Nisi « recto judicio scabinorum », et plus loin : « Sed bur- « genses super hoc foris facto recto stabit judicio scabi- « norum. » Ainsi tous les délits commis au préjudice du roi devaient être portés devant le tribunal des Echevins, qui était la magistrature royale. Ces deux magistratures (jurage et échevinage) existèrent ainsi séparées dans leurs attributions jusqu'à l'abolition de la Commune, en 1373.

A cette époque, Charles V consentit à abolir la charte communale, à la condition que les habitants reviendraient dans la ville, et y demeureraient « sujets en prévôté. » Le roi confia alors l'administration municipale à un prévôt qui remplissait les fonctions de maire, puis supprima le jurage qu'il remplaça par des échevins dits : *échevins-jurés*, choisis par les bourgeois.

Avant la charte de Philippe-Auguste, la commune possédait un beffroi dans lequel se trouvait la cloche servant à assembler les habitants, pour s'occuper des affaires de la ville : « Major et jurati ad congregandos « homines villæ pro negotiis suis, campanam sonare « faciunt. » Le beffroi était le signe de l'affranchissement des communes.

Le premier monument de ce genre était dans la rue du Beffroi, qui aboutissait à la place du Marché. On lit, en effet, dans un compte de la Seigneurie de Roye de 1534 : « de François au lieu de Jehan Bridelle pour une maison « où il demeure, *où soullait estre le beffroi.* » Il s'élevait sur une plate-forme entourée d'escarpements en terre,

PORTE EXTÉRIEURE DU BEFFROI

protégés par une muraille et défendus par des fossés ; on en voit encore des traces dans les jardins des premières maisons du côté gauche, en descendant la rue de Paris.

Le beffroi détruit, comme les autres édifices, lors de la prise de Roye, en 1373, fut rebâti et placé près de l'Hôtel-Commun. Le bas de la tour sur lequel il repose, laisse voir encore des ornements du xve siècle. La porte qui forme un arc infléchi, était surmontée d'un pinacle fleuronné. La moulure supportée par des têtes d'animaux, formait cul-de-lampe ; au-dessus existait une frise du même style et ornée de feuillages. (*Voir la gravure.*)

Le beffroi actuel est une tourelle hexagonale en pierres et en briques, dans laquelle existe un escalier qui conduit au clocher. Le toit recouvert de lames de plomb, a la forme d'un dôme, il est surmonté d'un campanile à jour, supporté par six colonnes ; au-dessus existe un autre campanile plus petit, qui termine l'édifice en forme de coupole, sur laquelle s'élève une girouette.

C'est dans le premier campanile et sous le toit que se trouvent les deux cloches qui sont au beffroi. La première, qui a soixante centimètres de hauteur, porte la date de 1382 ; on y voit les armes de la ville avec cette inscription : 𝔍𝔢 𝔣𝔲𝔰 𝔣𝔞𝔦𝔰 𝔭𝔬𝔲𝔯 𝔱𝔬𝔲𝔰 𝔩'𝔞𝔫 𝔪𝔦𝔩 𝔠𝔠𝔠 𝔮𝔲𝔞𝔱𝔯𝔢^{xx} 𝔢𝔱 𝔢𝔱 𝟏𝟏. C'est la doyenne des cloches de la ville, elle servait autrefois à indiquer les assemblées publiques qui se faisaient toujours « à son de cloque » ; elle n'était pas mise en branle, mais une chaîne fixée au battant lui faisait, au moyen d'un mécanisme, frapper les parois de la cloche.

On entretenait dans le beffroi « un guetteur » qui devait prévenir des incendies et de l'arrivée des troupes, comme on le voit par différents comptes de la ville : « paié pour « ses peines et salaires pour avoir fait le guet dans

« le beffroi, trois mois pendant les passages des troupes
« des gens de guerre, qui ont passé par la ville, que
« durant le quartier d'hiver que dura la garnison d'une
« compagnie. »

Aujourd'hui, c'est la cloche supérieure qui sert à annoncer les événements ; elle est plus grande que la précédente, est fendue et porte des traces de fusion. Elle a près d'un mètre de hauteur, et pèse environ sept cent cinquante kilogrammes. Cette cloche porte pour inscriptions : Sit nomen domini benedictum : puis : « orloge
« pour la ville de Roye, faicte au mois de mars
« l'an MCCCCII, à grant pasques. »

Cette légende indique que cette cloche fut fondue pour marquer l'heure ; un mécanisme met en mouvement un marteau qui frappe sur le métal. Cette inscription nous apprend aussi, qu'à cette date, une horloge existait, elle fut plusieurs fois restaurée, et rétablie en 1665 ; celui qui était chargé de son entretien jouissait de l'exemption du logement des gens de guerre, et touchait vingt livres de gages.

L'horloge que l'on voyait il y a quelques années, datait de 1776 ; elle avait été fournie par Grandhomme, horloger à Roye, moyennant la somme de huit cents livres. Pour les mouvements de la sonnerie des seaux remplis de mitraille servaient de contre-poids ; ils furent remplacés, en 1777, par des poids en fonte.

Deux autres cloches plus petites, placées près de celle de l'horloge servent à sonner les quarts : sur l'une on lit : L'AN 1777, NOUS AVONS ÉTÉ FAITES AINSI QUE L'HÔTEL-DE-VILLE, SOUS LA TRIENNE DE M. CATHOIRE, OFFICIER D'INFANTERIE, MAIRE ET SUBDÉLÉGUÉ DE CETTE VILLE DE ROYE.

Sur l'autre : L'AN 1777, MM. DEBONNAIRE, LIEUTENANT DE MAIRE, LEROUX, GORET, ÉCHEVINS, MM. JOBART ET MASSON, ASSESSEURS.

Le beffroi fut à plusieurs reprises relevé de ses ruines ; en 1698, il fut en partie reconstruit, on l'éleva de quelques mètres ; la charpente fut adjugée moyennant la somme de sept cent soixante-quinze livres, à Dollé, charpentier à Noyon, lequel fut également chargé de la couverture en ardoises, qui coûta deux cent soixante-cinq livres. C'est Jehan Dhuin, maître maçon à Roye, qui fit la maçonnerie ; les travaux furent exécutés en trois mois. La hauteur du beffroi est d'environ trente-huit mètres du sol au sommet.

C'était à l'Hôtel-Commun que le maire et les échevins tenaient leurs séances ; c'est là que se faisaient les grandes assemblées des habitants. Nous n'avons pu rien découvrir sur l'époqne de la construction de l'ancienne maison de ville, nous savons seulement que l'hôtel actuel a été construit, en partie, sur l'emplacement de l'ancien, mais dans de plus grandes proportions. En 1665, le bâtiment était couvert en tuiles, et c'est, vers 1679, que la couverture fut faite en ardoises.

L'ancien hôtel tombant tout-à-fait en ruines, on songea à le reconstruire ; la première pierre fut posée par le Corps-de-Ville, le 22 mars 1775, il fut achevé en deux ans ; sa reconstruction coûta trente-quatre mille cinq cent quatre-vingt livres. La disposition nouvelle permit d'offrir au Grenier à sel une place plus grande, puis un prétoire et une salle du conseil pour les officiers du Bailliage ; enfin, des appartements nécessaires aux divers services de la mairie.

L'architecture de l'Hôtel-de-Ville est fort simple, mais d'un bon goût ; la façade principale donnant sur la Place est en pierres de taille et à bossage, sa hauteur est d'environ dix mètres à partir du sol ; au centre, se trouve une grande porte cintrée avec une fenêtre de chaque côté ; cette entrée était surmontée, avant la Révolution, d'un écusson portant les armoiries royales. Le premier étage a trois fenêtres : la principale, qui correspond à la porte, s'ouvre sur un large balcon en pierre de Senlis, entouré d'une grille en fer forgé. Au-dessus s'élèvent deux pilastres sur lesquels étaient, d'un côté, les armes de l'intendant de Picardie, et de l'autre, celles de la ville ; ils supportent un fronton monumental, orné autrefois d'une couronne royale avec trois fleurs de lys. Entre les pilastres, au-dessus de la corniche, se trouve le cadran de l'horloge entouré de branches de lauriers sculptées en relief. A droite et à gauche, sur l'entablement, règne une galerie à balustres en pierre. Le toit forme mansarde ; de chaque côté est placé un œil-de-bœuf, pour l'accompagnement de l'attique.

L'entrée de la mairie donne sur la rue de Paris, un large escalier garni d'une rampe en fer forgé, conduit au premier étage ; le rez-de-chaussée est occupé par le logement du concierge, un corps-de-garde, un cachot, un entrepôt et l'ancien magasin des pompes à incendie.

L'aspect intérieur de l'Hôtel-de-Ville est presque grandiose, et ferait envie à plus d'une localité voisine. Sur le premier palier de l'escalier s'ouvre la salle d'audience de la justice de paix. L'auditoire est spacieux, bien éclairé ; autour de la salle règne une boiserie, au fond est appendu un tableau représentant le Christ, dû au pinceau de Dourlans, peintre à Roye.

Du prétoire, on parvient par un escalier de trois marches dans la salle aux délibérations du conseil muni-

HÔTEL DE VILLE DE ROYE

avant la Révolution.

cipal ; à côté, sont le cabinet du maire et le secrétariat, où se tenait le bureau du télégraphe.

Cette salle était autrefois tendue de tapisseries d'Abbeville, à fond bleu, parsemées de fleurs de lys d'or ; au-dessus de la cheminée en marbre de Clermont, était le portrait en pied de Louis XVI. Des dessus de portes ornés de toiles, représentant la Force et la Justice, étaient l'œuvre de Gaultier, peintre de Paris.

Telles sont les dispositions intérieures de l'Hôtel-de-Ville, elles répondent à peu près à tous les besoins du service de la mairie.

Plus heureuse que beaucoup d'autres, la mairie de Roye possède encore quelques archives sauvées du pillage des ennemis, et du vandalisme révolutionnaire. On retrouve parmi les anciens titres, des chartes sur parchemin de Charles IX et d'Henri IV, on peut même voir la signature autographe de ces rois ; puis des lettres-patentes de Louis XII, d'Henri IV, de Louis XIII, de Louis-le-Grand, et de Louis XV. On trouve aussi des lettres adressées par ces princes à la municipalité, pour annoncer quelques victoires ou pour donner le bulletin de la marche des armées.

On rencontre encore des fragments de registres concernant les dépenses faites pour les fortifications, et antérieures à 1600 ; mais avant cette époque, il n'existe rien concernant les résolutions prises par les officiers municipaux ; ce n'est que depuis 1643 que l'on peut suivre les délibérations municipales. Les archives contiennent encore de nombreux documents sur les anciennes églises, et sur les communautés religieuses.

Après l'abolition de la Commune (1373), les habitants revinrent dans la ville ; ils réédifièrent les maisons, relevèrent les églises, mais ne jouirent plus de Commune.

7

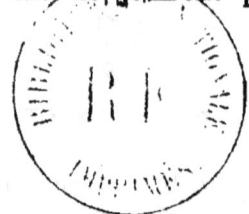

L'administration municipale paraît alors avoir appartenu au roi, qui la dirigeait au moyen d'un prévôt (*prœpositus*); cependant, bien que l'administration manquât d'un chef ou maire, élu par les habitants, comme aux termes de leur ancienne charte, on voit figurer des échevins, siégeant à côté du prévôt. Les habitants administraient les intérêts de leur ville par des échevins élus par eux, mais présidés par le prévôt royal ou par son lieutenant, représentant le roi.

Dans un acte capitulaire du 16 novembre 1477, les échevins François Bazin, Pierre Gilles, assistent avec Albert Guibon « locum tenens prepositi royensis » à une délibération prise au sujet de la Maladrerie. Dans un registre du chapire Saint-Florent, on voit un acte auquel assistent Joanne Bazin, lieutenant du prévôt, avec trois échevins. Enfin, dans tous les actes que nous avons pu rencontrer, c'est le prévôt qui remplit les fonctions de maire, soit le prévôt royal, soit le prévôt forain. Ainsi, des droits de leur ancienne Commune, les bourgeois de Roye ne paraissent avoir conservé que la nomination des échevins; l'élection s'en faisait tous les ans, à la Saint-Remy.

Cet état de choses dura jusqu'en 1594; à cette époque, la ville étant tombée au pouvoir d'Henri IV, les bourgeois, parmi les articles de la capitulation de leur ville, introduisirent cette clause : « Plaira à Sa Majesté accorder aux « habitants de la ville de Roye l'establissement d'un « mayeur et de quatre échevins pour la justice et police « de la ville. » Ce qui leur fut accordé.

Cet article prouve suffisamment qu'il n'y avait pas de mayeur avant 1594. Cependant, Grégoire d'Essigny dans sa liste des maires, cite le nom de Louis de Beaurein, **comme ayant exercé les fonctions de maire en 1475**; c'est là une qualification qui ne nous paraît pas justifiée. Louis de Beaurein ne figure, comme maire, que dans la tragédie de l'*Enlèvement de la Châsse de Saint-Florent ;* c'est un nom et un titre supposés par l'auteur du poëme, mais ce n'est pas un personnage historique, et surtout un maire.

Il arrivait parfois que les prévôts prenaient la qualité de maire dont ils remplissaient les fonctions. Ainsi, lors de la rédaction de la Coutume, en 1567, le prévôt royal paraît avec les échevins, comme « maire perpétuel. » Un acte de saisine, du 17 février 1590, indique le prévôt Jean Leblanc, comme mayeur. Dans un autre acte du 4 juillet 1591, Pierre Dupré, prévôt, comparait comme mayeur, dans une délibération de l'Echevinage, concernant des réparations à faire à la porte de Saint-Pierre.

Aussitôt l'autorisation accordée par Henri IV, pour l'établissement d'un mayeur et de quatre échevins, on procéda de suite à l'élection, et le 20 mai, Adrien Bellot fut nommé.

Cependant après l'élection d'un mayeur qui devait nécessairement supprimer le prévôt dans ses attributions comme maire, on rencontre encore le mot prévôt pour désigner le chef de l'administration.

Nous citerons un extrait des comptes et revenus de la ville : « Compte-rendu par Jean Caron, marchand à Roye,
« argentier de la ville pour un an, du 1er octobre 1600,
« donné aux prévôt, échevins de la ville, Pierre Coppet,
« avocat du roi, Louis Caddé, Antoine Boucquel, Jean
« Hannique, contrôleur au magasin à sel, et Florent
« Barbier, marchand bourgeois, échevins, pardevant *Guy*
« *Marcotte, prévôt royal* de la ville, en présence de
« Pierre Turpin, procureur du roi, François Carton,
« contrôleur des fortifications. »

C'est que la charge de mayeur rendue au choix des habitants, par les lettres de la capitulation, fut supprimée le 22 décembre de la même année, par arrêt du Parlement, qui portait rétablissement des fonctions de prévôt royal, et d'échevins, pour être exercées, comme avant le rétablissement de la mairie, avec défense aux maire et échevins précédents, de troubler le prévôt dans ses fonctions. Mais en 1636, après la reprise de Roye, les habitants supplièrent Louis XIII, alors dans la ville, de leur donner un mayeur et quatre échevins ; le roi pour récompenser les habitants de leur fidélité, accorda leur demande.

Des élections se firent chaque année, à partir de cette époque ; mais elles donnaient lieu à toutes sortes d'intrigues, chacun briguait l'honneur d'être le premier citoyen de la cité : les élections de 1642 avaient surtout été fort orageuses. L'intendant de Picardie commit à la charge de mayeur, Antoine Fraillon, premier échevin ; les habitants protestèrent, et le 21 septembre 1643, ils reçurent du roi une lettre de cachet ainsi conçue : « Chers
« et bien amés, le temps approchant auquel vous avez
« accoustumé de faire élection des mayeurs et eschevins
« de votre ville, estant bien informé que le nommé
« Fraillon à présent premier eschevin qu'y a esté cy-
« devant commis en la charge de mayeur par le sieur
« de Bellejamme intendant de la justice en Picardie, nous
« ayant servi avecque le soin, affection et fidélité que nous
« pouvions désirer, nous vous faisons cette lettre de
« l'advis de la reine régente notre très honorée Dame et
« Mère par laquelle nous vous mandons, ordonnons et
« très expressément enjoignons qu'en procédant par vous
« à ladite élection au jour de Saint-Remy prochain, *vous*
« *ayez à nommer pour mayeur ledit Fraillon*, sur l'as-

« surance que nous avons quil nous y servira et le public
« aussy utilement qu'il a fait par le passé, sans toutefois
« tirer à conséquence pour l'advenir, n'y faire préjudice
« à vos privilèges, dans lesquels nous vous conserverons
« soigneusement. »

Il est difficile d'expliquer l'intervention de l'autorité royale dans la nomination d'un mayeur, alors que le roi reconnaît aux habitants le droit de le nommer eux-mêmes. Cependant, on voit quelquefois, même de nos jours, le gouvernement, tout en reconnaissant aux électeurs le droit de choisir qui bon leur semble, leur indiquer un candidat et le recommander à leurs suffrages.

Aussi les Royens pour obéir aux désirs du roi, nommèrent-ils Antoine Fraillon, mayeur pour l'année commençant au mois d'octobre 1643 et finissant en octobre suivant, et avec lui, quatre échevins.

Les nouveaux officiers s'installèrent dans l'Hôtel-Commun, choisirent pour greffier Pierre Cordier, notaire, et pour receveur des deniers communs : Louis Leblanc. Ainsi constitués, ils décident qu'ils tiendront « leur bureau » de huit jours en huit jours, le samedi, à l'issue des vêpres.

Le mayeur et les échevins constatent qu'ils n'ont trouvé dans l'Hôtel-Commun, aucun registre des résolutions municipales. Les archives étaient alors en désordre ; il y avait eu un grand relâchement dans l'administration municipale. Depuis de longues années, les mayeurs en charge n'avaient pas rendu compte des deniers communaux, aussi les officiers résolurent-ils de demander des comptes aux héritiers de Charles Aubé, à Pierre Turpin, à Antoine Hannique et à Antoine Berthe, tous anciens maires ; ils engagèrent, en même temps, ceux qui avaient des titres appartenant à la ville, à les faire déposer au greffe.

Le 14 septembre 1647, Henri Gamain, intendant de Picardie, vint à Roye ; il assembla le corps municipal à l'Hôtel-Commun et l'informa, qu'à l'avenir, les élections ne se feraient plus à la Saint-Remy, mais la veille de la Saint-Jean-Baptiste. En conséquence, l'Intendant déclara qu'il n'y aurait pas d'élection au mois d'octobre, que les mayeur et les échevins en charge prêteraient serment et conserveraient leurs fonctions jusqu'à la veille de la Saint-Jean-Baptiste (1649).

Selon les ordres de l'Intendant, les magistrats furent conservés jusqu'au 23 juin 1649. A cette époque, voici comment on procéda aux élections.

Tous les habitants de la ville et des faubourgs étaient divisés en cinq quartiers : celui de la Place, celui de Paris, d'Amiens, de Saint-Pierre et celui des faubourgs. Les habitants de chaque quartier s'assemblaient la veille de la Saint-Jean-Baptiste, à neuf heures du matin, dans la maison de celui qui, l'année précédente avait été nommé : *mayeur de quartier ;* étant assemblés, ils se transportaient dans l'auditoire de l'Hôtel-Commun pour prêter serment entre les mains du Bailli ou de son lieutenant, « de procéder en leur conscience », à la nomination de trois personnes de chaque quartier. Ceci fait, ils retournaient dans la maison du mayeur de quartier, afin de nommer trois d'entre eux, sur une liste de douze personnes désignées comme *prud'hommes*. Cette liste était remise au maire en charge, par le bailli.

Les prud'hommes ne pouvaient remplir ces fonctions qu'une fois en leur vie, et ne pouvaient être nommés mayeur ou échevins l'année de leur exercice. Les trois prud'hommes nommés dans chaque quartier formaient un total de quinze personnes. Chaque mayeur de quartier amenait alors les élus à la chambre de ville, ils ne devaient, sur le chemin, parler à personne, « de crainte de brigue » ; ils prêtaient alors le serment de procéder en leur conscience, à la nomination d'un maire et de huit échevins. Ils choisissaient sur deux listes — une pour le mayeur et l'autre pour les échevins — dressées par le bailli en présence des gens du roi ; leur choix étant fait d'un maire et de huit échevins, ces derniers étaient tirés au sort pour réduire leur nombre à quatre.

Alors on proclamait le nouveau maire et les nouveaux échevins ; si le mayeur n'était pas présent, le greffier, avec les sergents-de-ville, allaient le prendre à son domicile et l'amenaient, en grande pompe, à l'Hôtel-Commun, au son de la cloche du beffroi. Là, en présence du bailli, des gens du roi, du mayeur et des échevins en charge, il prêtait le serment d'apporter dans l'exercice de ses fonctions le plus grand zèle et le plus grand dévouement. La moitié des clefs de la ville était confiée aux maire et échevins, l'autre moitié demeurait chez le gouverneur ou chez son lieutenant. Le mayeur et les échevins ne pouvaient être exempts de la taille pendant l'année de leur exercice.

C'était donc un mode d'élection à plusieurs degrés qui devait assurer le meilleur choix ; cependant l'intrigue, la cabale, trouvaient moyen de se faire jour.

Le 23 juin 1653 avait été fixé pour le jour de l'élection, mais le peu d'électeurs qui se présentèrent la fit remettre au 29 courant. Malgré le son de la cloche et les avis de convocation, ce fut seulement le 30 que les magistrats purent être nommés, et encore les habitants n'étaient-ils pas en nombre.

Une amende de trois livres dix sols fut prononcée contre les électeurs absents, par les officiers du roi, présidés par l'avocat Dehaussy, en l'absence du lieutenant-général. Les préoccupations politiques étaient sans doute la cause de l'indifférence des électeurs, car on se rappelle qu'au mois d'août, la ville tomba au pouvoir des ennemis; Pierre Turpin fut nommé mayeur.

En 1665, les magistrats furent continués dans leurs fonctions par l'assemblée des habitants; c'était la troisième année que le mayeur Florent Cressonnière était en charge. Réélus le 23 juin, les officiers municipaux, vu l'importance des affaires, et voulant répondre à la confiance de leurs administrés, décident qu'ils se réuniront à l'Hôtel-de-Ville, les mardi, jeudi et samedi de chaque semaine, à deux heures de relevée.

Les élections de 1667 donnèrent lieu à un conflit entre le maire, les échevins et les gens du roi. Les officiers municipaux prétendaient empêcher les officiers royaux de dresser les listes conjointement avec le bailli. Le marquis d'Hocquincourt, présidant les élections, ayant consulté l'assemblée sur l'usage établi, apprit que les gens du roi avaient l'habitude de les dresser.

Les listes ayant été apportées, le marquis ayant près de lui le lieutenant-particulier Froissent, donna l'ordre de procéder aux élections. Florent Cressonnière, contrôleur au Grenier à sel, fut nommé maire, et le sieur Vasset, échevin; comme ils étaient absents, le bailli ordonna qu'ils comparaîtraient à la prochaine audience du bailliage, pour prêter serment entre les mains du lieutenant-général.

Louis Aubé, dernier échevin nommé, prétendit prendre le pas sur ses collègues plus anciens que lui, à cause de sa qualité d'avocat au Parlement. Il invoquait, à l'appui de ses prétentions, un arrêt du Parlement rendu entre lui et un avocat de Montdidier. Il fut ordonné que l'échevin rapporterait l'arrêt devant le grand bailli, mais que sans tirer à conséquence, il prendrait rang suivant l'ordre de sa nomination.

Des esprits inquiets fomentaient des désordres et cherchaient à faire changer la forme des élections. Le choix des éligibles était laissé aux officiers du bailliage et aux gens du roi ; généralement, ils ne portaient sur la liste que des candidats pris parmi eux, et rarement parmi les bourgeois : l'assemblée électorale de 1668 avait donné lieu à des intrigues, à des mécontentements et à des manifestations hostiles.

Le moment des élections approchant, le roi adressa le 29 juin 1669, la lettre suivante au marquis d'Hocquincourt, gouverneur-général : « J'ay été informé que quelques
« habitants de Roye, qui désireraient se perpétuer dans
« l'Hôtel-de-Ville pour y continuer leurs vexations, s'étant
« depuis pourvus en ma cour de parlement de Paris, sur
« le sujet de la prochaine nomination des échevins,
« auraient obtenu arrêt portant qu'elle serait faite con-
« fusément par le peuple, mais ayant considéré que par
« cette voye, il pourrait y arriver du désordre capable
« d'avoir des suites préjudiciables à mon service et au
« repos de ladite ville, je vous fais cette lettre pour
« vous dire de vous y transporter dans le tems qu'il doit
« être procédé à ladite élection, pour la faire faire en
« votre présence, de la même manière qu'elle se pratique
« en ma ville de Péronne, ainsi que vous avez déjà fait
« en pareille rencontre, et tenir la main quil ne soit
« admis dans les charges que des personnes de la qualité
« requise, affectionnées à mon service et au bien de la
« ville ; de quoy me reposant sur vos soins et sur la
« confiance que je prens en vous, je prierai Dieu quil vous
« ayt, monsieur le marquis, en sa sainte garde. Ecrit à
« Saint-Germain-en-Laye, le 29 juin 1669. »

Le maréchal d'Hocquincourt vint présider le bureau électoral ; il donna lecture de la lettre du roi et du règlement concernant les élections, puis fit sonner la cloche. Les habitants se rendirent dans leurs quartiers respectifs et les prud'hommes vinrent déclarer au président, près duquel siégeaient le lieutenant-général Laigniel et l'assesseur criminel Froissent, que tous désiraient voir François Caballe porté sur la liste des échevins. L'avocat du roi s'opposa à cette inscription ; acte de cette opposition fut délivré à Charles Quelin, neveu de Caballe. L'élection se passa sans autre incident.

En l'absence du bailli d'épée, c'était le lieutenant-général qui devait présider les élections ; il arriva que le 27 juin 1670, le lieutenant-général et le lieutenant particulier étaient absents ; on les attendit jusqu'à cinq heures du soir. Les officiers municipaux protestèrent contre cette absence, déclarèrent ne plus conserver leurs fonctions, puisque la cloche avait assemblé les électeurs, et déposèrent les clefs de la ville sur le bureau. Le lendemain cependant, le lieutenant-général étant de retour, fit sonner la cloche pour procéder à la nomination du maire et des échevins ; les habitants confirmèrent les officiers municipaux dans leurs fonctions, comme protestation contre la conduite des gens du roi.

L'année suivante, les électeurs convoqués refusèrent de s'assembler, ainsi que les mayeurs de quartier ; ce ne fut qu'après plusieurs injonctions que les élections purent avoir lieu, en présence des officiers royaux.

De nouvelles cabales éclatèrent en 1672 ; Charles Soucanye, soutenu par le procureur du roi Pierre Turpin, intrigua pour être porté sur la liste des échevins ; le prud'homme Louis Cordier s'y opposa, insinuant que Soucanye voulait faire partie du Corps-de-Ville, pour couvrir certaines fautes de son père qui, alors qu'il était de l'échevinage, avait reçu les deniers de plusieurs étapes, notamment à l'occasion du séjour du régiment de marine, et dont il n'avait pas rendu un compte exact. Les prud'hommes refusèrent d'inscrire Soucanye et demandèrent, au contraire, à mettre sur la liste le lieutenant-général. Soucanye qui n'avait aucune qualité pour prendre la parole, protesta ; mais les électeurs nommèrent Laigniel mayeur, et confirmèrent les anciens échevins dans leurs fonctions.

Les mécontents ne se tinrent pas pour battus et se donnèrent rendez-vous au 23 juin suivant ; mais alors le désordre fut tel qu'il n'y eut pas d'élection possible. L'intendant de Picardie, informé de cet état de chose, fixa au 12 juillet les élections à faire et délégua, comme commissaire chargé de présider l'assemblée électorale, De Mons d'Hédicourt, conseiller au présidial d'Amiens. Les opérations électorales commencèrent, mais les esprits n'étaient pas calmés ; les prud'hommes refusèrent de choisir un mayeur et des échevins, et encoururent une amende de trois livres.

Ces scènes se renouvelèrent en 1677 ; il fallut une ordonnance royale pour mettre fin à ces conflits : « Sur la
« requête présentée au roi par le duc d'Elbeuf, gouverneur
« de Sa Majesté en la province de Picardie, contenant
« qu'une des principales fonctions de sa charge est de
« faire vivre les peuples en union et en paix, empêcher
« que les communautés et les officiers ne se ruinent en
« frais de procès..... Roye, qui est une petite ville de
« passage, où les troupes de Sa Majesté séjournent sou-
« vent pour aller dans les places frontières, quoique *cette*
« *petite ville soit dans la dernière misère*, et les offi-
« ciers du Bailliage étant en procès les uns contre les
« autres, pour raison de leur préséance, sur quoy auroit
« été fait plusieurs informations ; le lieutenant-général du
« Bailliage, par les suffrages et les voix du peuple, ayant

« été élu mayeur, les autres officiers, ses ennemis, parce
« qu'il n'est pas du pays, et parce qu'il est sorti du
« barreau du parlement de Paris, se sont avisés, sous le
« nom de Florent Mercyer, *homme de néant*, et de Pierre
« Prévost, notaire, de se pourvoir au parlement, où ils
« auroient obtenu deux arrêts par lesquels ils auroient
« fait ordonner qu'il seroit procédé à une nouvelle élection,
« et quoique les habitants aient persisté dans la nomination
« faite du lieutenant-général de Roye pour mayeur, et
« des nommés Morlet, Darviller, Billecocq et Dupuis
« pour échevins, néanmoins le lieutenant-général de
« Chauny auroit nommé d'office un mayeur et d'autres
« échevins, et comme cette affaire regarde le service
« de Sa Majesté, qu'il en peut arriver des accidents
« fâcheux, que les mayeurs des villes de guerre, quand
« il n'y a pas de commandant dans les places, comman-
« dent au peuple les choses nécessaires pour le service
« de Sa Majesté et du public, il a cru qu'il était dans son
« droit d'en donner avis à Sa Majesté, d'évoquer à sa
« personne et à son conseil, les différents procès pendans
« au Parlement, faire défense aux parties d'y faire aucune
« poursuite ni procédure à peine de deux mille livres
« d'amende et de désobéissance, ordonner par provision,
« afin que le service de Sa Majesté soit fait, que ledit
« lieutenant-général fera ses fonctions de mayeur, que le
« sieur de Breteuil, commissaire de Sa Majesté en Picar-
« die se transportera sur les lieux, fera assembler les
« habitants à l'Hôtel-de-Ville, en la manière accoutumée,
« dressera procès-verbal, qu'il enverra avec son avis sur
« le tout, au sieur de Chateauneuf, secrétaire d'Etat, pour
« sur icelui, être ordonné par Sa Majesté ce qu'elle
« avisera bon effet. »

Le roi prenant en considération les différentes raisons exposées dans la requête du duc d'Elbeuf, appela l'affaire et fit rendre par le Conseil d'Etat, le 15 octobre 1677, un arrêt au terme duquel le mayeur et les échevins élus furent confirmés dans leurs fonctions, avec défense, sous peine d'amende, de les y troubler ; puis Louis XIV, dépêcha à Roye, le sieur de Breteuil, intendant de Picardie, comme commissaire, pour entendre les parties et en rendre compte au marquis de Chateauneuf.

Les mesures prises par le roi furent impuissantes à calmer l'ambition de ceux qui briguaient les honneurs des charges municipales. C'était surtout la présidence de l'élection dévolue aux officiers du Bailliage, en l'absence du grand bailli d'épée, qui était une cause de désordre. Enfin, cet état de choses cessa par la création des offices de maire perpétuel, en vertu d'un édit du mois d'août 1692.

Par lettres-patentes données à Versailles le 23 décembre de la même année, le roi nomma Louis Butin de la Fosse, maire perpétuel de la ville. Butin, natif de la paroisse de Saint-Germain de Paris, était alors âgé de vingt-cinq ans ; il était notaire à Roye.

Le roi créa en même temps une charge de « commissaire aux recrues » et nomma à ces fonctions Pierre Cordier, qui prêta serment devant l'intendant de Picardie Chauvelin, le 11 mai 1693 ; ce commissaire devait, conjointement avec le maire et les échevins, passer la revue des troupes et s'occuper de leur logement.

La présidence de l'élection appartint alors au maire perpétuel, qui ne prenait le serment que des prud'hommes et des mayeurs de quartier ; les électeurs ne nommaient plus que des échevins.

Cette restriction du droit électoral froissa les habitants qui, en 1700, refusèrent de s'assembler le 23 juin ; les élections furent remises au 27 courant. Les électeurs et les capitaines de quartier sont convoqués pour ce jour-là; les gens du roi prononcent contre les absents une amende de trois livres au profit de l'Hôtel-Dieu. On ne nomma plus que trois échevins, attendu que par arrêt du conseil, Henri Delobel, commis-assesseur, était échevin-né.

En 1702, le roi créa un lieutenant de maire, et deux ans après, les places d'échevins furent érigées en titres d'offices. Quatre ans plus tard furent institués des maires et lieutenants de maires alternatifs, puis triennaux ; Louis Louvart fut commis lieutenant de maire ; les échevins furent, à leur tour, institués alternatifs et triennaux.

Tous ces changements amenèrent une grande perturbation dans l'administration ; ils n'étaient pas, quant à Roye, nécessités par les besoins du service.

Enfin, en 1714, les offices de maire, lieutenant de maire et assesseurs furent supprimés ; le droit d'élire leurs magistrats fut rendu aux habitants. L'élection de 1715 eut lieu le 22 juin, parce que le 23, étant l'octave du Saint-Sacrement « les habitants étoient occupés au service divin. »

Un arrêt du Conseil d'Etat du 28 août 1717, en ordonnant l'exécution de l'édit qui prescrivait que les élections se feraient dans la forme accoutumée, avant la création des offices, décida que les Intendants ou leurs subdélégués présideraient, pour cette fois seulement, les assemblées électorales. Le 9 décembre, l'intendant de Picardie de Bernage donna commission au sieur de Rosainville, son subdélégué à Roye, d'assister aux élections et d'en prendre la présidence.

Les officiers du bailliage, jaloux de leurs prérogatives, adressent une plainte à l'intendant des finances Baudry ; ils font remarquer que si M⁰ de Bernage assistait lui-même à l'assemblée électorale, ils seraient heureux de l'y voir présider, mais ils ne pensent pas qu'il puisse conférer ses droits à son subdélégué, beau-frère du maire en charge.

De leur côté, les maire et échevins se plaignent à l'Intendant, des officiers du bailliage qui avaient la prétention d'assister en corps à la réunion électorale, tandis que, suivant l'usage, il n'y avait que les gens du roi et le lieutenant-général qui dussent y asssister.

L'intendant de Picardie répondit aux officiers du bailliage que leurs prétentions n'étaient pas fondées ; que le procureur-général représentait le grand bailli à la vérité, que lui intendant présidait l'élection comme commissaire délégué par le roi, que son subdélégué le représenterait à ce titre, et qu'il espérait que les officiers n'apporteraient aucune entrave.

L'élection eut lieu sous la présidence du subdélégué de Rosainville ; un long procès-verbal signale tous les incidents qui se sont produits. Il fut rédigé par le procureur du roi qui, « attiré de chez lui par le son de la cloche du beffroi, n'apprit que sur la Place la cause de la sonnerie, alors il se transporta à l'Hôtel-de-Ville, où il trouva le subdélégué auquel il demanda par quel ordre la cloche avait été sonnée, il lui fut répondu que c'était par l'ordre des échevins. Le procureur protesta contre cette usurpation, le droit de faire assembler les habitants appartenant seulement aux officiers du bailliage et aux gens du roi. Le procureur demanda si le lieutenant-général avait été prévenu, le greffier du subdélégué affirma que lui-même l'avait averti, mais qu'il avait refusé d'assister à l'assemblée. » Le magistrat, peu confiant dans les paroles du commis, se rendit avec lui chez le lieutenant qui affirma n'avoir vu personne, et s'adressant au greffier Lequeux, lui dit : « qu'un petit homme « comme lui était bien hardi et téméraire d'oser avancer une « telle fausseté. » Enfin, le procureur rentra chez lui pour « se mettre en habits décents », et se rendit à l'hôtel de ville.

On procéda aux élections, on choisit de nouveaux prud'hommes, et les opérations allaient commencer, lorsque le procureur du roi demanda à ce que les échevins eussent à quitter la place qu'ils occupaient près du président, pour se mettre dans le banc des avocats, suivant l'usage. Le subdélégué passa outre sur la demande du procureur qui, « se tournant vers le peuple », le prit à témoin du refus qui lui était fait. Enfin, après bien des incidents dans lesquels perce le mécontentement des officiers du bailliage et des gens du roi, le prévôt royal Soucanye fut nommé maire.

Les habitants, rentrés dans la possession de leurs anciens privilèges, en jouissaient avec calme, mais cet état de chose fut de courte durée ; le maire Butin de La Fosse fut, malgré l'ordonnance de 1717, continué dans ses fonctions par arrêt du Conseil. Le besoin d'argent fit revenir à la vénalité des charges municipales, un édit du mois d'août 1722 et un arrêt confirmatif du Conseil d'Etat, rétablirent les offices de maire et de lieutenant de maire.

L'édit du 18 octobre 1723, portait que les pourvus d'office de gouverneur ou de lieutenant du roi, prendraient telle place qu'ils jugeraient à propos dans toutes les assemblées publiques ou particulières, à l'offrande, ou au pain bénit, mais toutefois avant les officiers de justice **inférieure.**

En 1724, les fonctions de gouverneur sont supprimées, et les villes rentrent dans la liberté d'élire leurs officiers municipaux.

Avec ce nouveau droit électoral, se reproduisent des contestations entre les officiers du Bailliage et le Corps-de-Ville, à propos de la présidence de l'assemblée. Ces contestations donnèrent lieu à des procès-verbaux, à des mémoires remis à l'intendant Chauvelin qui, le 18 juin 1725, rendit une ordonnance à l'effet de faire procéder aux élections sous la présidence du lieutenant civil Gaudefroi, attendu la vacance de l'office de lieutenant-général.

Malgré cette ordonnance, il ne put y avoir d'élections ni en 1727, ni l'année suivante ; les officiers du Bailliage renouvelèrent leurs protestations. Enfin, le 4 juin 1729, intervint un arrêt du Conseil d'Etat, rendu sur la requête des maire, échevins, syndic et habitants de la ville. Dans leur supplique, ils avaient exposé au roi que, depuis 1636, les officiers du Bailliage jetaient la perturbation dans les élections des maire et échevins, les troublaient dans leurs fonctions, changeaient les anciens usages, voulaient même présider les assemblées de ville, et assister à l'audition des comptes des revenus patrimoniaux, au préjudice du Corps municipal. Qu'après la reprise de la Ville, en 1636, l'intendant de Bellejamme, en vertu d'une commission de Sa Majesté, avait établi dans l'Hôtel de Ville un mayeur, quatre échevins et un syndic, en fixant les élections au premier octobre, qu'il n'était pas douteux que l'élection du mayeur et des quatre échevins dût se faire, comme dans la ville de Péronne, par les officiers sortant de charge ; qu'on ne voyait pas de quelle manière, on en avait usé en 1637, et dans les années suivantes, « parce que tous « les registres et papiers qui étaient aux archives, avaient

« été adhirés ou emportés furtivement par des personnes
« mal intentionnées pour le Corps-de-Ville. »

Le roi évoque par son édit l'affaire devant lui, pour être instruite par le comte de Saint-Florentin, ministre d'Etat ; mais afin de ne pas arrêter plus longtemps le cours des élections, il ordonne qu'elles se feront aux jours accoutumés, et que les échevins pourront être proposés, ainsi que les autres habitants.

Le droit des bourgeois d'élire leurs magistrats, étant donc bien établi, et celui des officiers du Bailliage parfaitement déterminé, il semblait que toute constestation dût cesser, lorsqu'en 1733, une ordonnance royale rendit au pouvoir la nomination du maire et des échevins. Une commission royale, du 12 mai 1734, donnée à Versailles, nomma maire Lequeux, conseiller au Grenier à Sel ; un édit de 1736, rétablit en titre d'office les Conseillers de Maire : Louvart fût institué conseiller-échevin, par une commission datée de Compiègne.

Les habitants ne nommaient plus que trois échevins, mais à partir de 1741, le maire et les échevins furent élus par commission royale, en vertu d'un arrêt du Conseil.

Jusqu'en 1747, il n'y eut pas d'élection, mais le dimanche 23 juin de cette année, J.-B. Gaullière, président et lieutenant-général du Bailliage, convoqua les habitants, en la manière accoutumée pour procéder aux élections ; il allait recevoir le serment des mayeurs de quartier, lorsque les gens du roi se levèrent et l'avocat royal, prenant la parole, donna lecture de l'arrêt du Conseil d'Etat du 21 novembre 1747, portant réunion aux villes de la généralité d'Amiens, des offices municipaux qui n'y avaient pas été levés, et l'aliénation, à cet effet, des droits réservés aux hôpitaux.

D'après cet arrêt, il devait être perçu, à partir du premier janvier 1748, « dans la ville de Roye, faubourgs et banlieue

« en dépendant, trois livres par muid d'eau-de-vie, trente
« sols par muid de vin, vingt sols par muid de cidre
« et poiré, quinze sols par muid de bière double et de
« celle dite moitié, le tout jauge de Paris, les autres vais-
« seaux à proportion, tant aux entrées journalières, d'in-
« ventaires, que de brassage, sans aucune distinction ;
« et pareil droit de sol pour livre et augmentation sur
« tous les bois, tels qu'ils sont fixés par les règlements
« sans distinction, diminution pour aucun jour et sans
« préjudice à ceux perçus par le fermier des Aides.
« (Donné à Versailles, le 21 novembre.) »

Cette augmentation de droit dût être d'un certain produit, car déjà ils étaient assez élevés; si l'on consulte le
tarif arrêté, en 1739, par l'Intendant de Picardie, on voit
que le muid de vin coûtait alors : neuf livres deux sols
six deniers de droit d'entrée ; la pièce de Laon, qui mesu-
rait vingt-sept veltes, payait six livres dix-sept sols trois
deniers. La velte de Roye était de cinq lots un tiers.

L'élection de 1747, ne se passa pas sans incident, pas
plus que celle de 1749 ; les prud'hommes ne voulurent
désigner que quatre candidats pour échevins, au lieu de
huit, conformément aux règlements ; les officiers du
Bailliage introduisirent, à leur tour, des observations
concernant la nomination des échevins qui ne pouvaient
être continués deux ans dans leurs charges. Le roi, étant à
Compiègne, instruit de ces difficultés, rendit le 21 juillet,
une ordonnance au terme de laquelle les anciens échevins
pourraient être de nouveau proposés, et les candidats qui
obtiendraient le plus de suffrages seraient élus échevins.

Cet arrêt ne put mettre un terme aux constestations,
sans cesse renaissantes, entre l'échevinage et le bailliage ;
nous les verrons se renouveler aux élections prochaines.

La vénalité des charges avait réuni dans les mains de Louis Jobart, les deux offices de conseiller-maire, les deux offices de lieutenant de maire, les quatre d'échevins, dont deux anciens, les deux d'assesseurs anciens, les deux de secrétaires-greffiers, les deux de contrôleurs-greffiers, les deux d'avocat et de procureur, moyennant la somme de onze mille cinq cent cinquante livres ; on voit que ce n'était pas pour rien. Tous ces offices ayant été réunis au Corps de la Communauté de la ville, il fallait rembourser le titulaire. Des lettres-patentes données à Compiègne, le 10 avril 1750, confirmèrent les droits du sieur Jobart au remboursement. (*Pièce justificative.*)

Aux élections du 23 juin, des conflits nouveaux s'élevèrent entre le Corps-de-Ville et les officiers du Bailliage, tant pour la convocation de l'Assemblée électorale, que pour la présidence. Le nouveau maire refusa de prêter serment entre les mains des officiers du Bailliage ; l'intendant de Picardie lui envoya l'ordre de le faire, ce qu'il exécuta enfin, mais non sans protester. Le 4 novembre suivant, l'intendant Chauvelin prit une nouvelle mesure et décida, qu'à l'avenir, la présidence de l'élection du maire, appartiendrait au Corps du Bailliage qui recevrait le serment du mayeur, mais que ce dernier procéderait seul à la nomination des échevins, qui prêteraient serment entre ses mains. Cette sage combinaison calma un instant les susceptibilités.

Un édit de 1765, modifia de nouveau le personnel des officiers municipaux. Le Corps-de-Ville se composait : du maire, de deux échevins, de deux conseillers de ville et du syndic, tous électifs ; puis de deux notables soumis aussi à l'élection. Dans les assemblées ordinaires, il n'y avait que le maire et les échevins ; aux assemblées générales, assistaient les conseillers de ville et les notables ; la réunion était alors présidée par le lieutenant-général et le procureur du roi était présent. Lors de l'élection des deux notables, le choix était tombé sur un ancien cordonnier, porté comme notable de la classe des bourgeois vivant noblement. Cette nomination fut désapprouvée par le secrétaire d'Etat de Laverdie. Dans une lettre datée de Marly, du 1er juin 1768, il rappelle au lieutenant-général que l'édit n'a compris sous la dénomination « de bourgeois « vivant noblement, que des habitants d'un état honnête, « qui vivent de leurs revenus et qui n'ont point exercé un « art mécanique. Ainsi un artisan qui discontinue de tra- « vailler, ne doit prétendre à la place de notable, il doit « rester dans la classe des artisans. » Alors on procéda à la nomination d'un plus notable.

En 1771, on revint encore à l'ancien régime et les charges municipales furent érigées en titres d'offices. Le Corps-de-Ville offrit cinq mille livres pour l'achat des offices municipaux, au lieu de dix mille cinq cents que demandait le Gouvernement ; néanmoins cette proposition fut acceptée, grâce à l'influence du conseillers d'Etat de l'Escalopier de Liancourt-Fosse. Ce seigneur mourut le 23 novembre 1792 et fut enterré dans l'église du village, près du mur de la chapelle de la Vierge.

Quelque temps après le choix des candidats aux fonctions de maire, le Corps-de-Ville reçut la lettre suivante : « Sa « Majesté ayant vu l'acte d'assemblée des principaux habi- « tants et officiers municipaux de la ville de Roye, convo- « qués à l'Hôtel de Ville, le 23 juin dernier, conformément « à l'édit du mois de mai 1765, en exécution duquel, ils « auraient présenté trois sujets pour remplir la place de « maire, et Sa Majesté étant informée de la capacité, bonne « conduite et intelligence du sieur Cathoire, ancien officier « d'infanterie, elle a fait choix de sa personne pour, pen- « dant trois ans, exercer les fonctions de maire, voulant

« qu'il jouisse en cette qualité des honneurs, rang et
« séance qui y sont attachés, après toutefois qu'il aura
« prêté serment dont il est tenu, en la forme prescrite.
« Fait à Versailles, le 13 juillet 1771. »

En conséquence, Cathoire fut maire et juge de police de la ville et banlieue de Roye ; les deux autres candidats désignés par le sort et inscrits sur la liste présentée au roi, étaient : le comte d'Orillac et Boulanger, médecin.

En 1773, le jour de Saint-Jean-Baptiste, des élections avaient eu lieu, et le Corps municipal se trouvait composé du maire, de deux échevins, de quatre conseillers, d'un procureur du roi, d'un secrétaire-greffier, d'un syndic-receveur et de dix notables ; tandis qu'aux termes de l'arrêt du Conseil de 1772, le Corps municipal ne devait compter qu'un maire, un lieutenant de maire, deux échevins, deux assesseurs, un procureur du roi, un greffier, un receveur et un contrôleur des octrois.

L'intendant de Picardie d'Agay s'aperçut de cette erreur et écrivit au maire : « Hâtez-vous de rectifier ces actes
« imprudents par une nouvelle délibération conforme au
« vœu du Gouvernement, afin d'éviter le désagrément de
« le voir cassé par un arrêt du Conseil et de recevoir, en
« même temps, une sévère réprimande du ministre. » Le Corps municipal fut modifié, suivant les instructions de l'Intendant.

Les diverses modifications introduites dans le mode de choisir les magistrats, et dans le nombre à élire, étaient la cause de ces erreurs. Depuis longtemps, du reste, le Corps-de-Ville sollicitait un règlement pour la forme des élections, mais l'autorité supérieure regardait comme suffisants les édits de 1744 et de 1765. Néanmoins, une assemblée générale des gens du roi, des conseillers et des notables, tenue le 1ᵉʳ juin 1773, arrêta un projet de règlement pour la composition de la municipalité et pour la nomination du maire. Les fonctions de ce magistrat devaient durer trois ans, celles des échevins, deux ans, et celles des notables, cinq ans ; les officiers municipaux pouvaient être réélus. La délibération fut envoyée au roi, avec le projet de règlement.

Le Conseil d'Etat rendit, le 21 septembre 1773, un arrêt conforme portant règlement pour la forme des élections, et pour l'administration des revenus de la ville. Il comprend trente-quatre articles dont les dispositions principales sont les suivantes :

Le Corps municipal de la ville de Roye sera composé d'un maire, de deux échevins, de deux assesseurs, d'un procureur du roi de la ville, d'un secrétaire-greffier, d'un trésorier-receveur et d'un contrôleur des octrois et biens patrimoniaux.

Le maire, le lieutenant, les échevins et assesseurs seront élus par voie de scrutin et par billets, dans une assemblée tenue à l'hôtel commun, composée des officiers municipaux existant alors, et des députés des corps et classes désignés ci-après, laquelle assemblée se tiendra la veille de la Saint-Jean de chaque année.

Le procureur du roi, le secrétaire-greffier, le trésorier-receveur et les contrôleurs des octrois seront élus par billets et au scrutin, par les officiers municipaux, dans une assemblée tenue le lendemain de la Saint-Jean.

Les députés pour la nomination des officiers municipaux seront envoyés par les corps et classes qui suivent : un par le chapitre de Saint-Florent, un par les curés, un par les chapelains, un par la noblesse, les officiers militaires et commensaux de la maison du roi. Un par le bailliage, un par le grenier à sel. Un par les avocats, médecins et bourgeois vivant noblement. Un par les notaires. Un par les procureurs. Un par les chirurgiens, orfèvres, marchands de draps, tanneurs, merciers, épiciers et marchands de bas en gros. Un par les organistes, musiciens, peintres, laboureurs, maîtres d'écriture, horlogers, sculpteurs et perruquiers. Un par les maçons, charpentiers, menuisiers, couvreurs, serruriers, taillandiers, couteliers, vitriers, charrons, maréchaux, chaudronniers, tonneliers, tourneurs, vanniers, faïenciers, tailleurs d'habits, fripiers et revendeurs à la toilette. Un par les cuisiniers, traiteurs, pâtissiers, boulangers, meuniers, aubergistes, cabaretiers, bouchers, charcutiers, poissonniers, jardiniers et pain d'épiciers. Un par les cordonniers, selliers, bourreliers, gantiers et corroyeurs.

Il ne pourra être nommé un député qui ne sache écrire.

L'assemblée en laquelle se fera l'élection se tiendra le vingt-trois juin, suivant l'ancien usage, et sera présidée par le maire, qui présidera d'ailleurs à toutes autres assemblées.

Le maire ne pourra être choisi que parmi ceux qui auront été maire, lieutenant de maire ou échevin.

Toutes les affaires extraordinaires, comme emprunts, aliénations, acquisitions, établissements, constructions ou reconstructions, grosses réparations, toutes dépenses extraordinaires excédant deux cents livres, demandes de nouveaux octrois, et enfin toutes affaires qui pourront intéresser les droits, possessions, privilèges et exemptions de la ville et de ses habitants, ne seront délibérées que dans une assemblée générale, convoquée exprès par billets signés du secrétaire greffier, et les délibérations prises dans ces assemblées seront envoyées au sieur intendant, pour être de lui visées et autorisées, s'il y a lieu.

Ce règlement n'avait pas d'effet rétroactif, et son exécution ne devait s'appliquer qu'aux élections prochaines et non à celle dont nous allons parler.

Le mandat de maire confié à Cathoire expirait au mois de juin, et il était nécessaire de procéder à de nouvelles élections ; Bosquillon de Genlis fut envoyé à Roye, par le subdélégué Martinot pour convoquer les électeurs, et procéder à la nomination des officiers municipaux. Il donna à l'assemblée lecture de la lettre suivante : « Le roi qui est
« instruit de la distinction avec laquelle le sieur Cathoire
« a rempli la place de maire de Roye et des services qu'il
« a rendus dans l'exercice de ces fonctions, désire qu'il les
« conserve encore quelque temps. Je vous prie de faire
« connaître les intentions de sa majesté à cet égard, à la
« communauté de cette ville et de lui faire sentir qu'en s'y
« conformant dans la prochaine assemblée, elle fera une
« chose qui ne lui sera pas moins avantageuse qu'elle
« sera agréable à sa majesté. »

Cette lettre datée de Versailles, du 12 mai 1776, était adressée à l'intendant d'Agay.

L'Assemblée du 23 juin, confirma à l'unanimité la nomination de Cathoire comme maire, autant « pour
« donner des marques et des preuves de respect aux inten-
« tions du roi, que pour donner au sieur Cathoire des
« marques et des preuves de reconnaissance des services
« qu'il avait rendus » ; le terme de ses fonctions ne fut pas déterminé et fut laissé à la volonté du roi.

Ce n'est qu'après cette nomination que le règlement de 1773 fut appliqué aux élections municipales.

En 1783, l'avocat du roi, Prévost, fut nommé maire ; il refusa d'accepter ce mandat et protesta du choix que l'on avait fait de sa personne en son absence ; il critiqua les termes du règlement de 1773. La protestation de Prévost fut consignée sur le registre aux délibérations.

Louis XVI informé de ces faits, rendit une ordonnance datée de Versailles, du 23 août, par laquelle il enjoignit de faire rayer du registre la protestation de Prévost, et nomma d'office, comme maire, Florent Masson. « Sa Majesté, dit « l'arrêt, n'a pu voir qu'avec beaucoup de mécontente- « ment l'acte du 24 juin dernier, inséré sur la requête du « sieur Prévost, par lequel acte, sous prétexte de vouloir « se dispenser de remplir la place de maire, à laquelle il « a été nommé, il affecte de méconnaître l'autorité de « l'arrêt du Conseil de 1773. Sa Majesté ne voulant pas « laisser subsister, *un acte aussi indécent et aussi injurieux* « *à son autorité*, ordonne qu'il soit rayé. » La protestation subsiste encore sur le registre, mais elle est biffée. L'avocat Prévost était un esprit libéral et éclairé, il dut, peut-être, à cet acte d'indépendance, d'être choisi comme député à l'Assemblée nationale.

La Révolution de 1789, vint modifier profondément le système électoral ; tous les citoyens de la commune, payant trois livres d'impôts étaient électeurs ; c'était le suffrage restreint. L'élection de 1790 eut lieu le 8 août, d'après la forme nouvelle ; ce fut dans l'église des Minimes que se réunirent les citoyens actifs de la Commune ; près de l'urne était placée la formule du nouveau serment, et chaque votant, en déposant son billet devait dire : « *Je le jure !* » Le vote avait lieu au scrutin secret, et l'élection à la majorité des suffrages exprimés.

Le corps municipal se composait alors du maire, du procureur de la Commune, de deux notables et de deux officiers municipaux. On devait renouveler par moitié, les membres du corps municipal ; ils étaient tirés au sort.

Plus tard, le maire prit le titre « d'agent municipal », il était électif et nommé pour deux ans. En 1800, le nom de maire fut rendu au premier magistrat de la Commune, mais il cessa d'être à l'élection des citoyens ; il était **nommé par le Pouvoir.**

Les échevins firent place aux adjoints et aux conseillers municipaux, dont le nombre actuel est de vingt-trois.

Du reste, l'administration municipale a subi bien des modifications, tant sous le rapport du choix du maire que sous le rapport du nombre des membres composant le conseil de la commune.

Le corps des officiers de la ville et mairie de Roye, portait : *de sable à un chef bandé d'or et de sinople de six pièces.*

Nous nous sommes occupé de l'administration municipale, de sa composition et de la nomination de ses membres ; nous allons maintenant examiner les actes de cette administration.

Les maires administraient les deniers de la commune, levaient les tailles sur les habitants pour le produit en être appliqué soit à l'entretien des fortifications, soit à celui des établissements publics, soit au salaire des fonctionnaires.

Un compte de 1259, nous fournit, sur ce sujet, de curieux renseignements. A son retour de la Palestine, Saint-Louis voulant rétablir l'ordre dans l'administration des communes, rendit, en 1256, une ordonnance par laquelle il enjoignit au maire et à quatre personnes notables, de venir à Paris, aux octaves de la Saint-Martin, c'est-à-dire vers le 17 novembre, pour rendre compte de l'état financier de leur ville.

Le maire de Roye se conforma aux instructions royales, et les comptes de la ville, pour l'année 1259, furent présentés aux commissaires chargés de les examiner.

Ce document, inséré dans les Mémoires de la Société des Antiquaires de Picardie, offre les détails les plus intéressants pour la ville « et les renseignements les plus propres à faire saisir la physionomie de l'administration municipale, alors qu'elle n'avait encore que de faibles points de contact avec l'autorité royale. »

On remarque que les magistrats chargés de dresser le budget, mettent un soin tout particulier à relever le passif; ils énumèrent en détail toutes les dettes qui pèsent sur la commune, en mentionnant les créances provenant des tailles non payées et les cotes irrécouvrables. « Aussi « sachiez, disent-ils au roi, que la vile est povre et au- « dessous, et chacun an se défait. »

Cette situation pouvait être réelle, car Roye, comme les autres villes de Picardie, avait eu à supporter de lourdes charges, tant pour les frais occasionnés par les guerres lointaines entreprises par Saint-Louis, que pour soutenir le traité fait en 1258, avec le roi d'Angleterre; ces dépenses figurent au compte, sous le titre de : « Dû au roi pour le païs d'Angleterre. »

Mais là ne s'arrêtaient pas les dépenses de la ville ; il était d'usage de faire des présents lors de l'entrée de grands personnages ; on voit par ce compte que l'Echevinage offre à l'archevêque de Reims et à l'évêque d'Amiens « des présents de poissons, de capons et de gastiaux, » ce qui greva le budget d'une somme de XVII livres, somme que trouvent énorme les administrateurs, à cause de l'état de la ville qui est en « grand trespas. »

Une autre cause encore de dépenses pour la cité, était le déplacement du maire ou d'envoyés chargés d'aller dans une localité plus ou moins éloignée porter des ordres, faire des réclamations aux baillis, ou pour payer des intérêts dûs à des particuliers. « Pour le voie où Tomassin le « borgne ala à Troyes porter es maitres de foires, une « lettre de par la vile : x sols IIII deniers.

« Pour le voie où Simon Mairesse porta à Arras, 4 livres « pour rente à vie. »

Quand le maire voyageait pour les affaires de la commune, ses dépenses lui étaient remboursées ; dans ces circonstances, le magistrat se faisait accompagner « du Clerc » et d'un autre bourgeois remplissant les fonctions d'avocat, qui, au besoin, pouvait développer les points de droit sur lesquels la commune appuyait ses réclamations. Le maire devait, dans ses voyages, apporter la plus grande économie, et ne pas faire plus de dépense que s'il voyageait pour ses affaires personnelles.

« Pour le voie à Amiens où le maire et sire Tomas Ma-
« thon et le clerc de la vile alèrent le lundi devant la
« saint Jehan décollassé, pour che que les officiers avoient
« semoncé la vile : xxxx sols iiii deniers.

« Pour le voie à le cour où le maire et Varris Waignon
« et Ernous le roux alèrent le vendredi devant le saint
« Mathieu, pour en droit che que les gens de Roie,
« nosoient aler en foire de Champaigne pour l'achoison
« (occasion) du seigneur Lucat : viii livres v sols ii de-
« niers. »

Le maire n'avait pas d'émoluments, il remplissait ses fonctions gratuitement ; mais en compensation, les plus grands honneurs l'entouraient, il était le premier citoyen de la commune ; dans les cérémonies publiques, il était accompagné des échevins et précédé « du maistre sergent », avec ses hallebardiers. Le maire avait pour costume officiel une robe qui rappelait la toge romaine.

Le document dont nous nous occupons offre encore cet intérêt, qu'il nous révèle les noms de deux maires inconnus jusqu'ici : « Estence Gasselin, rend la mairie, le
« dimanche devant la Saint-Jean : Sire Josse-le-Vilain »
lui succéda ; le premier acte du nouveau magistrat était de recevoir les comptes de son prédécesseur. Quand sire Josse se retira, il dressa un état financier de son adminis-

tration, le budget des recettes et des dépenses ; c'est le compte que nous examinons.

Des agents étaient préposés à la garde des portes de la ville, au nombre « de IX gaites », et ils recevaient chacun cinquante sols ; d'autres étaient chargés de garder les prisons, « de ratirer les portes, de jauger des tonneaux à mettre eau pour le doute des futs. » Enfin, on voit que sous l'administration de sire Josse, le budget des dépenses s'élevait à : VII c. LXXVI livres VI sols ou « là entour. »

L'impôt de la taille produisait pour la ville : XXII^x livres et X livres par année (250 livres), mais il arrivait souvent que cet impôt était perçu plusieurs fois, suivant le besoin, et les habitants avaient eu maintes fois à contribuer aux frais nécessités par les guerres ; aussi la détresse était grande et beaucoup ne pouvaient payer, faute de ressources : « Chest povreté leur est venue par les deniers « que le roi a eu de la ville lorsqu'il alla en Bretagne, de « quoi la somme monta juskes à XLII^c livres parisis, et « ont bien cousté (chil XLII^c livres) comme usure, come « autres cous, II mil livres parisis et plus » ; car la ville manquant de fonds, était obligée d'emprunter à intérêt souvent usuraire ; ainsi, pour quatre mille deux cents livres, la commune eut à payer deux mille livres, tant pour se procurer de l'argent que pour en solder les intérêts.

Aussi, la commune était dans la misère la plus profonde, et le compte se termine par un accent de détresse capable de faire impression sur Saint-Louis : « La vile « n'a ni rentes, ni pourfiz de quoi elle se puis aidier. » Il arriva un moment où la ville, à bout de ressources, ne pouvait plus payer de tailles, ni même ce qu'elle devait au roi ; un arrêt du Parlement du 21 mai 1279, ordonna aux maire et échevins d'imposer les habitants pour acquitter les dettes, « sans aucune considération de personne. »

Enfin, le cri de détresse poussé par les habitants de Roye fut entendu, et Philippe de Valois leur vint en aide, en créant des ressources nouvelles.

C'était pour acquitter les dettes et pour apporter un « gracieux remède » à la situation précaire de la ville, que le roi accorda, pour six ans, le droit de percevoir une taxe proportionnelle sur toutes les denrées.

Lorsque le prévôt et les échevins se réunissaient pour s'occuper des affaires de la ville, les décisions prises devaient être consignées sur des registres que l'on appelait alors : « Registres aux résolutions. » Ces registres ne sont pas parvenus jusqu'à nous, déjà ils n'existaient plus en 1643, puisque, comme nous l'avons dit, les magistrats déclarent n'en avoir pas trouvé aux archives de la mairie.

Ces documents ont dû périr dans les différents pillages que la ville a subis, peut-être en 1636 ; pourtant il existe des livres de comptes antérieurs à cette époque, ce qui ferait supposer que les registres aux résolutions ont disparu avant cette date. Indépendamment des actes de l'échevinage, il existait dans toutes les villes, un livre appelé : « livre rouge » sur lequel étaient inscrits les chartes, les lettres-patentes et tous les documents pouvant intéresser les libertés ou les franchises communales ; la ville de Roye a dû avoir le sien, il a disparu sans laisser de trace. C'est ainsi que les documents faisant complètement défaut jusqu'au seizième siècle, il est difficile de connaître les particularités d'alors, et les actes publics concernant la commune.

Les papiers de l'échevinage étaient dans un coffre dont le maire avait la clef ; en cas de guerre ou d'invasion, le coffre aux archives était transporté dans une ville voisine pour le soustraire aux mains des ennemis : il semble, du reste, que les hostilités d'alors ne s'exerçaient pas seulement sur les personnes et sur les propriétés, mais qu'elles cherchaient à détruire les titres, et les objets précieux. Les deniers de la ville étaient renfermés dans une « huche commune, » selon la volonté de Saint-Louis, exprimée dans son ordonnance de 1256.

Un compte de 1602, commence ainsi : « Sçachent tous
« présens et advenir que le mercredi xxjᵉ jour devant
« l'an ᴍ6jᵉ deux, en l'assemblée et eschevinage de la ville
« de Roye, a esté représenté que pour raison de la mort
« advenue à feu Jehan de la Croix, devant receveur des
« dons et octrois de la dite ville, il estoit besoing de faire
« choix et élection d'un homme et personnage suffisant et
« capable pour faire ladite charge et fonction, de l'advis
« commun de nous prévot royal et eschevins de lad. ville
« et banlieue de Roye, Florent Barbier, bourgeois et
« eschevin a esté esleu, choisi et nommé pour faire et
« exercer ladite charge des dons et octrois, pour le tems
« et espace de trois ans entiers et consécutifs, à com-
« mencer du jour Saint-Remy prochain, et tenant aux gaiges
« entiers et accoutumez qui sont de cinquante livres par
« an, lequel Barbier, à ce présent a pris et accepté ladite
« charge et promis d'en faire bien et deument son
« debvoir. »

Quand on examine les comptes, on voit que les principales ressources du budget municipal étaient le produit des droits du quatrième et du vingtième perçus sur les vins vendus en gros et en détail ; puis des quatre sols par chaque minot de sel. La perception de ces droits était mise à ferme ; l'adjudication s'en faisait au plus offrant, en présence des Trésoriers de France résidant à Amiens, et qui se rendaient à Roye pour cette opération.

Il coûtait vingt-quatre livres pour faire dresser un compte en double exemplaire ; les agents des finances touchaient, en outre, « des droits et espices. » Le procureur qui avait assisté à l'examen des comptes et qui le portait à Paris, avait aussi un salaire ; c'est là ce que l'on appelait « les gaiges des officiers. »

Des abonnements étaient faits avec les ouvriers ; moyennant une somme fixe, ils se chargeaient de l'entretien des fossés et des égoûts, de tenir en bon état les portes, les bascules et les ponts. Tous les travaux se faisaient par adjudication ; des artisans des environs ou des villes voisines, des maîtres paveurs de Noyon, des maçons de Billancourt et de Caix se rendaient adjudicataires des travaux. Les manœuvres étaient payés chaque semaine, les maîtres ouvriers étaient réglés tous les ans.

D'après le compte de 1602, les recettes se composaient, à cause de l'octroi de six sols par minot de sel, de la somme de quatre cent quatre-vingt-deux livres, neuf sols, six deniers provenant de trente-trois muids, six septièmes un quart de sel, mesure de Paris, vendus pendant un an, au Grenier de Roye. Le muid contenait quarante-huit minots. Le Grenetier retenait douze deniers pour livre sur la vente du sel, il toucha vingt-quatre livres deux sols.

Le produit du quatrième et du vingtième du vin vendu en gros et en détail, provenant de la Ferme, formait la somme de onze cents livres ; d'où il résulte qu'il fut vendu pour trois mille six cent soixante-six livres de vin.

Les dépenses avaient le plus souvent pour objet les travaux à faire aux fortifications ; cette année là, il s'agissait de continuer le boulevard de la Porte-d'Amiens ; une somme de neuf cent soixante-dix-huit livres fut affectée à ce travail. Les murs en maçonnerie de onze pieds d'épaisseur, dans le bas, devaient être élevés à commencer du boulevard de la Porte-d'Amiens : le millier de briques coûtait quatre livres ; la toise de maçonnerie, quatre livres sept sols six deniers ; la voiture pour le charroi, douze sols ; le « barreau de terre », dix-neuf deniers.

Nicolas Beauvillé, pour avoir « besoigné » tout le jour du vendredi, à faire et dresser un chemin pour faire sortir « les hostières » hors du fossé, a été payé : cinq sols. Gabriel Graval, pour avoir livré et marqué « de la marque de la ville, » trois mille *mérels*, pour livrer aux hostières, « par chacun jour besoignant » à raison de deux sols pour cent ; la somme de soixante sols lui fut comptée.

Les mérels étaient de petits morceaux en plomb, des espèces de jetons de présence, que l'on remettait aux ouvriers travaillant, et sur la présentation desquels ils étaient payés. Les « hostières » étaient sans doute les femmes qui, au moyen de hottes, transportaient les terres.

Tous les travaux étaient examinés par des experts, puis reçus par le contrôleur des fortifications ; ce n'était qu'après vérification, que les mémoires étaient payés. On voit deux artisans du village d'Amy, « mesureurs et arpenteurs-jurés du gouvernement de Roye », venir toiser les ouvrages de maçonnerie faits en 1609, et recevoir pour leurs journées « et vacquations » : six livres.

BANLIEUE

La juridiction du maire de Roye, juge de police, s'exerçait sur la ville et la banlieue. Celle-ci s'étendait à quatre kilomètres environ, elle était délimitée par un chemin formant une ligne circulaire, et qui prenait différents noms, suivant le territoire qu'il traversait.

Une borne très haute qui se trouvait autrefois sur la Place du marché, et qui existait encore en 1761, formait le point central de la circonférence déterminée par la limite de la banlieue.

Cette banlieue n'était pas en franc-aleu, c'est-à-dire franche de tout hommage et de toute charge ; elle jouissait, quant aux héritages censuels, du privilège de ne payer, pour tous droits seigneuriaux, que six deniers parisis de saisine, sans que le seigneur direct pût prendre une amende, faute de paiement du cens.

Du côté de la Porte-Paris, au sud, la banlieue s'étendait depuis le faubourg de Saint-Gilles, jusqu'à « l'Orme de Laucourt », qui se trouvait sur l'ancien chemin de Compiègne à Arras ; à droite, elle allait jusqu'aux haies de Saint-Mard ; à gauche, jusqu'à « la remise des Trois-Cours », près de Beuvraignes.

Du côté de Crapeaumesnil, elle comprenait toutes les terres jusqu'à « la Pierre-Haute », qui était placée sur le bord du chemin d'Ivry ; puis, au-delà du hameau de Saint-Georges, jusqu'au sentier de Beauvais.

Vers la porte de Saint-Pierre, la banlieue était déterminée par un chemin situé au-dessus de l'église de Carrépuits, et qui menait de ce village à l'ancien bois de Canny. La tradition prétend que sur l'emplacement de ce bois, près du chemin de Séfours, existait autrefois une abbaye, au lieu dit : *le Moustier ;* on y a trouvé des plateaux en cuivre, un anneau en argent, et différents objets ayant dû servir aux usages culinaires. (*Voir notre Notice archéologique sur le canton de Roye*).

Le chemin de la banlieue coupait le domaine de Gruny, traversait la route de Flandre, et passait au bois de l'abbaye, se dirigeant vers Fresnoy-les-Roye jusqu'au lieu dit : le Flot-des-Alouettes, près du « Val de la bataille. »

C'est encore le chemin de Fresnoy à Goyencourt, qui formait, à l'ouest, la limite de la banlieue ; il traversait la route d'Amiens et passsait près du Vieux-Catil. Du côté d'Andechy, le territoire était délimité par une « haute-borne ». C'est à cet endroit que devait se rendre le doyen de la Collégiale, avant de faire son entrée dans la ville, pour prendre possession du siège décanal.

Telle était la délimitation de la banlieue, qui est aujourd'hui celle de l'octroi, et qui a souvent été cause de contestations, notamment avec le marquis de Soyecourt.

Les habitants jouissaient du droit de chasse dans l'étendue de la banlieue, et les mayeurs tenaient la main à ce que les communes voisines ne vinssent pas chasser sur les terres soumises à son autorité. Vers 1684, parut un monitoire du duc d'Elbeuf, pour avoir « révélation » des habitants qui allaient à la chasse dans la banlieue. Le mayeur, par suite d'une délibération prise dans l'assemblée de l'Echevinage, écrivit immédiatement au gouverneur pour lui donner à entendre que les habitants avaient « de temps immémorial » le droit de chasser sur les terres de la banlieue. En même temps, une assemblée générale des habitants eut lieu, et il fut résolu de faire signifier à tous les curés des paroisses, que les syndic et bourgeois de Roye étaient appelant, comme d'abus, de l'octroi du monitoire, et qu'ils entendaient formellement empêcher « qu'il soit passé outre à la publication et fulmination dudit monitoire. »

Maître Pierre Turpin, procureur au bailliage, Louis, son frère, procureur du roi au Grenier à sel, et Jean-Baptiste Graval, officier de la maison du roi, étaient allés chasser dans la banlieue ; entraînés par l'ardeur de la chasse, ils tuèrent du gibier sur les terres du domaine de Gruny. Aussitôt les religieux d'Ourscamp intentèrent un procès aux chasseurs ; ils demandaient à ce qu'ils fussent condamnés chacun à cent livres d'amende, trois mille livres de dommages-intérêts et aux dépens. L'affaire alla à la Cour du Parlement qui, en 1727, sur les conclusions de l'avocat-général Daguesseau, mettant l'appellation à néant, fit défense aux sieurs Turpin et Graval de chasser, à l'avenir, sur les terres de Gruny, et les condamna solidairement à vingt livres d'amende et aux dépens.

Les magistrats veillaient également à la conservation du gibier ; une sentence de la prévôté, du 21 mai 1689, faisait défense de mettre en vente des œufs de perdrix, sous peine de dix livres d'amende.

En 1704, la Dame de Soyecourt fit faire un procès à un nommé Gilles Cotterets pour avoir chassé sur ses terres de Carrépuits ; une sentence de la Table de marbre, du 21 janvier 1702, renvoya Gilles de l'assignation, déclarant que la pièce de terre sur laquelle il avait chassé, faisait partie de la banlieue de Roye, et n'appartenait pas à la marquise, Dame de Carrépuits.

LES MAIRES

« La liste chronologique des maires de Roye, dit le « P. Daire, serait à désirer pour l'honneur des familles. »

D'après ce que nous avons vu, il n'y aurait eu de maires que depuis l'octroi de la charte par Philippe Auguste, jusqu'à la suppression de la Commune en 1373. A cette époque, le premier magistrat de la cité est le prévôt royal qui exerce les fonctions administratives ; cet état de choses dure jusqu'en 1594. Autorisés par Henri IV, les habitants nomment leur mayeur, mais cette autorisation est bientôt supprimée, et les prévôts reprennent l'administration de la ville. Il y a donc là encore une nouvelle interruption, et la chronologie des maires ne peut s'établir avec suite que depuis 1636. A partir de cette date, nous donnons, jusqu'à nos jours, la liste non interrompue des maires.

1195. — Pierre (*major*), cité dans une charte du Chapitre.
1200. — Thénart.
1222. — Raoul le Purthur.
1258. — Estance Gasselin.
1259. — Jone le Vilain.
1300. — Thomas di le Sellier, garde du scel.
1373. — Kevret Jehan, prévot forain, faisant fonctions de maire.
1413. — Billiart Jehan, prévot royal, id.
1477. — Guibon Albert, id., id.
1498. — Carton Pierre, id., id.
1503. — Gilles Pierre, id., id.
1512. — De Boucquel Jean, id., id.
1518. — Waucquel Nicolas, id., id.
1521. — Demons Jehan, id., id.
1529. — Levasseur Guillaume, id., id.
1544. — Dupré François, id., id.
1567. — Dupré Pierre, id., id.
1579. — Cornet Gabriel, id., id.
1587. — Hannique Antoine, id., id.
1590. — Le Blanc Jean, id., id.
1593. — Brunel Christophe, id., id.
1594. — Bellot Adrien, élu mayeur.
1595. — Guy Marcotte, prévot royal, faisant fonctions de maire.
1610. — Oudin Antoine, id., id.
1613. — De Fricques Jean, id., id.
1616. — Vasset Antoine, id., id.
1627. — Gouilliard François, id., id.
1629. — Vasset Antoine, id., id.
1634. — Aubé Charles, id., id.

1636. — Vasset Antoine, prévot royal, faisant fonctions de maire.
1637. — Berthe Antoine, élu mayeur.
1638. — Turpin Pierre, id.
1640. — Hannique Antoine, id.
1642. — Berthe Antoine, id.
1643. — Fraillon Antoine, avocat, élu.
1645. — Turpin Pierre, procureur du roi.
1646. — Billecocq Claude, avocat, élu le 1er octobre.
1647. — Hannique Pierre, contrôleur au Grenier à sel.
1648. — Chevy Nicolas, avocat.
1649. — Turpin Pierre, élu le 24 juin.
1650. — Billecocq Claude, id.
1651. — Boulanger Nicolas, avocat, élu.
1652. — Turpin Pierre, élu.
1654. — Hannique Pierre, élu.
1655. — Cressonnière Florent, élu.
1656. — Turpin Pierre, élu.
1657. — Roussel Jacques, lieutenant-général, élu.
1658. — Hannique Pierre, élu.
1659. — Turpin Pierre, continué.
1662. — Roussel Jacques, élu.
1663. — Cressonnière Florent, continué.
1666. — Laignel Louis, lieutenant-général, élu.
1667. — Cressonnière Florent, élu.
1668. — Havard Louis-Antoine, élu.
1669. — Boulanger Nicolas, continué.
1672. — Laignel Louis, élu le 13 juillet.
1673. — Cabaille François, contrôleur, élu le 23 juin.
1674. — Soucanye Charles, id.
1675. — Boulanger Nicolas, id.
1676. — De Haussy Jean dit : *Jean le Vert*, avocat.
1677. — Coignet Gabriel, lieutenant-général.
1678. — Cabaille François, élu.
1679. — Bocquet François, président du Bailliage, réélu.
1683. — Soucanye Charles, élu.
1684. — Turpin Louis, procureur du roi.

1685. — Havard Louis, président du Grenier à sel.
1688. — Soucanye Charles, élu.
1689. — Havard Louis, élu.
1690. — Caballe François, gentilhomme de la Vénerie royale.
1691. — Havard, élu le 4 juillet.
1692. — Butin Pierre-Louis, sieur De la Fosse, maire perpétuel ; mort le 28 janvier 1703, inhumé dans la chapelle des Minimes, où étaient ses armes : *de sinople à un sautoir d'argent chargé en cœur d'un annelet de sable.*
1703. — Bellot Adrien, premier échevin, élu maire.
1707. — Le Boucher Charles.
1708. — Butin Louis-Charles, maire perpétuel, jusqu'en 1717.
1718. — Soucanye Charles, élu le 30 décembre.
1719. — Gaudefroy Charles, élu le 23 juin.
1720. — Butin de la Fosse Louis, maire perpétuel nommé le 23 octobre.
1724. — Caballe François-Antoine, avocat, élu.
1725. — Gaudefroy Charles-Claude, élu et continué.
1731. — Debonnaire Charles, docteur en médecine.
1732. — Prévost Marc-Antoine, avocat du roi.
1733. — Lequeux Jean, contrôleur au Grenier à sel.
1734. — Gaudefroy Charles, élu.
1735. — Lequeux Jean, nommé maire, par commission du 12 mai.
1738. — Langlet Philippe, élu le 23 juin.
1739. — Hannique Pierre-Florent, continué par commission royale.
1748. — Graval Jean-Baptiste, avocat, élu le 23 juin.
1749. — Hannique Pierre-Florent, id.
1750. — Graval Jean-Baptiste, id.
1755. — Berthin Jehan, grenetier, id.
1756. — Billecocq Louis-Charles, avocat, id.
1760. — Jobard de Beauvais Louis-Pierre, substitut du procureur.
1764. — D'Orillac (le Comte), élu le 23 juin et continué.
1768. — Prévost Marc-Florent, avocat du roi, et continué.
1778. — Cathoire Pierre-Louis, ancien officier.
1779. — D'Orillac (le Comte).
1780. — Cathoire.

1781. — Masson Pierre-Florent, nommé par le roi en remplacement de Prévost, élu et non acceptant.
1783. — Masson, avocat. Debonnaire, lieutenant de maire.
1785. — Cathoire, maire. Goret, lieutenant de maire.
1789. — Billecocq Louis-Charles, élu le 7 février, démissionnaire.
1790. — Longuecamp J.-B.-Félix, élu le 8 août.
1791. — Lefebvre d'Hédancourt Louis-Alexandre, élu le 6 juin.
1792. — Prévost Marc-Florent.
1795. — Lequeux, agent municipal.
1800. — Du Mesnil, avocat, nommé par le préfet.
1805. — Larabit Nicolas, nommé par le préfet.
1808. — Graval Aimé-Jean-Baptiste, nommé le 14 avril.
1830. — Séret Alexandre, nommé le 30 juillet, par le roi.
1831. — Fouquier Thomas-Jean-Louis, nommé le 27 décembre.
1838. — Leleu Antoine-Joachim.
1839. — Graval (le chevalier), nommé le 23 octobre.
1841. — Berthout, nommé par le roi.
1846. — Grégoire Adolphe, nommé le 16 octobre.
1848. — Servatius, nommé en novembre.
1858. — Bertin Henri, nommé en octobre, décoré comme agriculteur, en 1866.
1870. — Duquesnel, docteur, maire provisoire.
1870. — Masurier, notaire,   id.
1871. — Bertin Henri, nommé maire.
1875. — Bellenger,   id.
          Duquesnel Emile, docteur, maire actuel.

CHAPITRE VI

ADMINISTRATION JUDICIAIRE

PRÉVOTÉ ROYALE

Les prévôts royaux furent institués vers 1032 ; ils exerçaient leurs fonctions sous le contrôle des grands-baillis, qui les destituaient à volonté. Cette faculté leur fut interdite par Philippe-Auguste en 1190, et par Philippe-le-Bel en 1302, à moins que ce ne fut « pour rapt, meurtre, homicide, trahison. » Mais les baillis avaient le droit d'infliger un châtiment aux prévôts, s'ils s'étaient rendus coupables d'injustices, de vexations, d'usure ou de quelques excès de pouvoir.

Dans les premiers temps de l'institution, les baillis affermaient les prévôtés ; Saint-Louis interdit la ferme. Le roi Louis-le-Hutin, par une ordonnance du 15 mai 1315, fixa à trois années la durée de la charge des prévôts et des baillis.

Philippe de Valois, par des lettres du 20 juin 1346, ordonna que les prévôtés fussent données en garde, et défendit de les mettre en ferme ; mais dès 1349, elles continuèrent à l'être. Cet abus ne cessa qu'en 1407, lorsque les prévôts furent nommés par la Chambre des Comptes ; cependant, on voit que cela se pratiquait encore en 1418, ainsi qu'il résulte d'un état des domaines du roi, pour la prévôté de Roye : « La prévôté de la ville de Roye
« fu baillée à la Chandeleur derrain passé, pour III ans
« commanchant dès le dit jour de Chandeleur, à Pierre

« Potage pour chacun an, L livres. » Enfin les prévôts furent créés, en titre d'offices, par un édit du mois de décembre 1567.

La ville de Roye fut érigée en prévôté royale en 1209, le roi nommait alors un prévôt qui était chargé de rendre la justice, et de veiller à l'exécution des jugements. Le prévôt faisait ou faisait faire la recette des cens et des autres droits appartenant au roi, dans l'étendue de sa juridiction ; il prenait alors le titre de : *censeux*, que l'on rencontre dans quelques actes.

Tout le pays sur lequel s'étendait la juridiction du prévôt royal, s'appelait : *Prévôté*. Cette circonscription comptait soixante-sept communes, la ville non comprise ; le nombre de feux, en 1469, était de dix-neuf cent treize ; en admettant une moyenne de quatre âmes par feu, la population de la prévôté de Roye, était alors de sept mille six cent soixante-deux âmes.

On voit dans un compte fait en 1438, par Tassart de Herleville, lieutenant pour le roi et pour le duc de Bourgogne, ce que rapportait la prévôté de Roye au domaine royal et l'estimation des denrées faite à Roye, en présence des procureurs, officiers et vassaux, ainsi que les revenus des fiefs sis en la prévôté. « C'est assavoir :
« un setier de blé : XII sols parisis, un setier d'avoine :
« trois sols parisis, un chapon : deux sols, une poule :
« douze deniers, et le fourrage au prix du blé. »

Avant son érection en prévôté particulière, la ville de Roye avec Ressons, Compiègne et Montdidier, ne formait qu'une prévôté, dont les revenus s'élevaient à deux mille six cent trente livres (4,704 francs). En 1227, toute communauté cessa d'exister entre ces villes, et chacune d'elles eut un compte particulier de recettes et de dépenses.

Le cartulaire de Philippe-Auguste renferme plusieurs sentences prononcées par le prévôt de Roye, le chapitre qui les contient a pour titre : INQUISITIO DE JUSTICIA ROIE ET MONTISDESIDERII.

Nous y lisons qu'un jour, Raoul de Roye ayant tué méchamment un soldat dans son château, le prévôt en informa le roi, parce qu'étant noble, Raoul ne tombait pas sous sa juridiction. Le monarque fit appeler le seigneur devant lui, pour rendre compte du crime qu'il avait commis ; Raoul de Roye n'ayant pas obtempéré à cet ordre, le roi fit démolir son château de Guerbigny.

Un certain Henri du Chessoy avait fait saisir un voleur sur son domaine, le prévôt de Roye, qui était alors Renaud de Bestor, réclama le coupable ; mais il fut reconnu que le droit de le juger appartenait au chevalier, qui en fit justice au nom du roi.

Ainsi, le prévôt ne jugeait pas tous les actes répréhensibles ; chacun avait sa justice : le châtelain jugeait pour les comtes, le chapitre informait sur les causes ecclésiastiques ; enfin le mayeur et les échevins rendaient la justice, conjointement avec le prévôt ou le grand-bailli, suivant les cas.

Il résultait parfois de ces différents tribunaux des conflits et des usurpations de pouvoir. Le prévôt abusait quelquefois de son autorité, ou bien il s'arrogeait des droits qu'il n'avait pas. Un bourgeois pouvait être assigné partout, excepté dans l'église ou dans le parvis, asile inviolable. Un jour, le prévôt de Roye fit assigner à comparaître devant lui l'évêque d'Amiens, pour avoir à rendre compte de certains actes ; le prélat protesta et le prévôt fut déclaré, par arrêt du parlement du 20 mai 1263, mal fondé dans ses prétentions, attendu que l'évêque ne relevait pas de la justice du prévôt.

Un autre arrêt de la Cour décida que l'émission de la fausse monnaie, étant un cas de haute justice, relevait du roi ; cette sentence avait été rendue à propos d'un bourgeois de Roye, qui avait été pendu en exécution d'un jugement du prévôt.

Florent Mathon, clerc à Roye, refusait de payer la taille que les maire et jurés voulaient lui imposer, d'après l'estimation de ses biens ; la Cour du parlement, par un arrêt de 1283, condamna le récalcitrant à payer la taille. Cet arrêt motivé est consigné tout au long, par Eusèbe de Laurière, dans son ouvrage : *Sur l'origine du droit d'amortissement*.

Le bailli de Vermandois avait fait arrêter deux malfaiteurs de Roye, que le maire et les échevins avaient négligé de faire poursuivre ; il s'éleva à ce sujet des contestations qui furent portées devant le parlement de Paris. La Cour déclara qu'au roi seul appartenait la punition des coupables, mais qu'aux échevins revenait le droit de juger les infractions à la paix ; en conséquence, la Cour ordonna que Jean Petit le maistre et Jean dit Galois, fussent rendus aux échevins, pour être jugés par eux.

Plusieurs délits avaient été commis dans la ville, pendant le carême de 1318, et les auteurs n'avaient pas été inquiétés ; plainte de ces faits ayant été portée au roi, la Cour enjoignit au bailli de Vermandois et au prévôt royal de poursuivre les délinquants.

Au mois de mai 1230, Louis IX adresse au prévôt de Roye une lettre par laquelle il le charge de veiller à ce qu'aucun dommage ne soit causé à l'abbaye d'Ourscamp, ni à ses possessions, que le roi prend sous sa protection.

En cas d'absence, le prévôt était remplacé par un lieutenant ; il avait des sergents pour assurer l'exécution de ses ordres. Le prévôt tenait ses audiences dans le local où se trouvaient les anciennes prisons (rue des Prévôts) ; cet état de chose dura jusqu'en 1479, époque à laquelle on en construisit de nouvelles, près du château. Les fourches patibulaires étaient vers Tilloloy, à la limite de la banlieue, au lieu dit : *la Justice* ou *chemin de la Prévôté*.

Le bourreau ou l'exécuteur des hautes-œuvres n'avait pas de gages fixes, il était payé suivant les cas et d'après un tarif. On lit dans un ancien compte : « à maistre Es-« tienne Priez, *maistre des haultes-œuvres*, pour un taxé « à lui faist par le lieutenant le xxvij^e jour de septem-« bre (1533), pour avoir fustigé et bastu de verges un « nommé Maximin Pouchon : xxxij sols. »

Le tribunal de la Prévôté se composait : du prévôt, du lieutenant civil, d'un lieutenant criminel, d'un assesseur, de deux conseillers, d'un avocat, d'un procureur du roi, d'un substitut et d'un greffier ; plus tard, les offices d'enquêteur, de commissaire-examinateur, de conseiller garde-scel et de vérificateur des défauts, furent réunis à la Prévôté.

Les appels des jugements étaient portés au Présidial de Laon et à la Cour du Parlement de Paris ; lors de l'établissement du Bailliage de Roye, les appellations des jugements rendus par le prévôt royal, « civil et criminel, mayeur de police », relevaient de cette juridiction.

Les différentes guerres ont dispersé les archives de la Prévôté ; il paraît aussi que les fonctionnaires conservaient chez eux les actes, au lieu de les déposer au greffe. Sur la requête du procureur-général de Roye, la Cour du Parlement rendit, le 21 août 1738, un arrêt ordonnant aux détenteurs de papiers provenant de la Prévôté, de les remettre au greffier du Bailliage ; qui en dresserait un inventaire.

Après la nomination d'un mayeur par les habitants, suivant le vœu qu'ils en avaient exprimé à Henri IV, au mois d'avril 1594, l'office de prévôt royal fut supprimé. Mais un arrêt du Parlement rendu par défaut, le 22 décembre de la même année, porta rétablissement du prévôt et des échevins, pour jouir des droits qu'ils avaient avant l'érection de la mairie, avec défense au mayeur de les troubler.

Plus tard (1636), lorsque les fonctions de maire furent rétablies; les attributions de la police municipale furent mal déterminées : il s'ensuivit des conflits. L'Intendant de Picardie de Bellejamme avait le 20 novembre 1642, rendu une ordonnance qui permettait au maire d'exercer la justice politique dans la ville, afin d'éviter les désordres pouvant naître entre les habitants et les gens de guerre. Le prévôt Vasset appelle de cette ordonnance au conseil du roi, en demandant à ce qu'il plaise à Sa Majesté de supprimer la charge de mayeur, de la réunir à celle de prévôt royal, et de condamner les prétendus maire et échevins à mille francs de dommages-intérêts, avec défense de le troubler dans ses fonctions. Le roi faisant droit, en partie, à l'instance, ordonna que Vasset exercerait seul la police ainsi que ses prédécesseurs avaient eu coutume de le faire, sauf en cas de logement des gens de guerre et autres fonctions de milice; pour la garde et la sûreté de la ville, il devait y être pourvu par les mayeur et échevins, selon les règlements sur la matière, sans toutefois que le mayeur puisse donner des billets de logement pour la maison du prévôt.

Au mois de septembre 1637, parut un arrêt du Conseil qui portait réunion des offices de lieutenant-général et de prévôt royal ; deux mille quatre cents livres devaient être payées par le titulaire, au lieutenant-général en charge, et six cents livres au prévôt royal. Mais un autre arrêt du 28 octobre 1638, porta désunion de ces deux offices, pour être exercés par ceux qui en seraient pourvus de la même manière qu'avant l'arrêt. Enfin, un édit royal donné à Versailles, au mois d'avril 1749, supprima la juridiction des prévôtés royales et foraines dans toutes les villes où il y avait un Bailliage, et ordonna leur réunion au siège de ce Bailliage.

A l'époque de sa suppression la Prévôté n'existait plus que nominalement ; c'est surtout au quatorzième siècle que la Prévôté de Roye avait de l'importance.

Par des lettres données *au Moncel-les-Pons-Sainte-Masence*, Philippe VI met sous sa sauvegarde les religieux du couvent du Mont-Saint-Louis, ordre des Chartreux, et renvoient leurs affaires devant le prévôt de Chauny ou son lieutenant. (*Tome 1er, p. 199.*)

Le roi Jean-le-Bon, par une charte du 7 juillet 1354, porte attribution au prévôt de Roye des causes du chapitre de Noyon et de ses sujets, à l'exclusion du prévôt de Chauny. Par d'autres lettres confirmatives, du mois d'août de la même année, Jean-le-Bon met sous sa sauvegarde les religieux de la Chartreuse du Mont-Renaud, et confère au prévôt de Roye, sous le contrôle du bailli de Vermandois ou de son lieutenant, le droit de connaître des affaires de l'abbaye. Puis en 1357, le roi ordonne que les affaires litigieuses des religieux de Saint-Jean-de-Jérusalem, ainsi que celles de leurs vassaux, ne seront plus portées à la Prévôté de Chauny, mais à la Prévôté de Roye.

L'Evêque de Noyon obtint à son tour de pareilles lettres, au mois d'octobre de la même année, pour lui, ses vassaux et ses sujets.

Toutes ces lettres furent adressées au prévôt royal de Roye, et signifiées aux officiers du duc d'Orléans, à Chauny. On voit toutefois que ce ne fut que provisoirement et jusqu'à nouvel ordre que cette « exemption » fut donnée. N'importe elle ne devait pas moins, pendant le cours de sa durée, jeter un certain lustre sur la Prévôté de Roye.

Cet établissement de l'exemption, fut sujet à plusieurs variations, il fut transféré de Roye à Noyon et à Chauny, selon que l'une de ces villes était au pouvoir des Français ou des Bourguignons. En conséquence des lettres-patentes du roi Charles VII du 11 octobre 1435, le siège de l'exemption ayant été fixé, quoique provisoirement à Noyon, y resta. La Prévôté de Roye perdit alors de sa splendeur.

En 1323, le prévôt Camberlant avait été chargé par le roi Charles V, de réprimer les fraudes que commettaient certains contrebandiers, qui introduisaient du sel sans payer les droits de gabelle ; ce qui nuisait beaucoup aux Greniers à sel de Beauvais et de Noyon. Le prévôt fit si bonne diligence qu'il mit la main sur trois de ces malfaiteurs, il les fit emprisonner et pendre après jugement. L'un d'eux avant de mourir, avoua qu'il avait assassiné un sergent de Gannes, appelé : Baudet. Camberlant s'empara encore de plusieurs autres contrebandiers, qu'il fit juger et bannir. Pour le récompenser de ses services, le roi par lettres du 22 mars, lui accorda une somme de quarante livres. Dans l'exercice de ses fonctions, ce prévôt reçut un jour des injures et des coups de Jehan Colard et de Jehan de Mailly, qui furent pour ces faits, transférés dans les prisons du Châtelet, après avoir subi un premier jugement « des hommes de la Cour de Roye. »

Après l'abolition de la Commune, le prévôt royal devint le personnage le plus important de la cité, puisqu'il remplissait les fonctions de mayeur, et avait la présidence de l'Echevinage. Il était tout à la fois administrateur et juge de police. Aussi cherchait-on à se le rendre favorable ; toutes les fois que le roi nommait un nouveau prévôt, l'Echevinage lui faisait présent, lorsqu'il venait prendre possession de sa charge, de six lots de vin, qui coûtaient généralement quarante-huit sols.

Le dernier prévôt fut Charles Gaudefroy qui reçut ses provisions le 13 décembre 1722. L'office de prévôt royal fut supprimé par un édit du mois d'août 1749.

PRÉVÔTÉ FORAINE

Avec la Prévôté royale, la ville de Roye possédait aussi une Prévôté foraine.

Cette Prévôté avait été établie par Charles V ; le prévôt forain connaissait de toutes les causes civiles et criminelles, non-seulement dans la ville et la banlieue, mais encore dans toute l'étendue de la Prévôté. Pour déterminer les fonctions du prévôt royal et du prévôt forain, il faut admettre que les attributions du premier ne devaient s'étendre que sur la ville et la banlieue, tandis que le prévôt forain connaissait de tous les délits commis dans la circonscription de la Prévôté de Roye.

Les fonctions de ces officiers de justice ne nous paraissent pas parfaitement définies, il devait résulter souvent des conflits entre tous ces juges, et si la justice n'était pas bien rendue, si tous les crimes ou les délits commis, n'étaient pas réprimés, ce n'était pas faute de tribunaux pour les juger.

La Prévôté foraine était vénale, elle était affermée ; en 1418, elle était donnée à bail à Pierre Sonlieu pour quatorze mois, finissant le jour de Saint-Jean-Baptiste, moyennant cent cinquante livres parisis.

Le prévôt forain touchait annuellement seize livres pour ses gages, prises sur les revenus de la Chatellenie de Roye ; le prévôt royal touchait la même somme.

Guy Marcotte, prévôt royal, fut le dernier prévôt forain ; il céda son office le 20 janvier 1596 à Jacques de Neufville, lieutenant-général qui, par arrêt du 6 février suivant, en obtint la réunion à l'office de lieutenant-général, et son incorporation au siège du Bailliage.

Cet arrêt fut lu dans l'auditoire royal du tribunal, sur l'ordonnance du sieur de Neufville, du consentement des avocats et du procureur du roi, par le greffier du gouvernement de Roye, le mercredi 14 février 1596.

C'est ainsi que fut supprimée cette juridiction dont la présence augmentait sans nécessité le nombre des offices.

GARDE DU SCEL

Avant que la ville de Roye ne fut le siège d'un Bailliage, elle faisait partie de la Baillie du Vermandois. Tous les jugements se rendaient au nom du bailli, grand officier chargé du gouvernement militaire du Vermandois, tout à la fois comptable et juge ; il se faisait suppléer dans ses fonctions par un lieutenant à son choix. Louis XII se réserva le droit de nommer les lieutenants ; ils devinrent alors des officiers royaux.

Chaque ville importante avait un officier dont la mission était de donner un caractère d'authenticité aux actes publics, en les revêtant du scel ou du sceau de la Baillie ; telles étaient les fonctions des Gardes du scel. Cette charge fut d'abord donnée à ferme ; mais par un édit de Charles IX, du mois de juin 1568, elle fut créée en titre d'office.

Lorsque les trois villes de Péronne, Montdidier et Roye, furent réunies sous un gouvernement particulier, l'autorité du bailli de Vermandois se maintint quelque temps encore, à titre honorifique. Les préposés au Scel ne prenaient plus alors que la désignation de : Gardes du scel et n'ajoutaient plus ces mots : de la Baillie du Vermandois. Cet office subsista nominalement jusqu'en 1661 ; ce furent les notaires, tabellions ou garde-notes, qui prirent le titre de gardes du scel royal.

Dans l'étude de Jobart père, se trouvait en 1780, la minute la plus ancienne ; c'était un acte fait en 1426, devant Guy-Vieille, lieutenant de Jean de Manuel, mayeur de Montdidier et garde, pour le roi et pour le duc de Bourgogne, du scel de la baillie de Vermandois, par Guillaume Rouviller écuyer, demeurant à Bouchoir, à Quentin Aubé, marchand à Roye, de la vente d'un fief et seigneurie tenant et mouvant des religieux Célestins de Saint-Antoine d'Amiens, situés au Quesnoy. Cet acte avait sans doute échappé à la destruction que subirent, à plusieurs reprises, les minutes des notaires.

La ville de Roye posséda donc des gardes du scel ; tous les jugements, tous les actes portaient la même formule : « A « tous ceux qui ces présentes lettres verront ou orront, « garde de par le roy du scel de la baillie du Vermandois, « establi à Roye. »

Le scel ou le sceau appendu à une charte de l'Abbaye d'Ourscamp, du 20 novembre 1290, était rond portant l'écu fleurdelisé *de six fleurs de lys posées : 3, 2 et 1,* dans une rosace ouvragée, le contre sceau représentait l'écu de la face.

Un sceau attaché à un acte de Thomas di le Selier de 1383, avait pour légende : S. Vixomandi apud Roya : Citvm.

A une sentence de Jehan Clabault, garde du scel en 1403, le sceau apposé portait pour inscription : Sigillum bailliviæ Viromandensis apud Royam.

BAILLIAGE

Le Bailliage de Roye fut constitué vers 1500, sa juridiction s'exerçait sur quatre-vingts paroisses. Au nord, le bailliage s'étendait jusqu'à Nesle, la rivière d'Ingond qui traverse cette ville, le séparait de celui de Saint-Quentin ; tout le faubourg Saint-Léonard, en deçà de la rivière, était du ressort de Roye. Au sud, le bailliage comprenait les communes de Ressons-sur-le-Matz et de Boulogne-la-Grasse en partie ; de l'est à l'ouest, il s'étendait d'Orvillers à Cressy-Omancourt.

Le bailliage était le premier corps judiciaire de la ville : les officiers avaient le pas sur l'Echevinage. La communauté des officiers du bailliage de Roye portait pour armes : *d'or à une perle de sinople*.

Les officiers composant le tribunal du bailliage étaient au nombre de huit, sans compter le grand bailli d'épée, qui ne résidait pas à Roye. C'était : le lieutenant général, président, le lieutenant criminel, le lieutenant particulier civil, l'assesseur criminel ou lieutenant particulier faisant les fonctions de lieutenant criminel et quatre conseillers.

Jean Baterel, prévôt de Montdidier, fut par lettres-patentes de Louis XII du 6 juin 1506, investi des fonctions de lieutenant-général au gouvernement de Péronne, Montdidier et Roye. Il était le seul des trois villes qui eût le titre de lieutenant-général ; il avait la préséance sur ceux de Péronne et de Roye, avec le droit de rendre la justice dans ces deux villes. Le 17 octobre 1539, Pierre de Bertin, lieutenant-général, tint ses assises à Roye.

Un office de lieutenant criminel fut créé près du bailliage par François Ier, le 14 janvier 1522 ; jusques-là, cet office était exercé par le lieutenant-général.

En 1557, Mathieu Le Vasseur, comme plus ancien avocat du bailliage, occupa le siège en l'absence du lieutenant-général. Gabriel Cornet comparut comme lieutenant-général à Roye, au procès-verbal de la rédaction des coutumes de Péronne, Montdidier et Roye, en 1567.

Les gens du roi étaient : un avocat, un procureur, un substitut, un greffier en chef, un commis-greffier et un receveur des consignations. Cet office fut créé en titre, par Henri III, en vertu d'un édit du mois de juin 1578, enregistré au Parlement le 16 juillet.

Le substitut du procureur du roi ne plaidait pas et ne donnait pas de conseils aux parties ; il avait rang, pas et séance immédiatement après les gens du roi, tant au barreau que dans les processions et dans les cérémonies publiques. Cet office de substitut auquel le procureur-général commettait, fut érigé en titre, par un édit du mois de mai 1586.

Le corps des officiers du bailliage fut souvent modifié ; en 1698, il était composé : du lieutenant-général et criminel, du lieutenant particulier civil, d'un assesseur criminel, d'un conseiller.

Un avocat du roi, un procureur, un substitut, un greffier, deux offices de vérificateurs des défauts acquis par le président, deux offices d'enquêteurs commissaires examinateurs, l'un possédé par le président et l'autre acquis par le prévôt royal, formaient la magistrature debout.

L'office de commissaire aux saisies réelles n'existait pas au siège du bailliage, il n'y en eut jamais ; lorsque la présence de cet officier était nécessaire, le président constituait un recors d'huissier.

Par un édit du mois de février 1514, enregistré au Parlement le 3 avril suivant, François Ier créa près du bailliage de Roye un office de commissaire enquêteurexaminateur, qui fut supprimé en 1693 ; le roi remplaça alors cet officier par un conseiller enquêteur et commissaire examinateur, dont l'office, au mois de novembre 1696, fut réuni à la juridiction du Grenier à sel.

Deux huissiers, l'un pour le civil et l'autre pour le criminel, étaient attachés au tribunal, ainsi que trois offices de sergents-royaux ou archers.

Les huissiers du bailliage, comme ceux de la Prévôté et du Grenier à sel, étaient à tour de rôle et indistinctement huissiers-audienciers ; les jours de cérémonie, ils allaient en robe chercher chez lui le président ou le premier officier du bailliage, et le reconduisaient avec le même appareil.

Il y avait, en outre, dans la ville, pour assister les plaideurs : trois avocats et quinze procureurs ; mais un édit de 1664, et un état arrêté au Conseil le 3 février 1665, fixèrent à huit le nombre des procureurs, et à quatre celui des notaires.

Malgré l'édit de réduction, maître Laurent Longuet fût pourvu de l'office de notaire par des lettres de provisions royales du 25 mars 1671 ; par ce que le chiffre de quatre notaires à Roye fut trouvé insuffisant, « de quoi les habitants de la ville et autres souffraient grand préjudice. » Considérant, d'autre part, la loyauté, prud'hommie, expérience en fait de pratique du postulant, le roi accorda à Longuet l'office de notaire, tabellion royal, garde-note héréditaire.

Lorsqu'il se présenta devant le bailliage pour faire enregistrer ses lettres, la communauté des notaires protesta, par une requête au roi, contre la nomination de leur confrère. Le Conseil d'Etat maintint l'exécution de l'édit du 3 février 1665, et rapporta les lettres de provisions accordées à Longuet, avec défense de s'en servir.

Maître Longuet eut recours alors au Conseil privé du roi, et en obtint de nouvelles provisions le 4 novembre 1671 ; la communauté des notaires interjeta appel au Conseil d'Etat, soutenant que la sentence rendue n'était valable ni dans le fond, ni dans la forme, attendu qu'il était sans exemple, qu'un arrêt du Conseil privé pût casser un arrêt du Conseil d'Etat. Aussi, la communauté des notaires eût gain de cause, et le Conseil d'Etat, dans sa séance du 19 mars 1672, maintint son premier jugement et fit défense à Longuet d'exercer les fonctions de notaire, sous peine de cinq cents livres d'amende. Le nombre des notaires resta fixé à quatre ; comme aujourd'hui, trois pour la résidence de Roye et un dans le canton.

Un édit royal du mois de juin 1771, porta création d'un conservateur des hypothèques sur les immeubles réels et fictifs, avec abrogation des décrets volontaires. Une déclaration du roi du 23 juin de l'année suivante, en interprétation de l'édit concernant les hypothèques, ordonna que tous contrats passés pardevant notaires, porteraient hypothèques.

Au mois de juillet 1773, une ordonnance royale donnée à Compiègne, désunit les charges de notaires de celles de procureurs près le bailliage, et fixa à trois le nombre des notaires en résidence à Roye, un autre à Ressons et supprima celui de Tilloloy ; puis réduisit à cinq les procureurs, avec injonction d'opter pour les officiers qui cumulaient ces fonctions, ce qu'ils firent par des actes enregistrés au greffe les 11 et 27 février 1772.

Les procureurs avaient l'habitude pour les affaires de prêter leurs noms les uns aux autres ; une sentence du bailliage du 23 novembre 1671, leur défendit d'en agir ainsi à l'avenir.

Une autre sentence du 30 juillet 1674, enjoignit aux procureurs de ne rien avancer dans leurs plaidoiries qui fût contraire à la vérité, sous peine de dix livres d'amende, pour la première fois. Il leur fut aussi ordonné de ne se présenter aux audiences que revêtus de leurs robes, et d'apporter dans leurs discours la plus grande décence.

Les procureurs, les huissiers et les autres officiers du bailliage, allaient aux cabarets traiter de leurs affaires avec les clients ; ils se présentaient même parfois à l'audience dans un état peu convenable. Sur le réquisitoire du procureur du roi, il fut interdit à tous les officiers du bailliage d'aller au cabaret, sous peine de trente livres d'amende, et de la suppression de leurs charges pendant trois mois, suivant les cas.

Les procureurs qui ne pouvaient assister à l'audience étaient tenus de se faire remplacer ; cette décision donna lieu à une longue discussion entre les procureurs et les avocats : les premiers prétendaient pouvoir se remplacer réciproquement. Le procureur-général Joly de Fleury fut consulté à ce sujet. (1755.)

Les honoraires des procureurs, des notaires, des huissiers étaient fixés par un tarif ; le plus ancien fut publié au bailliage, en 1539, par le lieutenant-général Jean Bertin, il porte des dispositions « qui déplairaient à certaines personnes, mais qui feraient plaisir à beaucoup d'autres. » (*Histoire de Montdidier, tome III, page 117.*)

En 1773, un autre tarif fut arrêté en exécution de l'ordonnance royale de 1667, et en conséquence des arrêts de la Cour du Parlement de 1689 et 1716. Les écritures des avocats se payaient à raison de vingt sols le rôle.

Au mois d'octobre 1699, parut un édit du roi portant suppression de tous les états et offices de conseillers lieutenants généraux de police, établis dans tout le royaume. Par le même édit, le roi créa dans chaque ville, un conseiller du roi, lieutenant-général de police, en titre d'office ferme et héréditaire. Ces officiers devaient connaître de tout ce qui concernait la sûreté des villes, ils devaient veiller à la propreté des rues, à l'entretien des lanternes publiques : c'étaient des espèces d'Ediles ; ils avaient, en outre, la police des marchés, celle des hôtelleries, des auberges et des cabarets.

Une déclaration royale du 28 décembre 1700, indiqua les droits des lieutenants-généraux de police et fixa leur rang, dans les audiences, avant le lieutenant-criminel et particulier, et dans les assemblées de l'Hôtel-de-Ville, après le maire. La même ordonnance décida que les appellations des jugements rendus par ces fonctionnaires, fussent portées devant le bailliage, ou devant la Cour du Parlement, selon l'importance des affaires.

Un édit de novembre 1701, créa dans chaque bailliage, deux Conseillers pour assister dans les audiences le lieutenant-général de police, et pour le suppléer, en cas d'absence. A défaut de Conseillers, le lieutenant pouvait prendre deux Gradués, aux termes d'un arrêt du Conseil du 10 décembre de la même année.

Eloi D'Hervilly, docteur en médecine, fut en exécution d'un édit royal, pourvu de l'office de lieutenant-général de police à Roye, par provisions du 30 janvier 1706 ; il fut reçu au Présidial de Laon, et ses provisions furent enregistrées au greffe du bailliage, le 22 mars suivant. (*Pièce justificative*).

Les lettres de commission fixaient à cent trente-trois livres six sols huit deniers, les gages de D'Hervilly, à prendre sur les deniers patrimoniaux de la ville, avec exemption de tailles, du logement des gens de guerre, et de toutes charges publiques.

Un office de lieutenant-général de police alternatif, fut aussi créé ; Daniel Pellieu, receveur des consignations, en fut alors pourvu par commission du 5 août 1709.

La même année, parut un arrêt du Parlement, qui renouvela les dispositions de la déclaration royale de 1700, et qui prescrivit les mesures nécessaires pour empêcher la cherté des grains.

François-Antoine Cabaille, avocat, président et contrôleur au Grenier à sel, voulut réunir à son office, celui de lieutenant-général de police ; il obtint, le 15 octobre 1730, des lettres de dispense de parenté comme ayant au siège deux beaux frères : Billecocq, lieutenant particulier, et Turpin procureur du roi. Le 9 novembre suivant, le roi lui accorda les provisions de lieutenant-général de police ; qui furent enregistrées à la prévoté le 3 juin, et au bailliage le 2 juillet 1731. Les officiers du bailliage voulurent interdire à Cabaille l'entrée des audiences, et le droit d'y siéger ; le lieutenent de police en appela au conseil d'Etat, qui par arrêt du 2 avril 1734, maintint Cabaille dans ses droits de séance, avec voix délibérative, fixa sa place au siège après le lieutenant-criminel, et fit défense aux officiers du bailliage de le troubler dans ses fonctions, sous peine de cinquante livres d'amende. La Cour ordonna en outre, que dans les assemblées et dans les cérémonies publiques, que lors des entrées des rois, des princes, des évêques, des intendants et des compliments qui se feraient par la compagnie du bailliage, Cabaille prit rang après le lieutenant-général, en l'absence duquel il porterait la parole.

L'office de lieutenant-général de police étant devenu vacant, en 1751, par la mort de Cabaille, le corps de ville crut le moment favorable pour rentrer dans ses anciennes prérogatives d'exercer seul la police. A cet effet, il adressa un mémoire au roi. Ce ne fut toutefois qu'au mois de décembre 1757, que l'office fut supprimé et réuni au corps de ville, qui en reçut les provisions enregistrées au greffe du bailliage, le 2 août 1758. A partir de cette époque, la police urbaine fut exercée par les maires et échevins.

Les officiers du bailliage tinrent d'abord leurs audiences dans les bâtiments de la maison du roi, où étaient les prisons royales, sur la place du Marché. Mais une ordonnance ayant obligé les officiers municipaux à fournir un logement convenable pour rendre la justice, l'auditoire fut transféré dans la maison commune.

En 1773, l'Hôtel-de-Ville menaçant ruine, les officiers du bailliage tinrent provisoiremeut leurs audiences, dans le réfectoire du couvent des Minimes. Après la reconstruction de la mairie, trois appartements furent affectés aux différents services du bailliage : une salle du prétoire, une chambre du Conseil, et une autre pour les juges.

Les audiences pour les affaires civiles se tenaient le lundi et le vendredi ; pour les affaires criminelles, le mercredi. Les appels des jugements rendus par le bailliage étaient du ressort du Parlement de Paris, hors les cas présidiaux qui pouvaient être portés au présidial de Laon.

L'enregistrement des ordonnances, des édits, des arrêts de la Cour du Parlement, se faisait directement au Bailliage de Roye, sans avoir recours au présidial.

Les expéditions des jugements, qui portaient une condamnation de cent livres, étaient délivrées sur papier, et sur parchemin, si cette somme était dépassée.

Les causes sujettes à communication devaient être soumises aux gens du roi, au moins trois jours avant l'audience où elles devaient être portées.

Il n'y avait que les arpenteurs royaux qui pussent être commis par le tribunal du bailliage, pour vérifier la contenance des terres ; lorsqu'un arpentage était ordonné par la justice, ils étaient tenus de se servir, dans leurs rapports, des termes de mesure employés dans le bailliage, et des divisions de la verge par cinquième, dixième, et non par pieds.

Le journal de terre n'avait pas la même contenance dans tout le bailliage ; à la mesure de Roye, il était composé de cent verges, la verge était de vingt-quatre pieds, le pied de dix pouces un tiers ; la verge réduite au pied de roi, n'était que de vingt pieds, huit pouces : le journal de Roye contient quarante-cinq ares, six centiares.

Les vacances du bailliage furent fixées par un arrêt du 7 mai 1698 ; car alors les officiers prenaient trop souvent leurs loisirs, au grand préjudice des affaires. Les vacances de Pâques furent réduites à quinze jours, et les grandes vacances durent commencer au 2 juillet, pour finir le 3 septembre. Pendant ce temps, on ne plaidait que les affaires urgentes, au fur et à mesure qu'elles se présentaient ; pour les autres, les parties étaient entendues à l'hôtel du juge.

Pendant les vacances du mois d'août, les audiences extraordinaires se tenaient les lundis et vendredis, à dix heures du matin ; cette heure ayant été trouvée trop tardive, une sentence du bailliage du 27 janvier 1668, signée du conseiller du roi de Haussy, en l'absence du lieutenant-général, fixa l'heure des audiences à neuf heures du matin, et devaient finir à onze heures. Il fut enjoint aux greffiers et aux procureurs d'arriver un quart d'heure d'avance, et aux huissiers de se rendre chez le président à huit heures trois quarts, sous peine de soixante sols d'amende.

Malgré cette ordonnance, il y eut bientôt un relâchement dans l'exactitude ; les audiences qui devaient s'ouvrir à huit heures du matin, depuis Pâques jusqu'à la Saint-Remy, et à neuf heures, depuis la Saint-Remy jusques à Pâques, ne se tenaient plus qu'à des heures irrégulières ; il s'en suivait du désordre et de la perte de temps pour les parties.

Le bailliage, par une sentence du 6 mai 1669, remit en vigueur le règlement, menaçant de peines sévères les retardataires ; en 1671, son exécution fut de nouveau rappelée.

Le 19 septembre 1746, le règlement fut modifié et les heures changées ; les audiences ne se tinrent plus, depuis la rentrée des vacances jusqu'au carême, qu'à onze heures du matin, et depuis le carême jusqu'aux vacances, qu'à dix heures et demie. Enfin, par sentence du 20 juillet 1759, le bailliage décida qu'il y aurait audience les lundi, mardi et mercredi, à neuf heures du matin.

Pour l'application de la loi, le bailliage suivait la coutume du gouvernement de Péronne, Montdidier et Roye. Les juges eurent à se prononcer sur les matières les plus diverses, tant au civil qu'au criminel.

Il existe dans une liasse de procès, une longue procédure faite au corps d'un suicidé par strangulation ; pendant l'instruction, le cadavre mis dans les prisons royales, tomba en pourriture, malgré la salaison à laquelle on l'avait soumis. Le procureur ordonna son inhumation en terre profane, hors de l'enceinte de la ville, dans le *Camp de l'Esquelette*.

On trouve dans les registres du bailliage des déclarations de filles enceintes ; un édit de Henri II du mois de février 1536, et qui fut en vigueur jusqu'à la Révolution, obligeait les filles grosses à faire la déclaration de leur grossesse devant le juge de police, sous peine d'être punies de mort si l'enfant venait à mourir, et à révéler le nom de l'auteur, qui était alors condamné à l'amende s'il ne pouvait épouser la fille. On y lit de curieux détails sur un garçon de Rethonvillers, dénoncé comme coupable et complètement étranger « à la mésaventure » ; injustement accusé, il n'en fut pas moins obligé à payer l'amende.

Les registres extraordinaires du bailliage contiennent aussi des actes de dot et de profession de plusieurs religieuses du couvent de l'Abbaye-aux-Bois. Ce couvent appelé : Franche-Abbaye (*Abbatis-inbosco*), était situé près d'Ognoles ; c'était un couvent de Bernardines, qui reconnaissaient la règle de Citeaux ; il avait été fondé le 20 avril 1202, par Jean de Nesle et Eustache de Saint-Pol, sa femme, qui l'avaient doté de biens nombreux. L'abbaye possédait trente-six journaux de terre sur le terroir de Roye, douze à Armancourt, vingt-quatre à Parvillers, à la Chavatte, etc. A Curchy, le couvent avait plusieurs maisons pour lesquelles les religieuses étaient obligées, envers le chapitre de Nesle, à une redevance annuelle et perpétuelle de vingt setiers de blé, et à dix-neuf muids envers les chapelains du château. Les religieuses voulurent se soustraire à ces obligations, mais une sentence du bailliage de Roye, confirmée par un arrêt de la Chambre des requêtes du 21 mai 1643, les condamna à payer.

Parmi les professions des religieuses, nous remarquons celles de : Adrienne de Mailly, de Madeleine de Roucy, de Marguerite et d'Angélique de Mouchy et de Marie-Henriette de Montebonne, née en 1630. Marie entra d'abord au monastère d'Epagne, elle fut ensuite placée, contre son gré, dans le couvent de l'Abbaye-aux-Bois le 26 octobre 1648. Le jour de son entrée, un contrat de dot fut passé devant Louis Caddé, notaire à Roye, par lequel sa mère, Elisabeth du Chatelet, s'obligeait à payer trois mille francs de dot ; l'abbesse Thérèse d'Ailly, fille de la duchesse de Chaulnes, s'engageait aux frais de profession, de nourriture, et à payer cent livres de pension à Marie si elle venait à sortir du couvent ; ce qu'elle fit le 20 mai 1657, après avoir obtenu un restrict de Rome pour être relevée de ses vœux. Après une longue procédure, sa profession fut déclarée nulle ; elle put alors se marier avec Georges de la Chaussée-d'Eu, en vertu d'une dispense de parenté. Elle eut dix enfants.

Un marché fut passé en 1625, devant un notaire de Roye, pour la refonte des quatre cloches de l'abbaye.

Un acte de notoriété du 29 mai 1663, constate que par suite du passage fréquent des ennemis, les religieuses avaient été, à plusieurs reprises, obligées d'abandonner leur couvent pour se réfugier dans le château de Chaulnes, pendant plus d'un an, puis dans les villes de Compiègne et de Noyon ; enfin à Paris, vers 1652, où elles achetèrent pour s'y fixer « le monastère des Dix-Vertus ». Mais, en 1659, elles revinrent à leur couvent de l'Abbaye-aux-Bois ; le feu ayant consumé les bâtiments qu'elles commençaient à relever, les religieuses se fixèrent définitivement rue de Sèvres. Le seigneur de Nesle les obligea à bâtir, près de l'ancien couvent, une chapelle dédiée à Saint-Antoine et à entretenir un prêtre pour dire la messe; ce qui fut homologué par le Parlement, le 4 août 1668.

Une ordonnance du bailliage du 29 juin 1698, faisait défense aux cabaretiers de donner à boire les dimanches et les jours de fêtes, après neuf heures du matin, pendant l'office divin ; d'aller au-devant des passants pour les engager à entrer dans leurs maisons, et de loger plus de vingt-quatre heures des étrangers sans passeport. Cette sentence n'était, du reste, que la confirmation de semblables mesures, rendues sur le même sujet.

Au mois de mai 1719, dans une danse publique à Gruny, lors de la fête du patron (Saint-Quentin), un garçon de village fut tué d'un coup de fusil, à la suite d'une rixe. Une sentence du bailliage défendit aux ménestriers de faire danser les jours de fêtes patronales, sous peine de confiscation de leurs violons et de vingt livres d'amende.

La chasse, les ports-d'armes étaient réglementés ; une sentence du 9 janvier 1661, interdit à tous autres qu'aux officiers du roi le droit de porter des armes à feu ou des poignards, sous peine de confiscation, d'une amende et de la prison. « Les gentilshommes, dit la sentence, ne pourront avoir des armes que pour tirer sur leurs terres, s'ils ont justice et droit de chasse ; quant à ceux qui n'ont pas ce droit, ils ne pourront s'en servir que dans l'enclos de leurs maisons seulement ; même les sergents gardebois ne pourront vaquer à leurs fonctions avec des armes à feu, mais seulement avec des hallebardes. »

Le 17 octobre 1704, parut un arrêt du Conseil d'Etat concernant le dépointement des fermiers dans le fermage des terres. L'arrêt s'exprime ainsi : « Le roi ayant été informé
« des désordres qui se sont introduits et régnent depuis
« très longtemps dans la généralité d'Amiens, particulière-
« ment du côté de Roye, de la part des fermiers de terres
« et biens-fonds qui se perpétuent dans la jouissance de
« leurs baux, sur le pied des anciennes redevances très
« modiques qu'ils en payent. »

Par cette ordonnance, le roi prescrit les mesures les plus sévères contre les fermiers qui, ne voulant pas subir d'augmentation de fermage, continuaient à jouir des terres par « tacite reconduction » ; il leur ordonne d'abandonner les terres sans baux ; il veut que les biens délaissés soient cultivés par les plus haut cotisés du village, et rend la communauté des habitants responsable des fermages.

Le meurtre, l'incendie menaçaient ceux qui reprenaient des terres occupées par d'anciens détenteurs, dont le bail était expiré, en vertu de ce principe : En Santerre, on ne se démonte jamais. »

L'instruction des affaires criminelles fut confiée au Présidial d'Amiens, et les officiers du bailliage de Roye eurent souvent à prononcer des jugements contre les délinquants ; mais les mesures étaient impuissantes pour arrêter les désordres commis dans les campagnes.

En 1714, en 1724 et en 1732 parurent de nouveaux édits d'ostracisme ; la justice ne pouvait parvenir à trouver les coupables, personne dans les villages n'osait les faire connaître.

Le chaume provenant des blés sciés était autrefois une ressource pour le chauffage des gens de la campagne ; les officiers du bailliage avaient rendu plusieurs sentences pour réglementer la récolte des chaumes. Le 26 septembre 1746, le bailliage publia une ordonnance, aux termes de laquelle il était défendu aux laboureurs de toucher aux chaumes avant le premier octobre ; à cette époque, ils avaient droit au tiers de leur récolte, et le reste devait être distribué également entre tous les habitants de la commune.

Le tribunal du bailliage s'émut des contestations continuelles qui s'élevaient entre les cultivateurs et leurs domestiques ; le 13 septembre 1747, il publia un règlement sur la matière, qui ne parvint pas à aplanir toutes les difficultés. Le bailliage compléta ses mesures par quelques articles concernant spécialement les servantes.

Par un édit du mois d'avril 1771, la Cour du parlement fut supprimée ; de nouveaux édits publiés en lit de justice tenu le 12 novembre 1774, rappelèrent le Parlement dans ses fonctions. Les officiers du bailliage députèrent vers la Cour, messieurs Prévost et Du Mirail pour la complimenter ; la harangue qui fut prononcée est trop longue pour être rapportée.

A la suite de l'émeute populaire dont la ville de Roye fut le théâtre en 1775, à l'occasion de la cherté des grains, les officiers du bailliage crurent devoir prendre les mesures nécessaires pour empêcher de nouvelles scènes de désordre. Ils se réunirent extraordinairement le 18 mai, et l'avocat du roi Prévost, portant la parole, exposa en ces termes la situation : « C'est avec une « vraie douleur que, dans un moment où la prudence « et la bonté déjà si souvent éprouvées du monarque « qui nous gouverne, devraient inspirer au peuple la « plus entière confiance, et procurer la plus grande « tranquillité, nous nous voyons dans la triste obliga- « tion d'implorer la sévérité des lois, pour arrêter les « excès auxquels la sagesse de l'administration actuelle « ne permettait pas de s'attendre ; nous ignorons quel « levain peut occasionner la fermentation dont vous êtes « les témoins, mais vous en sentez les malheureuses consé- « quences !.... »

Le tribunal, après avoir entendu les conclusions de l'avocat du roi, arrêta un règlement dont les sévères dispositions tendaient à protéger le commerce, et à assurer la sécurité des transactions.

Ce règlement, nécessité par les circonstances, était contraire à la volonté du roi, qui attribuait aux Grands Prévots, la connaissance des délits ayant pour cause les attroupements ou le pillage des grains ; mais la gravité des désordres, la crainte de les voir se renouveler ne permettaient pas de temporiser. Il fut immédiatement envoyé à Noyon pour y être imprimé, puis publié et affiché dans toutes les paroisses du bailliage.

Les registres des audiences renferment un grand nombre de causes jugées tant en matière civile, qu'en matière criminelle.

Les officiers furent parfois obligés d'appliquer la peine de mort ; les exécutions avaient lieu sur la Place du Marché, au pied de la croix Saint-André.

Les condamnés étaient extraits des prisons royales, où ils subissaient la question et les apprêts du supplice. Les criminels étaient exposés et marqués sur un échafaud élevé sur la place, ou pendus à une potence dressée à cet effet. Puis l'exécution terminée, le corps du coupable était porté par l'exécuteur des hautes-œuvres aux Fourches patibulaires situées sur le Chemin-de-Justice, en haut du faubourg de Saint-Médard.

Les différents genres de supplice infligés par le bailliage furent : la corde, le feu et la roue.

On sait en quoi consistait le supplice de la roue ; on plaçait le condamné les jambes étendues sur deux morceaux de bois disposés en croix de Saint-André et taillés de manière que chaque membre portât sur un espace vide. Le bourreau brisait, à coups d'une barre de fer carrée, longue de cinquante centimètres, les bras, les avant-bras, les cuisses, les jambes et la poitrine du patient. On l'attachait ensuite sur une petite roue de carrosse supportée par un poteau. Les jambes et les bras brisés étaient maintenus derrière le dos, et on tournait la face du supplicié vers le ciel, afin qu'il expirât en cet état. « Pour« quoi la face tournée vers le ciel, dit Samson dans ses « mémoires, était-ce pour qu'il pût élever jusque-là un « cri contre la cruauté humaine. »

Les registres de la justice criminelle du bailliage nous ont conservé le genre des exécutions capitales faites sur la place de Roye.

Jacques Bardoux, mendiant de profession, fut accusé d'avoir, le 29 mai 1770, pénétré dans l'église de la Chavatte, d'avoir forcé un tronc dédié au bienheureux saint

Bonin, martyr (dont le sieur Gricourt, seigneur du lieu, avait rapporté des ossements de Rome), et d'y avoir volé deux livres, huit sols, six deniers qu'il contenait.

Bardoux, appelé devant les juges, fut convaincu du crime dont il était accusé. Il fut condamné par sentence du bailliage, à faire amende honorable devant la porte principale de la collégiale de Saint-Florent, où il devait être conduit dans un tombereau par l'exécuteur de haute justice ; là, étant à genoux, nu-pieds, nu-tête, ayant la corde au cou, un écriteau devant et derrière portant ces mots : « *Voleur de tronc dans l'église avec effraction* », tenant dans la main gauche une torche de cire ardente du poids de deux livres, il devait dire et déclarer, à haute voix, « que méchamment, témérairement et comme mal avisé, il avait volé avec effraction dans l'église de la Chavatte le tronc du bienheureux saint Bonin, dont il se repentait, demandait pardon à Dieu, au roi et à la justice. » Ce fait, il devait être mené sur la Place publique, pour y être pendu et étranglé, jusqu'à ce que mort s'ensuivit ; puis son corps porté aux Fourches patibulaires, et ses biens confisqués.

La cour du Parlement confirma la sentence rendue par le bailliage ; des prisons du Châtelet, Jacques Bardoux fut ramené à Roye. Le 30 août 1771, le jugement reçut son exécution ; le patient, après avoir été confessé par un Père Cordelier, fut pendu par le bourreau d'Amiens.

Nous laissons à penser si le vol commis par Bardoux méritait la peine sévère qu'il a encourue. Le fait suivant donnera encore une idée de la rigueur de la justice.

Toussaint Verrier, cordonnier en vieux, âgé de dix-huit ans, avait adressé à un habitant de Gruny, une lettre dans laquelle il lui signifiait, ainsi qu'à six autres cultivateurs de la commune, de déposer, dans un endroit indiqué, quarante-cinq pistoles pour eux tous, en cas de refus, ils les menaçaient « d'être réchauffés » et leurs maisons incendiées.

Au jour dit, on porta une lettre au lieu désigné, les villageois se mirent en embuscade, ils reconnurent Toussaint, le poursuivirent et parvinrent à s'en emparer. Toussaint fut déféré à la justice du bailliage ; l'information fut longue, les preuves manquaient, des experts furent nommés pour examiner l'écriture, elle fut reconnue être de la main de Verrier.

Sur le réquisitoire du lieutenant-criminel, Toussaint fut condamné à être exposé sur la Place, nu-pieds, avec une corde au cou, un cierge de deux livres à la main, à être attaché au carcan pendant deux heures, à être battu « nud et fustigé de verges, et flétri d'un fer chaud, en forme des lettres G. A. L. sur les deux épaules », puis conduit à la chaîne pour y être attaché et servir le roi, sur ses galères, comme forçat, à perpétuité.

Le procureur-général appela à *minimâ* de la sentence à la cour du Parlement. Celle-ci faisant droit à l'appellation, mit à néant le jugement rendu, confirma la condamnation en ce qui concernait l'amende honorable, mais ajouta à la peine : « que ce fait, Toussaint serait conduit
« sur la Place, mis sur un bûcher qui y sera à cet effet
« dressé et brûlé vif, son corps réduit en cendres, et ses
« cendres jetées au vent, qu'il serait préalablement soumis
« à la question pour apprendre par sa bouche la vérité et
« les noms de ses complices. »

Toussaint renvoyé dans les prisons de Roye, subit un nouvel interrogatoire, il avoua tous les faits dont il était accusé, et affirma n'avoir aucun complice ; néanmoins on le mit à la question. Après lui avoir fortement lié les jambes avec des cordes, on introduisit entre elles un coin en bois, poussé à coups de maillet ; au troisième coin, Verrier eut une faiblesse qui dura longtemps, un chirurgien lui ouvrit la veine, la syncope continuant, les médecins furent consultés et déclarèrent qu'ils ne répondaient pas de lui, si on continuait le supplice. On délia alors le patient : au bout d'une heure, Toussaint revint de son évanouissement, il fit à pied son amende honorable et marcha vers le bûcher, avec la plus grande résignation. Il était déshabillé et couvert seulement d'une chemise soufrée ; il fut attaché au poteau par le cou et par le milieu du corps, puis on mit le feu au bûcher. Par un *retentum* des juges, Toussaint reçut la mort avant que les flammes ne l'eussent atteint. Une barre de fer pointue avait été disposée dans le bûcher, à la hauteur de la poitrine, le bourreau, dès qu'il eut mis le feu, poussa vivement cette barre qui pénétra dans le cœur du malheureux.

La dernière exécution capitale qui eut lieu à Roye, est celle de François Lavalle, le 30 décembre 1782.

Un arrêt de la cour du Parlement condamna Lavalle à être rompu vif, sur la Place, pour assassinat par lui commis, de dessein prémédité, sur la personne de Florent Patte. Voici le dispositif du jugement : « Vu par la Cour
« le procès criminel.... intenté à la requête du procureur
« fiscal de Tilloloy et du substitut du procureur du roi au
« bailliage de Roye.... Lavalle a été déclaré dûment atteint
« et convaincu d'avoir, de propos délibéré, été attendre
« Florent Patte, laboureur, demeurant à Damery, sur le
« chemin de Tilloloy à Beuvraignes, au lieu dit : « la
« Verrerie trouvée » et près le magasin à cendres de
« Tilloloy et là, armé d'une bêche qu'il avait été prendre
« chez Melchior son père, d'avoir assassiné led. Florent
« Patte en lui portant plusieurs coups sur la tête, le bras

« gauche et autres parties du corps, et de l'avoir laissé
« pour mort sur la place ; pour réparation de quoi,
« François Lavalle a été condamné à avoir, par l'exécuteur
« de haute justice, les bras, jambes, cuisses et reins
« rompus vifs, sur un échafaud qui, pour cet effet, sera
« dressé sur la Grand'Place de la ville de Roye, ce fait,
« mis sur une roue, la face tournée vers le ciel, pour
« y demeurer tant et si longtemps qu'il plaira à Dieu,
« lui conserver la vie ; son corps ensuite sera porté, par
« l'exécuteur sur le grand chemin de Flandre à Paris, et
« conduisant de Roye à Tilloloy ; les biens de Lavalle ont
« été déclarés acquis et confisqués au roi, ou à qui il
« appartiendra, sur iceux pris préalablement la somme de
« deux cents livres d'amende envers le roi.... il a été dit,
« en outre, que la sentence serait imprimée, publiée, affichée
« au village de Tilloloy et en la ville de Roye, aux lieux,
« carrefours accoutumés et partout où besoin serait.... »

Cette sentence fut mise à exécution, le lundi 30 décembre, à deux heures vingt minutes du soir. Lavalle, après avoir reçu tous les coups vif, fut secrètement étranglé, par suite d'un *retentum*. Il mourut en bon chrétien, et fut assisté à ses derniers moments par le curé de Saint-Pierre, Boutteville.

Telle était alors la sévérité des châtiments, aujourd'hui, les peines corporelles ont disparu de nos codes, espérons que bientôt la peine capitale disparaîtra à son tour, comme le dernier acte de barbarie des siècles passés.

Si la justice d'alors était sévère dans ses arrêts, elle jouissait aussi d'une grande considération. Les officiers du bailliage avaient le pas, dans les cérémonies publiques, sur les autres fonctionnaires de la ville ; dans la collégiale de Saint-Florent, lorsqu'ils assistaient à un *Te Deum*, ils occupaient, comme dans l'église de Saint-Pierre, les hautes-formes du chœur : un arrêt du conseil du 23 octobre 1713, fixa à cinq le nombre des places que les officiers du bailliage devaient occuper. C'est à la suite de contestations survenues entre le chapitre de Saint-Florent et les juges, que parut le règlement du Conseil d'Etat. On a vu, en 1745, se renouveler ces contestations entre les chanoines et le bailliage ; quelques années après, de nouveaux conflits surgirent entre les deux corporations, au sujet de la justice ecclésiastique du Chapitre.

Le doyen Du Chastel étant mort le 29 septembre 1749, les scellés furent apposés dans la maison décanale par les officiers du bailliage, conjointement avec ceux du Chapitre ; lorsqu'il fallut procéder à l'inventaire, les chanoines s'opposèrent à l'intervention du bailliage et voulurent faire opérer par leurs officiers seuls.

Le tribunal, sur le réquisitoire du procureur du roi, rendit une sentence défendant au chapitre, de procéder autrement que par le ministère des officiers du Bailliage. Les chanoines formèrent appel de la sentence prononcée contre eux, et la cour du Parlement, trancha la question en faveur du balliage, (1752).

Le 19 mars de l'année suivante, le Parlement, à la suite d'un procès élevé entre le lieutenant-général Gaullière et les notaires, ordonna que les notaires royaux fissent seuls les inventaires, partages, et autres actes volontaires.

En 1788, il fut question d'un remaniement dans les bailliages ; celui de Roye relevant du présidial de Laon, devait appartenir au grand bailliage d'Amiens ; celui de Guise, devait être donné en échange au bailliage de Soissons, dont il avait été distrait. Une longue correspondance fut échangée à ce sujet, entre l'intendant d'Amiens d'Agay et M. de Blacas, intendant de Soissons ; mais rien ne fut changé, jusqu'à la révolution.

A cette époque la juridiction du bailliage fut supprimée, par un décret de l'Assemblée nationale de 1790, et remplacée par le tribunal de la justice de paix.

Le sceau du bailliage était aux armes du roi, et portait en légende : BAILLIAGE ROYAL DE ROYE. (*Voir la gravure*).

Parmi les magistrats qui ont occupé des sièges au bailliage, plusieurs se sont faits remarquer par leurs talents et par leurs écrits. Nous citerons : les Prévost, qui furent avocats du roi, et dont le dernier fut membre de l'Assemblée nationale.

Les Billecocq ont surtout tenu un rang honorable dans la magistrature; cette famille originaire du faubourg de Toule, compta la plupart de ses membres dans les fonctions judiciaires.

En 1493, Jehan Billecocq était sergent de la Prévôté foraine. En 1626, Billecocq Louis était garde du Scel par réunion de cet office à celui de notaire et de procureur; son fils Louis fut pourvu de l'office d'adjoint aux enquêtes, informations et autres actes de justice criminelle, puis en 1663, de l'état de rapporteur certificateur aux criées.

Billecocq Louis, né à Roye le 3 mars 1663, fils d'un notaire et procureur, fut un célèbre jurisconsulte, ses talents lui valurent le titre d'avocat au Parlement. Il fut pourvu de l'office de Conseiller du roi, lieutenant particulier assesseur civil au bailliage, par provisions du 3 février 1692, et reçu à Laon. Billecocq laissa plusieurs ouvrages de jurisprudence, entr'autres : *Les principes du droit français sur les fiefs* (in-12 1729) dédié à la marquise de Soyécourt comtesse de Tilloloy. *Un traité de censives* et un *commentaire sur la coutume* de Péronne, Roye et Montdidier, restés manuscrits. Il publia encore dans le Mercure français, au mois de mai 1730, une lettre d'environ douze pages, en réponse aux critiques que M. d'Auvergne avait faites sur son traité des fiefs.

Après lui, son fils Louis-François fut conseiller du roi, avocat au Parlement et au bailliage, Billecocq Louis-Charles, avocat au parlement, fut lieutenant-général criminel, puis lieutenant-général civil, commissaire examinateur-enquêturier ; il conserva cette charge, jusqu'à la suppression du bailliage.

Les Billecocq portaient pour armes : *d'argent à la bille de gueules surmontées d'un coq de sable.*

Nous citerons encore : Jean-Baptiste Gaullière, qui était avocat à Paris, lorsque le 21 juin 1734, il se fit recevoir dans la charge de lieutenant-général au bailliage de Roye. Dans l'exercice de ses fonctions, Gaullière rendit de grands services ; frappé du désordre qui régnait dans la tenue des registres de baptêmes, mariages et sépultures, par les curés des paroisses, il exigea d'eux de nouvelles copies, et des désignations plus complètes sur les noms et sur les qualités. Ayant cédé son office en 1765, il composa un ouvrage sous le titre de : *Observations sur la déclaration du roi du 9 avril 1736.* Ce volume (in-12 1771) renferme des modèles d'actes, avec des notions sur la manière de tenir les registres dans les paroisses.

JUSTICE DE PAIX

La suppression du bailliage laissait la ville de Roye, sans pouvoir judiciaire ; l'Assemblée nationale divisa la France par départements, ceux-ci en districts, et établit un tribunal près du district.

La ville de Montdidier ayant été choisie comme chef-lieu du district, Roye avait un moment espéré, d'après les termes du décret de l'Assemblée nationale, de devenir le siège du tribunal « sauf, disait le décret, à l'égard de Montdidier

« à partager, s'il y a lieu, avec la ville de Roye, les
« établissements qui pourraient être créés dans le
« district. »

Malgré les bonnes raisons renouvelées en faveur de
Roye, malgré l'intérêt des justiciables et malgré l'équité,
la cause que soutenait la ville fut perdue. On ne peut
s'empêcher, en lisant les différentes observations présentées
à l'Assemblée par les députés de Roye, de reconnaître la
valeur des motifs, sur lesquels la ville fondait ses
prétentions. Siège d'un bailliage important, Roye possédait
son personnel judiciaire, la population avait depuis
longtemps contracté l'habitude de se diriger vers lui, pour
trouver des conseils ; briser ces habitudes, c'était rompre
l'autonomie des populations, c'était les séparer de leurs
juges naturels. Roye formait un centre autour duquel
rayonnait un grand nombre de villages, qu'il importait de
ne pas trop éloigner des administrations ; d'un autre côté,
Roye était le point central de différentes routes, qui
facilitaient les rapports des communes avec la ville.

L'Assemblée nationale en rendant son décret fixant le
tribunal à Montdidier, considéra que cette ville éloignée
de voies de communications importantes, était vouée à
une mort certaine, si elle n'était le siège du district et du
tribunal, ou même de l'un de ces deux établissements. La
ville de Roye, au contraire, avait son existence assurée
par les grandes routes qui la traversaient ; lieu de passage
militaire, les voitures publiques, le roulage, amenaient
dans son sein l'animation et la vie.

Telles furent les raisons qui militèrent en faveur de
Montdidier, cela est si vrai, que bien que Montdidier ait le
tribunal et la sous-préfecture, bien que Roye ait perdu son
roulage, cette dernière ville l'emporte encore sur Montdidier
par l'importance de son commerce et de son industrie.

Beaucoup d'écrits se produisirent lors de l'établissement du tribunal et du district : *Les réflexions d'un curé sur la démarcation et la division du département d'Amiens*, sont pleines de sens et de justesse. Ce bon curé plaide en faveur des communes rurales, c'est là, à son point de vue, que résidait le bien général qu'il fallait chercher. Les différentes : *Obsrveations présentées aux électeurs du département au sujet du partage des établissements du District*, sont parfaitement logiques. (*Voir la Bibliographie*).

Ce sont les termes même du décret qui fixaient à Roye le tribunal judiciaire, ce partage avait paru équitable à l'Assemblée, ces deux villes avaient les mêmes droits à sa justice, à sa sollicitude ; donc les Royens en demandant le tribunal pour leur ville, « ne cédaient pas à un senti- « ment de jalousie ou de rivalité », ils demandaient seulement la réalisation des espérances que le décret leur faisait concevoir ; ils voulaient éclairer l'Assemblée sur les véritables intérêts des populations, et la fortifier dans sa première pensée.

Le discours prononcé par le député de Roye, Prévost, dans la séance du 8 janvier 1790, au sujet des délimitations des départements de Beauvais et d'Amiens, signale tous les inconvénients que nous voyons se produire aujourd'hui sur les divisions territoriales de ces deux départements. Tout le monde reconnaît que le travail de délimitation fait à la hâte laisse beaucoup à désirer, et qu'un remaniement serait nécessaire.

La ville de Roye fut donc privée d'un district et d'un tribunal, elle devint simple chef-lieu de canton ; une partie des communes formant l'ancien bailliage fut rejetée dans le département de l'Oise, ou prise par le district de Montdidier, et des soixante-dix-neuf communes du bailliage, le canton n'en compta plus que quelques-unes.

Bientôt cependant il fut augmenté par la suppression des cantons de Rethonvillers et de La Boissière.

Le canton de Rethonvillers était composé de vingt-deux communes : Biarre, Billancourt, Breuil, Crémery, Cressy, Curchy, Dreslincourt, Ercheu, Etalon, Fonches, Fonchettes, Fransart, Hallu, Hattencourt, Herly, Liancourt, Manicourt, Marché-à-la-Warde, Moyencourt, La Chavatte, Punchy et Rethonvillers. A part, Punchy, Hallu et Fransart, toutes ces communes furent réunies au canton de Roye.

La Boissière formait aussi un des chef-lieux de canton du district de Montdidier, les communes qui en faisaient partie furent ajoutées au canton de Roye.

Enfin, le canton se trouva définitivement composé de trente-sept communes, dont Roye fut le chef-lieu.

Les justices de paix furent instituées par la loi du 24 août 1790, les juges étaient élus par le peuple et devaient être âgés de trente ans au moins ; quatre assesseurs, nommés pour deux ans, étaient attachés au tribunal, ils furent remplacés en 1801, par deux suppléants électifs.

Le Sénatus-Consulte organique du 16 Thermidor an X, changea le mode de nomination des juges de paix. L'assemblée cantonale, qui était la réunion de tous les citoyens actifs du canton, présentait une liste de deux candidats, parmi lesquels le chef du pouvoir choisissait ; le juge était nommé pour dix ans. Enfin, par la charte de 1814, le roi nomma les juges de paix, qui ne furent pas inamovibles ; ce mode de nomination existe encore aujourd'hui.

En conséquence du décret sur l'organisation judiciaire, il fut procédé à l'élection d'un juge de paix, le 16 janvier 1791 ; le maire de Longuecamp fut nommé juge de paix du canton de Roye.

Pour le canton de Rethonvillers, le juge de paix élu fut Médard Gognet, demeurant à Ercheu ; son greffier,

Nicolas Guny, nommé par lui, prêta serment en ces termes :
« Je jure d'être fidèle à la nation, de maintenir la liberté et
« l'égalité, ou de mourir en les défendant. » La première
affaire soumise à la justice de paix de Rethonvillers, le
10 février 1791, fut un procès entre Antoine-François
Goguet, cultivateur à Nesle, et Joseph Boulogne, marchand
de vaches à Hallu ; l'audience se tint au lieu ordinaire des
séances, chez le sieur Boyard.

C'était aussi à Rethonvillers que se réunissaient en
assemblée primaire les citoyens actifs du canton ; un
marché par décadi fut établi dans cette commune,
il se tenait près de l'église. Le tribunal de la justice de
paix de Rethonvillers fut supprimé, après avoir fonctionné
quatre années.

Lorsqu'il siégeait, le magistrat était assisté de deux
prud'hommes ou de deux assesseurs électifs, supprimés
le 29 ventose an IV.

Les juges de paix portaient pour insignes sur leur robe,
une médaille d'argent suspendue au cou par une chaînette de même métal. Le sceau de la justice de paix, en
usage lors de la création de cette institution, représente
la statue de la République avec ses emblèmes et porte
en légende : « JUSTICE DE PAIX CANT. DE ROYE D. DE
MONTDIDIER. (*Voir la gravure*).

Plus tard, il y eut à Roye deux juges de paix, un pour
la ville et l'autre pour le canton (*intrà et extrà muros*) ;
mais bientôt ce double emploi fut supprimé, un seul juge
fut maintenu avec deux suppléants pour le remplacer en
cas d'absence.

Le juge de paix du canton de Roye tient ses audiences
à l'Hôtel de Ville, dans l'ancienne salle du bailliage ; il
siège le lundi pour les affaires civiles, et le vendredi pour
les délits de police, à dix heures du matin.

Le tribunal se compose du juge, du greffier et de l'accusateur public ; ces dernières fonctions furent remplie d'abord par le procureur de la commune, puis par l'adjoint au maire, et vers 1830, par un commissaire de police payé par la ville.

La création du commisariat de police à Roye date de 1772 ; sur la proposition du procureur du roi, et afin d'assurer l'exécution des règlements de police, le Corps-de-Ville nomma un commissaire aux appointements de cent cinquante livres : Louis Gonnet fut choisi pour remplir ces fonctions, et prêta le serment de bien et fidèlement remplir son devoir.

CHAPITRE VII

ADMINISTRATIONS DIVERSES

SUBDÉLÉGATION. — ÉLECTION PARTICULIÈRE

Avec le Bailliage fut supprimée la Subdélégation de l'Intendance de Picardie, qui existait à Roye.

Le Subdélégué, créé en vertu d'un édit du mois d'avril 1704, représentait l'administration supérieure ; il était chargé de l'exécution des ordonnances de l'Intendant, et de tout ce qui concernait le service administratif : c'était une sorte de sous-préfet.

La Subdélégation se composait du Subdélégué et d'un secrétaire-greffier, office créé en 1707. Le dernier titulaire fut M. Cathoire.

L'Election était une juridiction qui avait pour objet la perception des impôts ; toutes les contestations élevées au sujet de cette perception, était du ressort du tribunal de l'Election. La répartition des impôts entre tous les habitants, était faite par des répartiteurs choisis primitivement par les communes, de là le nom : d'Elus.

Roye, Péronne et Montdidier ne formèrent d'abord qu'une seule Election, administrée par des Elus communs, au nombre de six ; trois à Péronne, deux à Montdidier et un à Roye. En 1575, la ville de Roye forma une Election particulière ; les villages faisant partie du bailliage étaient justiciables de l'Election particulière.

Les Elus particuliers jugeaient toutes les affaires concernant les aides et les tailles ; il existait encore, en 1678, des registres d'instructions de causes, et des minutes de sentences rendues par les Elus de la ville de Roye.

Le tribunal de l'Election se composait : du président, d'un lieutenant, de quatre Conseillers-Elus, d'un procureur du roi, et d'un greffier en chef. Les appellations des jugements se faisaient devant la Cour des aides.

Les Elus de Montdidier étaient réunis à ceux de Roye pour arrêter l'assiette de l'impôt ; l'Echevinage leur offrait des présents à leur entrée dans la ville, c'était ordinairement trois lots de vin.

L'Election particulière de Roye fut supprimée et réunie à l'Election de Montdidier, par un édit de 1685. Rossignol, greffier au bailliage, était alors titulaire. Montdidier devint ainsi le siège d'une Election principale, qui donnait à cette ville une grande importance ; les habitants de Roye le comprenaient bien, aussi en 1715, crurent-ils le moment favorable pour obtenir une élection, et firent-ils des démarches dans ce but.

Le 6 août, le Maire et les Echevins réunis à l'Hôtel-de-Ville, apprirent par l'un d'eux que le Conseil d'Etat devait prendre un arrêt portant établissement d'une Election dans la ville de Roye ; l'échevin ajoutait qu'il avait rencontré un sieur Fournier, conseiller du roi à Montdidier, se rendant à Paris. Il pensait fort judicieusement, que la présence de ce fonctionnaire avait pour objet la nouvelle Election, et que sa démarche pouvait être plus nuisible qu'utile aux intérêts de Roye. A cette nouvelle importante, le Maire fait sonner la cloche, les habitants accourent à l'Hôtel-de-Ville, il leur fait part de la communication et demande leur avis. Les habitants comprenant tous les avantages de cet établissement dans leurs murs, prient le Maire et les Echevins de faire les démarches les plus actives, pour arriver à un bon résultat. L'Assemblée considérant que le meilleur moyen était d'envoyer une personne à Paris, pour appuyer les prétentions de la ville, désigne pour remplir cette importante mission, le conseiller du roi d'Hervilly, qui accepte. L'Echevinage se charge de payer ses frais de voyage, et de séjour à Paris.

Le lieutenant-général de police après avoir recueilli tous les documents qui pouvaient militer en faveur de Roye, part accompagné des vœux de ses concitoyens. Mais il avait été devancé par l'envoyé de Montdidier ; Louis XIV venait de mourir. Il fallut se consoler de cet échec, en espérant que dans la suite, on serait plus heureux.

Telles sont les démarches que tenta la ville de Roye, et qui font dire à M. V. de Beauvillé : « que « l'Election de Montdidier, excita longtemps la jalousie « séculaire des Royens. »

Bien que Roye ne fut pas le siège d'une Election, elle sut toujours conserver son rang de ville, et son importance commerciale ; tandis que le bourgeois Scellier avoue dans ses mémoires, que : « si Montdidier n'avait pas eu d'Election, elle ne serait guère plus qu'un bourg. »

Ce que la ville de Roye envie à Montdidier, c'est d'avoir donné le jour à l'*Auteur de la Femme de quarante ans* et à l'*Historien de Montdidier*.

Au mois de décembre 1780, les membres de l'Election émirent la prétention de faire l'adjudication des droits d'octroi de la ville de Roye. Les officiers municipaux protestèrent contre cette immixtion dans les affaires de la commune et en référèrent à la Cour des aides. Le directeur général fit à l'Election de Montdidier des observations sur le mal fondé de ses prétentions. L'Intendant de Picardie d'Agay en écrivit au ministre Necker ; il donna l'ordre au maire Cathoire de prévenir les publications de l'Election, et de faire savoir que l'adjudication des droits d'octroi de Roye serait faite par lui, en son hôtel à Amiens. La Révolution, en supprimant l'Election, mit fin à ces empiétements.

GRENIER A SEL

La vente du sel se faisait par l'Etat, dans des établissements appelés : *Greniers à sel* institués en 1342, par Philippe de Valois.

La ville de Roye n'eut pas d'abord de dépôt de sel, les habitants s'approvisionnaient chez des marchands appelés : *Sauniers*, qui eux-mêmes prenaient cette substance dans les greniers publics. C'était pour les habitants et pour ceux de la campagne surtout une grande gène ; le roi le comprit. En 1401, par lettres patentes données à Paris, Charles VI établit à Roye, une *Chambre à sel*, correspondant au Grenier à sel de Montdidier.

En conséquence de ces lettres, les Conseillers sur le fait des Aides de la cité d'Amiens, reçurent des ordres pour mettre à Roye, une Chambre à sel avec une quantité suffisante de cette denrée, et à prix raisonnable, de telle façon, que le peuple ne fut pas grevé.

La Chambre à sel était entièrement de vente volontaire, les habitants prenaient la quantité nécessaire à leurs besoins. Il était délivré à chaque personne un bulletin ainsi conçu :

GRENIER A SEL  DE ROYE

Pot et Saliere.

L^E............jour du mois de............17......
  M..
de la Paroiſſe de............a levé en ce Grenier la quantité de............de Sel, qu'il a déclaré employer à l'uſage du Pot & Saliere ſeulement.

Des impôts sur le sel furent établis par Philippe-le-Bel, et constituèrent ce qu'on appelaient alors : les *Gabelles*.

La ville percevait sur chaque minot de sel vendu dans son Grenier, un droit qui lui avait été octroyé, pour les deniers être employés à l'entretien des fortifications.

Les premières lettres accordant à la Commune un octroi sur la vente du sel, ne nous sont pas parvenues. Mais après son avénement au trône, Henri IV, par lettres-patentes du 14 juin 1594, donna aux prévôt et échevins, le droit de percevoir six sols sur chaque minot de sel vendu dans le Grenier de Roye ; le minot équivalait à cent livres pesant. *(Pièce justificative).*

Les lettres-patentes d'Henri IV ne firent que confirmer l'octroi qui avait été déjà accordé aux habitants par les rois, ses prédécesseurs, pour l'entretien des fortifications.

Par édit du 6 juin 1596, le roi confirma, pour six ans, le droit de percevoir six sols sur chaque minot de sel ; mais par d'autres lettres du mois de décembre 1597, il augmenta l'impôt de six deniers. En 1602 Henri IV, par une ordonnance du mois de septembre, accorda de nouveau l'impôt pour six ans ; puis par certaines considérations, il le réduisit à quatre sols, par chaque minot. En 1608, il confirma le même octroi, pour le même espace de temps.

A son tour, Louis XIII, le 16 juin 1614, rétablit les six sols à prendre sur chaque minot de sel, pour l'argent qui en proviendrait être affecté « aux réparations et entretenements « des fortifications, tours, portaulx et fossez de la ville. »

Le roi confirma le même octroi, en 1619, pour six ans ; mais, en 1625, il ramena à quatre sols le droit à percevoir par minot de sel, pour le réduire à quatre deniers seulement, en 1629. L'impôt des quatre deniers se perçut jusqu'en 1640 ; des lettres royales datées de Paris du 20e jour de juin, supprimèrent ce droit, « nonobstant les anciennes concessions », mais le roi continua l'impôt sur le vin.

La vente du sel était variable, et le produit, par conséquent, variait beaucoup ainsi que le prix de cette denrée : le minot de sel valait, année moyenne, de quarante à quarante-cinq livres. Le nombre des minots vendus n'était pas non plus toujours le même ; en 1602, il fut délivré au Grenier de Roye, quinze cent quatre-vingt-quatre minots de sel, pesant cent livres chacun, et l'impôt de six sols par minot, rapporta quatre cent quatre-vingt-deux livres, neuf sols, six deniers qui furent employés aux fortifications.

Le Grenetier ou celui qui tenait le Grenier à sel, avait ses gages pris sur la vente du sel ; il prélevait douze deniers par livre. Le receveur du Grenier était payé sur chaque minot de sel vendu, il touchait quatorze livres quatre sols, en 1713 ; les autres frais, ou droits manuels, étaient prélevés sur chaque quart de minot.

Le Grenier à sel formait une juridiction dont les membres connaissaient de toutes les affaires concernant les Gabelles, suivant l'édit d'Henri III. Cette administration se composait ainsi : un président, un grenetier, un receveur, un contrôleur et un greffier. Pour les affaires contentieuses, il y avait, en outre, un procureur et un huissier audiencier. Les appellations des jugements rendus se faisaient devant la Cour des aides.

Le sceau du Grenier à sel était aux armes du roi, avec cette légende : « GRENIER A SEL DE ROYE. » (*Voir la gravure*). Le corps des officiers du Grenier à sel de Roye, portait : *d'or, à un bourdon de gueules*.

Dans les cérémonies publiques, les officiers du Grenier à sel prenaient rang après ceux du Bailliage, et après le Corps-de-Ville. Le droit de préséance donna lieu à différents conflits, notamment avec Jean de Presto, élu particulier à Roye. Hannique Pierre, grenetier et Cressonnier Florent, contrôleur au Grenier à sel, adressèrent une requête au Parlement à l'effet d'être maintenus dans leurs droits de préséance, confirmés par un arrêt de la Cour du 10 juillet 1621. Le Parlement, prenant leur demande en considération, fit défense à Presto et à tous autres de les troubler dans leurs privilèges, sous peine de cinq cents livres d'amende.

Un autre procès s'engagea encore pour la préséance, entre Aubé de Bracquemont, valet de chambre du roi et

Grandeur naturelle.

les officiers du Grenier à sel. Un arrêt du Conseil de 1698 donna gain de cause au valet du roi.

Le magasin du Grenier à sel était établi dans une salle basse de l'Hôtel-de-Ville, il fut supprimé en 1790. Les murs de l'édifice sont encore imprégnés de salpêtre, ils donnent une humidité constante, pénétrant tout, et qui nécessitera une reconstruction de la partie sud des bâtiments de la mairie.

Les maire et échevins avaient droit à deux minots de sel, pour le loyer du Grenier, et à deux autres pour l'office de lieutenant de police.

En 1774, le Grenier à sel fut agrandi; il se composait alors de deux magasins dont la longueur fut augmentée de dix pieds. Les officiers municipaux demandèrent aux fermiers-généraux des Gabelles, une augmentation de loyer de deux autres minots de sel; mais les ordres du ministre s'opposant formellement à stipuler « aucune livraison de sel pour loyer », il devenait nécessaire de substituer à ces deux minots leur valeur en argent.

Les fermiers proposèrent aux officiers municipaux, par l'organe de Fabignon, receveur des Gabelles, de payer cent livres en argent qui, jointes aux trois cents que payait le Grenier pour la location, et aux cent cinquante livres que demandait la municipalité, portaient à cinq cent cinquante livres le prix du nouveau loyer.

Les fermiers-généraux consentirent, en outre, à faire au Corps-de-Ville une avance de quinze cents livres, pour l'aider dans la reconstruction, en opérant le remboursement par la retenue totale du loyer annuel. Cette proposition fut agréée.

CHAPITRE VIII

ÉTABLISSEMENTS D'INSTRUCTION PUBLIQUE

COLLÈGE

Bien avant l'ordonnance du mois de janvier 1560 faite aux Etats d'Orléans, il existait à Roye, une *Ecole de grammaire*, pour l'instruction de la jeunesse.

Un maître nommé par le Chapitre de Saint-Florent, était chargé d'instruire les écoliers ; une délibération capitulaire de 1480, choisit Geffroi Fabri comme maître des écoles ; c'est la première nomination connue. Le chapitre se réservait la surveillance et la direction des écoles, d'accord avec le Corps de ville. Dix ans plus tard, vu le nombre des élèves, Renard Belliard fut nommé adjoint au maître.

En 1521, le Chapitre confia son autorité au précepteur Charles Grégier, celui-ci, comme ses prédécesseurs, lors d'une assemblée générale de chanoines au 1er juillet, devait venir avec un élève, déposer sur la table du Chapitre, une partie des verges qui lui avaient été confiées, comme marque de sa dépendance. L'élève devait prononcer un discours latin dans lequel, bien entendu, étaient force louanges pour les chanoines.

Le précepteur de la jeunesse avait part aux droits seigneuriaux, et aux distributions mensuelles ; comme les chanoines, il avait sa place dans le chœur de la Collégiale, et jouissait de certaines faveurs honorifiques.

L'Ecole se tenait alors près des cloîtres de la Collégiale dans une maison située au coin de la rue des Prêtres ; mais elle devint trop petite pour le nombre toujours croissant des élèves, et le Chapitre s'occupa de choisir un autre local.

L'article ix de l'ordonnance de 1560, prescrivait que dans chaque Collégiale une prébende fut réservée pour le revenu être affecté à l'entretien d'un précepteur, chargé d'instruire gratuitement la jeunesse.

Le Corps de ville fit le 29 mars 1576, l'acquisition « d'une maison, héritage lieux et pourpris » situés rue Bridet et appartenant à l'abbaye Notre-Dame de Monchy-sur-Aronde, à la charge de trente-deux sols, six deniers de cens dûs, chaque année à la fête de Noël, au seigneur d'Arvillers et au prince de Condé ; à la charge encore de dix sols tournois de surcens, que les religieux s'étaient réservés, à toujours, payables le jour de la Saint-Remy. Cette propriété avait été donnée par Mathieu de Roye fondateur de l'abbaye de Monchy.

Des bâtiments destinés à recevoir des élèves furent alors construits ; dans la suite, le Collège fut agrandi par la donation que fit le chanoine Oudaille, d'une grande maison contigüe au Collège, et qui lui fut réunie.

En 1627, le prêtre Cornu, principal, fit bâtir à ses frais, une chapelle dédiée à la Sainte-Vierge. Une ordonnance de l'Evêque d'Amiens, de Caumartin, permit de faire dans cette chapelle, des saluts avec exposition et bénédiction du Saint-Sacrement. L'Evêque permit aussi d'y célébrer la fête de la patronne : Notre-Dames-des-Neiges, et les fêtes de première et de seconde classe.

Les bâtiments du Collège subirent en 1729, une transformation complète, le Corps municipal les fit reconstruire « à la moderne » ; en 1763, on y dépensa encore quatre mille livres en embellissement. Puis en 1826, on agrandit les bâtiments ; la chapelle fut rééditiée. La première pierre fut posée avec une certaine solennité par le Corps municipal; elle portait l'inscription suivante :

HANC PRIMAM LAPIDEM
DEO SERVANTE
ILLUSTRIMUS DOMINUS POSUIT MARCHIO DE VILLANOVA
HUJUS PROVINCIÆ PRŒFECTUS.
DIE QUARTA
MENSIS OCTOBRIS
ANNO MILLESIMO OCTINGESIMO VIGESIMO SEXTO.
REGNANTE CAROLO DECIMO.
HUJUS URBIS MAJOR : EQUES J.-B. GRAVAL, COLLEGŒ :
E. MASSON DE SAINT-MARD ET P. M. DERREULX.

La chapelle du Collège fermée à la Révolution fut rendue au culte le 2 janvier 1803; Monseigneur de Villaret, Evêque d'Amiens, permit d'y célébrer la messe. Cette chapelle faillit perdre sa destination ; en 1845, le Conseil municipal avait décidé d'y transférer l'auditoire de la justice de paix, mais cette décision ne fut pas exécutée, et la chapelle fut conservée pour les exercices religieux des élèves. Cet édifice n'offre de remarquable que sa bonne tenue et sa simplicité; des verrières dues à de généreux donateurs représentent Saint-Joseph et Saint-Louis de Gonzagues.

Nous avons dit que le Chapitre seul nommait d'abord aux places de précepteur des écoles, mais l'ordonnance des Etats d'Orléans prescrivait, qu'à l'avenir, cette nomination se fît par les chanoines conjointement avec les mayeurs et échevins.

En 1586, le préceptorat vint à vaquer, et le Chapitre nomma seul à cette place, Louis Guisselin, maître ès-lettres de l'Université de Douai. Le Corps de ville forma opposition à cette nomination ; après plusieurs jugements, un arrêt du Parlement décida que le précepteur serait nommé par le Chapitre et par les Maire et Echevins réunis dans la salle capitulaire.

En 1614, les officiers municipaux exercèrent ce droit conjointement avec le Chapitre : depuis, les nominations se firent toujours ainsi ; le prévôt et les échevins occupaient le côté gauche de la salle capitulaire, les chanoines le côté droit, et le doyen présidait.

Les précepteurs étaient tous maîtres-ès-arts de l'Université, il fallait qu'ils fussent reconnus capables de bonnes vie et mœurs et de la religion catholique ; ils étaient interrogés et examinés par les chanoines, en présence de l'échevinage.

En 1763, un Edit royal donné à Versailles, au mois de février, créa « un Bureau » pour l'administration du Collège et pour le choix des maîtres. Ce Bureau, qui était composé de sept membres pris parmi le Chapitre et le Corps de ville, fut établi au Collège ; il était présidé par le lieutenant-général. Le Chapitre protesta contre cette organisation nouvelle, qui l'excluait de l'entière direction de l'établissement et déclara renoncer à son droit d'y envoyer deux députés ; le Bureau fut alors composé du procureur du roi, du maire, d'un échevin, de deux notables nommés par l'Echevinage, du principal et du lieutenant-général, président.

Le 13 juin 1763, le Bureau demanda au roi l'adjonction au principal de deux régents ; pour les gages de ces professeurs, le Bureau proposait au roi de faire au Collège l'abandon des biens situés dans l'étendue du bailliage et ayant appartenu aux jésuites expulsés. Les revenus de ces biens consistaient en deux cent quatre-vingt-dix setiers de blé, mesure de Roye, valant quatorze cents livres, année moyenne, et en deux cents livres d'argent.

Le principal du Collège ne pouvait s'absenter, sauf pendant les vacances, sans en demander l'autorisation, et en mettant à sa place une personne agréée par les chanoines ou par le Bureau, après son organisation. Le principal qui aux termes des lettres royales du 20 juillet 1679, devait être destiné aux ordres sacrés, était tenu de faire assister ses écoliers à la messe de chaque jour, et les pensionnaires aux offices divers de la paroisse, les dimanches et les jours de fêtes.

A l'époque de l'organisation du Bureau, Charles Debonnaire, chanoine de la Collégiale et maître-ès-arts, était principal, il avait été nommé en 1745 ; sous sa direction le Collège avait pris un certain développement. Il avait succédé à Antoine Chivot, chapelain de l'église Saint-Florent, qui fit de « savants élèves, » pendant les vingt-cinq années qu'il resta à la tête de l'institution. Ce maître mourut le 19 février, et fut inhumé dans la Collégiale.

Debonnaire né à Roye le 31 mars 1716, était fils de Charles Debonnaire, docteur en médecine ; il mourut le 14 janvier 1768 et fut enterré dans la nef de la Collégiale. Il fallut pourvoir à son remplacement, et le Corps-de-Ville reçut à cette occasion la supplique suivante :

> Doctes Gardiens des Loix, amis de la Juſtice,
> En qui le malheureux trouve un deſtin propice,
> Vous, en qui la Prudence a dépoſé ſes droits,
> Montrez que la Sageſſe a dirigé ſon choix.
> Vous vous êtes déjà formés dans vos Séances
> Le modéle d'un Maître en bonnes Mœurs, en Sciences ;
> (O trop rares Vertus ! ô trop rares talents !)
> Puiſſe l'original vivre pour vos enfans !
> On vous verroit, ſans doute, aller au bout du monde
> Chercher cette belle ame en Vertus ſi féconde.

Mais que ne peuvent pas vos cœurs affectueux,
Pour des objets ſi chers, ſi doux, ſi précieux !
Nous ſommes vos enfans ; vous êtes notre Père ;
Nous reſpectons en vous ce pieux caractère.
Quel hommage aſſez grand, par un juſte retour,
Pouvons-nous rendre ici pour un ſi tendre amour,
Cet amour paternel, qui, pour choiſir un Guide,
Veut qu'il ſoit de nos Mœurs l'impénétrable Égide,
Qu'il faſſe éclore en nous le germe du ſçavoir ?......
(Hé, qui pourroit ſans vous nous donner tant d'eſpoir ?)
Mais un vif intérêt, un zèle inaltérable,
Promet à nos déſirs un ſuccès favorable.
Voici l'Urne, tirez ; l'ordre de nos deſtins,
Heureux par votre choix, va ſortir de vos mains.
Ramenez, ramenez, (ah, s'il pouvoit ſe faire !)
Un digne, un vertueux, un ſçavant DEBONNAIRE.

Il s'agissait donc de faire choix d'un maître capable d'instruire la jeunesse ; à cet effet, le doyen et les chanoines se réunirent au son de la cloche, dans la salle capitulaire, où bientôt vint les rejoindre le maire d'Orillac, chevalier de Saint-Louis, suivi des échevins et des conseillers de ville. La matière mise en délibération, les voix de l'assemblée se trouvèrent divisées ; deux candidats étaient en présence : le sieur de Bouteville, licencié en théologie, chapelain de Saint-Fursy de Péronne, et l'abbé De Quivre, curé de Saint-Médard de Roye. Dans cette situation, l'assemblée résolut de s'en rapporter à la décision de l'Évêque d'Amiens, auquel fut envoyé un extrait de la délibération. Le prélat adressa le 9 février, la lettre suivante : « Louis François
« Gabriel par la miséricorde de Dieu et par la grâce du
« Saint-Siège apostolique, évêque d'Amiens, à tous ceux
« qui ces présentes lettres verront salut : savoir faisons
« qu'en conséquence des deux procès-verbaux qui nous
« auroient été adressés... ils auroient unanimement arrêté

« de recourir à nous pour que nous fassions le choix de
« celui des deux qui nous paraîtrait le plus convenable à
« ladite place. A ces causes, le saint nom de Dieu invo-
« qué, tout bien considéré, nous nous sommes déterminé
« en faveur du sieur De Quivre. »

Conformément au choix fait par l'Évêque, De Quivre fut nommé « à la principalité du collège », pour jouir des droits, profits et honneurs attribués à ces fonctions, à la charge par lui de faire ou de faire faire par un de ses écoliers, chaque année, une oraison latine dont il serait tenu de donner communication au doyen, quinze jours à l'avance.

Le nouveau principal, ayant satisfait aux conditions de religion et de moralité, prêta serment entre les mains du Chapitre. Le doyen lui montra, dans le chœur de la collégiale, la place qu'il devait occuper, à gauche des hautes stalles, après le dernier chanoine, « sans pouvoir monter par rang d'antiquité. »

Le principal De Quivre fut installé dans ses nouvelles fonctions par le chanoine de Beaumont, secrétaire du Chapitre, le lundi 15 février 1768.

Neuf ans après, Pierre De Quivre mourut; le Corps-de-Ville fit beaucoup de démarches pour lui trouver un successeur. Le savant Chivot qui était alors professeur au collège de Montaigu, proposa pour cette place, un sujet du nom de Racine. « Ce nom seul, écrivait-il, prévient en
« sa faveur »; il ajoutait : « Je crois rendre un service à
« la ville où je suis né, en vous faisant connaître un
« pareil sujet. » Mais il y avait alors division entre le Bureau et le Corps municipal, ce dernier qui jusque-là avait coopéré à l'administration du collège, jugea à propos de s'abstenir d'aller aux assemblées tenues pour la nomination d'un précepteur.

Le procureur-général obtint le 7 avril 1778, un arrêt du Parlement portant injonction à tous les membres du Bureau de procéder à l'élection d'un précepteur. Le Corps-de-Ville forma opposition, mais il fut débouté de sa demande par un autre arrêt du 29 janvier 1779 ; le Bureau procéda au choix d'un directeur.

Un sieur Levasseur fut nommé, mais l'administration eut avec lui toutes sortes d'embarras. Levasseur avait fait des avances pour des réparations au collège, il fallut lui rembourser, ce qui donna lieu à beaucoup de contestations, la plupart des dépenses faites étaient à la charge du précepteur ; pour comble d'ennui, il perdit la raison, alors son remplacement devint nécessaire : sur ces entrefaites survint la Révolution.

Le principal du collège touchait, pour appointements, le montant de la prébende de la Collégiale, qui était de deux cent quarante setiers de blé et de vingt-sept setiers d'avoine, ce qui valait à peu près, en argent, quatorze cents livres, mais à la charge par lui d'entretenir un régent. Cette prébende fut en 1672, l'objet d'un procès entre le précepteur Boulanger et le Chapitre ; ce dernier voulait obliger le principal à faire des réparations au bâtiment de la haute cour du collège, dans laquelle tombaient les égouts : Boulanger, ennuyé, finit par donner sa démission. Il y avait eu, sur le même objet, une transaction entre son prédécesseur et le Chapitre.

Après la Révolution, le collège fut rouvert à la jeunesse ; c'est alors que l'administration locale lança le brillant programme que voici : « Le Conseil municipal de la ville « de Roye jaloux de voir refleurir l'éducation dans cette ville « et d'assurer à la génération qui s'élève un bonheur solide « et des jouissances inappréciables, vient de faire rouvrir le « collège, d'où sont sortis, avant la Révolution, des sujets qui

« ont fait honneur à leurs compatriotes. Afin d'assurer aux
« jeunes gens le bienfait que le Conseil municipal s'em-
« presse de leur offrir, il a cru devoir fixer son choix sur
« le citoyen Drouère, et le nommer directeur de cette
« maison. Les principes et les talents de ce sujet lui sont
« connus. Non-seulement les habitants de la ville, mais
« même ceux des communes environnantes, trouveront
« tous les moyens propres à faire de leurs enfants des
« citoyens vertueux et éclairés. »

Avant d'être principal du collège de Roye, l'abbé Drouère, docteur en Sorbonne, avait été curé de la paroisse d'Orvillers ; « quand vint le moment de prêter le serment constitutionnel, ce digne ecclésiastique chercha un moyen qui put à la fois satisfaire sa conscience et les exigences du gouvernement. Il imagina une formule qu'il s'efforça de rendre orthodoxe et l'envoya à l'Assemblée nationale. Quel ne fut pas son étonnement lorsque, quelques jours après, il se vit inscrit sur les feuilles publiques, comme prêtre assermenté. L'occasion se présenta bientôt pour lui de soulager sa conscience tourmentée. Prêchant à Saint-Pierre de Montdidier, en présence de la municipalité, il protesta contre le serment des prêtres. Des agents du gouvernement allaient l'arrêter dans la sacristie, quand il trouva moyen de s'enfuir et de gagner Pierrepont. Là, Drouère rencontra un ami, le commandant d'un détachement d'artillerie qui se dirigeait sur Paris, auquel il révéla sa conduite et ses dangers. Ce brave officier fit entrer le curé dans un caisson dont il garda la clef, et où il lui portait secrètement à manger aux heures favorables. C'est dans ce singulier équipage que l'abbé arriva à Paris, où, pourvu d'habits laïques, il se réfugia chez une parente, près de laquelle il resta pendant la période révolutionnaire. »

Dufourmantel, bachelier ès lettres, fut nommé principal du collège en 1819 ; le prix de la pension était alors de quatre cent cinquante francs payables par quartiers et d'avance. On enseignait la langue latine jusques et y compris la quatrième.

En 1826, le collège fut donné à la congrégation de Saint-Lazare, par un traité passé avec elle et la ville, le 21 août. Pendant plusieurs années les Lazaristes dirigèrent avec succès cet établissement. Au mois de juillet 1830, afin de soustraire aux atteintes révolutionnaires la châsse de Sainte-Geneviève de Paris, elle fut déposée dans la maison du collège de Roye ; quand le calme revint, la relique fut transportée à Paris.

La ville eut des démêlés très vifs avec la congrégation de Saint-Lazare. Lors de leur entrée en possession du collège, les Lazaristes jugèrent nécessaire la construction d'un bâtiment à leur usage particulier, et en firent les frais qui s'élevèrent à dix mille francs ; ils achetèrent, sous un nom étranger, une maison voisine du collège et bâtirent sur un terrain appartenant à la ville. Aux termes du traité les Lazaristes devaient faire la quatrième et la cinquième classe, ils devaient recevoir des externes, et par l'article douze, les constructions qu'ils élèveraient devaient appartenir à la ville, sans indemnité.

Ce traité fut soumis au ministre de l'instruction publique qui le 3 mai 1820, refusa son approbation se fondant sur un décret du 11 octobre 1808 qui attribuait à l'Université la jouissance des bâtiments autrefois affectés à l'instruction publique.

Le Conseil municipal, par une délibération du 15 mai 1829, avait accepté, avec empressement, la proposition que lui faisaient les Lazaristes, d'avancer les dix mille francs pour la construction.

En 1834, les Lazaristes réclamèrent à la ville le remboursement de cette somme avec les intérêts. Le Conseil municipal, par une délibération du mois d'avril, refusa de reconnaître cette dette, attendu que la congrégation n'avait pas exécuté le traité en ce qui concernait les classes et les externes, que l'article douze stipulait que les constructions faites appartiendraient à la ville, sans indemnité, et qu'enfin le traité n'avait pas reçu la sanction ministérielle.

Le préfet Dunoyer adressa au maire Fouquier une délibération du conseil de la congrégation de Saint-Lazare, du 4 juin 1834, qui décidait, par différents considérants peu flatteurs pour les administrateurs de Roye, qu'à dater du 1er septembre la congrégation cesserait d'occuper le collège.

L'instruction donnée aux élèves comprenait toutes les humanités, on y professait même la philosophie ; mais plus tard les études furent moins étendues. Du reste, on ne négligeait aucun moyen d'émulation ; le Corps de ville fit graver en 1762, des médailles destinées aux premiers élèves de chaque classe, elles étaient portées avec un ruban, dont la couleur distinguait la classe à laquelle appartenait le décoré. Ces médailles représentaient, d'un côté : l'image de la Vierge patronne du collège, et en légende : *Studiosis stimulus et prœmium*, sur le revers étaient les armes de la ville, avec cette inscription : *Urbis Royœ donum*.

La distribution des récompenses avait lieu chaque année; les prix étaient fournis originairement et alternativement par le Chapitre, par le Bailliage, par le Corps de ville et par le principal. La distribution était précédée d'un excercice public soutenu par les élèves et parfois par une représentation théâtrale. C'est ainsi qu'au mois d'août 1708, le chanoine Lesquevin fit représenter une tragédie qu'il avait composée, ayant pour titre : *Enlèvement de la châsse de Saint-Florent par ordre de Louis XI*. Parmi les acteurs qui remplirent les principaux rôles, on remarque les noms de : Billecocq, Gaudefroy, Froissent, de Beauvillé, Prévost, Jobart, Dhervilly, tous enfants de Roye.

A la suite des constestations survenues pour la nomination du principal, le Chapitre cessa de donner des prix, qui furent alors offerts exclusivement par les officiers du Bailliage et du Corps de ville. Les noms des lauréats étaient proclamés et inscrits sur des programmes imprimés en latin ; sur ces palmarès se voient des élèves d'Amiens, de Noyon, de Beauvais, de Paris et de Montdidier ; ces distributions se faisaient d'une façon solennelle, et les récitations avaient lieu en public : *Has exercitationes excipiet solemnis præmiorum distributio, ex munificentiâ integerrimorum regiæ Royensis curiæ magistratuum in aulâ Collegii.* »

En 1767, le chanoine De la Rive fonda une bourse au capital de quinze mille livres, pour l'entretien d'un élève dans un collège de Paris. L'écolier devait être de Roye et pris dans la famille du Chanoine, à défaut de sujet en ville, il pouvait être choisi au dehors ; il fallait que le candidat eût fait sa première communion et qu'il pût entrer en troisième. Après ses études classiques, l'élève jouissait encore de la bourse, pendant huit ans s'il étudiait le droit, dix ans si c'était la médecine, et douze ans pour la licence en théologie.

En 1783, un nommé Masson Eloy parent au sixième degré du Chanoine, était pourvu de cette bourse ; mais lors de la tourmente révolutionnaire, la rente de six cents livres qui était placée sur le clergé, disparut. Cependant, en 1804, Colliette de Saint-Quentin, parent de l'auteur des mémoires sur le Vermandois, fut envoyé par le gouvernement impérial, au lycée de la ville de Bruxelles, qui faisait alors partie de l'Empire français.

Le Conseil municipal de Roye fit en 1824, des réclamations pour rentrer en possession de cette bourse, mais ses démarches restèrent sans résultat, et aujourd'hui ce bienfait est perdu pour la ville.

Le bureau d'administration du collège rétabli en exécution d'un décret impérial du 4 juin 1809, subsista jusqu'à la prise de possession par les Lazaristes.

Après leur départ, le collège resta fermé quelque temps. La municipalité offrit sa direction aux membres de l'enseignement. C'est alors que l'abbé Delacour, aumônier du collège de Compiègne, adressa au Conseil municipal de Roye, un plan d'études pour l'instruction de la jeunesse. Enfin, le collège fut confié à des directeurs laïques, auxquels la ville donnait les bâtiments, sans rétribution et sans subvention municipale.

Victor Edan, licencié ès lettres, principal du collège, fit en vers français une nouvelle traduction de l'*Imitation de Jésus-Christ* (1846). Cet ouvrage porte en regard le texte latin et la traduction française ; il reçut l'approbation de l'Evêque de Beauvais : « La piété douce et touchante qui « règne dans cette traduction, prouve qu'elle est l'œuvre « de la foi, autant que du talent et de la patience. »

M. Bailly lui succéda comme principal, sous sa direction l'établissement prospéra ; après sa mort prématurée (1850), le collège resta sans directeur. C'est alors que le Conseil municipal offrit sa direction à Mgr de Salinis, évêque d'Amiens, qui l'accepta au mois de novembre 1852 ; l'abbé Dufourmantelle fut nommé supérieur du *Collège diocésain*. Peu de temps après, l'Evêque vint visiter la maison ; il en prit possession par un traité conclu entre lui et la ville de Roye.

La distribution des prix du 5 août 1854 fut présidée par l'abbé de Ladoue, vicaire général ; dans cette solennité, le supérieur Dufourmantelle prononça une brillante allocution ayant pour sujet : *Discipline, respect et amour de l'ordre*, et qui fut vivement applaudie.

Sous le patronage de l'Evêché, et sous la direction d'ecclésiastiques dévoués, le collège de Roye prospère ; les élèves reçoivent une instruction solide, une éducation chrétienne qui répondent à l'attente des familles.

MAITRE D'ÉCOLE

Indépendamment du collège, il y avait dans la ville un maître d'école salarié par l'Echevinage, et qui donnait gratuitement l'instruction aux enfants des deux sexes.

Dès le XIIe siècle, on trouve à Roye des magister ou écrivains qui rédigent ou signent les actes publics ; en 1123, Pierre, magister de Roye, signe à une charte de Raoul de Vermandois. Odon est dit : *Scriptor de Roia*, écrivain de Roye, dans un acte du cartulaire d'Ourscamp, de 1176. Raoul, *magister* de Roye signe une charte de Philippe de Flandre. Dans une donation d'Ermentrude, châtelaine de Roye en 1200, apparait le *magister* Robert : *Joannes de Roia magister*, approuve de sa signature un acte de l'abbaye d'Ourscamp. (1217.)

A cette époque, l'instruction était peu répandue, malgré les prescriptions des capitulaires de Charlemagne, les seigneurs ne signaient qu'avec leur épée ; un écrivain public, un magister était nécessaire pour la rédaction des actes. Ces maîtres furent ensuite appelés à donner de l'instruction à la jeunesse.

En 1622, un maître d'école ayant abusé d'une enfant, l'Echevinage songea à séparer les filles des garçons; l'instruction des enfants du sexe féminin fut alors confiée à des filles pieuses, qui prirent, plus tard, le nom de Sœurs de la Croix.

La nomination du maître d'école appartenait bien à l'Echevinage, mais le Chapitre de Saint-Florent avait toujours la haute surveillance sur les écoles; ce qui donnait lieu à des contestations.

En 1684, un sieur Lassourt était maître écrivain à Roye, chargé de l'instruction des garçons, mais bientôt il quitta la ville. Pierre Laurent, maître écrivain demeurant à Tricot, sollicita l'honneur de le remplacer. L'Echevinage réuni en la Chambre commune, fit comparaître devant lui le postulant, examina son écriture, s'assura de ses bonnes vie et mœurs et de sa religion catholique. Puis, après en avoir délibéré, Pierre Laurent fut agréé maître écrivain, à la charge d'instruire la jeunesse, d'être « présent à « toutes les fêtes et dimanches pendant le service divin « à l'église de la paroisse de Saint-Pierre, pour contenir « les enfants dans le silence et la dévotion »; au moyen de quoi, il jouit de l'exemption du logement des gens de guerre, de la taille, du guet, garde et autres charges publiques. Il prêta le serment de rester fidèle à son devoir.

Quelques années plus tard, le maire reçût des plaintes sur le maître-écrivain, parce qu'étant occupé à la musique de Saint-Florent comme chantre « et les petits enfants n'étant pas contenus dans le devoir, faisaient beaucoup de bruit, ce qui troublait le service divin. » Pour remédier à cet état de chose, l'Echevinage décida que sur les quarante livres payées à Estienne Dorville, il en serait distrait une somme de vingt livres pour être offerte à Laurent

Pignon, à la charge par lui d'assister avec les enfants aux offices, « et de les contenir dans la modestie. »

Le maître-écrivain ayant disparu, Laurent Pignon fut provisoirement chargé de la direction de l'école.

Au mois d'octobre 1703, se présenta pour instruire les garçons et leur apprendre « à compter aux jetons », le sieur Chauminot qui justifiait être de la religion catholique, par son acte de mariage signé du curé de Saint-Martin de Paris. Chauminot ayant été accepté, s'engagea à assister aux offices avec ses enfants, derrière le chœur de l'église de Saint-Pierre, et de les contenir dans le devoir, sous la rétribution de quarante livres, l'exemption du logement militaire et autres privilèges. Il est dit que notification de cette décision sera faite à Laurent Pignon, par un valet de ville. En 1705, en vertu d'une ordonnance de l'Intendant de Picardie, il est accordé à Chauminot un muid de blé par an, comme supplément de traitement.

Dans une assemblée générale des habitants tenue le 9 avril 1733, le maire exposa toutes les plaintes que faisait le Chapitre sur la conduite tenue par le magister, alors en exercice ; l'assemblée, après en avoir longuement délibéré, décida que le maître d'école serait révoqué de ses fonctions.

Mais comme l'éducation de la jeunesse exigeait qu'il fût bientôt pourvu à son remplacement, par une personne capable de la bien enseigner ; le maire proposa à la municipalité un nommé Maillard, natif de Ferrières, qui était recommandé par M. Dehaussy de Robécourt de Péronne. Maillard est alors introduit dans la salle du conseil, il est examiné sur l'écriture et sur l'arithmétique ; reconnu suffisamment capable, il est admis aux fonctions de maître d'école, à la condition qu'il lui sera payé, à titre de gages, cent livres en argent et douze setiers de blé, en outre, soixante livres pour se loger, en attendant qu'un logement convenable lui soit trouvé. Il était, en outre, exempt de la taille au-dessus de cinq sols et du logement des gens de guerre. Il avait la prééminence sur les autres maîtres-écrivains de la ville, mais à la charge, par lui, d'instruire gratis les enfants pauvres envoyés par l'Echevinage.

Le 1er juin, le mayeur informa le Corps-de-Ville que le sieur Maillard, admis comme maître d'école, avait changé de résolution et qu'il se fixait à Péronne ; il proposa pour le remplacer un nommé Viet, demeurant à Soissons. Ce nouveau candidat subit les épreuves, il fut jugé digne de remplir les fonctions d'instituteur, voire même, « qu'on ne pouvait faire un meilleur choix. » Mais Viet fit défaut à son tour, et la ville se trouva encore privée de maître d'école. Heureusement, la source n'était pas épuisée et le 29 juillet, le maire proposa un nommé Duchauffour, qui fut installé dans ses fonctions. Mais un an après, ce nouveau maître quitta sa place pour aller s'établir à Paris. On procéda à une nouvelle nomination et Pierre Lhermite, qui avait exercé les mêmes fonctions à Montdidier, fut installé maître d'école, aux conditions stipulées plus haut.

La ville conserva toujours une école gratuite dont le directeur prit plus tard le titre : d'*Instituteur communal*; l'école était située au faubourg de Saint-Gilles, près de l'église, elle fut supprimée en 1859 et réunie à l'école des Frères des écoles chrétiennes.

LES FRÈRES DES ÉCOLES CHRÉTIENNES

Le Collège fut d'abord le seul établissement public de la ville, dans lequel l'instruction était donnée aux garçons, mais il fallait payer pour y être admis ; les élèves devaient eux-mêmes pourvoir à leur nourriture et à leur chauffage.

L'échevinage choisissait parmi les indigents, quelques enfants qui avaient le plus de dispositions, et que l'on dirigeait vers les études ecclésiastiques.

Plus tard, la ville eût, comme nous l'avons vu, un maître d'école, mais la gratuité n'existait pas pour tous les écoliers. C'est le manque absolu d'instruction gratuite pour les classes nécessiteuses qui inspira à l'abbé Graval Eloi, curé de Saint-Pierre et ancien curé d'Armancourt, la pensée d'avoir à Roye, une école purement gratuite.

Dans ce but, en 1760, l'abbé Graval laissa par testament une partie de ses biens, pour les revenus être affectés à l'établissement d'une école gratuite ; mais cette rente qui s'élevait à six cents livres environ, fut trouvée insuffisante pour établir cette institution. Afin de se rapprocher le plus possible de la volonté du donateur, le Corps de Ville envoya chez le maître d'école, quelques enfants pour y recevoir gratuitement l'instruction, et la municipalité payait l'écolage.

La bonne administration des biens légués par le curé Graval augmenta les revenus au point d'offrir en 1783, huit à neuf cents livres de rente ; à cette époque, on songea à réaliser l'intention du donateur : le Corps de Ville décida que le local de la caserne de la maréchaussée pourrait être disposé pour y recevoir des Frères ignorantins. Douze cents livres exigées par le directeur de l'Institut, devaient être complétées par la caisse municipale. Quant aux dépenses d'ameublement et d'appropriation du local que l'on estimait à deux mille quatre cents livres, on espérait les trouver dans le concours de personnes charitables. Enfin la création d'une école des Frères fut résolue, mais la Révolution vint retarder la réalisation de ce projet.

Cependant le vagabondage des enfants, leur ignorance tenaient toujours en éveil la sollicitude des magistrats ;

toutefois, ce ne fut qu'en 1823 que le projet d'école gratuite fut repris.

Des libéralités nouvelles étaient venues se joindre à celle de l'abbé Graval ; la tourmente révolutionnaire avait réduit à cinq cent soixante-trois francs les revenus de cette donation. Le comte Défossés, seigneur de Fransart, constitua un capital de cinq cents francs pour l'établissement d'une école des Frères ; Bertin Pierre-Charles demeurant à Paris, donna quatre mille francs dans le même but ; la veuve Aubé de Bracquement laissa une obligation de deux mille francs, réalisable lorsque le projet d'école aurait un commencement d'exécution. Enfin grâce aux donations du doyen Petit et du vicaire Graval, l'administration fut en présence d'un revenu de seize cents francs, somme insuffisante encore pour l'achat d'une maison et pour l'entretien des Frères.

En 1828, le prêtre François Cagny, ancien chanoine de Saint-Florent, fit un testament par lequel il laissa à la ville, pour établir une école gratuite ou un vicaire, la moitié d'une maison située au coin de la rue des Torches et du Moulinet; Antoinette Goret, maîtresse de pension, fit les mêmes dispositions pour l'autre moitié de la maison. Ces donateurs étant morts, une ordonnance royale de Charles X du 21 avril 1830, autorisa le Maire à accepter ces legs.

La ville fut mise en possession de l'immeuble ; la municipalité crut, en 1834, remplir les intentions des donateurs, en installant dans la maison un instituteur devant recevoir gratuitement les enfants des pauvres.

Le Conseil de fabrique de l'église de Saint-Pierre protesta contre cette décision, et demanda l'exécution du testament de Cagny ; une école des Frères, ou un logement pour un vicaire. Une lettre du Préfet de la Somme, engagea le Maire à se conformer à la volonté du donateur.

Enfin la maison fut appropriée pour une école ; trois Frères vinrent s'y établir, la ville leur fournit le mobilier nécessaire, et les enfants furent admis gratuitement à recevoir l'instruction primaire.

Le 4 novembre 1825, jour de la Saint Charles, eut lieu en présence des autorités civiles et ecclésiastiques, la distribution des prix aux enfants de l'Ecole primaire réunis à ceux des ateliers de tissage et de broderie.

Dans cette solennité, le chevalier Graval prononça comme maire un discours dans lequel il retraça les efforts de l'Administration locale, pour donner aux enfants une bonne instruction et pour leur faire apprendre à tous, un métier qui leur assura, par le travail, des moyens d'existence. L'honorable magistrat termina ainsi : « Jeunes gens,
« l'administration municipale de cette ville, en choisissant
« le jour de la fête du roi pour vous distribuer les cou-
« ronnes dont vous avez été jugés dignes, n'a pas eu
« seulement en vue de donner plus d'éclat à cette
« cérémonie ; elle a voulu encore que le souvenir de votre
« premier triomphe, rappela sans cesse à votre mémoire
« Charles le Bienaimé, protecteur des connaissances et des
« arts utiles, dont vous contemplez ici l'image. Elle espère
« que vous ne lirez pas sans émotion, et surtout sans un
« vif sentiment d'amour pour nos rois, dans les livres
« qu'elle va mettre entre vos mains, le récit de la générosité
« sans borne de notre auguste souverain ; les témoignages
« de l'application constante de Saint-Louis aux affaires de
« son royaume, de la touchante popularité du bon Henry,
« du sublime dévouement du roi martyr, et de la haute
« sagesse de Louis XVIII, l'immortel législateur des
« Français. Elle se flatte enfin, que vous mettrez à profit
« les exemples multipliés de vertus privées, qui y sont
« offerts aux diverses conditions de la société, et que vous

« deviendrez un jour des citoyens vertueux, autant que
« des sujets fidèles. »

Ce discours fut suivi des cris de *Vive le Roi ! Vivent les Bourbons !*

Le député Larabit donna, au nom de son frère Charles Joseph, avocat, décédé à Paris le 1er mars 1837, une somme de cent quatre-vingts francs, pour la création de prix et de récompenses à distribuer, chaque année, aux élèves qui auraient fait le plus de progrès. Cette utile institution reçut son application pendant dix ans ; son exemple fut imité et les enfants reçoivent, lors de la distribution des prix, de beaux volumes provenant de la libéralité de quelques personnes charitables.

L'école des Frères a le titre *d'école communale* ; quatre Frères la dirigent avec un dévouement éclairé. Tous les soirs, l'hiver, une classe est ouverte pour les adultes, les Frères reçoivent les ouvriers qui veulent s'instruire, ils leur donnent les premières notions de la lecture, de l'écriture et l'instruction s'élève par degrés.

Les concours établis entre les élèves des écoles du canton excitent l'émulation des maîtres et des écoliers. L'école des Frères de Roye obtint souvent des succès dans ces concours, grâce au zèle, au dévouement du Frère supérieur.

ECOLE DES SŒURS DE LA CROIX

Nous avons dit que les garçons et les filles étaient réunis dans la même école, sous la surveillance d'un même maître ; il arriva qu'en 1622, le Magister abusa d'une de ses élèves. Le scandale fut étouffé. Mais deux années plus tard, le même attentat s'étant renouvelé, l'instituteur fut renvoyé ; pendant quelque temps les enfants restèrent sans instruction.

Le doyen Bellot frappé de l'inconvénient de mettre les filles avec les garçons, songea à créer une école spéciale pour les filles ; il communiqua ses intentions à Pierre Guérin, curé de Saint-Georges, et à Claude Bucquet, curé de Saint-Pierre, qui l'aidèrent dans la réalisation de ce projet.

Bientôt quatre femmes pieuses de la ville se présentèrent pour tenir école : Françoise Wallet, Marie Samier, Charlotte et Anne de Lancy ; elles furent accueillies avec beaucoup d'empressement.

Le 4 août 1625, elles furent installées dans une maison appartenant à Mme Ledoux ; Françoise Wallet fut choisie comme supérieure ou première. Elles s'occupèrent immédiatement de leur mission et recueillirent les enfants.

Deux mois après leur installation, ces pieuses filles furent l'objet d'indignes calomnies répandues par l'ancien maître d'école et par quelques libertins, mais elles trouvèrent un appui dans le doyen du Chapitre, et dans la majorité des habitants. En effet, au mois de juillet, dans une réunion composée de personnes notables, des officiers du bailliage et de la mairie, l'opinion publique avait été consultée sur l'opportunité de ces filles dévotes et s'était montrée très favorable à cette institution. (*Origines royennes de l'Institut des Filles de la Croix par M. l'abbé J. Corblet.*)

A partir de cette époque, ces saintes filles donnèrent à leur communauté le nom de : *Société des Filles de la Croix*; titre qui fut approuvé plus tard par l'Evêque d'Amiens. Ce Prélat les mit sous la protection de la Sainte-Vierge et de saint Joseph.

Là ne devaient pas s'arrêter les vicissitudes que la Société naissante eut à traverser. Pierre Guérin et Claude Bucquet furent accusés « d'innover dans la foi », sur la dénonciation de Jean de Fricques, prévôt de Roye, qui se plaignait, en outre, de ce que le nouvel établissement n'avait pas reçu la sanction royale.

Les Filles de la Croix furent accusées de partager leurs erreurs : « elles souffrirent longtemps en silence, mais « quand elles virent que la calomnie faisait des dupes « jusque parmi les parents de leurs élèves, elles rédi- « gèrent un mémoire justificatif de leur conduite, « et le firent porter à la Sorbonne par Marie Samier. » L'écrit fut examiné par dix-sept docteurs, qui déclarèrent unanimement qu'ils n'avaient rien trouvé dans l'exposé « qui ne fut bon, utile, digne d'être reçu, approuvé et autorisé par les pasteurs et par les magistrats du lieu où résidaient ces filles. » Les Sœurs de la Croix sortirent donc victorieuses de cette épreuve.

Le 27 juillet 1627, par une décision prise dans une assemblée générale tenue à la Maison commune, les Filles dévotes furent priées de continuer à prodiguer leurs soins à la jeunesse ; l'Echevinage, pour leur donner une nouvelle preuve de sympathie, les exempta du logement des gens de guerre. Elles s'engagèrent à recevoir toutes les filles de la ville et des faubourgs, à leur apprendre à bien servir Dieu, à lire, à écrire et à coudre, tant en linge qu'en tapisserie, et ce, moyennant cinq sols par mois, de chaque écolière.

Le chapitre de la Collégiale, par un acte de la même date, donna aussi son approbation, à la condition que les maîtresses d'école apprendraient aux personnes de leur sexe « seulement » à bien réciter l'oraison dominicale, le symbole des apôtres, les saints commandements de Dieu et de l'Eglise, selon leurs capacités. Les sœurs pouvaient s'associer des personnes de leur sexe, mais avec l'agrément du Chapitre.

Pour remplir leurs engagements, les Sœurs de la Croix réunissaient, après les offices du dimanche, les femmes et les filles de la ville, et les entretenaient par de saints discours ou par de pieuses lectures.

Au mois d'octobre, les Sœurs achetèrent devant le notaire Le Blanc, une maison tenant à Pierre Turpin, située sur la Place du Marché, au coin de la rue des Arbalétriers. Cependant lorsqu'elles se formèrent en société, les Filles de la Croix ne possédaient pour tout bien que leurs vêtements et quarante écus de monnaie ; il est probable que des dons particuliers étaient venus augmenter leur avoir.

Pierre Guérin leur directeur justifié des attaques dirigées contre lui, traça aux Sœurs les règles à suivre dans leur communauté. Ce règlement qui ressemblait beaucoup à la règle des Ursulines, la clôture exceptée, fut approuvé par l'évêque d'Amiens, de Caumartin ; il comprenait vingt-trois articles.

Les Filles de la Croix devaient se lever à cinq heures, faire l'oraison jusqu'à six heures, et conduire ensuite leurs élèves à la messe de la paroisse de Saint-Pierre. La classe du matin se faisait de neuf heures à onze heures. Le repas était précédé et suivi d'une prière, et accompagné d'une lecture spirituelle ; il avait lieu à midi et à six heures du soir. Après une récréation d'une heure, les classes reprenaient leur cours jusqu'à quatre heures. La prière du soir des maîtresses était suivie du baiser de la croix fait entre les mains de la première, nommée par elles pour trois années. Les Filles de la Croix ne faisaient pas de vœux, elles faisaient seulement le serment de vivre et de mourir Sœurs de la Croix. Les postulantes étaient admises au noviciat qui était de deux ans, elles étaient ensuite agrégées à la communauté.

« Les Sœurs portaient un uniforme qui consistait en une robe noire, un mouchoir de cou se terminant en pointe sur la poitrine, et un bonnet noué sous le cou, avec trois rubans, dont l'un timbré d'une croix retombait sur la poitrine. Elles portaient un chapelet pendu à la ceinture, et au cou une petite croix de bois. » Elles ne devaient pas mettre de gants.

L'établissement des Filles de la Croix prospérait, le nombre des pensionnaires augmentait. Les sœurs rendaient de véritables services à la ville, lorsque le siège et la prise de Roye en 1636, les obligèrent à quitter leur maison pour se retirer à Paris.

« Elles furent recueillies avec empressement par Marie Lhuillier, veuve de M. de Villeneuve, qui les logea pendant quelques jours chez une de ses amies ; elle leur trouva ensuite un asile chez le Commandeur de Sillery, dans son château de Panfou, près de Brie-Comte-Robert. »

C'est dans cette ville, qu'au mois de novembre 1637, Françoise Wallet, Anne de Lancy, Charlotte Samier et Marie Paillot, installèrent une maison de leur ordre, sous la protection de Mme de Villeneuve, et sous les inspirations de Pierre Guérin, qui continuait à les encourager dans leur mission. François de Gondy, archevêque de Paris, approuva la nouvelle institution de Brie-Comte-Robert.

« Mme de Villeneuve parvint encore à créer un établissement semblable à Paris, rue de Vaugirard, à la tête duquel elle plaça Anne de Lancy, accompagnée de Marie Paillot et de Françoise Simard. La sœur Jeanne Françoise de Chantal, fondatrice de la Visitation, encouragea ce nouvel Institut, qui fut approuvé par lettres-patentes du roi Louis XIV (1642). »

A l'exemple de Mme de Villeneuve, quelques Filles de la Croix firent des vœux simples de chasteté et d'obéissance, d'autres restèrent fidèles à la règle première de l'Institut ; Mme de Villeneuve entra alors dans l'ordre des Filles de la Croix.

Lorsque le calme fut rétabli dans la ville de Roye, l'absence des Sœurs de la Croix se fit vivement sentir ; l'Echevinage et le chapitre firent des démarches auprès d'elles pour les engager à rentrer dans leur couvent. Enfin, sur les instances de Pierre Guérin, Françoise Wallet se décida à revenir et à reprendre la direction de l'école que tenait ouverte la sœur Tavernier.

Les officiers municipaux, dans le but d'être favorables à l'institution, renouvelèrent les privilèges déjà accordés aux sœurs, et décidèrent que leur part dans l'impôt de la taille serait fixée à trente sols, qui seraient payés par la caisse municipale ; mais l'Echevinage se réservait le droit d'inspection dans les écoles.

C'est en 1641, que Françoise Wallet consentit à revenir à Roye, sa ville natale ; elle n'avait pas fait de vœux. Elle avait eu à se plaindre de Mme de Villeneuve (en religion Marie Lhuillier) qu'elle accusait d'avoir dissipé une somme de neuf mille deux cents livres, appartenant au couvent de Roye. Elle revint donc seule et s'associa quelques novices, espérant ramener au bercail primitif les deux sœurs de Lancy ; mais Charlotte de Lancy fonda une maison à Rueil, et Anne une autre à Barbézieux. Malheureusement la sœur Wallet mourut le 15 février 1651, sans avoir vu ses vœux exaucés. « C'était, dit P. Guérin, la plus humble de toutes « les âmes que j'aie jamais connues, la plus défiante de « soi-même, la plus déférente au conseil d'autrui et la plus « recueillie. »

Charlotte Samier supérieure du couvent de Brie-Comte-Robert, cédant aux instances de Pierre Guérin, consentit à revenir à la maison de Roye dont l'existence était fort

compromise. « Partez, lui dit-il, on va aussitôt en paradis
« de Roye que de Brie. » Elle prit la direction de la
communauté, où elle fut remplacée, comme supérieure,
vers 1676, par Catherine Ledoux qui s'associa trois sœurs
du couvent de Paris. (*Origines royennes*).

Les curés P. Guérin et Cl. Bucquet, par suite des
persécutions dont ils avaient été l'objet, sentaient faiblir
leur zèle envers l'Institut des Filles de la Croix, et manifes-
tèrent à Vincent de Paul leur intention d'abandonner un
établissement traversé par tant d'épreuves. Mais le saint
homme leur répondit : « Qu'il fallait, au contraire, montrer
« encore plus d'ardeur à le maintenir, qu'il serait d'une
« grande utilité à l'Eglise, que s'il prenait racine il
« deviendrait un arbre fécond en fruits salutaires ; qu'il
« fallait y conserver avec soin l'esprit de pauvreté et de
« simplicité, de mortification, de piété, d'obéissance et de
« charité ; que celles qui étaient déjà associées méritaient
« bien le nom de : *Filles de la Croix*, puisqu'elles avaient
« été entées sur la croix du Sauveur, en partageant ses
« opprobres, ses contradictions et ses persécutions. »

Ces sages conseils furent suivis, et le pensionnat des
Filles de la Croix devint très florissant ; on y comptait
douze maîtresses, et beaucoup de pensionnaires payant,
en moyenne, cent cinquante livres par an. Aussi, le
couvent fut-il agrandi par des acquisitions d'immeubles
faites en 1676 et en 1678.

Non-seulement, le couvent de Roye prospérait mais
l'institution se répandait ; les Filles de la Croix furent
successivement appelées dans les villes de Chauny, de
Saint-Quentin, de Nesle, et de Ribemont pour y donner
l'instruction.

C'est dans le couvent de Roye que furent élevées toutes
les sœurs et toutes les nièces de Beaumarchais ; « C'est

là que mourut *Lisette*, la fiancée de Clavigo, dont Beaumarchais a raconté l'histoire, et qui devint l'héroïne d'un drame de Goëthe. » En 1772, Mme de Salsedo, la sœur aînée de Beaumarchais, revint d'Espagne avec sa sœur Marie-Louise (Lisette), et se retira avec elle, comme dame pensionnaire, au couvent des Filles de la Croix de Roye. Pendant son séjour elle alla plusieurs fois au spectacle que donnaient des artistes ambulants. Cette conduite scandalisa la communauté, si bien que le directeur du couvent, un jeune chanoine de Saint-Florent, obtint de l'évêque Charles de Machault, l'ordre d'expulser du couvent Mme de Salsedo. Beaumarchais intervint dans cette affaire et écrivit une longue lettre à l'Official du diocèse, dans laquelle il chercha à justifier sa sœur : « Les dames
« pensionnaires d'une communauté libre, dit-il, ne sont
« pas asservies aux règles rigoureuses qui forment l'état
« de religieuse, et quand aucune défense antérieure n'a
« fait envisager le plus innocent plaisir comme une faute,
« lors qu'aucune représentation de la supérieure n'a pu
« faire soupçonner à Mme Salsedo, qu'aller voir le spectacle
« avec toute la ville, était un objet de scandale pour la
« communauté ; n'y-a-t-il pas une méchanceté damnable,
« de lui faire un crime d'une démarche indifférente en
« elle-même et très étrangère au couvent qu'elle
« habite ?..... » Mme de Salsedo resta dans la communauté.

Les Filles de la Croix songèrent à faire régulariser leur situation par l'autorité royale.

Louis XIV par lettres-patentes du 26 août 1686, reconnut légalement les Filles de la Croix et confirma leurs privilèges, comme il avait été fait, en 1682, pour les maisons de Noyon, de Saint-Quentin et de Chauny, à la requête de l'évêque de Noyon. *(Pièce justificative.)*

Le 25 avril 1687, parut un arrêt royal qui ordonnait, avant de procéder à l'enregistrement de ces lettres-patentes, d'informer de la commodité et incommodité que pouvait apporter l'établissement des Filles de la Croix ; que l'évêque d'Amiens fut consulté, ainsi que les Doyen, Chanoines de Saint-Florent, les Maire et Echevins, et que les sœurs fussent tenues de présenter un état de leurs biens et revenus, au moyen desquels, elles prétendaient faire subsister leur établissement, ainsi que les réglements sous lesquels elles désiraient vivre.

En exécution de cet arrêt, le 27 octobre suivant, le Chapitre de la Collégiale, par une délibération capitulaire, attesta que l'Institut des sœurs de la Croix à Roye, était utile pour l'éducation des jeunes filles, parce qu'elles y étaient élevées dans la piété chrétienne. Le Chapitre consentit à l'exécution des lettres-patentes, mais à la condition, que les Doyen et Chanoines auxquels appartenait la juridiction spirituelle, eussent droit de visite et de correction dans la maison des sœurs, et que celles qui y demeureraient, à l'avenir, fussent tenues de prêter serment, conformément à l'acte de leur réception du 27 juillet 1627.

L'Echevinage, à son tour, par un acte du 30 octobre, reconnut aux Filles de la Croix, le titre de « Maîtresses d'école » en rendant hommage à leur piété et à leur vertu ; mais les officiers municipaux se réservèrent le droit d'inspection et de visite dans leur maison.

Les Sœurs firent construire dans l'intérieur du couvent, une chapelle sous le vocable de Saint-Vincent-de-Paul dont elles avaient une relique. L'évêque d'Amiens, Pierre Sabatier, leur permit de conserver le saint-sacrement dans leur chapelle, à la condition d'entretenir une lampe ardente jour et nuit et d'y faire célébrer la messe le plus souvent possible. En 1765, le sanctuaire fut agrandi et se prolongea dans la seconde cour. Elles avaient aussi une chapelle souterraine située à l'extrémité d'une longue galerie, en partie voûtée, et dans le fond de laquelle était un autel.

Les Filles de la Croix adressèrent une nouvelle requête à l'évêque d'Amiens, le 22 septembre 1777, à l'effet d'obtenir des saluts avec exposition du saint-sacrement. Le prélat Ch. de Machault leur accorda plusieurs saluts, avec quarante jours d'indulgence ; un le jour du saint nom de Jésus, un autre au 15 juillet, pour l'anniversaire de la fondation de la chapelle, et un troisième pour la fête de Saint-Dominique, jour de l'établissement de la communauté.

La chapelle était petite, lambrissée et bien décorée, des dessus de portes étaient ornés de toiles représentant différents sujets religieux. Un clocher surmontait la chapelle et contenait une cloche. Néanmoins les Filles de la Croix allaient aux offices de la paroisse ; les classes des élèves externes étaient dans un bâtiment qui s'ouvrait sur la rue Saint-Pierre, ce qui leur donnait un accès facile pour aller à l'église.

En 1772, mourut au couvent des Filles de la Croix la sœur Marguerite Lesueur, âgée de cent ans, dix mois et vingt-un jours, elle fut enterrée dans le cimetière, près de la chapelle Notre-Dame-de-Paix.

La Révolution vint arrêter l'essor de l'Institut des Filles de la Croix, qui ne devait pas, à Roye, survivre à tant de désastres.

Le 20 novembre 1792, les officiers municipaux, en exécution d'un arrêté du district de Montdidier et du Conseil général de la commune de Roye, se rendirent au couvent des Filles de la Croix, pour procéder à l'inventaire du mobilier, car déjà le couvent n'avait plus d'existence légale. Ils furent reçus par la citoyenne Douvry, sœur supérieure, qui les conduisit d'abord à la chapelle, où ils trouvèrent un prie-Dieu, deux banquettes couvertes de tapisserie, une grille en fer, une console en bois doré avec dessus de marbre; sur l'autel : deux chandeliers de bois ; dans le tabernacle : un ciboire, un calice et un soleil d'argent, qui pesaient ensemble sept marcs deux onces.

Dans la sacristie : dix chandeliers et une croix en cuivre argentés, une fontaine et sa cuvette en cuivre rouge, un bénitier en marbre blanc, puis une navette, un ossensoir pesant cinq marcs deux onces d'argent. Tous les papiers et les lettres du couvent furent transportés à la mairie pour être envoyés au directoire du district.

Les officiers constatèrent aussi la présence d'une « pompe-à-feu » pour éteindre les incendies. Les scellés furent apposés sur les portes de la chapelle.

Le 20 thermidor an IX de la République, les citoyennes: Marie-Joséphine Legrand — Elisabeth-Louise Prévost — Louise Haldat — Marguerite Boissard — Florence Nozo, toutes sœurs du ci-devant couvent des Filles de la Croix, prêtèrent serment, entre les mains du maire Du Mesnil, dans les termes suivants : « Je promets d'être fidèle à la Constitution. » En même temps que les Sœurs se présenta Louis-Charles Cagnard ci-devant « ermite » au Mont-Valérien, et demeurant à Roye, lequel promit fidélité à la Constitution.

Le couvent fut fermé et servit de boucherie militaire. Les petites filles de la ville restèrent alors sans instruction ; une ancienne sœur, Joséphine Legrand, ouvrit une école près du presbytère, pour y recevoir les enfants pauvres, et la dirigea jusqu'en 1836, époque à laquelle elle mourut, âgée de quatre-vingt-quatre ans, en laissant d'excellents souvenirs. Elle était native de Béthancourt-en-Vaux, canton de Chauny.

L'Institut des Filles de la Croix donna naissance aux communautés du même nom établies, comme nous l'avons vu à Chauny, à Saint-Quentin, à Nesle et à Ribemont.

C'est en 1659, que les Filles de la Croix furent installées à Chauny, par les soins de M° Mahieu, prêtre habitué de la paroisse Saint-Martin et natif d'Ognoles, bailliage de Roye. La sœur Tavernier du couvent de Roye fut supérieure ; elle avait avec elle la sœur Saunier et la sœur Chevreau. L'Evêque de Noyon, Henri de Baradat, approuva leur installation, par un acte du 17 octobre 1659. Le bon curé Mahieu considérant que ce n'était pas assez de leur avoir donné le logement et des rentes, mais qu'il était nécessaire de pourvoir encore, pour l'avenir, à leur subsistance, fit au profit des Sœurs, une donation de quarante-trois setiers de blé, sous la condition « qu'elles seraient tenues d'accepter dans leur congrégation une fille pauvre, ayant les qualités propres et conformes à leur genre de vie pour observer les règles et statuts » ; dans le cas où aucune fille ne se présenterait, les Sœurs devaient recevoir dans leur école, deux filles pauvres qui n'auraient pas moyen de payer la rétribution scolaire, pour leur apprendre à lire et à écrire, comme aux enfants de la ville. Le curé leur confia une de ses nièces âgée de quatre ans, pour en faire l'éducation ; cette fille embrassa plus tard la règle de la maison, et mourut au couvent de Nogent, au mois de janvier 1764, âgée de près de soixante ans. Elle avait donné aux Sœurs de la Croix de Chauny, environ pour cinq mille livres de biens-fonds ; cette donation fut attaquée par les héritiers ; un procès s'ensuivit en 1767, et fut porté devant le bailliage de Roye.

L'Institut des Filles de la Croix de Chauny subsista jusqu'à la Révolution ; les religieuses furent alors chargées du service de l'hospice. En 1822 la sœur Reine Cauët fonda le pensionnat qui existe encore aujourd'hui.

La ville de Saint-Quentin n'eut son Institut qu'en 1672, les Sœurs furent prises au couvent de Chauny ; l'établissement subsiste encore et les Sœurs ont pris le nom de : Dames de la Croix.

En 1695, la ville de Nesle eut aussi son couvent pour l'instruction des filles de la ville « prévenues de la plus crasse ignorance. » La sœur Barbe Cathoire, native de Nesle, fut tirée du couvent de Saint-Quentin, et mise à la tête de la communauté, qui comptait onze sœurs en 1770; le couvent fut fermé à la Révolution.

A Ribemont, les Filles de la Croix furent aussi appelées pour l'instruction de la jeunesse et installées, vers 1703, dans la maison du *Petit-Saint-Nicolas*. La ville de Ribemont leur faisait une subvention annuelle de cent livres; mais en 1790, elles durent quitter Ribemont, leurs immeubles furent saisis et vendus comme biens nationaux.

ÉCOLE DES FILLES

Après la suppression du couvent des Sœurs de la Croix, les filles pauvres de la ville restèrent privées d'instruction ; longtemps abandonnées, elles furent recueillies et instruites par les sœurs de charité de l'Hospice. L'administration hospitalière admettait gratuitement les enfants, mais toutes ne pouvaient recevoir les bienfaits de l'instruction, parce que l'Hôtel-Dieu n'avait pas de local assez vaste pour les admettre.

C'est alors que le conseil d'administration de l'Hospice, sur les instances de la municipalité, fit construire un bâtiment spécial pour une école gratuite de filles ; le budget municipal paya l'intérêt des frais de la construction. Deux sœurs de Saint-Vincent-de-Paul sont spécialement attachées à l'instruction des enfants ; l'Hospice se charge du traitement et de la nourriture des sœurs.

Grâce à cette combinaison, les filles sont instruites et bien élevées ; les sœurs leur apprennent aussi à coudre, un ouvroir réunit toutes les enfants pour les travaux à l'aiguille. Les filles arrivent à l'école vers l'âge de sept ans, jusque-là elles vont à la Salle d'asile.

SALLE D'ASILE

Une Salle d'asile existe à Roye depuis 1842 ; à cette époque, le baron de Fourment conçut la généreuse pensée de fonder une Salle d'asile, afin de recueillir les enfants de la ville et de permettre ainsi aux mères de famille de travailler sans avoir à se préoccuper des soins de leurs enfants. Le baron ne recula devant aucun sacrifice, il affecta une partie de son hôtel aux besoins du nouvel établissement, donna un logement aux sœurs chargées de la surveillance des enfants, et pendant quinze ans, il soutint seul et de ses propres deniers sa philanthropique institution. Mais, à la suite d'une élection au Conseil général, M. de Fourment supprima la Salle d'asile et congédia les sœurs. (1857.)

Cette détermination aussitôt exécutée, mit l'administration municipale dans une situation critique ; elle comprit toutefois qu'il était impossible de priver la ville de cet utile établissement devenu indispensable. La création d'une semblable institution allait être une charge lourde pour la cité, néanmoins les habitants n'hésitèrent pas à s'imposer les sacrifices nécessaires.

L'ancien hôtel de la gendarmerie fut considéré comme pouvant être approprié pour une Salle d'asile ; de généreux citoyens vinrent en aide à la municipalité : Madame Vion donna dix mille francs, M. de Blavette, conseiller général, cinq mille francs, M. Bertin, sept mille francs et bientôt un capital suffisant fut réuni, qui permit de pourvoir à tous les besoins de la création.

Grâce à de nombreuses libéralités, la nouvelle Salle d'asile pût être ouverte aux enfants le 1er novembre 1857; l'Évêque d'Amiens en fit la bénédiction le 25 mars de l'année suivante.

La Salle d'asile admet les enfants des deux sexes, depuis l'âge de deux ans jusqu'à six ans accomplis, pour recevoir gratuitement, pendant huit heures du jour, les soins d'une surveillance maternelle et la première éducation.

Une cour spacieuse, plantée, un préau couvert permettent aux enfants de s'ébattre en plein air ou à l'abri, suivant l'état de l'atmosphère ; une salle vaste, bien éclairée, suffisamment aérée, reçoit les élèves au moment de leurs exercices.

Quatre sœurs de la Sainte-Enfance donnent leurs soins à environ deux cent soixante-dix enfants de l'un et de l'autre sexe, à peu près en nombre égal. Pour être admis il faut qu'ils aient été vaccinés.

Tout se fait avec un ordre et un ensemble admirables; rien n'est intéressant comme de voir ces petits enfants manœuvrer avec une obéissance et une précision vraiment surprenantes.

Des Dames patronesses veillent avec une charitable sollicitude sur ces enfants ; elles font distribuer aux plus indigents des potages et des vêtements pendant la saison rigoureuse.

Des jeux, des exercices appropriés à leur âge, entretiennent chez ces élèves une santé parfaite.

Tous les enfants de la ville sont admis à la Salle d'asile, moyennant une scolarité de dix francs par an, pour les parents qui peuvent payer. Ce n'est pas là une atteinte portée à la gratuité de la Salle d'asile, c'est, au contraire, un bien pour les autres enfants.

Au mois de novembre 1874, une foule nombreuse et recueillie conduisait à sa dernière demeure M. René Vion. Suivant les traditions de son excellente mère, qui fut pendant sa vie la providence des pauvres, M. R. Vion n'oublia pas la Salle d'asile de Roye et lui laissa dix mille francs.

Cette générosité, jointe à celle de M. Auguste de Fourment, assure à la Salle d'asile une existence durable, et aux bienfaiteurs la reconnaissance publique. Car, fonder une Salle d'asile « c'est faire une œuvre qui rapporte avec des résultats sûrs et excellents, la reconnaissance des mères, la sympathie des cœurs généreux et les bénédictions de Dieu. »

CHAPITRE IX

ÉTABLISSEMENTS PUBLICS

BIBLIOTHÈQUE

La Bibliothèque de la ville de Roye, sans offrir une collection nombreuse de livres, n'en est pas moins une œuvre utile, qui a déjà rendu des services en répandant le goût de la lecture et de l'étude.

C'est Grégoire d'Essigny qui a eu l'heureuse idée de fonder dans sa ville natale une bibliothèque publique. Le 10 octobre 1822, le Conseil municipal étant réuni, le maire Graval donna lecture de l'extrait d'un testament olographe du 26 avril de la même année, par lequel Grégoire d'Essigny fils, célibataire, décédé le 23 juillet précédent, léguait à la ville les livres composant sa bibliothèque. Le donateur s'exprimait ainsi : « Ma bibliothèque se compose
« de sept à huit cents volumes inscrits sur mon catalogue,
« elle s'accroîtra peut-être encore ; quelle qu'elle soit à
« ma mort, je la donne et lègue à la ville de Roye que
« j'ai toujours beaucoup aimée, à la charge de faire une
« bibliothèque publique. »

Le Conseil municipal accepta avec empressement le legs fait par d'Essigny, et une ordonnance royale du 9 avril 1823, autorisa la ville à se rendre propriétaire de la collection de Grégoire.

D'après l'inventaire fait alors, le nombre des volumes était de huit cents et celui des brochures de soixante.

Le Conseil, s'inspirant de la pensée du donateur, voulut imprimer à la bibliothèque un caractère public ; il décida d'abord qu'une armoire serait construite et qu'elle serait placée dans la salle des délibérations ; puis, que les livres seraient donnés en lecture au public, moyennant la consignation au préalable, entre les mains du greffier de la mairie, de la valeur de l'ouvrage estimé comme neuf. On évalua à la somme de sept cent neuf francs, le prix des ouvrages légués.

Le maire désigna certains jours de la semaine, et aux heures indiquées, le public était admis à emporter des livres aux conditions stipulées, ou à les lire dans la salle de la mairie.

L'exemple donné par d'Essigny fut bientôt suivi, et quarante-six volumes vinrent se joindre à la collection.

Jusqu'en 1844, le nombre des livres resta à peu près stationnaire, mais à cette époque, Mme veuve Bertin-Goret, qui possédait des manuscrits, fit hommage à la ville de douze volumes contenant différents sujets d'histoire et de littérature. Parmi eux se trouvait un manuscrit de M. Goret, ayant pour titre : *Précis des principaux événements arrivés à Roye pendant la Révolution.*

Cette libéralité qui fait le plus grand honneur à la famille Bertin enrichit la bibliothèque de documents rares et précieux. Le plus intéressant de tous ces manuscrits est assurément celui qui a pour titre : *Recherches historiques sur la ville de Roye* et qui est dû à la plume de M. de Corselles.

Jean-François-Antoine Carlier de Corselles, lieutenant particulier civil au bailliage de Roye depuis 1768, était le contemporain et l'ami du bénédictin Dom Grenier ; c'était un homme d'un grand savoir et les écrits qu'il a laissés revêtent chez lui une connaissance profonde de l'histoire. Les recherches auxquelles il s'est livré sur la ville, et sur les évènements dont elle a été l'objet, ses compilations sur les généalogies des familles, toutes ces notes consignées dans ce volume, qui contient plus de cinq cents pages, prouvent à la fois son savoir, sa patience et son patriotisme. M. de Corselles mourut à Roye le 24 février 1793, âgé de soixante-onze ans, dans sa maison, rue des Minimes.

Le manuscrit Goret a malheureusement disparu ; renfermé dans l'armoire qui contenait alors les quelques livres formant la bibliothèque, il a été perdu sans laisser de trace. Heureusement il reste de ce manuscrit une rapide analyse faite par M. l'abbé J. Corblet et qui peut permettre de reconstituer l'histoire des évènements de cette terrible époque.

Mais, si l'histoire locale a beaucoup à puiser dans les recherches de M. de Corselles, les manuscrits de Caballe offrent aussi un large butin. Ils forment quatre volumes ayant pour titre : *Recueil de pièces curieuses*. Ce manuscrit est plus ancien que le précédent, il renferme surtout des arrêts du Parlement, des ordonnances royales concernant le bailliage et la prévôté de Roye. M. de Corselles a reproduit beaucoup de documents puisés dans ce recueil. La bibliothèque possède encore la généalogie manuscrite de quelques familles de Roye et des environs, due aux recherches du lieutenant-particulier.

Dans les années qui suivirent la donation de Madame Bertin, M. l'abbé J. Corblet est le seul qui envoie ses œuvres à sa ville natale.

Un jour pourtant, un ouvrage d'une grande importance, plein de savantes recherches, vint orner les rayons de la bibliothèque publique, ce fut : L'HISTOIRE DE MONTDIDIER, don gracieux de son auteur. Le Conseil municipal, appréciant toute la valeur de cette libéralité, s'empressa d'adresser à M. Victor de Beauvillé, tous ses remerciements et l'expression de sa profonde gratitude. Depuis, le savant historien veut bien donner à la ville ses nouveaux travaux.

La bibliothèque, veuve de lecteurs, semblait vouée à l'oubli, transportée dans le cabinet du maire, elle avait perdu son caractère public ; à peine frappait-t'elle les regards de quelques administrés qui pouvaient remarquer l'inscription placée sur l'armoire : BIBLIOTHÈQUE DE GRÉGOIRE D'ESSIGNY.

Les bibliophiles gémissaient en silence de l'état d'abandon dans lequel était tombée la bibliothèque, lorsqu'un membre du conseil municipal demanda, dans l'intérêt de la conservation des livres, de vouloir bien nommer un bibliothécaire. Le Conseil, prenant en considération la proposition de l'honorable membre, nomma dans sa séance du 5 novembre 1861 un bibliothécaire, et voulut bien nous confier ces fonctions. Il vota aussi une somme de cinquante francs pour être employée à l'achat de livres.

Il résulta de l'inventaire des livres composant alors la bibliothèque, que huit cents volumes ou brochures étaient seuls présents sur les rayons ; plus de deux cents avaient disparu ! Parmi les ouvrages restant, beaucoup étaient incomplets.

Bientôt, grâce au concours empressé de plusieurs donateurs, la bibliothèque compta plus de mille volumes. L'armoire fut dès lors insuffisante, quatre corps de bibliothèque furent placés dans la salle des délibérations, et bientôt ils furent remplis d'ouvrages intéressants et précieux.

Le 15 mai 1862, la bibliothèque fut ouverte au public ; un règlement approuvé par le Préfet indiquait les jours d'ouverture, et fixait les conditions à remplir pour être admis à emporter les livres.

Le baron de Fourment fit don à la bibliothèque de cinq cents ouvrages, parmi lesquels on distingue un livre unique dans son genre et qui fait l'admiration des connaisseurs, c'est : *La Coutume du gouvernement de Péronne, Montdidier et Roye*, imprimée sur vélin et décorée d'enluminures d'une grande richesse de ton et de coloris.

Depuis, le nombre des livres s'est beaucoup accru, la bibliothèque compte aujourd'hui plus de cinq mille volumes, et les libéralités déjà si abondantes dont elle a été l'objet, doivent le céder encore à celles que l'on fait espérer.

L'intérêt que présente la plupart des ouvrages attire de nombreux lecteurs : l'histoire, la littérature surtout, comptent de riches exemplaires et de belles éditions.

La bibliothèque publique de la ville de Roye est donc aujourd'hui une institution sérieuse, son avenir est assuré, car il est tout entier dans le patriotisme des habitants, et dans le concours des philanthropes éclairés qui voudront attacher leurs noms à une œuvre grande et utile.

MUSÉE

Le mot Musée peut paraître prétentieux alors qu'il s'applique à quelques objets d'antiquité et d'histoire naturelle ; néanmoins nous ne donnerons pas d'autre titre, laissant à l'avenir le soin de justifier cette dénomination.

Le musée de Roye est un asile ouvert à toutes les découvertes que les fouilles ou le hasard peuvent amener ; il arrive souvent que des objets sont perdus, les possesseurs n'en connaissant pas la valeur ou le parti qu'ils en peuvent tirer. Grâce aux vitrines ouvertes pour les recueillir, les trouvailles ont leur place assurée. C'est ainsi que depuis quelques années le musée s'est enrichi d'objets d'époque celtique, de bronzes, de vases antiques, d'armes et d'ustensiles du Moyen-Age.

C'est surtout le village de Beuvraignes qui a fourni jusqu'ici les spécimens les plus précieux de l'époque gallo-romaine. Une partie du village est traversée par l'ancienne voie romaine de Beauvais à Vermand et c'est dans le voisinage de ce chemin que l'on a découvert des fours à potiers, avec une grande quantité de vases de diverses formes, qui figurent au musée. Dans un autre endroit du village appelé : les Usages, on a découvert des haches en silex, des poteries, des médailles ; puis dans des cavités maçonnées en pierres et en tuiles à rebords, des fragments de vases en terre rouge de Samos, des plateaux en bronze, de la verroterie... enfin des objets en fer, d'époque mérovingienne.

Ces trouvailles feraient supposer qu'après l'occupation romaine, les Usages furent le séjour des Francs : peut-être bien une *villa regalis.* (*Notice historique sur Beuvraignes*, par E. Coët.)

Ce sont tous ces objets, en partie découverts par M. Philibert Montel de Beuvraignes, et recueillis par cet intelligent travailleur, qui enrichissent les vitrines formant le petit musée de Roye.

Les fouilles du cimetière Franc de Villers-lès-Roye, ont aussi fourni au musée : des plaques de ceinturons, des scramasaxes, des haches, des fers de lances, un sarcophage et de nombreux pots funéraires.

Après ces témoins des temps passés, la partie la plus riche du musée est l'histoire naturelle ; de nombreuses coquilles terrestres, fluviatiles et marines classées avec un ordre méthodique, étalent leurs formes élégantes et variées ; à côté d'elles, est une collection à peu près complète des coléoptères du département ; puis de nombreux minéraux et quelques oiseaux. Les coquillages, comme les insectes, sont dûs à la libéralité de M. Obert de Roye, naturaliste distingué.

On remarque encore dans le musée quelques tableaux ; des bas reliefs en bois représentant l'Annonciation, la Circoncision..., puis une infinité d'autres objets : des faïences, des médailles, des monnaies et des sceaux.

En un mot, le musée de Roye n'est pas appelé certainement à un grand développement — le local ne le permettrait pas — mais tel qu'il est, il a son mérite, son intérêt et son utilité.

CHAPITRE X

ÉTABLISSEMENTS HOSPITALIERS ET DE CHARITÉ

Il existait à Roye, tant dans la ville que dans les faubourgs, plusieurs établissements hospitaliers connus sous les noms de : Maladrerie, Hôtel du Béguinage, Hôpital maître-Bernard, Hôpital Saint-Jean, Hôpital de la Charité, Hôpital des Femmes et Hôpital militaire.

Nous examinerons successivement ces différents établissements.

MALADRERIE

On sait qu'au retour de la Palestine, les Croisés rapportèrent une maladie contagieuse appelée : la lèpre. Les malheureux atteints de cette affection étaient un objet d'horreur et de répulsion pour tout le monde, on finit même par les chasser des villes ; enfin un sentiment de charité chrétienne ouvrit des asiles pour recevoir les lépreux. Telle est l'origine des léproseries ou maladreries.

Au XIVe siècle, le peuple injuste dans sa souffrance, s'en prit de sa détresse aux lépreux. Il les accusa d'empoisonner les fontaines et les puits ; la crédulité s'empara de ces accusations dont le roi lui-même se rendit l'interprète intéressé. On accusait les lépreux de jeter dans les fontaines des paquets contenant des substances vénéneuses ; ces paquets étaient composés, d'après le Continuateur de Guillaume de Nangis, de sang humain, d'urine et de trois sortes d'herbes desséchées et pilées ensemble, ou bien encore de têtes de couleuvres, de pattes de crapauds et de cheveux, qui formaient un liquide noirâtre et fétide.

Telle fut la principale cause des barbaries inouïes exercées contre les lépreux, « victimes tout à la fois de l'incurie et de la rigueur des lois. »

Beaucoup de ces malheureux furent condamnés à périr par le feu ; le prévôt de Roye ne leur fit aucun quartier, suivant en cela les ordres du bailli de Vermandois datés de Laon, le samedi devant la division des apôtres 1321, et en exécution de l'ordonnance de Philippe-le-Long du mois de juin. Aux termes de cette ordonnance, les lépreux devaient être soumis à la torture pour leur faire avouer leurs crimes ou leurs maléfices. Les garçons et les filles au-dessus de quatorze ans, étaient livrés au supplice du feu ; les femmes enceintes étaient épargnées jusqu'après leur accouchement. Ceux qui n'avouaient pas étaient emprisonnés ou expatriés et leurs biens confisqués « pour l'entretien et la nourriture « des lépreux incarcérés, des frères et des sœurs qui sont « dans l'usage de vivre du produit de ces biens. » Enfin par une ordonnance datée de Crécy le 16 août 1321, le roi donna main-levée des biens saisis sur les lépreux.

Charles-le-Bel, la première année de son règne, rendit une ordonnance, pour que les lépreux fussent enfermés dans des murs sans en pouvoir sortir ; ils étaient entretenus sur les biens de la Léproserie. Ceux qui habitaient des lieux dépourvus de ces établissements étaient soignés aux frais de la paroisse.

La ville de Roye possédait une *Léproserie* ou *Maladrerie* appelée encore : *Hôpital Saint-Ladre* ou de *Saint-Lazare*.

Les seigneurs de Roye sont les premiers fondateurs de cet hôpital ; dans les registres de la cour des Comptes de 1279, il est parlé de la Léproserie. Dreux de Roye partant pour la Terre Sainte, donna des biens à la Maladrerie.

En 1203, une contestation s'éleva entre le chapitre cathédral de Noyon et la Léproserie de Roye, au sujet de l'usage du bois de la Potière-pesée. La Léproserie se plaignait d'avoir été violemment dépouillée de cet usage, après l'avoir pacifiquement possédé pendant vingt ans ; assertion contestée par le Chapitre. Il fut convenu entre les parties, de s'en rapporter à l'arbitrage des chanoines d'Amiens et de l'abbé de Saint-Martin-les-Jumeaux. Une sentence donna gain de cause au Chapitre de Noyon sur la question de propriété, par suite du défaut fait par la Léproserie de Roye de comparaître aux audiences.

Le Corps de Ville et le Chapitre de Saint-Florent étaient les administrateurs de l'hôpital Saint-Ladre ; ils se réunissaient dans la salle capitulaire, tous les premiers jeudis du mois, à dix heures du matin, pour s'occuper des affaires de l'établissement.

Les administrateurs nommaient un maître ou directeur qui avait la gestion de l'Hôpital, et qui devait rendre des comptes. Le premier maître que nous connaissions fut Jehan Bourgeois de Roye, nommé le 24 novembre 1483 ; en 1494, Jehan Coulon était directeur, ainsi qu'on le voit, par un bail de vingt journaux de terre qu'il fait devant Thomas Danguechin, commis-juré à Roye et Pierre Carton, alors garde du scel, à Jacques Lecornu du Petit-Amy, moyennant quatre livres tournois payables à la Saint-Remy.

Jehan Coulon ayant résigné ses fonctions en faveur d'Antoine Lefeuvre, chanoine de Saint-Florent, le Chapitre et l'Echevinage confirmèrent Lefeuvre par décision du 11 septembre 1503, comme « maître-gardien, administrateur et gouverneur de l'hôtel Saint-Ladre. »

En 1589, Jehan Bourgeois fut de nouveau maître de l'Hôpital, mais « attaqué de fièvre, » les administrateurs nommèrent Martin Parent pour le remplacer.

Parmi les pièces de procédure de l'hôtel Saint-Ladre on voit une transaction de 1542, faite entre Adrien de Mazancourt, écuyer, seigneur de Billancourt et Jehan Lemonnier, procureur de Marie d'Athies, veuve de Louis de Hangest, Dame de Dives, de Moyencourt et de la Potière, d'une part, et Pierre Vidalame, maître de l'hôtel Saint-Ladre, au sujet du droit d'usage et de pâturage dans le bois de la Potière, réclamé par les administrateurs de l'Hôpital. Le 19 novembre 1557, un arrêt de la Chambre des eaux et forêts, au siège de la table de marbre, rendu sur appel, confirma la Maladrerie dans le droit d'usage au bois de la Potière.

L'admission à l'Hôpital avait lieu sur une permission de l'Echevinage, et sous certaines conditions déterminées par un réglement.

Une chapelle dédiée à Sainte-Marie-Madeleine, existait à Saint-Ladre ; un chapelain était attaché pour le service divin, comme émolument, il touchait dix sols, au jour de Noël, sur le droit de Pontenage.

La nomination du chapelain appartenait au Chapitre de Saint-Florent ; en 1516, Gabriel Defonte ayant résigné ses fonctions en faveur d'André Lucheux, le Chapitre approuva cette transaction ; des lettres de procuration furent données au nouveau titulaire, qui prêta serment entre les mains des chanoines. En 1614, Pierre Turpin était prêtre de Saint-Lazare ; la chapelle rapportait alors soixante livres de revenus au titulaire.

L'Hôpital et la chapelle de Saint-Ladre subirent, à différentes époques, les dévastations des ennemis ; on songea à réidifier les bâtiments, il fallut dix-sept arbres, pris dans un bois de quarante journaux appartenant à la Maladrerie, pour faire les combles et le plancher d'un corps-de-logis de soixante pieds de long, sur seize de large et destiné à y loger des malades. Il fallut aussi sept arbres pour la charpente de la chapelle, qui avait vingt-six pieds de longueur, sur sept de largeur.

Les bâtiments de la Maladrerie, qui étaient établis sur un journal et demi de terre, à l'angle des routes de Compiègne et de Paris, furent abandonnés lorsque l'Hospice actuel fut construit ; ils tombèrent alors en ruines et n'étaient plus connus que sous le nom de « Masure de Saint-Ladre. »

Le moulin à tan qui existe encore aujourd'hui, faisait partie des propriétés de l'Hôpital, il servait alors à moudre le grain nécessaire aux besoins de la Maladrerie, on l'appelait « le moulin des pauvres. »

La chapelle a survécu à l'Hôpital ; des provisions de Rome du 25 mai 1660, nommèrent chapelain de Sainte-Madeleine, Pierre Pamet, prêtre du diocèse de Laon, et bachelier en théologie.

Au mois d'avril 1707, afin d'éviter la chute de la chapelle on fit faire des contreforts en maçonnnerie pour soutenir les murailles ; les dépenses furent supportées par l'Hôpital de la Charité et par celui du sexe féminin.

Au commencement de ce siècle, la chapelle existait encore, mais depuis elle a été démolie ; sur son emplacement s'élève un calvaire.

Les biens de la Maladrerie et ceux de l'Hôpital Saint-Jean furent réunis ; deux tiers des propriétés furent donnés par Louis XIII au nouvel Hôtel-Dieu, et l'autre tiers fut affecté à la création d'un hôpital pour les femmes. Ces nouveaux établissements partagèrent aussi le produit de la redevance de la communauté des boulangers envers l'Hôpital Saint-Ladre ; chaque boulanger était tenu de donner, toutes les semaines, un pain de la valeur de deux deniers.

La chapelle était sous le vocable de Sainte Marie Madeleine dont la fête se célébrait le 23 juillet, elle est inscrite dans le Propre des offices de Saint-Florent, comme double de seconde classe, *ut in brevario*. Un tableau de Marie Madeleine se trouve à l'hospice de Roye, il y fut apporté lors de la démolition de l'hôpital des femmes.

La sainte Madeleine est la fête des tailleurs et des couturières, elle se célèbre à Roye avec un empressement plus mondain que religieux.

HÔPITAL MAITRE BERNARD

Cet Hôpital occupait le terrain compris dans l'angle formé par la rue des Torches et l'ancienne rue Tripette, tenant par derrière à Louis de Beaurain.

L'Hôpital paraît devoir son existence et son nom à maître Bernard, qui avait donné à l'Echevinage une maison dans le but d'y recevoir des malades ou destinée à servir de refuge pour les pauvres voyageurs et pour les pèlerins. Il fit don, en même temps, de plusieurs héritages qui devaient au Chapitre une rente annuelle de six chapons, douze deniers à Noël, et de six deniers à la Saint-Jean-Baptiste.

L'administration de l'Hôpital-Bernard appartenait au Corps-de-Ville ; cet établissement possédait encore, grâce à la libéralité de plusieurs particuliers, des immeubles entr'autres deux bouviers de terre, au fief de la Planque, sur le terroir du faubourg de Saint-Georges et tenant aux terres de la Haute-Loge.

Les documents font complètement défaut sur cet établissement qui n'existait plus au seizième siècle ; le Corps-de-Ville fit la vente des terrains occupés par cet hôpital et sur son emplacement s'élevèrent des maisons.

HÔTEL DU BÉGUINAGE

L'Hôtel du Béguinage était situé près de la *voie du Saulchoy* ou chemin conduisant à Saint-Mard, à côté du couvent des Cordeliers.

C'était une sorte de maison de refuge pour de pauvres femmes désireuses de vivre religieusement, sans s'obliger à faire des vœux, et qui trouvaient-là une existence tranquille. Le défaut d'aisance ou de santé, avec une conduite irréprochable, en ouvraient les portes, même dès l'âge moyen ; il suffisait d'avoir quarante ans. Les Béguines faisaient la prière en commun, à des heures fixes, observaient certaines règles, certaines pratiques et employaient le reste de leur temps à filer ou à exécuter des travaux à l'aiguille.

Les Béguinages étaient placés sous le patronage de sainte Beygne, sœur de sainte Gertrude, bisaïeule de Charlemagne, et paraissent remonter au viie siècle ; on en doit l'origine à cette princesse, de là, le nom de Béguines. (*Hagiographie diocésaine*, par M. J. Corblet.)

Il existe aux archives nationales, à la date de 1362, un aveu de dénombrement de Jehan d'Esmery, pour une maison située derrière le Béguinage de Roye.

L'Echevinage avait l'administration des biens de l'Hôtel du Béguinage ; ces biens consistaient en terres labourables, prés et vignes ; la fabrique de Saint-Médard de Thoüle touchait cinq sols de cens pour des immeubles appartenant au Béguinage. D'après un compte de 1498, il était dû par les Béguines au Chapitre de Saint-Florent « six capons par an. »

Plusieurs documents prouvent l'existence de cet établissement de charité, mais les détails manquent sur son organisation ; ce qu'il y a de certain, c'est qu'il y avait sur le chemin de Saint-Mard à Roye, des habitations dont les traces ont disparu.

HÔPITAL SAINT-JEAN

Il existait dans le faubourg de Saint-Gilles, non loin de la Porte-Paris, un établissement hospitalier appelé : Hôpital Saint-Jean-l'Evangéliste. Il était destiné à recevoir les malades qui n'étaient pas atteints d'affections contagieuses et les infirmes. Situé en dehors de l'enceinte fortifiée de la ville, cet hôpital avait beaucoup à souffrir des invasions des ennemis ; aussi l'Echevinage songea-t'il plus tard à le transférer dans l'intérieur de la cité. C'est dans ce but que les administrateurs de l'Hôpital, dont le chanoine Christophe Bellot était alors syndic, achetèrent, rue Bridet, une maison pour en faire un nouvel hôpital.

Le Chapitre et le Corps-de-Ville étaient administrateurs des biens de l'Hôpital Saint-Jean ; le nombre des lits était fort restreint.

Le 16 novembre 1477, deux religieuses de l'ordre de Saint-François (Annonciades) furent installées dans l'Hôtel-Dieu pour donner leurs soins aux malades. Du consentement d'Albert Guibon, prévôt, et des Echevins, le doyen Pierre Carton introduisit les Sœurs, pour le temps qu'il plairait au Chapitre et au Corps-de-Ville de les y conserver.

Un aumônier était attaché à l'Hôtel-Dieu pour « oyr en confesse » les malades, et faire le service des morts. En 1489, Guillaume Bochu alors titulaire, donna sa démission en faveur de Jehan Dupuy, qui fut agréé.

Le Chapitre et le Corps-de-Ville nommaient un directeur ou maître de l'Hôpital, qui était obligé de rendre annuellement des comptes aux chanoines et aux magistrats réunis dans la salle capitulaire.

L'Hôpital Saint-Jean devait au Chapitre, d'après un compte de cens et de surcens de 1498, deux chapons pour cinq journaux de terre tenant à la chaussée de Roye à Amiens, puis pour un pré appelé le Pré-Cambot, tenant « au ruissel », et pour deux bouviers de terre situés aux terroirs de Villers et de Saint-Mard.

Le maître de l'Hôtel-Dieu était chargé de l'administration intérieure et du gouvernement des biens ; il faut croire que ces fonctions n'étaient pas sans ennuis, car nous voyons plusieurs titulaires donner successivement leur démission.

Le maître avait parfois des procès à soutenir contre les détenteurs des terres ; Jean Collesson, lieutenant du bailli, rendit le 11 octobre 1519, une sentence en faveur de Jehan Flameng, maître de l'Hôtel-Dieu, contre Jacques Lecornu, laboureur à Amy, au sujet de vingt journaux de terre, dont ce dernier était fermier.

Il fallait, du reste, le consentement des administrateurs pour que le maître de l'Hôpital pût passer bail des terres de l'établissement. En 1280, au mois de mai, le maître et les frères de l'Hôtel-Dieu firent un échange de terres situées près de Fresnoy, avec les moines de l'abbaye d'Ourscamp, du consentement du Chapitre, représenté par son doyen Jacob des Essones. Cet acte du cartulaire d'Ourscamp, prouve que l'Hôpital existait de bonne heure à Roye, et qu'il était contemporain de la Maladrerie.

En 1605, Antoine Carton était receveur et administrateur de l'Hôpital-Saint Jean.

Cet Hôtel-Dieu possédait beaucoup de terres dues sans doute à la libéralité de bienfaiteurs dont les noms ne sont pas parvenus jusqu'à nous. Aux vingt journaux d'Amy, il faut en ajouter vingt-six autres situés au terroir de Carrépuits et cinquante près de Crapeaumesnil. L'Hôpital avait encore d'autres revenus : une maison située au faubourg de Saint-Gilles et qui avait pour enseigne l'*Ave Maria*, devait dix sols tournois de surcens.

Les invasions des ennemis avaient tellement ruiné les constructions de l'Hôpital, qu'il n'y avait plus moyen d'y recevoir de malades ; les administrateurs se contentaient de distribuer des secours à domicile, en nature ou en argent. C'est alors que sa démolition fut résolue et que fut commencée la construction d'un nouvel Hôtel-Dieu ; le terrain fut vendu et plus tard occupé par l'*Hôtellerie du Cheval blanc*.

Le sceau en usage représentait saint Jean tenant un calice, avec cette inscription : ✠ LOSPITAL SAINT-JEHAN LÉVANGELISTE D. ROYE. (*Voir la gravure.*)

L'Hôpital avait une chapelle sous le vocable de saint Jean l'évangéliste dans laquelle Gabriel Brunel, bourgeois et échevin de Roye, le 26 août 1632, fit une fondation pour avoir une messe basse à chanter annuellement et perpétuellement. Il donna deux cent quatre-vingt-dix-sept livres, à la condition que l'*Hôtellerie du Mouton* qui lui appartenait serait déchargée du surcens que l'Hôpital avait droit de prendre sur cet hôtel ; ce qu'acceptèrent le Chapitre, le Prévôt et les Echevins.

HÔPITAL DE LA CHARITÉ

Nous avons dit que les administrateurs ne pouvant plus recevoir les malades dans la Maladrerie, ni dans l'Hôpital Saint-Jean, avaient résolu de fonder un nouvel établissement hospitalier à l'intérieur de la ville.

Dans ce but, le 27 février 1614, ils achetèrent, rue Bridet, à Pierre Turpin, une maison tenant d'une part aux héritiers Dubos, d'autre part à la rue, et par-derrière aux remparts de la ville. En 1626, ils achetèrent un autre terrain pour agrandir le nouvel hôpital.

On se mit immédiatement à l'œuvre ; au mois d'août 1614, le Chapitre et l'Echevinage adressèrent une demande au lieutenant-général, à l'effet d'être autorisés à faire abattre cent pieds d'arbres dans une garenne appartenant à la Léproserie, pour avoir le bois nécessaire à la charpente des nouveaux bâtiments. Les constructions consistaient en un corps-de-logis donnant sur la rue, portant trente pieds de long sur vingt de large, plus en un autre bâtiment, vers le rempart, de vingt-quatre pieds de longueur sur vingt-deux de largeur et destiné à faire une salle pour les malades.

On construisit en même temps une chapelle, dans les proportions de quarante pieds de long sur vingt de large.

Plus tard, l'hôpital qui ne pouvait contenir que huit à dix lits et recevoir cinq religieux, fut considéré comme trop petit ; en 1663, les administrateurs firent l'acquisition au chanoine Clarentin, de sa maison, moyennant le prix de sept mille sept cents livres, pour la réunir à l'Hôtel-Dieu.

Déjà en 1645, les Religieux avaient cherché à s'agrandir en prenant sur la voie publique, ils voulurent rectifier la limite de leur muraille de clôture et la prolonger vers le rempart, en ligne droite jusqu'à la maison du médecin Tricot ; le docteur protesta contre cette construction qui lui fermait l'entrée de sa demeure et qui n'avait pas d'autre but, selon lui, que de le forcer à vendre son immeuble à l'Hôpital.

D'un autre côté, le Corps-de-Ville protesta aussi contre cet empiètement qui avait pour effet de rétrécir la rue et d'empêcher de passer les canons allant sur le rempart ; les Religieux répondirent « que la ville ne possédait que deux petits canons, et que d'ailleurs on jouissait de la paix. » Une sentence de la prévôté donna gain de cause aux Religieux et la muraille fut élevée.

Louis XIII, dans le but de favoriser le nouvel hôpital, l'exempta du droit d'entrée sur les blés, sur les vins et sur les autres denrées : les revenus de l'établissement consistant principalement en blé, cette exemption était une grande faveur accordée. Louis XIV, en 1643 et Louis XV, en 1732, la confirmèrent.

Lors du séjour de Louis XIII à Roye, après la reprise de la ville (1636), le roi vit l'état déplorable dans lequel étaient la Maladrerie et l'Hôpital Saint-Jean ; il approuva l'emplacement choisi pour le nouvel Hôtel-Dieu.

Des religieux de la Charité de l'ordre de Saint-Jean-de-Dieu suivaient son armée pour assister les soldats malades ou blessés ; le roi, en considération de leurs services, installa six de ces religieux dans l'hôpital, à la condition d'y exercer l'hospitalité et de soigner les malades.

Au mois de décembre, Louis XIII expédia de Saint-Germain-en-Laye, des lettres confirmant leur installation. L'Hôpital de la Charité ne devait recevoir que des malades du sexe masculin, militaires ou civils. Par ces mêmes lettres, le roi supprima la Maladrerie et l'Hôpital Saint-Jean, et affecta les deux tiers de leurs biens à l'Hôpital de la Charité, et l'autre tiers à la création d'une maison pour recevoir les malades du sexe féminin.

Au mois de mars suivant, l'intendant de Picardie de Bellejamme vint à Roye pour mettre les Religieux en possession de la maison et des biens de l'Hôtel-Dieu. Le

Mayeur, les Echevins, le Chapitre et les habitants furent réunis au son de la cloche ; l'Intendant exposa le but de sa mission et les intentions de Sa Majesté. Les Chanoines formèrent opposition à l'exécution des volontés royales ; ils prétendirent avoir des droits sur ces hôpitaux fondés par des libéralités particulières. L'Intendant, réservant les droits du Chapitre, procéda au partage des biens.

Le mardi 4 avril 1637, à l'issue de la messe, les habitants se réunirent dans la chapelle Saint-Louis de l'église de Saint-Pierre ; l'Intendant leur donna de nouveau connaissance des lettres du roi, en présence de Eustache Papelait, député des Religieux hospitaliers. Le Corps-de-Ville et les habitants déclarèrent consentir à l'exécution des ordres du roi.

Il ne manquait plus, pour régulariser la prise de possession, que l'assentiment du vicaire-général de l'ordre. Cette autorisation datée de Paris du 10 juillet 1638, au couvent de l'Hôpital Saint-Jean de la Charité, signée par le frère Ollivier Degie, fut soumise au Corps-de-Ville et aux habitants qui l'approuvèrent.

Enfin le 6 février 1640, intervint un arrêt du Parlement qui débouta le Chapitre de ses prétentions et confirma les Frères hospitaliers dans leurs possessions. Le roi, par des lettres datées de Rouen, approuva l'arrêt et fit défense aux Chanoines de troubler les Religieux, sous peine de deux cents livres d'amende et des voies de droit.

Le partage des biens des anciens hôpitaux eut lieu en présence de Charmolue, conseiller au siège de Noyon, le jeudi 27 septembre 1640, à dix heures du matin. Les officiers municipaux, les membres du Chapitre et les habitants étant réunis, il fut fait trois lots égaux, qui furent tirés au sort par un nommé Claude, mandé dans la salle et rencontré par hasard dans la rue ; le premier lot échut au Maire et au Chapitre, les autres devinrent la part des Religieux. Dans ces deux lots étaient compris : l'hôpital de la Maladrerie et ses dépendances, plus cent cinquante journaux trois quartiers de terre, situés en partie dans la banlieue de Roye.

François de Caumartin, évêque d'Amiens, donna aussi son consentement à l'établissement des Frères de la Charité, mais à la condition de poser une croix sur la porte de l'Hôtel-Dieu et de soumettre à l'approbation de l'Evêque le choix des prêtres qui seraient appelés à dire des messes, à administrer les sacrements et à annoncer la parole de Dieu.

Cette faculté qu'avaient les Religieux de choisir leurs aumôniers, fut une source de conflits entr'eux et les chanoines de Saint-Florent ; ces derniers prétendaient avoir seuls le choix et la présentation. Il fallut, pour mettre fin à ces débats, un arrêt du Parlement du 25 mars 1709, qui interdit formellement aux chanoines de s'immiscer dans les affaires des Religieux, et qui confirma ceux-ci dans leur droit de prendre tels prêtres séculiers ou réguliers qu'ils voudraient, sauf l'approbation de l'Evêque. Cet arrêt mit fin à un autre procès engagé entre les Frères de la Charité et le Chapitre ; les Chanoines prétendaient faire des mandements et rendre obligatoire l'autorisation du Chapitre pour la publication des mandements de l'Evêché.

De nouveaux démêlés surgirent dans la suite, entre le Chapitre et les Religieux, à propos de la portion congrue du curé de la paroisse de Thoule ; les Chanoines voulaient faire payer la portion aux Frères de la Charité. Un procès s'ensuivit et le Chapitre, comme gros décimateur, fut condamné à payer la portion congrue au curé : l'Hôpital n'ayant pas de propriétés au faubourg de Saint-Médard.

Malgré l'arrêt du Parlement, les Chanoines n'avaient pas abdiqué leurs prétentions sur le gouvernement de

l'Hôtel-Dieu, et le 22 août 1683, une transaction eut lieu devant Pierre Prévost, notaire, entre le Chapitre, le Corps de ville et les Religieux, dans le but « de nourrir l'union et la concorde qui doivent exister entre des corps aussi considérables. » En voici les termes : « Les sieurs
« du Chapitre, les mayeur et échevins ont d'abondant
« consenti que les lettres-patentes du mois de décembre
« 1636, celles du 10 novembre 1662 et la transaction faite
« entre les chevaliers de l'Ordre de Saint-Lazare du
« 10 juillet 1674, fussent exécutées selon leur forme et
« teneur, renonçant à tout droit d'administration et autres
« qu'ils pouvaient prétendre et exercer dans ledit hôpital...
« Les religieux jouiront seuls des aumônes, des legs,
« des dons faits à l'hôpital Saint-Jean-l'Evangéliste et à la
« Léproserie, et de ceux qui pourraient être faits à l'avenir
« même du legs du notaire Franchette entièrement.....
« Les Religieux s'engagent à payer aux sieurs de ville et
« du Chapitre la somme de mille livres, lorsqu'ils le
« voudront, pour acheter ou bâtir la maison pour les
« malades du sexe féminin...

« En considération de ce que dessus pour témoigner leur
« désir de rendre service à la ville, et d'exercer des actions
« de charité pour le soulagement des pauvres, les Religieux
« promettent de prendre et de recevoir en leur hôpital
« deux petits enfants orphelins, après néanmoins qu'ils
« seront pourvus de certificats des sieurs du Chapitre et
« de la ville... sans néanmoins que ces Messieurs puissent
« prétendre aucun droit d'administration dans l'hôpital,
« pour, par les Religieux, coucher, chauffer, nourrir, vêtir
« et alimenter les orphelins jusqu'à l'âge de huit ans. »

Cette bonne œuvre fut complétée en 1698 ; une dame Marie Aubert, veuve du Grenetier Antoine Havart, légua aux frères de la Charité, une somme de deux mille livres pour faire apprendre un métier à deux orphelins pauvres. Le choix des enfants devait être fait par les Religieux, conjointement avec un membre de la famille de la donatrice. Ils devaient payer aux enfants pour leur nourriture et leur entretien, cinquante sols par mois, pendant les deux années de leur apprentissage. Les orphelins garçons ou filles devaient être âgés au moins de dix ans.

L'hôpital de la Charité forme l'hospice actuel ; à la Révolution, l'hôpital du sexe féminin fut supprimé et réuni à celui de la Charité. Les Religieux furent alors obligés de se retirer, ils ne furent l'objet d'aucun mauvais procédé, et les biens des pauvres furent respectés. Les frères furent remplacés d'abord par des filles charitables et plus tard, par des sœurs de Saint-Vincent-de-Paul.

Cet établissement est tout à la fois un Hôpital et un Hospice ; on y admet des malades des deux sexes ainsi que des vieillards et des infirmes.

L'Hospice est situé au sud-est de la ville, près des boulevards, il occupe une superficie de quarante-neuf ares. Un bâtiment principal, placé entre la cour et le jardin, règne sur une étendue de quatre-vingts mètres. C'est dans ce corps de logis que se trouvent, à gauche de l'entrée principale, les salles des malades ; l'une destinée aux hommes et l'autre aux femmes. A droite, sont la salle de réunion des administrateurs, le réfectoire des sœurs et la cuisine.

Ces constructions sont d'époques différentes, mais elles sont bien appropriées à tous les besoins du service. Dans la salle aux délibérations, on remarque une table en marqueterie, des consoles Louis XV, à la forme élégante et gracieuse, une horloge de la même époque et un ameublement en vieux chêne.

La salle des femmes malades est large, grande, portant sept fenêtres, qui donnent un libre accès à l'air et à la lumière ; le plafond est élevé, le sol est recouvert d'un carrelage. Quinze lits en fer, entourés de rideaux, sont affectés aux malades.

La salle destinée aux hommes est également située au rez-de-chaussée, les conditions de chauffage et d'aération, sont parfaitement remplies. Ces salles sont tenues d'une façon admirable ; le plus grand ordre, la plus grande propreté règnent dans cet asile de la souffrance.

Au premier étage existent deux dortoirs séparés, contenant chacun neuf lits affectés aux vieillards des deux sexes. Deux autres salles servent au logement des orphelins.

Tous ces appartements parquetés et cirés sont brillants de propreté ; la vue dont on jouit des nombreuses fenêtres s'ouvrant sur la campagne, est des plus pittoresque.

Une chapelle bâtie en retour vers le milieu du corps-de-logis, offre cette particularité que toutes les salles de l'hospice, tant du rez-de-chaussée que du premier étage, s'ouvrent, au moyen de larges fenêtres, sur le chœur de la chapelle ; en sorte que les malades retenus au lit peuvent entendre le service divin.

Une bulle du pape Urbain VIII (1664), accorda une indulgence plénière « aux fidèles chrétiens de l'un et l'autre sexe, » qui visiteraient, annuellement, la chapelle le jour du décès du bienheureux Jean de Dieu (8 mars), depuis les premières vêpres, jusqu'au coucher du soleil. La chapelle est dédiée à Saint-Vincent-de-Paul, sa fête se célèbre le 19 juillet. La chapelle possède des reliques du Bienheureux qui, ce jour là, sont exposées à la vénération des fidèles.

Un aumônier fait le service religieux de l'hospice ; autrefois, les malades décédés à l'Hôpital étaient enterrés dans une partie réservée du jardin de l'établissement.

L'Hospice ne reçoit que les fiévreux et les blessés, ou les militaires malades qui passent par Roye. Quatre docteurs sont attachés à l'Hospice et se partagent le service médical et chirurgical.

Les revenus de l'Hospice sont d'environ trente mille francs ; il faut beaucoup d'ordre dans l'administration de ces revenus pour subvenir à tous les besoins, car en dehors du service des malades, la commission administrative accorde encore des secours de portions de bouillon et de viande aux indigents, aux femmes en couches, et des médicaments aux malades externes. Elle s'associe encore à toutes les bonnes œuvres du Bureau de bienfaisance.

La portion se compose, par semaine et par individu, de deux kilos cinq cents grammes de pain et d'un kilogramme de viande.

Nous avons vu que l'administration des Hôpitaux avait été confiée d'abord au Chapitre et à l'Echevinage, puis aux Religieux de la Charité seuls. Cependant le Concile de Vienne ordonnait que l'administration des Hôpitaux fut confiée « à des laïques capables et solvables, qui prêteraient serment comme tuteurs et rendraient des comptes. » Le Concile de Trente confirma cette décision, et l'ordonnance de Blois ajoutait que les administrateurs des Hôpitaux « ne seraient ni ecclésiastiques, ni nobles, ni officiers, « mais de simples bourgeois habiles et économes. » Les édits de 1664 et de 1672 prescrivaient les mêmes recommandations.

Néanmoins l'administration des hôpitaux resta telle jusqu'à la Révolution. La loi du 16 vendémiaire an V créa une commission administrative près de l'Hospice de Roye. C'est en vertu de ce décret, qu'une commission composée d'honorables citoyens de la ville eût à s'occuper de la gestion des revenus de l'Hospice.

Nous devons de vifs éloges à l'assiduité, au dévouement, à l'intégrité de ces dignes fonctionnaires, qui ne reçoivent d'autre récompense que celle d'avoir fait le bien.

HÔPITAL DES FEMMES

D'après les lettres-patentes du roi, un tiers des biens des hôpitaux supprimés devait être affecté à la création d'un établissement hospitalier, pour subvenir « aux nourriture et nécessité du sexe féminin de la ville. »

Cependant sur le total des biens, il devait être pris une somme raisonnable pour l'achat d'une maison « manable et commode. » Pour se conformer au désir du roi, le Corps-de-Ville acheta le terrain occupé aujourd'hui par la maison portant le n° 6 de la rue des Minimes.

En 1685 fut posée la première pierre du bâtiment de l'hôpital ; le mayeur Turpin assisté de ses échevins et de quatre députés du Chapitre, procédèrent à cette cérémonie le 29 mars ; du vin fut offert aux ouvriers.

Avant cette époque, on donnait l'hospitalité aux femmes dans les bâtiments qui existaient alors ; ce n'est qu'en 1690 que fut tenu un registre des entrées et des sorties.

En 1688, on bâtit une chapelle dédiée à sainte Madeleine, le doyen de la Collégiale en fit la bénédiction le 20 avril ; dès lors, on commença à y dire la messe, à y conserver le Saint-Sacrement et les saintes huiles. Un chapelain de Saint-Florent en était l'aumônier ; il recevait pour traitement six setiers de blé, mesure de Roye.

Le 23 juillet 1689, le sieur Berthe, trésorier de France, donna à la chapelle cinq chasubles de couleurs différentes, un tableau représentant sainte Madeleine, et trois cents livres pour la menuiserie de la chapelle.

Afin de compléter le mobilier, l'administration acheta chez Havart, orfèvre à Noyon, un ciboire, une boîte en argent pour les saintes huiles, une lampe, une croix et un ostensoir, le tout pour quatre-vingt-quinze livres.

Le 22 juillet de chaque année, on célébrait dans la chapelle, avec beaucoup de solennité, la fête de la sainte Madeleine.

Charles de Leurye, écuyer, seigneur du Proy à Beuvraigne, donna à la chapelle, le 6 décembre 1702, dix-neuf livres de rente foncière, à la charge d'un service annuel et d'une messe basse par mois, pour le repos de son âme.

Au mois d'octobre 1689, les administrateurs achetèrent treize toises de terrain destiné à faire un cimetière contigü à la chapelle ; car le sieur Gérard, vicaire perpétuel de la paroisse de Saint-Pierre, faisait des difficultés pour enterrer « gratuitement » les pauvres décédées à l'hôpital des femmes : le cimetière fut agrandi en 1763. Le doyen de la Collégiale assisté de deux chanoines députés du Chapitre, fit la bénédiction du cimetière le 2 mars 1690, en présence du mayeur et des échevins.

La salle des malades contenait huit lits, qui furent portés à dix en 1693 ; l'Hôpital n'admettait que des pauvres femmes de la ville et des faubourgs, malades ou blessées, pourvu toutefois que leurs maladies fussent « curables et non contagieuses. »

L'admission avait lieu sur billets délivrés par les administrateurs ; ceux-ci, au nombre de six, étaient pris en quantité égale parmi les membres du Corps-de-Ville et du Chapitre.

La commission administrative se réunissait tous les mois, dans un local spécial, pour examiner les comptes et pourvoir aux besoins du service ; dans chaque réunion les comptes étaient approuvés, ils étaient tenus par une sœur nommée à cet effet. Dans certaines circonstances, on délibérait en assemblée générale ; tous les chanoines et les officiers du Corps-de-Ville y assistaient. Chaque année, les comptes de l'Hôpital étaient soumis au contrôle de la municipalité.

Quatre filles hospitalières veillaient tour à tour sur les malades, elles ne faisaient pas de vœux. Avant d'être admise, la postulante restait un an dans la maison ; puis les administrateurs délibéraient sur son admission. Ces filles n'avaient pas de costume particulier, elles devaient être modestes en leurs habits, qui étaient de couleur brune ; elles portaient « une coëffe noire. »

Un règlement daté de 1689, imprimé à Saint-Quentin et tiré à cent exemplaires, faisait connaître les conditions d'admission et l'organisation intérieure de l'hôpital. Ces statuts ont pour titre : « Règlement pour l'Hôtel-Dieu des
« pauvres malades du sexe féminin de la ville de Roye,
« fait et statué par Messieurs les vénérables doyen, cha-
« noines et chapitre de l'Eglise royale et collégiale de
« Saint-Florent de Roye, et Messieurs les Maire et Eche-
« vins de ladite ville, conjointement administrateurs dudit
« Hôtel-Dieu, qu'ils veulent et entendent être observé
« inviolablement pour la gloire de Dieu, le bien et l'avan-
« tage dudit Hôtel-Dieu et l'édification du public. »

Ce règlement est divisé en deux parties, la première renfermant treize articles, s'occupe des malades et de leur entrée ; on ne pouvait recevoir à l'Hôpital, « ny folles, ny vieilles, ny petites filles au-dessous de six ans » ; les femmes devaient, en arrivant, se confesser ; si la maladie pressait, la fille hospitalière faisait apporter le viatique et administrer l'extrême-onction. Les entrées avaient lieu sur une ordonnance des administrateurs ;

la malade guérissait, les effets qu'elle avait apportés lui étaient rendus ; en cas de décès, ils étaient vendus au profit de l'Hôtel-Dieu.

La seconde partie du règlement concerne les filles hospitalières, leur lever, leur coucher, l'emploi de leur temps et trace leurs devoirs envers les administrateurs et envers les malades ; l'article XVIII s'exprime ainsi : « Elles auront « de la douceur et de la complaisance pour les malades, « les tiendront proprement autant que faire se pourra et « les secourreront en toutes choses avec grande charité ; « en recevant les malades, elles leur laveront les pieds et « les baiseront par humilité. »

Le 22 août 1693, l'hôpital reçut la visite de l'évêque d'Amiens, Henry Feydeau de Brou ; le prélat administra dans la chapelle la confirmation, il parcourut les salles, donna sa bénédiction aux malades et laissa, comme souvenir de son passage, quatre louis d'or de la valeur de vingt-six livres.

L'année suivante, le jour de la fête de Ste Madeleine, le Saint-Sacrement fut exposé dans la chapelle ; une indulgence plénière accordée par le pape Innocent XII, était attachée à cette exposition.

De Louen, grand-chantre et chanoine de la cathédrale de Boulogne-sur-Mer, fit un legs de cent cinquante livres de rente pour l'entretien d'un lit dans l'Hôtel-Dieu.

Des bâtiments furent successivement construits pour agrandir l'établissement ; la façade principale portait une inscription gravée sur une pierre : HÔPITAL DES FEMMES. Cent sols furent payés pour ce travail au sieur de Billion, maître sculpteur à Senlis.

Le 17 fructidor an VI (3 septembre 1798), un arrêté du Directoire supprima l'Hôpital des femmes, et le réunit à celui des hommes. Les bâtiments furent vendus à des particuliers et convertis en maisons bourgeoises. C'est dans une de ces habitations (n° 6), que descendit Louis XVIII, pendant son séjour à Roye.

HOPITAL MILITAIRE

Les guerres de la République amenaient dans les hôpitaux d'Amiens, un encombrement de malades. L'administration supérieure choisit Roye, ville d'étape, pour y faire traiter les soldats blessés.

L'ancien couvent des Annonciades fermé à la Révolution, fut transformé en hôpital militaire, et en l'an 111, on y envoya des blessés et des fiévreux.

L'hôpital était composé de cinq salles, dont quatre situées au rez-de-chaussée, et une autre, au premier étage, le long du rempart du nord. Cette dernière contenait soixante-dix lits et les autres un peu moins, en sorte que l'hôpital pouvait recevoir près de cent cinquante militaires.

Le grand nombre de malades accumulés dans un espace trop étroit, détermina le *typhus* ; on fut dès lors obligé de faire évacuer l'hôpital.

Le docteur Midy auquel le service était confié, parle dans sa Topographie médicale de Roye, des maladies régnantes, et du traitement qu'il fit suivre pour les combattre. Il avait été nommé médecin de l'hôpital militaire, par le premier médecin de l'armée de l'Intérieur, alors au camp sous Péronne.

Le docteur Midy cite encore une épidémie de fièvre putride qui, en 1787, sévit sur la ville et sur l'Hospice ; quatre dames hospitalières la contractèrent en donnant leurs soins aux malades. Grâce au savant docteur, elles furent toutes guéries.

BUREAU DE CHARITÉ. — BUREAU DE BIENFAISANCE

Nous avons vu en 1740, s'établir un Bureau de charité pour venir en aide aux indigents ; les ressources de cette institution consistaient en blé et en argent, fournis par des cotisations particulières.

Déjà cependant Madame Gaudefroy avait depuis longtemps pris l'initiative de secourir les pauvres. Cette dame charitable était autorisée à faire des quêtes dans les paroisses et distribuait elle-même avec beaucoup de zèle et de dévouement, le produit des aumônes. Mme Gaudefroy née Jeanne Catherine Billecocq, était fille de Jean Billecocq, avocat au bailliage, et de Catherine Houbrel, elle naquit a Roye, le 28 février 1676, et mourut le 2 août 1745 ; elle fut inhumée dans l'église de Saint-Pierre, derrière la chaire, vis-à-vis de la verrière représentant l'arbre de Jessé. Elle avait épousé le 24 avril 1717, en l'église des Minimes, Charles Gaudefroy conseiller du roi et lieutenant criminel au Bailliage dont elle n'eût pas d'enfant. Jeanne laissa par testament, quarante livres de rente pour être employées au soulagement des pauvres. Les œuvres de piété et de bienfaisance étaient traditionnelles dans la famille Billecocq.

Le Bureau de charité, organisé en vertu de l'Edit royal du mois de décembre 1740, publié en l'audience du bailliage, était composé de douze membres ; six ecclésiastiques et six laïques, qui prenaient le titre de commissaires. Des députés du Bailliage, du Corps de ville, du Chapitre et les curés des paroisses en faisaient partie.

Le Bureau étant constitué, on rechercha le nombre des indigents à secourir, il s'élevait, d'après le rapport des curés des quatre paroisses, à cinq cent quatre-vingt-trois,

« outre les pauvres honteux qui n'avaient pas voulu se faire inscrire. » On évalua à dix-neuf cents livres, par semaine, la quantité de pain nécessaire pour nourrir les pauvres ; ce qui devait occasionner, pendant les six mois que duraient les secours, une dépense de quarante-six mille huit cents livres. Le Bureau se réunit le lundi 23 janvier 1741 ; après la vérification des pouvoirs du doyen Duchatel, des chanoines Delobel et Butin de la Fosse députés du Chapitre, des sieurs Cabaille, Billecocq et Gaudefroy, députés par le Bailliage, de Mercyer, curé de Saint-Pierre, de Despriez, curé de Saint-Georges, de François de la Rive, curé de Saint-Gilles, du maire Hannique et du premier échevin Hérissier, députés par le Corps de ville, les commissaires s'occupèrent des affaires, et prirent diverses résolutions concernant le jour et l'heure des réunions. Ils décidèrent qu'ils se réuniraient tous les quinze jours, à trois heures de relevée ; plus tard, les assemblées eurent lieu deux fois par semaine.

Ils décidèrent encore qu'il serait nommé un receveur général et quatre receveurs particuliers, chargés de recueillir les offrandes. Deux commissaires étaient délégués pour assister à la distribution du pain aux pauvres ; la fourniture du pain était faite par adjudication renouvelée tous les mois.

Quant aux « pauvres honteux, » depuis longtemps des libéralités particulières avaient pourvu à leurs besoins ; en 1700, Florent Dreux, chanoine, donna par testament, « aux pauvres honteux et vieilles personnes de la ville, » cent cinquante livres de rente pour être distribuées par les soins du Chapitre.

En 1732, Jean-Baptiste Delaporte, aussi chanoine, légua mille livres pour le revenu être affecté « aux pauvres honteux. »

Deux années plus tard, Philippe Prévost, chanoine, fit un legs de la même importance, « pour les pauvres honteux et non mendiants. »

Mlle Madeleine Le Blanc de la Fons, fille majeure, demeurant à Roye, testa dans le même sens, au mois d'octobre 1738.

Pierre Guillebert, chanoine, par testament du 10 juin 1741 donna « aux pauvres honteux et aux personnes âgées qui auront toujours bien travaillé et vécu en honnêtes gens », cent cinquante livres de rente, au capital de trois mille livres, à prendre sur M. Aubert des Avesnes, capitaine au régiment de Bourbonnais. Ce chanoine laissa, en outre, à la fabrique de la Collégiale, tous ses livres, estampes, cartes géographiques, microscopes, lunettes d'approche, compas, boussoles, sphères, baromètres et thermomètres, pour être vendus à la diligence du Chapitre, et l'argent en provenant être employé pour faire une grosse horloge à l'église, « si mieux n'aiment, messieurs du Chapitre, employer cet « argent au profit des pauvres honteux de la ville. »

C'est ainsi que la charité privée savait rechercher les misères cachées et les soulager.

En 1768, le Bureau de charité fut organisé sur de nouvelles bases ; les membres composant le Bureau étaient : le doyen du Chapitre, les curés des quatre paroisses et quelques notables bourgeois ; il était présidé par le procureur du roi au bailliage.

Le Bureau de charité cessa de fonctionner pendant quelques années ; en 1773, il n'existait plus ; les indigents mendiaient aux portes. Mais en 1776, l'hiver ayant été très rigoureux, un nouveau bureau de charité fut organisé dans les formes de l'ancien.

Plusieurs membres furent désignés pour faire des quêtes dans les différents quartiers de la ville ; les sommes recueillies furent versées dans les mains d'un receveur, un autre commissaire était chargé de distribuer les secours aux indigents, d'après une liste arrêtée par les membres du Bureau. Les secours étaient plus ou moins importants suivant « les temps ordinaires, froids ou très froids. »

Le Bureau de charité se réunissait toutes les semaines ; dans l'intervalle des réunions, le doyen de la Collégiale pour les trois faubourgs, et le curé de Saint-Pierre pour l'étendue de sa paroisse, donnaient des secours à ceux qui se trouvaient dans un besoin urgent. Les secours consistaient en blé, « en soupes économiques », et le plus souvent en argent.

Le Bureau de charité fonctionna jusqu'au 30 novembre 1792 ; le dernier compte-rendu des revenus des pauvres, accuse une recette de trois mille sept cent soixante-dix livres, et une dépense de mille six cent quarante-huit livres. A cette époque, les sources de la bienfaisance furent taries, et le Bureau cessa ses distributions régulières.

Le VIII frimaire an X (29 novembre 1801), sur la demande du maire Du Mesnil, un Bureau de bienfaisance fut établi à Roye par M. Lendormy, sous-préfet de Montdidier ; cinq membres furent nommés et installés le 13 du mois suivant.

Les revenus du Bureau de bienfaisance étaient alors de sept cent cinquante-un francs ; bientôt ils augmentèrent par suite des libéralités de MM. de Barnéoult et de Rune ; en 1807, ils s'élevaient à douze cent dix-neuf francs, en rentes constituées.

Le Bureau se créa d'autres ressources au moyen de troncs placés dans l'église de Saint-Pierre, et autorisés par Mgr de Villaret, évêque d'Amiens ; au moyen encore de quêtes faites dans les églises : la première eut lieu le jour de Noël 1810.

Ces ressources sont encore les mêmes aujourd'hui, elles sont augmentées du produit des quêtes faites à domicile.

Le 14 juillet 1838, les membres du Bureau de bienfaisance s'adressèrent à la charité publique pour rétablir les distributions de secours aux indigents, interrompues depuis quelques années. En 1831, le Bureau avait reçu plus de six mille francs, et cinq mille en 1832.

De nouveau interrompu dans son œuvre de charité, le Bureau fit en 1849, un appel à la bienfaisance des habitants pour arriver à l'extinction de la mendicité, au moyen d'une souscription annuelle. Le Bureau demandait quatre mille francs pour parvenir au but désiré ; l'attente des membres ne fut pas trompée, ils recueillirent cinq mille quatre cent trente francs, dont ils rendirent compte dans une circulaire du 10 janvier 1850.

Mais si les revenus du Bureau de bienfaisance se sont accrus, le nombre des besoins à secourir s'est aussi élevé dans de grandes proportions.

La population de Roye était, en 1807, de trois mille deux cent soixante-quinze habitants ; en 1862, elle était de trois mille sept cent quatre-vingt-dix-sept, ce qui donne une augmentation de cinq cent vingt-deux habitants.

Le Bureau de bienfaisance, en 1807, dépensa huit cent quatre-vingt-dix-neuf francs pour les pauvres ; en 1862, il secourut cinq cents individus et distribua en pain, viande, chauffage, pour quatre mille cinq cent cinquante-un francs.

L'industrie du sucre a amené, en effet, dans la ville un assez grand nombre de familles ouvrières, qui forment l'appoint principal dans l'accroissement de sa population et comme elles n'ont d'autres ressourses que leur travail, les fluctuations de l'offre et de la demande les font tomber dans le besoin.

CHAPITRE XI

ÉTABLISSEMENTS MONASTIQUES

Il existait à Roye, avant la Révolution, quatre couvents, deux d'hommes : les Cordeliers et les Minimes, deux de femmes : les Annonciades et les Filles de la Croix.

LES CORDELIERS

Les Cordeliers furent établis à Roye, vers 1222, c'était une des premières maisons de l'ordre de Saint-François d'Assise, fondée de son vivant même.

Un des compagnons de Saint-François fut enterré au couvent des Cordeliers de Roye, *extra ecclesiam, coram ipsa janua*, son nom est resté inconnu. « Wading qui « écrivait en 1647, dit que de son temps, l'inscription de cet « antique tombeau était devenue illisible. » (*Hagiographie du diocèse d'Amiens* par M. le chanoine J. Corblet.)

C'est Raoul le Purthur, maire de la ville, qui fonda le couvent, et qui donna aux religieux les terrains sur lesquels s'éleva le monastère, comme le prouve le cartulaire du couvent : « *Radulphus Pnrthur, hujus civitatis primus, « recepit fratres nostros missos à sancto patre nostro « Francisco, fundavit hunc conventuum.* » Raoul donna encore à l'église du couvent, une grande partie des reliques de Saint-Fiacre, patron des jardiniers.

Les religieux furent reçus en communauté sous Arnould, évêque d'Amiens ; le couvent dépendait de la custodie du Vermandois.

COUVENT DES CORDELIERS

Les Franciscains appelés Cordeliers, à cause de la corde qui leur servait de ceinture, vivaient d'aumônes ; ils allaient par la ville et par les villages, et se livraient à la culture. Ils portaient des sandales, avaient une robe de drap brun serrée autour des reins par une corde en crin. Ils étaient d'abord au nombre de douze religieux ; lors de la fermeture du couvent, ils n'étaient plus que quatre.

En 1303, les Cordeliers de Roye donnèrent leur adhésion au roi Philippe-le-Bel, à propos de ses démêlés avec le pape Boniface VIII. A cet acte était appendu un sceau ogival, représentant la vierge assise avec l'enfant Jésus sur un siège qui portait deux chandeliers, puis cette légende : 𝔖𝔦𝔤𝔦𝔩𝔩𝔲𝔪 : 𝔉𝔯𝔞𝔱𝔯𝔲𝔪 : 𝔐𝔦𝔫𝔬𝔯 : 𝔡𝔢 𝔕𝔬𝔦𝔞.

Le couvent des Cordeliers fut témoin de graves désordres, lors de la réforme des Frères mineurs, ainsi que le constatent des lettres du roi Louis XII du 26 novembre 1505.

Le frère Waudin avait été placé comme gardien des religieux réformés, mais la conduite de ce supérieur fut telle, que les frères ne pouvaient faire leur salut, ni vivre en état d'observance. Le ministre des frères mineurs instruit de cette situation, envoya de bons frères réformés et ordonna à Waudin de les recevoir « pour subvenir au soutenement de la dite réformation ; » au lieu de les agréer le gardien s'associant à des religieux vivants en irrégularité, et à des gens séculiers « par iceulx fit bastre et mutiler les réformez. » Averti de ce fait, le grand ministre déclara Pierre Waudin excommunié, le priva de sa charge comme rebelle et désobéissant ; puis, commit à sa place un autre gardien. Ce nouveau chef se transporta au couvent de Roye, fit part de sa mission à Waudin et à ses adhérents ; mais ceux-ci le chassèrent et menacèrent de le tuer, lui et ses réformés. Plainte ayant été portée, le prévôt de

Roye fut chargé d'installer dans le couvent les religieux réformés, « où ils se sont tenus vivants d'aulmones, en « observance régulière, faisant le service divin jour et nuit. » Mais Waudin et ses affidés qui se tenaient en armes « en l'ostel du sieur de Bosquiaulx à Roye, » interceptèrent les ressources qui arrivaient à ces bons religieux, en sorte qu'ils devinrent, « en voye de mort, par poureté et nécessité. » Le procureur de la prévôté eût ordre de faire cesser cet état de choses, et de sévir contre les auteurs de ces désordres. Waudin et ses complices trompant la vigilance de la police, s'introduisent la nuit dans le couvent, armés de bâtons et d'épées, ils pénètrent dans les dortoirs, où les moines prenaient leur repos ; « les « battent, les navrent et oultragent à effusion de sang et à « un des navrés fut la joue percée d'une picque. » Puis ils les expulsent du couvent et leur prennent violemment ce qu'ils possèdent. Les réformés errent par les champs « dépourvus et en voye de désordre, au grand scandale de « la religion de Saint-François, au detriment du salut des « âmes d'église, bourgeois, manans et habitans de la ville « et prévôté de Roye. » Enfin le roi ayant ordonné par ses lettres de *committimus*, que les religieux fussent réintégrés dans leur couvent, les Cordeliers vécurent paisiblement dans leur retraite. (*Pièce justificative*).

Des fondations pour des obits, des libéralités provenant surtout de René de Carvoisin et de Maximilien de Belleforière, augmentèrent un peu les ressources des Cordeliers.

En 1590, Claude Le Mannier et Marie Langlet sa femme fondèrent dans l'église des Cordeliers, la fête des Onze mille vierges, avec premières et secondes vêpres ; pour cet office, ils léguèrent deux écus, huit deniers de surcens.

André Fournet, curé de Léchelle-Saint-Taurin, entra comme religieux au couvent des Cordeliers ; il donna six livres tournois, par an et perpétuellement, à prendre sur tous ses biens et principalement sur un journal et demi de terre labourable située à Saint-Mard, à la charge de deux obits solennels, qui devaient se dire l'un pour le repos de l'âme de la femme d'Antoine Leduc, maître arpenteur à Roye, sa tante, et l'autre pour lui-même, après sa mort.

Cet acte de donation fut passé en présence des religieux « Pierre-Charles Meurisse, » frère gardien du couvent, Jacques Bégard, Pascal Gentil et Sansade, le 22 février 1626. Après la mort de Fournet, ses héritiers s'engagèrent à payer annuellement les six livres de rente, le jour de la Saint-Remy, par un contrat passé devant le notaire Prévost de Roye.

Le 12 mars 1644, Antoinette de Lespéaux fonda dans la même église, la fête de Saint-Antoine, qui devait se célébrer le 13 juin avec messe haute solennelle, et carillon la veille à midi ; elle donna quatre livres de rente pour cette fondation.

Le prêtre Ployette, chapelain de Saint-Florent, et maître des enfants de chœur de la Collégiale, légua aux Cordeliers un pré dit : *de Baconval*, contenant cinq quartiers, et tenant au jardin du couvent, à la charge de faire, annuellement, le premier dimanche des mois de mai et d'octobre, la procession autour du cloître, en chantant les litanies du Saint-Rosaire, le *Salve regina* ; et en rentrant dans l'église, le *Domine non secundum* et le *Miserere mei deus inter apostolicos*.

Les Cordeliers avaient une église dont la porte principale regardait l'occident, son architecture n'avait rien de remarquable, elle présentait tous les caractères du style ogival primaire. Les fenêtres étaient formées d'un meneau et ornées à la partie supérieure de petites rosaces ; des vitraux de couleurs décoraient la plupart des croisées, ils représentaient différents sujets de l'Ecriture sainte, avec les armoiries des donateurs et celles de la ville de Roye. L'église, à l'intérieur, était aussi simple dans ses ornements que dans son architecture ; en cela, le fondateur avait obéi aux vœux de Saint-François-d'Assise qui, « par humilité, voulait que les églises de son ordre, fussent basses, petites et dénuées d'ornements. »

En 1787, de profondes lézardes sillonnaient le chœur de l'église, le cul-de-lampe de la voûte menaçait ruine ; on fut obligé de le démolir. On éleva alors un pignon qui raccourcit l'église de plus de quatre mètres sur la longueur. La première pierre de cette construction fut posée le 7 avril 1788, par Mlle d'Aguesseau de Roye.

A cette époque, on leva les pierres tombales qui se trouvaient dans le chœur de l'église ; Raoul le Purthur avait sous le lutrin sa tombe en pierre noire, portant la date de sa mort (1250) ; on ne trouva plus d'ossements.

Près de la sacristie, à côté du grand autel, était la sépulture du révérend Père Anselme de Barastre, coûtre du Chapitre de Saint-Quentin, mort en 1230. On put lire cette inscription : HIC JACET FRATER ANSELMUS DE BARASTRES CUSTOS SANCTI QUINTINI, QUI OBIIT ANNO DOMINI MCCXXX, IN CRASTINO CIRCONCISIONIS DOMINI.

On découvrit aussi le tombeau du père Soyer, docteur en Sorbonne, natif de Roye, prédicateur de la reine, gardien des Cordeliers de la ville, puis de ceux de Paris, qui mourut au couvent de Meaux, le 6 juillet 1662 et qui fut transféré à Roye. Sa pierre tumulaire forme aujourd'hui une marche à l'entrée d'une porte latérale de la chapelle des dames de Louvencourt.

Dans le chœur, s'élevait le mausolée en marbre blanc de Jacques de Belloy, chevalier, seigneur d'Amy, gentilhomme de la chambre du roi, mestre de camp d'infanterie, capitaine de cent chevau-légers, gouverneur de Roye en 1608, mort le 9 décembre 1626. Il était représenté à genoux; sur le piédestal de son monument, on voyait ses armes *d'argent à quatre bandes de gueules*. Ce seigneur était très charitable et très estimé; il mourut à son château d'Amy. On rapporte qu'aussitôt ses restes mortels déposés sur le char qui devait les conduire à Roye pour les joindre à la sépulture de sa famille, les chevaux prirent d'eux-mêmes le chemin de la ville, et menèrent le corps jusqu'aux portes de l'église. Depuis ce temps, existe le chemin vert de Verpillières à Roye; c'est celui suivi par les chevaux. La tradition prétend que son corps était entier en 1760; Dom Grenier affirme, qu'en 1772, les muscles étaient encore intacts.

Parmi les pierres tombales existait celle gravée à la mémoire de Martin Meurisse, qui ayant d'abord servi la messe au couvent, en était devenu religieux profès, et qui fut évêque de Madaure.

Dans la nef de l'église des Cordeliers, il y avait aussi des sépultures; sous une tombe en pierre de Senlis, était inhumé Antoine Belette, curé de Carrépuits, mort le 22 juillet 1623.

On voyait encore une épitaphe sur cuivre rouge, elle était ainsi conçue :

« Cy gist le corps de noble home Nicolas Aubery en son
« vivant, escuyer, seigneur de Granges, Villiers-aux-Bois,
« lieutenant d'hommes d'armes de pied français, lequel
« trespassa le 19 Juin 1556; il fut grièvement blessé à la
« bataille de Cérisole en Piémont, gagnée par François
« de Bourbon d'Enghien. »

« Jean Aubery son fils aîné, écuyer, seigneur de Troussoy,
« Me Christophe Chevier, écuyer, seigneur de Colignon, son
« gendre, ont fait ériger ce monument, par vénération pour
« un si bon père. EXAUDI DEUS ORATIONEM MEAM »

Au bas était un écusson chargé *d'or à cinq fasces de gueules*.

Cette inscription fut relevée le 20 septembre 1740, sur la requête de Jean Duplessier, officier d'infanterie.

Près de la chaire à prêcher, était une épitaphe en marbre noir ; c'était la sépulture d'Antoine Havart et de Marie Aubert. Havart de Popincourt fut conseiller du roi, président au Grenier à sel et ancien maire de Roye, il mourut le 12 septembre 1694 ; ses armes : *de sinople, au chevron d'or, chargé de trois étoiles d'argent, posées 2 et 1*, décoraient la muraille, elles étaient surmontées d'une couronne de comte. Son fils était allié à la maison de Monchy, par son mariage avec Charlotte de Monchy, dame du Petit-Ourscamp. Ce fief situé au terroir d'Avricourt, consistait en terres, avec toute justice. Il avait été vendu à Claude Devillers, seigneur de Roiglise, sous Charles de Bourbon, abbé commendataire d'Ourscamp, pour payer trois mille livres que l'abbaye devait au roi. (1570.)

Guy de Roye, dans son livre intitulé : *Doctrinal de la Sapience*, raconte d'une femme qui allait souvent au couvent, l'anecdote suivante : « Le prêtre de l'église avait très
« mauvaise voix et toutes les fois qu'il chantait, cette
« femme pleurait. Le religieux ne se pût plus tenir et alla
« lui demander pourquoi elle pleurait quand il chan-
« tait ? « Hélas ! sire, dit-elle, je dois pleurer, car j'avais
« un âne qui me faisoit moult de bien, que j'ay perdu, et
« il me semble quand je vous oy chanter, que ce soit

« luy. » Le père qui croyait avoir louange, s'en alla tout
« confus et moqué. »

Au mois de février 1790, le frère gardien Pierre Mille fit la déclaration des biens meubles et immeubles du couvent, entre les mains des officiers municipaux. Cette déclaration fut certifiée sincère et véritable par le citoyen Babeuf. Il résulte de cet acte, que les Cordeliers avaient de rentes en blé, huit sacs, et cinq cent cinquante-quatre livres en argent ; mais leurs charges étaient grandes, ils étaient obligés de dire quatre cents messes par an, quarante-deux obits et de célébrer six grands services solennels. Ils devaient, en outre, sept livres de censives, tant au chapitre de Saint-Florent qu'aux Frères de la Charité. Cette déclaration varie peu de celle faite par les religieux à l'Evêché d'Amiens, le 24 avril 1730 ; d'après cette dernière, il ne leur restait net que cent vingt-deux livres de revenus.

Le jardin, la cour et le clos du couvent comprenaient quatre journaux et demi de terrain, sur lequel étaient construits l'église, la maison conventuelle et les autres bâtiments.

D'après l'inventaire fait à la Révolution, l'église était entourée de boiseries à l'intérieur ; elle possédait un calice, un ciboire, une boîte pour les saintes huiles, le tout en argent ; puis un soleil de cuivre doré, un encensoir, une navette en cuivre argenté, six chandeliers de cuivre et un plat de même métal. Le linge de l'église, les ornements, chasubles, étoles étaient « très médiocres ». Il y avait dix livres de plain-chant en beau parchemin, un missel et cent cinquante volumes dans la bibliothèque. Les effets mobiliers des religieux étaient en mauvais état ; il y avait une pendule dans le dortoir.

Le 26 avril suivant, en exécution des décrets de l'Assemblée nationale, le maire Billecocq accompagné du notaire Jobart, de Nicolas Desneux, officiers municipaux, et de Billecocq-Dumirail, procureur-syndic, se transportèrent au couvent des Cordeliers, afin de constater l'état des meubles et immeubles, le nombre des religieux, et de recevoir leurs déclarations sur leurs intentions de rester ou de quitter leur ordre.

Les officiers constatèrent l'exactitude de l'inventaire fait par le père Gardien, apposèrent les scellés sur les portes, en laissant aux religieux ce qui pouvait leur être nécessaire.

Le 15 décembre 1790, à deux heures de relevée, les officiers municipaux se transportèrent de nouveau au couvent pour procéder à la fermeture de l'église. A cet effet, ils firent comparaître devant eux les religieux : P. Pierre Mille, gardien, P. Xavier Huleux et les frères Jean-Baptiste Durieux et François Dupuis ; ils procédèrent au recollement, à la vérification des scellés et firent transporter dans une chambre tout ce qui n'était pas à l'usage personnel des religieux, comme le mobilier de l'église, les ornements, les vases sacrés destinés au culte, les titres et les papiers concernant le couvent. Puis ils apposèrent sur la porte les scellés, aux armes de la municipalité. Ils procédèrent à la même opération sur les portes de la chapelle et constituèrent pour gardiens des scellés, les Cordeliers qui signèrent le procès-verbal.

Plus tard, le couvent fut vendu et démoli ; son emplacement est cultivé en jardinage, il n'en reste plus que les murs de clôture.

LES MINIMES

Les Minimes ne furent établis dans la ville qu'en 1633 ; ce fut Maximilien de Belleforière de Soyecourt le fondateur de cette maison, il donna un terrain d'environ cinquante ares sur lequel le couvent fut élevé.

Maximilien de Belleforière se disait comte de Roye, par suite de l'acquisition qu'il avait faite du fief de Roye. Maximilien habitait le château de Tilloloy, il était si charitable, qu'on le surnommait « le père des pauvres et le consolateur des malheureux. » Il était aussi très pieux. Comme comte de Roye, le seigneur de Tilloloy avait la nomination de six chanoines au chapitre de la collégiale de Saint-Florent.

Après les événements dont nous avons parlé, le comte de Roye se retira dans l'église du couvent des Jacobins de Paris, où il mourut en 1649 ; il fut enterré dans une chapelle qu'il avait fondée. Son cœur fut transféré à Tilloloy, on le trouva en 1862 dans un caveau de l'église ; il était enfermé dans une enveloppe de plomb cordiforme sur laquelle on lisait : « *C'est icy le cœur de Messire* « *Maximilien de Belleforière, qui est décédé le 22 mars* « *1649.* »

C'est le 19 janvier 1633 que le seigneur de Tilloloy fit l'abandon d'un terrain au supérieur de l'ordre des Minimes, à la condition d'y bâtir une maison, une église et d'y faire planter une croix ; à la condition encore que le marquis serait seul considéré comme fondateur, que ses armes : *d'argent fretté de gueules*, seraient mises tant aux clefs des voûtes, aux deux principales vitres du chœur ainsi qu'au-dessus de la porte principale, « et à tous les « autres lieux éminents de l'église et du couvent, sans

« que les Religieux puissent en faire mettre ou souffrir « qu'il en soit mis d'autres. » Là ne s'arrêtaient pas les conditions imposées aux Minimes ; ils étaient tenus de faire prédication en l'église de Tilloloy, annuellement, les jours et fêtes de Notre-Dame, celle de septembre exceptée, les jours de Pâques, de Pentecôte, de Toussaint, de Noël, les quatre premiers dimanches de Carême, les quatre dimanches de l'Avent, puis tous les dimanches pendant le séjour du comte et de la comtesse à Tilloloy. Ils devaient aussi faire le catéchisme, et une prédication, à perpétuité, le jour de la fête du Saint-Sacrement.

A chaque sermon, ils devaient recommander aux prières des fidèles le fondateur et sa femme, dire des messes pour eux et pour le maître-d'hôtel du seigneur ; puis, mais à la volonté des religieux, aller, chaque année, prêcher et catéchiser dans les villages de Beuvraignes, Conchy, Guerbigny et Crapeaumesnil, dépendant de la seigneurie.

Des lettres-patentes du roi données à Saint-Germain-en-Laye, enregistrées au Parlement le 30 avril 1633, autorisèrent l'établissement du couvent des Minimes dans la ville de Roye. Louis XIII leur donna tous les privilèges de fondation royale. (*Pièce justificative*).

Une délibération du Chapitre de Saint-Florent avait aussi permis aux Minimes de s'établir, à la condition d'assister aux processions générales, de ne pas prêcher chez eux avant les vêpres, de prêcher dans les églises de Saint-Florent et de Saint-Pierre, les jours de Saint-Florent, de la Dédicace, de la Toussaint, des Trépassés, de la Pentecôte, de l'Ascencion, de l'Epiphanie et de la Septuagésime ; enfin de ne point quêter dans la ville. Cette dernière condition fut modifiée dans la suite ; ils obtinrent du lieutenant au gouvernement de Roye et de l'intendant de Picardie Le Maistre de Bellejamme, l'autorisation de faire, une fois par an, une quête en blé dans la ville et dans les environs. (1642)

Maximilien de Belleforière donna aux religieux qui devaient être au nombre de dix, une somme de sept mille livres, y compris le terrain qu'il avait acheté trois mille quatre cents livres ; plus mille livres pour la construction d'une table d'autel : il leur constitua, en outre, une rente annuelle de neuf cent quinze livres quinze sols.

Par suite de pertes de rentes sur l'Hôtel-de-Ville de Paris éprouvées en 1687 et en 1714, le nombre des moines fut réduit à cinq ; lors de la fermeture du couvent, à la Révolution, il n'y avait plus que trois Minimes.

Dès le mois de juillet 1633, on construisit la maison et les bâtiments du couvent ; avant leur achèvement, il y avait déjà quatre religieux nourris par le seigneur de Tilloloy. Ringard Antoine fut le premier correcteur des Minimes de Roye.

Le 23 janvier 1635, les moines assistèrent dans ses derniers moments un soldat du régiment du marquis de Brézé, en garnison à Roye, qui avait été condamné à être pendu ; ce qui fut exécuté. Mais il paraît que ce soldat nommé Hélion fut miraculeusement sauvé de la mort, par l'intercession de la Sainte-Vierge et par le mérite des prières de Sainte-Anne à laquelle il s'était particulièrement recommandé. On avait vu les cordes se rompre sans l'intervention d'aucune force humaine. Ce miracle ayant été attesté par le prévôt du régiment, par les religieux et par les chirurgiens de la ville, le 16 février suivant le roi envoya des lettres de grâce.

Une sentence de l'Evêché d'Amiens du 20 novembre, déclara faux le miracle opéré en faveur de ce soldat ; il n'eût pas moins la vie sauve.

L'église du couvent ne fut achevée qu'en 1652 ; un état de marché avait été passé entre les religieux et Aubry, architecte à Tilloloy, pour la charpente du comble et pour la couverture en ardoises, moyennant trois mille livres. Le doyen rural de Rouvroy, par commission du prélat d'Amiens, bénit la première pierre. (1634) L'église fut dédiée à l'Assomption de la Sainte-Vierge.

La croix fut placée solennellement et afin d'ajouter à l'éclat de la cérémonie, le Chapitre de la Collégiale ordonna une procession générale qui eût lieu, avec un concours considérable d'assistants, le 19 juin, jour des bienheureux martyrs Saint-Gervais et Saint-Protais.

Le gouverneur Charles de Monchy, marquis d'Hocquincourt, contribua beaucoup à l'érection de la chapelle « par toutes sortes de faveurs possibles. »

De bonnes âmes vinrent en aide aux religieux ; Jacqueline Minguet, veuve d'Antoine Vasset, prévôt royal, constitua une rente de soixante sols pour l'achèvement de l'église ; en 1636, Charlotte Couilliart, femme de Pierre Hannique, avait fondé dans la chapelle l'office de Saint-Joseph. Avant même que l'église fut achevée, en 1637, Jean Berthe, chanoine de Saint-Florent, avait choisi sa sépulture dans la chapelle des Minimes ; il leur donna quatre-vingt-sept livres de rente pour un obit solennel et quatre messes basses ; les religieux devaient aussi, tous les dimanches, aller faire le catéchisme dans l'église de Saint-Georges. Antoinette Berthe en 1647, voulut être enterrée auprès de son frère.

L'église des Minimes était petite, on y voyait quelques vitraux de couleur avec les armoiries des donateurs ; car les conditions imposées par le fondateur du couvent, furent modifiées, au mois d'octobre 1657, ainsi que le prouve l'autographe ci-contre.

Nous Maximilian Antoine de Belleforiere Chevalier Marquis de Soyecourt, Guerbigny, Comte de Tilloloy, de La neufuille le Roy, & d'Jvron, Vicomte de Tupigny, Seigneur de Roye, & de Grandes tournelles de Mondidier & Conseillier du Roy en ses Conseilz d'Estat & privé, Grand Maistre de La Garderobe du Roy, Auons permis & par ces presentes permetons aux Religieux Minimes de nostre Conuent de Roye, de Receuoir La Donation des Vitres qui Leur seront offertes pour Leur Eglise par les personnes qui en auront La Deuotion. Et quoyque par Le Contract de fondation qui a esté faict a leur aduantage par feu Messire Maximilian de Belleforiere monpere, il leur soit deffendu de faire mettre, ny souffrir estre mises Les armes d'aucunes personnes en aucuns Lieux Eminents de La dicte Eglise; Nous pourtant Considerants La gloire de Dieu, & pour faciliter l'acheuement de La dite Eglise, auons Librement consenti, Et par ces presentes consentons que toutes les personnes qui Leur voudront donner des Vitres, y puissent mettre, ou faire mettre Leurs armes; Comme aussy en tous Les Autres Lieux qu'ils auroient La deuotion de faire bastir pour l'acheuement de la dite Eglise du Conuent. En foy de quoy nous auons signé ce Sezeiesme iour d'octobre 1657. en nostre Chasteau de Tilloloy;

A La reserue de la vite de dessus le portail de la dite Eglise

M. A. de Belleforiere Soyecourt

Au-dessus du maître-autel, il y avait deux châsses renfermant des reliques : dans l'une recouverte d'or était un bonnet de Saint-François, orné de quelques pierres précieuses ; dans l'autre se trouvait un petit portrait du saint, en agate, incrusté dans une croix de vermeil. Sa fête se célébrait le 10 mai. La première relique avait été donnée aux Minimes de Roye par leurs frères d'Amiens. L'acte de donation sur parchemin est du mois d'octobre 1640, il porte la signature d'Antoine de Fourmanoir, correcteur du couvent et celles des autres religieux ; il est de plus revêtu du sceau du couvent d'Amiens. Ce scel est de forme ogivale, en cire rouge et porte en légende : Sigillum conventus minimorum ambianensis.

Les Minimes de Roye reconnurent cette donation par un acte authentique : « Nous soussignez correcteur et
« religieux conventuels du couvent des pères Minimes de
« cette ville de Roye, certifions à tous qu'il appartiendra
« que le reliquaire du bonnet de notre bienheureux père
« Saint-François-de-Paul, nous a esté donné par nos pères
« de notre couvent de la ville d'Amiens, comme il appert
« par l'attestation qu'ils nous en ont faite, et enrichy par la
« libérale piété et dévotion de Mlle de Lessaulx notre sœur
« du tiers-ordre, veuve de feu maître Gabriel Brunel,
« vivant contrôleur en cette ville, et de tout ce que dessus
« faisant foy, nous avons signé les présentes et apposé à
« icelles le grand sceau du couvent, ce mois d'octobre
« 1640. »   Antoine de La Vacquerie, *correcteur*.

Le sceau attaché à cet acte est ovale, il représente la Sainte-Vierge avec l'enfant Jésus et ces mots : *Minimorum*. Autour on lit : Sigillum conventus roiensis.

Antoine de La Vacquerie qui signe ici, est l'auteur de la vie de Saint-Florent, ouvrage publié en 1638 ; il n'était pas au couvent de Roye, lorsqu'il fit la dédicace de son livre aux

Chanoines de la Collégiale et à Messieurs de la ville, mais au couvent des Pères Minimes de la place Royale, à Paris.

Il ne faut pas confondre ce religieux minime avec un autre Antoine de Lavacquerie, que Dom Grenier pense être natif de Laucourt près de Roye ; ce dernier fut chanoine de la cathédrale de Noyon et docteur en Sorbonne. Il fut contemporain d'Antoine de Monchy dit : Démocharès, natif de Ressons du bailliage de Roye, qui fut chanoine pénitencier du Chapitre de Noyon, puis docteur en Sorbonne et grand Inquisiteur de France contre les Calviniste. Jacques Le Vasseur fait d'Antoine de La Vacquerie, le plus grand éloge, il le nomme « le miroir des bonnes mœurs, — le thrésor de toute littérature. »

Après la perte de la bataille de Saint-Quentin en 1557, tous les habitants de Noyon s'enfuirent à la nouvelle que les Espagnols allaient attaquer leur ville ; une partie des Chanoines se retira à Paris, Démocharès et La Vacquerie se réfugièrent dans l'abbaye de Sorbonne. L'Annaliste de Noyon attribue à Antoine de La Vacquerie une paraphrase en six vers français d'un distique latin, sur la Madeleine de la sainte Beaume, et un éloge latin du R. P. Claude Montigny, supérieur de l'oratoire.

L'évêque de Noyon, Henri de Baradat, donna aussi aux Minimes de Roye des reliques de Saint-Eloi, par un acte authentique du mois de janvier 1642 portant le sceau du prélat et ses armes : *d'azur, à une fasce d'or, accompagnée de trois roses d'argent.*

Une partie du chef de Saint-Eloi était possédée par Antoine de Belloy de Fransures, prieur de Saint-Taurin. qui la donna en 1642, à l'abbaye de Saint-Denis. Ce prêtre mourut en 1648, et fut inhumé dans la chapelle de l'Hôtel-Dieu de Saint-Denis, sous un marbre qui portait son écusson : *d'argent à quatre bandes de gueules.*

L'église des Minimes possédait encore des reliques de Sainte-Christine et de Saint-Tranquillin, qui leur furent cédées par les Frères du couvent du faubourg de Saint-Nicolas de Meaux. Une attestation donnée par le cardinal Octavien Carrapha, archevêque de Patras, prouvait l'authenticité de ces reliques (1661).

Enfin il y avait aussi aux Minimes des reliques de Sainte-Vénérande, consistant en un fragment du chef, qui leur fut encore donné par les Minimes du couvent d'Amiens, en 1713. Cette relique se trouve aujourd'hui à l'Hospice de Roye.

Le mobilier d'autel, les chasubles de l'église des Minimes portaient brodées les armoiries du comte de Soyécourt.

Dans l'église, au-dessus du lambris de la nef, tenant à l'autel de Saint-Joseph, se trouvait une épitaphe, sur marbre noir, écrite en lettres d'or ; c'était la sépulture de Dame Anne de Saint-Germain, veuve de Messire Aubery, chevalier, seigneur du Tréport, de la Salle de Ponthieu, et de Plancy (fiefs situés à Roye), qui étant mort en 1702, au château de Beaufort, chez la marquise de Cavoye, sa fille, voulut être enterrée dans l'église des Minimes « jadis chef-lieu de la seigneurie de la Salle de Ponthieu. »

Au-dessus de cette épitaphe, était un écusson en relief : *mi-partie, à droite, le champ d'or chargé de cinq fasces de gueules, mi-partie, à gauche, un champ d'argent chargé d'un cœur d'or* entouré de feuillages de *sinople*.

L'écusson était surmonté d'une couronne de marquis et entouré d'un cordon de veuve.

Sur la pierre on lisait : « Ci-devant repose le corps de « dame Anne de Saint-Germain..... Elle a su joindre par un « long et constant exercice d'actions de piété, une solide vertu

« avec un mérite parfait, toujours occupée de ses devoirs et
« toujours exacte à les remplir ; quoique douée des plus
« beaux agréments de la nature, la médisance la plus maligne
« ne donna jamais d'atteinte à sa vertu. Dieu la voulait
« sauver par la voie des tribulations, elle souffrit ses disgrâces
« avec une soumission sans exemple et une patience à toute
« épreuve ; s'étant élevée au-dessus des biens périssables par
« un détachement parfait et une soumission aveugle aux
« ordres de la Providence ; elle se distingua par une
« simplicité et une modestie véritablement chrétiennes. Dieu,
« pour commencer de cette vie, la récompense qu'il lui
« destinait, a voulu lui ôter la vue affreuse des approches de
« la mort, que ses formidables jugements lui rendaient
« redoutable. Elle arriva le 17 septembre 1702, en la soixante
« seizième de son âge et la vingtième de son veuvage, dans le
« château de Beaufort. Son corps a été apporté dans cette
« église..... pour y attendre la résurrection. »

« Mme la marquise de Cavoye a fait don à cette église
« de la somme de deux cent-vingt livres pour l'acquit d'une
« messe par semaine et d'une autre le 17 de chaque mois
« de l'année, jour du décès de ladite dame de Saint-Germain,
« le tout à perpétuité, tant pour le repos de l'âme de sa mère,
« que pour le sien après son décès, suivant qu'il est plus
« au long expliqué dans le contrat reçu par Pierre Prévost,
« notaire royal, le 11 novembre 1717. PRIEZ DIEU POUR ELLE. »

Les Minimes ne portaient pas de barbe, leurs cheveux formaient une touffe sur l'occiput, ils avaient une culotte sous une robe de laine noire. Leur corps était ceint par deux cordons de laine tombant sur la droite et ornés de deux régions de nœuds de cinq chacun. Ils ne se dépouillaient jamais de leurs vêtements, même la nuit. Ces religieux ne faisaient usage que d'huile et disaient

« que l'huile était le quatrième élément de leur petit monde. »

A peine installés à Roye, ces bons Minimes eurent à souffrir du siège de 1636, leur couvent tenait aux murailles du côté de l'occident ; c'est précisément de ce côté que les ennemis dirigèrent leurs efforts. Les religieux donnèrent la sépulture aux braves morts dans les sorties, que dirigeait si vaillamment Pierre Turpin (1653).

Lors de la reconstruction de l'Hôtel-de-Ville, les Minimes mirent leur salle de réfectoire, à la disposition de la municipalité, qui tenait là ses séances.

A la fondation du couvent, les Minimes avaient sur les Aides et sur les Gabelles trois mille deux cent quatre-vingt-quatre livres de rente ; par suite de la réduction des rentes en 1704, les revenus du couvent ne s'élevaient plus qu'à quinze cent quarante-quatre livres. Ils payaient une redevance à la famille du fondateur de leur couvent, ainsi que le prouve une quittance donnée le 15 mai 1707, par Marie de Longueil marquise de Soyécourt.

Marie Renée de Longueil était alors veuve de messire Antoine Maximilien de Belleforière, qu'elle avait épousé le 23 février 1656 ; elle était fille de René, marquis de Maisons, président à mortier du Parlement de Paris et de Anne de Boulenc de Crévecœur, dame de Grisolles ; elle mourut le 1er octobre 1712 et fut enterrée dans la chapelle seigneuriale de Tilloloy, à côté de son mari. On voyait sur le mausolée, les armoiries de Belleforière : *de sable semé de fleurs de lys*, et de Longueil : *d'azur à trois roses d'argent, au chef d'or, chargé de trois roses de gueules.*

Parmi les immeubles des Minimes se trouvait le moulin des Truyots, à Saint-Mard, sur la rivière d'Avre ; ce moulin qui avait appartenu à François de Bourbon, prince de Conty et qui provenait de la seigneurie de Roye, avait été ruiné pendant les guerres de la Ligue ; le prince le fit rebâtir et le vendit en 1599, à Nicolas Guillaume. Ce dernier fut dépossédé du moulin par une sentence du prévôt de Roye, du 16 février 1615, en faveur de Berthe, maître de la poste, qui était créancier de Guillaume. La demoiselle Antoinette de l'Epoux, veuve de Gabriel Bonnel de la famille Berthe, abandonna aux religieux (1649), ses droits sur la moitié du moulin des Truyots, à titre de fondation pour des messes. Ce moulin rapportait aux Minimes, déduction faite des réparations, soixante livres par an.

Les religieux ne pouvaient faire de grosses dépenses, sans y être autorisés par les supérieurs de l'ordre. Ainsi le 15 septembre 1751, ils adressaient au R. P. Tillié, provincial des Minimes de France, la requête suivante : « supplient humblement les correcteur et religieux de
« notre couvent de Roye, qu'il leur soit accordé de tirer
« du coffre à quatre clefs, la somme de cent-vingt-quatre
« livres pour paier les réparations urgentes qui ont été
« faites au moulin Saint-Médar (Saint-Mard) appartenant,
« en partie audit couvent ; ce que ferez avec d'autant plus
« de raison, que tous les ans, il n'a été mis vingt livres
« au sus-dit coffre, que pour faire un fonds toujours
« destiné aux réparations du moulin. »

« De plus, le clocher du couvent menaçant ruine et
« led. couvent destitué des meubles les plus nécessaires
« dans une cuisine, infirmerie et sacristie, il leur soit
« aussy permis d'employer, tant à la réparation du clocher
« que aux besoins les plus pressants, la somme de cinq
« cens livres qui doit dans peu leur être remboursée d'un
« fonds que l'on croiait perdu depuis plusieurs années,
« aux charges et conditions de païer au coffre la rente

« desdites cinq cents livres. Ce faisant, vous procurerez
« le rétablissement dudit couvent et obligerez »
« Vos très humbles et très obéissants serviteurs
« ANTOINE MAUVOISIN, *correcteur*,
« GASPARD GÉRARD, *secrétaire*. »

Cette autorisation leur fut accordée, car on lit sur le repli de la supplique : « Accordé aux conditions cy-dessus « nommées le 21 septembre :
« J. B. TILLIÉ, provincial, OGER POURBOIRE, collègue.»

L'article XVIII de l'ordonnance royale de 1669, privait les Minimes du droit de *committimus* dont avait toujours joui l'ordre des Frères-Mineurs ; les Religieux de Roye adressèrent une supplique à la Cour du Parlement, en la cinquième chambre des requêtes. Le roi faisant droit à leurs réclamations, par lettres-patentes données à Saint-Germain-en-Laye, confirma les Religieux dans le droit de porter leurs affaires directement aux requêtes du palais. D'autres lettres-patentes du mois de novembre 1706, leur octroyèrent le privilège de « franc-salé », c'est-à-dire de prendre du sel au Grenier de Roye, sans payer d'impôt.

Une bulle du pape Innocent XII donnée à Sainte-Marie-Majeure, le 18 janvier 1695, accorde une indulgence plénière aux révérends Pères qui, le jour de l'Exaltation de la chapelle de Sainte-Marie-des-Anges, auraient communié à cette intention.

En exécution des lettres royales et du décret de l'Assemblée nationale du 13 novembre 1789, qui ordonnaient le dénombrement des propriétés des communautés religieuses, les Minimes dressèrent un état de leurs biens meubles et immeubles, qu'ils remirent entre les mains des officiers municipaux, le 27 février 1790. Cet acte fut signé par le frère Picard et par le supérieur De Boucacourt, certifié véritable le 27 du même mois par BABEUF.

D'après cette déclaration, l'argenterie de la chapelle se composait d'un calice en argent doré et ciselé, d'un soleil d'argent ciselé, d'environ « deux pieds de haut », pesant onze marcs, de ciboires, de burettes et d'une petite croix de cristal garnie d'argent. Le mobilier de la sacristie n'offrait de particulier, qu'une croix processionale avec un crucifix d'ivoire.

Enfin eut lieu la fermeture de l'église des Minimes, suivant le procès-verbal dressé à cet effet ; « ce jour mer-
« credi 15 décembre 1790, quatre heures de relevée,
« nous Longuecamp, maire, Jobart, Ballin, J. B. Seret,
« Desneux, officiers municipaux, accompagnés de notre
« secrétaire-greffier (Dambry) et assistés de nos sergents,
« sommes transportés au couvent des Minimes, où étant
« nous avons trouvé Pierre-Jean-Marie de Boucacourt,
« supérieur, Bonaventure Gérard, tous deux composant
« la communauté avec le père Jean-Nicolas Tribuce, pour
« le moment absent et parlant aux religieux leur avons
« annoncé le motif de notre transport, et les avons requis
« de nous représenter tout le mobilier, ornements et vases
« sacrés de leur église, les effets mobiliers et meubles
« dudit couvent, ce à quoi obtempérant, nous ont con-
« duits dans leur église et dans les différents lieux et y
« avons reconnu, après récollement fait que tout était dans
« le même état constaté par le procès-verbal d'inventaire. »

Les officiers municipaux apposèrent alors les scellés sur la porte de la chambre aux archives, qui renfermait le mobilier et les ornements, puis sur la grande porte de l'église, au moyen de bandes de fils portant le cachet aux armes de la ville. Ils confièrent la garde des scellés aux religieux qui acceptèrent cette mission.

Enfin, malgré leurs protestations de dévouement à la chose publique, les Minimes durent quitter leur maison qui fut alors vendue.

Aujourd'hui l'ancien couvent des Minimes est occupé par un pensionnat de demoiselles, qui offre sous le rapport de la situation, les conditions les plus heureuses.

ANNONCIADES

C'est sous le nom de Sœurs-grises du tiers-ordre de Saint-François-d'Assise, que les religieuses vinrent s'établir à Roye ; la piété des habitants les appela dans la ville, et ce sont leurs libéralités qui pourvurent aux frais d'établissement du monastère.

Les anciennes prisons royales ayant été détruites dans les dernières guerres, les habitants demandèrent au roi Charles VIII, la concession du terrain qu'elles occupaient pour y établir le couvent ; le roi y consentit sous certaines conditions.

Bientôt s'élevèrent des constructions et en 1480, les Sœurs-grises furent installées ; une chapelle fut édifiée, et l'évêque d'Evreux vint en faire la consécration : Louis de Gaucourt ne possédant alors qu'en commende, l'évêché d'Amiens.

Les Sœurs-grises étaient d'un ordre mendiant comme les Cordeliers, elles ne vivaient que d'aumônes ; malgré les largesses des habitants qui s'épuisaient en œuvres de charité, il arriva que les bonnes sœurs ne purent payer les vingt-quatre sols parisis de cens qui étaient dûs au roi, à cause du terrain qu'occupait leur couvent. Elles s'adressèrent à Charles VIII qui, prenant en considération l'état de mendicité des religieuses, « dans l'intérêt et pour l'augmentation du service divin », déchargea les sœurs de toute redevance, par lettres-patentes du mois de juin 1493. *(Pièce justificative).*

Les religieuses ayant plus tard perdu leurs titres, adressèrent au mois de février 1623 une requête à Louis XIII, afin d'obtenir une copie des lettres royales, confirmant l'abandon du cens qui leur avait été fait. En conséquence de cette requête de nouvelles lettres leur furent octroyées.

La ville ayant été prise en 1523, livrée au pillage et à l'incendie, le monastère fut en partie détruit ; le Corps-de-Ville d'Amiens voulut contribuer à sa reconstruction et envoya des secours dans ce but, comme le firent plus tard les habitants de Roye pour le rétablissement du beffroi d'Amiens. Les Royens s'imposèrent de nouveaux sacrifices.

Le 19 février 1542, Louise de Sains, mère de Jean d'Happencourt, seigneur de Béthencourt, donna par testament trois cents livres aux Sœurs-grises, à la charge de deux messes par semaine.

Le 17 janvier 1582, Françoise Hesduin, fille de Antoine Hesduin et de Marguerite Bouzier, étant sur le point d'entrer en religion, donna au couvent une partie du bois des Gambarts et trois journaux de terre situés sur le terroir de Parvillers. Enfin, grâce au concours empressé de tous, le couvent et l'église furent relevés de leurs ruines en 1560.

Le roi Henri IV voulut lui-même venir en aide aux religieuses, et par une charte du 22 février 1608, il leur accorda une somme de trois cent dix livres touchée par la supérieure Berbion Perrine, qui signa la donation comme quittance : « de laquelle somme, ladite sœur s'est
« tenue pour contente et bien payée et en a quitté et

« quitte le sieur de Beaumarchais, trésorier de l'épargne
« royale, conseiller et secrétaire du roi. »

Les Sœurs-grises de Saint-François durent subir « la réforme » et être converties en Annonciades ; elles embrassèrent cette réforme par une bulle du pape Urbain VIII. C'est la sœur Charron, religieuse du couvent des Annonciades de Chanteloup, qui fut envoyée pour opérer ce changement ; elle était accompagnée de Charlotte Dupuy, fille cadette d'Adrien Dupuy.

Ce grand événement fut consigné dans les archives du couvent, sur un registre ayant pour titre : « Livre
« des professions des religieuses professes en ce monastère,
« jadis du tiers-ordre de Saint-François en la ville de
« Roye, lesquelles furent primitivement recluses, suivant
« l'instruction de l'Eglise et les décrets du saint
« Concile de Trente, au grand contentement des bour-
« geois de ladite ville, par le R. P. Boileux, ministre
« provincial de la province de France parisienne, les
« ayant reçues à cette intention de faire leur année de
« probation de l'ordre de la Vierge-Marie dite de l'Annon-
« ciade, duquel elles ont fait profession publiquement
« entre les mains du R. P. Jacques Lefroigne, général
« des Frères-Mineurs de l'Observance, étant commandé
« de le faire et d'établir ledit ordre de la Vierge dans tous
« les monastères du tiers-ordre Saint-François, en ladite
« province, par le révérend Père Benignus, ministre gé-
« néral de l'ordre des Frères-Mineurs ; ce qui s'est passé
« le 8 février 1623, sœur Catherine de Saint-François,
« dite Charron étant mère Ancelle, qui a établi la
« maison, elle était du monastère de Saint-Eutrope dit
« Chanteloup. »

Le premier acte inscrit est une déclaration des religieuses d'accepter la règle de l'Annonciade, de s'y conformer telle qu'elle a été instituée par Béate Jeanne de Valois, reine de France, fille de Louis XI, femme de Louis XII et sœur de Charles VIII, consentie par Alexandre V et par Léon X. Cet acte fut signé par huit religieuses de la communauté.

Après avoir opéré cette réforme au couvent de Roye, Charlotte Dupuy y prit l'habit, et embrassa la règle ; nous trouvons sa profession au mois de décembre signée : *Charlotte* dite *de Jésus*. Sa vertu et ses talents, l'en firent bientôt retirer pour prendre la supériorité des Franciscaines de Montdidier. « Sa vie, dit le P. Daire, a toujours été « sainte, on lui attribue plusieurs miracles. »

Comme les Sœurs-grises, les Annonciades vivaient de la charité publique ; au mois d'août 1624, elles gagent pour huit mois, Martin Desplaire, briquetière au faubourg de Thoule, pour aller en quête par la ville et aux champs. Néanmoins elles recevaient parfois des dons d'une grande munificence, ainsi en 1633, Charles de Broye, seigneur de Hautavesne, leur donna cent livres de rente.

Le 12 juillet 1641, les Franciscaines de Bray-sur-Somme, furent réunies aux Annonciades de Roye, pour y jouir des mêmes privilèges.

Les revenus du couvent s'élevaient alors à deux mille cinq cents livres ; on y comptait en 1655, vingt-six religieuses, dont vingt sœurs de chœur et six converses ; elles n'étaient pas assujetties à un nombre limité. Parmi les sœurs étaient : Françoise et Barbe de Mailly, filles de René II de Mailly, seigneur de Remaugies, et de Michelette de Fontaine.

Par suite d'un traité fait avec les Annonciades, les députés du Chapitre et de l'Echevinage, en présence de Pierre Bellot, grenetier royal, les filles de la ville devaient être admises au couvent, de préférence à toutes autres, pour y faire leurs vœux, moyennant douze cents livres tournois, plus leurs fournitures de religieuses. (1623).

Nous avons dit que les Sœurs-grises avaient établi leur couvent sur l'emplacement des anciennes prisons ; dans la suite, elles agrandirent leur monastère par l'achat d'un nouveau terrain destiné à faire un cimetière, pour la sépulture des religieuses. En 1864, en creusant une cave on mit à découvert des cercueils en bois, renfermant des squelettes et quelques médailles de dévotion.

Le 17 mars 1629, les Annonciades sollicitèrent des chevaliers-arbalétriers de Roye, la concession de leur jardin qui longeait au nord la muraille du couvent, en échange d'un autre terrain que les religieuses possédaient un peu plus loin, près de la grange de l'*hôtellerie de la Licorne*. Ces conventions furent acceptées, les Annonciades devaient construire des gardes, et des murailles en briques sur le nouveau terrain, payer le jour de Quasimodo, quarante-huit sols de cens foncier, et au roi des arbalétriers, par chacun an, au jour du Saint-Sacrement, *une vire émayée et non atteintée*. La concession de ce terrain agrandit le couvent ; comme le sol en était plus élevé, les religieuses en firent une terrasse, d'où la vue s'étendait sur la campagne.

La compagnie des arbalétriers ayant été dissoute par suite des guerres, les sœurs avaient cessé de payer la redevance, mais en 1715, une nouvelle connétablie s'étant réorganisée, les Annonciades furent mises en demeure de payer les arrérages ; ce à quoi elles consentirent, par un acte du 13 juillet signé de huit religieuses, parmi lesquelles on remarque Louise de Fransure.

Néanmoins malgré cet agrandissement, les Annonciades se trouvaient encore trop à l'étroit, elles achetèrent successivement plusieurs immeubles : une maison, rue des

Prévots, à Florence Blatier, veuve de Charles Coulliard, procureur à Roye, le 8 mai 1674 ; une autre, rue des Arbalétriers, à Louis Cordier, ancien notaire, le 14 juillet de la même année ; enfin au prêtre Vasset, chanoine de la cathédrale de Noyon, le 23 juin 1703, une maison provevenant d'Antoine de Beaufort de Roye, avocat au Parlement, avec l'intention de la réunir à leur monastère, pour en faire une infirmerie et des dortoirs destinés aux élèves pensionnaires.

Mais l'Echevinage s'alarma de ces acquisitions, et s'opposa à la réunion de cette maison au couvent ; il adressa une requête au roi. Le maire convoqua une assemblée générale des habitants (1703) ; il fut résolu que le mayeur poursuivrait son opposition et qu'elle serait notifiée aux religieuses. Le refus des habitants était fondé sur ce que, si les Annonciades étaient ainsi autorisées à acquérir, elles pourraient acheter toutes les maisons voisines de leur couvent, ce qui porterait atteinte aux intérêts de tous et nuirait au service du roi, parce qu'il ne serait plus possible de loger les troupes royales.

Le couvent se trouvait en face d'un hôtel dans lequel descendit Louis XV, au mois de septembre 1745 ; sa Majesté devant passer la nuit dans la ville, soupa le soir en public. Les Annonciades, par une attention délicate, envoyèrent au roi, pendant son repas, une corbeille de très beaux fruits que le prince reçut avec satisfaction. Les religieuses voulurent voir quel accueil serait fait à leur envoi ; dans ce but, elles firent découvrir une partie du bâtiment qui donnait en face de l'appartement où dînait le roi, et purent ainsi jouir de la vue du monarque.

La fête patronale du couvent était celle de Sainte-Elisabeth de Hongrie, qui se célébrait le 19 novembre, dans la chapelle claustrale.

L'église du monastère avait une entrée sur la rue des Prévots, elle était surmontée d'un clocher renfermant trois cloches. L'église était fort belle à l'intérieur, décorée de nombreux tableaux, entr'autres d'une tapisserie représentant la reine Elisabeth de Hongrie à genoux et en prières. Le chœur était magnifique, tout autour étaient appendues des toiles d'une certaine valeur artistique, il y avait un maître-autel d'un beau travail, la chaire à prêcher en bois sculpté avait un certain mérite. Le mobilier était très riche, il consistait en objets d'or, de vermeil et d'argent.

Autour du chœur existaient des croisées en vitraux de couleur ; une de ces verrières attenant à l'autel représentait un prêtre vêtu d'une robe violette, d'un rochet et d'une étole : elle avait été donnée par l'abbé Barthélemy de Bains, qui avait voulu être inhumé dans l'église, et qui constitua une somme de quarante-huit livres, pour la confection de cette verrière dédiée à Sainte-Geneviève. (1564)

Du côté de l'évangile, était un vitrail représentant à la partie supérieure, la Résurrection, avec cette inscription : *Cette verrière a été donnée par honorable homme et sage maistre François Dupré, prévost de la ville de Roye, et demoiselle Jeanne Aubé, sa femme et leurs enfants, l'an MVLXXII.*

Il y avait aussi plusieurs pierres tombales parmi lesquelles, on remarquait celle de Mathurin Gregier, chapelain de Saint-Florent, curé de l'église de Saint-Gilles, mort en 1582 ; puis celle de Charles Cornet, chapelain de la collégiale.

L'église possédait une relique de Saint-Lucien, premier évêque de Beauvais, provenant de l'hospice de Pont-Sainte-Maxence, et qui se trouve aujourd'hui à la paroisse de Saint-Pierre.

Au mois de mai (5) 1743, eût lieu dans la chapelle des Annonciades, la fête de la béatification de Sainte-Jeanne de Valois, fondatrice de leur ordre ; Mme de Beauvillé était alors supérieure du couvent.

La fête se fit avec une grande solennité, Monseigneur de La Mothe d'Orléans, évêque d'Amiens, présida la cérémonie qui dura plusieurs jours. Le clergé de Saint-Florent, celui des quatre paroisses de la ville, les communautés des Cordeliers et des Minimes, les officiers du Bailliage et du Corps-de-Ville, composaient le cortège. La châsse de la Bienheureuse déposée au couvent, devait être conduite en procession à la collégiale de Saint-Florent, pour revenir au couvent où elle devait rester.

En tête de la procession, marchait le suisse de Saint-Florent, puis les croix des paroisses, le clergé régulier et séculier ; venait ensuite la compagnie des chevaliers de l'arc, sur deux lignes, le drapeau déployé au milieu des rangs ; un chevalier portait la bannière de la sainte dont les cordons étaient tenus par MM. de Beauvillé et D'Avricourt (de Campagne). La procession, après avoir parcouru la rue de Paris et celle des Minimes, se rendit à la Collégiale ; là, devant le chœur eût lieu la lecture de la bulle concernant la béatification de la sainte ; puis le chevalier présenta la bannière à la bénédiction de l'évêque et les tambours battirent aux champs. La bannière bénite fut remise aux mains de l'abbé de Riencourt, qui marchait revêtu d'une aube et d'une tunique, accompagné du père Gardien des Cordeliers et du père Correcteur des Minimes, tenant les cordons. La procession se renouvela le lendemain et le jour suivant ; puis la châsse fut déposée dans l'église du couvent, dont elle faisait le plus bel ornement.

On voit à l'hospice de Roye, un tableau de Sainte-Jeanne de Valois, qui provient sans doute du couvent des

Annonciades ; sa fête se célébrait le 4 février par un service solennel.

Le monastère était soumis à des visites annuelles et régulières, qui avaient pour but de s'assurer si les règles étaient bien observées. En 1505, les Annonciades furent visitées par le frère Pierre Le Doyen, religieux de l'ordre de Saint-François, gardien du couvent de Notre-Dame-de-la-Garde, qui fit « vêtir » en religion plusieurs sœurs.

Toutes les visites reçues par la communauté étaient consignées sur un registre en parchemin, ayant pour titre : *Livre des verbaux*. On y voit les élections des religieuses qui devaient occuper certaines fonctions, comme celles de supérieure, vice-gérante, dépositaire, maîtresses des novices et tourière ; les élections et les places étaient dites : canoniques. On procédait ensuite au choix d'une infirmière, d'une dépensière, d'une maîtresse de chœur, d'une grenetière, enfin de maîtresses de pensionnaires, car les religieuses recevaient des jeunes filles auxquelles elles donnaient de l'instruction.

Ces élections avaient lieu sous la présidence d'un religieux des Frères-Mineurs délégué par le ministre de France, elles étaient précédées de la messe, du *Veni Creator* et d'un sermon dans lequel le prédicateur exhortait les dames à apporter dans leur choix la plus grande sagesse ; l'élection se faisait par bulletins secrets, à la majorité des suffrages, et le dépouillement avait lieu par deux révérends Pères portant le titre de « *desquisiteurs* », et assistés de deux Annonciades, tous désignés par le commissaire délégué. La dernière élection d'une supérieure fut présidée par le maire Longuecamp le 1er mai 1791, en vertu des dispositions de l'article XXXI de la loi du 14 octobre 1790. La communauté comptait alors vingt-et-une dames de chœur.

Les religieuses qui avaient commencé par vivre d'aumônes étaient devenues fort riches ; il résulte d'une déclaration faite par elles à l'Evêché d'Amiens, le 14 août 1728, qu'elles possédaient alors quatre cent dix journaux de terre labourable (184 hectares) ; elles avaient acheté le 23 janvier 1670, à Claude de la Fons, seigneur d'Happencourt et des Essarts, et à Elisabeth de Savenelle sa femme, soixante-trois journaux sis aux terroirs de Maucourt et de Méharicourt, où elles possédaient déjà plus de vingt-trois hectares.

Leurs revenus s'élevaient en 1728, à trois mille trois cent quarante-huit livres ; leurs dépenses étaient de douze cent cinquante-huit livres, parmi ces dépenses, les honoraires du médecin et du chirurgien figuraient pour cent cinquante livres, et ceux du confesseur pour trois cents livres. (*Bénéfices de l'Eglise d'Amiens* par M. Darsy.)

Les Annonciades portaient : « *d'argent à une fasce de sable chargée d'une molette d'or.* » Ces armoiries se voyaient encore, il y a quelques années, sur une pierre au-dessus de la porte d'entrée du monastère.

Le couvent des Annonciades fut fermé à la Révolution, il contenait alors une vingtaine de pensionnaires ; Marie-Anne Lebel était supérieure.

Lorsque l'Evêque constitutionnel d'Amiens vint faire à Roye sa première visite, les religieuses ne voulurent pas le recevoir. Huit d'entr'elles refusèrent de prêter serment à la Constitution, elles furent détenues dans les prisons de Montdidier et mises en liberté le 6 brumaire an III.

Le 13 septembre 1792, l'an IV de la liberté et le 1er de l'égalité, en vertu d'une délibération du maire et des officiers municipaux de la ville, et à la requête du procureur de la commune : Jean-Baptiste Seret, Antoine Berthout, commissaires délégués, se transportèrent au grand parloir des Annonciades, où ils firent demander la supérieure pour lui notifier qu'ils venaient faire l'inventaire des effets mobiliers se trouvant dans la maison et dans l'église.

En conséquence, étant entrés dans la chapelle, ils trouvèrent sur l'autel : six chandeliers de cuivre, un crucifix d'argent, quatre reliquaires dont trois recouverts de lames de cuivre doré, sept tableaux à cadres dorés, un bénitier en cuivre ; dans le tabernacle : un ciboire en argent ; dans le chœur, un orgue ; au clocher, trois cloches. Puis des ornements d'église consistant en un soleil, une couronne de vermeil, deux calices, un ciboire, deux croix, des chandeliers, une lampe, un encensoir ; le tout pesant ensemble soixante-cinq marcs, six onces. Tous ces objets furent transférés dans la Maison commune, à l'exception d'un calice, d'une navette et d'un ciboire que la citoyenne Devise, supérieure, réclama pour le service de la communauté. Les ornements tels que chasubles, chapes, étoles, furent enfermés dans une armoire sur laquelle les scellés furent apposés.

Les commissaires visitèrent toute la maison, les cellules de la communauté, ainsi que les dortoirs des pensionnaires ; dans une chambre, était un clavecin appartenant à la supérieure qui touchait l'orgue, et une horloge avec ses poids.

Enfin, en exécution du titre II de l'article 24 du décret du 8 octobre 1790, il fut laissé à la disposition des dames tout ce qui était à leur usage personnel et qu'elles pouvaient emporter. La supérieure s'engagea à prévenir le procureur de la commune, lors de sa sortie du couvent.

Les scellés aux armes de la municipalité furent apposés sur les portes de la chapelle. En agissant ainsi les officiers municipaux exécutaient un arrêt du Conseil général du district de Montdidier, signé de : LE FRANÇOIS et COCHEPIN.

CHAPITRE XII

MONUMENTS RELIGIEUX

Sous le rapport ecclésiastique, la ville de Roye faisait partie du doyenné de Rouvroy-en-Santerre, une des neuf décanies du Vermandois, et du diocèse d'Amiens. Jusqu'au XIIIe siècle, les paroisses de la ville et celles des faubourgs avec le prieuré de Saint-Mard, formaient un doyenné particulier, qu'un pouillé de l'église d'Amiens de 1301, désigne sous le nom de : *Decanatus roiensis in villâ*. Il formait deux divisions : les cures de la ville et les cures aux champs. Mais par suite de démêlés survenus entre le chapitre indépendant de la collégiale de Roye, et l'Evêché d'Amiens, le chef-lieu du doyenné fut transféré à Rouvroy, paroisse du bailliage de Roye. Les évêques d'Amiens avaient dans ce village d'immenses possessions ; Gérard de Conchy y fonda en 1257, une maladrerie dont les biens furent réunis à l'Hôtel-Dieu de Montdidier par Louis XIV. (1695).

Le chef du doyenné s'appelait : doyen rural ou de chrétienté ; ce n'était pas toujours le curé de Rouvroy qui était titulaire, il était au choix de l'évêché. Le doyen rural avait une certaine autorité sur le doyenné ; il était parfois délégué par l'évêque du diocèse pour remplir une mission particulière, comme pour procéder à une enquête ou à une bénédiction. C'était le chef spirituel, il avait le droit de visiter les églises du doyenné, et touchait alors vingt sols de la fabrique de chaque paroisse. L'église chef-lieu du doyenné devait posséder un baptistère pour administrer le baptême.

ÉGLISE de St GEORGES

C'est à l'église matrice de Rouvroy qu'avaient lieu la tenue des calendes, les conférences et la distribution des saintes huiles.

Le doyenné de Rouvroy comprenait trente-sept cures, un prieuré, une prévôté et le chapitre de Roye ; il touchait à celui de Curchy et au diocèse de Noyon.

Aujourd'hui, la ville de Roye a le titre de doyenné et de cure de seconde classe, dépendant du diocèse d'Amiens.

Avant la Révolution, il existait à Roye plusieurs églises : l'église de Saint-Georges, la collégiale de Saint-Florent, l'église de Saint-Médard, celle de Saint-Pierre et celle de Saint-Gilles. Les trois premières ont été démolies en 1793, les deux autres subsistent encore ; nous les décrirons toutes successivement.

EGLISE DE SAINT-GEORGES

L'église de Saint-Georges fixa de tout temps l'attention des observateurs, à cause de son architecture, de son orientation et des signes particuliers qui la décoraient. C'est que par son caractère architectonique, la construction de l'église paraissait remonter au XIIe siècle, tandis que certains détails d'ornementation lui donnaient une origine bien plus ancienne.

Il existe différentes monographies sur la basilique de Saint-Georges ; l'abbé Lebeuf, Dom Grenier s'en sont occupés. On trouve aussi à la bibliothèque nationale trois descriptions manuscrites de ce monument. La première est due à l'abbé Boulanger, principal du collège de Roye, elle est datée de 1720.

La seconde est intitulée : *Extrait d'un manuscrit touchant la ville de Roye entre les mains de Billecocq.*

La troisième sans date, sans titre, est écrite de la main de Dom Grenier.

Ces trois documents ont servi à M. l'abbé J. Corblet pour sa Notice *sur le prétendu temple romain de Saint-Georges-les-Roye*. (1842).

Le monument religieux de Saint-Georges était bâti sur une éminence d'environ vingt-sept ares de superficie ; cette élévation de terrain paraissait faite de main d'homme, elle était à plus de trois mètres au-dessus du sol environnant.

L'opinion émise par les auteurs des manuscrits, est que l'église de Saint-Georges fut un temple dédié au dieu Mythras.

« Le temple, dit le second mémoire, était ouvert au
« couchant et au septentrion par deux grandes arcades,
« aussi hautes que l'entablement, en sorte que sans entrer
« dans le temple, où les sacrificateurs avaient seuls le
« droit de pénétrer, le peuple voyait à découvert l'ordre
« et l'action des sacrifices. »

Les auteurs des manuscrits fondaient leurs opinions sur les considérations suivantes :

1º Que le temple était orienté de façon telle que le soleil à son lever et à son coucher, le traversait de part en part.

2º Que le temple était construit au midi d'un lac, d'un étang dont les eaux servaient aux lustrations ou aux libations.

3º Qu'il était couvert à l'orient, d'un bois (*lucus*) ou bois sacré.

4º Qu'il était orné des signes du zodiaque et de figures emblématiques.

La description qu'en donne Dom Grenier dans son Introduction à l'histoire de Picardie, fera mieux com-

prendre les détails des décorations intérieures du temple.
« Le mois de janvier était consacré aux mystères du
« dieu Mithras. L'idée en subsistait encore au douzième
« siècle en Picardie ; elle s'y conservera tant que l'église
« de Saint-Georges, bâtie au sud-est de la ville de Roye,
« existera. Il est surprenant de voir au dedans de cette
« paroisse, qui était autrefois plus considérable qu'aujour-
« d'hui, tant de vestiges du paganisme. Dans l'intérieur,
« tous les chapiteaux des colonnes de la nef, qui
« formaient des arcades ouvertes et ceux des pilastres qui
« s'élèvent contre les murs du clocher sont chargés de
« sculptures fort grossières, représentant les différents
« signes du zodiaque ; c'est d'un côté, les gémeaux,
« d'un autre l'écrevisse, ici le scorpion, là les poissons,
« et partout le serpent entortillé. On sait que les anciens
« voulaient exprimer par cette figure le sens oblique du
« soleil dans le zodiaque. Au chapiteau d'un pilier de la
« nef, du côté du midi, c'est le signe de la Vierge repré-
« sentée dans une attitude très indécente. Les autres
« chapiteaux sont masqués par de la maçonnerie faite
« après coup. »

« On voit sur le linteau de la porte de l'église, en
« bas-relief, un centaure ou *l'arci tenens*, et une syrène
« qui est peut-être le signe de la vierge répété ; sur un
« chapiteau d'une des petites colonnes accolées qui sup-
« portent les cintres d'une fenêtre placée au rond-point
« du chœur et bouchée, on voit Mithras ou le soleil.
« Il y est représenté sous la figure d'un homme vêtu à la
« gauloise et monté sur un cerf dont il tient le bois. Le cerf
« passe sur un scorpion qui semble vouloir avec ses pinces,
« lui serrer les pieds : c'est le soleil au signe du scorpion. »

« Une chose remarquable dans la manière dont cette
« église est orientée, c'est qu'au temps de l'équinoxe, le

« soleil, à son lever, la traversait d'un bout à l'autre, ce
« qu'il fait encore à son coucher, lorsque la grand'porte
« de l'église est ouverte.

« Toutes les figures monstrueuses qui faisaient partie du
« culte de Mithras ont été employées à orner l'entablement
« qui règne autour de cet édifice ; il est formé de petits
« cintres posés sur des têtes d'animaux, comme cochons,
« sangliers etc. On sait que les dévots au dieu Mithras se
« transformaient en ces sortes d'animaux, pendant les
« fêtes qui étaient célébrées en son honneur ; voilà peut-
« être l'origine des mascarades du mois de janvier.

« On remarque dans l'un des cintres le *lituus* ou le
« bâton augural, il y est double. Dans un autre, tout près
« du clocher, on a enchâssé après coup, une pierre sur
« laquelle est sculptée une croix à la grecque. C'est le
« seul ornement religieux qui paraisse dans l'édifice, en
« sorte qu'on dirait qu'il eût été bâti au milieu du paga-
« nisme. »

Telle est la description que le savant bénédictin fait de
l'église de Saint-Georges.

Nous pouvons encore ajouter un détail emprunté au
manuscrit du principal du Collège : « Le sieur Lesage
« qui a été longtemps curé de la paroisse de Saint-Georges,
« a dit à son successeur et à d'autres personnes, qu'un
« pilier de l'église étant fondu, il avait rassemblé les
« parties d'une grosse pierre qui avait été brisée, et que
« par les caractères qui étaient dessus, il paraissait que ce
« temple avait été bâti il y a plus de seize cents ans. »

L'église s'élevait au milieu d'un cimetière dont l'enceinte
était circonscrite par une muraille. On remarquait dans ce
cimetière, une croix en pierre soutenue par quatre lions
« travaillés dans le style gothique. » L'église était bâtie
en pierres de taille tirées des montagnes de Lagny, près

de Noyon ; elle comprenait une nef, un chœur et un sanctuaire. A une certaine époque, la nef avait eu des collatéraux. Une porte de douze pieds de haut sur dix-huit de large, s'ouvrait dans la partie septentrionale du sanctuaire qui se partageait en six pans d'inégale hauteur. Le chœur et la nef étaient élevés de dix pieds environ au-dessus du sanctuaire.

Voici quelles étaient les dimensions principales des parties de l'édifice :

Largeur du sanctuaire (hors-d'œuvre).........	7 m 80
Largeur id. id.	9 m 10
Longueur de la nef et du chœur réunis (hors-d'œuvre)...	27 m 28
Longueur de la nef (dans œuvre).............	18 m 90
Largeur de la nef id.	5 m 91
Hauteur id.	9 m 74

Six arcades simulées se dessinaient sur les parois extérieures, celle qui correspondait au chœur avait sept mètres quatre-vingt centimètres de haut, sur quatre mètres quatre-vingt-sept de large. Les arcades étaient séparées par des contreforts, excepté les deux du milieu qui étaient accolées, et dont les supports centraux reposaient sur un large piédestal. Les chapiteaux qui recevaient la retombée des pleins-cintres étaient décorés de figures du zodiaque. Au-dessus des petites arcades, s'ouvraient cinq maigres fenêtres dont l'archivolte se profilait sous la forme d'un cordon en plein cintre, terminé par des têtes grimaçantes.

L'église primitive, avons-nous dit, était entièrement découverte, la charpente dont elle fut abritée, à une époque postérieure, était formée de pièces de bois perpendiculaires, réunies entr'elles par deux autres solives dont l'ensemble formait des croix de Saint-André et soutenait les poutres horizontales. On pouvait aussi reconnaître que le chœur et le clocher avaient été ajoutés au temple. Six contreforts étayaient les murs du clocher terminé par une tour à quatre pans et contenant trois cloches. Ces murailles étaient percées de deux fenêtres cintrées, entourées d'un rang de pierres symétriques. Le portail était flanqué de deux tourelles renfermant chacune un escalier et orné de de deux cordons à la grecque.

Les chapiteaux liés deux à deux par des architraves, présentaient des sculptures bizarres ; des oiseaux portant le bec au milieu du dos, des colombes buvant ou communiant dans le même calice. On voyait au-dessus de la porte principale, un centaure décochant une flèche à une syrène. « Dans une grande pierre de grés enchassée dans le premier pilier, vers le chœur, qui portait le jubé de l'épitre, à hauteur d'homme, se trouvait sculptée la figure de Jupiter Férétrien ; et ailleurs, « une Vénus dans une vilaine posture. »

Tel est l'édifice que les uns considéraient comme un temple consacré au culte de Mithras ; d'autres ne voyaient en lui qu'une église de l'époque romane.

Le P. Daire, dans son Histoire manuscrite du Doyenné de Roye et de Rouvroy, s'exprime ainsi, au sujet de l'église de Saint-Georges. « La construction de cet édifice est an-
« cienne, mais rien n'est moins sûre que la prétendue tradi-
« tion qui veut que c'eût été autrefois un temple dédié à
« Jupiter. Les architectes qui l'ont vue peuvent être très
« habiles dans leur art et n'être pas antiquaires. Ces
« matières sont du ressort des Mabillon, des Montfaucon...
« L'abbé Lebœuf, leur digne successeur, avec qui j'ai été
« en relation pendant plus de trente ans, détruit cette
« chymère dans une lettre du quinze mars 1755, où il
« s'exprime ainsi : Je suis entré dans cette église, c'est un
« édifice du XIIe siècle et rien de plus. »

Dans la notice que nous avons citée, M. l'abbé J. Corblet, rejetant toutes les opinions émises par les auteurs des manuscrits, conclut que l'église de Saint-Georges est un monument du moyen-âge, qui appartient a la période romane. « La forme des fenêtres, dit-il, avec leur cordon « de pierres symétriques, les arcades simulées, la tour à « quatre pans, les chapiteaux zodiacaux et historiés, « l'absence de toit, tout me confirme dans cette opinion « qui me semble être la seule admissible. »

Nous pensons, en effet, que l'église démolie à la Révolution, n'était pas un temple païen ; mais nous dirons que « si l'église de Saint-Georges n'était pas l'ancien temple lui-même dédié à Mithras, cette église lui aurait succédé et qu'elle se serait ornée de quelques-uns de ses débris, comme cela a eu lieu pour la plus grande partie des édifices religieux du culte chrétien, après l'abolition du paganisme. »

Cette opinion semble plausible et acceptable ; on connait beaucoup d'églises édifiées sur l'emplacement même occupé par un temple païen, et qui portaient dans leur construction des matériaux, des ornements provenant de l'ancien temple. Ainsi en 1872, dans les fondations d'un contrefort de l'église de Saint-Pierre, nous avons trouvé des pierres recouvertes de peintures à fresques, avec des filets polychromes ; ces débris provenaient assurément d'un monument antérieur à l'église, peut-être d'un *sacellum* ou d'un cippe funéraire : l'église de Saint-Pierre est bâtie sur le bord de la chaussée romaine d'Amiens à Noyon.

Le pape Saint-Grégoire-le-Grand en 590, prescrivait de conserver les temples païens pour les transformer en églises, afin qu'entraîné par l'habitude, le peuple s'y rendit et adorât le vrai Dieu, là où il adorait auparavant des idoles. « Les chrétiens, écrit-il à Saint-Augustin, ne « doivent pas détruire les temples des idolâtres, mais

« seulement détruire les idoles. » Le Pape allait même plus loin, il autorisait dans les temples chrétiens, la continuation des sacrifices d'animaux. « Les jours de la
« dédicace ou de la fête des saints dont les reliques
« reposent dans ces temples convertis en églises, ornez-en
« le tabernacle de feuillages, célébrez avec pompe un festin
« sacré, que les animaux n'y soient point immolés au
« démon, mais qu'on les tue en l'honneur du vrai Dieu. »
(Epitre 76, livre 11.)

Les Romains respectaient aussi les dieux des Gaulois, en assimilant aux personnages de la mythologie grecque ou romaine, les divinités que le druidisme avait admises ; c'est ainsi qu'ils couvrirent la Gaule d'autels consacrés à Belenus, à Jupiter, à Mithras et à d'autres divinités. « Par
« de pareils moyens, ils ménageaient à la masse ignorante,
« le plus facile passage des austérités druidiques aux
« pompes du paganisme. »

D'ailleurs Saint-Georges pouvait rappeler Mithras ; car les églises, les *Cellæ* élevées sur l'emplacement des monuments païens, avaient toujours le vocable de saints, dont le nom ou les actes fournissaient des rapprochements avec le culte détrôné. « Toujours, dit Dulaure, à l'endroit destiné
« au culte d'une divinité païenne, les chrétiens plaçaient
« le culte d'un saint. »

Il est bien certain que les mystères de Mithras se pratiquaient dans le Noyonnais. Saint-Eloi défendait à ses ouailles de qualifier le soleil du nom de seigneur, et de se déguiser, aux calendes de janvier, en prenant la forme d'animaux figurant les signes du zodiaque ou les constellations ; comme le faisaient les Gallo-romains, en l'honneur de Mithras. « Il est à croire que les coutumes
« druidiques subsistaient encore au temps de l'évêque de
« Noyon. » (*D. Martin.*)

Ce qu'il y a encore de singulier et qui, peut-être, viendrait à l'appui de l'opinion que nous avançons, c'est que l'église de Saint-Georges, ne possédait pas de reliques de ce saint. Ce n'est donc pas à la présence des restes de Saint-Georges, que la basilique devait son nom. L'unanimité des auteure des manuscrits pour attribuer à l'église de Saint-Georges une origne païenne, les raisons qu'ils en donnent, la tradition orale dont ils étaient alors les échos, sont autant de raisons qui nous font penser, qu'il y a un fond de vérité dans les opinions qu'ils émettent.

Quand on rapproche de ces hypothèses, les découvertes gallo-romaines faites au hameau de Saint-Georges ; on peut facilement admettre l'existence primitive d'un monument du paganisme.

Le temple romain ayant été renversé par les invasions des Barbares, Herbert II, comte de Vermandois, fit édifier une église ; comme Saint-Georges était le sosie de Mithras, l'église fut mise sous l'invocation de ce saint. En effet, Mithras, ce dieu que les Romains empruntèrent aux Perses, était figuré sous les traits d'un jeune homme, la tête couverte d'un bonnet phrygien. Il était armé d'un glaive qu'il plongeait dans le cou d'un taureau. Or Saint-Georges est représenté, lui aussi, comme un jeune guerrier, coiffé d'un casque. Il est armé d'une lance dont il pourfend un dragon. On conçoit combien facilement l'imagination populaire a pu passer du culte de Mithras à celui de Saint-Georges.

Si Herbert n'est pas le fondateur de la basilique chrétienne de Saint-Georges, il est plus certain que de concert avec sa femme Hildebrante, il fit de Saint-Georges une Collégiale, en instituant un Chapitre de dix-huit chanoines ; « *Ad exemplar monasterii Sanquitinensis.* »

Saint-Georges fut le patron de la ville primitive ; mais dans le siècle suivant, la cité ayant pris de l'extension, une autre église s'éleva près du château des comtes de Vermandois. Les reliques de Saint-Florent ayant été apportées à Roye, furent d'abord déposées dans la collégiale de Saint-Georges. La faveur dont jouissait alors Saint-Florent engagea Herbert III, à enlever à l'église de Saint-Georges le Chapitre des chanoines, pour le donner à la nouvelle église, qui devint ainsi la collégiale de Saint-Florent. (1077)

L'acte de translation des reliques de Saint-Florent dans de nouvelles châsses, qui eût lieu le 28 septembre 1152, était revêtu du sceau de Saint-Georges représentant ce saint armé et à cheval, avec cette légende : Sigilli Capituli S. Georgii de Roia. *(Voir la gravure.)*

L'église primitive composée seulement d'un sanctuaire, avait d'étroites proportions (*ecclesia modica et brevis*), elle était précédée d'un portique, où les fidèles devaient se laver avant de pénétrer dans le temple. Bien que cette église fut petite, les plus notables et les plus riches de l'endroit briguaient l'honneur d'être inhumés près de son enceinte, suivant en cela une coutume ancienne (romaine) ; « *ex antiquâ consuetudine sepellendi deferebantur.* »

Les capitulaires de Charlemagne défendaient d'enterrer dans les églises ; le concile de Nantes en 990, formulait les mêmes prohibitions.

Aussi, avant le XIIe siècle, les sépultures étaient-elles faites à l'entrée de l'église ou en face de la porte principale ; les tombeaux étaient droits, isolés ou appuyés contre les murs de l'édifice ; plus tard se répandit l'usage des pierres tombales.

Ce qui contribua à engager le comte de Vermandois à élever une église à Saint-Florent, ce furent les miracles qui s'opérèrent dans la basilique de Saint-Georges, alors qu'elle possédait encore les reliques de Saint-Florent. Les Bollandistes rapportent ces miracles, d'après un manuscrit rédigé par un prêtre de la Collégiale. *Hactenus royense M. S. antefinem seculi* XI *conditum.* En voici quelques extraits :

« Les habitants de Saint-Georges, de Roye et des environs avaient l'habitude de se rendre à l'église, les jours de fêtes, et d'assister aux vigiles de la nuit. Il était un autre usage encore, les malades qui ne pouvaient assister aux offices, s'y faisaient transporter dans leurs lits, et bien souvent quand ils étaient animés d'un esprit de foi sincère, ils s'en retournaient guéris. Des pèlerins de Paris, du Beauvoisis, de l'Amiénois, du pays des Atrébates, des Morins, du Laonnois et du Soissonnais, furent guéris par l'intercession du Bienheureux Saint-Florent.

« Cependant les Péronnais se montrèrent incrédules aux récits de ces cures miraculeuses, et dirent un jour qu'ils n'y croiraient que lorsqu'ils verraient marcher un paralytique nommé Hugues, qui se rendait chaque année à Péronne, et descendait chez le royen Manassès, surnommé Payen. Cet Hugues était tellement perclus qu'il était obligé pour se mouvoir, de se traîner comme un ver. A l'approche des fêtes de la Pentecôte, le pauvre infirme se trouvait dans une villa que Manassès possédait à Saint-Georges. En voyant les nombreux pèlerins qui se rendaient à la Collégiale, il conçut le projet de les imiter et se fit transporter dans une charrette ; on le déposa près du sanctuaire et chacun s'empressa de prier pour lui. Au bout de quelques jours, le saint lui apparut en songe et lui ordonna de marcher ; ce qu'il fit aussitôt. Le bruit de cette guérison se répandit bientôt à Roye, à Ham et à Péronne. Le clergé de ces villes, croix en tête, accourut à Saint-Georges, suivi d'une foule de fidèles. Hugues resta là quelque temps prêtant son concours à l'agrandissement de l'église, portant tantôt des pierres et tantôt du ciment. Mais, plus tard, il se laissa aller à la débauche ; il retourna à la maison de Manassès et de concert avec les domestiques de son ami, se livra au brigandage. Un jour qu'il s'était rendu au faubourg de Thoule, à Roye, il fut frappé d'une nouvelle attaque de paralysie ; ses compagnons épouvantés reconnurent là un châtiment du ciel ; Hugues lui-même, se repentant de ses fautes, demanda qu'on le portât à Saint-Georges, où il recouvra bientôt l'usage de ses membres. Ce nouveau miracle fit encore grand bruit et pour cette fois, les habitants de Péronne ne constestèrent plus la réalité des prodiges qui s'accomplissaient dans l'église de Saint-Georges.

« Par suite d'une paralysie, Gerbert, clerc de l'église de Roye, était devenu inerte comme une souche. Eprouvant parfois d'atroces douleurs, il ne trouvait d'autre moyen de les soulager, que de se faire lier avec des cordes sur son siège et à glisser des coins sous ses liens pour être plus étroitement comprimé. Au bout de trois ans de souffrance, il suivit le conseil de ses amis, en se faisant porter à Saint-Georges, et y fut radicalement guéri. » (*Hagiographie du diocèse d'Amiens, tome IV*, par M. l'abbé J. Corblet).

Privé ainsi de son Chapitre, l'église perdit son importance ; exposée aux incursions des ennemis, elle subit plusieurs fois le pillage et l'incendie : les invasions des Anglais, en 1373, la ruinèrent complètement. Relevée de ses ruines par la piété des fidèles ; elle fut ornée de verrières que l'on voyait encore autour du chœur en 1775, et qui représentaient plusieurs chanoines de la Collégiale, avec des épisodes de la vie de Saint-Georges.

Ce saint naquit en Cappadoce, il fut tribun dans l'armée de l'empereur Dioclétien ; jeune encore Saint-Georges subit le martyre, le 23 avril, l'an 303.

Les plus anciens titres de l'église de Saint-Georges remontent à 1448, d'après un inventaire des papiers fait en 1790, Remi Ansianne étant alors curé de la paroisse ; ce sont des parchemins faisant mention de fondations d'obits, et de surcens dûs à l'église sur divers immeubles.

Dans un compte de censives du Chapitre de Saint-Florent, il est fait mention de la réparation de la *vieille église* (1498).

Un acte de 1501 porte donation pour une messe basse tous les lundis, d'un journal de pré tenant à une petite ruelle ou voirie, par où passait la procession « des Rouvaisons » (rogations).

En 1542, une table d'autel fut placée dans le sanctuaire de l'église.

Parmi les archives, existent des baux de terres appartenant à la fabrique et au curé ; on en trouve depuis 1572 jusqu'en 1786. Parmi ces actes, on remarque une quittance d'Antoine Hannique, qui reconnait avoir reçu la somme de : « un écu deux tiers, » à laquelle la fabrique avait été taxée, pour sa part dans les frais de comparution du sieur Hannique aux Etats-généraux tenus à Blois.

Au XIIe siècle, le Chapitre de Saint-Gervais et de Saint-Protais, à Soissons, possédait la terre et la seigneurie de Saint-Georges, consistant en droits de mairie, de rouage, d'afforage, d'amendes, et de redevances seigneuriales sur le vivier de Coursebonne ; puis en deux cent trente journaux de terre labourable, sis au lieu dit : la Montjoie. Ce domaine considérable avait été donné au Chapitre de Soissons par Guy, comte de Soissons, fils d'Heribert-le-Grand.

Les registres des baptêmes, mariages et sépultures commencent en 1630 ; les comptes de la fabrique ne remontent qu'en 1600 ; cependant on en trouve quelques-uns de 1505.

On remarque à la date de 1627, un acte d'homme vivant et mourant pour deux journaux de terre situés au terroir de Crapeaumesnil, tenus en censive du prince de Conty. De 1627 à 1675, existent des actes de pareille nature, pour deux journaux sis au terroir de Verpillières, tenus en fief de la seigneurie de ce village.

Lors de l'invasion de 1653, l'église de Saint-Georges fut incendiée, ainsi que le presbytère. Il fallut faire des réparations à l'église ; les chanoines, gros décimateurs, devaient y contribuer.

Le clocher avait été détruit et les cloches en partie brisées dans leur chûte ; la fabrique passa un marché avec Cavillier de Carrépuits pour la fonte de trois cloches. Les dépenses devaient être supportées par les habitants, ainsi que cela résultait d'une transaction passée entre le chapitre de Saint-Florent et la fabrique ; les chanoines s'engageaient à entretenir l'extérieur du clocher, tandis que les paroissiens étaient chargés du soin de l'intérieur. C'est à la suite d'un procès commencé en 1690, qu'eut lieu, l'année suivante, cette transaction amiable.

En 1666, un acte passé en l'église de Saint-Georges, reçu et rédigé par les notaires Louis Cordier et Thomas Cornu, les curé, marguilliers et paroissiens étant assemblés au son de la cloche, le dimanche 12 décembre, à l'issue de la messe, porte ratification de la jouissance des terres, à moitié, entre l'église, la fabrique et la cure de Saint-Georges, à la charge des obits, et moyennant vingt-cinq livres pour le vin que le curé devait fournir à toutes les messes de l'année. Jacques Cordier desservait alors la paroisse. C'était chez le cabaretier du village que l'on achetait le vin destiné à dire la messe.

Dans une visite faite à l'église de Saint-Georges par le doyen et par les chanoines délégués du Chapitre, accompagnés de leurs massiers, le vicaire perpétuel de la paroisse, Jacques Cordier, avait refusé de rendre au doyen les honneurs qui lui étaient dûs, et s'était opposé à la visite de son église. Le curé fut pour ce fait traduit devant le Chapitre assemblé, qui lui interdit l'entrée de l'église, et le fit interner dans un séminaire. La paroisse ne pouvant rester sans service divin, le Chapitre commit pour remplir l'intérim, le chanoine Belliart avec les pouvoirs nécessaires pour se faire ouvrir les portes de l'église.

La population du faubourg de Saint-Georges avait été fortement éprouvée par la maladie contagieuse de 1636, cinquante habitants étaient morts de la peste. En 1668, le fléau fit de nouvelles victimes ; Jean Carpentier et Anne Tenaillon sa femme, qui étaient aux baraques des pestiférés, firent un testament par lequel ils donnèrent à l'église et à la cure, par moitié, un journal et demi de terre, à la charge d'un salut de Saint-Sacrement, au premier dimanche de chaque mois, et d'un obit solennel le jour du décès du dernier mourant.

La paroisse de Saint-Georges avait pour patron de plein droit, le chapitre de la Collégiale ; le doyen nommait directement à la cure. La paroisse se composait de soixante communiants. (1780).

La fabrique n'avait que deux cents livres de revenus ; l'herbe du cimetière était mise en adjudication ; la moitié du prix appartenait à la fabrique et l'autre moitié au curé. La fabrique retirait encore cinq à six livres de la location des bancs de l'église, qui s'adjugeaient au plus offrant.

La cure valait environ sept cent cinquante livres; en 1705, le curé Billecocq intenta un procès au chapitre de Saint-Florent, au sujet de la portion congrue; une sentence du Bailliage intervint, mais le curé en appela à la cour du Parlement qui lui donna gain de cause.

Les chanoines étaient chargés de certaines réparations à l'église de Saint-Georges, ils la visitaient de temps en temps pour s'assurer de son état et de celui de son mobilier. A certains jours de l'année, le clergé de Saint-Georges était tenu de se rendre à la Collégiale pour assister aux processions et aux cérémonies. Le clergé de Saint-Gilles était aussi obligé de s'y trouver; dans ces occasions, la préséance était alternative entre le curé de Saint-Georges et celui de la paroisse de Saint-Gilles.

La Révolution étant survenue; le 29 juillet 1791, l'église de Saint-Georges fut fermée au culte. Les officiers municipaux chargés d'apposer les scellés, s'empressèrent de faire droit à une observation du curé, qui fit remarquer que dans le tabernacle se trouvaient des hosties consacrées; on ajourna la fermeture, laissant en la possession du prêtre, le calice, le ciboire, un soleil et une chasuble: l'autel resta garni. Le 23 août, les officiers municipaux accompagnés du procureur-syndic de la Commune et d'un sergent-de-ville, se présentèrent de nouveau dans l'église de Saint-Georges; ils firent enlever les vases sacrés pour les transporter dans l'église Saint-Pierre conservée au culte. Le mobilier fut déposé dans la sacristie, et ils mirent les scellés sur les portes. Les grilles du chœur comme la porte de l'église furent fermées, et les clefs emportées par le secrétaire-greffier.

Deux ans plus tard, l'église fut mise en adjudication, et vendue par partie; des particuliers achetèrent les uns la charpente, les autres les matériaux, et l'église fut démolie. Les fonts baptismaux échurent à un fermier du faubourg, qui les mit à l'usage de ses bestiaux.

Il existe chez un habitant du hameau un groupe en bois sculpté, représentant Saint-Georges terrassant un dragon, pour la défense d'une jeune fille que le monstre allait dévorer; c'est, du reste, une œuvre assez médiocre.

On ne voit plus aujourd'hui, qu'une partie des murailles du cimetière, et une chaumière qui était la maison d'école, servant aussi de logement au clerc-séculier.

L'emplacement de l'église est mis en culture, le cimetière est aussi cultivé ; de nombreux ossements se trouvent épars à la surface du sol. Au sud du tertre sur lequel était l'église, s'élève un calvaire; dans le massif de la maçonnerie est fixée la pierre tumulaire d'un habitant de Saint-Georges.

Dans un petit livre ayant pour titre : *Offices propres en latin et en français à l'usage de la ville de Roye*, imprimé à Compiègne en 1774, se trouve l'office de la fête de Saint-Georges, premier patron de la ville de Roye, qui se célébrait le 23 avril, (double de première classe avec octave).

En 1835, une contestation s'éleva entre une partie des habitants de Saint-Georges et la veuve Cyprien Leclercq, à propos d'une cloche. Il paraît que la ville avait autrefois donné (1795), une petite cloche destinée à annoncer les décès ou à sonner l'alarme en cas d'incendie ; cette clochette avait été placée sur un des bâtiments de la ferme du sieur Cyprien Leclercq. La veuve prétendait qu'elle lui appartenait et s'opposait à ce que les habitants pussent s'en servir.

De là, grandes contestations ; quarante citoyens adressèrent à la municipalité une supplique demandant à ce que la cloche leur fut rendue; ils s'engageaient à élever une charpente provisoire pour l'y placer, et à faire entre eux une collecte pour la construction d'une chapelle. Ce projet ne fut pas mis à exécution ; en sorte que la cloche ne sonna pas l'alarme, lors des fréquents incendies qui détruisirent successivement toutes les maisons du faubourg, en 1846 et en 1847.

Parmi les curés de l'église Saint-Georges, nous devons citer le nom de Pierre Guérin qui, pendant dix ans, desservit la paroisse.

Guérin Pierre était natif de Roye, il était fils de Jean Guérin et de Marie Douvry ; il fut baptisé en l'église de Saint-Pierre, le 15 novembre 1596.

Nommé à la cure de Saint-Georges, il paraissait pénétré des devoirs de son ministère, et prit une part active à la fondation du couvent des Filles de la Croix.

On a attribué à Pierre Guérin des idées particulières sur certains points de doctrine, il aurait trouvé des adhérents dans Claude Bucquet, curé de Saint-Pierre, et dans Antoine Bucquet, maître de l'Hôtel-Dieu de Montdidier.

Guérin, disent les mémoires du temps, fit bientôt de nombreux prosélytes qui s'appelèrent : *Guérinets ;* ils formèrent une secte de dissidents sous le nom de : *petite église.* On prétend même que les Guérinets n'étaient pas enterrés dans le cimetière de l'église de Saint-Georges, mais dans un lieu situé au nord du faubourg. Le curé Guérin, dénoncé au Parlement comme hérésiarque, fut arrêté, jeté dans les prisons de Roye et transféré à Paris.

Les maximes prêtées à Pierre Guérin faillirent amener une nouvelle hérésie dans l'église ; l'intolérance religieuse d'alors exagéra assurément les dangers. D'ailleurs il est difficile de préciser les erreurs prêchées par le curé de Saint-Georges.

« Les Guérinets croyaient que Dieu avait révélé à Antoine Bucquet, une pratique de foi et de vie suréminente inconnue jusqu'alors dans toute la chrétienté ; qu'avec cette méthode on pouvait parvenir en peu de temps au même degré de perfection que les saints et la bienheureuse Vierge, qui n'avaient eu qu'une vertu commune. Ils ajoutaient que, par cette voie, l'on arrivait à une telle union avec Dieu que toutes nos actions étaient déifiées ; que parvenus à cette union, il fallait laisser agir Dieu seul en nous, sans produire aucun acte. Ils soutenaient que tous les docteurs de l'Eglise avaient ignoré ce que c'était que dévotion, que saint Pierre était un bon homme et que saint Paul avait à peine entendu parler de dévotion, que toute l'Eglise était dans l'ignorance sur la vraie pratique du *Credo*. Qu'il était permis de faire tout ce que dicte la conscience, que Dieu n'aime que lui-même ; qu'il fallait que dans dix ans la doctrine fût reçue par tout le monde, et qu'alors on n'aurait plus besoin de prêtres, de religieux, de curés, d'évêques ni d'autres supérieurs ecclésiastiques.» Telles étaient les doctrines attribuées à Pierre Guérin et recueillies dans les mémoires de Vittorio Siri ; c'est à cette source peu exacte que puisèrent tous les historiens qui ont parlé des Guérinets et de leurs croyances.

Des mesures de rigueur furent prises contre ces prétendus sectaires. Le cardinal de Richelieu, à l'instigation du P. Joseph, chargea l'évêque d'Amiens, Lefèvre de Caumartin, de procéder contre P. Guérin, contre Claude et Antoine Bucquet, et contre ceux qui partageaient leurs erreurs. L'évêque d'Amiens obtint un arrêt du Conseil renvoyant les informations au greffe de l'officialité d'Amiens. Le 30 mai 1634, le prélat chargea André du Saussay, curé de Saint-Leu de Paris et d'autres docteurs en théologie, de faire le procès aux accusés, qui furent transférés des prisons royales de Roye dans celles de l'officialité d'Amiens. Ces docteurs furent aussi investis d'un mandat semblable par Henri de Baradat, évêque de Noyon, qui lança un monitoire pour avoir révélation de ceux qui enseignaient ces erreurs.

Après quelque temps de captivité, P. Guérin et Cl. Bucquet interrogés par les commissaires et confiés à Vincent-de-Paul, furent reconnus innocents et renvoyés dans leurs paroisses.

Il parait que leur retour ne fut pas accueilli avec un égal plaisir. Au mois d'octobre 1634, les habitants de Saint-Pierre et de Saint-Georges se réunirent dans leur paroisse respective et rédigèrent une pétition adressée à l'évêque d'Amiens, demandant à ce que Cl. Bucquet et P. Guérin fussent révoqués de leurs fonctions. Cent trente habitants du quartier Saint-Pierre et soixante-trois du faubourg de Saint-Georges signèrent cette supplique.

En 1636, Guérin n'était plus curé de Saint-Georges, il s'était démis de ses fonctions pour se donner tout entier à la direction des Filles de la Croix. Il se réfugia à Paris, et se retira sur la paroisse de Saint-Germain dont il devint prêtre habitué et où il faisait le catéchisme. Le commandant Sillery lui avait fait obtenir une pension, « réparation « tardive de longues injustices. Jusqu'à sa mort, Pierre « Guérin resta le directeur des Filles de la Croix de la « branche Royenne. »

Dans la notice déjà citée, M. l'abbé Corblet justifie Pierre Guérin et Claude Bucquet des accusations portées contre eux, il en trouve la preuve dans les écrits de Pierre Guérin, qui respirent la morale la plus pure, et dans les jugements rendus qui proclament leur innocence.

Le curé de Saint-Georges publia plusieurs ouvrages : *La Sainte Œconomie de la Famille de Jésus, composé par*

M. Pierre Guérin, curé de Saint-Georges-les-Roye, en Picardie, dédié à Monseigneur l'évêque d'Amiens. Paris, Denys Moreau, rue Saint-Jacques, à la Salamandre d'argent, 1633, in-12.

Le Dévôt Consultant ou Adresse Familière pour retirer profit des conférences spirituelles par P. Guérin, chanoine de Roye. Paris, Denys Moreau, à la Salamandre d'argent, 1641, in-8º.

La Sainte Œconomie, dit M. l'abbé J. Corblet, est un ouvrage d'une doctrine irréprochable, ce qui en fait foi, c'est l'approbation de la Sorbonne qui, par l'organe de sept docteurs, déclare que « ce livre est tout orthodoxe et ne contient aucune chose qui ne soit conforme à la vérité de notre foy catholique, apostolique et romaine. » Si P. Guérin, ajoute-t-il, avait eu les moindres tendances de rebellion contre l'enseignement de l'Eglise, elles se seraient assurément fait jour dans les lettres intimes qu'il adressait aux Filles de la Croix. « Nous avons lu attentivement « cinquante-sept de ces lettres et nous n'y avons trouvé « qu'un perpétuel sujet d'édification. On y constate une « grande connaissance du cœur humain, une entente re- « marquable de la vie spirituelle et un grand amour de la « perfection évangélique. Ces lettres, écrites de 1631 à « 1653, ont été copiées par les Sœurs de Roye peu de « temps après la mort de Guérin, qui signe ordinaire- « ment: Vostre très petit serviteur: PIERRE GUÉRIN, « prêtre indigne. »

Elles sont adressées tantôt à la communauté de Roye, à celle de Brie-Comte-Robert, tantôt à quelques religieuses en particulier.

Tout ce déploiement d'appareil n'avait pour but que de montrer Richelieu veillant avec sollicitude sur les intérêts de l'Etat et de l'Eglise. « C'est ce qu'a fait Vittorio Siri

« en proclamant que le cardinal avait étouffé dans son
« berceau le monstre d'hérésie. »

L'accusation procède parfois de sentiments étrangers à
la vérité, souvent la passion, l'intérêt personnel en sont
les mobiles.

COLLÉGIALE DE SAINT-FLORENT

L'église de Saint-Florent eut pour fondateurs Herbert, comte de Vermandois et Ermangarde, sa femme, comme on le voit, par une bulle du pape Luce III, qui prend sous sa protection les biens de l'église : « *Quidquid habetis intrà ambitum Royæ et extrà ex dono beatæ memoriæ Herberti quondam, comitis Viromandensis, ecclesiæ vestræ fundatoris et Ermangardis, uxoris ipsius.* » (*Pièce justificative* n° 3.)

Ce document écrit à une époque rapprochée de la fondation de l'église (1184), ne peut-être entaché d'erreur, et doit être considéré comme un acte authentique.

Cette église fut élevée près du château des comtes de Vermandois, vers l'an 990.

Herbert étant mort ne put voir son œuvre achevée ; mais son fils Herbert IV continua la construction de la nouvelle église.

Hugues-le-Grand, gendre d'Herbert, ayant fait la guerre en Anjou, et s'étant emparé du corps de Saint-Florent, en fit hommage à la ville de Roye ; les reliques de Saint-Florent furent déposées dans la Collégiale de Saint-Georges.

La vénération dont jouissait Saint-Florent, la présence des reliques et les miracles qui s'accomplirent, firent changer le nom de la Collégiale de Saint-Georges, qui fut

COLLÉGIALE DE SAINT-FLORENT DE ROYE, VUE DU COTÉ DE LA PLACE

alors appelée momentanément : Collégiale de Saint-Florent. Mais dès que la construction de la nouvelle église fut achevée, les reliques du Bienheureux et le collège des chanoines furent transférés dans la Basilique bâtie près du château, qui prit dès lors le titre de : Collégiale de Saint-Florent.

Le comte Hugues-le-Grand, non-seulement enrichit l'église des précieuses reliques du saint, mais il la dota encore d'amples revenus ; de dix-huit il porta à vingt-cinq le nombre des chanoines de la nouvelle Collégiale ; six places furent plus tard amorties pour la fabrique, une pour le doyen et une autre pour le précepteur du collège.

Les chapelains qui faisaient le service de la chapelle du château des Comtes furent attachés à la Collégiale et formèrent quinze chapellenies.

Saint-Florent devint dès lors le nouveau patron de la ville de Roye : Florent était natif d'Aquitaine, sa ferveur chrétienne lui fit braver la fureur des persécutions ; il allait être noyé dans le fleuve Anisus, lorsqu'une révélation céleste lui apprit que Dieu ne le destinait pas au martyre. Il vit alors ses liens brisés, et put librement se diriger vers le Rhône. Florent était alors âgé de trente-sept ans ; il désirait se rendre à Lyon pour entendre la messe, mais arrivé sur le bord du fleuve, il ne trouva pour le traverser qu'une barque en mauvais état, néanmoins il monta avec confiance et la frêle embarcation atteignit l'autre rive. Voilà pourquoi on le représente dans une nacelle, conduite par un ange.

Après avoir accompli plusieurs miracles, Saint-Florent mourut dans la retraite qu'il s'était choisie près du Mont-Gionne, le 22 septembre 390, à l'âge de cent vingt-trois ans.

Son corps fut déposé dans le monastère de Saint-Florent-le-Vieux ; mais ce couvent ayant été dévasté, les restes du saint furent transportés dans une chapelle du château de Saumur. Foulques IV, comte d'Anjou, détruisit ce château, et le corps du Bienheureux sauvé du désatre, fut déposé dans un monastère que l'on fit bâtir et qui prit le nom de : Saint-Florent-le-Saumur.

En 1075, Hugues de Vermandois s'empara sur Thibault, comte de Champagne, de l'abbaye de Saint-Florent-le-Saumur. Hugues qui avait épousé Adèle, fille d'Herbert IV, se souvenant de la dévotion de son beau-père, s'empara des reliques de Saint-Florent et les fit apporter à Roye.

Les habitants pleins de vénération pour leur nouveau patron, firent construire une châsse fort riche, pour recevoir les restes du Bienheureux.

Cette châsse était en bois de chêne, recouverte de lames d'argent et entourée de lames de cuivre ; autour de la châsse se trouvaient plusieurs figures : sur le devant était le Christ assis sur un trône, tenant un livre ouvert, avec cette inscription : *Ego sum alpha et omega.*

De chaque côté étaient les six apôtres ; derrière le reliquaire se voyait l'image de Saint-Florent.

C'est dans cette châsse que se fit la translation des reliques du saint, avec une grande pompe et devant une foule de seigneurs, de prélats et de peuple. La solennité eut lieu le 28 septembre 1152 ; les restes de Saint-Florent étaient enveloppés dans une peau de cerf, tels que les avait laissés le frère Absalon, lorsqu'il avait emporté les reliques de Tournus. Après la translation, on attacha aux courroies de la peau, une lame de plomb sur laquelle était gravée cette inscription : « *Ici repose le corps de Saint-Florent.* » Puis on enferma dans la châsse un acte authentique muni des sceaux des évêques et de celui du Chapitre primitif de

S. FLORENT.
Patron de la Ville de Roye
le 22 Septembre.

Imp. H. Legrand, à Roye.

Saint-Georges qui représentait le Saint armé et à cheval :
« *Cum sigillis capituli ecclesiæ prædictæ Sancti Georgii royensis, cum impressione imaginis ipsius Sancti Georgii armati et equitanti.* » (Voir la gravure.)

Cet acte rédigé en latin, était ainsi conçu : « Qu'il soit notoire à tous présents et à venir, que le corps saint du bienheureux Florent a été ôté d'un coffre ancien et mis dans la présente châsse par les mains vénérables de Beaudoin, évêque de Noyon, le IV des calendes d'octobre, en présence du clergé et du peuple de Roye qui en ont été témoins. Fait l'an de l'Incarnation du Seigneur 1152, Eugène III siégeant à Rome, Samson, archevêque de Reims, Louis, fils du roi Louis régnant en France, Raoul étant comte de Vermandois. Présents : Garnier, prévot d'Amiens, Helgote, doyen de Roye. »

Ce document fut certifié par une charte de Robert, coûtre de Saint-Quentin, chanoine de la Collégiale, qui le rédigea et le revêtit du sceau de Hugues, chancelier de l'évêché de Noyon.

En 1146, l'évêque Simon de Vermandois donna au Chapitre cathédral de Noyon les autels de Roye et de Roiglise, pour célébrer son anniversaire, ceux de ses père et mère et celui de son frère Henri. La première donation de ces autels avait été faite aux chanoines par l'évêque Lambert, et confirmée par Baudoin II de Boulogne, son successeur. (*Archives de l'Oise.*)

On trouve à la date de 1156, des lettres du pape Adrien IV, adressées au prévôt et au doyen de Reims, ordonnant de faire restituer à Stéphane, clerc de l'église de Roye, les dîmes que son père avait données en aumône à la Collégiale.

De nouvelles lettres du Pape, (*datæ Laterani 11 ides decembris*) furent adressées en 1165 à l'archevêque de

Reims, Henri de France, au sujet d'une difficulté survenue entre l'église de Roye et celle de Crapeaumesnil, à propos de la dîme.

Une transaction eut lieu en 1197, entre le Chapitre cathédral de Noyon et les chanoines de Roye, concernant des terres que le doyen de la cathédrale possédait à Roye.

Nous avons vu que lors de la translation des reliques de Saint-Florent dans une nouvelle châsse, le Chapitre de la Collégiale n'avait pas encore de sceau particulier, et que l'acte fut revêtu de celui de l'ancien Chapitre de Saint-Georges. Une charte de donation faite à l'abbaye de Beaulieu, par Odeline Collette, au mois de décembre 1211, nous présente le sceau alors en usage par les chanoines de Saint-Florent. C'était un sceau rond, type équestre, reprétant un cavalier vêtu de la cotte de mailles, casque rond, couvert de son bouclier, tenant sa bannière haute et galopant à droite, avec cette légende : ✠ 𝔖igillum capituli de 𝔑oia.

En 1274, le pape Grégoire X, par une bulle datée de Lyon, la troisième année de son pontificat, ordonna au doyen de Saint-Florent de Roye, de contraindre ceux qui retenaient injustement les biens de l'Hôtel-Dieu de Montdidier, à en opérer la restitution.

Les comtes de Vermandois, comme les seigneurs de Roye, dotèrent la Collégiale de biens immenses ; le Chapitre afin de s'assurer la libre jouissance de ses possessions, s'adressa au souverain Pontife.

Le 18 avril 1184, le doyen et les chanoines reçurent du pape Luce III, une bulle par laquelle le pontife prend sous sa protection spéciale, l'église de Saint-Florent et toutes ses dépendances. Cette bulle donnée à Vœsul, la troisième année de son pontificat, commençait ainsi : « Luce évêque, serviteur des serviteurs de Dieu, à nos

« bien-aimés fils Bernard, doyen et chanoines de l'église
« de Roye, tant présents que ceux qui seront canonique-
« ment substitués, pour sortir un perpétuel effet. Il est de
« l'ordre et de la justice d'écouter les prières qui nous
« sont adressées, surtout lorsqu'elles ont pour base la
« vérité et que la piété les dirige et les accompagne.
« Voulant donc, mes bien aimés fils en notre Seigneur,
« vous traiter favorablement, d'après les justes demandes
« que vous nous avez faites, nous prenons et mettons par
« notre présent bref, sous la protection de Saint-Pierre et
« la nôtre, ladite église de Roye, à laquelle vous êtes
« attachés pour y vaquer au service divin; statuant que
« tous les fonds et biens que l'église possède à présent,
« canoniquement et à juste titre, ou que, Dieu la favori-
« sant, elle pourra acquérir dans la suite, par concessions
« des souverains pontifes, donations des rois ou princes,
« oblations des fidèles et autres moyens légitimes, demeu-
« rent stables et entiers à vous et à vos successeurs..... »
(*Pièce justificative.*)

On voit par ce document qu'il existait alors dans la ville, indépendamment de la Collégiale et de l'église de Saint-Georges, les églises de Saint-Pierre, de Saint-Gilles et de Saint-Médard.

Le Pontife termine sa bulle en vouant à l'anathème ceux qui témérairement troubleraient l'église dans ses possessions.
« Si donc, quelque personne ecclésiastique ou séculière
« était assez téméraire pour donner sciemment atteinte à
« quelque partie de notre présente constitution, qu'après
« une seconde ou troisième monition, elle soit privée des
« honneurs et droits attachés à son rang ; qu'elle sache
« que par sa faute, elle a encouru la disgrâce de Dieu,
« qu'elle soit privée de la participation du très-sacré corps
« et sang de Jésus-Christ, notre Seigneur et Rédempteur,

« qu'au jugement dernier, elle éprouve toute la vengeance
« divine : Soit, au contraire, la paix de notre Seigneur à
« tous ceux qui conserveront les droits de ladite église,
« qu'ils retirent de cette vie, le fruit de leur bonne action
« et que le souverain Juge les récompense en l'autre
« monde d'un bonheur éternel. » *Amen.*

Les fondateurs du chapitre de la Collégiale, s'étaient réservé la faculté de pourvoir à tous les canonicats ; lors de la réunion du Vermandois à la Couronne, ce droit appartint en partie au roi : les seigneurs de Roye nommaient six chanoines et le monarque les autres.

Le doyen était élu par les chanoines réunis en chapitre, et sa nomination était confirmée par l'Evêque d'Amiens.

Les chanoines choisis devaient être agréés par le Chapitre ; ils ne pouvaient être reçus que quand on chantait un office ; ils juraient alors, au milieu du chœur, la main étendue sur l'Evangile, en présence du doyen et des chanoines, d'observer fidèlement les statuts et de maintenir les droits du Chapitre.

Voici la formule du serment prononcé en latin :
« Je..... chanoine prébendé de l'église Saint-Florent,
« diocèse d'Amiens, jure par les saints Evangiles de Dieu,
« que je suis né d'un mariage légitime, que je porterai
« honneur et respect à messieurs les doyen, chanoines,
« chapitre de la présente église, que je tairai les secrets
« du Chapitre, que je garderai et défendrai de tout mon
« pouvoir, les droits, statuts, privilèges, observances,
« usages, possessions de la même église, que tant que je
« serai chanoine, je ne conseillerai personne qui soit en
« procès avec elle ou qui porte atteinte à ses droits,
« libertés et exemptions ; qu'ainsi Dieu me soit en aide et
« les saints Evangiles de Dieu. C'est ainsi que je jure. »

Lorsque le décanat était vacant, le Chapitre assignait un jour pour l'élection. Tous les habitants de la ville, tous les étudiants, les clercs du dehors et les chanoines qui n'avaient pas encore reçu les ordres sacrés, étaient convoqués ; ces derniers pouvaient même être élus doyens. On procédait en assemblée capitulaire à l'élection, en présence des officiers du roi ; la nomination avait lieu à la pluralité des suffrages.

Le doyen ainsi nommé et son élection étant ratifiée par l'Evêque d'Amiens, il était procédé à son installation, qui se faisait avec un certain éclat, et qui donnait lieu à un singulier usage.

La terre d'Andechy avait été donnée par Herbert, comte de Vermandois, à l'église de Saint-Florent ; le Chapitre avait encore augmenté ses possessions par l'acquisition de terres, qu'il fit en 1231, à Jean d'Andechy et à Marguerite sa femme. A cause de ce domaine, les seigneurs d'Andechy devaient foi, hommage et serment de fidélité au Chapitre.

Lorsque le doyen de la Collégiale devait faire sa première entrée dans la ville de Roye, il se rendait à l'extrémité du territoire, près d'une haute-borne située vers Andechy ; le seigneur du village était aussi obligé de s'y trouver : ceint de son épée, il tenait l'étrier lorsque le doyen montait sur sa mule, il la conduisait par la bride jusqu'à la porte principale de l'église Saint-Florent. Arrivé là, il aidait le doyen à descendre, lui ôtait ses éperons et emmenait la monture toute enharnachée : elle lui appartenait.

En 1701, Léonor René de Riencourt qui était devenu seigneur d'Andechy par la donation que lui fit de cette seigneurie son oncle François de la Fontaine, fut admis le 26 juillet à faire foi et hommage au Chapitre ; il ne s'engagea plus qu'à mettre ou à faire mettre les éperons au doyen. Ce fut le bailli de Simon de Riencourt qui remplaça le seigneur dans ses humiliantes fonctions.

Le Chapitre avait haute, moyenne et basse justice sur la terre d'Andechy, et son bailli pouvait tenir ses plaids, au milieu des haies, du côté des héritages. Ce domaine comprenait deux cent huit journaux de terre, affermés treize cent quatre-vingt-dix livres, sans les cens des héritages.

Le Chapitre avait aussi des terres à Conchy-les-Pots ; chaque année, le 5 novembre, les détenteurs étaient obligés de donner un repas à cinq chanoines. « A ce repas, il y devait y avoir vin blanc ou vermeil, du pain blanc et du pain brun, avec chair rôtie et bouillie. »

Il possédait encore la cense du Mont-Royal *(Regalis mons)* située près d'Omiécourt, avec toute la justice seigneuriale. Ce domaine composé de sept journaux de terre, avait été un centre d'exploitation rurale formé par les rois mérovingiens.

Le doyen de la Collégiale était un personnage important, qui jouissait d'immenses prérogatives et de droits épiscopaux : il était grand-vicaire pénitencier, official-né de l'évêque ; il exerçait un premier degré de juridiction spirituelle avec deux chanoines députés du Chapitre, il connaissait de tous les cas ecclésiastiques qui regardaient le clergé et les habitants, excepté ceux où il s'agissait de crimes, divorce et de la déposition d'un clerc. Les appellations des sentences rendues par le doyen étaient portées à l'officialité d'Amiens ; il donnait la dispense des bans, la permission de publier des monitoires, il choisissait avec le Chapitre, les confesseurs et les prédicateurs de la ville et des faubourgs, parmi ceux qui étaient approuvés par l'évêque d'Amiens.

Le doyen ne quittait pas l'étole en présence de l'évêque même lors de ses visites pastorales ; cela fut plusieurs fois jugé par le Parlement, notamment le 1er décembre 1660.

Le doyen était encore écolâtre-né : en cette qualité, il avait l'inspection sur le collège et sur les écoles de la ville et des faubourgs. Mais ces droits superbes furent souvent un sujet de contestation, entre le Chapitre de Roye et l'évêché d'Amiens. En effet, ces prérogatives étaient mal déterminées et des conflits s'élevèrent en 1205, entre le doyen de la Collégiale et Richard de Gerberoi, évêque d'Amiens. Pour mettre fin à ces démêlés, une transaction intervint entre les parties ; aux termes de cet accord, le Chapitre avait droit de nommer à toutes les cures de la ville, à l'exception de celle de Saint-Médard de Thoule ; il avait pour cette paroisse la présentation d'un candidat, et le prélat ratifiait ou non le choix des chanoines.

Le doyen avait toute juridiction sur les clercs du chœur et sur tous les laïques de la ville, à l'exception de ceux de la paroisse de Thoule ; il pouvait les excommunier, les absoudre, mais les condamnés étaient libres d'en appeler au jugement de l'évêque.

Le doyen ne pouvait connaître des causes de divorce, ni d'hérésie ; ce droit appartenait à l'évêque seul. Le doyen ne pouvait non plus déférer malicieusement (*malitiosè*) l'excommunication, ni à l'avantage, ni au désavantage de l'évêque. Si le doyen était convaincu d'avoir violé un des articles du traité, l'évêque pouvait mettre un autre official à sa place, mais il devait le choisir parmi les chanoines.

Quand le doyen voulait s'absenter, il devait se faire remplacer par un chanoine agréé de l'évêque.

Toutes ces conditions furent minutieusement détaillées dans cette transaction ; il semblait dès lors que tous les cas avaient été prévus, et que tout conflit devenait impossible pour l'avenir, alors surtout que les parties juraient de l'observer fidèlement.

Les droits du Chapitre et de son chef étant déterminés vis-à-vis de l'Evêché, les chanoines songèrent à leur organisation intérieure, et voulurent définir par un règlement les devoirs de chacun.

Le collège des chanoines formait le Chapitre, qui avait pour président le doyen ; les chanoines se réunissaient en assemblée dans une salle dite capitulaire, tenant à la Collégiale. Des réunions générales déterminées à l'avance, se tenaient dans l'octave de la fête de Saint-Jean-Baptiste. Les résolutions intéressant les affaires du Chapitre étaient prises dans ces assemblées ; on examinait les comptes, on dressait le budget des recettes et des dépenses ; ces dernières devaient être payées sur les fruits du mois d'août « immédiatement suivant. » On procédait à l'élection du doyen et du secrétaire-greffier ; puis à la nomination du coûtre de la Collégiale.

Les officiers de la justice du Chapitre, les enfants de chœur, les officiers d'église étaient inhumés, les premiers dans la nef de la Collégiale, et les autres dans les cloîtres.

Dans une assemblée générale de l'an 1225, le Chapitre arrêta des statuts qui devaient servir de règlement pour tous les services de l'église, pour les chanoines, les chapelains et pour tous les officiers de la Collégiale. Ces statuts rédigés en latin, imprimés au mois de mars 1682, étaient à l'usage de tout le clergé.

Les motifs qui déterminèrent le Chapitre à établir ces statuts sont exprimés ainsi : « Considérant que la vie des
« hommes est courte, que leur mémoire s'affaiblit bientôt
« et se perd, que l'on perpétue par écrit le souvenir des
« choses anciennes, voulant faire connaître à nos successeurs

« tous les usages de notre église de Roye, avec les statuts
« que nos prédécesseurs et nous, avons juré d'observer et
« avons fidèlement observés. Avons ordonné, ordonnons
« encore et statuons unanimement que lesdits coutumes
« et statuts soient, par la suite, lus et publiés tous les ans
« dans le Chapitre général de notre église. »

Dans ces statuts qui contiennent l'ordre, la discipline que les chanoines, les chapelains et les enfants de chœur, doivent observer il est dit : que tous doivent s'abstenir de toute occasion de scandale.

« Que personne ne demeure sous le portail durant le service qui se fait à l'église, et qu'on ne cherche point à abréger le service divin. »

« Que personne n'ait la témérité de proférer des paroles injurieuses contre quelqu'un du chœur ; si la chose arrivait, que le délinquant soit puni à la décision du Chapitre. »

« Quiconque fait marrance (*marranciam*, défaut de chanter) au chœur, soit puni. »

Il appartenait au doyen seul de faire publiquement des représentations aux assistants, sur leur manière d'être ou sur leur conduite.

Celui qui entrait ou qui sortait du chœur devait incliner la tête ; il était interdit de passer devant le lutrin pendant le service divin, à moins que ce ne fût pour aller de la chapelle de la Vierge dans la sacristie.

Les enfants de chœur ne devaient psalmodier, que lorsqu'ils étaient dans les formes.

Quatre vicaires devaient continuellement suivre l'office divin, et s'y comporter décemment.

Aucun officier d'église ne devait s'installer dans le chœur s'il était arrivé à l'office après le *Gloria patri*.

Tous devaient être rasés le samedi, avant les vêpres.

Mais c'était surtout à l'égard des chapelains que les statuts étaient rigoureux et leurs fonctions parfaitement déterminées ; il leur était surtout recommandé de suivre les offices assidûment et *bona fide*, ainsi qu'ils s'y étaient engagés par serment.

Les chapelains ne pouvaient célébrer d'office ou dire d'annuel, en dehors de la Collégiale, sans l'autorisation du Chapitre ; toutefois ils pouvaient desservir les cures de la ville avec la permission du doyen, mais ils devaient alors, deux ou trois fois la semaine, dire dans la Collégiale un service pour le fondateur de leur chapelle.

Le Chapitre avait la garde des biens des chapelains, qui ne pouvaient aliéner, ni intenter de procès, sans avoir consulté le doyen et les chanoines ; les archives concernant les chapelles étaient conservées dans un coffre à double serrure, dont les chapelains avaient une clef et le doyen l'autre.

L'article premier de ces statuts porte : « Que les chapelains distribuent avec prudence et précaution leur pain de tous les jours qu'ils gagnent à l'église, tant à matines, qu'aux heures ; que la distribution puisse s'en faire tous les jours, pendant toute l'année, aux chapelains présents qui servent à l'église. »

D'autres statuts furent établis, en 1332, ils étaient plus particuliers encore aux chapelains, et les chanoines afin de donner à leurs règlements plus d'autorité, les firent précéder de considérations de l'ordre le plus élevé :

Le Chapitre rappelle les chapelains à leurs devoirs que par leur conduite ils paraissent avoir oubliés. En effet, il est dit : « Quelques-uns de notre chœur, s'étant engagés
« dans des pas dangereux et exposés non sans notre
« grand détriment et celui de notre église, dans de
« funestes écarts, par leurs allées et venues peu régulières

« dans la ville de Roye, par leur mauvaise habitude à se
« trouver *dans les cabarets* et spécialement, *par leurs
« courses continuelles pendant la nuit*, comme nous
« n'en saurions douter par les clameurs de plusieurs
« personnes, et par le rapport des gens dignes de foi
« qui habitent les faubourgs, lesquels nous ont fait plusieurs
« fois des plaintes. »

Pour remédier à cet état de choses, le Chapitre décida que ceux qui seraient rencontrés le jour ou la nuit, s'amusant dans les rues ou fréquentant les tavernes, seraient privés pendant quinze jours de la distribution du pain.

Les statuts ordonnaient encore : « que personne n'aille de nuit par la ville, passé l'heure due et ordinaire à des ecclésiastiques et à des honnêtes gens, ne porte des armes, ne courre çà et là d'une manière indécente, seul ou en compagnie de qui que ce soit, ne fasse rien de déshonnête qui puisse causer quelque tort à nous ou à notre église, hors le cas où tout le chapitre ou la majeure partie se promène, à certaines fêtes, avec des torches et des flambeaux, par manière de récréation honnête et comme il convient. » Ces statuts furent signés et jurés le samedi, fête de la translation de Saint-Martin d'été 1331, par le doyen Pierre de Saint-Guon et par les chanoines présents : Jean Blasset, André de Rumaril, Michel de Mure, Gallère Emmerard, Pierre Douvry, Pierre de Saint-Germain, Etienne Lempereur.

Il semblait, avons-nous dit, qu'après l'accord intervenu entre l'évêque Richard de Gerberoi et le chapitre de la Collégiale, il ne devait plus y avoir de dissentiment possible : il n'en fut rien.

En 1282, le chapitre de Saint-Florent ayant refusé de recevoir la visite de l'Evêque d'Amiens, Guillaume de Mâcon, ce prélat lança contre les chanoines une sentence d'excommunication.

Le pape Martin IV adressa une commission au doyen de l'église de Beauvais, pour le charger de faire exécuter la sentence de l'Evêché.

En 1286, de nouvelles difficultés surgirent ; l'évêque Guillaume et le Chapitre firent appel à l'arbitrage de Bertrand de Saint-Jean, religieux prieur de Saint-Martin de Langres, et de Regnaud de Villacère, chanoine de Roye. Ces juges, après plusieurs conférences, rendirent une sentence arbitrale (le samedi avant le dimanche des Rameaux), par laquelle ils ordonnèrent que l'ancien accord fait entre l'évêque Richard de Gerberoi et le Chapitre, sur la juridiction de chrétienté, fût maintenu et exécuté dans toute sa teneur, sous peine de cent marcs d'amende.

On voit par cet acte que toutes les fois que l'Evêque se présentait personnellement dans la Collégiale, le Chapitre devait lui compter pour droit de procuration, cent livres tournois ; cette somme était sans préjudice de celle que devait le Chapitre à l'Evêque, lors de son retour du sacre.

Malgré ces engagements, de nouveaux différends eurent encore lieu dans la suite entre le Chapitre et l'évêque Simon de Goucans, à propos de l'absence du doyen, lors d'une visite faite à la Collégiale, vers la Pentecôte. Une sentence de l'Evêché du 5 juillet, protesta contre ce fait « comme attentatoire à la juridiction, à l'usage et aux « convenances. » (1325)

Il fallut que l'autorité royale intervînt pour terminer un autre débat ; le 2 des calendes de mars 1346, Philippe de Valois rendit une ordonnance, afin de mettre d'accord Jean de Cherchemont, évêque d'Amiens, et les chanoines de Roye.

Plusieurs fois la cour du Parlement eut aussi à se prononcer entre les parties ; il s'agissait en dernier lieu de la prestation de serment du doyen entre les mains de l'Evêque. La Cour confirma le Prélat dans le droit de recevoir le serment du doyen élu par le Chapitre. Néanmoins dans l'intérêt de la concorde, Philippe de Valois ordonna que, pour cette fois et par considération pour sa personne royale, l'Evêque fît remise de ce droit à l'église de Roye, de façon telle qu'il ne fût porté aucun préjudice au serment de fidélité que le doyen devait au roi, à cause de son temporel.

Pendant quelque temps l'accord parut régner entre l'Evêché et le Chapitre de Roye, ou du moins aucun acte ne révèle la présence de contestations sérieuses. Mais en 1532, le 8 juin, la Cour du parlement rendit un nouvel arrêt pour mettre fin aux empiètements de l'Evêque d'Amiens sur les droits spirituels du doyen.

« Nous maintenons et gardons, dit l'arrêt, le demandeur (le doyen) en possession d'avoir juridiction spirituelle tant sur les chapelains et vicaires que sur les paroissiens de la ville... de bailler des dispenses de bans et le droit de mariage. »

Un acte de célébration de mariage du 3 février 1529, porte un sceau en cire jaune représentant d'un côté : *une fleur de lys* et de l'autre : *une croix fleurdelysée;* c'était le scel aux causes du doyen. Selon d'Hozier, le Chapitre de la collégiale portait : *d'or à une boutterolle d'azur*.

Parmi les privilèges dont jouissait encore la Corporation, c'était au plus jeune chanoine qu'appartenaient l'honneur et le droit de dire la messe devant le roi. La Collégiale fut honorée de la visite de Louis IX, de Charles VII, de Louis XI, de Louis XIII, de Louis XIV et de Louis XV.

Ce n'était pas seulement avec les évêques que le Chapitre avait des démêlés, mais aussi avec l'Echevinage.

Plusieurs fois le Parlement eut à intervenir pour juger les différends, tantôt pour la juridiction, d'autres fois pour les impôts.

Le Parlement, dans certaines affaires qui nécessitaient une enquête, nommait des arbitres ; ainsi en 1324, la Cour renouvela les pouvoirs de Gilles de Bénin et d'Adam Michemin, dans un procès élevé entre le Chapitre et les maire et jurés de Roye, au sujet de la taille sur quelques héritages.

Nous avons vu aussi des procès s'engager entre le Chapitre et le chatelain de Roye, à propos du lieu où le juge tenait ses audiences. Les chanoines se plaignirent aussi à l'Echevinage de ce que le marché qui se tenait le vendredi sur la Place, près de l'église, troublait le service divin, et empêchait les vendeurs et les acheteurs d'assister à la messe. N'ayant pu obtenir satisfaction de l'Echevinage, les chanoines adressèrent une plainte au roi ; le 5 avril 1407, Charles VI envoya des lettres confirmatives de celles déjà données sur le même sujet.

C'était encore pour terminer un différend survenu entre le chapitre de Noyon et celui de Roye, que le jour de Saint-Luc 1320, survint un accord qui mettait fin à un procès existant, au sujet de terres et de vignes situées à Roiglise.

La Collégiale n'était pas de fondation royale, puisqu'elle devait son existence aux comtes de Vermandois ; les chanoines, après avoir réclamé la protection du Pape voulurent aussi se mettre sous l'égide royale : à cet effet, ils sollicitèrent du roi des lettres de garde-gardiennes.

Jean II accorda au Chapitre des lettres par lesquelles, il mit sous sa sauvegarde spéciale, tous les biens, possessions, maisons, terres, domaines, gens familiers, serviteurs et choses quelconque appartenant aux chanoines.

ARMOIRIES DE LA COLLÉGIALE DE SAINT-FLORENT

Cette charte n'était que la confirmation de celles précédentes, dont la première serait due à Louis IX. Dès lors la Collégiale de Saint-Florent, pour rappeler la protection royale, obtint pour armoiries : *d'azur à la fleur de lys d'or avec trois couronnes aussi d'or*, posées *2 et 1*.

Henri II par des lettres données à Saint-Germain-en-Laye en juin 1549, prit également sous sa sauvegarde les biens de la Collégiale et renvoya les causes par devant le gouverneur de Péronne, Montdidier et Roye ou devant son lieutenant à Roye, lorsque les biens en question étaient situés dans le ressort de leur juridiction, ou devant les grands baillis ou les sénéchaux suivant les cas. Ces lettres de garde-gardiennes furent enregistrées au bailliage de Roye, le 21 juillet 1549. Me Florent Collesson, écuyer, licencié-ès-lois, étant lieutenant à Roye, à la réquisition de François Cornet et de Jean de Villers, chanoines, au nom et comme procureurs du Chapitre, en présence de maître Florent Boucquel, procureur du roi, et de Gabriel Cornet, avocat.

Ces lettres furent confirmées en 1636 par Louis XIII, et par Louis XIV, dix ans après, par lettres-patentes données à Paris au mois de mai.

La protection accordée par les souverains à la Collégiale de Roye, n'empêcha pas les ennemis de l'Etat de la dévaster toutes les fois qu'ils s'emparèrent de la ville. Incendiée en 1373 et ruinée de nouveau par les Bourguignons en 1439, la Collégiale avait vu tarir la source de ses revenus. Ceux qui devaient des rentes étaient dans l'impossibilité de les payer, de sorte que l'église « était en « très grande pouvreté et ruyne, tellement qu'elle étoit en « aventure de cheyoir et trébucher à terre. » Cependant, grâce à la bonne administration du Chapitre, les chanoines purent en moins de trois années, remettre leur église en état ; ils dépensèrent plus de deux cents livres parisis « tant en carpenterie, come machonnerie, couverture de « tieulles, plomb et d'ardoises. » Ils ne négligèrent pas la décoration intérieure, ni les ornements : le Chapitre acheta la grande croix de l'église, qui coûta plus de quarante livres.

Pour arriver à ce résultat, les chanoines avaient été obligés d'aliéner quelques biens, et de négliger quelques services ; c'est ainsi qu'ils avaient cessé de célébrer la messe pour le salut et le remède de l'âme de glorieuse mémoire « Madame Blanche en son vivant reine de « France, à cause des dons et bienfaits qu'elle avait « aulmonés à la Collégiale. » Cette messe se disait tous les jours, à l'heure de prime. La reine Blanche avait contribué de ses deniers à la réfection du chœur de l'église, et à sa couverture ; elle avait, en outre, donné des ornements pour le service divin.

Il en avait été de même pour Aubert de Folleville ; le Chapitre, tout en reconnaissant les services rendus par ce vaillant capitaine, avait cessé de remplir les obligations imposées par une fondation établie sur le fief de la Planque, pour éviter d'engager le reliquaire de l'église. Une transaction survint au moyen de laquelle Aubert de Folleville paya cinquante-six saluts d'or aux Hospitaliers de Saint-Jean de Jérusalem, à laquelle somme le Chapitre avait été condamné ; alors le service pût continuer

D'ailleurs les chanoines avaient été autorisés à en agir ainsi, car après la destruction de la ville (1373) ils avaient exposé au roi l'état de leur situation : ils étaient chargés d'obits, de messes pour le salut des âmes de fondateurs, pour lesquels services ils ne pouvaient rien toucher parce que les revenus de ces fondations étaient assis sur des maisons « la plupart arses et détruites. » Ils avaient des offices à dire pour Emmeline d'Oisemont, pour Aubery de Popincourt, pour Robert de Faillouël, pour Jean Blasset, pour Jean de Cayeux, pour Pierre de Saint-Germain, chanoine, pour Pierre de Beaurein, une messe de consolation...... etc.

Le roi Charles, prenant leur demande en considération, par des lettres datées du 8 septembre 1374, les déchargea de l'obligation de remplir leurs engagements.

Le 18 octobre 1379, Mathieu de Roye reconnait devoir au Chapitre de Saint-Florent, une rente annuelle et perpétuelle de quatorze setiers de blé, à prendre sur le moulin des Truyots, à Saint-Mard ; il en ajouta huit autres, à toucher sur le même moulin, pour que les chanoines célébrassent une messe du Saint-Esprit, tous les ans, pendant sa vie, et après sa mort, un obit de vigiles avec deux messes par semaine.

Une sentence de Drouart de Hainaut, lieutenant du bailli de Vermandois, dans une assise tenue à Roye le 13 mai 1365, avait confirmé l'accord fait entre le Chapitre et Mathieu, seigneur de Roye, touchant quinze setiers de blé, que le Chapitre était en droit de percevoir sur toute la terre labourable possédée par ce seigneur au terroir de Roye, et concernant la justice haute, moyenne et basse.

C'était pour faire rentrer des fonds qu'en 1430, le Chapitre de Saint-Florent avait traduit devant le prévôt et les échevins de Roye, le nommé Colart Hérault, comme garant de Pierre Chiquet, à l'effet d'être payé de soixante-quatre sols parisis de rente, qui lui étaient dûs sur la maison où pendait pour enseigne : *l'Hôtel des Maillets*, située sur la place du Marché ; Colard Hérault condamné à payer, avait interjeté appel, puis s'était désisté le 22 décembre 1430. Le procès interrompu par les guerres, par le décès de Colart et du procureur du Chapitre allait se poursuivre, lorsque Henri, roi de France et d'Angleterre, par une charte datée de Paris du 24 mars 1431, donna commission, en faveur du Chapitre, aux prévot et échevins pour qu'ils aient à faire payer Colart ou ses ayant-cause. Ces lettres contiennent tous les détails de l'affaire, et montrent « la considétion, la grâce toute spéciale que le roi accordait à la Collégiale. » (*Pièce justificative.*)

L'obituaire de l'église Saint-Florent était fort chargé : le 10 mai de chaque année, il se disait un service pour le président Jean de Popincourt.

Le chanoine De Namps avait légué huit cents livres pour une messe basse chantée le lendemain de l'octave du Saint-Sacrement.

Gérard d'Athies, archevêque de Besançon, seigneur d'Ercheu et de Moyencourt, avait fondé un obit qui se célébrait le 15 novembre.

Tous les ans, il se faisait un service à l'intention de Pierre de Sincry ; pour cet office le Chapitre avait une rente de quarante sols à prendre sur un fief situé à Villers-les-Roye.

Le 14 juillet 1459, Guy, seigneur de Roye, demeurant au Plessier-de-Roye, fonda dans la Collégiale, en recommandation de ses père et mère, une messe basse qui devait se célébrer, chaque jour, dans la chapelle que le seigneur avait fait édifier contre le pignon de l'église. Puis à une autre chapelle élevée près du portail, une messe chaque mercredi en l'honneur de Sainte-Anne ; une messe de *requiem* le jeudi et le vendredi ; enfin chaque samedi, une messe de Notre-Dame, et ce moyennant la somme de trente-deux livres parisis à prendre sur ses biens. Cette fondation fut ratifiée le 5 mars 1487, par

Jean IV, seigneur de Roye, héritier et exécuteur testamentaire de son frère Guy de Roye.

Jeanne de Mailly, épouse en premières noces de Guy de Roye et femme d'Eustache de Boufier, ratifia la donation de son premier époux, le 12 mars 1487. Elle fonda pour elle-même un obit qui se célébrait annuellement le 5 septembre, et pour lequel elle donna soixante sols de rente, assignés sur le fief du Quesnoy situé à Carrépuits.

En 1487, l'évêque Pierre de Vercé, originaire du diocèse de Besançon, fonda dans la Collégiale un office de Saint-Claude, qui se célébrait le 6 juin.

Si le Chapitre avait de grandes obligations à remplir, il avait aussi d'immenses possessions ; on voit par la bulle du pape Luce, que le Chapitre avait des biens sur le territoire de vingt communes. En 1728, il avait treize cents journaux de terre affermés, plus d'autres rentes qui élevaient ses revenus à près de quatorze mille livres, et ceux de la communauté des chapelains à environ trois mille livres. Le Chapitre exigeait en sus du prix des fermages « quarante sols de pots-de-vin » par chaque journal, ce qui lui rapportait, année commune, deux cent cinquante livres.

On se rappelle la vénération que les habitants de Roye portaient aux reliques de Saint-Florent ; leur attachement augmentait encore des grâces qu'ils avaient obtenues du ciel par son intercession.

Mais il arriva qu'au mois de mai 1475, Louis XI s'étant emparé de la ville, et ayant appris que les reliques de Saint-Florent avaient été enlevées de l'abbaye de Saumur et apportées à Roye par un comte de Vermandois, il jura de les restituer à l'abbaye. Cette nouvelle consterna les habitants ; ils eurent à déplorer en même temps, la perte de leurs maisons et celle des reliques du patron de leur ville.

Louis XI se rendit à Amiens ; il obtint de l'évêque Jean de Gaucourt, l'autorisation d'enlever les châsses. Il dépêcha vers Roye son chapelain, avec les pouvoirs nécessaires pour exécuter ses ordres. Mais arrivé dans la ville, le chapelain ne trouva plus les châsses ; les chanoines d'accord avec les habitants les avaient cachées : une partie à Carrépuits et l'autre près de Beuvraignes.

Dès que le roi en fut instruit, il donna des ordres pour découvrir les cachettes, il chargea de ce soin des officiers dévoués et notamment Robinet Doudenfort, capitaine de Cressonsac, qui était un homme fort cruel. Ce chef exerça sur les chanoines toutes sortes d'oppressions et d'outrages ; il s'empara de la personne de Jean Blavet, prêtre et chanoine de la Collégiale, ainsi que de Sulpice Oudin, autre chanoine. Ceux-ci ayant refusé de parler, il les menaça de les jeter dans le puits de la Place du marché, puis il les fit dépouiller de leurs chemises, lier l'un à l'autre par les bras et leur fit serrer le front avec une corde, tellement que le sang « en sailloit ». Il leur ordonna de se confesser l'un à l'autre, de se mettre à genoux sur le bord du puits dans lequel il les menaçait de les noyer, en vociférant mille imprécations et en exerçant sur les chanoines les plus affreuses violences, au point que le malheureux Jean expira au milieu des tourments ; quant à Oudin, il fut emmené nu hors de la ville.

Le capitaine Robinet ayant appris que le doyen Raoul Soyer s'était retiré avec plusieurs chanoines à Compiègne et à Noyon, se transporta dans ces villes ; il s'empara d'eux et les menaça de les faire jeter à l'eau s'ils ne lui disaient où étaient les châsses. En même temps, il envoya à Ressons saisir Pierre Carton et sa femme qu'il constitua prisonniers à Cressonsac ; là, il les soumit à la torture. Pierre Carton affaibli par la douleur, déclara que les châsses étaient cachées à Carrépuits, et que la relique du chef était à Beuvraignes.

C'est cet événement qui a inspiré au chanoine Lesquevin, le sujet de sa tragédie ayant pour titre : *Enlèvement de la Châsse de Saint-Florent* (1708). Dans cette pièce, l'auteur ne fait que reproduire les divers épisodes de la prise de la ville : la colère du roi, son intention d'emporter la châsse, enfin l'enlèvement des reliques dont la cachette avait été découverte par l'indiscrétion d'un témoin. Quelques personnages sont réels, d'autres sont supposés, aucun fait nouveau n'y est révélé. C'est une œuvre assez médiocre.

Dès que les officiers du roi furent en possession des châsses, le 25 mai (1475) ils les conduisirent à la Chartreuse du Mont-Renaud, puis les déposèrent dans la cathédrale de Noyon, sous la garde de Guillaume de Marafin, de là les transportèrent à l'abbaye de Saumur. La fête du retour des reliques dans cette dernière ville, fut célébrée le 25 juin 1480 avec une grande solennité. Louis XI donna même au chapitre de Saumur, deux châsses d'argent doré, plus riches que celles venant de Roye.

Un acte écrit à cette date par les religieux, indique la marche et l'ordre de la translation du corps du Bienheureux dans l'église du monastère de Saint-Florent-les-Saumur ; il donne en même temps la description de la châsse et de son contenu.

C'est dans ce reliquaire qu'étaient les os saints du bienheureux Florent, enveloppés dans une peau de cerf, tels que le frère Absalon les avait emportés de Tournus ; le temps ne les avait pas changés, ils étaient tout entiers et et d'une beauté surprenante (*pulchritudine resplendebant*). Au pied de la châsse était écrit des deux côtés ce qui

suit : « Au temps de très glorieux prince Henri, roi de
« France, Hugues, comte de Vermandois, transféra par
« force d'armes, le corps de saint-Florent près de Saumur-
« sur-Loire, à l'église de Saint-Georges de Roye, alors
« renommé par des miracles de toute espèce, l'an du
« Seigneur 1035, le 25 mai. »

Cette inscription mise sur la châsse venant de Roye, peut-être lors de la première translation des reliques en 1152, contient un anachronisme ; nous avons vu, en effet, que ce n'était pas en 1035 que le comte Hugues avait apporté à Roye les restes du saint, mais en 1075 : d'ailleurs, le comte de Vermandois n'était pas né à cette époque (1057). La guerre que fit Hugues au comte d'Anjou n'est pas contestable, la destruction du monastère par Foulques, comte d'Anjou (1025), la ruine du château de Saumur sont des faits acquis à l'histoire. Les reliques de Saint-Florent furent alors déposées dans l'église du bourg de Trèves, dans laquelle le corps du Bienheureux fut transféré en grande pompe en 1030, et fut placé sur l'autel de Saint-Jean-Baptiste. C'est de cette abbaye que le comte de Vermandois enleva les restes du saint, pour les faire conduire à Roye. Les premières châsses avaient été données par le roi Charlemagne ; à cause de cette donation, il se disait, tous les ans, dans l'église de l'abbaye, huit services solennels, pendant lesquels on avait coutume de mettre une bannière sur le clocher ; tant que le drapeau flottait, les marchands passant sur la rivière de la Loire devaient double péage. Ce n'est donc pas sous le règne d'Henri qu'eut lieu la translation, mais sous celui de son fils, Philippe Ier.

Les habitants de Roye n'oubliaient pas la perte qu'ils avaient faite des reliques de Saint-Florent, ils songeaient toujours, au contraire, aux moyens de rentrer en possession des restes du saint, qui avait été le patron de leur ville pendant quatre-cent-quarante ans. « Ils supportaient « cette ennuyeuse éclipse de leur soleil, dont les raions « et les heureux aspects avoient esté et à tout le voisinage, « si favorables. »

Louis XI étant mort (1483), les chanoines crurent le moment favorable ; ils intentèrent un procès aux religieux de l'abbaye de Saumur, à l'effet de leur faire restituer le corps de Saint-Florent. Les religieux ne reconnaissent pas d'abord avoir jamais été privés des reliques ; pour eux, elles sont toujours restées enfermées dans une ancienne et insigne châsse d'argent qui « de temps immémorial » était dans leur église ; bien plus, personne n'avait entendu parler de l'acte de spoliation qui avait transporté de Saumur à Roye, le corps de Saint-Florent.

Cette pieuse ignorance de la part des abbés de Saumur, n'était rien moins qu'une supercherie ; les religieux comprenaient qu'il était de leur intérêt de laisser croire aux fidèles que la châsse exposée à leur adoration, n'avait jamais cessé un instant de contenir les reliques du Bienheureux. Ils savaient encore que si les pèlerins supposaient l'absence des restes du saint, les offrandes cesseraient de venir au couvent, que la vente d'une foule d'objets de piété touchés au saint disparaîtrait et avec ce commerce, les profits qu'ils en tiraient. Aussi semblent-ils étonnés de la restitution qu'a prétendu leur faire Louis XI ; si le roi a cru devoir priver la ville de Roye des châsses « c'est sans dol, ny fraude de leur part » ; ce n'est pas à leur demande, à leur sollicitation que le roi a fait cet enlèvement. Par conséquent, ils sont complètement étrangers à la restitution que leur demande le Chapitre de Roye. Tels étaient les moyens de défenses qu'invoquaient les religieux de Saumur.

Mais les chanoines de Roye ne se tinrent pas pour satisfaits ; ils produisirent des certificats de maître Jacob, ancien sommelier du roi et du capitaine Robinet. A force de persévérance, le 2 avril 1491, ils obtinrent une sentence des requêtes du Palais, qui condamnait les abbé et religieux de Saint-Florent-les-Saumur à remettre à la Collégiale de Roye, les reliques et les châsses de Saint-Florent.

Malgré cette condamnation, les moines ne se préoccupaient pas de la restitution des châsses ; ils gardaient le silence. Les chanoines de Roye, au contraire, mettaient tout en œuvre pour obtenir l'exécution du jugement rendu par le tribunal des requêtes ; mais alors, comme aujourd'hui, la justice avait ses lenteurs. De guerre lasse, le Chapitre s'adressa au roi de France, et obtint un arrêt du Parlement confirmant la première sentence. « En témoin « de quoi, dit Charles VIII, nous avons ordonné que notre « sceau fût apposé aux présentes lettres données à Paris, « dans notre Parlement, le quatorzième jour d'août l'an « du Seigneur 1494 et de notre règne le onzième, »

Par d'autres lettres, le roi chargea le conseiller Jean de Vignacourt, de l'exécution de l'arrêt.

De Vignacourt assigna les religieux du couvent de Saumur, à comparaître devant lui pour leur notifier le jugement.

Le 22 octobre, le conseiller partit de Paris accompagné du doyen de la Collégiale Jean Carton, du trésorier du Chapitre, Jean de Beaurain, et de Michel Arnoud, sergent à cheval du Châtelet ; ils arrivèrent à Saumur le 28, et descendirent à l'Hôtellerie du Pont-Neuf.

Le lendemain le sergent se rendit à l'abbaye pour notifier l'arrêt, il trouva les portes fermées et personne à qui parler. Il se présenta de nouveau accompagné de deux autres sergents, mais il ne fut pas plus heureux que la première fois; bien plus, son autorité fut méconnue et sa vie courut des dangers. En effet, alors qu'il était dans le bourg de Saint-Florent, une multitude menaçante qui connaissait l'objet de sa mission, l'entoura et voulut lui faire un mauvais parti; mais Jean de Vignacourt qui était aux vêpres, ayant été prévenu, requit le lieutenant de police et délivra le sergent.

Le conseiller assisté des officiers royaux se présenta lui-même à l'abbaye, et signifia aux moines d'avoir à comparoir devant lui, le 10 novembre. Le jour dit, le procureur du couvent arriva accompagné d'un juge, du greffier du sénéchal d'Anjou, et de plusieurs religieux; il demanda les pouvoirs des délégués du Chapitre de Roye, pouvoirs qu'il discuta en disant : « *Quod omnes tangit ab omnibus debet approbari*; » il souleva alors une foule d'objections consignées dans un long procès-verbal.

Enfin après bien des incidents, des pourparlers de toute sorte, les parties arrivèrent à une transaction.

Le 23 juillet 1496, les chanoines et les religieux « avec « l'aide de Dieu qui est paix et miséricorde » firent un partage des reliques. Leur authenticité ayant été reconnue, le doyen de Roye obtint les deux mâchoires avec neuf dents, et des vertèbres du cou; ces ossements furent enfermés dans un coffret d'argent. On donna, en outre, aux chanoines, trois côtes, un humérus et un cubitus contenus dans une châsse venant de Roye. Pour mieux cimenter ce touchant accord, les religieux de Saumur s'engagèrent à célébrer le 23 juillet, un anniversaire solennel pour leurs confrères du Chapitre Saint-Florent; ceux de Roye prirent le même engagement. Enfin pour sceller ce pacte d'union, ils firent entr'eux des échanges de reliques; l'église de Roye donna des os de Saint-Florian, renfermés dans une châsse d'argent « supérieurement » travaillée, elle reçut des cheveux de Saint-Quentin, et dans un reliquaire plusieurs ossements des vierges Pétronille et Geneviève. Les châsses devaient être conduites jusqu'à Luzarches, et confiées alors aux chanoines de Roye.

Le retour des reliques de Saint-Florent causa une grande joie aux Royens ; une fête solennelle fut instituée en l'honneur de ce retour, elle se célébra depuis, tous les ans, le dimanche de l'octave de l'Assomption jusqu'en 1764. Après cette époque, la fête se fit le dimanche de l'octave de Saint-Florent ; on promenait processionnellement les châsses par les rues de la ville, jusqu'à la chapelle de Sainte-Madeleine, au haut du faubourg de Saint-Gilles.

A la nouvelle de l'arrivée des reliques, la ville se porta à leur rencontre ; plusieurs miracles signalèrent leur entrée dans la cité : « on voyait les mûets parler, les sourds
« entendre et les boiteux aller droit. Je croirais, dit le
« R. P. de La Vaquerie, manquer à mon devoir, si je ne
« laissais à la postérité, par écrit, ce que j'ai su par tradi-
« tion, d'un homme de qualité et de vertu le sieur de
« Saint-Georges (Cornet) et des plus anciens du pays,
« sçavoir que comme messieurs de la ville sçurent l'heureux
« retour de leur bon patron, ce fut à qui mieux mieux se
« disposerait à lui rendre toute sorte d'honneur, et faire
« paraître l'amour qu'ils avaient pour lui. »

Toutes les maisons étaient tendues, les rues étaient couvertes de feuillages ; des arcs de triomphe s'élevaient à l'entrée des portes de la ville, toutes les cloches étaient en branle ; les habitants n'avaient rien négligé pour faire aux reliques la plus solennelle réception. Un accident faillit troubler la fête : au milieu d'un arc de triomphe, on avait suspendu un enfant « revêtu en ange, » qui devait descendre doucement, et présenter les clefs de la ville à la châsse, au moment de son passage. Il advint que les dispositions furent si mal prises, que les liens se rompirent, et que le malheureux enfant tomba sur le pavé. Cet évènement plongea la multitude dans la consternation : on releva le pauvre chérubin dans un état désespéré. Mais Saint-Florent exauça les prières qui lui furent adressées et l'enfant fut conservé à la vie. « La divine Providence permit « ce funeste accident pour en tirer la plus grande gloire « et honorer de plus en plus son fidèle serviteur Saint-« Florent, à la face de cette grande multitude et concours « de peuple, qui s'est vu, par ce miracle, plus que jamais « confirmé en la croyance et confiance qu'il avait de « longtemps aux prières et mérites de leur saint « patron. »

Les *Acta Sanctorum* (Tome 46) contiennent le récit d'un grand nombre de miracles opérés par les reliques de Saint-Florent, récit fait d'après un manuscrit d'André Duchesne de la Collégiale de Roye. Ils proclament la guérison d'un ancien militaire de Saint-Quentin, depuis longtemps infirme et qui ne pouvait plus prendre de nourriture. Transporté devant la châsse, il implora si vivement le saint, qu'il se sentit guéri ; alors il loua le Seigneur : « *ac sanctum Florentium magnificè collaudavit.* »

Les chanoines remis en possession des reliques de Saint-Florent n'avaient plus rien à désirer ; ils devaient jouir d'un bonheur sans mélange : hélas ! il n'en fut rien.

Pendant un siècle, la concorde régna entre le Chapitre de Roye et l'évêché d'Amiens, mais cette paix ne pouvait pas être éternelle ; les querelles se ranimèrent plus vives que jamais et prirent des proportions incroyables.

On imaginerait difficilement ce que le maintien de prérogatives futiles causa de polémiques, de mémoires, d'enquêtes, de procédures et de sentences.

En 1648, le roi fit don à Faron Le Clerc, docteur en théologie, de la première place de chanoine qui viendrait à être vacante, pour être desservie « en théologal » par lui et par ses successeurs, conformément aux ordonnances de Blois, d'Orléans, et des Conciles.

Au mois de juin 1649, Pierre Lefebvre, chanoine et doyen de la Collégiale, étant décédé, Faron Le Clerc fut mis en possesion de la prébende pour la desservir en théologal.

Par procès-verbal passé devant Jacques Billecocq, notaire à Roye, le 29 octobre 1650, maître Le Clerc avait été nommé par le Chapitre doyen de Saint-Florent, à l'exclusion d'Antoine Hannique, qui avait obtenu des bulles du pape Innocent X, et qui, en qualité de doyen, avait prêté serment entre les mains de l'official d'Amiens.

La nomination de M^e Le Clerc fut l'objet de protestations de la part de quelques chanoines, et entr'autres du sieur de Melleville, doyen par intérim ; malgré cette opposition, l'élévation au décanat de Faron Le Clerc fut confirmée par sentence de l'officialité d'Amiens du 3 janvier 1651, et il fut installé dans ses fonctions le 23 du même mois.

Il parait que suivant les conventions faites avec les chanoines, le doyen Le Clerc comme théologal était tenu de prêcher une fois par mois. Plusieurs chanoines se plaignirent de ce que le doyen prêchât rarement, et portèrent leurs plaintes en la cour du Parlement. Ils demandèrent que conformément aux ordonnances, M^e Le Clerc, en qualité de théologal, fut tenu de prêcher chaque dimanche, et les fêtes solennelles, puis de faire trois fois la semaine, une leçon publique d'écriture sainte. Ils ajoutèrent qu'outre les raisons tirées des ordonnances, il y avait un motif particulier qui devait engager M^e Le Clerc à le faire : la prébende du Chapitre n'avait été érigée en théologal, « qu'à cause du besoin de prédication qu'avait le peuple de Roye, » le doyen l'avait acceptée sous cette condition, et sur la foi du serment.

Faron Le Clerc offrait de prêcher une fois par mois, selon les conventions; il produisit un certificat du procureur du roi au Bailliage, affirmant qu'une prédication par mois suffisait pour la ville. Cet acte attestait encore que le revenu de la prébende n'était que de deux cent cinquante livres; sept chanoines donnèrent leur adhésion aux propositions stipulées par le sieur Le Clerc. Néanmoins le procès suivit son cours. Le Parlement, sur les conclusions de l'avocat-général, ordonna que la convention capitulaire serait exécutée selon sa teneur, que le théologal prêcherait une fois par mois, et qu'il serait tenu de faire trois fois la semaine, des leçons d'écriture sainte, sous peine de la perte de ses fruits. Les chanoines étaient obligés d'assister à ces leçons, sous les mêmes peines.

Dans une visite pastorale faite par l'évêque François Faure, il fut reçu à la porte de la Collégiale par le doyen Faron Le Clerc revêtu de l'étole. L'évêque voulut faire déposer au doyen cette marque de distinction, prétendant qu'il n'avait pas le droit de porter l'étole devant lui, son supérieur ecclésiastique; le doyen protesta de son droit et garda l'étole.

Bientôt la querelle s'envenima de certains droits de procuration prétendus par le doyen; en sorte qu'après des pourparlers assez vifs, le prélat croyant sa dignité compromise, lança le 25 juillet 1667, un interdit sur l'église de Saint-Florent et suspendit le doyen de toute juridiction ecclésiastique : pendant treize jours la Collégiale resta fermée au culte.

Par trois ordonnances des 26, 27 juillet et 27 septembre, l'évêque d'Amiens enjoignit aux doyen et chanoines de Roye, d'observer les censures portées dans sa sentence du

25, sous les peines de droit et même d'excommunication, qui seraient prononcées envers les contrevenants.

Le Chapitre se pourvut contre ces différentes ordonnances, et obtint successivement, les 30 juillet, 24 août, 28 septembre, les 19, 31 octobre et 3 décembre, plusieurs jugements ordonnant de surseoir à l'exécution des sentences de l'évêque, et chargeant le métropolitain de Reims d'informer sur cette affaire.

L'archevêque de Reims annula les actes de l'évêché d'Amiens. Le prélat prenant fait et cause pour son promoteur, interjeta appel, comme d'abus, des ordonnances de l'officialité de Reims:

Les chanoines, à leur tour, se rendirent appelant, tant des sentences de l'évêché d'Amiens, que d'une permission d'informer décernée par l'official, et de tout ce qui s'en était suivi. Les sieurs Antoine Hannique, Martin Paillet, Pierre Papelait et François Bucquet, chanoines de Saint-Florent, déclarèrent ne pas s'associer aux réclamations de leurs confrères.

Sur ce, le 7 février 1668, intervint un arrêt contradictoire rendu sur les conclusions de l'avocat général Talon, par lequel faisant droit sur les appels comme d'abus, respectivement interjetés : la cour déclara qu'il avait été mal et abusivement procédé, maintint l'évêque dans le droit de visiter personnellement la Collégiale et les églises en dépendant, autant de fois qu'il lui plairait, à la charge toutefois de ne recevoir qu'un seul droit de procuration par an. La cour ordonna en outre, au doyen de continuer à exercer la juridiction ecclésiastique, à la condition de ne déléguer ses pouvoirs qu'avec le consentement de l'évêque d'Amiens.

Quelques jours après cet arrêt, l'évêque ayant reçu des bulles à l'occasion d'un Jubilé, les fit publier dans son diocèse ; puis par un mandement désigna les stations à suivre dans les diverses églises de Roye.

Aussitôt que le Chapitre eut connaissance de ce mandement, il changea l'ordre des stations, et fit annoncer ce changement au prône.

Le 25 février 1668, le prélat lança une première ordonnance par laquelle il déclara nuls, sans effet, ni valeur tous les mandements publiés pour le jubilé, à l'exception du sien, — et indiqua de nouveau les stations dans les églises dépendantes du Chapitre de Roye. Par une seconde ordonnance du 27 mai suivant, l'évêque fit défense à tous les ecclésiastiques et à tous les habitants, de déférer au mandement du Chapitre.

Les chanoines se pourvurent contre ces ordonnances ; le 16 juin et le 1er septembre, ils obtinrent des arrêts les confirmant dans leurs droits.

Au mois de décembre, l'évêque François Faure étant venu pour visiter l'église de Saint-Florent, le chanoine qui présidait le Chapitre, en l'absence du doyen alors en voyage, se présenta revêtu de l'étole pour le recevoir ; mais l'évêque prétendit qu'il ne devait pas porter cet insigne en sa présence, et lui enjoignit de le quitter, sous peine d'excommunication. Après plusieurs monitions, le chanoine craignant les conséquences des menaces de l'évêque, déposa l'étole, en stipulant que son consentement ne pouvait nuire aux droits du doyen en charge.

L'évêque étant revenu à Roye en janvier 1669 pour rendre grâces à Dieu, de ce que la ville avait été délivrée de la peste, le doyen Faron Le Clerc, à la tête du chapitre se présenta en chape et en étole, pour recevoir l'évêque. Le prélat voulut faire déposer l'étole au doyen, qui refusa net : ce refus donna lieu à de nouvelles complications.

François Faure pour donner plus de solennité à la cérémonie s'était fait accompagner de Nicolas Leclerc, chanoine de Saint-Nicolas d'Amiens, et de Philippe Dorte, curé de Parvillers, doyen de chrétienté de Rouvroy, et par maître Lucas, seigneur de Démuin, président du bureau des Finances d'Amiens, subdélégué de l'intendant de Picardie, et qui venait à Roye pour rétablir le commerce. L'évêque, après avoir reçu la visite des officiers du Bailliage et celle du Corps-de-Ville, attendit vainement la visite du Chapitre ; il envoya vers le doyen, afin de le prévenir de sa présence et de son intention de célébrer la cérémonie le lendemain. Le doyen répondit qu'il allait réunir ses collègues ; il envoya vers l'évêque les chanoines Carmen, Outrebon et Lombard pour le complimenter et pour lui demander son heure. Le prélat se plaignit de ce que le Chapitre ne vint pas en corps pour le saluer, selon l'usage ; il fixa à sept heures, la célébration de la messe suivie d'une exhortation, puis d'une procession générale dans laquelle seraient portées les châsses de Saint-Florent : la cérémonie devait être terminée par un *Te Deum*. Les députés reportèrent au doyen ce qu'ils avaient entendu ; mais ce dernier trouva bon de mettre la messe à huit heures.

Comme le prélat se rendait le lendemain dimanche à la Collégiale, un sergent royal lui remit une signification de la part du Chapitre ; l'évêque fit remarquer à l'huissier, qu'aux termes des ordonnances, il ne pouvait faire d'exploit le dimanche : il requit le lieutenant-général, qui condamna le sergent à cinquante livres d'amende. Après un autre incident causé par le curé de Saint-Pierre qui persistait à dire la messe, au lieu de venir à la procession, l'évêque escorté de ses officiers, du subdélégué et du Corps-de-Ville, arriva à la Collégiale.

A l'entrée de l'église, il trouva le doyen Faron Le Clerc revêtu de l'étole, qui lui présenta l'eau bénite et qui se mit en devoir de le haranguer ; mais le prélat le prévenant, lui fit remarquer qu'il ne devait pas avoir l'étole, parce que c'était une marque de juridiction supérieure, et le pria de l'enlever. Le doyen protesta de son respect envers son supérieur légitime, mais déclara qu'il ne quitterait ni l'étole, ni le rochet, que c'était un droit dont il jouissait légalement et qu'il y tenait trop pour s'en départir. L'évêque insista à plusieurs reprises, l'invitant à se dépouiller de l'étole ; le doyen persévérant dans son refus, le prélat déclara que s'il ne l'ôtait pas, il se verrait dans la nécessité d'appeler sur lui les foudres de l'Église et de l'excommunier. Puis il invita Faron Le Clerc à réfléchir, à éviter le scandale et lui cita ce passage de l'évangile : « *Vœ homini per quem scandalum venit.* »

Devant ces terribles menaces, les personnes présentes entourent le doyen et le conjurent d'obéir aux ordres de son chef spirituel ; mais maître Faron ne se laissa pas ébranler et après trois sommations du prélat, il répondit énergiquement : Non !

L'évêque alors, après avoir invoqué l'assistance du Saint-Esprit, après avoir protesté que c'était avec regret et forcé par la nécessité de son ministère, déclara : « Faron Le Clerc, prêtre, doyen et théologal de l'église Saint-Florent, *excommunié,* en punition de sa rébellion opiniâtre et scandaleuse, et comme tel, lui défendit d'assister au divin office, et de célébrer la sainte messe. » Il fit également défense aux prêtres du diocèse, de célébrer la messe, ni le service divin, pendant que le doyen serait dans l'église, s'il avait la témérité d'y venir, « après avoir été exclu et retranché de la communion des fidèles. »

Cette excommunication majeure ainsi fulminée, l'évêque entra dans la Collégiale pour y célébrer la messe ; voyant que le doyen se dirigeait vers le chœur pour y prendre sa place, il lui ordonna de sortir de l'église, ce que le doyen refusa de faire. Enfin, sur l'ordre du subdélégué Lucas, M⁰ Faron consentit à se retirer ; mais en quittant l'église, il jeta l'étole sur le cou du plus ancien chanoine, et à la tête du Chapitre sortit de la Collégiale.

Après le départ de M⁰ Faron Le Clerc, la cérémonie commença, au milieu de la plus pénible émotion ; l'évêque dit la messe, prêcha sur l'excommunication et sur ses effets, puis fit la procession ; deux chanoines seulement l'accompagnèrent. A onze heures, la cérémonie étant terminée, l'évêque monta en carrosse avec le seigneur de Démuin, et partit pour Amiens.

Le doyen et les chanoines présentèrent aussitôt une requête au Parlement, à l'effet d'être reçus appelant comme d'abus, de la sentence d'excommunication prononcée par l'évêque ; ils demandèrent l'exécution des arrêts des 7 février et 1ᵉʳ décembre 1668, et le renvoi de l'affaire par devant tel évêque, grand vicaire, official ou autre, qu'il plairait à la cour, afin de faire lever l'excommunication.

Le 13 mars 1669, le Chapitre obtint un arrêt du Parlement qui le reçut appelant comme d'abus. Enfin la cour ordonna l'entière exécution des arrêts de 1668, fit défense à l'évêque de porter atteinte aux droits du doyen et désigna l'archevêque de Reims pour faire lever l'excommunication. Mais l'évêque Faure lança une nouvelle ordonnance prescrivant la mise à exécution de sa sentence d'excommunication, et invitant les curés des paroisses à la publier au prône. Le Chapitre se pourvut de nouveau devant le Parlement, il représenta le tort et le scandale causés par l'excommunication, et demanda à faire cesser toute publication.

La Cour, faisant droit aux justes réclamations du Chapitre, rendit un arrêt qui défendit aux curés d'afficher la sentence épiscopale, sous peine de mille livres d'amende, qui intima l'ordre à l'Evêque et à son Promoteur, de ne point troubler le doyen et les chanoines dans la possession de leurs privilèges, sous les peines de droit.

Faron Le Clerc triomphant monta en chaire le dimanche 19 mai, et harangua les fidèles, au grand scandale d'une partie de la population « qui ne savait si elle devait reconnaître pour évêque celui d'Amiens ou le doyen du Chapitre. »

Le maire, les échevins, manants et habitants de la ville étaient intervenus dans le procès avec l'évêque, pour demander à ce que les chanoines fussent maintenus en la possession de leur juridiction. L'affaire fut portée devant le bailliage de Roye et occupa plusieurs audiences. L'avocat général Talon porta la parole ; il démontra que c'était abusivement que l'évêque avait excommunié le doyen, l'étole n'étant pas une marque de distinction, mais un simple ornement particulier au décanat. Qu'en ce qui concernait la juridiction, le droit du doyen était incontestable : il résultait de la transaction de 1205, confirmée en 1532. Enfin, répondant à un chef d'accusation articulé par l'évêque, l'avocat fit remarquer que le Chapitre avait le droit d'avoir un bréviaire et un calendrier pour les fêtes de son église, ainsi qu'on le voyait par de vieux « livres gothiques. » Le Bailliage rendit un jugement conforme aux conclusions de l'avocat-général, et le Parlement, par arrêt du 30 décembre, confirma la sentence des juges de Roye.

Ainsi finit cette grande affaire dans laquelle l'amour-propre joua le plus grand rôle. Mais là ne devait pas s'arrêter l'antagonisme qui existait entre l'Evêque et le Doyen.

En effet, le dimanche de la septuagésime 1671, Me Faron Le Clerc étant monté en chaire, avait parlé de l'excommunication, du droit de l'évêque en pareille matière, du droit du doyen, etc... Pendant que le prédicateur faisait son sermon, une personne de la ville qui assistait à l'office, accompagnée de son fils, de trois neveux et d'un allié, se leva au milieu de l'assistance en s'écriant : « Ce n'est pas là un sermon, sortons d'ici ? » Ce qui causa un grand scandale dans l'assemblée des fidèles.

L'évêque François instruit de ce fait, informa contre le doyen, à l'occasion de son sermon. Celui-ci voyant que l'information était instruite avec partialité, fit imprimer son discours et le fit précéder d'un commentaire ayant pour titre : *Lettre à un ami*. Dans une assemblée synodale tenue à Amiens, le 15 avril, le sermon du doyen fut considéré comme contenant des propositions « fausses, scandaleuses, injurieuses au Concile de Trente. »

L'Evêque lança une censure contre le doyen et fit afficher cette sentence dans toutes les paroisses du diocèse.

Faron Le Clerc appela comme d'abus, de la sentence de l'Official d'Amiens ; la Cour par un arrêt du 24 mars, renvoya les parties devant l'Officialité de Reims, avec défense à l'Official d'Amiens d'attenter à la personne et aux biens de maître Le Clerc.

L'évêque adressa alors une requête au roi contre le doyen, dans laquelle il exposa que Me Le Clerc « prêchant « sur le texte de l'évangile de saint Mathieu, chapitre XV : « *Misit eos in vineam suam*, avança dans son sermon « tant de propositions si téméraires et si contraires à la « doctrine de l'Eglise pour ne pouvoir souffrir de telles « absurdités. » Il ajouta : que le doyen avait fait imprimer et distribuer un libelle injurieux (Lettre à un ami), sans nom d'auteur, sans permission, et sans approbation des docteurs et des juges ordinaires.

Le doyen, à son tour, demanda justice au monarque, et dans une supplique de huit pages d'impression, il exposa les tracasseries auxquelles il était en but de la part de l'évêque d'Amiens.

Le roi, par arrêt du Conseil d'Etat du 28 juillet 1671, chargea l'archevêque de Paris et celui de Reims, de prendre connaissance des contestations soulevées entre le Chapitre de Roye et l'Evêché d'Amiens. L'Official de Reims se prononça en faveur du doyen, et malgré les protestations de l'évêque, gain de cause resta à Faron Le Clerc.

Cette affaire et la précédente donnèrent lieu à plus de vingt mémoires imprimés, qui se trouvent à la bibliothèque d'Amiens, sous le n° 3817.

C'est encore sous le décanat de Faron Le Clerc qu'eurent lieu des contestations entre les chapelains de la Collégiale et les chanoines ; ces discussions qui commencèrent en 1666, avaient pour objet la réduction de leur nombre et leur résidence à Roye. Les chapelains desservaient les cures et remplissaient les fonctions de principal ou de régent au collège.

Le 21 mars 1670, une sentence capitulaire obligea les chapelains à exécuter les statuts de la Collégiale. Ils étaient tenus, lorsqu'ils assistaient à l'office divin, de porter « le bord de tête », roux en hiver, et leurs aumusses de même couleur, afin de les distinguer des chanoines qui les portaient « de petit gris », et du doyen qui les avait en hermine ; les parements de leurs chappes devaient être d'une autre étoffe « que de velours. »

Les chapelains appelèrent de cette sentence ; mais ils furent déboutés de leur demande et condamnés à douze livres d'amende.

En 1718, de nouvelles contestations s'élevèrent entre les chapelains et les chanoines ; portées d'abord devant l'officialité d'Amiens, elles allèrent au Parlement qui rendit un arrêt en faveur du Chapitre.

La question de réduction fut de nouveau agitée en 1724 ; de quinze, les chanoines demandaient à ce que les chapellenies fussent réduites à huit, dont quatre réunies à la fabrique de l'église pour l'entretien du bas-chœur et quatre déclarées sacerdotales ; un arrêt conforme fut rendu par la Cour, et fut confirmé par lettres-patentes du roi données à Versailles, le 16 mars 1740.

Enfin, le 27 août de cette même année, une sentence de l'évêque d'Amiens De la Mothe d'Orléans, réduisit à six le nombre des chapelains ; à cette époque, les chapelles ne valaient pas deux cents livres au titulaire.

Ce n'est pas seulement avec les évêques, que les chanoines eurent des contestations, mais aussi avec le Corps-de-Ville pour leurs places dans le chœur de la Collégiale, avec les marguilliers de l'église de Saint-Pierre, avec ceux de la paroisse de Saint-Médard et avec les religieux de la Charité.

Si les chanoines étaient jaloux de leurs prérogatives et du soin de les défendre, ils étaient pénétrés de leurs devoirs de prêtres et de citoyens ; ils s'associaient à toutes les œuvres de bienfaisance, quand ils n'en prenaient pas l'initiative ; ils travaillaient aux fortifications, faisaient le guet sur les remparts, et au jour du danger, ils se rangeaient parmi les défenseurs de la cité.

Les chanoines prenaient part aux charges publiques et ne restaient pas étrangers aux événements politiques. Pendant les guerres de la Terre-Sainte, ils donnent leur obole pour subvenir aux frais de ces expéditions lointaines. Sous Louis IX, ils jurent fidélité, dévouement à la régente, et Blanche de Castille reconnaissante, les comble de bienfaits. En 1255, le roi lui-même entend la messe dans leur collégiale ; ils célèbrent avec bonheur la fête de la canonisation du saint roi (1299), et plus tard, un chanoine élève dans la Collégiale une chapelle dédiée à Saint-Louis.

La première pierre de cette chapelle fut posée et bénite le 9 juillet 1630, par le doyen Cornet assisté du clergé des paroisses de la ville, en présence des seigneurs de Saint-Georges, de Fransart, de Damery, de Tilloloy et d'un grand concours de fidèles.

Ils aident encore de leurs deniers Philippe-le-Bel dans sa guerre contre les Flamands, et reconnaissent ainsi le don de onze livres parisis, qu'en 1294 le roi leur avait fait.

Dans les guerres de religion, les chanoines sont victimes de la spoliation des Huguenots, qui pillent le trésor de leur Collégiale et enlèvent les pierres précieuses ornant la châsse de Saint-Florent. Ils s'associent timidement à la Ligue, et un des leurs est l'objet de poursuites de la part des agents de la Sainte-Alliance.

Ils contribuent au rachat du roi Jean, à celui du duc d'Orléans et à la rançon de François Ier; ils sont obligés de vendre quelques biens pour payer la taxe de quatre-vingts livres que le roi lève sur le collège de Saint-Florent.

En 1594, Henri IV confirme les chanoines dans la possession de leurs privilèges ; ils achètent deux cloches pour fêter l'avènement du bon roi. En 1614, le chapitre de la Collégiale assiste, à Péronne, à la nomination d'un député aux Etats généraux convoqués à Sens ; le clergé des trois prévôtés réuni dans l'église Saint-Fursy, nomme comme député Robert Choquel, mayeur, élu déjà par la noblesse. Dans cette même enceinte en 1789, le clergé envoie comme députés aux Etats généraux : Calixte de la Place, curé de Languevoisin, paroisse du bailliage de Roye, et l'abbé Maury, prieur de Lihons.

Dans les nombreuses pestes qui désolent la cité, les chanoines prodiguent leurs soins aux pestiférés, et les voûtes de la Collégiale retentissent de leurs actions de grâces, alors que la ville est délivrée du fléau. (1499).

Dans toutes les cérémonies du culte, les chanoines étalent la plus grande pompe et la plus grande solennité. A chaque événement ou pour conjurer un malheur public, ils se déploient en procession dans les rues de la ville ; en 1518, c'est la procession de la croisade ; en 1668, procession pour la cessation de la peste ; en 1743, c'est la procession pour la béatification de Jeanne de Valois.

L'église de Saint-Florent, par ses proportions architecturales, par ses richesses artistiques, par sa magnificence, se prêtait à l'éclat des cérémonies religieuses.

La Collégiale était « d'un gothique respectable », dit le P. Daire, et présentait différents genres d'architecture, selon les époques auxquelles eurent lieu les restaurations dont l'église fut l'objet.

Le portail principal, d'époque romane, regardait l'occident et s'ouvrait sur la Petite-Place Saint-Florent, il était précédé d'un porche, sous lequel le châtelain rendait la justice ; le portail fut reconstruit au XVIIe siècle : le pignon était d'une date plus ancienne.

Près du parvis s'élevait une tourelle qui renfermait un escalier conduisant à la partie supérieure de l'édifice.

Une porte latérale donnait sur la Place du Marché, en face de la croix Saint-André et s'ouvrait dans la nef ; dans les bas-côtés étaient des chapelles éclairées par des fenêtres ogivales.

Le monument était de petit appareil, flanqué de contre-forts saillants qui donnaient une grande solidité à l'édifice. En 1373, les Anglais commandés par le duc de Lancastre, après s'être emparés de Roye, assiégèrent l'église Saint-Florent ; pendant six jours, leurs efforts furent inutiles.

PORTAIL DE LA COLLÉGIALE DE St-FLORENT.

En 1552, la cité étant tombée au pouvoir de Charles-Quint, la Collégiale ne put résister aux attaques de l'ennemi, elle fut incendiée ; des femmes, des enfants réfugiés dans l'église, périrent au milieu des flammes.

L'édifice fut alors relevé de ses ruines, l'hôtellerie dans laquelle mourut Jeanne de Bourgogne et qui touchait à l'église, fut brûlée ; le clocher fut rebâti sur le transept. Il fallut dépenser cent mille écus pour rétablir le chœur et la flèche ; six prébendes furent amorties pour l'embellissement du bas-chœur. Grâce à la libéralité des chanoines, la Collégiale reprit bientôt son ancienne splendeur. Le doyen Christophe Bellot contribua beaucoup à l'embellir ; en 1672, il donna un buste de Saint-Florent en argent, au bas duquel on voyait enchâssée la mâchoire inférieure du Bienheureux.

L'église possédait aussi un trésor fort riche ; il y avait une grande statue en argent de la Ste Vierge, que l'on portait à la procession de l'Assomption. Cette fête avait lieu avec beaucoup de solennité, tout le clergé des paroisses, et les communautés religieuses s'y trouvaient ; les officiers du bailliage, et le Corps-de-Ville y assistaient en habits de cérémonie.

Il y avait encore dans le trésor un ancien et magnifique calice en vermeil, sur lequel se voyaient des armoiries : *d'azur semé d'étoiles d'or, et en chef, un nuage de sinople.*

Le bénitier principal était formé par une conque marine d'une grande dimension.

On remarquait dans la Collégiale des fonts baptismaux qui servaient aux nouveaux-nés des familles nobles ; ils furent supprimés en 1772.

La chaire de la Collégiale représentait, sculptée sur ses panneaux en chêne, l'image de Saint-Florent avec celle des quatre Evangélistes ; elle fut construite en 1720. La rampe de son escalier était en fer contourné, portant des écussons. Cette chaire se trouve aujourd'hui dans l'église de Davenescourt ; elle fut achetée à la Révolution et coûta avec quelques boiseries, environ cinq cents livres.

Les stalles du chœur étaient également en chêne sculpté ; différents sujets religieux, et des personnages étaient représentés sur les formes.

De singuliers usages se pratiquaient dans l'église de Saint-Florent, à l'occasion de certaines fêtes. Ainsi, *le jour des Innocents* était grande fête pour les jeunes clercs ; ils avaient le droit d'élire parmi eux un évêque. L'élu faisait l'office du jour en habits pontificaux, avec la crosse et la mitre ; il donnait même la bénédiction au peuple. Le Chapitre faisait les frais du dîner du jour des Innocents, et offrait un présent au jeune évêque.

En 1523, il n'y eut pas d'élection à cause de la guerre qui désolait le pays ; le Chapitre permit seulement aux enfants de chœur de présider à l'office du jour.

Pendant quatre années de suite, cette cérémonie fut interrompue pour la même raison ; enfin, en 1527, le Chapitre ordonna la nomination d'un évêque des Innocents : un chanoine fut élu. L'évêque célébra la messe au grand autel, et un enfant de chœur, son suffragant, officia aux autres parties de la fête. Pour divertissement, on jouait des mystères.

Le jour du jeudi absolu, treize pauvres figurant les apôtres étaient introduits dans le chœur, le chanoine qui disait la messe leur lavait les pieds avec du vin, il leur donnait à chacun huit sols, huit deniers, plus deux harengs et un denier pour aller à l'offrande ; le prêtre qui officiait était seul payé. Les paroissiens communiaient avec du pain et du vin.

La Collégiale possédait les reliques de plusieurs saints, outre celles de saint Florent et de saint Florian, son frère : elle avait un doigt de saint Quentin, que donna au doyen de Roye le Chapitre de la ville de Saint-Quentin, le 7 novembre 1657 ; les chanoines le firent enchâsser dans un bras d'argent, avec des cheveux du même martyr. Cette relique est aujourd'hui conservée à l'église de Saint-Pierre, qui possédait autrefois une fiole de verre contenant « le cleu de saint Quentin. » La fête de ce saint est inscrite dans le propre de Saint-Florent, à la date du 31 octobre : *duplex*.

L'église possédait aussi une côte de saint Gentien et une partie de son chef, que lui avait données l'abbaye de Corbie (1658), en échange d'une portion du chef de saint Florent ; puis une vertèbre et une côte de saint Précord. Elle avait encore une relique de saint Just, enfant martyr du Beauvoisis, provenant de la libéralité du chapitre de Beauvais et qui était enfermée dans un bras d'argent ; la fête se célébrait à la Collégiale le 19 octobre. Les reliques de saint Just sont aujourd'hui à l'église de Saint-Pierre, mais sans châsse.

La présence de ces reliques et de celles de saint Claude que l'on invoquait contre le feu du ciel, n'empêcha pas la foudre de tomber sur la flèche de la Collégiale, le 25 mai 1707. L'incendie se déclara dans le clocher ; Martin et Laurent Domicile, Claude et Louis de Bayeux, couvreurs, Joseph Boulnois, charpentier, exposèrent leur vie pour éteindre l'incendie et finirent par y parvenir. On rapporte que les Domicile grimpèrent les premiers à l'endroit où était le feu, et qu'ils portèrent de l'eau dans leurs chapeaux. L'Echevinage leur accorda, en récompense de leur belle action, l'exemption du logement des gens de guerre pendant leur vie. Le Chapitre ne resta pas en retard de générosité.

On remarquait dans la Collégiale un tableau qui est aujourd'hui dans la chapelle de la sainte Vierge de l'église de Saint-Pierre, et qui représente une Nativité. Il existe une gravure de ce tableau, qui fut faite pour chacun des chanoines ; au bas de l'estampe, on lit : « *Ce tableau est dans l'église du chapitre royal de Roye en Picardie ; il a de hauteur neuf pieds six pouces, sur six de largeur.* »

Quatre autres tableaux, qui sont des copies de Poussin, se voyaient encore dans la Collégiale ; ils avaient été donnés le 23 juin 1788, par le doyen Pépin ; ils furent placés dans l'église de Saint-Pierre, le 6 août 1791, où ils sont encore aujourd'hui.

Derrière le chœur de la Collégiale était un cimetière ; on enterrait aussi dans l'église. Parmi les pierres tumulaires, se voyaient près de la chapelle de Saint-Anne, à droite en entrant, deux pierres tombales ; sur l'une on lisait :

Cy-gist le Corps de Mre Loys De BÉRONNE, Escuyer,

Licencié ès-loix,

Advocat en Parlement et a Roye,

Lequel trespassa le IVe jour de Juing...

Et sur l'autre :

Cy-gist le Corps de Dlle Jeanne Du PRÉ,

Femme dud. De BÉRONNE,

Laquelle trespassa le IVe jour de Septembre MVoLXXXIII.

P. D. P. LEURS AMES

Tombe dans la Collégiale.

Contre celle-ci se trouvait une autre pierre portant cette inscription :

Cy-gist le Corps de Mre Florent COLLESSON De BÉRONNE, Escuyer,
Sieur dud. BÉRONNE et de St-MARD, Licencié ès-lois
Lieut. du Roy, Gouv^r pour le Roy a Roye,
Qui trespassa le IVe jour de Juing 1583,
Et y gist D^lle Marg^te Des FRICHES, Femme dud. s^r De BÉRONNE,
Dame de..... en Gastinais,
Laquelle décéda le 12e jour de Mai 1577.

Près de cette tombe, il y en avait une autre représentant un prêtre en chasuble ; au-dessus étaient des armoiries : *d'argent au lion de sable.* (Voir la gravure ci-contre.)

A gauche du grand portail, se lisait l'inscription suivante : « Claude Le Page, valet de chambre de la « garde-robe de monseigneur le duc d'Orléans, frère unique « du Roy, par amitié pour Jean Le Page, son frère, « chanoine de l'église Saint-Florent de Roye et avant de « celle de Noyon, fut inhumé le 28 janvier 1676. »

Près de l'escalier des orgues et du clocher, où était autrefois l'autel de Saint-Pierre, on voyait une tombe en pierre de Senlis ; sur une plaque de marbre noir étaient des armoiries : « *écartelé au 1 et 4 d'une fusée, au 2 et 3 d'un lion couronné à l'antique* », sans désignation de couleurs, ni de métaux, puis cette inscription :

Cy-gysent Mre Pierre De TRION, vivant Chevalier,
Gouverneur de Creil,
Capitaine d'une Compagnie de Gens de Pied au Régiment de Navarre,
Escuyer de la petite écurie, Gouverneur de Roye,
Et Dame Louise De ROGUÉ, son Épouse,
Quy ont fondé dans l'Église de Céans,
Aux jours de leurs décès, deux Obits solennels,
Et led. sieur De TRION décédé le xx Novembre MVI^c XXXII
Et ladite Dame De ROGUÉ, le........

Au premier pilier, à gauche, en entrant par la porte principale, on lisait cette épitaphe curieuse :

Epitaphium quod mihi morituro, adhuc vivens condidi :
Ego Carolus Le Blanc *sacerdos indignitissimus*
Et hujus regalis ecclesiæ sancti Florentii royensis Canonicus,
Expectans hic resurrectionem mortuorum adhuc
Defunctus hic loquor posteritati,
Mortalis vixi quasi mortuus hic requiesco. Iterum vivam,
Nunquam moriturus, Jesu de cœlo descende novæ spes unica vitæ.
Obii annos, natus 85, anno domini 1710.
Qui legit hœc, dic ut mea mens in pace quiescat,
Hoc sibi qui dicat, protinus alter erit.

Le reste de l'inscription rappelait la fondation d'une messe, tous les ans, le 27 octobre, jour de la mort de ce prêtre ; cette épitaphe était faite dès 1695.

Dans le collatéral touchant le cloître se trouvait la représentation de Me Christophe Bellot, prêtre, chanoine et doyen de la collégiale, mort le 5 avril 1626.

Par testament olographe déposé en l'étude de Jean Berthin, notaire à Roye, il avait fait plusieurs fondations dans l'église Saint-Florent, dans celle de l'Hôtel-Dieu de Saint-Jean l'évangéliste, dans celle des Cordeliers, des Annonciades et de Saint-Pierre, le tout indiqué sur un tableau placé à côté de la représentation. Maître Bellot était représenté en habits de chœur d'hiver, à genoux, au pied d'un crucifix, et dans le haut du tableau se trouvaient ses armoiries : *d'azur à trois canettes d'or posées 2 et 1.*

Dans le même côté, à droite de la petite porte du chœur, se lisait cette épitaphe :

Cy-gist Maitre Jean BELLOT, Prêtre, Chanoine de cette Église,
Qui a laissé des marques de sa piété et de son zèle
Pour la décoration d'icelle,
Tant par la donation qu'il lui a faite, pendant sa vie,
D'un buste d'argent
Dans lequel reposent les Reliques du chef de Saint-Florent,
Qu'après sa mort par la fondation d'un Obit
Le jour de son décès
Et d'une Messe basse tous les jours a perpertuité
Pour quoy il a laissé la somme de cinq mille cinquante livres
Et des ornements d'église,
Puis deux bastons d'argent ou bourdons
Qu'il donna pour servir aux Choristes ;
Suivant son testament demeuré ès-mains de Maistre Prévost, Notaire,
En date du 30, du mois de Décembre 1684.
Il est décédé le 14 Décembre 1685.

A gauche de l'entrée de la même porte, se voyait l'inscription suivante, avec des armoiries : *Un vol en chef et une roue, en pointe.*

Cy-gist vénérable et discrète personne M° Antoine PRÉVOST,
Prêtre, Chanoine et Chapelain de cette Église,
Qui a légué a la Fabrique la somme de cinq mille livres
Pour la célébration de six Messes basses, a perpétuité,
Par chacune semaine de l'année,
A l'Autel de Notre-Dame-de-la-Merci, après la Messe du Chœur,
Les Lundi, Mardi, mercredi, Jeudi, Vendredi et Samedi.
Plus la somme de neuf cents livres a la Prévôté des Chapelains
Pour la célébration de douze Messes d'obit
Avec le *libera* a la fin, a perpétuité, dans la dite Chapelle,
Tous les premiers Lundis de chaque mois de l'année,
A l'issüe de Matines, le tout pour le repos de son Ame
Et conformément a son Testament olographe
Déposé chez Pierre Prévost,
Le lendemain de son décès, qui arriva le 5 de Janvier 1696.

Au-dessous de cette épitaphe était la pierre tombale dudit Me Prévost, portant la date de son décès ; elle fut transférée près de la grande porte d'entrée de la Collégiale.

Il y a quelques années, en creusant une cave sous l'emplacement qu'occupait la nef de l'église, on mit à découvert des squelettes enterrés les uns au-dessus des autres, avec des pots funéraires contenant des cendres, des calices en plomb recouverts de patènes, puis des morceaux de métal de cloche en fusion. Ces débris étaient le produit de la fonte des cloches soit par un incendie, soit fondues à dessein, car il arrivait parfois qu'on coulait les cloches dans l'intérieur des églises.

La Révolution vint emporter les splendeurs de la Collégiale ; le mardi 14 décembre 1790, l'église de Saint-Florent fut fermée au culte, et sur le fronton du portail se lisait : TEMPLE DE LA RAISON.

Les officiers municipaux de Roye, en vertu d'un arrêt du Directoire du district de Montdidier, rendu en exécution d'une délibération du Conseil général du département de la Somme du 8 décembre, se rendirent dans la Collégiale, où, étant dans la nef, à l'entrée du chœur, ils trouvèrent messieurs Dhervilly, Engramer, Duprez, Caron, Beltrémius, Noël et de la Cauchie, tous prêtres et ci-devant chanoines ; puis messieurs Fabignon et Coset, ci-devant chapelains. Ils leur firent part du but de leur visite et dirent : « qu'ils
« devaient à la vérité et à la justice d'ajouter que rien
« n'était plus pénible pour eux, plus pesant à leurs cœurs,
« que la nécessité où ils se trouvaient de remplir des
« fonctions ayant pour objet de consommer la des-
« truction d'un chapitre, qui toujours avait offert des mo-
« dèles de vertu et de piété, qui toujours avait édifié le
« public par la décence, la majesté et la solennité du
« culte et des cérémonies religieuses, et qui était autant

« utile à la religion et aux mœurs, qu'au bien temporel
« des citoyens. » Malgré ces flatteuses protestations, les
chanoines refusèrent d'accompagner les officiers municipaux
dans l'accomplissement de leur mission, ils laissèrent ce
soin au sacristain Persein et à Lefebvre, sonneur.

Après avoir fait mettre dans la sacristie tous les objets
destinés au culte et les ornements, les officiers apposèrent
les scellés sur la porte, ainsi que sur celle du trésor, sur
la grille du chœur, sur la porte de la salle capitulaire, sur
celle des cloîtres s'ouvrant sur la rue des Prêtres, sur celle
du portail principal et sur la grille fermant le petit portail ; ils ne laissèrent qu'une porte libre pour permettre
au serrurier Colin de donner ses soins à l'horloge de
l'église.

En 1791, les cloches furent expédiées aux fonderies de
Douai et converties en canon ; les grilles du chœur furent
détruites et servirent à faire des piques pour armer les
défenseurs de la Patrie.

Le 2 frimaire an II, on fit hommage à la Convention des
vases sacrés de l'église ; le beau bassin d'argent donné
en 1661, par le chanoine Hérissier, avec un calice, deux
burettes en vermeil et deux bras d'argent, furent expédiés
à Paris.

La châsse de Saint-Florent qui était recouverte de vermeil et décorée de pierres précieuses, ne fut pas res-
pectée, les reliques du saint furent jetées dehors ; mais
elles furent religieusement recueillies par des personnes
pieuses. Lorsque les églises furent rouvertes au culte, on
fit construire une nouvelle châsse en bois, et Mgr Villaret,
évêque d'Amiens, vint en faire la translation. La châsse
fut déposée dans l'église de Saint-Pierre, dans la chapelle
de Saint-Louis, qui prit avec l'autorisation de l'évêque, le
nom de : *Chapelle de Saint-Florent.*

Le chapelain Boutantin fut appelé devant le Comité révolutionnaire et condamné à la prison, pour avoir terminé une lettre par la formule anti-fraternelle : « Je suis votre très humble serviteur. » Un pareil méfait ne pouvait rester impuni et le trop courtois chapelain dut s'estimer heureux de n'expier que par un court emprisonnement, l'outrage que la politesse lui avait fait commettre envers la Liberté.

Le 20 septembre 1793, à la réquisition du citoyen Cattaërt, président du département, en tournée à Roye, une perquisition fut faite au domicile de Joseph Duprez, prêtre, ci-devant chanoine, considéré comme suspect ; l'inventaire des papiers ne révéla rien à sa charge. Néanmoins le 28, les scellés furent apposés sur la porte de sa chambre à coucher « tendue de tapisserie de Bergame », et sur les portes des autres appartements ; la garde des scellés fut confiée au chanoine. Bientôt cette mesure fut levée et Duprez obtint un certificat de civisme.

Enfin l'église fut vendue et démolie ; des constructions nouvelles remplacèrent les maisons contiguës, adossées à la Collégiale ; une seule a survécu, son élégante architecture fait encore aujourd'hui l'admiration des étrangers.

DOYENS DE LA COLLÉGIALE

Les doyens de la Collégiale habitaient une maison particulière qui avait été donnée au Chapitre le 5 avril 1527, par François Bouvret, pour en faire la demeure décanale. Le doyen qui occupait la maison devait au Chapitre six livres de cens foncier par an ; il était chargé de l'entretenir en bon état. A chaque changement de titulaire dans la maison du doyenné, il était dû trente livres à la Collégiale :

le jour de la fête de Saint-Joseph, et une messe devait se dire à l'autel de ce saint.

Le sceau à l'usage du doyen était de forme ogivale, aux armes de la Collégiale et portait en légende : S. ad Cansas Decani de Roya. *(Voir la gravure)*.

Nous donnons la liste des doyens de Saint-Florent.

1152. — Helgote était doyen lors de la translation des reliques dans une nouvelle châsse.
1160. — Robert signe comme doyen une charte de l'abbaye de Vermand, concernant une vente de terre.
1175. — Hugo figure avec Rogues de Roye, dans une charte de Philippe d'Alsace.
1184. — Bernard, cité dans la bulle du pape Luce III.
1238. — Michaël ou Michel consent à la donation d'une maison à l'abbaye d'Ourscamp ; donation faite par Mathieu de Chessoy.
1239. — Essonnes (J.) paraît dans une charte du chapitre de Roye concernant un échange de terres.
1245. — S..., *decanus royensis* au cartulaire d'Ourscamp.
1280. — Des Essonnes (Jacob) autorise un échange de biens entre l'abbaye d'Ourscamp et les frères de l'hôpital Saint-Jean-l'Évangéliste de Roye.
1286. — De Villacère (Regnault) intervient dans un accord fait entre le chapitre de Roye et Guillaume de Mâcon, évêque d'Amiens.
1290. — De Dampierre (Jean).
1332. — De Saint Guon (Pierre) est dit doyen dans les statuts du chapitre de la Collégiale.
1386. — Thibaut de Milly prête serment en qualité de doyen, entre les mains de l'évêque Jean de Cherchemont, le 8 janvier.
1434. — Hérault (Sébastien).
1440. — Bouillé (Guillaume), docteur en Sorbonne ; il fut aussi doyen de Noyon et mourut avant Pâques de l'année 1467.
1464. — Soyer (Simon), chanoine, puis doyen.

1475. — Soyer (Raoul) était doyen lors de l'enlèvement de la châsse de Saint-Florent par Louis XI ; il mourut en 1483 et fonda un obit le 27 novembre, jour de son décès.

1483. — Carton (Jehan) fonda une procession la veille de la Madeleine, avec une messe haute le lendemain, à l'autel du Rosaire. Il donna une verrière à l'église de Saint-Pierre, sur laquelle il était représenté avec ses père et mère et son frère (1531).

1532. — Bouvret (François) donna la maison décanale.

1539. — Sandrin (Pierre).

1567. — Cornet (Louis), licencié en droit, aumônier du roi. Cette année il tint sur les fonts baptismaux de l'église de Saint-Pierre, Dupré (François), fils de Pierre Dupré. Il mourut le 16 septembre 1631 et fut inhumé dans la Collégiale. Il était seigneur de Saint-Georges, d'Andechy, d'Avricourt et de Fransart.

1574. — Le Pot (Léon), élu doyen le 3 février. L'année suivante, le chapitre aliéna le fief de la Berlière pour payer les taxes levées par le roi Charles IX.

1576. — De Béronne (Gabriel) est élu doyen par une partie du chapitre en même temps que Le Pot. Son élection fut confirmée par un arrêt du Grand Conseil. De Béronne transigea avec son compétiteur le 21 novembre 1576 et resta seul en possession du décanat. C'est sous ce doyen que le chapitre vendit à Nicolas de Chambly, écuyer, seigneur de Warsy, le fief de Hennequin, moyennant cinquante livres tournois, pour payer la part des chanoines dans la taxe de cinquante mille écus, imposée sur le clergé.

1616. — Bellot (Christophe), né à Roye le 30 juillet 1575, était fils d'Adrien Bellot, conseiller du roi, et de Florence Hannique. Chanoine de Saint-Florent, il fut nommé doyen le 26 octobre 1616. Il était aussi grand-vicaire et prieur commendataire de Lihons : en cette qualité, il installa Griffart Bellot, à la cure de Foucaucourt.

Bellot mourut le 5 avril 1626, le dimanche des Rameaux
« par une effusion de sang » ; il fut inhumé dans la Collégiale où on lui éleva un mausolée sur lequel était l'inscription suivante :

> BELLOT *quem spargit, clero lugente cruorem*
> *In populi lacrymas, undiquè versus obit*
> *Gaudia, sed luctum pulsant et funera rami*
> *Quid ni ? ramifera si petit astra manu ?*

> BELLOT le sang que vous versez,
> S'en va d'une course légère,
> Changé en larmes dans les yeux
> Du peuple, qui pleure en tous lieux ;
> Mais en même temps, l'allégresse,
> Va chassant toute tristesse,
> Et sont rendus par les rameaux
> Les honneurs funèbres plus beaux.
> Pourquoi non ? si la main fermée
> Tenant une vaste ramée,
> Votre esprit quittant ces bas lieux,
> Prend soudain la route des cieux !

1626. — DE BELLOY (Louis), chanoine, puis doyen.

1631. — DE BROYES (Claude), natif de Saint-Quentin, chanoine, écolâtre, puis doyen de Saint-Florent. Il se démit de ses fonctions en 1646, et mourut le 27 novembre 1660.

1646. — LEFEBVRE (Pierre), chanoine, élu doyen. Il mourut le 22 juin 1648, et fut inhumé dans le chœur de la Collégiale.

1649. — BOUILLÉ (Pierre), docteur en Sorbonne, curé de Saint-Barthélemy de Paris, nommé chanoine, puis doyen le 20 juillet 1649. Sa nomination fut confirmée par l'évêque d'Amiens, de Caumartin ; il prit possession du décanat le 21 août, et résigna ses fonctions en faveur du suivant.

1649. — DE MELLEVILLE (Guillaume), prêtre du diocèse d'Evreux, maître ès-arts de l'Université de Paris, chanoine,

1650. — Hannique (Antoine), nommé doyen par une bulle du pape Innocent X, donnée à Sainte-Marie-Majeure, le 8 février 1650 ; il fut confirmé dans ses fonctions par l'évêque d'Amiens. Le 28 juin, les chanoines s'opposèrent à son installation, à cause de la nomination qu'ils avaient faite de Faron Le Clerc, natif d'Albert, docteur en Sorbonne.

1651. — Faron Le Clerc, son élection fut approuvée par l'évêché d'Amiens, le 3 janvier 1651, il fut installé dans ses fonctions le 23 du même mois.

167.. — Le Peyre (Antoine), docteur en théologie, prêtre du diocèse de Toulouse, chanoine, élu doyen.

1709. — Du Chastel (Joachim), écuyer, licencié ès-lois, prêtre du diocèse de Saint-Pol-de-Léon, élu doyen le 2 mars. Sa nomination fut confirmée par Pierre Sabatier, évêque d'Amiens. Il mourut le 29 septembre 1749, âgé de soixante-douze ans et fut inhumé au milieu de la nef de la Collégiale.

1750. — Pepin (Nicolas), natif de Montreuil, près Paris, licencié en théologie. Il fut présenté au chapitre comme chanoine en 1749, par Jacques Valette, professeur du collège de la Marche. Il fut élu doyen, le 17 septembre 1750 et mourut à Roye, le 4 janvier 1796.

ÉGLISE DE SAINT-MÉDARD

C'est au-delà du pont du faubourg qu'était située l'église de Saint-Médard, démolie à la Révolution.

L'église primitive existait au dixième siècle ; elle était sous le vocable de Saint-Firmin.

Ce martyr, premier évêque d'Amiens, prêchait dans la Picardie la parole de Dieu; partant de Beauvais et se dirigeant vers Amiens, il s'arrêta à Mesnil-Saint-Firmin ; puis, suivant la voie romaine, on le retrouve sur le Mont-Evangile, près de la route de Roye à Amiens. Saint Firmin parcourut en missionnaire les campagnes des environs : « bien que les chroniques ne citent pas Roye parmi les « localités visitées par le saint, il a pu néanmoins venir « prêcher la foi dans cette ville. »

Saint Firmin évangélisa les habitants de Roye, sa parole persuasive engagea les Royens à jeter les fondements d'une chapelle qu'il dédièrent au saint martyr. Il existe au pied d'une colline dominant le faubourg de Saint-Médard, une fontaine qui rappelle le passage du saint dans la ville, et qui porte le nom de : *Saint-Firmin* ; les prairies qu'elle arrose, s'appellent aussi : *Prés de Saint-Firmin*.

La chapelle primitive (*ligneis tabulis*) fut incendiée lors des invasions des Normands. La piété des fidèles fit alors édifier une nouvelle église, et la placèrent sous le vocable de saint Médard. La popularité dont jouissait dans le pays l'évêque de Noyon, fut sans doute la cause de ce changement.

Saint Médard naquit en 457, à Salency, il fut évêque de Vermand et transféra à Noyon le siège de l'évêché ; il mourut vers 545, en grande vénération. C'est saint Médard qui institua la fête de la rosière, à Salency ; cette pieuse et touchante cérémonie attire chaque année un grand nombre de pèlerins de Roye et des communes voisines. Jacques de Belloy, d'Amy, fut par sa femme, Françoise de Margival, seigneur de Salency, en 1599.

Le culte de Saint-Médard est très répandu dans les environs de Roye et de Noyon, on l'invoque pour la pluie et le beau temps. Sa fête qui se célèbre le 8 juin, le même jour que celle de Saint-Godard, évêque de Rouen, ne se trouve pas dans les *Offices propres à l'usage de la ville de Roye* publiés en 1774, ni dans le *Propre* de l'église

Saint-Florent ; on célébrait dans la Collégiale, au mois de janvier, la fête de Saint-Firmin, patron de la primitive église.

La fête patronale de Saint-Médard a lieu dans le faubourg le 8 juin ; ce jour-là est observé attentivement par les cultivateurs, car Saint-Médard est réputé avoir une grande influence sur le temps ; s'il pleut le jour de Saint-Médard, c'est de l'eau pendant quarante jours.

Sans chercher à savoir ce que cette observation a de fondé, nous pouvons dire que le mois de juin est généralement un des mois les plus pluvieux de l'année.

Le seul document ancien qui fasse mention de l'église de Saint-Médard, est une bulle du pape Luce III, du 18 avril 1184, concernant les biens du Chapitre Saint-Florent. Le Pontife s'exprime ainsi : *Quidquid habetis apud Toulam*, « tout ce que vous avez au faubourg de « Thoule, *ecclesiam sancti Medardi cum omnibus pertimenciis :* « l'église de Saint-Médard avec toutes ses dépen- « dances. » Ce document nous apprend qu'à cette date, l'église avait changé de vocable, et que le faubourg s'appelait encore de Thoule. Il conserva longtemps cette dénomination avant de prendre le nom de son église, comme on le voit par une charte de Richard, évêque d'Amiens, dans laquelle ce prélat appelle la paroisse, de Thoule, et l'église, de Saint-Médard.

D'après cette charte de 1205, le doyen du chapitre de la Collégiale nommait à toutes les cures de la ville, à l'exception de celle de l'église de Saint-Médard ; il n'avait que la présentation du titulaire à cette cure, et c'était l'évêque d'Amiens qui le nommait. Cette charte intervint comme transaction, pour mettre fin à des contestations élevées entre le Chapitre et l'Evêché. (*Pièce justificative.*)

C'est peut-être cet état d'indépendance du curé de Saint-Médard, vis-à-vis du Chapitre de Saint-Florent, qui explique la possession d'un sceau particulier, pour la cure de Saint-Médard. En effet, il existe au musée de Roye, un sceau de forme ovale, qui représente un évêque mitré, portant la crosse de la main droite, avec cette inscription : S. Cure de Roies. *(Voir la gravure de sceaux).*

L'église de Saint-Médard située en dehors de l'enceinte fortifiée de la ville, fut plusieurs fois dévastée ; lors de la prise de Roye en 1552, elle subit le sort du faubourg, elle fut incendiée et détruite de fond en comble. Les largesses des habitants permirent d'entreprendre la construction d'une nouvelle église.

Les fréquentes invasions retardèrent les travaux, elle ne fut achevée qu'en 1616 ; les dépenses furent plus grandes qu'on ne l'avait prévu d'abord, et pour acquitter les dettes contractées, les marguilliers et les habitants du faubourg demandèrent à l'évêque d'Amiens l'autorisation de vendre cinq journaux de terre situés sur le terroir de Saint-Georges : ce qui leur fut accordé.

C'est cette église qui existait au siècle dernier, et qui tomba sous le marteau révolutionnaire.

L'architecture du monument n'avait rien de remarquable ; l'église était située à droite de la rue, il fallait traverser le cimetière pour y parvenir. Il y a quelques années, en creusant les fondations d'une maison bâtie sur l'emplacement de ce cimetière, on mit à découvert des ossements, des pots funéraires, quelques monnaies d'Henri II et de Charles IX, puis une hipposandale en fer oxidé.

On pénétrait dans l'église par une porte latérale ; le portail qui regardait l'occident, était surmonté du clocher renfermant trois cloches ; ce clocher se terminait par une croix supportant un coq, comme symbole de la vigilance. « On a accoustumé de mettre la figure de cet oyseau, dit

« la Colombière, pour donner à entendre aux prélats, qu'ils
« doivent être vigilants sur leurs troupeaux. »

Une des cloches servait à tinter l'*Angelus*. On sait que Louis XI, par un acte du 1er mai 1472, ordonna que chaque jour, à midi, quand la cloche sonnerait, on se mettrait à genoux, et l'on dirait un *Ave Maria*, pour obtenir de la Sainte-Vierge la paix du royaume. C'est là l'origine de l'*Angelus*.

La nef de l'église n'avait pas de bas-côtés, elle était séparée du chœur par une grille en fer. L'édifice avait la forme d'une croix; à gauche du transept, se voyait la chapelle Saint-Nicolas ; une statue représentait cet évêque crossé et mitré, ayant à ses pieds les trois enfants ressuscités dans leur saloir. A droite, était l'autel dédié à la Sainte-Vierge ; puis la sacristie qui fut rebâtie en 1740.

On fit des réparations au chœur de l'église en 1697, les marguilliers voulurent faire contribuer à ces travaux les gros décimateurs, parmi lesquels étaient l'Hôpital des femmes et celui de la charité, bien que de temps immémorial les hôpitaux fussent exempts de participer à ces dépenses. L'Echevinage rejeta la prétention des fabriciens comme non raisonnable et mal fondée.

Dans l'intérieur de l'église se trouvaient plusieurs pierres tombales ; dans le chœur on remarquait la sépulture de Louis Billecocq, curé de Saint-Médard, inhumé sous le pupitre le 16 juin 1701. Sur la pierre étaient gravées ses armoiries : *d'or à une perle de gueules*. Avant lui, son père Jehan avait été enterré dans l'église le 4 septembre 1669.

Dans la nef, se voyait la sépulture de Marie Hénon, femme de Charles de la Rouzé, fermier de la ferme des Granges, décédée le 18 janvier 1769.

Un mariage important fut célébré le 14 janvier 1693, dans l'église de Saint-Médard : ce fut l'alliance d'Antoine de Bohain, écuyer, seigneur de Vaussy, aide-major de la compagnie des gens d'armes du dauphin, en garnison à Roye, avec Antoinette de La Chevrier, native de Ham ; beaucoup de seigneurs assistèrent à cette union. C'était un événement pour les habitants du faubourg.

L'église possédait le buste de Saint-Médard, il se trouve aujourd'hui chez un particulier du faubourg ; sur le crâne du saint est pratiquée une ouverture, fermée par une plaque en verre, sous laquelle on aperçoit des reliques.

Louis Hérissier, chanoine et curé de la paroisse Saint-Médard, fit don à la Collégiale d'un calice, de deux burettes et d'un bassin en argent ; il légua, en outre, douze journaux de terre situés à Fresnoy-les-Roye, à la charge d'un obit solennel et de deux messes basses annuellement (1661).

Le curé de Saint-Médard avait le droit de porter l'étole en présence du doyen de la Collégiale lors de ses visites. Ce droit lui fut confirmé par la charte de l'évêque Richard.

La paroisse de Saint-Médard comptait cent trente communiants ; la cure valait cinquante livres ; la Fabrique avait, en revenus, soixante-dix setiers de blé et soixante-neuf livres d'argent. (1728).

Le 27 juillet 1791, les officiers municipaux accompagnés du procureur-syndic de la Commune, avec le greffier, et assistés d'un sergent de ville, en exécution du décret de l'Assemblée nationale du 29 mai 1790, se transportèrent dans l'église Saint-Médard pour procéder à sa suppression, et à sa réunion à l'église de Saint-Pierre, seule paroisse conservée.

Ils enlevèrent du tabernacle les vases sacrés, consistant en un soleil, un calice, un ciboire, trois petits vaisseaux pour les saintes huiles, une coquille d'argent et deux chandeliers argentés. Ils enfermèrent dans un coffre les ornements que leur remit le citoyen Bourbier, curé de la paroisse. Puis les scellés, aux armes de la municipalité, furent apposés sur la grande porte d'entrée de l'église.

De ces opérations, ils rédigèrent un procès-verbal qui fut signé par Lefebvre Dhédancourt — De Quivre — Jean-Baptiste Séret — Ballin — Poulmier — Grégoire Dessigny et Dambry, secrétaire greffier.

Plus tard, l'église fut vendue et démolie; sur son emplacement s'élevèrent des habitations.

Prieuré de Saint-Mard

Il y avait à Saint-Mard près de Roye, *sanctus Medardus juxtà Royam*, un prieuré de l'ordre de Saint-Augustin, qui dépendait de l'abbaye de Saint-Martin-au-Bois. C'était un bénéfice simple; le collège des jésuites de Louis-le-Grand uni à l'abbaye Saint-Martin-au-Bois en étaient les présentateurs.

Comme les moines de Saint-Augustin ne pouvaient desservir eux-mêmes la paroisse de Saint-Mard, ils y commettaient un religieux de leur ordre, qui prenait le titre de : Prieur-curé.

Le prieuré, dit de Saint-Mard ou de Saint-Médard faisait partie du doyenné de Roye, et plus tard, du doyenné de Rouvroy. Il était situé à Saint-Mard, village à trois kilomètres de Roye et qui autrefois devait faire partie du faubourg de Saint-Médard. On rencontre, en effet, sur le parcours du faubourg au village de Saint-Mard, des traces de constructions qui indiqueraient qu'il y avait des habitations éparses, reliant les deux populations aujourd'hui séparées; Saint-Mard est évidemment une contraction de Saint-Médard.

Les bâtiments du prieuré restaurés en 1778, étaient contigus à l'église ; il existait au bout de la nef, une ouverture qui donnait dans les appartements du prieur, par laquelle il entendait l'office. Indépendamment du prieur, il y avait un prêtre qui desservait la paroisse ; il était au choix du prieur. Le presbytère était construit sur la place du Château, derrière l'ancienne école.

L'église, sous le vocable de Saint-Médard, n'offre rien de remarquable ; elle avait autrefois des bas-côtés et des transepts. La nef fut restaurée en 1768 ; le chœur offre encore quelques nervures, avec des fenêtres ogivales. Le maitre-autel a des sculptures en bois qui ne sont pas sans mérite artistique.

Il y avait à Saint-Mard, un château-fort baigné par la rivière d'Avre, qu'habitait en 1684, Timoléon de Séricourt, marquis d'Esclainvillers, seigneur de Folleville. Sa fille Marie, son unique héritière, épousa Augustin Mailly-d'Haucourt qui devint ainsi seigneur de Saint-Mard, en partie.

La terre de Saint-Mard avait appartenu aux seigneurs de Roye, puis aux Collesson de Béronne, et en 1600, à François de Hangest. La seigneurie fut ensuite achetée par Belleforière de Soyecourt, qui donna le moulin des Truyots aux Minimes de Roye.

Il y avait deux fiefs à Saint-Mard : le fief des *Truyots* et celui des *Cressonnières* ; le village prit souvent le nom d'un de ces fiefs.

En 1771, la seigneurie appartint à Legrand Sentier de Chuynes dont la famille possède encore une partie des terres et des prairies de la commune.

Sur le pont de Saint-Mard établi sur l'ancien chemin d'Arras à Compiègne, se percevait un droit de péage. C'était « une branche » du pontenage de Roye.

Le plus ancien prieur dont on retrouve le nom est : Jehan, prieur de Saint-Mard en 1249 ; il fut constitué arbitre par l'abbaye de Saint-Martin-au-Bois, dans une difficulté survenue entr'elle et le Chapitre de Noyon, au sujet des dîmes de Balâtre, d'Omancourt et de Solente.

Parent Jean, prêtre, religieux de l'abbaye de Saint-Martin, natif de Montdidier, est qualifié de prieur de Saint-Mard, dans une enquête faite en 1499.

Le 6 septembre 1677, l'évêque d'Amiens, François Faure se réserva la disposition de la cure « en vicairie perpétuelle », de l'agrément du prieur Oger de Cavoye, malgré l'opposition de l'abbé de Saint-Martin-au-Bois. Le prélat y établit Henry de Moisy le 22 avril 1678 ; sur la présentation du titulaire, l'Evêque nommait un successeur qui devait être prêtre séculier.

Pierre de Cavoye fut peu de temps prieur, il était né au château de Beaufort le 16 juillet 1645, fils de Gilbert Oger de Cavoye, seigneur de Beaufort, de Bouchoir.... et de Madeleine Aubry. Il fut abbé commendataire de Notre-Dame de Coëtmalouen, en basse Bretagne, et mourut en 1709.

Raymond Pécon, chanoine régulier des réformés de Chamallade, fit comme prieur le 2 juin 1728, à l'évêché d'Amiens, la déclaration des biens et des charges du prieuré. Il mourut en 1751.

Les revenus du prieuré consistaient en la terre et seigneurie de Saint-Mard, avec haute, basse et moyenne justice ; ils s'élevaient à deux mille livres.

Le prieur était chargé de la construction et de l'entretien de la maison presbytérale ; il devait aussi contribuer aux réparations de l'église de Saint-Mard et des chœurs des églises de Villers et de Dancourt, puis fournir ce qui était nécessaire pour le service divin. Il devait, en outre, donner, chaque année, deux muids de blé, que le pasteur distribuait aux pauvres, le jour de la fête de Saint-Médard. Le prieur avait le premier rang dans l'église; il était obligé de dire deux messes par semaine.

Les prieurs étaient enterrés dans le chœur de l'église; on lit sur une pierre tombale l'épitaphe suivante :

CY-GIST VÉNÉRABLE HOMME JEAN BERTIN, AMABLE DIEUXIVOYE, CHANOINE RÉGULIER
DE L'ABBAYE DE LA VICTOIRE, PRÈS SENLIS,
PRIEUR ET SEIGNEUR DE CETTE PAROISSE
QU'IL A GOUVERNÉE AVEC ZÈLE PENDANT 21 ANS.
DÉCÉDÉ EN 1773, AGÉ DE 71 ANS.
SA CANDEUR, SA BONTÉ, SA DOUCEUR LE FERONT LONG-TEMPS REGRETTER
PRIEZ DIEU POUR SON AME

Ce prieur avait été parrain d'une cloche de l'église le 2 juin 1757, et sa sœur fut marraine.

Le dernier prieur, Paulinier Pierre-François, chanoine de la Congrégation de France (génovéfain), homme de beaucoup d'esprit, fut en 1793, l'objet de poursuites de la part des agents révolutionnaires.

Après la tourmente, Paulinier rentra dans les bâtiments du prieuré qu'il avait achetés, et y resta jusqu'à sa mort arrivée le 27 mai 1820. Il fut enterré dans le cimetière du village, près de l'église ; aucun monument ne rappelle sa sépulture.

Dans le chœur de l'église, sous le lutrin, se trouve la tombe d'un nommé Langlet, enterré l'hiver de 1799 ; la terre dans le cimetière était tellement gelée, qu'on ne trouva d'autre moyen de donner la sépulture au corps que de le mettre dans l'église.

Aujourd'hui, la paroisse de Saint-Mard est desservie par le curé de Saint-Gilles de Roye.

Dans son Hagiographie du diocèse d'Amiens, M. J. Corblet donne pour vocable à l'église de Saint-Mard-les-Roye, « Saint-Vincent-de-Paul », dont la fête se célèbre le 22 janvier. Cette fête ne figure pas aux offices propres de la Collégiale de Saint-Florent. Sur un livre de plain-chant de la paroisse de Saint-Mard, on lit le titre suivant : *Officium Sancti Medardi episcopi Noviomensis patronis hujus ecclesiæ..*

ÉGLISE DE SAINT-PIERRE

Il existe deux descriptions de l'église de Saint-Pierre, l'une se trouve dans un ouvrage ayant pour titre : *Eglises, Châteaux, Beffrois et Hôtels de ville les plus remarquables de la Picardie et de l'Artois*, dû aux recherches de Messieurs : Delafons, Dusevel et Goze ; l'autre fut publiée dans la *Bibliothèque historique de la Picardie* par le savant Royen, M. l'abbé J. Corblet, sous le titre de : *Notions archéologiques sur les monuments religieux de la ville de Roye*. Ces monographies sont complètes, nous aurons peu de renseignements nouveaux à y ajouter.

L'époque de la fondation de l'église de Saint-Pierre est ignorée ; elle est postérieure à celle de la Collégiale de Saint-Florent : il est même permis d'admettre que cette église n'existait pas lors de la translation des reliques de Saint-Florent en 1152, car aucun prêtre représentant cette église, n'assistait à la cérémonie. Ainsi sa construction pourrait remonter entre les années 1152 et 1184 ; elle existait à cette dernière date, suivant la bulle du pape Luce III déjà citée.

L'église de Saint-Pierre fut, d'après la tradition, bâtie par des ouvriers du pays et les matériaux employés furent

PORTAIL DE S.^T PIERRE.

fournis par les carrières de Villers-les-Roye. Elle fut élevée près de la chaussée romaine de Noyon à Amiens et à l'intersection de la route de la Flandre occidentale.

L'architecture de l'église porte les caractères de différentes époques ; le grand portail en plein cintre est la partie la plus ancienne de l'édifice, il paraît dater du douzième siècle.

Le portail se compose de trois archivoltes superposées et en saillie ; la première présente deux rangs de chevrons brisés en zigzag, les uns en creux avec filets dentelés, les autres en relief. La seconde archivolte, en quart de rond, faisant saillie sur la précédente, est formée de monstres fantastiques, allégoriques, bizarres, contournés dans leurs formes, ayant des ailes, des queues enroulées et se terminant par une tête d'oiseau. Tous ces animaux communient sous les deux espèces du pain et du vin, représentées par un calice en creux, au milieu duquel se trouve le pain ; ils sont tous variés et les Croisés picards devaient les porter pour emblèmes sur leurs bannières, ce sont : des léopards, des dragrons ailés et des lions ; chaque animal forme claveau. Au-dessus, et séparé par un petit champ, est un tore découpé en arcature avec des zigzags intersectés.

Sur la troisième archivolte est un gros tore ou colonne de trois quarts, diamantée sur le milieu et reliée par des crossettes ou crosses végétales, opposées à leur point de rencontre.

Pour couronnement à ce bel ensemble de lignes, l'archivolte faisant corniche en saillie sur le mur, forme deux tores accouplés, séparés au milieu par une petite gorge clouée à des distances égales. La partie en vue présente des palmes attachées ensemble donnant naissance à des pommes de pins, disposition qui rappelle l'ove. Dans la plate-bande se trouvent des crochets affrontés, pris aux dépens du mur.

Toute l'archivolte repose sur un tailloir orné d'une moulure en dents de scie et se termine en amortissement par une syrène de chaque côté, représentant le bien et le mal. Ces syrènes remplacent les animaux qui s'y trouvaient autrefois, et dont les débris furent pris pour des crapauds.

Cette partie du portail est supportée par six colonnes, dont trois de chaque côté; les chapiteaux des colonnes de gauche sont historiés et représentent, le premier : deux colombes communiant au même calice ; le deuxième : deux dauphins ailés, reliés par une même tête ; le troisième : un enlacement de croix ancrées, symbole de la foi et de l'espérance.

Le premier chapiteau du côté droit, contre la porte d'entrée, se compose d'entrelacs mauresques, diamantés en avant et reliés ensemble ; celui du milieu laisse voir deux colombes enlacées par le cou, et le dernier, des entrelacs palmés.

Les fûts des colonnes présentent un anneau saillant au milieu et se terminent sur le socle par des pattes d'animaux.

L'architecture du portail offre des caractères particuliers ; les joints des pierres sont très serrés, la taille est horizontale, fixe et régulière ; mais dans l'appareil, en général, il il n'y a aucune régularité.

L'ancien tympan qui avait été détruit pour donner plus de hauteur à la porte d'entrée, fut rétabli en 1866 ; il représente le Christ avec les quatre évangélistes symbolisés : le lion personnifie Saint-Marc, le veau, Saint-Luc, l'ange ailé, Saint-Mathieu, et l'aigle, Saint-Jean.

La frise du dessous est à rinceaux diamantés et palmés, elle est supportée par deux corbelets décorés de figures représentant le bon et le mauvais génie.

De chaque côté du portail, sont des portes dont l'architecture diffère entr'elles; celle du sud offre un cintre surbaissé, surmonté d'une ogive du style flamboyant, dont le sommet est coupé par une anse de panier ; tandis que l'autre présente une arcade à talon, décorée d'élégantes moulures.

Au-dessus du porche principal, existait une fenêtre dont le style contrastait avec celui du monument ; elle avait remplacé celle qui fut si habilement construite en 1667, par Quentin Bonian, et restaurée en 1843 par M. Ramée. Elle vient (1871) de disparaître à son tour pour faire place à une fenêtre d'époque romane, en parfaite harmonie avec le reste du portail central ; elle est bigéminée, à quatre voussures décorées de palmettes, d'enroulements et de rosaces, elle est accompagnée d'un oculus. Les cinq chapiteaux des colonnettes montrent des animaux affrontés, des espèces de sphinx, un pélican et des sujets symboliques. Cette fenêtre est surmontée d'une rosace zodiacale dont les balustres ou meneaux, partant d'un trèfle central, aboutissent directement à la circonférence.

L'église a son pignon sur rue, à l'ouest ; au haut du pignon, on voit la statue en pierre de Saint-Florent dans sa barque, et de chaque côté, sont les statues brisées de Saint-Pierre et de Saint-Paul de grandeur naturelle ; des gargouilles sous la forme d'un animal, descendent à droite et à gauche des rampants.

Des contreforts, avec arcs-boutants, terminés par une retraite en larmier, flanquent les murs de l'église ; les pignons des chapelles de la nef et du transept, ceux du nord surtout, sont ornés de rosaces, de médaillons, de pinacles contournés, de statues, et sont accompagnés de gargouilles remarquables. La tourelle qui renferme l'escalier du clocher a la forme d'un château-fort et l'extérieur est décoré d'ornements et d'écussons ; sur les pignons de la chapelle du Sacré-Cœur, autrefois dite de Notre-Dame ou de la Sainte-Vierge, se trouvaient des armoiries : *mi parti de France et de Bretagne*. Ces écussons semblent rappeler les règnes de Charles VIII et de Louis XII, époque de la restauration de l'église, et qui a dû avoir lieu en 1475 après l'incendie de la ville ; ces armoiries se voyaient encore sur la verrière de la chapelle de Saint-Antoine.

Le clocher s'élève vers le milieu de l'édifice, au point de jonction de la nef et du chœur ; il repose sur une tour carrée, flanquée à ses angles de tourelles terminées en dôme, et reliées entr'elles par une galerie en pierre, dont les arcades découpées à jour ont été bouchées.

Quatre cloches existent au clocher ; en 1492, leur nombre était seulement de trois. En 1620 eut lieu la bénédiction de quatre cloches fondues à Montdidier ; deux de celles qui sont aujourd'hui portent la date de 1779 et les deux autres celle ds 1818. Les premières ont pu résister aux efforts révolutionnaires, la grosse cloche n'a pu être descendue à cause de son poids (1450 livres) ; elle fut fondue par Cavillier de Carrépuits, et eut pour parrain le Corps de Ville, et pour marraine Madame Gaudefroy, épouse du maire. On y voit les armoiries de Florent Billecocq, du curé Boutteville, du médecin Boulanger et de Gaudefroy. Les deux cloches portant la date de 1818, remplacèrent celles qui furent envoyées aux fonderies de Douai ; comme les précédentes, elles sont ornées de blasons, on y voit les armes de Rhune : *d'argent à un sautoir d'or accompagné de quatre aiglettes de gueules* ; celles de Laval : *d'or semé de flammes de gueules, à la croix ancrée d'azur chargée de cinq flammes d'or* ; celles de Thocquesne et de Jobart : *d'azur à une pomme de pin d'or*. Ces nouvelles cloches furent bénies par Etienne de Riencourt, vicaire général du diocèse, assisté de Clérentin, curé de la paroisse ; elles portent aussi les noms du maire J.-B. Graval, et ceux des marguilliers alors en charge.

L'intérieur de l'église a la forme d'une croix latine ; son architecture date de deux époques différentes. Les voûtes de la nef et du clocher sont des premières années du XVIIe siècle, tandis que celles du chœur sont du XVe.

La nef mesure trente-cinq mètres dans sa longueur et dix-sept mètres dans sa largeur ; elle est séparée des bas-côtés par quatorze colonnes cylindriques sans chapiteaux. Dans les bas-côtés qui font le tour du chœur, les piliers se profilent sous la forme d'arêtes prismatiques, qui s'élèvent du sol jusqu'à la clef de voûte ; celle-ci est enrichie de pendentifs sculptés.

Les fenêtres qui s'ouvrent dans les bas-côtés sont à trois meneaux, formant dans le tympan des trèfles et des cœurs. Ces fenêtres étaient autrefois décorées de vitraux peints représentant différents sujets de l'Ecriture sainte, et qui provenaient de la libéralité de particuliers ou de corporations, comme on le voyait par des inscriptions placées au bas de ces verrières. Ainsi dans la chapelle Saint-Nicolas, à droite, une vitre représentant le martyre de Saint-Crépin et de Saint-Crépinien portait : « *A l'honneur de Dieu et à la décoration de l'église, les cordonniers de cette ville ont donné cette verrière l'an mil v^e XXXVII.* » Dans la même chapelle, une autre verrière figurant la création du monde, avait dans le haut, d'un côté, un mortier et son pilon, de l'autre, des balances, et dans le bas cette inscription : « *A l'honneur de Dieu et à la décoration de cette église, les Merciers ont donné cette verrière.* » A gauche de la chapelle de Saint-Louis on lisait : *Cette verrière a été donnée et faite des aulmones des bourgeois de cette ville.* »

On ne voit aujourd'hui que quelques débris des anciens vitraux qui étaient d'une grande beauté ; ils dataient des XVe et XVIe siècle, ils étaient l'œuvre de verriers ds Roye ; une seule fenêtre est complète, elle représente : *l'arbre de Jessé*, avec les portraits des donateurs et leurs armoiries (1517). Cette verrière fut restaurée en 1864, par M. Bazin du Mesnil-Saint-Firmin. A droite de celle-ci, deux autres croisées offrent encore des vitraux coloriés, les sujets représentés sont en grand nombre et plus ou moins complets ; on y voit la résurrection de Lazare, le sacrifice d'Abraham, la décollation de Saint-Jean-Baptiste, et Saint-Martin partageant son manteau. Ces restes de vitraux sont encore remarquables par la richesse et par l'éclat des couleurs.

Le chœur de l'église porte les caractères de l'architecture du XVe siècle, les voûtes élevées et hardies présentent des pendentifs et des culs-de-lampe décorés de figures, de médaillons et de dessins bizarres ; elles furent exécutées par Arthur de Loing et par Robert Lefeuvre, maîtres-maçons à Roye.

Dans le fond du sanctuaire se trouve le maître-autel surmonté d'une gloire rayonnante d'assez mauvais goût ; le devant de l'autel était garni d'une tapisserie représentant l'Annonciation, elle est remplacée aujourd'hui par une plaque métallique sur laquelle se voit la Cène.

Il existait dans le chœur des stalles, en pierre, destinées aux personnes en charge ; on leur substitua des formes en bois.

Une grille en fer d'un assez beau travail, exécutée en 1771, séparait la nef du chœur ; détruite à la Révolution, pour être convertie en piques, cette grille fut remplacée par celle qui existe aujourd'hui et dont l'élégance laisse à désirer.

Dans la nef se trouvaient des bancs en bois, dont les places étaient louées aux paroissiens ; les bancs pour les hommes étaient séparés de ceux des femmes, trois cents places étaient destinées à ces dernières. Les Filles de la Croix occupaient cinq places sur deux bancs du « côté de l'œuvre. »

En 1772, le curé de Saint-Pierre, dans le but d'embellir l'église y fit quelques changements. Le chœur fut agrandi du côté de la nef et le maître-autel fut placé en avant des piliers contre lesquels il était d'abord adossé ; le sanctuaire et le chœur furent pavés en carreaux de Senlis. C'est alors que disparurent les pierres tombales dont le sol de l'église était recouvert.

Pour fournir à ces dépenses, les marguilliers imaginèrent de supprimer d'abord les bancs des bas-côtés de la nef, pour les remplacer par des chaises dont la location devait rapporter trois cents livres par an. Cette suppression donna lieu à quelques réclamations, mais la Fabrique passa outre et en une nuit, tous les bancs furent remplacés par des chaises. Cependant des plaintes ayant été portées à l'Evêché, un réglement de l'évêque de la Mothe d'Orléans intervint touchant les places dans la nef.

Ce n'était pas sans contestation de la part du Chapitre que les marguilliers faisaient quelques changements dans l'église : ainsi en 1620, les marguilliers avaient voulu faire une ouverture pour aller dans le cimetière situé près de l'église ; les chanoines s'y opposèrent. Les marguilliers prétendaient user de leurs droits ; le Chapitre en appela à la cour du Parlement qui par arrêt du 8 mai, confirma le doyen dans sa juridiction spirituelle sur la paroisse de Saint-Pierre, ordonna aux marguilliers en charge de prêter serment pour le fait de leur « marguillerie, » entre les mains du Chapitre et les condamna, en outre, à boucher l'ouverture « encommencée. » Pareil incident se produisit encore en 1671 ; une sentence arbitrale, homologuée au Parlement donna gain de cause au Chapitre contre les marguilliers de Saint-Pierre.

En 1720, le curé avait fait démolir le maître-autel et en avait fait établir un neuf, sans l'aveu du Chapitre ; les chanoines protestèrent contre cette usurpation de pouvoir. Un procès s'ensuivit entre le Chapitre d'une part, le curé, les marguilliers de la paroisse, le syndic et les marguilliers de la confrérie du Saint-Sacrement ; d'autre part, le Corps-de-Ville intervint aussi dans le débat. Un arrêt du Parlement ordonna que le nouveau retable fut mis « ès-place et lieu où était l'ancien » ; l'arrêt défendit également aux curé et marguilliers de faire, à l'avenir, aucun changement considérable dans l'église, sans demander le consentement du Chapitre.

Les chanoines étaient gros décimateurs de la paroisse de Saint-Pierre, à ce titre, ils étaient tenus de faire les réparations au chœur et au cancel de l'église ; chaque fois que des travaux étaient nécessaires, des contestations s'élevaient entre la Fabrique et le Chapitre : souvent la Cour du parlement fut obligée d'intervenir dans ces débats ; les arrêts rendus en faveur de l'une ou de l'autre partie sont nombreux.

Ainsi en 1661, le Chapitre ayant prétendu nommer aux places de marguilliers et diriger l'emploi des deniers provenant des quêtes, un arrêt du Parlement du 4 janvier, condamna les prétentions du Chapitre comme étant contraires aux conventions faites en 1659 entre la paroisse et les chanoines.

Le 26 juillet 1667, l'Evêque d'Amiens, lors d'une visite qu'il fit à l'église, régla la forme des élections de marguilliers et détermina leurs fonctions. Les marguilliers étaient nommés le dernier dimanche de septembre, après vêpres, dans une assemblée générale composée du curé, des marguilliers anciens et en charge, des officiers de justice, du mayeur et des échevins. Les marguilliers élus devaient prêter serment entre les mains du doyen du Chapitre.

Au mois de juin 1668, le Parlement rendit un arrêt en faveur du Chapitre, contre la paroisse de Saint-Pierre, obligeant les curé et marguilliers à fournir aux chanoines, comme curés primitifs, toutes les choses nécessaires aux offices divins et à présenter à leur acceptation, un prédicateur pour prêcher l'Avent et le Carême. Le même arrêt confirma le doyen et les chanoines dans l'obligation de faire toutes les grosses réparations de l'église, comme gros décimateurs, et à fournir les livres, ornements, calices et le linge, s'ils ne préféraient abandonner à la paroisse le tiers de leurs dîmes.

Le curé et les marguilliers étaient tenus de loger les prédicateurs stationnaires nommés par le Chapitre; ils voulurent se soustraire à cette obligation. Les paroissiens refusèrent le logement, se fondant sur un arrêt du 11 janvier 1667, qui ordonnait aux chanoines et au théologal de la Collégiale de prêcher une fois par mois et de donner des explications sur l'Ecriture-Sainte, trois fois la semaine; selon eux, il n'était pas nécessaire d'avoir des prédicateurs du dehors et de les loger. Une sentence des Requêtes du 22 juillet 1741, condamna les marguilliers à fournir aux prédicateurs un logement convenable.

Les chanoines, comme curés primitifs, étaient en possession « de plusieurs beaux droits », entr'autres de celui de chanter le salut dans l'église, le jour de Pâques communiant. En 1647, le curé Le Blanc s'était opposé à cet usage, prétendant être titulaire de la cure et faire toutes les fonctions de curé; déjà les chanoines avaient obtenu de la

Cour un arrêt qui les confirmait dans leurs droits, lorsqu'ils transigèrent avec le curé sous certaines conditions. Le Chapitre donnait à Le Blanc la qualité de vicaire-perpétuel. Celui-ci reconnaissait les chanoines comme ayant toute juridiction spirituelle dans la paroisse, avec le droit de faire dans l'église, la bénédiction des Rameaux le jour de Pâques-Fleuri, de chanter le salut le jour de Pâques-Communiant, de faire les services la veille et le jour de la fête de Saint-Pierre, de Saint-Paul et de Saint-Pierre-ès-Liens. Le curé s'obligeait ces jours-là, à distribuer lui-même aux chanoines, six deniers à chacun et à chaque fois. Le Blanc reconnaissait encore que le Chapitre avait le droit de donner la bénédiction aux prédicateurs, de faire des visites autant de fois qu'il le voudrait, de vérifier les comptes de la Fabrique, de faire lever les corps des défunts, quand il y serait appelé ; dans cette circonstance, le diacre de l'église de Saint-Pierre devait apporter l'étole et la mettre au cou du chanoine officiant ; au second coup « du convoi », le clergé de l'église devait se trouver dans la nef de Saint-Florent, avec la croix et l'eau bénite, sans que le curé pût porter l'étole.

Le clergé de Saint-Pierre devait assister à toutes les processions générales, à la procession des Rogations, à celle de Saint-Marc et à celle du lendemain de Pâques ; il devait aussi faire sonner et célébrer le service divin avant celui de Saint-Florent. Le curé Le Blanc s'engageait à payer au Chapitre la moitié des oblations de l'église, à administrer l'extrême-onction aux malades de la paroisse, excepté aux pestiférés. Enfin, le Chapitre s'engageait à payer au curé dix-huit setiers de blé, moitié à la Saint-Remy ; il lui fit remise des oblations, mais préleva les deux tiers de la cire du jour de la Chandeleur. Moyennant ces concessions réciproques, l'accord fut signé le 14 mars 1647.

Le successeur de Le Blanc, François Gérard, ne voulut pas reconnaître toutes les conditions imposées par le Chapitre au curé de Saint-Pierre, et après quelques démêlés, de nouveaux arrangements amiables intervinrent. Les chanoines consentirent à l'établissement d'un tarif, aux termes duquel, un enterrement de « riche » coûtait, avec le bout de l'an, douze livres ; un enterrement de « médiocre », huit livres, plus l'honoraire des messes qui était de douze sols pour le curé. Grâce à quelques autres concessions, la paix fut rétablie sur ce point, mais bientôt troublée sur un autre.

En effet, un procès eut lieu entre les marguilliers et les chanoines, au sujet de la réparation des collatéraux de l'église ; il fut jugé en faveur de la Fabrique, et le Chapitre fut condamné à faire, à ses frais, les réparations nécessaires. (1738).

Les nombreux fidèles qui se trouvaient réunis dans l'église de Saint-Pierre le 8 mai 1743, pour assister à une cérémonie, furent témoins d'un curieux incident. Le Corps-de-Ville, en robe, précédé de ses sergents, avait traversé la nef en grande cérémonie et avait été prendre place dans le chœur de l'église. Un instant après arrivèrent les officiers du bailliage en costume, accompagnés des huissiers, ils se dirigèrent aussi vers le chœur ; bientôt on entendit un bruit de voix, on vit des allées et venues : que se passait-il ? Le procès-verbal suivant va nous l'apprendre : « Nous, Officiers du Bailliage, nous
« étant rendus aujourd'hui, quatre heures de relevée,
« à l'église paroissiale de Saint-Pierre, à l'effet d'assister
« à la procession qui devait se faire par les paroisses de
« la ville, en l'église des Annonciades, à l'occasion de la
« béatification de la bienheureuse Jeanne de Valois, nous
« aurions trouvé dans le chœur, les sieurs Pille, Billecocq

« et Gourdin qui occupaient trois formes, à gauche du
« chœur, à commencer à celle du premier pilier, ce qui
« nous aurait donné lieu d'aller à eux et de leur demander
« ce qu'ils étaient venus faire et pourquoi ils occupaient
« ces places. »

Devant ces interpellations, les échevins n'hésitèrent pas à répondre qu'ils venaient avec l'intention d'assister à la procession. Mais les officiers du bailliage signifièrent au Corps-de-Ville qu'il n'avait pas le droit de siéger dans le chœur de l'église, que la chose avait été jugée en 1706, entre le lieutenant-criminel Gaudefroy et les marguilliers de l'église. Les officiers du bailliage rappelèrent encore, qu'en 1739, lors d'une mission faite à Roye par l'évêque d'Amiens, le prélat avait invité tous les corps constitués à assister à la plantation d'une croix, que les Echevins avaient voulu alors prendre place dans le chœur, mais que sur les représentations faites par les Officiers à l'Evêque, le corps municipal était sorti de l'église et avait pris la procession dans la rue.

Telle était la cause du bruit qu'avaient entendu les fidèles ; enfin le calme se fit et la procesion put sortir. Le Corps-de-Ville prit rang après les Officiers du bailliage, il occupa la gauche des magistrats ; la procession étant arrivée à la chapelle des Annonciades, les Echevins suivirent les Officiers, en évitant de les croiser.

Plusieurs chapelles existaient autour du chœur et le long de la nef de l'église ; on remarquait surtout celle de la Sainte-Vierge, dont la table d'autel passait pour un chef-d'œuvre, elle avait été faite par Jehan Horel « entre-tailleur d'images », demeurant à Péronne. La statue de la Mère de Dieu, qui surmontait l'autel, était couverte d'étoffes précieuses, enrichies d'ornements. Cette chapelle, placée derrière le chœur, est aujourd'hui consacrée au

Saint-Sacrement ; elle est d'une grande richesse : une arcade décorée de sculptures, repose sur des colonnes ornées de chapiteaux Corinthiens. C'est sous l'autel de cette chapelle que se trouvent la châsse de saint Florent et plusieurs autres reliquaires.

Quelques images d'argent enrichissaient aussi ces chapelles. En 1489, Jehan Graval, orfèvre d'Amiens, fit moyennant xx livres, une figure d'argent de sainte Catherine, pour être placée dans la chapelle dédiée à cette sainte. Dix ans après, ce Jehan Graval, qui avait des parents à Roye, exécutait pour la cathédrale de Noyon, une fierte ou châsse dorée, ayant la forme d'une basilique gothique.

L'église de Saint-Pierre possède beaucoup de reliques, mais toutes ne sont pas exposées à la vénération des fidèles, parce que la plupart manquent d'authentiques, Un grand nombre de ces reliques provient des églises ou des couvents supprimés en 93 ; mais l'église de Saint-Pierre avait aussi ses reliques particulières, comme des restes de saint Antoine de Padoue, invoqué pour faire retrouver les objets perdus ; de sainte Apolline, implorée contre les maux de dents ; de saint Basile ; de saint Boniface, fêté le 5 juin ; de saint Cassien, le 13 août ; de saint Césaire, le 27 août ; de saint Claude, de sainte Colombe, fêtée le 31 décembre ; de sainte Constance, le 19 septembre ; de saint Fortunat, de saint Germain, dont un ossement était renfermé dans un bras d'argent ; de saint Honoré, dont la fête se célèbre le 16 mai ou le dimanche qui suit l'Ascension, patron des boulangers ; de saint Janvier, le 19 septembre ; de saint Pierre, patron du faubourg, qui célèbre la fête le 29 juin ; de saint Prosper, dont l'église possédait une partie du crâne ; de saint Pié, pape et martyr, fêté au 12 juillet.

Il existe une confrérie du Saint-Sacrement autorisée par l'évêque d'Amiens (1672), et dont les règlements furent approuvés par une bulle du pape Innocent X, donnée à Sainte-Marie-Majeure ; cette confrérie prend soin de la décoration de la chapelle.

Les confrères du Saint-Sacrement prenaient le titre de marguilliers de l'église et voulaient s'immiscer dans les affaires de la fabrique, ils eurent à ce sujet des démêlés avec le curé, les marguilliers et les paroissiens de Saint-Pierre ; l'affaire fut portée devant le Parlement, et la Cour rendit, le 5 janvier 1722, un arrêt défendant aux confrères du Saint-Sacrement de prendre le titre de marguilliers et de former une confrérie, avant que d'en avoir reçu des lettres-patentes, dûment enregistrées à la Cour du Parlement.

Une autre confrérie, celle de la Trinité, fut érigée le 29 avril 1629, elle avait pour autel celui de l'ancienne chapelle de la Communion.

Il existait aussi la confrérie de Saint-Jacques dont les compagnons appelés : « pèlerins », assistèrent, en 1502, à la représentation du mystère des *miracles de Mr Saint-Jacques*, qui eut lieu à Compiègne, « avec une grande joyeuseté. » (Août).

La chapelle de la Sainte-Vierge est à gauche du chœur, c'est l'autel de l'archi-confrérie ; au-dessus du maître-autel est un tableau qui représente la Nativité. Cette toile, qui fait l'admiration des étrangers est dûe au pinceau du peintre Hallé « les sentiments d'amour, de respect et de « vénération sont heureusement exprimés par le caractère « et les attitudes des personnages, dit le P. Daire. »

Dans le transept du même côté, est un autel dédié à saint Roch ; une confrérie fut établie lors de la peste qui régna à Roye en 1636, car saint Roch est surtout invoqué contre les maladies épidémiques. Au retable est une toile représentant saint Roch et son chien, puis une statue nouvellement restaurée, et un reliquaire qui renferme des restes du saint dont la fête se célèbre le 16 août.

A gauche, dans la nef, se trouve la chapelle de Saint-Louis, où avaient lieu autrefois les assemblées des marguilliers et des paroissiens, elle est aujourd'hui consacrée à saint Florent; la grille en bois qui forme la clôture de cette chapelle, est remarquable par ses dessins sculptés. L'autel est surmonté d'un tableau qui représente le patron de la ville passant le Rhône sur sa frêle embarcation dirigée par un ange et que le démon tente de faire chavirer; au bas des marches de l'autel, on aperçoit deux pierres tumulaires, qui sont la sépulture de François Cabaille et d'Anne Jobart sa femme.

On y voit gravés deux écussons portant un lion et un soleil, sans désignation de couleurs ni de métaux; au-dessous se trouve l'inscription suivante :

> Ces deux furent touchés d'une commune flamme
> Dont la saincte vertu fut l'unique flambeau ;
> Leurs deux cœurs en vivant, n'eurent qu'une même âme,
> Leurs deux corps en mourant, n'eurent qu'un seul tombeau.

CY-GISENT ET REPOSENT LES CORPS
DE NOBLE HOMME FRANÇOIS CABAILLE, CONSEILLER DU ROY,
CONTROLEUR DU GRENIER A SEL DE LA VILLE DE ROYE,
MAYEUR DE LADITE VILLE,
ET D'ANNE JOBART, SA FEMME, DÉCÉDÉE LE 17 MARS 1672,
LESQUELS ONT FONDÉ AUX JOURS DE LEURS DÉCÈS,
CHACUN UN OBIT SOLENNEL

PRIEZ DIEU POUR LE REPOS DE LEURS AMES

Dans la même chapelle se lisait l'épitaphe de Jean Tricot et de sa femme :

CY-DEVANT REPOSE Me JEAN TRICOT, DOCTEUR EN MÉDECINE,
DÉCÉDÉ LE 7 MARS 1697,
ET MARGUERITE PREVOST, SA FEMME,
DÉCÉDÉE LE 5 JUILLET 1695,
POUR LESQUELS Me LOUIS TRICOT, CHANOINE DE L'ÉGLISE SAINT-FLORENT,
A FONDÉ A PERPÉTUITÉ,
UNE MESSE BASSE TOUS LES DIMANCHES,
QUI SE DOIT DIRE PAR LES CHAPELAINS DE LA MÊME ÉGLISE,
A SIX HEURES EN ÉTÉ ET A SEPT HEURES EN HIVER
EN CETTE MÊME CHAPELLE

PRIEZ DIEU POUR LEURS AMES

Au-dessus de la porte de cette chapelle se trouvait l'épitaphe en marbre noir, de Louis Despriez :

CY-GISENT HONORABLE HOMME LOUIS DESPRIEZ,
MARCHAND BOURGEOIS, ANCIEN ÉCHEVIN DE CETTE VILLE DE ROYE,
ET D^{lle} MARIE OBRY, SA FEMME,
LEQUEL EST DÉCÉDÉ LE 27 MARS 1674
ET LADITE MARIE, DÉCÉDÉE LE 19 DÉCEMBRE 1671,
LESQUELS ONT FONDÉ UN OBIT SOLENNEL,
A PERPÉTUITÉ, EN CETTE PAROISSE, LE 27e JOUR DE MARS 1674

PRIEZ DIEU POUR LEURS AMES

Enfin aujourd'hui, on voit attaché au pilier droit de la porte d'entrée de la chapelle un tableau sur bois représentant Jésus-Christ avec les disciples d'Emmaüs. Sur le second plan, le donateur et la donatrice sont à genoux, deux jeunes enfants sont auprès d'eux ; le prie-Dieu sur lequel ils sont appuyés porte deux armoiries : l'écusson à droite est : *de gueules à la fasce d'argent, accompagné en chef de trois molettes d'éperons et en pointe, d'un croissant, le tout d'argent*, qui est Dupré, seigneur des Avesnes, prévôt forain, mort en 1584, enterré dans l'église de Saint-Pierre, devant le crucifix, du côté de l'autel Saint-Eloi. L'écusson de gauche est : *d'azur au chevron d'or cannelé, accompagné de deux croissants, et en pointe d'une roue, le tout d'or.* « Cette peinture sur bois a un certain mérite, les poses sont très heureuses, la tête du donateur surtout accuse un habile pinceau ; ces personnages portent le costume du temps. »

Sur l'autel de la chapelle Saint-Louis est la statue de saint Agapit, que l'on appelle vulgairement : « Saint Agrapant. » Les femmes du peuple ont beaucoup de foi dans son intercession ; lorsque les enfants ont des coliques, elles font toucher au saint des linges qu'elles nomment *panchettes*, pour appliquer sur le ventre (*panche*) des petits malades. Elles se trompent assez souvent en faisant toucher leurs linges au buste de saint Florent, qui est la représentation de l'ancien chanoine Bellot et qui se trouve près de saint Agapit. Ce saint fut martyrisé à l'âge de quinze ans, sous l'empereur Aurélien ; parmi les tourments qu'il endura, il reçut dans le ventre de l'eau bouillante que lui versèrent ses bourreaux ; c'est pourquoi on l'implore contre les coliques des enfants.

Jean Caballe, de la famille de celui dont nous venons de donner l'épitaphe, devait trente sols de monnaie d'Artois à la fabrique de Saint-Pierre pour la fondation d'un *mereau*, qui se donnait le Jeudi-Saint ou Jeudi-absolu. Ce jour-là, il était d'usage, après avoir lavé l'autel avec du vin, de faire la Cène ; le curé lavait les pieds à treize pauvres qui représentaient les apôtres. On donnait à chacun d'eux un pain, deux harengs, un lot de vin et huit deniers, plus un denier pour aller à l'offrande ; ces pauvres restaient ordinairement assis sur de la paille (feure) pendant la durée de la Cène. Le clergé employait à cette cérémonie, deux livres de dragées, outre le pain et le vin qui s'y consommaient.

Les paroissiens communiaient sous les espèces du pain et du vin ; le jour du Jeudi-absolu 1594, seize lots de vin furent distribués aux fidèles assistant à la sainte-table, ainsi que six douzaines de pain. Le samedi devant « le grand Pasque », et le jour de Pâques de la même année, il fut consommé par les communiants trente-deux lots de vin, du prix de huit sols le lot. Le vin n'était donné qu'à certaines fêtes, comme le jour de la Dédicace, la Toussaint, la Notre-Dame, le Noël, la Notre-Dame de Chandeleur, la Pentecôte, la Trinité, et le jour de Saint-Pierre ; en dehors de ces fêtes, il ne fallait du vin que pour célébrer la messe. Une partie de cette cérémonie se pratique encore aujourd'hui, en ce qui concerne le lavement des pieds, la distribution du pain, des harengs et des deniers.

Une de ces cérémonies religieuses qui attiraient ordinairement la foule dans les anciennes cathédrales avait également lieu à l'église de Saint-Pierre, le jour de la Pentecôte. On y représentait *la descente du Saint-Esprit* et l'on jetait du haut des voûtes, trois cents oublies aux paroissiens, qui assistaient à la messe. A la fête du patron, on distribuait aux pélerins qui venaient le visiter, des images représentant saint Pierre, et aux villageois qui avaient fait marquer leurs chiens *des clés* du prince des Apôtres ; le nombre de ces images s'élevait souvent à plus de mille. Quelquefois, au lieu d'images, on leur remettait de petites pièces de monnaie appelées : *ensaignes de M. Saint-Pierre*, et nous voyons, qu'en 1749, un jongleur livra aux marguilliers, un cent de ces enseignes, pour la somme de xviii deniers. (Église de Roye).

Aujourd'hui ce sont des images de Saint-Florent que l'on donne aux fidèles, qui font toucher leurs jeunes enfants à la châsse du Patron, pour les faire parler.

A droite du chœur était une chapelle dite : du *Sacré-Cœur de Jésus* ; au retable de l'autel était une toile sur laquelle se voyait la B. Marguerite-Marie Alacoque, honorée de l'apparition de Notre Seigneur ; au bas du tableau se lisait l'inscription suivante : « Ceux qui prieront « dévotement et adoreront le Cœur de Jésus, seront « exaucés. En l'an 1720, les pestiférés de Marseille et « d'ailleurs ayant adoré le Cœur divin, la peste cessa. En « faveur de ce miracle en l'an 1726, le pape Clément XI « a accordé une bulle et des indulgences à cette fête. Elle « se célèbre le vendredi qui suit l'octave du Saint-Sacrement. Un *pater*, un *ave* pour celui qui a donné ce « tableau. » Malheureusement, la reconnaissance publique n'a pas conservé le nom du donateur.

Cet autel fut démoli en 1874, et remplacé par un autre dédié au sacré-cœur ; ce nouvel autel est dû aux libéralités des fidèles et aux soins du vénérable doyen. En le démolissant, on trouva derrière le retable, les restes d'un monument en pierre, flanqué de chaque côté de clochetons reliés entr'eux par une arcade chargée de rinceaux et de moulures. Ces débris paraissent remonter au xve siècle et ont dû appartenir à un mausolée. Derrière la boiserie on découvrit une piscine de l'époque de la Renaissance.

Le sol de l'église était couvert de pierres tombales ; en 1772, on en brisa une partie pour paver les bas-côtés et le chœur ; on ne respecta que les épitaphes : voici celles qui se voyaient dans l'église en 1779.

Sur une lame de cuivre attachée au pilier près de la porte du chœur, du côté de la chapelle Saint-Nicolas, se lisait :

CY-DEVANT GIST HONORABLE HOMME CHARLES CLARENTIN,
VIVANT BOURGEOIS DE CETTE VILLE DE ROYE, NATIF DE HARBONNIÈRES,
LEQUEL A FONDÉ EN L'ÉGLISE DE CÉANS, PAR CHACUN AN,
HUIT OBITS SOLENNELS.....
LEQUEL TRESPASSA LE XXIII JANVIER MIL VI° HUIT

Du côté de l'évangile, au premier pilier de la nef, était sur une lame de cuivre l'inscription suivante :

CY-DEVANT GISENT HONORABLES ET DISCRETTES PERSONNES
REGNAUD GILLES ET ESTIENNE SOYER, SA FEMME,
EN SON VIVANT PROCUREUR DU ROY,
LESQUELS EN LEUR VIVANT ONT FONDÉ, EN L'ÉGLISE, UN OBIT SOLENNEL,
QUI SE DIRA LE LENDEMAIN DE SAINT ETIENNE...
LEDIT DÉFUNT TRESPASSA LE XV° JOUR DE MAI, L'AN DE GRACE MIL IV° LXVI
PRIEZ DIEU POUR LES TRÉPASSÉS

Au même pilier, du côté du nord, s'élevait un mausolée en marbre noir, sur lequel était une épitaphe surmontée d'un écusson, sans indication de couleur, qui représentait des armes parlantes : une roue, une aile (Rouaille) et un cor (Cornet de *gueules, au cornet d'argent*).

CY-DEVANT GIST LE CORPS DE DAME MARIE CORNET,
VEUVE DE NOBLE HOMME M° ANTOINE HANNIQUE,
VIVANT CONSEILLER DU ROI, PRÉVOT ROYAL,
JUGE ORDINAIRE CIVIL ET CRIMINEL
DE CETTE VILLE ET BANLIEUE DE ROYE, SIEUR DE ROUAILLE,
LAQUELLE A FONDÉ, A PERPÉTUITÉ, UN OBIT SOLENNEL EN CETTE ÉGLISE,
QUI SE CHANTE, PAR CHACUN AN, LE NEUVIÈME JOUR DE MARS,
POUR LEQUEL ENTRETENIR,
ELLE A DONNÉ A LA FABRIQUE LA SOMME DE CINQUANTE LIVRES DE RENTES
LAQUELLE CORNET EST DÉCÉDÉE LE IX° DE MARS MIL VI° X
PRIEZ DIEU POUR SON AME

« Avec permission des curé et marguilliers, cette pierre a été posée, en l'an MVI^cXVI. »

Derrière la chapelle de la Vierge, près du troisième pilier du chœur, se trouvait un mausolée en pierre de Senlis, sur lequel était représentée la décollation de Saint-Jean-Baptiste; c'était la sépulture de François Dupré, prévôt royal, et de Jeanne Aubé, sa femme; l'épitaphe suivante était surmontée de deux écussons, l'un : *de gueules à la fasce d'argent accompagné en chef de trois molettes d'éperons et en pointe d'un croissant, le tout aussi d'argent*; l'autre : *parti au 1er de Dupré et au 2e de gueules à huit losanges posés en croix, brisé d'une étoile au côté sénestre, le tout d'argent*, qui est Aubé.

FR. *Pratano clarissimo viro urbis Royæ præfecto*

Et JOHANNÆ AUBE *clarissimæ cojugis charissimæ*

Petrus et Johanna liberi Mœstissimi œterna requie

Depreçantes posuere ano domini MV^oLXVII

Obiit ille ano MV^oLX. XXV *Cal. Novembri.*

Hac vero ano MV^oLXVII. VII. *Calend. Junii.*

REQUIESCANT IN PACE

Cette inscription fut retrouvée en 1876, lors de la pose d'un calorifère.

Dans la chapelle du Sacré-Cœur, autrefois dite de Notre-Dame, au-dessous de la verrière représentant les douze apôtres, existait la tombe d'Adrien Lesquievin et d'Antoinette Gérault, avec leurs armoiries. Sur la pierre étaient gravées deux figures, l'une d'homme et l'autre de femme, dont les têtes, les pieds et les mains étaient en marbre blanc ; au-dessous se lisait cette inscription :

Cy-gist noble homme Adrien LESQUIEVIN, en son vivant,
Écuyer, Seigneur de Baconval,
Conseiller et Trésorier général des Finances
De la Maison de Monseigneur le Prince de Condé
Et de Mademoiselle Catherine de Bourbon,
Sa Fille unique,
Qui trespassa en la Ville de Senlis, le 7 Mars mvlxxxii,
Et cy-gist D^{lle} Antoinette GÉRAULT, sa Femme,
Qui trespassa le.....

REQUIESCANT IN PACE

C'est ce Lesquievin qui avait donné la verrière faite par Gavorel, peintre-verrier à Roye.

Derrière le troisième pilier du chœur, était fixé un tableau représentant Jésus-Christ en croix avec plusieurs personnages et sur lequel se trouvait l'inscription suivante :

Honnêtes personnes Adrien De GRAVAL,
Marchand Orpheuvre, Demeurant a Roye,
Et Marguerite BILLECOCQ, sa Femme,
Ont rendu leurs Ames a Dieu et cy-devant leurs Corps,
Scavoir : ledit De GRAVAL, le 21 Janvier mv° LXIV,
Et ladite BILLECOCQ, le jour de Noel mil v° LXXIII

PRIEZ DIEU POUR LEURS AMES

Marguerite Billecocq était fille de Louis de Billecocq, tanneur, et de Françoise Cardon, dont les père et mère avaient donné en 1553, la verrière qui représente la mort de la Sainte-Vierge et qui se trouve au-dessus de la porte de sortie vers le presbytère ; elle avait épousé le

18 décembre 1563, Adrien de Graval, fils d'Eloi de Graval et de Claire de Fontaine. C'est la tige de la famille à laquelle appartenait le chevalier Graval, maire de Roye.

Louis de Graval, aussi orfèvre, frère d'Adrien, épousa Catherine Billecocq, sœur de Marguerite.

L'Obituaire de l'église de Saint-Pierre contenait un grand nombre de fondations pour des services, et des messes à l'intention de donateurs.

Ainsi tous les dimanches, il se disait une messe basse à sept heures du matin, fondée le 11 avril 1621 par Eloy Turpin, contrôleur au Grenier à sel, et Jeanne Bellot sa femme.

Jeanne de Moyencourt, par acte du 20 août 1692, avait fondé deux obits solennels, et trois saluts du Saint-Sacrement pour lesquels elle avait donné cinq cents livres à la Fabrique.

Le premier vendredi de chaque mois, il y avait messe basse, ensuite exposition du Saint-Sacrement à l'autel du Sacré-Cœur, amende honorable, et bénédiction, établis à la suite d'une mission, par Monseigneur De la Mothe d'Orléans, évêque d'Amiens, en vertu d'un mandement du 29 juillet 1749, confirmé avec des indulgences, par une bulle du pape Benoit XIV, du 6 août de la même année.

En 1658, par mandement du 29 juin, l'évêque François Faure avait établi dans l'église « l'adoration perpétuelle du Saint-Sacrement »; l'année précédente, il avait ordonné une procession générale du Saint-Sacrement, à l'occasion d'un vol sacrilège du Saint-Ciboire, commis dans plusieurs églises du diocèse.

A l'issue des complies du dimanche seulement, on chantait : *le Stabat Mater*, le verset et l'oraison, à quoi l'on ajoutait : le *de profundis*, suivant la fondation de

Charles Clarentin, ancien bourgeois de Roye, enterré dans l'église suivant son épitaphe rapportée plus haut.

Dans la nef se trouve, à droite, la chaire à prêcher, qui remplaça l'ancienne « kahière du prescheur », vendue aux curé et marguilliers de Saint-Marc.

La chaire actuelle qui fut exécutée par Bon de Nasse, maître menuisier à Roye, n'a rien de bien remarquable ; un escalier à balustres tournés conduit à la tribune ; l'abat-voix est surmonté de l'ange de la Résurrection sonnant de la trompette.

Vis-à-vis de la chaire existait, en 1751, un banc-d'œuvre « pareil à celui de la paroisse Saint-Jacques de Compiègne, à l'exception que le couronnement offrait, à Roye, les armes et la tiare de Saint-Pierre, au lieu des armes de France qui surmontaient le banc-d'œuvre de Compiègne. » Ce banc-d'œuvre avait été construit par François Cloquemant et Louis Minard, menuisiers à Roye ; celui qui existe aujourd'hui est sans élégance et sans caractère.

A droite du banc-d'œuvre, au pilier, est un tableau qui représente un *ecce homo*, on y voit des armoiries ; il a été donné par le comte d'Hautefort de Champien, mort en 1877, à l'âge de quatre-vingt-dix-sept ans.

De l'autre côté, au pilier près de la chaire est une toile représentant saint Florent, rendant à une mère son enfant noyé ; voici l'épisode que rappelle ce tableau : « Saint Florent
« rencontra une pauvre femme aveugle, qui témoignait
« assez par ses cris et par ses larmes, la grandeur du
« désastre qui lui était arrivé ; c'est qu'un seul fils qu'elle
« avait, qui la menait par la main, qui lui gagnait sa vie,
« qui lui portait les morceaux à la bouche, s'était noyé
« depuis trois jours dans la Loire, sans qu'on pût re-
« trouver son corps pour lui donner la sépulture. L'afflic-
« tion de cette malheureuse mère le toucha si sensible-

« ment qu'il résolut de la secourir par ses prières ; il
« implora donc pour elle la miséricorde de Dieu, et
« aussitôt son ange conducteur apparut à lui et lui apprit
« où était le corps de l'enfant. On le pêcha, mais par un
« prodige de la Toute-Puissance divine, on le trouva tout
« vivant, le saint le rendit à sa mère en parfaite santé ;
« mais pour ne pas la consoler à demi, il la guérit aussi
« de son aveuglement. » Ce tableau, signé Bellotte (1871),
est le don d'un généreux anonyme.

Quatre autres tableaux se remarquent encore dans l'église : deux sont au-dessus des portes latérales d'entrée, deux autres sont dans le transept ; ils représentent : 1° Saint Jean baptisant dans les eaux du Jourdain ; 2° la Femme adultère ; 3° l'Aveugle-né ; 4° saint Pierre et le paralytique. Ce sont des copies de Poussin. On pourrait peut-être leur reprocher, dit M. l'abbé J. Corblet, des tons de ciel un peu bizarres et des carnations trop fortes en couleur.

Dans l'ancienne sacristie, existe un vieux tableau qui représente un personnage crossé et mitré avec cette inscription : « *L. Guillavme de Tonnerre, archev. de Bourges, l'an 1210.* » Ce saint était de la famille des Clermont-Tonnerre de Picardie.

Sous une dalle de cette sacristie s'ouvrait un escalier conduisant aux galeries souterraines qui serpentent sous l'église. Dans sa Notice sur les monuments religieux de Roye, M. l'abbé J. Corblet rapporte : « un incident
« assez récent me porterait à croire qu'il existait une
« crypte sous l'église primitive. Des maçons travail-
« laient au dallage de la sacristie ; en creusant la
« terre, ils découvrirent un caveau. Quelques pierres
« qu'ils y jetèrent rendirent un bruit sonore comme si ces
« pierres avaient touché un cercueil d'airain. Sans se
« mettre en peine de leur découverte, ils continuèrent à

« paver la sacristie et ne parlèrent de ce qu'ils avaient vu
« que lorsqu'il fut devenu impossible de se livrer à des
« investigations qui auraient pu avoir d'importants résul-
« tats. » Il s'agit ici de la nouvelle sacristie située derrière
le chœur de l'église, et sous laquelle sacristie existe un
ancien puits où se rendent les eaux pluviales. Ce puits
sacré fournissait autrefois l'eau nécessaire aux besoins du
culte, pour l'eau bénite et pour l'administration du baptême
par immersion.

Près du portail se trouve le buffet d'orgues de l'église ;
au xve siècle, il existait déjà deux jeux d'orgue. Celui que
l'on voit aujourd'hui provient de l'abbaye de Morienval,
à laquelle il fut acheté en 1746, moyennant la somme de
treize cents livres, argent comptant. Il fut transporté à
Roye et remis en état par Louis Labour, facteur d'orgues
de Beauvais, qui demanda huit cents livres pour l'accorder
et le placer dans l'église. « En 1778, cet orgue subit de
grandes réparations, et F. Delavallée, autre facteur d'orgues, demeurant à Amiens, demanda cinq cents livres aux
marguilliers pour rétablir le rossignol et le faire bien
parler. »

Cet orgue est du style Louis XV, les panneaux en chêne
sculpté sont décorés de guirlandes de feuillages et de
figures ; c'est une œuvre d'art pour la finesse du travail et
l'élégance de son exécution. L'avant-corps est soutenu par
des colonnes cannelées à chapiteaux Corinthiens. Il y a
quelques années, on voyait encore sous le plafond de
l'orgue, des arabesques d'un assez beau dessin.

Le curé de l'église de Saint-Pierre était à la nomination
du Chapitre, il était assisté de trois prêtres habitués, dont
deux portaient la chape, et le troisième faisait les fonctions de diacre. Les revenus de la cure consistaient en
soixante-quinze setiers de blé et en deux cent quarante

livres d'argent ; le casuel pouvait s'élever à trois cents livres, auxquelles il fallait ajouter trente-deux setiers de blé payés par le chapitre de Saint-Florent, pour l'administration de l'extrême-onction.

La Fabrique avait de revenus cent quatre-vingt setiers de blé et cent cinq livres d'argent, provenant de fondations ; sur ces ressources étaient payés les habitués et le bedeau de l'église ; il fallait prendre aussi l'entretien du linge, des ornements et les réparations de la nef, qui étaient à la charge de la Fabrique.

La paroisse de Saint-Pierre était la plus importante de la ville ; on y comptait quinze cents communiants. En 1673, l'évêque d'Amiens donna la confirmation à trois cent soixante-douze individus, tant enfants que grandes personnes. Le 8 juillet 1749, le nombre des confirmés fut de deux cent quarante ; il fut de deux cent quatre-vingt-seize en 1757. Mgr Louis-Charles de Machault, évêque d'Amiens, confirma en 1777, dans l'église de Saint-Pierre, six cent six personnes, dont trois cent quatre-vingt-dix de la paroisse.

Du 17 juin 1567 à 1780, c'est-à-dire pendant l'espace de deux cent douze années, les curés de l'église de Saint-Pierre ont administré le baptême à seize mille deux cent soixante-quatre enfants, et le sacrement de mariage à deux mille quatre cent trente-cinq conjoints, de 1620 jusqu'en 1780.

Autour de l'église et touchant aux remparts existait autrefois un cimetière qui servait à l'inhumation des enfants.

Le grand cimetière était situé au-delà de la muraille d'enceinte ; son emplacement est aujourd'hui occupé par le jardin anglais ; une chapelle rappelle son ancienne destination. Ce monument est sous le vocable de Notre-Dame, dite : *Notre-Dame de paix* ; des personnes prétendent qu'elle fut érigée à l'occasion d'une paix signée avec les ennemis du pays. Il est bien plus simple d'admettre qu'élevée dans un asile de paix, elle fut consacrée à la Vierge, qui est paix et miséricorde. Dans les anciens comptes de la fabrique elle est désignée sous le nom seul de *chapelle Notre-Dame*.

On ne sait rien sur l'époque de sa fondation, elle existait avant 1600, comme on le voit par des quittances de curés, pour des services dits dans cette chapelle. On y célébrait cinq saluts par an, aux fêtes de Notre-Dame.

En 1688, les marguilliers de Saint-Pierre firent mettre des lambris en chêne autour de la chapelle ; ce travail fut exécuté par Pierre Suret, menuisier au faubourg de Saint-Gilles, moyennant la somme de soixante livres.

Cette chapelle ne se fait remarquer que par son élégante simplicité et par le soin avec lequel elle est entretenue ; elle porte au-dessous de l'entablement nord, des inscriptions qui rappellent son ancienne destination :

> Passants, qui passez
> Priez, pour les trespassez.

Elle est l'objet d'une cérémonie, qui se fait chaque année, le 2 juillet ; il y a procession de l'église à la chapelle, le premier et le dernier jour de la neuvaine qui suit la fête patronale de la Visitation.

Parmi les curés de l'église de Saint-Pierre, nous devons citer : Claude Bucquet qui occupa la cure pendant vingt-cinq ans, de 1620 à 1645.

Il fut le fondateur du couvent des Filles de la Croix ; accusé d'embrasser les idées de Pierre Guérin, il partagea les persécutions dont le curé de Saint-Georges fut l'objet ; arrêté en 1627, jeté dans les prisons de Roye, et transféré à

Paris, son innocence fut reconnue, grâce au concours de Saint-Vincent-de-Paul.

Rentré dans sa paroisse, le curé Bucquet se dévouait tout entier au salut de ses paroissiens, lorsqu'il fut de nouveau en buttte à l'intrigue et à la calomnie. L'évêque de Caumartin fut chargé de procéder contre lui et Bucquet fut enfermé dans les prisons de l'Officialité d'Amiens ; mais il en sortit bientôt, complètement justifié des attaques dirigées contre lui, et il revint à Roye, en 1630.

Au mois d'octobre 1634, dans une assemblée des habitants de la paroisse de Saint-Pierre, une requête fut rédigée, signée par un certain nombre d'adhérents, et adressée à l'évêque d'Amiens, à l'effet de lui demander de révoquer de ses fonctions le curé Cl. Bucquet. Il fut maintenu dans sa cure, s'occupant avec zèle de l'institut naissant des Filles de la Croix, il répandait autour de lui des bienfaits et risquait sa vie en 1636, pour l'accomplissement de ses devoirs sacerdotaux.

Claude Bucquet mourut le 14 mars 1645, âgé de cinquante-sept ans ; il fut inhumé dans l'église, près de Saint-André, derrière le chœur ; son épitaphe était placée au-dessus et entre les deux croisées, du côté de l'évangile et près de l'autel de la communion dite de la Trinité.

On y voyait des armoiries, (en chef trois croix, trois cœurs posées 2 et 1, au centre, une cloche) mais sans désignation de métaux, ni de couleurs, avec cette légende : *Siste Viator*.

On lisait cette inscription :

Cy-devant gist vénérable et discrète personne
Mº Claude BUCQUET, natif de Montdidier,
Vivant Prestre-Curé de cette Église de Saint-Pierre
Lequel après s'être acquitté de sa charge très dignement
Et avec un zèle infatiguable,
L'espace de vingt-cinq ans, est décédé,
Regretté de ses Amis et Paroissiens, le XIVᵉ Mars MVIᶜ XLV ;
Il a donné tous ses Biens aux Pauvres,
A la réserve de deux cents livres et de sa maison,
Ou il faisait sa demeure,
Sise rue de l'Hopital-Bernard, laquelle il a donné a l'Église
Pour en faire un Presbytère,
A la charge d'un Obit, tous les ans, au jour de son décès
Et de la station devant l'Autel de la Sainte-Trinité,
Quand on fait la Procession,
A la Messe, les Fêtes et Dimanches

Hic jacet Claudius BUCQUET *qui tecum stabit*
Ad judicium Cujus hæc fenestra typum exhibet,
Magnæ sunt illi rationes habendæ quia Triginta
Annos fuit Sacerdos et hanc rexit ecclesiam viginti
Quinque circiter. Ideo dicas :

Requiescat in pace.

Hoc epitaphio sibi Condito
Hæc te volui vale.

Cette épitaphe est l'oraison funèbre de Claude Bucquet ; elle prouve les sympathies dont le curé de Saint-Pierre était entouré ; les regrets que sa mort a excités, et les libéralités qu'il a laissées témoignent de l'élévation de ses sentiments et de sa charité toute chrétienne.

Le 17 août 1646, François Bucquet, marchand à Montdidier, maître Pierre Bucquet prêtre, chanoine de la Collégiale de Notre-Dame-de-Nesle, maître Adrien Bucquet prêtre-curé de Sains, et M. Claude Le Blanc, prêtre-curé de la paroisse Saint-Pierre de Roye, frères et neveux de feu Claude Bucquet, consentirent l'exécution de son testament, du 23 janvier 1645, et approuvèrent les fondations faites par lui à la paroisse.

Nous citerons encore : Gerard François, mort de la peste au mois d'octobre 1668, en portant l'extrême-onction aux pestiférés.

Boutteville (Marie-Jean-Louis) qui fut curé de Saint-Pierre de 1773 à 1812, avec une interruption ; Boutteville né à Albert en 1740, était licencié en théologie de la Faculté de Paris, il était fils de Robert Boutteville, avocat au Parlement, bailli-général du marquisat d'Albert, et de Charlotte Gaudefroy.

Ses armoiries qui étaient *d'azur au cœur d'argent enflammé de gueules surmonté de trois étoiles d'argent, accompagnées en pointe d'un croissant de même*, se voyaient sur une des cloches fondue à la Révolution.

Nous avons dit que le curé Boutteville avait prêté le serment constitutionnel ; peu de temps après il se retracta publiquement. Il émigra alors en Allemagne à Dusseldorff avec son vicaire Deberly et revint plus tard à Roye. L'évêque d'Amiens Villaret le nomma grand vicaire le 16 septembre 1812, et l'attira près de lui ; mais Boutteville regrettait toujours ses ouailles et demanda à retourner à Roye. L'évêque le nomma alors curé de Saint-Pierre, à la place du citoyen Decrept, et le premier Consul approuva cette nomination le 7 avril 1803.

Boutteville exerça avec zèle son saint ministère ; il mourut au presbytère, le 4 août 1812, à l'âge de soixante-douze ans et six mois. Sa pierre tumulaire se trouve à l'entrée de la chapelle Notre-Dame-de-Paix, dans l'ancien cimetière.

Sa mort causa des regrets unanimes qui excitèrent la verve poétique de quelques-uns de ses paroissiens ; Grégoire d'Essigny composa une ode sous ce titre : *Une tribu pleure la mort du bon Lévite.*

Nous citerons seulement les vers suivants qui furent mis sur sa tombe et qui sont dûs à la plume de Bertin Saint-Remy :

> Boutteville n'est plus ! pour peindre nos regrets
> De sa vie, il faudrait retracer tous les traits.
> Bon parent, bon ami, pasteur infatigable,
> Tendant à l'indigence, une main secourable,
> Il ne prêcha jamais que ses propres vertus,
> Pauvres, parents, amis, pleurez... car il n'est plus !

Le curé Boutteville a laissé un répertoire des actes de baptêmes, mariages et décès, qui eurent lieu à l'église de Saint-Pierre, de 1569 à 1801. Ce manuscrit qui forme un fort volume in-folio, est précieux à consulter.

DECREPT que remplaça Boutteville, avait succédé au curé constitutionnel Bourbier.

Decrept (Louis-Cyprien), natif de Poix, fit ses études à Amiens, puis à Paris, où il fut ordonné prêtre ; il était dans la Capitale, au moment du massacre des Carmes. Il prit la fuite, et se retira dans une famille près de Poix, où il se tint caché dans un cellier ; mais lorsqu'il connut le décret qui frappait de mort, ceux qui donnaient asile aux prêtres, ne voulant pas compromettre les siens, il gagna la frontière à travers mille dangers, et se dirigea sur Munich. Il devint le précepteur du prince Pie, fils aîné du roi de Bavière. Dès que les portes de la France furent ouvertes aux émigrés, il revint dans le diocèse, et fut nommé vicaire de la paroisse de Saint-Pierre ; il exerça les fonctions de doyen, sans en avoir le titre et se retira après la rentrée du curé Boutteville.

Il mourut en 1818, et fut enterré dans le cimetière, devant la chapelle Notre-Dame-de-Paix.

CLÉRENTIN (Jean-Baptiste) succéda, eu 1812, au curé Boutteville ; on attribue à cet ecclésiastique un ouvrage ayant pour titre : *Examen du pouvoir législatif de l'église sur le mariage, avec une dissertation sur la réception du concile de Trente dans l'église de France.* (in-8º, 1818. Paris : Adrien Leclerc, imprimeur, quai des Augustins, 35.)

PETIT (Charles-Augustin) fut nommé pro-curé de Roye en 1830 ; le titre de doyen fut conservé par Clérentin jusqu'à sa mort arrivée en 1839. Petit était natif de Vron (Somme), il fut ordonné prêtre en 1821 ; il était vicaire de la paroisse Notre-Dame-D'Amiens, chanoine-honoraire, lorsqu'il vint à Roye. Le doyen Petit prit une part active à la réorganisation de l'instruction pour les enfants pauvres, et à toutes les œuvres de bienfaisance. Il donna une maison pour servir de logement aux vicaires de la paroisse ; il organisa aussi des conférences : « tous les dimanches soirs, « les ouvriers se réunissaient dans une salle de l'école des « Frères ; là, des ecclésiastiques et des laïques faisaient « des conférences populaires sur l'histoire, l'hygiène, la « législation usuelle, et l'histoire naturelle » (*Notice nécrologique sur M. le chanoine Petit, par M. l'abbé J. Corblet, 1874.*

Mais le refus de sépulture dont nous avons parlé, rendit difficile sa position à Roye, c'est alors que Mgr de Salinis l'appela à l'évêché pour lui offrir un canonicat et le titre de vicaire-général du diocèse. Le doyen Petit quitta Roye en 1851, et mourut à Amiens le 8 mars 1874.

C'est pendant que M. Petit était doyen, en 1841, que Daveluy Antoine, d'une honorable famille d'Amiens fut nommé vicaire de la paroisse. « Il féconda son vicariat par « des œuvres utiles ; la fondation d'une bibliothèque « chrétienne, l'érection de l'archi-confrérie, » sont dues à son initiative. Il quitta Roye, après un séjour de six mois, pour aller au séminaire des Missions étrangères ; il fut envoyé en Chine, où il subit le martyre. Ses restes furent ramenés à Amiens le 28 février 1867.

Dans *son Histoire de l'arrondissement de Péronne*, M. de Cagny, (tome 1, p. 622) parle de Jean-Louis Lhomond, frère du grammairien, comme ayant été curé de Saint-Pierre ; c'est une erreur. Lhomond fut curé de Beuvraignes de 1752 à 1761 ; il vint ensuite demeurer à Roye, où il mourut le 25 décembre 1777, âgé de cinquante-sept ans et fut inhumé dans le grand cimetière.

Jean Legras notaire à Chaulnes, et Louis-François Lestang, aubergiste à Villers-Carbonnel, son beau-frère, à cause de feue Marie-Anne Lhomond, sa première femme, assistèrent à son enterrement. C'est la fille issue de ce mariage Marie-Anne-Victoire, qui fut instituée par l'abbé Lhomond, sa légataire universelle, par testament fait à Paris, le 26 mai 1778.

EGLISE DE SAINT-GILLES

L'église sous le vocable de Saint-Gilles, forme la paroisse du faubourg de ce nom.

Pour éviter le laconisme de notre devancier, nous avons dû faire des recherches ; les documents ne sont pas nombreux, leur étude complètera ce que l'on peut dire sur l'église de Saint-Gilles : nous croyons qu'ils suffiront pour en faire une monographie complète.

Le saint sous l'invocation duquel est placé ce monument religieux, florissait dans le VIe siècle, il était d'Athènes et d'une famille royale. Il sortit de son pays, jeune encore et vint aborder sur les côtes de Marseille, en un endroit où le Rhône, se décharge dans la Méditerranée. Ce lieu était appelée : Cap de Cette, et l'on y voit aujourd'hui une ville qui porte le nom de Saint-Gilles (1694) ; il se mit pendant deux ans sous la conduite de Bélisaire, archevêque d'Arles, puis, il passa le Rhône et se retira dans une forêt nommée depuis forêt de Saint-Gilles, où il se nourrissait du lait d'une biche, qui venait coucher dans la grotte, qu'il occupait. Il arriva qu'un jour, Childebert roi des Francs, étant à la chasse dans ces parages, les chasseurs poursuivirent cette biche jusque dans la caverne du saint et tirèrent une flèche à travers des buissons qui l'environnaient et dont Saint-Gilles fut blessé. Le roi voyant que les chiens aboyaient sans oser avancer, quitta ce lieu. Il y revint le lendemain, pénétra dans la grotte et trouva Saint-Gilles en prières ; après avoir recommandé qu'on le pansât soigneusement, il lui offrit plusieurs présents que le saint ne voulut point accepter. Le roi lui rendit encore d'autres visites et l'obligea enfin de souffrir qu'on lui bâtit un monastère et de consentir à en être l'abbé ; alors il reçut l'ordre de la prêtrise. Sa sainteté éclata de plus en plus nonseulement dans son abbaye mais aussi à Orléans où Childebert le manda et à Rome où il fit un voyage. Etant de retour en son monastère, il y mourut le 1er septembre vers la fin du VIe siècle. Son corps fut transporté dans l'église de Saint-Séverin de Toulouse, au temps de l'hérésie des Albigeois. (*Moréri*.)

C'est sans doute sa réputation de sainteté qui engagea les habitants du faubourg à mettre leur église sous la protection de ce saint. Sur un tableau on voit Saint-Gilles représenté ayant une biche auprès de lui.

L'église primitive du style roman a disparu, elle existait au XIIe siècle, ainsi qu'on le voit par la bulle du pape Luce III, du 18 avril 1184, déjà citée.

Mais les invasions des Anglais et des Bourguignons ruinèrent l'église, l'incendie la consuma en partie vers 1475. La piété des fidèles la releva de ses ruines. Les ressources étant épuisées, les habitants s'adressèrent au pape Innocent VIII qui, par une bulle du 1er mai 1490, accorda des indulgences à ceux qui contribueraient à la réparation de l'église, ainsi qu'à l'achat d'ornements et d'objets nécessaires pour l'entretien du culte. Par ce même bref, le pape fixa la dédicace de l'église, après la fête de la Résurrection et donna aussi des indulgences aux fidèles qui assisteraient depuis les premières vêpres jusqu'aux secondes, de chacune des fêtes de Saint-Nicolas, de Sainte-Catherine et de Sainte-Lucie.

Cette charte en latin, sur parchemin, sans sceau, est un des documents les plus intéressants pour l'église, malheureusement son mauvais état de conservation la rend presque illisible ; elle est classée dans les archives de la paroisse de Saint-Gilles, à la bibliothèque de la ville.

L'Eglise possédait des biens et des fondations ; dans un ancien état terrier, on voit que le curé de Saint-Gilles tenait en 1347, de l'église de Soissons, trois journaux et demi de terre « à la Montjoie. »

Le 17 juillet 1483, Antoine de Neufville, prêtre-chapelain de Saint-Florent, fonda une messe-basse dans l'église de Saint-Gilles et donna pour cette fondation douze sols de surcens, en rente perpétuelle.

L'année suivante, Pierre Carton, avocat du roi, fonda un obit au premier vendredi de la Saint-Martin d'hiver, pour lequel il donna dix-sept sols de surcens, en rente perpétuelle.

« L'église actuelle de Saint-Gilles, dit M. l'abbé J. Corblet, ne mérite pas une longue description ; des piliers hexaèdres avec des évasements en guise de chapiteaux soutiennent des voûtes en pierre. On aperçoit quatre mascarons au-dessous du couronnement de l'un de ces piliers. »

Le 27 septembre 1731, un incendie considérable détruisit les deux rangs de maisons du haut du faubourg de Saint-Gilles, alors couvertes en chaume ; l'église eut beaucoup de peine à être préservée du désastre ; on déménagea les ornements et le coffre aux archives, qui furent déposés en lieu sûr et plus tard placés chez le curé De la Rive.

Les comptes de la fabrique ne remontent pas au-delà de 1615, ils ne se suivent qu'à partir de 1632 ; ils ne contiennent aucun fait intéressant.

Comme gros décimateur, le Chapitre était chargé de l'entretien du chœur de l'église ; la Fabrique n'était pas riche et avait peine à suffire à ses frais indispensables, ainsi que cela se voit par une déclaration des biens, faite par les curé et marguilliers à messieurs du bureau du diocèse d'Amiens (1728).

Il résulte de cette déclaration que la Fabrique avait de revenus trente-quatre setiers de blé, évalués cent deux livres quinze sols et cent quatre-vingt livres en argent ; de cette somme, il fallait déduire le traitement du curé, cent vingt-quatre livres huit sols, et les autres frais qui s'élevaient à trois cent trente-cinq livres. Dans ces frais n'étaient pas encore comprises les dépenses annuelles et indispensables pour la réparation de la nef, des bas-côtés du chœur, « du cancel », qui était de quatre-vingt-dix pieds de long sur quarante de large, du clocher qui était alors « très caduc », puis pour l'entretien des ornements, du linge... en sorte que les dépenses dépassaient les recettes de cinquante-trois livres.

Cet état de situation ne s'est pas amélioré de nos jours, et les revenus de l'église sont insuffisants, non-seulement pour son entretien, mais encore pour le traitement de son personnel ; c'est le budget municipal qui paie le chantre de l'église.

Un règlement de l'Evêché d'Amiens de 1728, fixa les honoraires du curé et des officiers d'église. C'est par suite de réclamations faites par les paroissiens que ce règlement fut établi ; sans doute les officiers d'église avaient élevé les prix du tarif, afin de suppléer à la disette du casuel.

Quand il y avait une réparation à faire à l'église, il fallait le consentement de tous les paroissiens « par avant que de rédifier le pourtour et voulsures. »

Une réparation au chœur de l'église et à la chapelle de droite attenant à la sacristie était jugée indispensable. Les marguilliers s'adressèrent aux chanoines de Saint-Florent, comme gros décimateurs ; ceux-ci entendaient ne faire qu'une partie des réparations. Les habitants du faubourg se récrièrent contre les prétentions des chanoines, et s'opposèrent à la continuation des travaux, ils intentèrent au Chapitre un procès qu'ils gagnèrent devant le tribunal du bailliage. Les chanoines interjetèrent appel du jugement à la Cour du Parlement, qui débouta les paroissiens de Saint-Gilles de leur demande et les condamna aux dépens. Cet arrêt, du 27 août 1705, fait défense aux intimés, à leurs femmes et enfants de troubler, à l'avenir, le Chapitre, sous peine de cinq cents livres d'amende. (*Pièce justificative.*)

Ainsi se termina ce procès qui dura plus d'une année, pendant laquelle les travaux furent suspendus ; l'église était exposée à toutes les intempéries, et le service divin était interrompu.

En 1751, on fit des embellissements dans l'église : le devant de l'autel, le tabernacle furent peints et dorés par l'artiste Dourlan ; les gradins furent sculptés par Doully qui reçut neuf livres pour son travail.

On échangea l'ancienne argenterie pour un nouveau calice et des vases pour les saintes huiles ; puis on acheta six chandeliers, une croix d'autel en argent, une croix processionale et deux chandeliers pour les enfants de chœur, ce qui coûta quatre cent cinquante-neuf livres.

Dans une visite faite à l'église, deux années plus tard, le Chapitre ordonna quelques changements et des améliorations dans la décoration du temple ; on établit de nouveaux fonts baptismaux, qui furent placés dans la chapelle Saint-Nicolas, puis on supprima les deux petits autels de Saint-Roch et de Sainte-Anne, considérés comme incommodes, n'ayant pas de pierres consacrées. Leur suppression laissait une place libre entre le chœur et les bancs de la nef.

Le clocher menaçait ruine, il était nécessaire de le réparer ; cette réédification faite en 1742, fut confiée moyennant sept cents livres à Jean Dubois, charpentier des moulins et château du marquis de Soyecourt.

En 1769, eut lieu la réception d'un deuxième chantre ou *confitebor*, au traitement de trente livres, l'obligation d'assister aux offices des fêtes et dimanches, le lendemain de la Toussaint, le lundi après la fête de Saint-Gilles et les quatre derniers jours de la semaine sainte.

C'est le Jeudi saint qu'avait lieu la cérémonie de la Cène ; treize pauvres du faubourg figuraient les apôtres et recevaient huit sols chacun, tandis que le curé ne touchait que quatre sols.

Les réparations de l'église étaient toujours la grosse affaire ; la voûte de la nef était en plancher et en fort mauvais état, celle du chœur était dans le même cas. Le 9 novembre 1779, les marguilliers décidèrent de faire les réparations nécessaires à la nef, et s'adressèrent pour celles du chœur, au chapitre de Saint-Florent. Les chanoines accueillirent la demande favorablement ; ils se chargèrent des travaux à exécuter au chœur, sans entrer dans les autres dépenses.

En 1819, le plafond de la nef fut de nouveau réparé, Boitel fils était alors marguillier ; la réparation précédente avait été faite quarante ans auparavant, sous la surveillance de son père, marguillier en charge.

On démolit, en 1781, l'ancienne sacristie pour en construire une nouvelle. En même temps, il s'agissait de réparer le cancel et les chapelles latérales de la Vierge, au midi, et de Saint-Nicolas, au nord. Le curé et les marguilliers s'adressèrent au Chapitre pour en faire les frais, comme gros décimateur ; les chanoines refusèrent de contribuer aux réparations parce que les chapelles et le cancel, « construits après coup », ne faisaient pas partie du chœur.

Déjà en 1710, comme en 1723 et en 1736, pareille question avait été agitée et le chancelier de France d'Aguesseau, par l'entremise du procureur du roi au bailliage d'Amiens, avait engagé les parties à s'arranger, mais cette fois, le Chapitre ne paraissait pas disposé à céder ; une procédure s'ensuivit, malgré les sages conseils donnés par le jurisconsulte Bosquillon de Bouchoir, qui pensait que « le cancel étant l'endroit le plus rapproché du maître-autel, devait faire partie du chœur. » Les gros décimateurs résistèrent aux prétentions des marguilliers.

En attendant la décision de la Cour, la Fabrique fit daller les chapelles et les bas-côtés de la nef.

La Révolution arriva et vint mettre d'accord chanoines et marguilliers ; l'église fermée au culte « fut profanée par les révolutionnaires qui y tinrent leurs clubs abominables. »

En 1793, il fut question de supprimer l'église de Saint-Gilles et de ne laisser subsister que celle de Saint-Pierre ; mais les habitants du faubourg protestèrent, la municipalité joignit aussi ses instances, et la paroisse de Saint-Gilles fut maintenue.

Par une ordonnance royale de 1826, l'église fut érigée en chapelle vicariale ; elle a son curé particulier.

L'église de Saint-Gilles est plus belle à l'intérieur qu'au dehors ; le portail est en briques, flanqué d'énormes piliers carrés, au-dessus est le clocher en bâtière qui n'avait autrefois qu'une cloche, aujourd'hui il en possède trois fondues par Cavillier de Carrépuits, et bénies en 1828.

A l'entrée du chœur, on voit six pierres tombales ; la plus rapprochée du sanctuaire représente un prêtre en chasuble : *décedé le 17e jour de juing 1660... dans l'église de Mr Saint-Gilles...* les autres mots sont illisibles.

Dans la nef était inhumée Marie Castel, femme d'Antoine Berthe, grenetier, décédée le 30 juin 1621, elle avait fondé un obit le jour de Sainte-Anne ; elle donna six livres cinq sols de rente pour cette fondation.

Une grille en fer sépare la nef du chœur ; au milieu du chœur s'élève un lutrin en bois de chêne et portant des attributs de musique sculptés. Le maître-autel est dans le fond du sanctuaire situé dans une abside ; on voit encore des restes de vitraux de couleur : à gauche, on reconnaît Saint-Gilles, à droite est représenté le Christ descendu de la Croix, ayant près de lui Marie-Madeleine. Au-dessus du maître-autel sont les statues des quatre Evangélistes avec celle du Seigneur.

Au pied de l'autel, on lit sur une pierre :

TOULLET, Curé de Saint-Gilles pendant vingt-six ans
Et mort le 29 Aout 1855,
A voulu que son Cœur fut placé dans l'Église,
Qu'il a embellie par ses soins

C'est à lui, en effet, que l'on doit un Chemin de Croix et différentes statues moulées en plâtre. Ce prêtre était natif de Bouchoir.

A droite et à gauche du chœur sont deux autels, l'un dédié à la sainte Vierge et l'autre à saint Eloi ; près du premier autel est appendu un tableau représentant saint Florent. Cette toile porte les armoiries de la ville et celles du Chapitre ; elle provient sans doute de la Collégiale.

Au-dessus de la porte d'entrée principale se trouve un buffet d'orgues.

Il existe une brochure imprimée à Noyon, ayant pour titre : *Office de Saint-Gilles, confesseur, qui se célèbre le premier septembre dans l'église du faubourg de Roye. (1816)*.

Si la fête de Saint-Gilles tombe un dimanche, on en fait mémoire, et son évangile se lit à la fin de la messe, au lieu de : *in principio*.

Un dicton picard ajoute :

Saiht-Gilles, Saint-Leu,
El' lampe à c'l cleu,

parce qu'à cette date les jours raccourcissent.

Il se fait dans l'église, à la statue de saint Gilles, un pèlerinage pour préserver les enfants de la peur ; on les conduit de là, à Saint-Leu. On les mène ensuite à Damery visiter Saint-Vaast, soit le 6 février, soit le 15 juillet, pour lui demander de les faire bien marcher. On promène les enfants trois fois autour de l'église en récitant des prières, et on leur fait toucher le saint. C'est là, a-t-on dit, un usage qui aurait une origine gauloise et qui rappellerait une cérémonie du druidisme. Dom Grenier fait remarquer que la plupart des églises dédiées à saint Vaast, étaient placées près d'une voie romaine, ce qui est vrai pour Damery. « En général, ce vocable dénote une paroisse de haute antiquité. »

Le plus bel ornement de l'église de Saint-Gilles était assurément la confrérie de Saint-Sébastien, établie en 1589, dans le but d'ajouter à l'éclat des cérémonies religieuses.

Cette confrérie était composée de tous les archers de la ville et des faubourgs de Roye, réunis à ceux de Saint-Gilles, sous le titre de : *Connétablie d'archers et d'arbalétriers de la ville de Roye.*

Ils établirent des statuts qui contenaient de curieuses dispositions, entr'autres celle-ci :

« Est enjoint à tous lesdits confrères de faire accoustrer
« leurs barbes au jour de Saint-Sébastien, mi-carême et
« premier jour de may, sur l'amende de six deniers tour-
« nois. » (*Notice sur les compagnies d'archers et d'arbalétriers de la ville de Roye*, par E. Coët.)

Cette confrérie a disparu ; une nouvelle compagnie d'archers existe au faubourg de Saint-Gilles, elle se rend à l'église le jour de Saint-Sébastien.

Autour de l'église était un cimetière dans lequel on enterrait les paroissiens du faubourg ; il fut supprimé, et sur son emplacement s'élevèrent des habitations.

CHAPITRE XIII

COMMERCE — INDUSTRIE — FOIRES ET MARCHÉS
CORPS DE MÉTIERS — PROFESSIONS LIBÉRALES

La ville de Roye placée au point de jonction de plusieurs voies de communication, fut de tout temps un centre commercial et industriel, comme le prouvent les documents les plus anciens.

La charte de Commune octroyée par Philippe-Auguste fait aux habitants de Roye, une obligation d'élever une Halle ; le roi facilite même, par certains abandons de recettes, les moyens de créer cet établissement :

« Nous voulons qu'il soit construit une halle (*hala in foro*) « sur la place publique, pour y vendre les denrées, nous « payerons la moitié des frais de construction et d'entretien « de la dite halle, et nous percevrons la moitié des produits, « les bourgeois, l'autre moitié, ils seront tenus de la « moitié des frais de construction et de réparation. » Il est certain que les raisons qui déterminèrent le roi à faire construire une halle, étaient fondées sur l'importance du commerce qui se faisait alors ; il fallait que les marchands pussent se mettre à couvert, eux et leurs denrées.

La première halle fut élevée vers 1190, sur la place du Marché ; c'est là qu'à certains jours de la semaine, du mois et de l'année, se traitaient les affaires commerciales. Cette halle construite en bois a dû disparaître lors des incendies, elle fut successivement rebâtie ; l'Echevinage percevait un droit de *Hallage* des marchands qui tenaient leurs boutiques ou leurs marchandises sous la halle. Détruite de nouveau lors de l'incendie de 1475, elle ne fut pas reconstruite ; on éleva des étaux pour les boucheries, le long des murs du château dans une ruelle qui en a conservé le nom. Les blés étaient mis « en resserre » dans le local de l'ancienne prison ou dans les bâtiments occupés plus tard par les Gardes-du-Corps, derrière la Collégiale.

Philippe-Auguste dans la même charte, garantit toute sécurité aux marchands se rendant aux marchés : Qui-« conque ira au marché de Roye, pourra y aller et s'en « retourner librement, de manière que sa personne et ses « marchandises ne pourront être arrêtées, si ce n'est pour « dette, ou à moins qu'il n'ait commis quelque crime pour « lequel il ait été banni de la ville, ou à moins qu'il ne « soit pris en flagrant délit. » Ainsi le roi veut que le marchand honnête puisse aller et venir librement, et que ses marchandises ne lui soient point enlevées ou saisies arbitrairement.

C'est peut-être la sécurité dont jouissaient les marchands qui rendaient les marchés importants ; dans la charte de suppression de la Commune, le roi Charles V dit en parlant de Roye : « Ville et Châtellenie de grande autorité et « renommée, décorée de plusieurs nobles ressors et « souverainetés, marchés et autres honneurs. » En effet au XIII° siècle, Roye était citée parmi les villes qui faisaient du commerce avec la Champagne ; ses marchands fréquentaient les grandes foires de la ville de Troyes, ils jouissaient des privilèges et des franchises accordés par les comtes de Champagne et par les rois de France. Il est probable que les commerçants de Roye, ainsi que ceux de Péronne, faisaient partie de l'association commerciale appelée : *La hanse de Londres*, pour la vente des serges et de la laine de Picardie. Il était défendu aux prévôts d'arrêter les marchands de cette association, pour le compte de leurs seigneurs particuliers, sans une permission spéciale du roi.

Dans le compte de la ville de 1259, on voit que Tomassin fut envoyé à Troyes, au sujet des foires ; ce qui indique que Roye avait des relations d'affaires avec la capitale de la Champagne, qui était le centre de la Ligue anséatique.

Les marchandises amenées sur le marché payaient certains droits ; la charte de Philippe de Valois de 1339, fixa les sommes à percevoir sur chaque denrée ; plus tard, des règlements particuliers déterminèrent l'octroi à prendre sur les marchandises. Mais il arrivait parfois que pour attirer un plus grand nombre de marchands et d'acheteurs, les marchandises étaient franches de tous droits, de là le nom de : *Marchés-francs* donnés aux marchés dans lesquels les marchands ne payaient pas de droits de place. Ces marchés se tenaient, depuis un temps immémorial, le dernier mercredi de chaque mois.

Compiègne possédait quatre foires annuelles, qui avaient été données à cette ville par Henri III en 1589, confirmées par Henri IV et de nouveau autorisées par un édit royal de 1717, sous la condition expresse que ces foires ne se rencontrassent jamais avec celles de Roye.

Quant aux autres marchés non francs, ils avaient lieu, comme aujourd'hui, les lundi, mercredi et vendredi de chaque semaine. Ces deux derniers sont pour la vente des denrées alimentaires ; les légumes viennent principalement de Nesle et de Montdidier. Le vendredi est le marché le plus important ; on y trouve du poisson de mer et d'eau douce, celui-ci provient de la rivière d'Avre et de la Somme.

Le marché du lundi est exclusivement consacré à la vente des céréales et des graines oléagineuses ; il a toujours été très important, c'était un des marchés régulateurs de

France ; il se vendait à Roye, deux mille sacs de blé par semaine (quatre mille hectolitres). Autrefois, la vente du blé se faisait sur la Place, les cultivateurs amenaient leurs sacs qui le plus souvent occupaient toute l'étendue de la Grande Place. Maintenant les affaires se font « sur montre » ou sur échantillon. Huit moulins situés dans la ville et dans la banlieue faisaient de blé farine.

Il y avait pour le service de la halle au blé, des portefaix (porte-sacs) réunis en communauté, avec un mesureur-juré, leur nombre fixé d'abord à douze varia dans la suite ; nul ne pouvait faire partie de la corporation, s'il n'était de bonnes vie et mœurs, de la religion catholique et agréé par l'Echevinage, après avoir prêté serment de bien et fidèlement remplir les devoirs de sa charge. Il fallait, en outre, pour être admis qu'il y eût une vacance par décès ou par démission ; plus tard les charges de portefaix furent vénales et le postulant payait deux ou trois cents livres au titulaire, mais il fallait qu'il fût agréé par la communauté.

Au mois de décembre 1484, les villes de Péronne, Montdidier et Roye furent exemptées de payer « la taille « foraine qui était pour ces trois villes de xv sols xii de-« niers pour tous grains, considéré que d'iceux blez et « grains, l'on paie issue du royaume qui est de iiii deniers « parisis, par muid. »

François Ier, par une ordonnance de 1539, prescrivit qu'il fut fait, dans chaque siège de bailliage, un rapport du prix des grains ; c'est en exécution de cette ordonnance que les mercuriales furent tenues à Roye, elles résultent du prix moyen de tous les marchés de l'année : ces mercuriales ont été depuis toujours publiées.

Le blé était vendu au sac qui contenait trois setiers et demi, le setier était de cinquante-deux litres cinquante centilitres et se subdivisait en douze boisseaux ; les mercuriales étaient établies sur le prix du setier, comme elles le sont aujourd'hui sur celui de l'hectolitre.

C'était surtout avec la Flandre que les négociants de Roye faisaient un commerce considérable de blé ; les Flamands en amenant leurs grains à Roye, remportaient en échange des vins d'Auxerre et d'Orléans. Ces vins étaient emmagasinés dans les belles et grandes caves pratiquées sous la Place du marché et dont nous avons parlé. « Mais depuis plus de deux cents ans, dit le P. Daire, ce commerce est interrompu. »

Jusqu'au XVIIe siècle, la vigne était cultivée à Roye et dans les environs ; le vignoble de Saint-Pierre ruiné en 1653, occupait les côteaux situés à droite et à gauche de la route de Péronne. L'abbaye d'Ourscamp avait aussi des vignes sur son domaine de Gruny ; aux terroirs d'Ercheu, de Crémery, de Goyencourt et de Tilloloy, la viticulture était aussi pratiquée depuis l'époque gauloise. Le vin récolté n'était pas d'excellente qualité, il n'avait pas la réputation de celui de Guerbigny et de Gratibus ; mais il suffisait à la consommation locale. Les vignes ont disparu de la culture pour faire place aux graines oléagineuses, à la pomme de terre et à la betterave. Sans faire ici une étude d'ampélographie, nous dirons seulement que le refroidissement graduel mais continu de l'atmosphère dans le pays du Santerre, depuis le XIVe siècle, est un fait constant et doit être une des causes de la disparition de la vigne. Roye et les environs formaient alors la limite septentrionale de la zone viticole, qui depuis lors a reculé d'un degré vers le sud.

A certaines époques de l'année, les marchés étaient plus importants et constituaient des foires ; souvent les fêtes religieuses qui attiraient beaucoup de monde étaient l'occasion de ces marchés considérables ou foires.

La fête religieuse de la *Quasimodo* était célébrée à Roye avec une certaine solennité et amenait un grand concours de peuple ; de là, l'origine de la foire de Quasimodo. A quelle époque remonte l'établissement de cette foire ? C'est ce qu'il est difficile de déterminer. Grégoire d'Essigny dans son histoire de Roye (page 318), attribue à Louis XIV l'établissement de la foire de Quasimodo, il est dans l'erreur ; le grand roi, comme nous le verrons, n'a fait que confirmer son existence, la Quasimodo avait lieu bien avant ce monarque. Dans les registres aux délibérations de l'Echevinage, le 4 avril 1634, on voit le mayeur et les échevins adjuger, moyennant six livres, les droits de « hallage et d'étalage » à la Quasimodo.

Mais cette foire remonte à une date antérieure encore ; elle existait sous Henri IV ; en effet, l'article VIII de l'acte de soumission de la ville porte : « Que la ville de « Roye sera conservée en ses franchises et privilèges « *foires et francs-marchés*, autorisant et confirmant de « rechef la jouissance et lettres qui en ont été obtenues. »

Voici d'ailleurs les lettres-patentes confirmatives données par Louis XIV aux habitants de Roye : « Louis, par la « grâce de Dieu roy de France et de Navarre, à tous pré- « sens et à venir salut. Nos chers et bien-aimés les maire, « échevins et habitans de nostre ville de Roye, nous ont « fait dire et remontrer que, à cause quelle est située sur « la frontière de notre province de Picardie, en lieu fort « passant, bon païs, fertile en temps de paix, en bleds, « bestiaux et autres choses nécessaires à la vie, et qu'il y « aborde de divers endroits bon nombre de marchands. « Les rois nos prédécesseurs, à cette considération et pour « la décoration de ladite ville, auroient créé et érigé en « icelle une foire par chacun an, qui s'y fait *le lendemain* « *de la Quasimodo*, ensemble un marché qui s'y fait tous

« les derniers mercredis de chaque mois, pour le débit des
« denrées et marchandises duquel établissement lesdits
« habitans ont toujours bien et duement jouy, comme ils
« sont encore d'à présent, mais d'autant qu'ils ont perdu
« leurs titres lors de la prise de ladite ville en 1636, par
« nos ennemis ou par les incendies qui y sont depuis
« arrivés et que les divers passages et séjours de nos
« armées et de celles de nosdits ennemis, même lors du
« dernier siège posé devant ladite place par le prince de
« Condé en l'année 1653, ont tellement accablé et ruyné
« lesdits habitans et désolé la campagne qu'ils se voient
« souvent réduits à de si grandes extrémités et en estat
« de ne pouvoir subsister de leur travail, remettre leurs
« héritages en valeur, que la plupart sont en volonté de
« se retirer et aller ailleurs establir leur demeure, et
« parce que le seul moyen de les retenir seroit de confir-
« mer lesd. foire et marchés et de *créer encore une foire*
« *par chacun an*, en icelle avec lesdits marchés affranchis,
« lesd. maire et échevins et habitans de la ville, nous
« auroient très humblement supplié de leur accorder nos
« lettres sur ce nécessaires. En quoy désirans les gratifier
« et favorablement traiter, *en considération des services*
« *qu'ils nous ont rendus en la deffense de ladite*
« *ville, autant de fois qvelle a esté attaquée par nos*
« *dits ennemis* et des preuves qu'ils nous ont données,
« en plusieurs rencontres, de leur fidélité et affection à
« nostre dit service. Et aussy leur témoigner la satis-
« faction qui nous en demeure et l'affection que nous
« avons pour le bien et l'advantage de la ville.

« Sçavoir faisons que nous, par ces causes et autres à
« ce nous mouvans, de nostre grâce spéciale, pleine puis-
« sance et autorité royale. Nous avons confirmé et confir-
« mons par ces présentes signées de notre main lesd.

« *foire et marchés-francs* et autant que besoing seroit
« de nouveau créé, et institué et establi. Créons, ordon-
« nons, instituons et establissons *une autre foire* par
« chacun an, pour estre dorénavant tenue en lad. ville,
« perpétuellement et à toujours, savoir : la première aud.
« jour le lendemain de Quasimodo et l'autre *le vingtiesme*
« *septembre* en suivant, et le marché tous les derniers
« mercredis de chaque mois et en icelles foires et mar-
« chés y estre vendu, débité et eschangé toutes sortes de
« denrées et marchandises et jouir par les marchands quy
« les fréquenteront, de tous les privilèges, franchises et
« immunitez dont jouissent les autres villes de nostre
« province de Picardie, où il y a de semblables foires et
« marchés-francs. Permettons aux maire et échevins de la
« la ville de Roye, de faire bâtir, construire ou édifier
« si bon leur semble, en lieux commodes, loges, bans,
« étaux pour vendre toiles et autres choses nécessaires,
« pour tenir en sûreté et à couvert les marchands et les
« marchandises, et dépenser pour raison de ce, les droits
« ordinaires à condition, toutefois, qu'à quatre lieues à la
« ronde, il n'y ait aux jours dits, ni autres foires, ni
« autres marchés. Mandons à nos aimés et feaux les gens
« tenant notre Cour des Aydes à Paris, prevost ou son
« lieutenant de Roye et à tous autres nos justiciers et
« officiers qu'il appartiendra que ces dites présentes ils
« ayent à faire enregistrer et du contenu en icelles jouir
« et user les exposants, ensemble les marchands et autres
« qui fréquentent lesd. foires et marchés pleinement, paisi-
« blement et perpétuellement, cessant et faisant cesser
« tous troubles et empêchemens contraires, faisant publier,
« crier et signifier lesd. foires et marchés à son de trompe,
« partout où il appartiendra, car tel est notre plaisir et
« afin que ce soit chose établie, à toujours, nous avons

« fait mettre notre scel à ces présentes, sauf en autres
« choses nostre droit et l'autruy en toutes.

« Données à Paris, au mois de septembre l'an mil six
« cent cinquante-quatre et de notre règne le douzième.

« Louis. »

Ces lettres-patentes qui contiennent tant d'éloges flatteurs pour les Royens, prouvent que la foire de la Quasimodo et les marchés-francs existaient avant Louis XIV ; le roi ne fait que les confirmer, mais il institua la foire de septembre, c'est-à-dire : *la foire ou la fête de Saint-Florent.*

Dans la crainte que ces lettres ne fussent surannées, les maire et échevins en demandèrent de nouvelles confirmant les premières, ce qui leur fut accordé le 20 juillet 1665. Ces lettres, comme les précédentes, furent enregistrées à la Cour des Aides et au greffe du bailliage de Roye le 29 mai 1665.

Au sujet de la foire de la Quasimodo, le bourgeois Scellier, de Montdidier, s'exprime ainsi : « Le lundi de la
« Quasimodo est la grande foire de l'année, mais qui
« n'est souvent si bonne que les marchés-francs, parce
« quelle se fait le lendemain de la quinzaine de Pâques,
« saison peu favorable pour le débit, il est vray qu'il s'y
« trouve beaucoup plus de monde qu'en un autre temps,
« mais c'est parce qu'étant une fête chaumée, ce jour-là
« les jeunes gens, garçons et filles des environs, sont
« charmés d'y venir montrer leurs habits neufs de Pâques,
« de se faire des compliments et des révérences les uns
« aux autres et de se donner réciproquement des pains
« d'épice de la foire ; c'est aussi, souvent des occasions
« de commencer des alliances qui, quelquefois ne se
« seraient pas faites si l'on ne s'était vu dans son beau et

« dans son propre. » Les réflexions de Scellier, pleines d'originalité, donnent une idée de la physionomie de la Quasimodo, en même temps qu'elles rappellent des mœurs d'une autre époque.

Les visiteurs étaient d'autant plus nombreux, que les remparts qui servaient de champ de foire étaient garnis de boutiques, de loges d'acrobates et de jongleurs.

La foire durait trois jours : le dimanche se faisait le commerce des chevaux qui était très important ; Roye était la sixième ville de France, dit Scellier, pour l'importance de son commerce de chevaux, surtout pour les chevaux de trait. Le lundi avait lieu la foire marchande, comme de nos jours.

En 1829, la municipalité de Roye adressa à Charles X une demande à l'effet d'obtenir que la foire de Quasimodo durât quatre jours ; le 20 septembre, cette faveur fut accordée. On faisait alors une fête avec des jeux de tous genres ; mais ce changement ne put tenir contre l'habitude ; malgré les efforts de l'administration locale pour attirer les étrangers, par l'appât de prix accordés aux vainqueurs des jeux de longue-paume, de tamis et de battoir « si chers aux Picards », la Quasimodo ne put durer que deux jours.

La nouvelle foire établie par Louis XIV, n'était d'abord qu'une fête religieuse célébrée avec une grande pompe, à l'occasion de Saint-Florent. C'était une fête patronale, on promenait les reliques du saint processionnellement par les rues de la ville ; les miracles qu'elles opéraient, attiraient une foule de pèlerins ; des marchands venaient étaler leurs boutiques offrant aux passants, des objets de piété touchés à la châsse du Bienheureux.

L'Echevinage, plein de sollicitude pour la prospérité de la ville, songea à demander au roi l'octroi d'une nouvelle foire afin de donner plus d'extension au commerce ; telle est l'origine de la foire de Saint-Florent. Cette foire n'a pas de nos jours, le caractère mercantile qu'a la Quasimodo, c'est plutôt une fête patronale, les réjouissances publiques ont une part plus grande que les cérémonies religieuses ; du reste, la foire n'a lieu que le dimanche qui suit le jour du Patron fêté par l'église le 22 septembre.

Le jour de la fête de Saint-Florent, c'est-à-dire la fête du retour des reliques, un brillant programme annonce les jeux, les distractions qui doivent récréer les promeneurs, et promet, pour le soir, des danses gratuites, éclairées jadis par de rares lampions à la lumière douteuse.

C'est dans ces foires et marchés qu'avaient lieu les transactions commerciales. L'industrie de la laine était une branche importante du commerce de Roye, on y fabriquait, depuis un temps immémorial, des draps, des serges et des bas au métier. L'industrie des draps existait sous Philippe-Auguste, la charte communale s'occupe de la fabrication. Il y avait alors un moulin à foulon.

En 1731, l'Echevinage de Montdidier sollicita la suppression des bureaux de fabrique de sayeterie, établis à Roye, mais sans succès. Cependant un arrêt du Conseil d'Etat du 26 mai 1736, créa à Montdidier un bureau de fabrique, où les fabricants de Roye et des environs étaient tenus d'apporter leurs serges pour être vérifiées et marquées. « Le roi étant informé, dit l'arrêt, qu'il se
« fabrique dans les villes de Montdidier et de Roye, des
« serges qui imitent celles de Tricot, pour la fabrication
« desquelles les fabriquans ne suivent aucun règlement, et
« que pour établir le bon ordre dans cette manufacture,
« il serait nécessaire, non-seulement de prescrire des
« règles pour assurer la bonne qualité des étoffes qui s'y
« fabriquent, mais encore de supprimer le bureau qu

« avait été cy-devant établi à Roye, pour en établir un à
« Montdidier. »

Les paroisses de Laboissière, de Piennes, de Remaugies ci-devant dépendantes de Tricot, furent réunies à ce bureau pour composer le district, conjointement avec les villes de Montdidier, de Roye et les communes de Quiry, Chepoix etc. Suivant le règlement, la chaîne des serges devait être de laine du pays, la trame de laine de Brie et de France, la chaîne devait avoir quarante-cinq portées de trente fils chacune, trente-trois aunes de longueur, pesant au moins quinze et seize livres, pour recevoir trente livres de trames ; les serges devaient mesurer trois quarts et demi d'aune de largeur et trente aunes de longueur sur le métier, pour revenir, au retour du foulon, à demi aune, demi quart de large et vingt-cinq à vingt-six aunes de long.

Les visites avaient lieu les mardis, jeudis et samedis de chaque semaine « par les gardes-jurés, » en présence des échevins. La communauté des fabricants était régie par trois gardes-jurés, dont deux étaient élus la première année et le troisième, l'année suivante. On prenait les deux premiers jurés parmi les fabricants de Montdidier et l'autre parmi ceux du dehors. Ils n'exerçaient que deux ans et ne pouvaient être réélus qu'au bout de six ans.

Avant la réunion des fabricants de serges au bureau de Montdidier, les serges et les drapiers de Roye avaient un bureau établi rue de Paris, dans la maison où pendait pour enseigne : *le Mouton*. C'est là que les marchandises étaient vérifiées et marquées par les jurés de la maîtrise.

En 1670, le 21 juillet, l'avocat du Parlement Macaire, envoyé dans la province de Picardie, pour l'exécution des règlements sur la fabrication des étoffes, vint à Roye. Une visite fut faite chez tous les fabricants et chez tous les marchands drapiers, sergiers et façonniers, pour reconnaître les marchandises, qui toutes furent frappées d'une nouvelle marque, portant ces mots : « *ancienne fabrique : Roye.* » Après cette formalité, les deux plombs furent brisés en présence du sieur Macaire ; les marchandises nouvelles portèrent alors une marque différente. (*Pièce justificative.*)

L'industrie de la sayeterie, comme celle de la toile a complètement disparu de la ville ; il n'en est pas de même de la fabrication des bas au métier, qui fut de tout temps florissante, et qui aujourd'hui encore, occupe de nombreux ouvriers.

Au mois de mars 1700, parut une ordonnance royale portant confirmation des statuts de 1672, concernant la fabrication des bas, et l'obligation pour les fabricants de se munir d'une autorisation pour monter une manufacture ailleurs que dans les villes désignées sur l'ordonnance.

Ce règlement obligeait encore les fabricants de Roye et ceux d'autres localités à se retirer à Amiens, ville la plus rapprochée. Ces exigences donnèrent lieu à des réclamations ; un arrêt du conseil du 6 novembre 1617, ajouta Péronne à la liste des villes, où pouvaient résider les fabricants ; puis un autre arrêt du 16 octobre 1718, comprit Montdidier.

Le maire et les échevins de Roye réclamèrent aussi pour leur cité. La question était grave ; il y avait dans la ville cinquante ouvriers en bas, et dix métiers battants, ces ouvriers faisaient vivre d'autres industries : les peigneurs, les fileurs de laine, les fouleurs, et développaient le commerce de la laine. Dans leur requête, les officiers municipaux portent à sept ou huit cents le nombre d'individus qui vivaient de cette industrie. L'absence de cette fabrication aurait été certainement une perte énorme

pour la prospérité de la ville. Ces observations parurent justes, car le 24 janvier 1719, fut rendu un arrêt du Conseil d'Etat, ainsi conçu : « Le roy étant informé que quelques
« ouvriers en bas au métier établis depuis dix-huit ans
« dans la ville de Roye, ne peuvent y exercer leur
« profession sans contrevenir aux arrêts du Conseil des
« 30 novembre 1700, 6 novembre 1717 et octobre 1718, qui
« fixent les villes où il est permis de travailler en bas au
« métier, font des instances pour que la liberté de
« continuer leur travail dans ladite ville de Roye, leur
« soit accordée, et que les maires et échevins se joignent
« à ces ouvriers pour demander la même chose, sur le
« fondement que des ouvriers ont à Roye leurs établis-
« sements, leurs maisons, leurs familles et le peu de biens
« qu'ils possèdent, et que, s'ils étaient obligés d'en sortir
« pour continer leur travail ailleurs, cela les jetterait dans
« une dépense qui sans doute les mettrait hors d'état de
« se soutenir, à quoy l'on ajoute que les fabriquants
« trouvent à Roye tout ce qui peut favoriser l'exercice de
« leurs métiers par rapport au nombre de peigneurs et de
« fileurs de laine dont la ville et les lieux environnants
« sont remplis, et qui n'ont presque pour subsister que
« l'occupation que leur fournissent ces ouvriers, et qu'enfin,
« en accordant la faculté demandée, c'est conserver à la
« ville de Roye qui *n'est déjà que trop dépeuplée*, une
« partie de ses habitants ; à quoy sa majesté vouloit
« pourvoir. Vu l'avis du sieur Chauvelin, intendant de
« Picardie, vu le rapport, le roy en son conseil, a permis
« et permet aux ouvriers en bas au métier qui sont retirés
« dans la ville de Roye, que sa majesté a bien voulu ajouter
« au nombre de celles où il est permis de travailler en
« bas au métier, et sera au surplus, l'arrêt du 30 mars 1700,
« exécuté selon sa forme et teneur:.... Fait au Conseil

« d'Etat du roy tenu à Paris le vingt-quatrième janvier 1719, « signé Goujon. »

Suit l'ordonnance royale signée par le roi, le duc d'Orléans régent. (*Original en parchemin*).

Ainsi, Roye fut comprise au nombre des villes dans lesquelles devaient se retirer les ouvriers en bas au métier.

Les fabricants de bonneterie de Méharicourt demandèrent et obtinrent, le 3 octobre suivant, la faveur de faire partie de la communauté d'une des villes autorisées, et de résider dans leur commune, mais à la condition de faire visiter et marquer leurs ouvrages avant de les exposer en vente; beaucoup de ces ouvriers vinrent s'inscrire à la maîtrise de Roye.

En exécution de l'ordonnance royale, l'Intendant exigea une nouvelle déclaration des métiers, et fixa à quinze jours le délai; passé ce temps, les maîtres ouvriers en bas des villes d'Amiens, Péronne, Montdidier et Roye pouvaient faire saisir les métiers non déclarés et traduire devant les juges les délinquants, qui étaient punis de cent francs d'amende et de la confiscation de leurs métiers.

L'exercice de ce droit et la liberté qu'avaient les fabricants de se retirer, à leur volonté, dans une des quatre villes, donnèrent lieu de la part des Montdidériens, à des intrigues, dont le but était de faire préférer leur ville à celle de Roye. Un jour même, les fabricants de Montdidier firent saisir les métiers de deux ouvriers en bas, l'un d'Erches et l'autre de Bouchoir, et ce, malgré les protestations de Du Peigne d'Erches, qui avait été reçu maître devant la communauté de Roye, depuis un mois, et sa nomination avait été approuvée par le roi. Cette violence donna lieu à un procès; les maire et échevins, de concert avec les jurés et les *Esgards* des fabricants de bas au métier, présentèrent différents mémoires pour appuyer leurs droits.

Ceux de Montdidier prétendaient que les communes d'Erches et de Bouchoir étant de l'élection de Montdidier, ces ouvriers devaient se retirer dans leur ville. Les Royens ne contestaient pas ce fait, mais ils disaient que ces ouvriers étaient libres de se retirer où bon leur semblait, et que, du reste, Erches et Bouchoir faisaient partie du Bailliage et du Grenier à sel de Roye. Ils ajoutaient dans leur mémoire : « Il est vray que l'arrêt du 18 octobre « porte que les ouvriers en bas au métier établis dans « l'élection de Montdidier se retireront dans ladite ville. » A cela, les demandeurs répondaient : « Que cette grâce « n'avait été accordée que sur le faux exposé que les « ouvriers de la campagne demandaient à se retirer à « Montdidier, ce qui est si peu vrai, qu'il se fait tous les « jours, à la requête des fabricants de Montdidier des « violences extraordinaires contre les ouvriers de la cam-« pagne pour les forcer à se retirer à Montdidier, publiant « hautement par écrit et de bouche qu'ils ont fait casser « l'arrêt concernant Roye, avec des termes qui mérite-« raient la déchéance de la grâce qu'il a plu à Sa Majesté « de leur accorder. »

Enfin le procès se termina, et le bon droit eut gain de cause : Du Peigne reprit son métier.

L'arrêt du Conseil d'État de 1700, portait aussi défense de faire « des bas d'estame tricotés », à moins de trois fils : il était d'usage alors de marquer le bout des pieds des bas, d'autant de barres qu'il y avait de fils. L'article deux, du règlement du 22 novembre 1720, avait permis d'en faire à deux fils, à la condition toutefois de n'en pas vendre dans le royaume. Des abus nombreux, une atteinte grave portée à la bonne fabrication, provoquèrent l'ordonnance royale du 2 juillet 1721, qui amena la suppression de cette tolérance et exigea, dans toute sa rigueur, l'exécution de l'arrêt de 1700. De plus, les fabricants furent obligés de mettre sur leurs marchandises un plomb portant d'un côté le nom du maître et de l'autre celui de la ville dans laquelle il demeurait. Des peines rigoureuses furent prononcées contre les délinquants ; les bas à deux fils devaient être expédiés à l'étranger, dans le délai d'un mois.

Le 6 septembre 1723, parut une nouvelle ordonnance royale qui remédiait à un grave inconvénient. Les matières fabriquées, comme nous venons de le voir, devaient porter la marque du fabricant. Il arrivait que pour teindre ces marchandises, il fallait enlever le plomb ; de là des abus. Le roi voulut que les fabricants ou les marchands qui, à l'avenir, feraient teindre des bas ou d'autres ouvrages de bonneterie, fussent tenus d'en faire la déclaration au bureau de fabrique, avant d'en détacher le plomb. Après la teinture, il devait être apposé sur les marchandises un nouveau plomb portant d'un côté le nom de la ville, avec ces mots : *Nouvelle marque*, et de l'autre : *à deux* ou *trois fils*, suivant la qualité des ouvrages.

Il paraît par un arrêté de l'intendant de Picardie Chauvelin du 15 juillet 1724, que les fabricants de Méharicourt et du Santerre ne se conformaient pas exactement aux prescriptions royales, car, par un arrêté, l'Intendant, ordonna des inspections chez les fabricants et chez les bonnetiers et prit des mesures sévères pour l'exécution des volontés royales. Par la même ordonnance, M. de Chauvelin fixa à un mois le délai de déclaration, et chargea le maire et les échevins de Roye de veiller à l'exécution de son arrêté.

Le 17 août, Eloi D'Hervilly, qui était alors lieutenant-général de police, adressa une requête à l'Intendant, demandant à ce que lui seul, comme juge de police, fut chargé de l'exécution desdits arrêtés plutôt que l'Echevinage qui n'avait aucune juridiction.

L'Intendant, par une ordonnance du 17 septembre, conféra à D'Hervilly le droit de connaître des infractions commises aux arrêtés.

La communauté des fabricants de bas au métier s'était un peu relâchée dans la surveillance de la fabrication, en sorte que les règlements étaient tombés en dessuétude. En 1734, l'Inspecteur des manufactures, De Loches, en tournée à Roye, remarqua qu'il s'y commettait de nombreux abus par l'usage de l'ancienne marque, dont on continuait à se servir « sans qu'elle fut autorisée, par le défaut d'esgards. »

L'Intendant de Picardie informé par l'Inspecteur, ordonna, par un arrêté du 6 octobre, au sieur de Rozainville, son subdélégué à Roye, de procéder à la reconnaissance de la marque, qui devait être ensuite brisée en sa présence, sauf aux marchands à se pourvoir de la marque exigée par les règlements. Quant aux garde-jurés et aux esgards, il ordonna que les titulaires qui avaient été agréés par l'Echevinage, se présenteraient devant le lieutenant de police pour rendre compte de leur conduite. L'Intendant voulut encore, qu'à l'avenir, les affaires concernant les manufactures fussent portées devant le lieutenant de police, sauf aux maire et échevins à faire sur ce, leurs représentations et à se pourvoir, s'il y avait lieu. C'est à Roye même que M. de Chauvelin prit cet arrêté.

La réserve que faisait l'intendant au sujet des droits du maire était motivée par un nouvel incident, qui s'était produit au sujet de la juridiction ; le lieutenant de police avait adressé à l'intendant (7 août) une seconde requête, à l'effet de connaître seul des affaires concernant les fabriques de bas au métier et le magistrat avait fait droit à cette requête, en défendant à l'Echevinage, « sous peine de tous dépens, dommages-intérêts, de troubler le lieutenant dans ses fonctions. » (19 septembre.)

En exécution de l'ordonnance de l'intendant, les maîtres fabricants de bas de la ville, vinrent déclarer devant le lieutenant-général de police, et en présence du sieur De Loches, inspecteur des manufactures, que pendant quelque temps la communauté avait été assez en règle, mais que depuis elle s'était relâchée ; que des individus se permettaient de fabriquer des bas, sans s'assujettir aux formalités voulues. Le procureur du roi les fit appeler devant lui, leur donna connaissance des règlements et leur fit prêter le serment de les observer.

Un sieur Gourdin, maître bonnetier à l'aiguille et au métier, se présenta pour se faire admettre dans la corporation des fabricants de bas au métier ; la communauté s'opposa à son admission, se fondant sur ce qu'il ne savait pas fabriquer et qu'il n'avait jamais appris ; Nicolas Gourdin insista, et l'inspecteur De Loches fut chargé d'en référer à l'intendant de Picardie.

La communauté des fabricants fut réorganisée, deux *Jurés esgards* furent chargés de louer un lieu convenable pour servir de bureau, et de faire graver une marque portant ces mots : ROYE — TROIS FILS — 1734 ; ils devaient aussi faire construire un coffre pour renfermer cette marque, avec trois serrures différentes et trois clefs qui seraient gardées par les jurés. François Fichu doyen de la communauté fut chargé des fonctions de syndic. Il fut décidé, en outre, que pour subvenir aux frais, il serait perçu deux sols sur chaque douzaine de paires de bas

« dont les jurés devaient tenir bon et fidèle registre, pour en rendre compte à la communauté, en présence du lieutenant de police et du procureur du roi. » Il fut résolu encore que les maîtres et les fabricants, avant de se servir de l'empreinte de leurs marques portant leurs noms, en déposeraient deux échantillons-matrices, au greffe de la police, pour y avoir recours en cas de suspicion.

Des lettres-patentes portant règlement pour la fabrication des bas et d'autres articles de bonneterie, furent données à Versailles, le 16 juillet 1743, et enregistrées au bailliage de Roye, au mois d'octobre suivant. Elles publiaient un règlement en soixante-et-un articles concernant les villes n'ayant pas de maîtrises. Les fabricants devaient alors se faire inscrire sur le registre du greffe de la juridiction de police des manufactures de la ville la plus rapprochée.

Enfin, au mois de février 1745, parut un édit créant des inspecteurs et des contrôleurs, des maîtres dans les corps de marchands, des gardes et des jurés. L'intendant Chauvelin fit publier et exécuter à Roye l'arrêt du Conseil d'Etat rendu conformément à l'édit (21 août.)

A la faveur de la nouvelle organisation de la communauté, la fabrication avait repris un nouvel essor ; on faisait dans la ville beaucoup de bas de laine, tant à l'aiguille, qu'au métier ; toutefois nous avons vu formuler un reproche contre le genre de fabrication. On accusait les bas fabriqués à Roye, de rétrécir considérablement au premier usage, « au point qu'ils ne pouvaient plus servir aux mêmes personnes. » Sans doute le temps et l'expérience ont dû amener de grands perfectionnements dans cette industrie, car aujourd'hui la fabrication des bas ne laisse rien à désirer, sous le rapport de la qualité et de la bonne confection. La maison Lavallard qui possède à Roye, une filature de laine, jouit dans le commerce, pour la bonne qualité de ses produits, d'une réputation méritée.

C'est de 1828, que date la création de cette filature ; à cette époque, M. Lavallard fit placer dans sa maison dix métiers continus de trente-six broches chacun, qui filaient la laine. L'emploi de ces métiers était nouveau, il fallut former des ouvriers pour ces instruments mus à bras. En 1836, on donna un plus grand développement à l'établissement, six métiers dits : *Mallgenny* représentant sept cents broches, remplacèrent les anciens, et le nombre d'ouvriers fut porté à cent vingt-cinq. Deux ans après, la vapeur fut introduite dans l'usine comme force motrice ; une machine de six chevaux remplacée en 1861, par une de douze, communiquait le mouvement dans tous les ateliers.

Ce ne fut pas sans de vives protestations de la part d'un grand nombre d'habitants de la ville, qu'une *pompe à feu*, fut placée dans la filature ; il suffit de consulter le registre des enquêtes de *commodo* et d'*incommodo*. Les craintes d'incendie et d'explosion sont les raisons que donnèrent les signataires imbus des préjugés d'alors contre l'introduction de la vapeur comme force motrice.

La Filature donne à des ouvriers du dehors la laine nécessaire pour confectionner des bas au métier, et d'autres articles de bonneterie qui forment la vente de la maison. Dans l'intérieur de l'usine, se trouvent des ateliers pour l'apprêt des tissus fabriqués ; le foulage, le soufrage, le raccoutrage occupent environ trois cents ouvriers des deux sexes. Cette industrie est un bienfait pour la ville, elle donne du travail à une foule d'ouvriers qui peuvent rester chez eux ; elle occupe encore près de soixante métiers dans la ville et dans le canton, sans compter ceux des communes voisines.

Le travail de la laine ne fut pas la seule industrie de la ville de Roye, on fabriquait aussi de la toile de chanvre, que les tisserands travaillaient dans les caves ; le marché aux fils se tenait le jour du marché-franc, le matin. On songea aussi à faire filer le coton.

En 1760, Jobart de Beauvais étant alors maire, préoccupé de la misère d'une partie de la population, et voyant sans cesse le nombre des pauvres augmenter, faute d'ouvrage, songea à créer des travaux pour leur faire gagner la vie. Dans ce but, il proposa aux officiers municipaux la création à Roye, d'une filature de coton.

Cette idée fut vivement accueillie, on songea alors à organiser *une école de filature*, et c'est le bâtiment des écuries des Gardes-du-Corps du roi, que l'on appropriât pour l'installer. On perça des fenêtres, on fit un escalier pour arriver à l'étage supérieur, devant servir de dortoir aux élèves.

Il fut arrêté que l'on ferait instruire gratuitement, toutes les femmes et les filles qui se présenteraient pour apprendre à filer. La municipalité fournissait des rouets, et retenait, pour le remboursement, le dixième du gain ; les apprenties étaient logées gratuitement, elles devaient fournir un lit garni et pourvoir à leur nourriture. Un règlement, imprimé à Noyon (1760), tiré à deux cents exemplaires, fut adressé aux syndics des communes les invitant à envoyer des sujets, leur faisant connaître les conditions d'admission et le prix du travail.

Cette institution reçut l'approbation de l'administration supérieure, et l'Intendant de Picardie envoya à Roye, pour organiser la filature, Imbert de Saint-Paul, inspecteur des manufactures.

Deux maîtresses ouvrières rétribuées par le Corps-de-Ville instruisaient les filles ; au bout de deux mois, ces apprenties étaient capables de travailler seules et pouvaient elles-mêmes en apprendre d'autres. Le coton leur était fourni ; le fil était propre à faire des toiles et des mousselines. Le prix des écheveaux de coton filé à la façon du lin, dévidé sur le dévidoir anglais de cinq quarts de circonférence, contenant sept cents aunes, était fixé d'après leur poids, depuis quatre sols jusqu'à huit sols trois deniers. En faisant son ménage, une bonne fileuse pouvait gagner jusqu'à quinze sols par jour.

Beaucoup de filles répondirent à l'appel de la municipalité, il en vint d'un grand nombre de communes, et même de Montdidier. Le Corps-de-Ville distribuait des prix afin d'exciter l'émulation ; ces récompenses étaient données aux ouvrières qui avaient filé le fil le plus fin et le plus égal. Il y avait trois prix en argent : le premier de quinze livres, le second de dix, et le troisième de cinq.

Cette filature ouverte au mois d'octobre 1760, fut d'une grande ressource pour les indigents, elle créa une industrie nouvelle et rendit de grands services ; malheureusement, elle ne subsista pas longtemps, la matière première vint à manquer, et l'établissement cessa de donner de l'ouvrage aux ouvrières.

Plus tard, une nouvelle *école de tissage de coton* s'ouvrit à Roye.

En 1821, le maire Graval, dans le but de développer l'industrie manufacturière et d'occuper les bras inactifs, proposa au Conseil municipal l'établissement d'une école de tissage pour les articles de rouennerie. « Le travail, répétait l'honorable magistrat, est la sentinelle de la vertu. » Le Conseil accueillit, avec empressement, la proposition du maire.

La fabrication des tissus de rouennerie se faisait alors sur une grande échelle, surtout dans le canton de Saint-

Simon (Aisne) ; des voitures chargées de fils et de tissus traversaient chaque jour la ville, emportant à Rouen des produits fabriqués.

La municipalité fit venir à Roye un ouvrier habile et lui proposa d'ouvrir un atelier dans lequel la ville entretiendrait quatre apprentis, et payerait cent vingt-cinq francs d'apprentissage pour chacun d'eux. La proposition fut acceptée, et un atelier s'ouvrit dans une maison, rue des Fontaines.

Cette nouvelle industrie prospéra bientôt, la ville fournit des métiers aux apprentis, et afin d'exciter leur zèle, elle leur distribuait des primes en argent, à titre d'encouragement. L'atelier s'occupait surtout de la confection des mouchoirs de poche ; indépendamment des apprentis, il donnait encore de l'ouvrage à des ouvriers de la ville ; on comptait même, l'année suivante, onze métiers qui travaillaient, les uns pour la fabrique de Rouen, les autres pour celle de Saint-Quentin.

En 1824, le nombre des apprentis fut porté à cinq, et le temps d'apprentissage fixé à dix-huit mois, sans augmentation de traitement pour le maître ouvrier ; le cinquième apprenti n'avait pas part aux primes, et il devait se procurer un métier à ses frais.

Cent cinquante francs furent employés en primes d'encouragement pour les apprentis, et dans une réunion solennelle, le jour de la Saint-Charles 1825, ces prix furent distribués aux enfants de l'Ecole de Tissage. Dans un discours, prononcé lors de cette solennité, le maire Graval fait connaître le but de l'institution et ses résultats : « Déjà, dit-il, un assez grand nombre d'ouvriers, « tant de la ville que de la campagne, sont sortis de cette « école. Cependant la vérité nous oblige à dire que le « bas prix survenu depuis un an dans la main-d'œuvre

« de tous les tissus de coton, a engagé quelques-uns de
« ces ouvriers à abandonner momentanément leurs tra-
« vaux. Nous disons momentanément, parce que nous
« sommes persuadé que le moment n'est pas éloigné où,
« mieux conseillés, ils reprendront la navette qu'ils n'au-
« raient jamais dû quitter, et qu'à l'exemple de la popu-
« lation laborieuse de Flavy, qui n'a pas interrompu un
« seul instant son travail, ils seront désormais disposés à
« subir les diminutions comme à profiter des augmentations
« de salaire, changements fréquents dans les fabriques. »

Quatre années après, la municipalité cessa de s'occuper de cet atelier, et la fabrication des mouchoirs finit par s'éteindre à Roye, à cause du perfectionnement apporté au matériel industriel.

Mais il ne suffisait pas à l'administration prévoyante du maire Graval, d'assurer de l'occupation aux jeunes gens sortant de l'école, il voulait encore procurer du travail aux jeunes filles et « par ce moyen, les prémunir contre les séductions de l'oisiveté, bien plus dangereuses pour elles que pour l'autre sexe. »

Dans ce but, M. Masson Saint-Mard, adjoint au maire, s'adressa en 1823, à une Compagnie de fabricants et obtint d'elle l'établissement à Roye d'un *Atelier de broderie* sur tulle de coton ; les jeunes filles y étaient admises dès l'âge de six ans, sous la direction « de deux demoiselles inves-ties de l'estime publique. »

En 1825, il y avait quarante à cinquante jeunes filles dans l'atelier ; elles gagnaient depuis vingt-cinq centimes jusqu'à soixante-quinze, par jour, formant chaque mois un total de deux cent cinquante francs environ, que se parta-geaient trente-huit ménages.

Dans la solennité du 4 novembre 1825, des primes d'encouragement furent aussi distribuées aux élèves de l'atelier de broderie ; l'honorable magistrat, au sujet de cette industrie, s'exprima ainsi :

« Accessible à toutes les classes par la modicité de son
« prix, la parure de tête, qui est l'un des principaux
« produits de cet atelier, se distingue par la pureté du
« dessin et le bon goût qui caractérise les productions de
« l'époque actuelle, et qui met une distance immense
« entre l'humble bavolet des derniers temps et l'élégant
« bonnet de nos jeunes filles d'aujourd'hui. Nous ne dou-
« tons pas que ces ouvrières, qui se perfectionnent tous
« les jours, ne soient à même de broder, dans un petit
« nombre d'années, les grandes pièces à l'usage des
« classes élevées de la société, et qu'elles ne donnent
« par-là un développement réel à l'industrie de la fabrique
« de Roye. »

Malheureusement les prévisions de M. Graval ne se réalisèrent pas, car quelques années après son établissement, l'atelier de broderie cessa de donner du travail aux ouvrières.

Une filature de coton s'ouvrit encore à Roye, elle existait en 1837, et occupait quatre métiers portant cent vingt-huit broches ; on fabriquait dans le même atelier de la passementerie. Cet établissement disparut il y a quelques années, il était situé faubourg de Noyon, dans la maison occupée aujourd'hui par la gendarmerie.

A côté des fabricants et des industriels venaient se grouper les marchands et les artisans, qui représentaient le commerce de la ville. Tous les individus exerçant la même profession étaient réunis en communauté et formaient des corporations distinctes ou corps de métiers.

Ces corporations avaient leur maîtrise, leur jurande et leur blason particuliers ; ainsi, la corporation des marchands drapiers avait pour armoiries : *d'argent à une croisette pattée et alaisée d'azur.*

Lorsque les membres d'une corporation étaient en trop petit nombre pour avoir une maîtrise, ils choisissaient parmi eux « un esgard », qui était chargé de veiller sur les intérêts de la communauté ; ou bien le corps de métier était réuni à la corporation d'une ville voisine, comme le faisaient les orfèvres.

Trop peu nombreux, en effet, (deux) pour former une communauté particulière, les orfèvres de Roye étaient soumis à la maîtrise de Noyon, composée de quatre maîtres, et érigée en 1748 ; elle était de la juridiction d'Amiens. Les orfèvres de Roye travaillaient au même titre qu'à Paris, c'est-à-dire l'or à vingt-deux carats et l'argent à onze deniers, douze grains ; leur marque ou poinçon était un bracelet.

La communauté des orfèvres de Roye et de Noyon réunie aux chapeliers de cette dernière ville portait : *Coupé au 1er d'azur, à un marteau couronné de même, au 2 d'argent, à un chapeau de gueules.*

Le 7 mars 1774, dans une assemblée du Corps municipal, le procureur du roi, vu l'importance de la ville et des environs « dans lesquels se trouvent plusieurs châteaux appartenant à des seigneurs de marque, » proposa de créer une seconde place « de maître orpheuvre, » celui qui existait alors s'occupant plus « de metteur en œuvre, que d'orpheuvrerie. » La matière mise en délibération, l'assemblée pensa que cette seconde place ne pouvait qu'être utile au bien public, et décida que le maire adresserait une requête à la Cour des monnaies de Paris, pour la prier d'admettre comme second maître-orfèvre le sieur Carpentier, compagnon, dont les certificats en bonne forme indiquaient qu'il avait fait son apprentissage chez Sommevart, maître-marchand orfèvre, et premier échevin de la ville de Noyon.

PERRUQUIERS

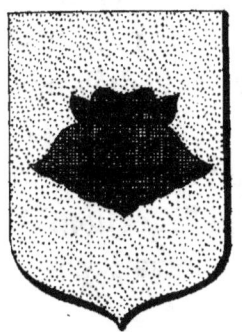
TANNEURS

DRAPIERS

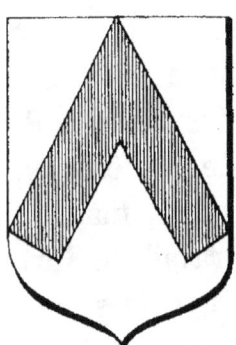
CHIRURGIENS

MENUISIERS

ORFÈVRES & CHAPELIERS

Les eaux de la rivière d'Avre étaient utilisées par les tanneurs ; nous avons vu la municipalité, dans le but de favoriser l'industrie de la tannerie, détourner le cours de la rivière. Les produits des tanneurs de Roye étaient estimés ; les cuirs expédiés portaient une estampille ou marque sur laquelle, on lisait : *Roye : Dr : du Roy,* » au milieu était une fleur de lys. Le double de l'empreinte était déposé au greffe de l'Election. Les tanneurs formaient une communauté qui avait pour armoiries : *d'or à une coquille de sable.*

Il en était de même des maîtres menuisiers dont la corporation portait sur sa bannière : *d'argent à une pelle de sinople.* Ce corps de métier donna des artisans qui se distinguèrent par leurs travaux : la chaire de l'église de Saint-Pierre était une œuvre d'art due à Bon de Nasse, maître menuisier à Roye ; le banc d'œuvre et les stalles du chœur de la même église avaient été exécutés par Jacques Clocquemant, maître menuisier. La chaire de la Collégiale était le travail de Suret, artiste royen.

Les serruriers ne formaient pas de communauté, ils étaient peu nombreux ; nous avons vu d'ailleurs que les obligations imposées aux corporations étaient telles qu'elles créaient pour celles-ci de lourdes charges, en même temps qu'elles nuisaient à la liberté du commerce. En 1779, le 31 décembre, les corps de métiers de la ville déclaraient à l'Echevinage ne vouloir faire partie d'aucune communauté, parce qu'il n'y avait pas de commerce suffisant, et qu'ils étaient obligés pour vivre, d'avoir plusieurs branches d'industrie ; il en était de même pour les « autres états mécaniques. » Ils ajoutaient que les jours de foires et de marchés amenaient des marchands forains, des industriels de toute sorte, qui faisaient une concurrence sérieuse au commerce de la ville.

Les serruriers néanmoins avaient l'amour de leur art, ils ont laissé des travaux qui ne sont pas sans mérite. Les balcons et la rampe de l'escalier de la mairie, les grilles de la chapelle Notre-Dame-de-Paix et du jeu de paume, prouvent le talent des artistes. Une grille en fer forgé, que l'on voit encore aujourd'hui au chœur de l'église de Lihons, et qui autrefois se trouvait dans la chapelle de la Vierge à l'Abbaye, fut exécutée en 1695, par Guilbert, maître serrurier à Roye, moyennant la somme de quatre cent cinquante livres. Cette grille est d'une forme élégante et d'une belle exécution.

Guilbert Eloi était d'une famille d'artisans, son grand-père Martin et son père René étaient maîtres serruriers; Eloi avait épousé en 1699, la fille d'un chaudronnier. Il mourut le 30 avril 1740, laissant son fils Charles qui lui succéda.

En 1774, Carpentier Paul, maître serrurier à Roye, fut chargé comme expert de recevoir la grille du chœur de l'église de Saint-Pierre qui avait été faite par *Hilden*, serrurier de Péronne ; il toucha cinquante livres pour l'expertise.

Les serruriers joints aux maréchaux et aux cultivateurs formaient une confrérie, sous le patronage de Saint-Eloi ; ces confrères avaient un autel particulier dans les églises de Saint-Pierre et de Saint-Gilles.

L'art céramique n'a pas eu d'atelier à Roye malgré l'opinion contraire émise par quelques amateurs ; ils se fondent sur ce fait, que l'on rencontre fréquemment des poteries portant des noms propres du pays : ainsi nous possédons une faïence en camaïeu bleu, qui a pour inscription : *Marie de la Fosse. 1724. Roye.* Ces poteries, pour la plupart, proviennent des fabriques de Sinceny (Aisne).

Il se peut qu'à une époque, des poteries à dessins coloriés aient été fabriquées à Conchy-les-Pots, village du bailliage de Roye, où l'on fait encore des vases en terre, pour l'usage culinaire, et où depuis longtemps existent des ateliers de fabrication. En effet, une terre cuite trouvée en 1840, à Conchy, représente en bas relief, une tête de Vespasien. Mais à Roye, il n'existe pas de terre plastique à poterie, on rencontre seulement de l'argile ocreuse qui sert à faire de la brique. En 1744, une ordonnance de l'intendant de Picardie, interdit de se servir de la brique pour la fabrication du ciment, il fallait n'employer que des tuileaux.

Un art qui a complètement disparu de Roye est celui de la peinture sur verre ; il est bien certain qu'au XVe siècle, il existait dans la ville des ateliers de peintres verriers. Toutes les verrières des églises de Saint-Georges, de Saint-Pierre, de Saint-Gilles, des Cordeliers, et des Annonciades furent exécutées, pour la plupart, par des artistes de Roye. Les archives nous ont conservé les noms de quelques-uns de ces peintres. En 1558, Ivorel Guillaume est cité comme ayant « *racoustré* » la verrière du chœur de l'église de Saint-Pierre, et une autre représentant Saint-Pierre ; cette vitre avait été restaurée déjà en 1488 par Tristan Moran, verrier d'Amiens. En 1563, Carpentier François, peintre verrier à Roye, reçoit XVII livres pour avoir fait la verrière qui est « en l'arche d'entre la nef et le chœur, où se trouvent empreints le soleil et la lune. » Gavrel Pierre exécute en 1584, la verrière de la chapelle de la Vierge, représentant les douze apôtres, moyennant XXV livres ; elle avait été donnée par Adrien Lesquievin. En 1591, Lemaire Pierre répare la verrrière offerte en 1507, par Guillaume Gilles et Catherine Despriez, bourgeois de Roye.

Ces peintres verriers étaient chargés de l'entretien et de la restauration des vitraux, leurs gages s'élevaient par an « à douze setiers de blé, sauf toutefois les réfections qui « pouvaient arriver ès dites verrières, par fortune de fouldre « ou tempestes. »

La communauté des bouchers en 1625, ne se composait que de trois membres, ils devaient après être reçus maîtres, prêter serment entre les mains du bailli du seigneur du fief de la *Salle de Ponthieu*, et donner quinze sols au greffier. Ces exigences et celles de la maîtrise, éloignaient les bouchers et empêchaient de nouveaux établissements. Les habitants demandèrent à ce que la maîtrise fût abolie et que tout individu pût débiter de la viande, sous la surveillance « d'un esgard » nommé par l'échevinage.

Une ordonnance de l'intendant de Picardie du 27 juillet 1724, autorisa la liberté du commerce de la boucherie.

Les bouchers ne devaient pas vendre de viande pendant le Carême ; cependant, comme il était nécessaire de faire du bouillon aux malades, une sentence de la Prévoté avait décidé que les bouchers, à tour de rôle, et suivant l'ordre de leur réception dans la communauté, feraient la fourniture exclusive de la viande pendant le Carême. Cette sentence fut réformée en 1669, et le boucher qui soumissionnait la viande à meilleur marché était celui désigné pour la vente pendant le temps d'abstinence. En 1762, cette mesure fut modifiée à cause des abus ; l'échevinage désigna alors un boucher, qui vendait seul, et à l'exclusion de tout autre de la viande pendant le Carême. Il ne devait servir que du bœuf, du mouton et du veau, s'il débitait de la vache, il était condamné à cent livres d'amende applicable à l'hôpital des femmes.

Le lieu où les bouchers sacrifiaient les animaux fut de tont temps l'objet de la surveillance de l'administration locale : aux registres de la Prévôté, à la date du 12 juillet 1587, se trouve une sentence qui enjoint aux bouchers de faire nettoyer les lieux où ils abattent les animaux. Il leur est prescrit également de ne pas faire couler le sang dans la rue, de faire le long de leurs maisons des espèces de trottoirs en pavé, d'au moins neuf pieds de largeur. Une autre ordonnance prescrivit aux bouchers d'établir, le long de la rivière d'Avre, une halle couverte pour y faire abattre leurs animaux; un délai de deux mois leur fut accordé pour son exécution, sous peine de trois livres quinze sols d'amende. Les bouchers protestèrent contre cette mesure, sous prétexte que leurs viandes ne se conservaient pas dans cet abattoir. L'administration se relâcha un peu de ses prescriptions; néanmoins toutes les fois que la santé publique l'exigeait, l'échevinage renouvelait ses mesures hygiéniques.

Aujourd'hui le même état de choses subsiste encore, et les bouchers n'ont pas de local spécial pour abattre leurs animaux. En 1864, l'administration municipale avait décidé la construction d'un abattoir public, il devait s'élever rue des Fontaines, sur l'emplacement de l'ancienne pépinière de la ville ; le lieu paraissait bien choisi : il était en dehors des remparts, éloigné des habitations et à proximité de l'eau. Le Conseil d'hygiène, les autorités compétentes avaient approuvé cet emplacement, et un décret impérial avait même autorisé un emprunt pour la construction de l'abattoir. Mais ce projet fut l'objet d'une vive opposition de la part du propriétaire de l'immeuble dans lequel est le pensionnat de la rue des Minimes ; la ville gagna son procès devant le Conseil de préfecture, mais le perdit devant le Conseil d'Etat qui décida que l'abattoir n'était pas à une distance suffisante des habitations, et annula l'arrêté préfectoral.

Nous n'hésitons pas à dire que dans cette décision, le Conseil d'Etat impérial ne s'inspira pas suffisamment des intérêts de la ville, et qu'il céda à des influences étrangères à la salubrité publique.

Les boulangers et les pâtissiers n'avaient pas de communauté, mais ils formaient une confrérie en l'honneur de Saint-Honoré, leur patron. Déjà nous avons parlé de la renommée qu'avaient *les biscuits* de la fabrique de Roye, offerts aux divers monarques et aux grands personnages en passage par la ville. Ces biscuits se faisaient remarquer par la finesse de leur goût et par la légèreté de leur pâte. Il se fabriquait aussi à Roye du pain-d'épice dont parle le bourgeois Scellier, et qui avait une grande vogue; des personnages, des cœurs et des croquettes constituaient les excellents produits de cette industrie.

Les Dobbé, Choron et Dusanterre ont laissé à Roye une réputation égale à celle de Brillat-Savarin.

Mais si les Royens aimaient les pâtisseries, ils ne négligeaient pas la culture de l'esprit; nous verrons combien étaient nombreux ces modestes travailleurs qui laissèrent des documents sur leur ville, et des productions littéraires de tous genres.

Il n'y avait pas d'imprimeur à Roye, mais des libraires; en 1770, un nommé Fontaine demeurait rue de Paris, vis-à-vis le bureau des Aides, il vendait « toute sorte de livres d'église, d'école, d'histoire, de poésie, etc., au même prix qu'à Paris. »

Les professions libérales avaient la même organisation que les corps de métiers. Le corps médical comptait à Roye : des apothicaires, des chirurgiens et des médecins.

Les maîtres apothicaires formaient une corporation importante qui avait sa maîtrise, sa jurande, sa bannière et son blason. C'est dans la rue d'Amiens que tenait boutique le premier « apotiquaire » dont nous ayons pu découvrir le nom : Jean Dartois qui mourut en 1595, et qui fut inhumé dans l'église de Saint-Pierre. En même temps que lui, existait Jean Chocquet, qui avait épousé Claire Clarentin, veuve de Landelle aussi apothicaire. Bien que nous n'ayons pas rencontré d'apothicaires avant cette époque ils ont dû paraître de bonne heure, car les différentes pestes dont la ville fut assaillie rendaient leur présence nécessaire. Ils jouissaient, du reste, d'une certaine considération, en 1666 l'apothicaire Morlet fut juré et échevin ; le 8 janvier 1689, son confrère Jean Despriez fut argentier de la ville. Maître Morlet avait fait fondre un mortier en métal de cloche, sur lequel on lisait :

M® Jacques MORLET, Apoticaire,
Juré et Eschevin de Roye,
Et Damoiselle Marguerite BURRIER
m'ont faict faire l'an 1682 :
SIT NOMEN DOMINI BENEDICTUM

Les titulaires étaient alors nombreux ; cependant le manque absolu d'apothicaire se fit un jour sentir dans la ville de Roye. Probablement la place n'était pas bonne, car aucun ne voulait venir s'y établir. Ceux qui se présentaient mettaient pour condition qu'il leur fut payé, par l'Echevinage, une indemnité de cent livres par an, avec exemption du logement des gens de guerre et la promesse d'être ménagés dans les impositions de la taille, capitation et autres. Les Officiers du Bailliage adressèrent une supplique à l'Intendant de Picardie, afin d'obliger l'Echevinage à donner « des gages suffisants » pour avoir un apothicaire. « Les malades, disait la requête, se trouvent « sans aucun secours et par ce défaut exposés à périr.

« Il n'y a d'ailleurs dans la ville qu'un médecin âgé et très-
« valétudinaire ; le défaut d'apothicaire empêche les jeunes
« d'y former un établissement, n'y ayant personne pour
« préparer les remèdes, et mettre à exécution ce qu'ils
« ordonneraient pour le soulagement ou le rétablissement
« parfait des malades. »

Par une décision du 28 février 1747, l'Intendant de Picardie autorisa le Maire à payer cent livres à un apothicaire. Ce privilège eut son effet pendant quelques années; il fut plus tard supprimé en vertu d'une ordonnance de l'intendant d'Aligre.

Le 30 avril 1760, parut un arrêt de la Cour du Parlement concernant l'exercice de la pharmacie dans la ville de Roye. Cet arrêt réglait la police et la discipline des apothicaires, médecins et chirurgiens ; le roi nomma une commission chargée d'examiner les médicaments, dits « spécifiques » et d'accorder le privilège de les vendre à ceux dont les drogues seraient reconnues efficaces.

Le roi confirma en même temps les arrêts du Conseil d'Etat des 3 juillet, 25 octobre 1728 et 11 mars 1731, réglant l'exercice de la médecine, il chargea une commission de veiller à ce que la médecine et la pharmacie ne fussent exercées que par des praticiens pourvus d'un diplôme, il la chargea, en même temps, de tracer les limites de chacune des professions afin d'éviter des contestations. Cet arrêt intervint pour mettre fin à un procès. Jean-Godebert Delaporte, maître apothicaire, avait fait saisir des drogues chez le chirurgien Garde, qui exerçait la pharmacie illégalement. Pour ce fait, Delaporte avait été condamné par le Lieutenant de Police à une indemnité envers le chirurgien. L'apothicaire appela du jugement; l'arrêt décida, qu'en sa qualité de chirurgien, Garde ne pouvait avoir chez lui autres drogues que : « cautères,

« emplâtres, baumes convenables aux opérations de son
« art, sans qu'il les puisse débiter qu'en pansant ses
« malades. » L'arrêt faisait défense à tous épiciers-droguistes de la ville et des faubourgs, de vendre et de composer aucune drogue. Il ordonnait que « tous les six
« mois et plus s'il y échet, il fut fait par le médecin, le
« lieutenant du premier chirurgien et le plus ancien apoti-
« caire de la ville, visite chez les épiciers-droguistes, pour
« examiner la qualité des drogues simples. » Quant à Delaporte, il fut maintenu dans l'exercice de sa profession, à la condition de servir le public à toute heure de nuit comme de jour, et de se contenter d'un gain légitime ; mais l'apothicaire ne jouit pas longtemps de son triomphe, car nous voyons en 1768, sa veuve exercer la pharmacie.

L'apothicaire diplômé qui voulait s'établir à Roye, était obligé de prêter serment entre les mains du Lieutenant de Police ; il adressait une supplique à Messieurs de l'Hôtel de Ville, en y joignant son diplôme, et un jour lui était indiqué pour sa présentation.

Les maîtres apothicaires apportaient le plus grand soin dans la confection de leurs drogues ; quelquefois leurs préparations se faisaient publiquement, en présence du Mayeur et des Echevins. En 1723, l'apothicaire Claude Levasseur, qui avait épousé à Roye la fille d'un marchand drapier Le Bel, publiait à Péronne l'avis suivant : « On
« est adverty que les 4 et 5 du mois d'octobre prochain,
« seront publiquement exposées dans la chambre de l'Hôtel
« de Ville de Péronne, toutes les drogues destinées à la
« composition de la *Thériaque,* que les sieurs Caumartin
« et Le Vasseur, maîtres apothicaires de ladite ville, se
« proposent de composer pour l'utilité publique, en présence
« de Messieurs les Mayeurs et Echevins et de Messieurs
« les Médecins. Lesdits sieurs Caumartin et Le Vasseur en

« feront la démonstration lesdits jours, depuis dix heures
« du matin jusqu'à midi et depuis trois jusqu'à cinq heures
« du soir. Tous les curieux et connaisseurs sont très
« instamment priez de s'y trouver ; on se fera plaisir de
« leur donner tous les éclaircissements possibles sur cette
« matière si importante. »

Le musée de Roye possède, grâce à la libéralité de M. R. de Belleval, un sceau ovale représentant au milieu une plante médicinale et portant en légende : **S : ad. C : Apoticarii de Roia.** (*Voir la gravure.*)

Le personnel médical se composait, en outre, de chirurgiens et de médecins ; le premier qui porta le titre de docteur en médecine est un nommé Gouilliard qui exerçait vers 1674 ; puis Jean Tricot, aussi docteur en médecine.

Louis Lebeuf est le plus ancien chirurgien, il était lieutenant du premier chirurgien du roi, c'est sans doute lui qui donna son nom à la rue Lebeuf : il exerçait à Roye avant 1600.

Nous voyons en 1623, Jean Hérouard, premier médecin du roi, donner à Charles Durier, maître-chirurgien, « la commission de l'office de visiteur et rapporteur des morts et personnes blessées dans la ville. »

En 1677, une commission de premier médecin du roi est accordée à Louis Garde, pour faire les rapports des « corps morts, blessés, mutilés, noyés, prisonniers et autres. »

Il paraît que les chirurgiens faisaient de copieuses saignées à leurs malades, et ne prenaient même pas le soin de recueillir le sang de leurs clients, ils le laissaient couler dans les rues, quand ils n'en nourrissaient pas des animaux immondes. Le 16 décembre 1669, parut une sentence de la Prévôté pour mettre fin à un pareil état de choses, et qui défendit aux chirurgiens du ressort du bailliage de faire aucune saignée sans ordonnance du médecin, à peine de vingt livres d'amende.

La communauté des maîtres chirurgiens de Roye portait : « *d'argent à un chevron alaisé de gueules.* »

Le cahier des doléances du clergé des trois bailliages, convoqués en 1789, appelle l'attention du monarque sur les chirurgiens ; il s'exprime ainsi : « Que les assemblées provinciales soient chargées de faire examiner les chirurgiens et les sages-femmes, qui exercent souvent leur profession sans avoir fait aucune étude spéciale. » Il réclame l'exécution des lois et règlements relatifs aux droguistes et aux apothicaires, dont les remèdes sont trop souvent des poisons. « On ne peut penser sans horreur à la multitude « de victimes que l'ignorance des chirurgiens de campagne, « précipite journellement dans le tombeau. C'est une épi- « démie universelle et continue dont on ne peut ni calculer, « ni tolérer plus longtemps les ravages. »

Les médecins étaient tenus, le deuxième jour qu'ils visitaient un malade atteint d'une affection grave, de l'avertir de se confesser ; dans le cas où le malade ou sa famille ne tiendrait pas compte de l'avertissement, ils devaient en prévenir le curé, et cesser de voir leur client le troisième jour, s'il n'était muni d'un billet de confession.

Au mois de mai 1771, il y avait à Roye un sieur Delfort, docteur en médecine de l'Université de Montpellier, qui possédait surtout « la connaissance des urines, il découvrait « par elles les maladies les plus difficiles et avait le secret « de les guérir. » Il attaquait aussi l'épilepsie avec succès ; il fit à Roye plusieurs cures merveilleuses, comme il en avait fait à Noyon.

En 1774, sur l'invitation de l'Intendant de Picardie, le corps municipal envoya à Amiens le chirurgien Laby, pour assister aux leçons d'accouchement que donnait une dame Ducoudray, et pour apprendre le mécanisme « d'une machine » dont se servait le professeur. La municipalité donna, en outre, deux cents livres pour acheter « la machine », qui devait rester à l'Hôtel-de-Ville pour s'en servir au besoin. Laby reçut soixante-douze livres à compte sur ses gratifications.

Plusieurs médecins se distinguèrent par leur dévouement aux malades ; dans les différentes pestes qui désolèrent la ville, quelques-uns périrent victimes de leur zèle. En 1668, le chirurgien Charles Devillers qui soignait les pestiférés, mourut de la peste le 24 juin. Abraham Lemoine et Louis Garde furent également frappés par le fléau, en donnant leurs soins aux malades.

Garde Claude était chirurgien des chanoines, il dût à ce titre d'être inhumé dans le cloître de la collégiale le 24 septembre 1742 ; il était âgé de quarante-cinq ans.

Le médecin Boulanger était lieutenant à Roye du premier chirurgien du roi. Après l'examen des eaux de la fontaine ferrugineuse de Saint-Mard par de Lassone et Cadet, il adressa à l'Académie des Sciences en 1771, de nombreuses observations sur le bon effet qu'il avait obtenu de l'emploi de ces eaux, dans les faiblesses d'estomac et dans plusieurs autres maladies. Il mourut le 2 novembre 1781, à l'âge de cinquante-neuf ans et neuf mois, vivement regretté par ses concitoyens ; il fut inhumé au grand cimetière par le curé Boutteville. Sa sœur Marie Catherine avait épousé J.-Baptiste Goret, président au Grenier à sel ; son frère, J.-Baptiste-Antoine Boulanger, bourgeois de Roye, ajoutait à son nom celui de *Forteville*. La fille du docteur Boulanger épousa Vérani de Varesnes de Montdidier, homme de beaucoup d'esprit et qui mourut en 1844.

Le docteur Midy fut une célébrité médicale ; Von Mittag Midy (Adrien-Joseph), naquit à Saint-Quentin, le 20 mars 1755, il était fils de Von Mittag Midy (Charles-François), médecin de l'Hôtel-Dieu de Saint-Quentin, ancien échevin, et qui laissa dans cette ville une grande réputation comme médecin. Cette famille était originaire de la Suède, où elle occupait un rang élevé dans le pays, lorsque le luthéranisme fut introduit par Gustave Wasa, vers 1527 ; un membre, pour rester fidèle à la foi de ses pères et pour se soustraire aux persécutions dont les catholiques étaient alors l'objet, s'expatria. Il se réfugia d'abord en Allemagne, puis vint, vers 1670, se fixer à Douai, où il exerça la médecine. C'est dans cette ville que le nom de Mittag fut changé en celui de Midy qui en est la traduction littérale. (*Chroniques royennes*, par E. Coët.)

Le jeune Midy, après de sérieuses études, fut reçu docteur ; il était auprès de sa famille lorsqu'il apprit qu'une épidémie sévissait sur la ville de Roye et faisait de nombreuses victimes. La malheureuse cité venait de perdre un de ses plus habiles médecins (Boulanger), il ne restait plus qu'un chirurgien dévoué au service du public, mais qui cessa bientôt d'avoir la confiance de ses concitoyens. « Devenu victime de la prévention aveugle d'un certain « nombre d'habitants, plusieurs paraissaient disposés à « cesser d'exister, plutôt que d'avoir recours à son art et « d'employer son assistance. » C'était au commencement de l'année 1782, les habitants décimés par une épidémie « de fièvre putride », périssaient sans secours, lorsque parut le docteur Midy, suivi de deux chirurgiens. Dans ces circonstances malheureuses, le jeune docteur déploya le plus grand talent médical et les plus nobles qualités du cœur, aussi le Corps-de-Ville, pour reconnaître ses services et pour l'engager à se fixer à Roye, lui offrit-il une pension annuelle de trois cents livres.

La délibération prise par l'assemblée générale des officiers du Corps-de-Ville, des députés de la noblesse et du clergé, dans sa séance du 23 juin 1782, et les paroles prononcées par le procureur du roi, sont le plus bel éloge que l'on puisse faire de Midy.

Le docteur se fixa à Roye ; il épousa en 1786, Mlle Aubrelique, fille d'un médecin de Noyon. Malgré les occupations incessantes que lui donnait sa nombreuse clientèle, le docteur trouvait encore le temps de consacrer quelques heures à l'étude. La Société de Médecine de Montpellier ayant mis au concours une question sur les cancers, M. Midy présenta un mémoire qui fut jugé digne de la médaille de vermeil que la Société offrait pour prix. Cette médaille représentait d'un côté Hippocrate, avec cette légende : *augmento scientiæ,* et au revers, entre deux branches de lauriers : *Societatis medico-practicæ Monspeliensis præmium.*

C'est encore guidé par son amour pour la science et dans le but d'être utile à sa patrie d'adoption, que le docteur publia en 1802, *la Topographie médicale de la ville de Roye.* Dans cet ouvrage plein d'intéressantes observations, le docteur retrace l'état sanitaire de la localité, il indique les moyens d'améliorer la santé publique, et entre dans de longs développements sur les maladies qu'il a observées.

Il nous reste un dernier monument de l'active intelligence du docteur Midy. C'est un projet de canal de Noyon à Moreuil, que le docteur appuie auprès du roi, par un poëme qui n'a pas moins de deux cents vers. Cette pièce est d'une originalité charmante, mais la prolixité poétique de notre Esculape, nous empêche de la reproduire ici. (*Voir le Vermandois de 1873*).

Le docteur Midy retiré de la vie active, jouissait en paix du fruit de ses travaux ; sa vénérable compagne partageait son repos, dévouée au soulagement des malheureux, elle passait sa vie à faire le bien.

Frappé d'une attaque d'apoplexie foudroyante, M. Midy mourut en 1838, à l'âge de quatre-vingt-trois ans, sept mois et quinze jours, après avoir parcouru une longue et utile carrière. Le docteur Midy joignait au savoir médical, une certaine érudition ; il avait les manières distinguées de l'homme du monde, sa conversation était spirituelle et animée ; c'était un esprit cultivé, riche par le cœur et par l'intelligence.

Une commission composée de deux médecins et du lieutenant, faisait subir les épreuves aux candidats qui se présentaient pour exercer la médecine, soit dans la ville, soit dans l'étendue du bailliage. Parmi les chirurgiens reçus par le jury, s'en trouvait un qui alla se fixer à Noyon, en 1664 ; c'était un alchimiste, il avait trouvé le moyen de changer « l'estin en argent et le cuivre en or ». On informa de cette découverte le ministre Colbert, parce que ce procédé pouvait enrichir le roi. Un jour, ce chirurgien devait aller à Paris, on prévint le ministre de ce voyage et on l'avertit que le médecin ne livrerait son secret que « par force. »

Le 15 février 1747, Françoise Lessart, épouse d'Antoine Nicque, se présenta devant l'échevinage munie d'un certificat de réception comme « maîtresse sage-femme, » délivré par les médecins et chirurgiens de la ville, le 18 août 1723, et de sa prestation de serment devant Joseph Dupré, maître chirurgien-juré, lieutenant du premier chirurgien du roi. Le Conseil, après avoir constaté que la femme Lessart était de bonne vie et mœurs, de la religion catholique, qu'aucune plainte touchant sa profession n'était produite, ordonna son inscription sur le registre.

Un autre membre de la famille Nicque fut aussi sage-femme à Roye ; nous voulons parler de Marie-Anne-Madeleine, femme Allard, née à Roye, le 13 mars 1778.

Reçue le 30 juin 1810, elle exerça sa profession pendant près de soixante ans, avec un désintéressement et un dévouement sans bornes qui lui donnent droit à la reconnaissance publique. Le Conseil municipal, se faisant l'interprète des sentiments de la population, lui vota une pension viagère, et lors de sa mort, arrivée le 20 août 1866, la ville lui donna, dans le cimetière, une concession de terrain à perpétuité.

Les Barbiers faisaient un peu de médecine ; un édit du mois de mars 1691, créa à Roye, pour la ville et pour les faubourgs, six places de « maîtres barbiers-baigneurs-étuvistes et perruquiers. » Celui qui voulait se faire agréer par la communauté était obligé de produire « un chef d'œuvre, » et de payer, en outre, un droit de réception. Il donnait deux livres quatre sols au doyen de la corporation, dix livres au lieutenant, et quatre livres dix sols au syndic. Le fils ou le gendre d'un maître perruquier ne payait que la moitié de ces droits. En 1699, Ivorel François était maître barbier-chirurgien en remplacement de Nicolas Chandelier, parent de Larmier (Antoine), chirurgien-juré, qui avait épousé Marie Billecocq, morte en 1634.

Antoine Billecocq était apothicaire en 1614, et son frère Louis, né en 1588, était à Roye, « M° chirurgien en hernies. » Deux autres membres de cette nombreuse famille, appartenaient encore à la médecine : Suzanne Billecocq, quatorzième enfant de Claude Billecocq, échevin, épousa le 26 avril 1625, Louis Louvard, maître-barbier-étuviste à Paris, dont le fils fut avocat du roi au Bailliage.

Un office de barbier-perruquier-baigneur-étuviste fut vendu en 1751, quatre-vingt-treize livres dix sols. Ces charges furent remboursées par l'Etat, lors de leur suppression en 1792, au prix de cent cinquante livres chacune ; Vallois reçut pour la sienne cent soixante-neuf livres, et Nicque, cent trente-six livres. Les barbiers formaient une confrérie, sous le patronage de Saint-Côme et de Saint-Damien, ils avaient donné à l'église de Saint-Pierre la verrière qui représentait ces Bienheureux.

Le sceau des maîtres perruquiers était aux armes de la ville avec *trois fleurs de lys en chef*, et en légende : COMMUNAUTÉ DES MAITRES PERRUQUIERS DE ROYE.

Le 17 novembre 1746, le maire fit publier dans la ville une ordonnance de l'intendant de Picardie, réglant les heures de repos des ouvriers maçons, menuisiers, paveurs, etc. L'été, trois repos leur étaient accordés dans la journée ; en dehors de ces heures, il leur était défendu de quitter le travail « pour fumer » sous peine d'interdiction et de la prison. « Attendu l'abus introduit par les « ouvriers de ne pas se rendre à leurs ateliers le len- « demain des dimanches et fêtes ou de s'y rendre plus « tard, leur enjoignons de s'y trouver à la même heure « que les autres jours. Ordonnons aux commissaires de « police et aux cavaliers de la maréchaussée de faire des « visites dans les cabarets, et de faire mettre en prison « les compagnons qui s'y trouveraient en dehors des heures « de repos, avec défense aux maîtres de les payer. »

Le commerce de la ville était alimenté par la consommation locale et augmenté par le passage des voitures et des messageries ; la route de Paris à Lille était la plus fréquentée, une diligence partant de Roye, tous les soirs, rendait les voyageurs à Paris, à six heures du matin. (1840.)

Mais la création de lignes de chemin de fer, en ouvrant de nouvelles voies de communication, vint jeter la perturbation dans les intérêts commerciaux de la cité. Le chemin de fer de Paris à Amiens et la ligne de Creil dans le Nord, supprimèrent complètement le passage par Roye des transports en destination de Paris et de la Flandre; la route devint déserte, l'herbe envahit bientôt la chaussée, et le silence fit place au bruit des pas des chevaux et au roulement des voitures.

La ville de Roye se ressentit vivement de ce changement, et pendant quelque temps elle resta frappée d'inertie ; cependant elle se réveilla de sa torpeur et comprit qu'il fallait se créer de nouvelles ressources. C'est à l'industrie que les habitants demandèrent une existence plus active. Trois fabriques de sucre indigène s'ouvrirent successivement, et amenèrent dans le pays un développement de travail.

Bientôt, cependant, les industriels comprirent que la difficulté des transports du charbon et des matières fabriquées ne pourrait être vaincue qu'autant que le pays serait desservi par une voie ferrée.

Un décret de 1852 autorisa la construction d'un chemin de fer de Tergnier sur Reims, avec un prolongement sur Amiens, pour relier Rouen, Boulogne avec la ligne de l'Est. Le commerce de Roye supputa que d'Amiens à Ham, point indiqué, il n'était pour un chemin de fer qu'un itinéraire possible à suivre, c'était celui passant par la ville.

Une commission composée de négociants ayant été choisie pour étudier le projet par Roye, s'occupa activement de sa mission ; des études furent faites par un ingénieur. Les frais furent payés par une souscription volontaire qui produisit six mille francs. Entre Amiens et Ham, il y avait cinquante-cinq kilomètres à parcourir ; la commission proposa le départ de la ligne à Bove, la faisait suivre la vallée de la Luce par Moreuil, traverser le Santerre, Roye et aboutir à Nesle. Ce projet avait l'avantage de desservir des centres commerciaux et industriels ; appuyé de statistiques prouvant l'importance des transports, il devait nécessairement prévaloir sur les autres tracés proposés. Mais une haute influence fit adopter la ligne par Chaulnes, et la ville de Roye se trouva ainsi privée d'une voie ferrée.

Différents écrits ont été publiés sur ce projet, ils prouvent que le trafic aurait été plus important par Roye que partout ailleurs ; la station de Roye devait à elle seule fournir annuellement quarante mille tonnes de marchandises. Du reste, l'expérience s'est prononcée en faveur du tracé par Roye, puisque la station de Chaulnes, malgré tous les efforts de l'administration, ne donne qu'un résultat désespérant.

Malheureusement il arrive trop souvent que des intérêts sérieux sont sacrifiés au favoritisme ; la ville de Roye fut souvent la victime de ces sacrifices.

Néanmoins elle lutta contre sa mauvaise fortune, et confiante dans le droit, dans sa valeur réelle comme centre commercial et industriel, elle attendit l'exécution d'un chemin de fer d'intérêt local qui, se détachant de la station de Saint-Just, devait passer à Roye, venant de Montdidier et rejoindre à Péronne la ligne de Cambrai.

Ce chemin de fer commencé en 1870, est livré à la circulation, sa présence augmente le trafic de Roye ; si les voyageurs ne sont pas nombreux, par contre les marchandises, les charbons abondent dans la gare.

La ville de Roye est de plus dotée d'une ligne télégraphique qui la relie par Montdidier et Moreuil, à Breteuil sur le chemin de fer du Nord.

Une nouvelle ligne ferrée vient de s'ouvrir de Compiègne à Roye, ayant pour stations principales Beuvraignes, Roye-sur-le-Matz et Ressons (1881).

CHAPITRE XIV

COMPAGNIES PRIVIGILIÉES — SOCIÉTÉS DIVERSES — JEUX DIVERTISSEMENTS

COMPAGNIES DES ARCHERS ET DES ARBALÉTRIERS

La ville de Roye possédait des Compagnies privilégiées d'archers et d'arbalétriers.

Le but de ces institutions était de concourir à la défense de la Patrie ; des prescriptions royales ordonnèrent l'exercice des hommes au maniement des armes : l'arc et l'arbalète étaient alors les armes en usage.

Charles VII en 1448, organisa des corps de francs-archers qui composèrent les armées, Louis XI supprima ces corps militaires ; dès lors les compagnies d'archers et d'arbalétriers perdirent tout caractère guerrier, elles n'en restèrent pas moins organisées pour se transformer en Sociétés d'amusement s'exerçant à l'arc ou à l'arbalète, comme passe-temps.

Les archers de Roye subirent toutes ces transformations ; comme soldats, on les voit figurer, au nombre de quinze cents dans l'armée de Louis-le-Gros, combattant les Anglais ; on les retrouve en 1214, sous les ordres de Barthélemy de Roye, contribuant au gain de la bataille de Bouvines ; puis, en 1422, au siège devant Guise. En 1472, ils résistent d'abord aux Bourguignons assiégeant la ville de Roye, mais ils capitulent ensuite à la condition d'avoir la vie sauve, de sortir de la place, « en pourpoint blanc, tenant en la main un baston blanc » en signe de leur défaite.

L'arbalète ayant été substituée à l'arc, une Compagnie d'arbalétriers fut organisée à Roye et rendit encore des services.

Après la suppression des arbalétriers et des archers dans les armées, ces Compagnies restèrent encore organisées et concoururent en 1557, à la défense de Saint-Quentin, en 1636 et en 1653, à celle de la ville de Roye.

Enfin dans une émeute qui eut lieu en 1775, les chevaliers de l'arc prêtèrent un appui efficace à l'autorité locale.

Ce ne fut guère qu'après les derniers sièges de Roye, que la compagnie perdit tout caractère militaire; déjà cependant en 1580, les archers du faubourg de Saint-Gilles ne sont institués que pour l'honneur de M. Saint-Sébastien.

Mais ce ne fut réellement qu'en 1712, lors de son rétablissement, que la compagnie mit de côté toute prétention belliqueuse pour s'occuper exclusivement d'exercices et de divertissements.

Les arbalétriers s'exerçaient dans un jardin qui était situé sur le rempart du Nord, comprenant le terrain qui forma en 1780, la terrasse du couvent des Annonciades, aboutissant du levant et du nord, à la rue des Arbalétriers et de cette rue aux remparts.

La Connétablie des arbalétriers avait des biens, elle jouissait de certains privilèges et élisait un roi; près de la *Tour Saint-Laurent*, et tenant à un cours d'eau, elle possèdait naguère une prairie plantée d'arbres qu'elle vendit le 15 mai 1583, au sieur Jobart, moyennant cinquante écus d'or sols de surcens, payables à toujours, par chacun an, au jour de l'Ascension. Par l'acte de vente l'acheteur était chargé de donner, tous les ans, « un bouquet de fleurs, » au roi de la Connétablie.

Le jardin des arbalétriers ayant été détruit et « défermé » vers l'an 1552, par suite des dévastations commises par les Espagnols, la Connétablie réunie en assemblée, le 17 mars 1585, résolut de vendre une partie de son jardin situé le long de la plate-forme de l'Eperon-Royal, et d'en consacrer l'argent à l'achat de briques et d'autres matériaux pour fermer le jardin, à faire construire des gardes et des buttes dans l'autre portion du terrain ; le jardin devait être alors moins grand, mais beaucoup « plus gay. »

La Compagnie était nombreuse alors, si l'on en juge par les membres présents à cette délibération. L'acte résolu est empreint d'un certain caractère de solennité, les chevaliers ont des titres qui les désignent comme devant être alors les citoyens les plus considérables de la ville. Nous voyons figurer à cette assemblée réunie au jardin de la Connétablie : Aaron du Frief, praticien, roi de la Connétablie, M⁰ Antoine Hannique, licencié-ès-lois, seigneur de Rouaille, conseiller, avocat et procureur du roi, connétable, M⁰ François Aubé, grenetier, prévot de la Connétablie, M⁰ Pierre Dupré, licencié-ès-lois, prévot-forain de Roye, François Le Duc, procureur et notaire, Adrien Bellot, grenetier du Grenier à sel, Guyon Presto, garde du scel royal, M⁰ Jean Le Roy, chanoine de Saint-Florent, Jean Liégault et M⁰ Florent Bourbier, demeurant à Paris, tous confrères de la Connétablie.

Un compte-rendu fait le 6 juin 1610 par Louis Prévost, en qualité de prévôt de la Compagnie, prouve qu'à cette époque les arbalétriers de la ville, réunis aux archers du faubourg de Thoule et aux confrères de Saint-Gilles ne formaient plus qu'une seule et même corporation sous le titre de : *Connétablie d'archers et d'arbalétriers de la ville de Roye.*

Plus tard, en 1629, les arbalétriers cédèrent aux Annonciades leur jardin, en échange d'un terrain que les religieuses devaient faire entourer de murailles de la hauteur de sept pieds hors de terre, et établir six gardes en briques.

Par suite des sièges de 1636 et de 1653, le jardin ne fut pas arrangé ; la plupart des chevaliers étant morts, la connétablie fut dissoute. Le jardin fut délaissé, les arbalétriers existants donnèrent le terrain à loyer pour un bail de trois ans (1655), puis l'abandonnèrent jusqu'en 1680. A cette époque, il fut réclamé par Nicolas Decaisne, marchand drapier, et par Jacques Morlet, maître apothicaire, tous deux anciens chevaliers-arbalétriers ; ils s'engagèrent alors à remettre le jardin en état, et obtinrent du bailliage, l'autorisation de s'assembler pour composer une compagnie telle qu'elle existait autrefois.

Les statuts de la nouvelle association, en date du 9 juillet 1633, signés de Soucanye et Turpin, portent à vingt-deux livres le droit d'entrée dans la confrérie ; le 16 juillet, les chevaliers afin de donner à leur jardin, une longueur convenable pour le tir de l'arc, achètent la grange qui était au bout.

La compagnie à peine rétablie, la défection se met dans ses rangs ; Ch. Billiard, chanoine de Saint-Florent, fait signifier par huissier, le 27 juillet 1683, qu'il n'entend plus faire partie de la Société. Le jardin est alors délaissé pendant près de quarante ans, au bout de ce temps, il fut revendiqué par un voisin qui avait été obligé de faire des réparations au mur mitoyen et qui demandait, comme indemnité, la cession du jardin. Sur l'avis du maire et des échevins, les chevaliers, à cause des réparations qu'il y avait à faire, abandonnèrent le terrain au voisin Devaux, à la condition de remplir les obligations contractées ; Devaux s'y opposa et plaida, mais il fut condamné par une sentence du bailliage à payer quarante-cinq livres pour trente années d'arrérages d'une « vire émayée et non atteintée » due le jour du Saint-Sacrement.

Les archers n'avaient plus alors de jardin ; le mayeur et les échevins leur cédèrent, le 15 septembre 1686, un fossé proche la Porte-Paris, et une tour tenant à la muraille, pour s'y livrer à leurs exercices.

Le 30 avril 1687, la compagnie se constitua définitivement, nomma ses officiers et régla le rang des chevaliers qui la composaient ; le prévôt Longuet rendit compte des recettes et des dépenses ; puis les chevaliers obtinrent une sentence du bailliage autorisant leur établissement, leur permettant de s'assembler et de convoquer à des réunions les compagnies voisines.

La peste de 1668 décime leurs rangs ; mais en 1712, ils donnent signe de vie. De cette époque, date leur réorganisation définitive, ils abandonnent le titre de connétablie pour ne former qu'une seule compagnie d'archers. Leurs délibérations sont régulièrement inscrites sur un registre qui porte pour titre : « Registre de la Confrérie « de Saint-Sébastien du noble jeu de l'arc estably en la « ville de Roye, commencé au lendemain de Saint-Sébas- « tien 1712. »

Le premier soin des chevaliers est de régulariser leur position, et d'obtenir la cession définitive du terrain qui leur avait été assigné par l'Echevinage.

Le 10 juillet 1715, ils adressent une requête aux officiers municipaux, dans le but d'avoir la concession à vie de leur jardin. La municipalité consentit à la cession du fossé et de la tour y attenant, en leur laissant la liberté d'y continuer leurs exercices et d'y faire tous les embellissements qu'ils jugeraient convenables. De plus, elle accorda l'exemption, pour un an, du logement des gens de guerre et de la taille à celui d'entre eux qui abattrait l'oiseau.

Le 4 août 1715, les confrères adressèrent une supplique au comte de Solre, gouverneur de Roye, pour obtenir des lettres-patentes autorisant le rétablissement de la compagnie. Le gouverneur ajouta au bas de la requête les lignes suivantes : « Come je ne vois point de préjudice au service « du Roy à ce que les suplians prétendent, ne faisant « aucun tort à la muraille intérieure de la ville, qui est « fort haute de ce costé là, je concens pour autant qu'il « me convient qu'ils fassent ce qu'ils proposent. Fait à « Paris le huit août 1715. — CROY Comte de SOLRE. »

Le 6 mai 1717, la compagnie envoie au duc d'Elbœuf, gouverneur de la province de Picardie, une requête présentée par Caballle, contrôleur au Grenier à sel, afin qu'il obtienne du roi la confirmation de son rétablissement. Les chevaliers s'appuient sur les services rendus « à la Patrie dans tous les temps, et sur l'utilité de procurer à la jeunesse quelques amusements. »

Enfin, le 21 juin de la même année, ils obtiennent des lettres-patentes qui constatent leur existence depuis plus de trois siècles, « leurs bons et loyaux services », autorisant leur rétablissement et la cession du fossé.

Ainsi légalement autorisée, la compagnie assemblée donne pouvoir au sieur Caballle, prévôt, de faire poursuivre pardevant le plus ancien juge de la Prévôté royale, les chevaliers qui refuseraient de payer leur quote-part.

En sus de la cotisation annuelle, les chevaliers avaient parfois des sacrifices à s'imposer ; c'est ainsi que lors de sa réorganisation la compagnie vota une imposition de dix livres sur chaque membre. Aussi, pour entrer dans la confrérie, fallait-il avoir certaines ressources et posséder une bonne moralité.

Quand un aspirant voulait être admis il adressait sa demande au prévôt qui la transmettait à la compagnie assemblée ; on allait aux voix et l'admission avait lieu à la pluralité des suffrages. Lors de sa réception, l'élu était introduit dans la salle, on lui donnait lecture des règlements, il prêtait alors serment, sur l'arc tendu d'une flèche, de satisfaire aux obligations imposées par les statuts.

Si un archer, oubliant ses devoirs, commettait un acte répréhensible, il était rayé du contrôle et expulsé du jardin, selon la gravité des cas ; c'est ce qui arriva le 3 septembre 1713. Les Arquebusiers de Laon ayant porté un défi à ceux de Soissons, avaient déposé leurs arquebuses dans la salle des Soissonnais ; le lendemain, les armes des Laonnois, trouvées justes la veille, avaient été faussées : grande émotion parmi les arquebusiers. La compagnie s'assemble, fait comparaître devant elle la fille du concierge qui déclare avoir vu s'introduire dans la salle le sieur Robert et l'avoir vu toucher aux arquebuses. Celui-ci amené à la barre, reconnaît sa culpabilité ; l'assemblée le condamne à aller à Laon demander pardon de l'insulte qu'il a faite, le condamne, en outre, à payer les réparations à exécuter aux armes, puis l'exclut à toujours de la compagnie, lui défendant de fréquenter le jardin, et l'obligeant à payer six livres dix sols d'amende pour faire célébrer un service à Saint-Sébastien.

Quand un confrère se mariait, on nommait un officier, ordinairement le prévôt auquel on joignait le porte-enseigne et cinq chevaliers pour l'accompagner ; ils allaient à la demeure de l'heureux collègue lui faire des compliments au nom de la compagnie et lui présenter un bouquet

« avec le blason de ses armes. » Les délégués portaient l'épée au côté, le fusil sur l'épaule et l'habit d'ordonnance; ils étaient précédés du drapeau, des deux tambours, du concierge revêtu de la livrée royale et tenant en main « la marque d'argent. »

Quand, au contraire, un archer passait de vie à trépas, la compagnie était convoquée extraordinairement ; on ordonnait au prévôt d'apposer les scellés sur l'armoire placée dans la salle et qui contenait le mobilier du défunt. Le concierge était tenu de veiller à ce que les scellés ne fussent point touchés, sous peine d'en répondre, « en son nom pur et privé. » Le cachet était aux armes du roi, avec cette légende : COMPAGNIE DE L'ARC DE ROYE. (*Voir la gravure*).

Les officiers et les chevaliers étaient obligés, sous peine d'amende, d'assister au convoi et à l'enterrement de leurs confrères, ils devaient avoir le chapeau avec le plumet, l'épée, le fusil et le fourniment. Une députation était envoyée vers la famille du défunt, pour lui offrir des compliments de condoléance.

Puis, après l'enterrement, en présence du prévôt et d'un lieutenant, le concierge apportait la clef ; après s'être assuré que les scellés étaient intacts, on procédait à la levée. L'armoire renfermait ordinairement les équipages servant aux exercices du jardin, c'était le plus souvent : un arc, deux traits, cinq flèches et un brassart en bois ; ces objets étaient mis à l'encan et adjugés au plus offrant. La confrérie faisait dire un service en mémoire du trépassé, tous étaient tenus d'y assister, sauf exemption pour raison valable.

Lorsqu'un chevalier ne désirait plus faire partie de la Société il devait en avertir le prévôt, son nom était porté sur le registre avec la date de sa démission ; mais il devait d'abord acquitter sa part dans les charges et payer l'écu de sortie.

Le nombre des officiers et des chevaliers composant la compagnie de l'arc a souvent varié, ils étaient inscrits sur le registre aux délibérations avec la date de leur réception.

Le 24 août 1789 l'état-major était ainsi composé : colonel, lieutenant-colonel, capitaine-major, capitaine, lieutenant, sous-lieutenant, enseigne, quartier-maître, trésorier, aumônier, chirurgien-major, en tout onze officiers ; puis un capitaine vétéran, un sous-lieutenant vétéran, un chevalier-vétéran et vingt-deux chevaliers.

Les archers portaient comme armes, dans leurs jeux, l'arc ; dans leurs services et dans les cérémonies publiques le fusil et l'épée, les officiers tenaient alors « un sponton à la main, » et avaient un hausse-col, ils montaient à cheval, et portaient à la boutonnière une médaille de Saint-Sébastien.

Quant à l'uniforme, il fut plusieurs fois modifié, il n'était pas d'abord exigé d'une manière rigoureuse ; toutefois, la compagnie devant assister au prix général rendu en 1718, par celle de Compiègne, les archers décidèrent d'y paraître en tenue convenable. On arrêta ainsi l'uniforme : un justaucorps en camelot écarlate avec manches coupées, garni de vingt-quatre boutons de soie ou de poils de chèvre, les boutonnières ayant un fil d'argent à petits points, excepté pour les officiers qui pouvaient les garnir des ornements qu'ils jugeraient convenables, puis une paire de bas écarlates.

En 1764, on négligeait l'uniforme au point de paraître au jardin en tenue de ville ; la compagnie décida qu'une amende de trente sols serait imposée à celui qui ne prendrait pas l'uniforme, lors des assemblées notables.

Le 7 juillet 1777, sous le commandement du capitaine Aubert des Avesnes, on arrêta que tous les chevaliers porteraient l'uniforme, excepté ceux âgés de plus de soixante-dix ans.

Le marquis Armand de Soyécourt ayant accepté le grade de colonel, apporta quelques modifications à l'uniforme, qu'il détermina ainsi dans un nouveau réglement : « Habit de raz de castor écarlate, parement de même étoffe, mais ventre de biche pour la couleur, lequel s'ôtera et se mettra à volonté, ainsi que le collet ; veste de drap et la culotte aussi couleur ventre de biche, l'habit doublé de même couleur, en serge ou en toile de coton, et pour l'été, veste, culotte de toile de coton blanche, ainsi que les bas, le chapeau uni et garni d'une cocarde blanche uniforme, qui peut se faire de bazin blanc, comme cela a lieu dans la troupe. »

En 1780, l'uniforme subit de légères modifications ; lorsque les archers prenaient les armes pour le service du roi, ils étaient tous tenus de se mettre en guêtre blanches.

Le 28 août 1789, alors que tout commençait à changer, on changea aussi l'uniforme. Enfin, en 1791, la compagnie se conformant aux décrets de l'Assemblée nationale, abandonna son uniforme et préluda ainsi à sa prochaine dissolution.

La compagnie royale de l'arc avait un drapeau blanc aux armes du roi, il était fixé à une hampe sans cravate, ce drapeau se portait dans les cérémonies pour le service de sa majesté. Indépendamment de ce drapeau elle avait encore un étendard ou enseigne aux armes de la ville, qui accompagnait souvent le drapeau dans les solennités publiques. Ces armoiries étaient quelquefois modifiées par les chefs qui ajoutaient leurs armes à celles de la ville, comme le fit notamment le marquis de Soyécourt.

Lorsque la compagnie se réunissait pour le tir à l'oiseau et pour son service particulier, elle avait une sorte d'étendard qui était fixé par une flèche transversale et se portait comme une bannière. Le drapeau était en dépôt chez le capitaine commandant, où les archers allaient le chercher avant de se rendre à une cérémonie.

Le 18 janvier 1718, l'enseigne Longuet fit présent d'un drapeau devant servir les jours de solennité ; après les dernières vêpres de Saint-Sébastien, les archers se rendirent, en armes, à l'église de Saint-Pierre pour le faire bénir. La compagnie étant debout devant l'entrée du chœur, les tambours battirent aux champs, Longuet présenta le drapeau à la bénédiction de Claude Dangez, curé de la paroisse.

Un prix général devant avoir lieu à Compiègne, la compagnie fit réparer son drapeau ; le 4 juin 1718, le tambour réunit tous les chevaliers au jardin de l'arc pour la bénédiction du drapeau restauré. Les officiers en hausse-col, un sponton à la main, précédés des tambours et du concierge portant la marque, les chevaliers ayant le fusil et le fourniment, se rendirent à l'église paroissiale ; la compagnie rangée sous les armes dans le chœur, le fusil sur l'épaule, les tambours et les fifres « appelant », le lieutenant Turpin présenta le drapeau qui fut béni.

Le 3 juin 1791, la confrérie désirant se conformer au décret de l'assemblée nationale du 12 juin 1790, qui prononçait la dissolution des corporations privilégiées, s'occupa, de concert avec la municipalité, de déposer sa bannière dans l'église de Saint-Pierre.

Après la cérémonie religieuse, le drapeau fut suspendu aux voûtes du chœur de l'église ; il en fut descendu par les gendarmes nationaux en passage à Roye, transporté sur la Place d'Armes et brûlé le 6 octobre 1792, ainsi que celui laissé en 1769, par le régiment de Chartres infanterie.

La compagnie du noble jeu de l'arc était une Société de parade, aimant à se faire voir et saisissant toutes les occasions pour sortir de son jardin ; mais c'était aussi une institution utile, dans laquelle se perpétuaient les traditions d'honneur et de moralité ; elle rendit des services à la ville et celle-ci aimait à les reconnaître. C'est ainsi qu'en 1715, l'échevinage fit présent aux chevaliers de l'arc d'une *marque garnie d'argent en plein* sur laquelle se voyaient, d'un côté : ROYE et de l'autre, les *armes de la ville*, avec la date : 1715.

Lorsque la compagnie sortait pour assister à une cérémonie publique, la municipalité lui assignait sa place, à l'avance, et toujours elle avait le pas sur la milice bourgeoise, parce qu'elle était une institution plus ancienne et parce qu'elle était composée de l'élite des habitants ; elle était, en outre, une école militaire formant la jeunesse à l'habitude des armes. Nous verrons dans la suite, la milice bourgeoise vouloir contester ces prérogatives, et de graves incidents s'en suivre.

Si la confrérie sortait de son jardin pour assister au service de Saint-Sébastien ou à une cérémonie publique, son ordre de marche était réglé ; les officiers étaient en hausse-cols, tenant à la main un sponton, les chevaliers étaient sur deux rangs, l'épée au côté, précédés du concierge et des tambours, l'enseigne déployée ; il était défendu de porter une canne, et d'avoir un manteau sur les épaules ; ils marchaient immédiatement devant les officiers du bailliage et du corps de la ville. La bonne tenue des chevaliers, leur riche uniforme, la dignité d'eux-mêmes donnaient à la compagnie en marche un caractère imposant et solennel.

S'ils assistaient à un *Te Deum*, à une publication de la paix, ils portaient au chapeau le plumet et la cocarde blanche ; leur place était assignée dans le chœur de l'église, ils occupaient la droite, tandis que la milice bourgeoise tenait la gauche.

En 1715, lors de la mort du roi Louis XIV, la compagnie assista au service en habits noirs, bas noirs, le plumet et la cocarde au chapeau avec le mousqueton et le fourniment. S'il s'agissait d'aller au devant du roi, du gouverneur ou d'un grand personnage, les chevaliers montaient à cheval, portant le fusil au côté droit.

Saint-Sébastien était le patron de la confrérie, un service auquel tous les confrères étaient obligés d'assister sous peine d'amende était dit chaque année ; sur l'avis du prévôt la compagnie se rendait au jardin où l'heure de la réunion était fixée ; le jour dit, les archers assemblés, on procédait à l'appel, les manquants, sans excuse valable, étaient inscrits sur le registre, puis on se mettait en marche pour se rendre à l'église de Saint-Pierre, où le service se faisait habituellement.

Autrefois, les arquebusiers allaient à la Collégiale de Saint-Florent, et la confrérie des archers de Saint-Gilles se rendait à sa paroisse ; on voit sur les comptes de la fabrique de cette église qu'ils payaient trois livres dix sols pour heures canoniales, le jour de Saint-Sébastien.

Le service terminé, la compagnie retournait au jardin pour se réunir de nouveau afin d'assister aux vêpres ; une seule année, en 1729, le froid était si intense qu'elle remit à des temps meilleurs, la fête de son patron. Après les vêpres, elle assistait au salut, car par une faveur toute spéciale, la confrérie avait obtenu de l'évêque d'Amiens, le droit de faire dire un salut solennel ; puis l'aumônier prononçait le panégyrique du saint. En 1736, le service fut ajourné et célébré dorénavant le 7 octobre, afin d'avoir une saison plus convenable.

La compagnie avait décidé en 1716, que contrairement aux anciens usages, elle n'assisterait pas en corps aux processions du Saint-Sacrement et de Saint-Florent ; plus tard, elle revint sur cette décision et assista à la procession de la Fête-Dieu. Rangée sur deux rangs, elle l'escortait jusque dans l'église ; les chevaliers se tenaient dans le chœur et les officiers se plaçaient dans les stalles.

Mais la plus belle cérémonie à laquelle ait assisté la compagnie du noble jeu de l'arc, est assurément celle de la béatification de Sainte-Jeanne-de-Valois ; cette cérémonie qui eut lieu à Roye, au mois de mai 1743, dura plusieurs jours, et se fit avec une grande pompe. La compagnie priée par la supérieure des Annonciades de vouloir bien honorer de sa présence cette solennité, accepta l'invitation. Le 4 mai au matin, elle se rendit en armes au couvent, d'où devait partir la procession ; le chevalier de la Rive portait en tête la bannière de la bienheureuse Jeanne. La procession se renouvela le lendemain et les jours suivants, chaque fois la compagnie embellit la cérémonie, aussi reçut-elle pour sa belle conduite dans ces circonstances, les félicitations de l'évêque Gabriel de la Mothe. De son côté, elle voulut montrer combien elle était heureuse de ces marques de bienveillance, en allant, après l'office, chercher le prélat à l'église de Saint-Pierre et le ramenant entre deux haies jusqu'au couvent des Annonciades. Avant de se retirer elle fit une décharge de toutes ses armes.

La confrérie assistait aussi aux cérémonies publiques, et aux feux de joie allumés en réjouissance de la paix ou pour la cessation de la peste, comme en 1723.

Lorsque le gouverneur venait à Roye pour la première fois, elle allait en armes au devant lui ; ainsi le 21 mai 1726, quand Boissel, marquis D'Arville arriva, la compagnie se rendit à la poste aux chevaux où il était descendu et l'officier Turpin lui présenta les compliments d'usage. Le Gouverneur exprima le désir de faire une visite au jardin ; à son entrée, il fut reçu par le capitaine en hausse-col, et le sponton à la main, les officiers et les chevaliers étaient placés sur une ligne ; le Gouverneur examina le jardin avec intérêt, complimenta les chevaliers sur leur bonne tenue, puis monta dans la salle où un déjeuner fut servi. Les officiers furent admis à la table, tandis que les chevaliers restèrent sous les armes, à la garde du drapeau ; le repas terminé, le marquis fut reconduit jusqu'à la porte, avec les honneurs dûs à son rang.

Le roi Louis XV passa plusieurs fois à Roye, et chaque fois la compagnie fut invitée à lui servir d'escorte ; le 30 avril 1744, les maire et échevins engagèrent les chevaliers à se mettre sous les armes pour l'arrivée du roi, et leur assignèrent comme place, le terrain compris entre la bascule de la Porte-Paris et le pont du faubourg de Saint-Gilles ; là ils devaient être seuls avec le corps de ville. Ils acceptèrent cette position.

La milice bourgeoise ayant appris la décision de l'échevinage, fit savoir à la municipalité qu'elle ne souffrirait pas que la compagnie de l'arc eût le pas sur elle dans cette circonstance. Les archers se fondant sur le règlement de préséance de 1714 et sur l'ordonnance royale concernant les compagnies d'arc et d'arquebuse dans la province de Champagne et de Brie, maintinrent leur droit ; mais voulant éviter tout conflit, ils décidèrent qu'ils monteraient à cheval et iraient attendre le roi sur la route de Paris, entre le moulin de Saint-Gilles et l'avenue du château de Tilloloy.

Le dimanche 3 mai, la compagnie monta à cheval sur la place d'Armes et descendit la rue de Paris, pour aller au devant du monarque, elle était précédée de son concierge, à la livrée royale, les tambours battaient la marche, drapeau déployé ; la milice bourgeoise était rangée sur deux lignes dans la rue de Paris. Lorsque le concierge parut entre les rangs de la milice, les soldats saisirent son cheval par la bride pour l'empêcher d'avancer, un officier s'étant porté en avant pour dégager le concierge reçut la même insulte ; les gardes croisèrent la baïonnette et les chevaliers mirent l'épée à la main pour s'ouvrir un passage. Une collision regrettable allait s'en suivre, lorsque le commandant qui était bien monté, piqua des deux et partit au galop, les chevaliers suivirent son exemple et purent arriver à leur poste.

Dans une autre circonstance, ce droit de préséance fut contesté par la maréchaussée, voici à quelle occasion ; nous copions le registre, les détails qu'il donne ont quelqu'intérêt :
« Le 7 septembre 1745, le roi qui était parti la veille de
« Lille vers les sept heures du matin, arriva à Roye le
« même jour à trois heures et demie de l'après-midi ; Sa
« Majesté trouva à une demi-lieue de la ville, un fort déta-
« chement de maréchaussée de la province, la compagnie
« royale de l'arc de Roye, qui était montée à cheval, avait
« pris poste à un quart de lieue, elle était en habit rouge
« garni de boutons d'or, les officiers ayant le leur bordé
« d'un galon ; tous étaient en plumet et cocarde blanche,
« elle avait son drapeau aux armes dn roi, son concierge et
« ses tambours étaient couverts de la livrée royale.

« Dès que le carrosse du roi se trouva à portée de la
« compagnie, elle mit l'épée à la main, les tambours
« battirent aux champs, le premier officier, avec quatre
« chevaliers, précéda le carrosse. Le surplus de la com-

« pagnie ayant voulu prendre place à la suite des officiers
« et des gardes du roi, le prévôt de la maréchaussée s'y
« opposa. Ce refus donna lieu à quelques discours qui
« furent entendus dans le carrosse. M. le duc de Villeroy,
« qui y était, demanda au chef de brigade qui se trouvait
« à la portière les motifs du bruit que l'on entendait,
« et s'en étant informé à un exempt, qui le suivait, il
« en rendit compte à ce seigneur, lequel, un instant
« après, mit la tête à la portière et ordonna à la maré-
« chaussée de céder le pas à la compagnie des cheva-
« liers et de marcher à leur suite : ce qui fut exécuté
« sur-le-champ, en sorte que la maréchaussée ferma la
« marche.

« Louis XV fut reçu à la porte de la ville que les ma-
« gistrats avaient fait décorer d'un petit arc-de-triomphe
« garni d'emblèmes, par le lieutenant du roi, qui lui
« présenta les clefs, à la tête du Corps-de-Ville. Sa Majesté
« trouva un second arc-de-triomphe beaucoup plus élevé
« que le premier, garni aussi d'emblèmes, dans le milieu
« de la rue Saint-Pierre, Elle traversa la Place pour se
« rendre au logement qui lui avait été préparé et dont
« Elle a témoigné être satisfaite. Depuis la porte de la
« ville jusqu'au logement du roi, la milice bourgeoise
« formait une double haie terminée par un détachement
« des Gardes françaises et suisses. Non-seulement toutes
« les rues par lesquelles le roi passa ce jour-là et le len-
« demain, mais les autres furent tendues, et celles qu'il
« traversa furent sablées. Dès que Sa Majesté fut entrée
« dans son logement, elle y fut complimentée par l'Evêque
« d'Amiens à la tête du chapitre, ensuite par les officiers
« du bailliage de la ville, ces deux corps furent présentés
« au roi par le duc de Richelieu, gentilhomme de la
« Chambre. Le roi soupa de bonne heure et en public,

« ayant eu la bonté de permettre qu'on laissât entrer les
« premières personnes tant de la ville que des villes voi-
« sines et la noblesse des environs, dont il y eut, après le
« départ du roi, un grand concours à Roye. A l'entrée de la
« nuit il y eut par toute la ville des illuminations dont
« une partie durait encore au départ de Sa Majesté ; la
« façade de son logement, ainsi que celle du pavillon du
« Jardin de l'Arc, où l'on avait placé les portraits du roi
« avec différents emblèmes, étaient totalement illuminés
« et avec goût. La rue où logeait le roi, était encore
« éclairée par de grandes terrines de feu de Bengale,
« placées sur le pavé des deux côtés de la chaussée. Aux
« quatre coins de la Place et au milieu on avait élevé
« cinq grandes machines, celles des encoignures repré-
« sentaient de fort grands ifs et celle du milieu une
« lanterne d'une hauteur et d'une largeur considérables,
« le tout était chargé d'une prodigieuse quantité de lam-
« pions artistement rangés. A huit heures du matin,
« le roi accompagné de Mgr le dauphin et des seigneurs,
« se rendit à pied, au milieu d'une double haie formée par
« la milice bourgeoise, par les Gardes françaises et suisses,
« derrière lesquelles la compagnie de l'Arc était à cheval,
« suivie de la maréchaussée, à la collégiale de Saint-
« Florent, que le Chapitre avait fait décorer ; il fut reçu
« à la porte de l'église par l'Evêque ; après avoir entendu
« la messe il fut reconduit par le prélat à la tête du
« clergé. Sa Majesté monta en carrosse avec Mgr le dau-
« phin, le duc de Villeroy, capitaine des Gardes, et le
« marquis de Béringhen, premier écuyer de Sa Majesté ;
« le carrosse marcha fort lentement jusques hors des
« portes de la ville, les chevaliers firent escorte au roi
« dans le même ordre qu'à son entrée. »

La compagnie de l'Arc choisissait ses chefs parmi les plus illustres maisons des environs ; c'est ainsi qu'en 1717, elle alla en députation au château de Champien, chez le marquis de Surville pour lui offrir le commandement. En 1727, Aubé de Bracquemont, seigneur de Damery, fut élu capitaine.

Le 28 août 1751, les chevaliers en armes, se présentèrent au château de Tilloloy pour offrir le commandement au seigneur Louis Armand de Seiglière de Belleforière, marquis de Soyécourt. La compagnie, arrivée dans la seconde cour, le seigneur se présenta sur le perron ayant auprès de lui le comte de Soyécourt son frère, les officiers vinrent le saluer du sponton et du drapeau, puis le capitaine Aubert des Avesnes pria le marquis d'accepter le titre de Capitaine d'honneur. Le seigneur s'avança entre les deux haies formées par les chevaliers, les remercia de l'honneur qu'ils lui faisaient et les assura de tout son dévouement ; puis ils entrèrent dans le château et le marquis signa son acte d'adhésion.

Ce n'était pas la première fois que les archers allaient au château ; l'année précédente, la compagnie ayant été prévenue que Mgr l'abbé de Pomponne, grand-maître des compagnies d'arc de Picardie, était à Tilloloy, se rendit au château pour lui présenter ses hommages.

Plus tard encore, le 8 septembre 1766, le colonel de Soyécourt invita la compagnie à assister à un *Te Deum* chanté dans la chapelle de Tilloloy, pour le rétablissement de la santé de la reine ; elle répondit à cette invitation. Après le *Te Deum* exécuté en musique, le seigneur fit entrer les chevaliers dans une salle où se trouvait dressée une table de soixante couverts ; le repas fut servi avec autant « de délicatesse que d'abondance en tous genres » : plusieurs toasts furent portés au roi, à la reine et au noble colonel ; on se sépara enchanté de la réception.

Quelques jours après, le seigneur de Tilloloy étant allé présenter ses hommages à la reine, alors à Compiègne, fut chargé de témoigner aux chevaliers de Roye tout le plaisir qu'avait éprouvé Sa Majesté de leur dévouement empressé.

Le 12 octobre 1768, la compagnie alla présenter ses devoirs au roi de Danemark, alors au château de Tilloloy, elle passa la revue, fit différentes décharges de mousqueterie et fut invitée à un repas magnifique ; des toasts furent portés à la santé de Sa Majesté danoise.

La compagnie des Archers ne s'occupait pas toujours de divertissements, les traditions de dévouement à la Patrie s'étaient conservées parmi ses membres, et ils étaient jaloux de se montrer au moment du danger : deux fois elle en donna des preuves.

Le 3 mai 1775, lors des troubles occasionnés par le pillage des grains sur le marché, la municipalité qui avait besoin de soldats éprouvés, jeta tout d'abord les yeux sur la compagnie de l'Arc ; elle répondit à cet appel avec empressement, et le lundi elle se rendit en armes sur la Place. Un détachement fut placé à chaque porte de la ville, avec ordre de ne laisser pénétrer personne. Les faubourgs sont remplis de plus de deux mille individus qui veulent entrer de force, mais leurs efforts viennent se briser contre l'opiniâtre résistance des chevaliers ; les officiers, l'épée à la main, en imposent à la foule qui recule dans les faubourgs ; plusieurs fois, elle revient à la charge et toujours elle est repoussée. Enfin, le soir venu, un peloton de chevaliers renforcé de la maréchaussée, parcourt la ville et les faubourgs et les délivre de ces malintentionnés. De huit heures du matin à six heures du soir, la compagnie resta sous les armes, se portant partout où il y avait danger ; son énergique dévouement, sa bonne contenance furent admirés de tous et son patriotisme lui mérita la reconnaissance générale.

Le 23 juillet 1789, le bruit se répandit dans la ville que six mille hussards allaient venir la piller et la saccager ; la compagnie des Archers voulant donner « une nouvelle preuve de la bravoure qui l'a signalée en 1775 », envoie une députation vers la municipalité pour lui exprimer le désir de monter la garde sous le commandement de ses officiers, à telle porte que l'on voudra lui assigner ; mais ce déploiement de force fut inutile. Les archers retournèrent donc à leurs paisibles exercices.

Comme nous l'avons vu, un fossé avec une tour leur furent cédés définitivement en 1717, pour en faire leur jardin ; il était situé au Sud-Est de la ville, une grille de bois en fermait l'entrée ; on y descendait par un escalier de plusieurs marches. Il longeait la muraille des religieux de la Charité et avait environ cent mètres de longueur. En entrant, à gauche, se trouvait un jeu de boules qui servait aux amusements des archers et du public. Une allée plantée d'ormes conduisait au bâtiment que la compagnie éleva vers le milieu du jardin, et qui se composait d'un rez-de-chaussée avec perron et d'un premier étage.

Le rez-de-chaussée était occupé par le concierge chargé de l'entretien du jardin, il s'engageait à tenir le jeu en bon état, à ne souffrir aucun exercice les dimanches et fêtes pendant l'office divin, ni aucune réunion après dix heures du soir ; il ne devait permettre à nul étranger de pénétrer dans la chambre qu'il ne soit accompagné d'un membre, ou muni d'une autorisation du premier officier. Le concierge était en même temps « marqueur au jeu », il portait une espèce de baguette à l'extrémité de laquelle était une marque de forme ronde, noire d'un côté et blanche de l'autre, il arborait l'une ou l'autre couleur selon l'adresse du tireur.

Au premier étage du bâtiment existait une chambre portant deux fenêtres de chaque côté, on y arrivait par un escalier en bois, qui prenait naissance à droite de la construction. Au milieu de la salle était une cheminée à laquelle était appendu un tableau sur lequel on lisait ces mots : *Prix de l'oiseau*, avec l'année ; dans le bas était inscrit le nom de celui qui avait abattu le rossignol.

Tout autour de la chambre régnaient trente-six armoires en chêne, qui servaient aux archers à renfermer leur mobilier de jardin.

Dans un coin de la salle était le coffre aux archives ; elles étaient nombreuses si l'on en juge par l'inventaire inscrit sur le registre aux délibérations. Aujourd'hui il ne reste que deux parchemins et quelques pièces sans importance déposés à la mairie, en 1810.

C'est dans cette salle appelée : « chambre haute » que se tenaient les séances et que se donnaient les repas annuels, du tir à l'oiseau et de la fête de Saint-Sébastien.

Au delà de la construction et entouré d'une haie de charmille était le jeu d'arc ; il était composé de deux buttes, l'une située près de la tour à la partie orientale, l'autre touchant au logement du concierge. Cette tour tenait aux fortifications de la ville, à ses pieds coulait une source dite *Fontaine du jeu d'arc*, ses bords étaient plantés d'ormes ; la tour fut démolie en 1751, et les matériaux furent adjugés aux archers, moyennant le prix de trois cent soixante livres.

Quant aux arbres formant l'allée conduisant à la salle du jardin, ils furent l'objet de plaintes sérieuses de la part des religieux de la charité, qui prétendaient que leur ombrage projeté sur l'Hôtel-Dieu, retardait la guérison des malades. Après la dissolution de la compagnie, la municipalité les mit en vente ; les chevaliers formèrent opposition alléguant que ces arbres leur appartenaient puisqu'ils les avaient fait planter sur le terrain à eux concédé. En effet, le 4 octobre 1716, ils avaient déjà vendu pour quarante-cinq livres d'arbres, sans que le Corps de ville réclamât. Enfin après bien des débats, les arbres furent vendus trois mille livres au profit de la caisse municipale.

Le tir à l'oiseau ou au rossignol avait lieu ordinairement le 1er mai, à l'issue des vêpres ; la compagnie se réunissait au jardin, pour de là partir après l'appel, tirer l'oiseau. Les chevaliers portaient le plumet, l'épée au côté, l'arc sur l'épaule et une flèche à la main. Primitivement, ce n'était pas au jardin que se tirait l'oiseau ; tantôt il était placé au calvaire de la porte Saint-Pierre, tantôt il était attaché à une perche placée près de la tour du jeu de battoir. C'est à dater de 1720, que l'oiseau fut tiré au jardin ; on plaça à cet effet, sur le haut du bâtiment, une tige en fer surmontée d'une girouette ; quand on voulait tirer l'oiseau, on remplaçait la girouette par le rossignol et on le tirait du milieu de l'allée ; le sort désignait le rang des archers qui devaient prendre part au tirage.

Le rossignol était un oiseau en bois, il fallait pour l'abattre lancer une flèche qui le partageât en deux ou qui le soulevât du pivot. Le jour du tir, la compagnie se rendait chez le roi de l'année précédente, qui était tenu de fournir un oiseau ; puis elle retournait au jardin, où elle faisait la parade.

Celui qui abattait l'oiseau recevait primitivement de chaque chevalier présent ou absent une somme, dont la moitié devait lui être remise, et le reste était consacré à l'entretien du jardin ; le vainqueur devait payer un dîner à ses confrères. Plus tard, il ne recevait plus que trente sols, mais il était dispensé des frais du repas, qui avait lieu après le tirage ; il était nommé *Roi du jardin* pour l'année, jouissait de l'exemption du logement des gens de guerre et de la taille : exemption accordée par le Corps-de-Ville le 4 juillet 1714 et confirmée par le roi.

En 1718, la compagnie décida qu'une médaille d'argent serait donnée à celui qui abattrait l'oiseau, et qu'il la porterait dans toutes les cérémonies, fixée à la boutonnière par un cordon bleu.

L'heureux chevalier, pour prix de son adresse, était reconduit chez lui par la compagnie « en l'équipage accoutumé », tambours battants, l'enseigne déployée et précédé du concierge portant la marque.

Le tir durait deux heures, il était défendu de jouer aux cartes pendant ce temps là ; si l'oiseau n'était pas abattu, on remettait la cérémonie à un temps déterminé ; quelquefois le tir avait lieu en présence du maire.

Il se tirait un autre rossignol le dimanche après la fête de Saint-Pierre, mais celui qui abattait l'oiseau ne pouvait prétendre au titre de roi, ni jouir d'aucun des privilèges attachés au tirage du premier mai ; il recevait seulement dix sols de chacun des chevaliers.

Le tir à l'oiseau donnait lieu quelquefois à des contestations : ainsi au mois de juillet 1715, il arriva que le chevalier Bellot ayant touché le rossignol d'une flèche, celle-ci n'en continua pas moins sa course ; cependant l'oiseau après plusieurs balancements tomba au pied de la muraille. Les archers ne trouvant pas que l'oiseau avait été abattu dans les formes voulues, décidèrent qu'il devait être replacé, le sieur Bellot protesta et s'opposa à ce qu'il fut tiré de nouveau. On lui proposa l'arbitrage de plusieurs témoins oculaires qui, après examen, jugèrent sage de s'adresser à de plus compétents.

La compagnie étant réunie au jardin, le président proposa d'envoyer l'oiseau à une Société voisine ; Bellot y consentit. On mit l'oiseau dans une feuille de papier, après avoir fait un cercle de couleur rouge autour de l'endroit où le chevalier prétendait l'avoir touché, on le scella du cachet de la compagnie et de celui du sieur Bellot, puis le connétable l'adressa aux confrères de Noyon, avec le procès-verbal des faits. Le 19 juillet suivant, la compagnie de Noyon assemblée, déclara que « l'éclat qui paraissait enlevé à l'aile gauche de l'oiseau, n'était pas la marque d'un trait ». Sur cette décision, le tir fut remis au dimanche suivant.

D'autres prix que ceux de l'oiseau se tiraient encore depuis le lendemain de Pâques, jusqu'au dernier dimanche d'octobre ; la compagnie en donnait six, le premier était le principal, le second avait une valeur moitié moindre et les autres étaient seulement des verres de cristal. Souvent les officiers offraient aussi des prix ; ainsi le 20 octobre 1751, le marquis de Soyécourt fit tirer au jardin « un gobelet de vermeil », il y eut ce jour là feu d'artifice et un repas splendide.

A la suite du *Te Deum* chanté à Tilloloy en 1770, le marquis donna en prix au plus habile tireur, un « magnifique couvert de vermeil renfermé dans un étui » ; le capitaine Aubert des Avesnes fut l'heureux vainqueur. En 1750, le 6 août, cet officier avait lui-même offert au gagnant « un ceinturon brodé en soie avec un couteau de chasse. »

En dehors des prix proposés par la compagnie, il y avait encore « les Prix de ville, » c'est-à-dire ceux provenant de la libéralité de l'échevinage. Ainsi en 1601, le jour de l'Ascension, les maire et échevins firent présent de neuf lots de vin aux archers de la ville, et de trois lots à ceux de la confrérie de Saint-Gilles. En 1606, ils n'offrirent plus aux archers que six lots de vin, et un prix de quinze livres en 1688. Cette bonne habitude était tombée en oubli, lorsque le marquis de Surville, duc d'Elbeuf, par une lettre datée de Champien le 16 novembre 1708 adressée aux maire et échevins, rappela les anciens usages.

La municipalité offrit alors aux chevaliers un prix qu'elle continua de donner dans la suite, et qui se tirait avec un certain cérémonial. La compagnie assemblée au son du tambour, se réunissait au jardin ; puis les chevaliers, l'arc sur l'épaule, les officiers le sponton à la main, se rendaient à la mairie, saluaient le Corps de ville, acceptaient le vin d'honneur ; puis les pantons leur étaient remis. Le maire prenait place au milieu des deux premiers officiers, les échevins se tenaient à la droite des premiers chevaliers, les gardes du gouverneur et le sergent de ville précédaient le cortège qui se mettait en marche aux sons des tambours et des fifres ; on faisait le tour de la place du Marché, puis on se rendait au jardin. Là, on plaçait les pantons dans les buttes, on fixait la distance et l'ordre du tirage ; les chevaliers étaient divisés par bande ayant chacun son prix. On remettait alors au maire un arc et une flèche, il tirait le premier ce que l'on appelait « le coup du roi, » la partie était alors commencée, et chaque archer, par numéro d'ordre, venait tirer. Quand chacun avait lancé le nombre de flèches déterminé, on rapportait les échantillons dans la salle, on les confrontait avec ceux du greffe, puis les chevaliers qui avaient le plus approché du but, étaient proclamés vainqueurs. Le tirage terminé il y avait repas et divertissements.

Une fois il fut dérogé à la coutume d'aller chercher les prix de la ville, c'était le 17 juillet 1744, jour d'un service à la Collégiale ; le Corps-de-Ville qui devait y assister avait bien voulu pour cette fois seulement, « et sans tirer à conséquence, » affranchir la compagnie d'aller le chercher, il l'envoya au jardin.

En outre de ces prix, il y avait ceux que les compagnies s'offraient entre elles et qu'on désignait sous le titre de : *Prix généraux et Prix provinciaux*. Ces prix qui donnaient lieu à des réunions fréquentes et nombreuses étaient l'occasion de fêtes et de plaisirs en tous genres.

En 1664, les archers de Roye étaient allés disputer le prix général à Noyon ; on dressa un règlement aux termes duquel chaque compagnie était désignée à tour de rôle pour rendre le prix. Déjà ceux de Noyon et de Péronne étaient venus à Roye visiter leurs confrères de Saint-Gilles et l'échevinage leur avait offert six lots de vin et deux pains.

La paix ayant été conclue les chevaliers de Péronne, songèrent à rendre « le bouquet » qui leur avait été donné en 1671 par les archers et les pistoliers de Saint-Quentin. La connétablie de Roye reçut un mandat et résolut d'assister à la fête indiquée pour le 29 juin 1681. Les chevaliers désignés arrivèrent la veille à Péronne, et furent reçus par leurs confrères qui les invitèrent fort gracieusement au repas donné au jardin. La salle du festin était richement décorée ; aux murailles étaient appendus des tableaux dûs au pinceau des maîtres les plus habiles. Une peinture représentait la bataille de Rethel gagnée en 1650 ; les chevaliers de l'arc de Péronne s'étaient distingués dans cette affaire et ils avaient perdu un de leurs plus vaillants capitaines, qui périt en combattant.

Le lendemain dimanche fête de Saint-Pierre, les archers de Roye se joignirent aux autres pour aller entendre la messe ; après l'office, ils se réunirent sur la Place pour se rendre au jardin, ils étaient accompagnés par le bouquet qui reposait sur un piedestal, entre huit statues dorées. Il était composé de fleurs en soie dont l'éclat éblouissant ravissait les spectateurs, il était l'ouvrage des religieuses de la rue du Bouloy, à Paris, qui l'ayant montré à la reine, sa majesté avait déclaré « n'avoir jamais rien vu de pareil. » Après le coup du roi tiré par le lieutenant royal, le tir commença ; les Royens ne furent pas heureux et le bouquet fut délivré à leurs voisins de Montdidier.

Le 17 juillet 1715 la compagnie de Roye reçut de celle de Noyon, la lettre suivante : « Messieurs, la paix qui fait
« renaître les jeux et les plaisirs qui semblaient avoir été
« ensevelis dans les malheurs de la dernière guerre, nous
« donnent l'occasion de réveiller MM. les officiers et che-
« valiers de l'arc de Compiègne qui paraissent avoir oublié
« l'obligation qu'ils ont contractée, en l'année 1684, en
« recevant le bouquet du prix général de Ham, de le rendre
« l'année suivante........ »

Les Royens répondirent aussitôt aux Noyonnais avec cette courtoisie dont se piquaient les chevaliers du noble jeu de l'arc : « Messieurs, votre attention à faire succéder aux
« horreurs de la guerre les jeux et les plaisirs, fruits ordi-
« naires de la paix, a charmé tous nos Messieurs. Un si
« noble dessein pouvoit bien être formé par d'autres
« compagnies, nous croyons devoir cette justice à leur zèle
« pour la cause commune, mais nous ne pouvons refuser
« à la vôtre celle de penser qu'elle seule était capable de
« se charger d'une pareille exécution. Ce que vous entre-
« prenez paraîtrait impossible à des esprits ordinaires,
« puisqu'il s'agit de tirer d'un assoupissement de trente et
« une années, tout une compagnie. Un sommeil de cette
« durée ressemble tellement à la mort, qu'il ne faut pas

« moins que des chevaliers aussi victorieux que vous, pour
« triompher de sa puissance et redonner par ce moyen à
« MM. les officiers et chevaliers de l'arc de la ville de Com-
« piègne une nouvelle vie. Nous regardons cette victoire
« si assurée que l'on n'eut pas plutôt fait lecture de votre
« lettre dans l'assemblée tenue hier à ce sujet, qu'après
« qu'on en eut ordonné l'enregistrement, il fut unanime-
« ment résolu de vous marquer que notre compagnie vous
« étoit sensiblement obligée du partage que vous voulez
« bien faire avec elle, de la reconnaissance que vous
« devront, sans doute messieurs de Compiègne, et de
« l'honneur d'avoir contribué à représenter le bouquet du
« prix général. Elle entre avec toute l'ardeur dont elle est
« capable dans vos vues, et ne s'éloignera jamais de
« prendre avec vous toutes les mesures convenables pour
« consommer une si glorieuse entreprise. Toute la grâce que
« nous vous demandons est de nous faire part de toutes
« les démarches que vous ferez en cette occasion et de celle
« de messieurs de Compiègne ; n'attribuez pas cependant à
« un esprit de défiance les intentions que nous souhaitons,
« elles ne sont que l'effet du désir que nous avons de nous
« former sur un aussi bon modèle que vous, pour les
« actions d'éclat. »

Les archers de Roye reçurent encore de leurs confrères de Villers-Cotterêts l'invitation d'assister au prix qui devait se tirer dans cette ville le 1er mai 1717 ; la compagnie assemblée décida qu'elle enverrait six tireurs, et vota pour leurs frais de voyage cent livres à prendre sur les ressources du budget, à la condition toutefois que si les chevaliers gagnaient quelques prix, on prélèverait sur leur valeur les frais occasionnés, et que le surplus serait partagé entre les tireurs.

Les « dormeurs de Compiègne » pour faire prendre patience aux archers de la province, firent tirer le 11 juillet 1717, un prix provincial et invitèrent ceux de Roye à y assister. La compagnie arrêta qu'elle enverrait huit tireurs divisés en deux bandes, il fut permis à tous les officiers et chevaliers de se joindre à leurs collègues.

Les archers députés au tir de Compiègne attirèrent sur eux l'attention publique, car l'unanimité des voix leur accorda le bouquet du prix provincial. La compagnie de Compiègne le leur remit avec tout le cérémonial ordinaire ; puis une partie des officiers vint l'accompagner au jardin de l'arc de Roye. Le connétable assisté de ses officiers l'accepta et promit de le rendre l'année suivante, après toutefois que la compagnie de Crespy aurait rendu le prix provincial de Villers-Cotterêts. Aussitôt après, la compagnie monta à cheval et précédée de ses tambours et du concierge, alla présenter le bouquet au Corps-de-Ville réuni à la mairie, puis elle se remit en marche et se dirigea vers l'église de Saint-Pierre. Le lieutenant Turpin ayant présenté le bouquet à la bénédiction de l'aumônier, le déposa sur l'autel près de l'image de Saint-Sébastien.

L'année suivante, les chevaliers de Roye reçurent de ceux de Compiègne le mandat du prix général, avec une charmante invitation à y assister.

La compagnie résolut de se rendre à ce prix au nombre de trente chevaliers et afin d'y paraître avec éclat, on décida d'exiger l'uniforme ; on imposa une somme de douze livres sur chaque officier et chevalier, on fit réparer l'étendard, on procéda à sa bénédiction, et le 5 juin ils partirent pour Compiègne accompagnés du marquis de Surville, capitaine.

Ils avaient à leur suite quatre voitures recouvertes de housses aux armes du marquis de Surville : *de gueules, à la croix crételée d'argent.*

Les fêtes furent brillantes ; quarante prix d'une valeur de six mille livres furent offerts aux vainqueurs ; nous constatons à regret que les Royens n'ont rien remporté.

La compagnie de Compiègne délivra le bouquet du prix général à celle de Crespy. Cet acte donna lieu à une vive opposition de la part des chevaliers présents, car aux termes du règlement fait à Noyon en 1664, le prix devait être accordé à l'une des villes de la Picardie qui s'y était rencontrée. C'était là une violation flagrante du règlement; aussi la compagnie de Roye donna-t-elle les pouvoirs nécessaires à l'officier Caballe pour obtenir réparation de cette injustice ; elle décida, en outre, que l'on écrirait aux archers de Saint-Quentin, de Lafère, de Chauny, de Nesle, de Pont et autres, afin d'avoir copie de l'opposition transcrite sur le registre de la connétablie de Compiègne, pour ensuite se pourvoir au Conseil et obtenir un règlement. Le lieutenant Caballe écrivit au marquis de Surville qui comprenant l'injure faite à toute la Picardie, promit d'employer tout son crédit près du prince de Lorraine pour obtenir une réparation.

Nous ne savons qu'elle suite eût cette affaire, car il fallut que les archers de Roye s'occupassent de rendre le prix provincial dont ils avaient reçu le bouquet.

La compagnie fixa le jour au 20 août 1719, elle voulut donner à cette fête un éclat tout particulier ; pour fournir aux frais, elle décida une subvention de dix livres par officier et par chevalier. Mais pour rendre le bouquet, il fallait une autorisation du gouverneur de la Province, elle s'adressa donc au prince Charles de Lorraine qui daigna accorder la permission.

Aussitôt les chevaliers se mirent en mesure de faire leurs invitations à leurs confrères de Montdidier, de Pont-Sainte-Maxence, de Senlis, de Crespy-en-Valois, de

Compiègne, de Villers-Cotterêts, de Chauny, de Soissons, de Noyon, de Laon, de Ham, de Nesle, de Saint-Quentin, de Montreuil-sur-Mer et d'Anizy-le-Château ; ils adressèrent à tous une lettre fixant la cérémonie vers la fin d'août, à cause du retard éprouvé dans l'obtention de la permission.

Aussitôt les invitations faites, la compagnie décida que tous les officiers et chevaliers pourraient prendre part au tirage des prix, et qu'il était important de s'exercer jusque là ; elle s'occupa aussi de la manière dont seraient reçues les compagnies qui assisteraient au Prix, et résolut qu'elle se rendrait à cheval au devant d'elles, au fur et à mesure de leur arrivée ; les chevaliers seraient sans le fusil équipés à la manière accoutumée. On rendit obligatoire pour tous d'être le 20 août au jardin pour la parade et d'assister à la réception, sous peine de soixante sols d'amende.

Le lendemain arrivèrent des détachements de Nesle, de Noyon, de Compiègne et de Saint-Quentin.

La compagnie de Nesle, ayant à sa tête deux porte-palettes et deux tambours, se présenta la première ; les chevaliers en uniforme portaient sur l'épaule un nœud de rubans rouges crépinés d'argent. ils avaient une plume bleue au chapeau avec une cocarde blanche. Au milieu flottait l'étendard blanc sur lequel se voyaient l'image de Saint-Sébastien et les armoiries de la ville : *de gueules à deux bars adossés d'or, le champ semé de fleurs de trèfles, aussi d'or.*

Un peloton se détacha pour conduire au jardin les chevaliers de Nesle, tandis que le reste de la compagnie se porta au-devant des envoyés de Noyon dont on voyait au loin flotter le drapeau blanc. Leur entrée en ville fut magnifique ; leur uniforme rouge, le plumet blanc se balançant sur leurs chapeaux brodés, leur étendard armoirié et aussi brodé d'or produisaient le plus bel effet.

Arrivèrent successivement les archers de Saint-Quentin avec leurs habits écarlates et leurs bas rouges ; puis ceux de Compiègne tous habillés d'un drap bleu, avec des bas, vestes et culottes rouges, chapeaux sans bords, plumets blancs, avec leur enseigne aux armoiries : *d'argent au lion d'azur semé et couronné de fleurs de lys d'or*, quatre tambours et six violons.

Toutes les Compagnies réunies sur la place du Marché, précédées des tambours, des fifres, des violons de tous les détachements, se rendirent à l'église de Saint-Pierre pour entendre la messe. La ville entière était sur pied, le son de toutes les cloches annonçaient la fête, et des détonations de fauconneaux saluèrent les chevaliers lorsqu'ils défilèrent sur la Place.

A une heure toutes les compagnies se dirigèrent vers le jeu d'arc, musique en tête, étendards déployés ; l'effet produit était splendide ; arrivés au jardin, les officiers furent appelés dans la chambre-haute pour désigner les tireurs dans chaque compagnie et arrêter un règlement pour le tir des prix.

Ce règlement ayant été accepté et signé, on procéda au tirage au sort pour savoir le rang qu'occuperait chaque compagnie, lors du tir.

La compagnie de Roye composée de quatorze tireurs fut, selon l'usage, désignée pour tirer la première : la quatrième bande pour cinq coups, la huitième pour quatre.

La compagnie de Noyon, au nombre de dix tireurs fut pour la seconde bande.

La compagnie de Compiègne, au nombre de dix tireurs, fit partie des troisième et septième bandes.

Celle de Nesle, composée de trois tireurs, de la cinquième bande.

Celle de Saint-Quentin qui fournissait six tireurs fut désignée pour la sixième bande.

Tout étant ainsi réglé et arrêté, les compagnies furent reconduites dans leurs hôtels en se donnant rendez-vous pour le lendemain.

Dès le matin, les tambours parcouraient les rues appelant les chevaliers sous les armes ; partout régnait la plus grande agitation, la foule avait revêtu ses habits de fête et la ville présentait une animation inaccoutumée.

Les compagnies réunies sur la Place se disposèrent à aller au-devant du marquis de Surville. Un détachement composé de chacune des compagnies monta à cheval et sortit par la porte Saint-Pierre, pour se rendre sur le chemin de Champien par lequel il devait arriver.

Bientôt on aperçut un carrosse suivi de plusieurs voitures renfermant des dames de distinction et un grand nombre de seigneurs. Le marquis était revêtu de l'habit d'ordonnance de capitaine avec la croix de Saint-Louis ; l'escorte, l'épée à la main salua son chef et accompagna les voitures jusqu'à la porte du jardin.

Toutes les compagnies sous les armes, massées en avant du jeu d'arc, les drapeaux déployés, saluèrent le capitaine, et les tambours battirent aux champs ; le marquis répondit à ces démonstrations avec la plus aimable courtoisie. Le capitaine et sa suite étant entrés, le maire et les échevins suivis de leurs sergents et de leurs gardes vinrent le complimenter, le mayeur Gaudefroy porta la parole. Après cette harangue, les magistrats montèrent à la chambre-haute où les officiers offrirent au marquis et aux assistants le vin d'honneur.

Puis le capitaine, mettant l'épée à la main, passa l'inspection des compagnies rangées sur deux rangs et fit faire la parade ; aussitôt après, tous les officiers et tous les chevaliers, portant leurs étendards, se mirent en marche précédés de la musique pour se rendre à la Mairie chercher les pantons, qui furent portés au jardin et placés dans les buttes avec le cérémonial accoutumé. Alors le marquis, tant au nom du roi qu'en sa qualité de capitaine, tira le premier coup sur chaque panton, au son des tambours et des instruments.

La compagnie de Roye ayant à sa tête le chevalier de Surville, cornette, commença le tirage par la première bande, les autres continuèrent à tour de rôle, jusqu'à la chute du jour.

Le marquis de Surville accompagné des personnes de sa suite, prit alors congé pour retourner à son château de Champien. En se retirant, il manifesta toute sa satisfaction pour la manière dont la cérémonie s'était passée, pour l'attention que l'on avait eue de faire offrir des rafraîchissements et pour le bon ordre qui n'avait cessé de régner ; un détachement lui servit d'escorte jusqu'à la sortie de la ville.

Après le départ du capitaine, les pantons furent retirés des buttes, cachetés du sceau de la mairie et de celui des officiers des compagnies, puis déposés à l'Hôtel-de-Ville.

Le lendemain, à sept heures du matin, les archers se rendirent au jardin pour delà, aller chercher à la mairie, les pantons qui furent rapportés au jeu avec les cérémonies ordinaires ; les cachets examinés et reconnus intacts, les pantons furent replacés et le tir continua.

Lorsque tous les archers eurent tiré, les pantons furent apportés dans la salle-haute où se réunirent les officiers pour procéder à la distribution des prix qui furent répartis de la manière suivante :

Le premier panton fut gagné par Roye.

Le deuxième, par les tireurs de Compiègne.

Le troisième, par ceux de Saint-Quentin.

Le quatrième, par ceux de Nesle.

Le cinquième, par ceux de Compiègne.

Le sixième, par ceux de Nesle.

Et les deux marmots, par les tireurs de Roye.

Les prix ayant été distribués, on alla aux voix pour savoir à quelle compagnie serait délivré le bouquet du prix provincial. Le lieutenant Turpin ayant recueilli les suffrages, celle de Saint-Quentin fut unanimement désignée pour cet honneur.

Cette compagnie accepta avec empressement le bouquet, et s'engagea à le rendre dans le temps indiqué ; puis tous les archers sous les armes se rendirent à l'hôtel du maire qui remit aux officiers de Saint-Quentin le magnifique bouquet.

Après le repas auquel furent invités tous les assistants, les députés prirent congé de leurs confrères de Roye, enchantés de leur gracieuse hospitalité ; le lieutenant Turpin, le sous-lieutenant Caballe et le chevalier Billecocq furent désignés pour accompagner le bouquet jusqu'à Saint-Quentin. A leur arrivée dans cette ville, la compagnie entière des archers-arbalétriers vint recevoir le détachement, et le bouquet porté par les officiers fut solennellement déposé dans un salon de l'Hôtel-de-Ville, avec tout le cérémonial accoutumé.

Tel fut le prix provincial rendu à Roye ; l'éclat et la magnificence des fêtes firent le plus grand honneur à ceux qui les avaient organisées, elles avaient attiré dans la ville une foule considérable de curieux.

Le 8 septembre 1744, la compagnie de Roye reçut un mandat de celle de Soissons, pour assister au tir qui devait avoir lieu à Vic-sur-Aisne ; elle accepta l'invitation, envoya quinze tireurs et prit les mesures nécessaires pour qu'ils y parussent d'une façon convenable.

Les officiers de l'arc de Boulogne-la-Grasse adressèrent une invitation à leurs confrères de Roye, pour le prix général qui devait se tirer le 3 mai 1790. Malgré leur désir, les Royens ne purent se rendre à Boulogne, et le prévôt fut chargé d'exprimer tous les regrets de la compagnie.

C'est que déjà les évènements politiques préoccupaient les esprits sérieux, au point de ne pas laisser place aux amusements.

La Révolution s'accomplissait, et l'Assemblée nationale, par un décret du 12 janvier 1790, avait prononcé la dissolution des compagnies privilégiées ; le 3 juin de l'année suivante, la compagnie de Roye se conformant à la loi déposa son drapeau et fut ainsi dissoute.

NOUVELLE COMPAGNIE DE L'ARC

Une compagnie d'archers s'est de nouveau organisée dans la ville de Roye, en 1866 ; elle a établi son jardin sur l'emplacement de l'ancien, boulevard du Jeu d'Arc.

A peine établie, la nouvelle compagnie éprouva des dissentiments intérieurs ; la plupart de ses membres désirant se soustraire aux obligations des anciens statuts, une dissolution s'en suivit.

Les archers qui voulurent rester fidèles aux traditions du passé, formèrent la compagnie nouvelle ; ceux qui, au contraire, entendaient être libres de s'exercer à l'arc, sans s'astreindre à des obligations qui rappelaient un autre âge, formèrent une réunion distincte sous le titre de : *Société libre du Jeu d'Arc*.

En sorte qu'il existe en même temps une compagnie d'archers et une société de jeu d'arc.

Comme la compagnie, la société obtint de l'administration municipale la concession d'un terrain pour former un jardin ; c'est dans la contre-allée du Jeu-de-Paume que la Société fit construire des buttes et qu'elle établit le jardin dans lequel elle s'exerce ; il y a aussi un tir à la carabine Flober.

Ces deux institutions, créant à Roye des distractions nouvelles, procurent aux joueurs un exercice salutaire et en même temps un divertissement au public.

La compagnie de l'arc fait partie de la ronde de Champien, Damery, Conchy, Tilloloy, Fécamp, Marquivillers et reçoit, à son tour, le bouquet. Peu de temps après son organisation, le 7 juin 1868, elle convoqua les compagnies voisines pour venir, à l'occasion de la fête du Bouquet, tirer dans leur jardin des prix dûs à la libéralité de la ville et à de généreux donateurs.

Cinquante-six confréries répondirent à l'appel des Royens ; le jour du tirage, les chemins étaient couverts d'archers et de curieux se dirigeant vers la ville. Au fur et à mesure de l'arrivée des compagnies, un détachement allait au-devant d'elles pour leur souhaiter la bienvenue, puis elles se rendaient au jardin, où le vin d'honneur leur était offert.

A onze heures, toutes les compagnies étaient réunies au jardin ; après la parade, elles se mirent en ordre pour défiler par la rue de Paris et se rendre à l'église Saint-Pierre, où devait se dire une messe. Tous les archers, sur deux rangs, tenant à la main une flèche, précédés des tambours et escortés de leurs bannières, se dirigèrent vers l'église. Entre les rangs s'avançait la statue de Saint-Sébastien placée sur un brancard richement décoré et porté par des archers. Arrivés dans la basilique, les archers prirent place dans la nef ; la foule était immense, jamais l'église n'avait contenu autant d'assistants.

« Alors la cérémonie religieuse commença par la béné-
« diction de la statue de Saint-Sébastien, la bénédiction
« des prix suspendus et rangés autour d'un gracieux
« support et celle d'une riche bannière accordée par
« l'Empereur, à la demande de M. le baron et Mme la
« baronne de Fourment, qu'on est toujours sûr de ren-
« contrer lorsqu'il s'agit de quelque bien à faire. »

On a pu lire dans les journaux d'alors le compte-rendu de cette cérémonie.

Tous les ans, à l'occasion de la fête de Saint-Florent, le Conseil municipal donne des prix à la compagnie du jeu d'arc, qui invite les archers des environs à venir les tirer : leur présence augmente ainsi le nombre des curieux.

SOCIÉTÉ DES FRANCS-MAÇONS

Vers la fin du siècle dernier, la Franc-Maçonnerie avait à Roye une Loge dite : *Le Temple du silence* ; elle existait en 1750, ainsi que le prouve le document suivant qui nomme Pierre Cathoire, membre de la Loge. « Avec
« la permission de notre très humble et très vénérable
« frère le comte de Clermont, prince du sang, grand
« maître de toutes les Loges régulières de France. *Et*
« *renovabis faciem terræ.*

« Nous soussigné Maistre et officier de la grande Loge,
« certifions et demandons à tous les frères répandus tant
« sur terre que sur mer, que le cher frère Louis-Pierre
« Cathoire, officier en retraite à Roye, porteur du présent
« certificat a été reçu par nous, apprenti, compagnon et
« maître, après avoir fait une exacte perquisition de ses

« vie et mœurs, l'ayant trouvé capable d'être admis dans
« notre Loge ; nous prions nos chers frères de vouloir
« bien lui faire l'accueil dû à un bon, vrai, fidèle et
« véritable frère. Donné en notre dite Loge le 13 juin mil
« sept cinquante. — CHARTIER. »

Le Grand maître de l'ordre étant mort en 1771, la Loge des Francs-Maçons de Roye fit célébrer le 11 août, un service solennel dans l'église des Cordeliers, pour le repos de l'âme de feu Mgr le comte de Clermont ; voici le compte rendu de cette solennité : « Cette lugubre cérémonie fût annoncée dans la ville par toutes les cloches de l'église des Cordeliers. Le lendemain, à dix heures du matin, tous les Frères s'étant assemblés chez le vénérable, se rendirent aux Cordeliers en corps et en grand deuil ; tous les musiciens de la ville réunis à ceux de la collégiale, y exécutèrent la messe de M. Gilles. Tous les connaisseurs ont applaudi à la justesse et à la précision de l'exécution de la musique. »

« Tout le chœur était tendu de noir et la tenture était chargée d'écussons aux armes du prince, de larmes d'argent et d'autres attributs caractéristiques de la mort. Au milieu du chœur s'élevait un dais soutenu par quatre colonnes revêtues de noir et de moire d'argent ; au-dessus du dais était placée la couronne du prince, couverte d'un crêpe. Sous ce dais était la représentation revêtue pareillement de noir et de moire d'argent ; le tout, environné d'une quantité prodigieuse de cierges allumés. Pendant la messe, Madame de Rosainvillers précédée d'un frère servant, fit pour les pauvres une quête très abondante ; après quoi tous les frères se retirèrent et firent faire la distribution des aumônes. »

A la Révolution, la Loge interrompit ses travaux jusqu'en 1795, époque à laquelle eut lieu sa réouverture.

La réunion des Francs-Maçons se faisait au château dans l'ancienne salle d'armes des comtes de Roye, située dans une tour ; le jour pénétrait à peine dans cette demeure, aussi était-ce la nuit que la Loge tenait ses séances.

A la lueur des flambeaux, on voyait au fond de la salle une toile représentant les attributs de la Franc-Maçonnerie : la truelle, l'équerre, le compas surmontés d'une étoile flamboyante. Puis un autel élevé de quelques marches sur lequel on apercevait : un livre d'évangiles, une tête de mort, un poignard et un triangle ; au milieu de l'appartement était une table recouverte d'un tapis vert.

Le nombre des adhérents était grand, les dignités étaient données à l'élection. On comptait parmi les officiers commendataires : un vénérable, deux surveillants, un orateur, deux secrétaires, un trésorier, un architecte contrôleur, des experts et deux maîtres de cérémonies.

Les Francs-Maçons avaient un registre sur lequel ils inscrivaient les résolutions adoptées par l'assemblée. C'était le *livre d'architecture de la révérende Loge du Temple du silence, à l'orient de Roye.*

Toutes les délibérations étaient prises au nom du grand architecte de l'Univers, sous les auspices de la nature, de la loi et du gouvernement. Il était dit : « l'Ordre « a pour objet l'exercice de la bienfaisance, l'étude de la « morale universelle, des sciences, des arts et la pratique « de toutes les vertus. »

L'acte inscrit sur le registre commençait ainsi : « A « l'Orient de Roye, le jour du mois de l'an de la vraie « lumière 557... la révérende Loge du Temple du silence « généralement convoquée et fraternellement assemblée, « sous le point géométrique ; les travaux ont été ouverts

« à minuit plein, par le vénérable maître X... éclairant
« l'Orient, par les vénérables frères X... X... éclairant
« l'Occident. »

Chacun des dignitaires avait des fonctions déterminées ; le soin de la Loge était confié aux frères servants, qui étaient toujours les derniers initiés ; ils devaient veiller à ce qu'aucun profane ne pénétrât dans le temple ; ils devaient introduire les frères après les avoir décorés de leurs ornements, qui consistaient en un tablier portant les insignes maçonniques.

Une fois en Loge, aucun frère ne pouvait sortir sans prononcer ces mots : *Je couvre le Temple*.

Les réceptions des aspirants donnaient lieu à des cérémonies curieuses. On sait de quels mystères était entourée l'initiation des nouveaux adeptes ; les registres de la Loge nous ont conservé le cérémonial suivi lors des réceptions.

Le Franc-Maçon qui présentait un aspirant devait le mener jusqu'au bas de l'escalier de la tour, là, un frère servant l'introduisait dans une chambre, après lui avoir recouvert la tête d'un épais voile noir. Le maître des cérémonies conduisait le récipiendaire à la porte du Temple, à laquelle il devait frapper trois coups ; l'expert rendait compte du désir de l'aspirant ; le vénérable lui demandait ses nom et qualité ; le présentateur répondait de sa moralité. Si le récipiendaire persistait dans son désir de faire partie de la Loge, il était conduit dans le *cabinet des réflexions*. Pendant qu'il était là, on entendait dans la pièce voisine, des bruits divers : des coups de marteau, des roulements de pierres, des cliquetis d'armes, des cris aigus capables d'inspirer la terreur.

L'aspirant était alors introduit dans le Temple pour y subir les cinq épreuves de l'eau, du feu, du sang, des voyages et du sceau de l'ordre ; ces épreuves étaient proportionnées aux forces physiques et morales de l'initié. Le maître des cérémonies rendait compte de l'effet produit sur le candidat, puis le vénérable ordonnait de lui faire voir la lumière.

Aussitôt, le Temple était illuminé d'une façon éblouissante et au moment où le bandeau tombait des yeux de l'aspirant, tous les frères debout, le poignard à la main, menaçaient de leurs armes la poitrine de l'initié. Cette épreuve, la plus importante de toutes, était décisive.

Alors le maître des cérémonies conduisait le récipiendaire vers l'Orient, le faisait avancer de trois pas en équerre, partant du pied gauche ; arrivé devant l'autel du Temple, il écoutait debout le discours de l'orateur, puis mettait un genou en terre et prêtait serment sur l'évangile d'observer fidèlement les statuts de l'ordre. Le vénérable lui exposait ses devoirs de Franc-Maçon, le faisait décorer du tablier et l'invitait à retourner vers les frères auxquels il donnait l'accolade ; enfin le néophyte prenait place à la droite du vénérable, sur la colonne du Nord.

La réouverture du Temple du silence fut célébré par une grande fête maçonnique. Le premier jour, du premier mois de l'an 5796 (1796) les frères réunis assistèrent à un banquet. Le vénérable ouvrit la séance par un discours sur la cérémonie du jour, et sur les devoirs du Franc-Maçon.

« De toutes les vertus que nous pratiquons, s'écria-t-il,
« la plus nécessaire c'est la discrétion ; oui, mes chers
« frères, nous devons être discrets jusqu'au fanatisme,
« puisque les meilleures choses cessent de l'être en deve-
« nant trop connues. » Cette allocution fut accueillie par les applaudissements trois fois redoublés de chacun des frères. Puis, pour clore la fête un Franc-Maçon

(de La Lande) chanta « un cantique » sur l'air de la *Marseillaise*.

Mais la vie nouvelle donnée à la Loge du silence fut de courte durée, la plupart des membres cessèrent de fréquenter le Temple ; les événements politiques amenèrent la dispersion des frères, et bientôt la Franc-Maçonnerie ne compta plus à Roye que quelques adeptes isolés, qui s'éteignirent peu à peu.

Le sceau de la Loge conservé au Musée de la ville, représente un temple surmonté d'une étoile rayonnante, avec les attributs des Francs-Maçons et cette inscription : « *Temple du silence à l'Orient de Roye.*

SOCIÉTÉ LITTÉRAIRE

Les quarante ou cinquante années qui précédèrent la Révolution française, offrent ceci de particulier que la littérature devint, pour la riche bourgeoisie, un délassement favori, une passion générale et à peu près exclusive. Il était alors de bon ton, non pas seulement de savoir composer le madrigal, la chanson à boire et le bouquet à Chloris, mais d'essayer au moins d'avoir sur le chantier quelques pièces de résistance : une comédie en vers, une tragédie, un poëme héroï-comique. Cela s'explique. Nos pères voyageaient peu, ne spéculaient pas à la Bourse, ne montaient pas d'usines, n'organisaient pas de concours agricoles, d'expositions industrielles, ils n'avaient pas de journaux quotidiens, de publications scientifiques. La physique restait confinée dans le cabinet des savants, la chimie attendait Lavoisier ; ils ne songeaient guère à ce que nous appelons la science sociale. Ils n'étaient sollicités par rien de ce qui nous envahit, de ce qui nous passionne, de ce qui nous fait vivre à la vapeur aujourd'hui. — Ils vivaient de la vie de famille, et comme délassement aimable, ils cultivaient les Muses.

La ville de Roye était entrée dans ce mouvement, elle avait alors une pléïade de beaux esprits qui s'essayaient à la poësie. Mais comme on ne fait pas de vers pour soi seul, comme il faut aux poëtes des admirateurs, il s'était formé un cénacle, une petite académie, une société littéraire, un petit hôtel de Rambouillet.

Vers le milieu de novembre 1776, une société de personnes honorables de la ville, unies par les liens de l'amitié et presque toutes par ceux de la parenté, formèrent le projet de dîner ensemble, alternativement et une fois par semaine, les unes chez les autres. Douze convives composaient cette société, c'étaient : Cathoire, Mlle Prévost sa belle-sœur, Mme Dhautmesnil, Dhautmesnil son fils aîné, Mlle Duplessis, Aubert des Avesnes, M. de Grivillers et son fils, Hannique et sa femme, M. Jobart, notaire, et Mlle Jobart sa sœur.

Il fut rédigé « un Concordat » qui indiquait le but de la réunion et qui, parmi ses articles, portait la défense expresse d'admettre aucun étranger dans la compagnie. Le menu du dîner, les vins, le dessert étaient réglés par les mêmes statuts.

C'est cette réunion que l'on appela : la *Société des Dinants*.

Alors que les convives arrivaient à cet instant d'un dîner, où la gaîté brille dans tout son éclat, un des membres de la Société se levait, et réclamant un silence indulgent lisait un morceau de prose ou de poësie.

Ce sont toutes ces productions qui, recueillies et mises en ordre, forment un volume manuscrit portant le titre de : *Parnasse royen*.

Ce recueil est réellement fort intéressant à parcourir, la plupart des vers sont faciles et bien tournés, tous les genres de poësie sont représentés : des tragédies, des comédies exécutées par les amateurs de la Société, formaient le passe-temps agréable des soirées. Il y a des anecdotes fort curieuses, des récits pleins d'originalité dont l'intérêt, augmenté par l'actualité, devait rendre ces productions charmantes et remplies d'attraits ; ce manuscrit donne une peinture exacte des mœurs de l'époque.

Il existe deux exemplaires de ce manuscrit, celui rédigé par M. de Corselles, lieutenant au bailliage, est précédé d'un avant-propos dû à la plume de l'avocat Du Miraille.

C'est une sorte d'introduction dans laquelle l'auteur fait ainsi l'apologie de la gaîté. « Le plaisir de rire n'est pas
« sans doute comparable à celui de l'amour pour la
« vivacité, mais il a sur lui un avantage ; l'amour n'a qu'une
« saison, celle de la jeunesse ; l'enfant le méconnait, l'âge
« mûr le sacrifie souvent à l'intérêt et la vieillesse le
« regrette. C'est dans l'ombre du mystère qu'on le goûte,
« on cherche toujours à l'envelopper d'un voile impéné-
« trable : la jeune fille le dérobe à ses parents, elle
« voudrait même souvent se le cacher à elle-même.

« Il en est bien autrement du plaisir de rire, on peut
« l'avouer hautement ; il est de tous les temps, de tous les
« lieux, de tous les âges ; jamais la crainte ne le suit,
« jamais le remords n'empoisonne sa douceur. Heureux
« donc, trois fois heureux ceux qui rient ! Malheur à ces
« esprits atrabilaires qui croiraient dégrader leur être, s'ils
« déridaient leur triste gravité ! Malheur à ceux qui
« n'osent se livrer à ce plaisir avant d'avoir examiné si
« la chose est risible, et qui rougiraient de rire d'un
« calembourg, d'une bétise : riez, mes amis, riez de
« n'importe quoi.

« Qu'un farouche misanthrope jette les yeux sur
« ce recueil immense, il rougira peut-être pour
« l'humanité de voir tant d'extravagance dans la tête de
« ses semblables ; qu'un sage le parcoure, il applaudira à
« notre bonheur, il sourira de nos folies sans les
« entendre, il se contentera de dire : ils s'amusèrent, ils
« eurent raison !

« Mais ce n'est ici ni pour un sage, ni pour un misan-
« thrope que nous nous occupons de cette collection, c'est
« pour nous rappeler à nous-mêmes des plaisirs qui ne
« sont plus, et les faire, s'il était possible, renaître par la
« pensée. »

La Société des Dinants excita bientôt la jalousie des exclus, chacun briguait l'honneur d'en faire partie ; mais les défenses étaient formelles et le nombre douze était complet.

Parmi les compétiteurs se trouvait l'abbé Peigné, chanoine de Saint-Florent, homme distingué, d'un certain esprit, et qui prétendait arriver à se faire admettre dans la docte compagnie. Pour cela, il adressa une requête à Mme Dhautmesnil. Cette requête était fort spirituelle, les vers en étaient bien faits, et tout semblait présager un accueil favorable à son auteur. Mais les obstacles résultant des termes du concordat, jetaient Mme Dhautmesnil dans une grande perpléxité ; elle prit le parti de garder le silence, et de ne pas répondre à la demande qui d'ailleurs n'était pas signée.

Cependant les plaisanteries continuaient sur le peu de succès de l'abbé Peigné, il faisait bonne contenance et affirmait qu'il serait admis ; M. Du Miraille soutint qu'il en serait aussi, M. Sallé, avocat, se mit de la partie et tous trois convinrent que s'ils parvenaient à leur but, les premiers mots qu'ils prononceraient seraient : *enfin nous y voilà!* mots fameux qui le devinrent plus encore dans la suite.

Toutefois Mlle Duplessis, « si utile, si connue sous le nom de mère, nom qui lui attirait les respects et l'obéissance de tous ceux qui l'approchaient, » se déclara enfin la protectrice des trois postulants. A cet effet, elle fit adresser à l'abbé Peigné, pendant qu'il faisait la partie avec Mme Dhautmesnil, le billet suivant : « M. l'abbé Peigné est « prié de faire l'honneur à M....... de dîner le .... Roye 17 décembre 1777.

Le chanoine, après avoir lu, traça au crayon sur l'enveloppe du billet les vers suivants :

> Selon moi, cet air de mystère
> N'a rien que de flatteur, d'agréable et de doux,
> On me laisse le choix, il est facile à faire.
> Trouvez bon que j'aille dîner chez vous,
> Mais en désignant la personne,
> Je dois être honnête à mon tour,
> Il est juste que je vous donne,
> La liberté de me fixer le jour.

Le chanoine renouvela ses instances ; alors il lui fut répondu « avec tous les égards dûs à son caractère », que les statuts ne permettaient pas son introduction dans la compagnie ; que s'il fallait admettre « tous les gens d'esprit et aimables de la ville, il n'y aurait pas de tables assez grandes pour les recevoir.... » que cependant en considération « du talent et de la bonne humeur du postulant, la société avait décidé de créer une nouvelle place, qui serait donnée au concours. »

Quelques jours après, le concours s'ouvrit, la question à résoudre fut celle-ci : *La nouvelle cuisine est-elle préférable à l'ancienne ?* La réponse devait être un poëme de quatre chants au moins et de six au plus. La place devait être donnée le jour du Mardi-Gras, à midi.

Une foule de compétiteurs répondirent à l'appel de la société, et le prix fut décerné à un receveur des domaines, M. De La Lande.

L'académie avait fondé un journal sous ce titre : *Affiches, annonces et avis divers de la ville de Roye*. Nous y lisons la demande suivante : « Une personne désirerait savoir quand les huîtres arriveront, et où elle pourra en aller manger. »

A VENDRE : « Une charge de bailli, les gages sont de douze setiers d'avoine et pour douze cents livres de recommandations à douze lieues à la ronde ; les privilèges sont fort beaux : il peut siéger où bon lui semble, rendre des vers pour sentence, se fournir de pain chez le boulanger et de remèdes chez l'apothicaire de ses seigneurs. S'adresser au Bureau des Affiches. »

AVIS : « Il est arrivé en cette ville un étranger qui a apporté une poudre merveilleuse pour faire sortir du corps le tœnia ou ver solitaire. Tout le monde sait les ravages affreux que cet ennemi redoutable fait dans les intestins où il réside ; il y a quelques jours, un particulier de cette ville, étant à la promenade, tomba subitement dans des convulsions effroyables causées par une violente colique. L'étranger dont nous parlons passait, et comme il porte toujours avec lui de sa poudre, il en fit prendre au souffrant, qui rendit sur-le-champ un ver d'une longueur surprenante. Le dépôt est au Bureau des Affiches ; c'est un secret très précieux dans un temps et dans un pays où la maladie des vers est si commune. »

On jouait aussi la comédie dans les salons de la Société; un public d'élite assistait aux représentations. Un jour, on trouva placardée dans les antichambres des membres de l'académie, l'affiche suivante :

LA GRANDE TROUPE DES DINANTS
Donnera aujourd'hui, gratis,
LA
PREMIÈRE REPRÉSENTATION
DE
IL Y EN AURA POUR TOUT LE MONDE
Opéra-Comique, en un ACTE.

L'ENFANT DO, L'ENFANT DORMIRA TANTOT
Vaudeville.

On commencera à quatre heures très précises.

Le succès du spectacle fut prodigieux, les acteurs remplirent leurs rôles avec le talent de véritables artistes ; les vers furent récités avec une verve qui ravit l'auditoire. Plusieurs fois la pièce fut interrompue par les applaudissements frénétiques des spectateurs.

Un autre soir, on donna un opéra ayant pour titre : *Le dîner commandé et accordé*, dédié à Mme Dhautmesnil, par M. du M..... à Roye, chez Comus, à l'enseigne de la bonne chère, rue des Dînants. (1777).

Cette pièce avait pour épigraphe : le véritable amphytrion est l'amphytrion où l'on dîne ; elle était précédée d'une épître dédicatoire à Madame Dhautmesnil : « Je n'ai « pas le bonheur d'être un des dînants, je ne suis pas « non plus assez heureux pour être membre de cette « société riante, rimante et mangeante, créée sous vos

« heureux auspices. Confondu dans la foule, je me borne
« à recueillir le récit de vos plaisirs et à battre des mains
« à la lecture des jolis vers qui pleuvent avec une
« abondance soutenue et si variée, dans chacune de vos
« séances. »

Douze acteurs prirent part à la représentation, la scène se passait à Saint-Mard ; le théâtre représentait le salon de compagnie du Prieur, où l'on voyait un couvert mis.

L'acteur qui remplit le rôle de : *Dru-moinet*, le fit avec une verve, un entrain qui charmèrent le public, il chanta surtout le couplet suivant d'une façon ravissante :

> La chose n'est pas difficile,
> On choisit son amphytrion
> Puis on lui dit, d'un ton facile ;
> Tel jour, chez vous, nous dînerons.
> Et de la pochette
> Sort la chansonnette.
> Ainsi font ordinairement
> Tous les dinants, tous les dinants,

Cette pièce eût un tel succès, qu'après avoir été représentée une première fois chez M. Prévost, le 16 janvier 1777, elle fut, à la demande générale, jouée de nouveau, huit jours après, chez le lieutenant Billecocq.

Nous avons dit que les marguilliers de l'église Saint-Pierre avaient fait supprimer les bancs qui étaient dans la nef, pour les remplacer par des chaises. Comme le lendemain c'était dimanche, Mesdames Prévost, de Rosainville et Dhautmesnil s'empressèrent de choisir leurs places ; elles fixèrent leurs chaises avec des chaînes attachées aux piliers de la nef. Madame Cathoire fit plus, elle ferma la chaîne avec un cadenas ; Madame de Corselles l'imita, si bien qu'un jour la clef cassa dans le cadenas. Cet incident défraya les conversations de la ville et excita la verve du lieutenant-général Billecocq, qui composa à ce sujet un poëme épique intitulé : *Le Cadenas*, qui fit les délices de la Société des Dînants, et que le *Parnasse royen* a recueilli.

L'acteur, M. Benoist Picard, connaissait particulièrement M. Billecocq-Du Miraille, alors qu'il était juge au tribunal du district. C'est dans ses voyages à Montdidier et à Roye, où il fut reçu par la Société des Dînants, qu'il conçut le plan d'une pièce de comédie intitulée : *la Petite ville*, représentée avec succès à la salle Louvois le 18 mai 1821. Picard commença cette pièce à Montdidier et l'acheva à Roye. « C'est une peinture amusante des mœurs de « l'époque, dit M. de Beauvillé, la ressemblance était « tellement exacte, que plusieurs de nos concitoyens, ayant « assisté à la représentation, ne purent s'empêcher de « reconnaître à haute voix les personnages qui étaient « mis en scène. On en parla à Picard il avoua que Mont- « didier lui avait fourni les éléments de la pièce et que, « dans un voyage à Roye, il avait trouvé amplement de « quoi compléter le cadre. » Picard, à la fois auteur et acteur, remplissait le rôle de Paul Vernon. Comme le modèle avait posé devant lui, il le rendait avec une vérité frappante. *La Petite ville* est le chef-d'œuvre dramatique de cet auteur, lui-même le reconnaît : « Voici ma pièce « favorite, dit-il dans la préface, les aventures de made- « moiselle Vernon et les prétentions de Madame Gilbert « sur Desroches, sont des anecdotes. »

Une autre comédie : *le Mort marié*, faite par Sedaine et jouée au Théâtre-Italien, puisa également à Roye les éléments de sa composition. Voici l'anecdote que raconte Bachaumont dans ses Mémoires, et qui donna matière

à cette pièce en deux actes. « On rapporte qu'à Roye, le
« lieutenant-général (Louis-Charles) Billecocq faisait la
« cour à une demoiselle, qui paraissait agréer son hom-
« mage. Un officier se mit sur les rangs ; il ne put effacer
« le robin. Dans un accès de rage, il le tire à part, et lui
« déclare qu'il faut cesser ses assiduités auprès de la
« demoiselle, ou se déterminer à se battre. Le magistrat,
« homme de cœur, lui répond que rien n'est capable de
« l'intimider : il accepte le défi. Tous deux rendus sur le
« champ de bataille, le robin annonce qu'il ne sait pas se
« battre à l'épée, mais qu'il a apporté des pistolets. Il en
« fait voir deux, donne à choisir au militaire, lui présente
« ensuite de quoi charger le sien. La préparation faite, il
« continue d'offrir généreusement à son rival de tirer le
« premier. Il tire, le robin tombe ! l'officier le croit mort,
« va prendre la poste et part. Quelque temps après, il
« rencontre quelqu'un de l'endroit, qui lui demande ce
« qu'il était devenu ; pourquoi il était parti sans dire mot ?
« Vous ne savez donc pas mon affaire ? réplique l'officier
« surpris, c'est moi qui ai tué votre lieutenant-général. —
« Vous n'y pensez pas, repart en riant le quidam ;
« il est plein de vie : il vient d'épouser mademoiselle
« une telle... Coup de foudre pour le militaire : il recon-
« naît combien il a été dupe ; il finit par en rire, et
« par avouer son étourderie. Le fait est que le magistrat
« lui avait présenté des balles artificielles, au moyen
« de quoi le pistolet n'était que chargé à poudre.
« Il avait fait le mort, se doutant bien de l'évasion de
« l'autre... (*Octobre 1763.*) »

Sans faire partie de la Société des Dinants, Billecocq-
Du Miraille, était un homme fort spirituel. Lors du
mariage de M. Huet, lieutenant-criminel au bailliage
de Péronne, son ami, Billecocq-Du Miraille alors

procureur du roi, lui adressa un épithalame qui se terminait ainsi :

> Poursuis donc, cher Huet, ton heureuse carrière,
> Jouis en paix d'un destin si flatteur.
> Non le bonheur n'est pas une chimère,
> La preuve en est écrite dans ton cœur.

En 1772, Billecocq-Du Miraille donna à sa mère, son portrait et un bouquet pour le jour de sa fête, elle se nommait Charlotte ; au-dessous du portrait était ce quatrain :

> Je fais mon devoir avec zèle,
> Bon convive, bon fils, aimant, ami fidèle,
> De mon mieux, je suis tour à tour,
> Ami, parent, Comus, la justice et l'amour.

Il y eût à Roye, le 7 juillet 1777, une grande fête donnée par le régiment de Walsh-Irlandais. Ce régiment avait été incorporé à celui de Dauphiné, sous le ministère de Muy, il fut rétabli sous son ancien nom par M. de Saint-Germain. Le marquis Seria Walsk, qui était alors colonel, voulut célébrer l'anniversaire de ce rétablissement par une fête brillante.

La salle du festin était magnifiquement décorée ; sur les panneaux étaient des cartouches portant les chiffres du roi, de la reine, de M. de Saint-Germain et de Montbarry. Sous chaque trophée, était placée une épigramme due à Billecocq-Du Miraille. Celle de la reine était ainsi conçue :

> Si dans cet heureux jour de fête,
> On voit ici les chiffres d'Antoinette,
> Guerriers, n'en soyez pas surpris ;
> C'est un tribut que l'on doit à ses charmes !
> Des myrthes brillants de Cypris,
> Mars se plairait à décorer ses armes.

Il existe encore un autre manuscrit intitulé : *Recueil de pièces amusantes*, qui renferme aussi des poésies fugitives, des anecdotes. Toutes ces productions montrent quels étaient alors les passe-temps agréables de la société Royenne ; assurément ses loisirs ne pouvaient avoir un meilleur emploi.

Aujourd'hui il n'y a plus à Roye de société, les grandes familles ont disparu ; c'est à peine si l'hiver il y a quelques réunions particulières.

On a tenté à plusieurs reprises, d'établir un Cercle, mais sans succès les éléments ont toujours fait défaut.

JEUX — DIVERTISSEMENTS — PROMENADES

A côté du Jeu d'arc vient se placer le *Jeu de Boules* qui forme une des grandes distractions du dimanche. Il existait plusieurs jeux de boules ou *bouloires* ; un au faubourg de Saint-Gilles, un autre rue de Lavacquerie, et un troisième près du jeu de paume : c'est le plus fréquenté.

Puis les *Jeux de Battoirs* et *de Tamis* ; un jeu de battoir était situé dans un des fossés des murailles, à l'Ouest, et le jeu de tamis était près du jeu de Longue-Paume ; l'emplacement où s'exerçaient les joueurs a disparu. Cependant, lors de la fête de Saint-Florent, les parties de battoirs, de tamis, de pelottes des communes environnantes sont engagées à venir jouer, et des prix sont distribués aux vainqueurs.

Le jeu de Longue-Paume était très-fréquenté autrefois ; les joueurs de Roye passaient pour les plus habiles de la province ; ils soutiennent aujourd'hui encore leur réputation, et ils ont obtenu des succès dans la plupart des concours de Paris, de Lille, d'Amiens, de Compiègne, de Saint-Quentin, etc. Le mardi de la fête de Saint-Florent, il y a ordinairement une partie de longue-paume, à laquelle sont conviés les joueurs des villes voisines ; on y joue la partie terrée et la partie enlevée : des raquettes d'honneur, des médailles sont offertes aux plus adroits.

Le *Jeu de la Crosse* ou Crossette formait aussi un divertissement réservé aujourd'hui aux enfants, mais qui est encore en grande vogue à Beuvraignes où on l'appelle le *jeu de la Choule* ou *de la Soule* (de *solea* semelle).

Le jeu de la Choule a lieu le jour du mardi-gras, il attire une foule de curieux qui viennent s'égaudir à ce spectacle.

Les habitants du village sont divisés en deux camps, d'un côté, sont les hommes mariés, de l'autre, les garçons ; une grosse balle recouverte de cuir est *la Choule*, autrefois c'était un morceau de bois ; le jeu consiste à l'envoyer, au moyen du pied, dans l'un des deux camps, à un but déterminé : celui-là remporte la victoire qui peut y parvenir. Le jeu a lieu sur la place publique ; c'est le maire qui donne le premier coup de pied, jadis c'était le seigneur. Alors s'engage une lutte impossible à décrire, dans laquelle il faut employer la force et l'adresse ; il en résulte bien des blessures, des coups, des horions, mais rien ne peut ralentir l'ardeur des joûteurs: après plusieurs heures de lutte, la balle parvient à pénétrer dans le camp ennemi et la victoire est remportée.

Ce jeu était encore pratiqué dans d'autres communes des environs ; à Boulogne-la-Grasse, du bailliage de Roye, il y avait « le fief de la Choule », consistant en dix journaux de terre relevant de la salle du roi, à Montdidier.

Il se pratique à Balâtre, le jour du mardi-gras, un singulier divertissement : c'est celui de *vanner les chiens* ;

sur une toile tendue aux quatre coins par de vigoureux gars, est placé un chien, les joueurs tirent vivement la toile et l'animal est lancé en l'air, puis il retombe pour être lancé de nouveau. Il est douteux qu'un amusement de ce genre soit goûté par la Société protectrice des animaux.

Tous les lieux de divertissements dont nous avons parlé, sont situés non loin des promenades et ajoutent à leur agrément. Les boulevards ont été établis sur l'emplacement des anciens remparts ; au bout de celui des Religieuses était un espace planté d'arbres en quinconce, qui servait de lieu de danse pendant la belle saison, il a été supprimé lorsque la muraille fut abattue, le fossé comblé et nivelé (1849). Le boulevard du Nord est planté de quatre rangs de tilleuls, il se trouve dans l'axe de la route de Roye à Amiens et donne accès sur le chemin de fer de Picardie et Flandre.

La promenade de l'Est a été établie à différentes époques, puis nivelée ; en 1849, le fossé ayant été comblé, l'ancien cimetière fut converti en jardin anglais.

A l'Ouest de la ville, il n'y a pas de boulevards parce que les murailles sont encore debout ; plusieurs fois la question de jeter un aqueduc sur le ruisseau, de niveler le terrain et de tracer une promenade, a été agitée dans le sein du Conseil municipal, mais les dépenses qu'entraîneraient les travaux à exécuter ont fait ajourner ce projet.

D'ailleurs, les promenades sont fort belles, bien plantées, bien entretenues ; elles sont d'une fréquentation agréable pour les habitants.

SALLE DE SPECTACLE

Après la comédie de salon, vinrent les représentations théâtrales publiques données par des amateurs de la ville ou par des artistes ambulants.

Faute d'un local spécial, les spectacles avaient lieu à l'Hôtel-de-Ville, dans l'auditoire de la Justice-de-Paix réuni à la salle du Conseil ; un théâtre dû à une souscription publique, était établi dans le fond de la salle. C'est sur cette scène que Grégoire d'Essigny fit représenter une pièce qni n'eut pas grand succès.

Pendant longtemps, l'Hôtel-de-Ville servit aux représentations dramatiques, ce qui n'était pas très convenable et ce qui gênait toujours les services de la mairie ; aussi le besoin d'une salle de spectacle se faisait-il vivement sentir.

En 1864, une Société composée d'artisans et de capitalistes, offrit au Conseil municipal de bâtir un théâtre, sous certaines conditions. La municipalité encouragea cette pensée, et par une délibération du premier mars, elle concéda à l'administration du théâtre un terrain d'une contenance de quatre ares cinquante-neuf centiares, situé près du Jeu de paume, pour un bail de quatre-vingt-dix-neuf années, au bout desquelles les constructions entretenues en bon état appartiendraient à la ville. Afin de favoriser l'entreprise, le Conseil municipal décida qu'une subvention annuelle de trois cents francs serait faite à la Société pendant dix ans.

Les travaux devaient être commencés immédiatement ; la salle de spectacle devait être achevée et livrée au public le 1er mars 1865 : ce qui fut exécuté.

La ville de Roye est donc dotée d'un théâtre, l'ensemble du monument n'a rien de remarquable, il se compose d'un bâtiment principal faisant face à la rue Saint-Pierre, mesurant vingt-trois mètres de longueur sur treize mètres de largeur à l'intérieur ; puis d'une construction en retour d'équerre de dix mètres de long, et servant de buvette.

A l'intérieur, la salle est bien disposée, mais le plafond est un peu bas ; au fond de la salle est la scène assez grande et bien décorée ; au premier étage règne une galerie destinée aux places principales, le rez-de-chaussée sert pour les secondes et le parterre ; la salle peut contenir cinq cents spectateurs.

Dans le compte-rendu d'un concert donné dans la salle de spectacle par Mme A. de Fourment, le *Glaneur de Saint-Quentin* s'exprime ainsi : « Le théâtre de Roye a « été érigé par actions, mais les actionnaires dont on ne « saurait trop louer la sage prévoyance, ont poursuivi un « double but. Ils ont fait un théâtre à usage de grange ou « une grange à usage de théâtre ; comme vous voudrez. « Lequel édifice n'a d'autre ouverture qu'une porte charre-« tière qui, dans les grands jours, se transforme en porte « d'honneur. Mais entrons un instant, s'il vous plaît, à « droite et à gauche de la porte d'entrée, une échelle de « meunier donne accès aux galeries élevées de deux mètres « environ au dessus du niveau du sol. Au fond, sont « deux tréteaux sur lesquels on pose quelques planches « plus ou moins rabotées ; c'est la scène. Les décors sont « fournis par l'imagination des spectateurs. »

Nous n'admettons pas la justesse de ces critiques, et M. le maire de Roye, dans une lettre du 16 mai 1868, insérée dans la feuille Saint-Quentinoise, protesta contre la définition donnée du théâtre de Roye. « La salle de « spectacle, dit l'honorable magistrat, est convenable, « beaucoup de petites villes voudraient en avoir une

« semblable. » Nous avouons que ce serait de leur part un désir bien modeste.

Pendant l'hiver, tous les quinze jours, une troupe ambulante vient donner des représentations dramatiques ; le spectacle est assez suivi.

La salle sert encore pour les bals, les concerts, les noces les banquets et pour les grandes réunions.

CHAPITRE XIV

BIOGRAPHIE

La ville de Roye, bien qu'éloignée du mouvement intellectuel, a eu néanmoins ses illustrations littéraires ; si la pléiade n'est pas nombreuse, elle révèle du moins chez les habitants de Roye, une certaine aptitude pour les études sérieuses.

Aussi, n'aurions-nous qu'incomplètement rempli le but que nous nous sommes proposé, si, après avoir raconté les évènements dont la ville de Roye fut le théâtre, si, après avoir décrit les monuments qu'elle renferme, nous ne faisions connaître les enfants de la cité qui ont jeté un certain éclat sur leur ville natale, et les donner comme exemple aux générations futures.

« Roye, dit le bourgeois Scellier, peut se glorifier
« d'avoir donné naissance et d'avoir été la demeure d'un
« nombre assez considérable d'hommes illustres, qui se
« sont distingués dans les états les plus brillants et qui
« méritent, par conséquent, à toujours, la mémoire de la
« postérité. Si ce nombre d'hommes d'éclat et distingués,
« a paru presque dans le même temps, il est probable-

« ment croyable que les siècles antérieurs à celui-là,
« en auront produit quantité d'autres qui ne sont pas
« connus, parce que personne n'aura été assez curieux
« pour en faire des notes ou qu'elles auront enduré le
« sort des incendies trop communs que cette ville a
« soufferts. »

Nous sommes heureux de constater la justesse et l'impartialité des appréciations du bourgeois montdidérien.

On compte parmi les célébrités Royennes, des magistrats, des théologiens, des hommes de lettres, des historiens et des archéologues. Toutefois, nous devons dire que les beaux-arts : la peinture, la musique n'ont pas trouvé d'interprètes célèbres. Cependant nous pourrions presque revendiquer comme Royen, NORMAND CHARLES, né à Goyencourt le 3 février 1765, qui fut graveur, architecte et dessinateur ; bien qu'il ne naquît pas à Roye, Normand y fut élevé par les soins de M⁰ Wable, chanoine de la Collégiale, qui avait remarqué chez lui d'heureuses dispositions.

C'est ce bon prêtre qui lui donna les premières notions de l'instruction, c'est encore lui qui l'envoya à Paris, au collège de Montaigu, où Normand trouva, comme professeur, le Royen Chivot.

Normand n'oubliait pas son protecteur, c'était à lui qu'il dédiait ses premiers essais ; alors qu'il était à l'école gratuite de dessin, il adressa au vénérable chanoine une étude d'architecture représentant la coupe d'une église, avec cette inscription : « INTÉRIEURE (sic) d'église
« dédié à M⁰ Wable, chanoine de la ville de Roye. »
Normand inv. et delineavit.

A la Révolution, M⁰ Wable fut obligé d'émigrer ; il se réfugia dans la ville de Dusseldorff en 1793, et mourut peu de temps après. Mais alors Normand n'avait plus besoin

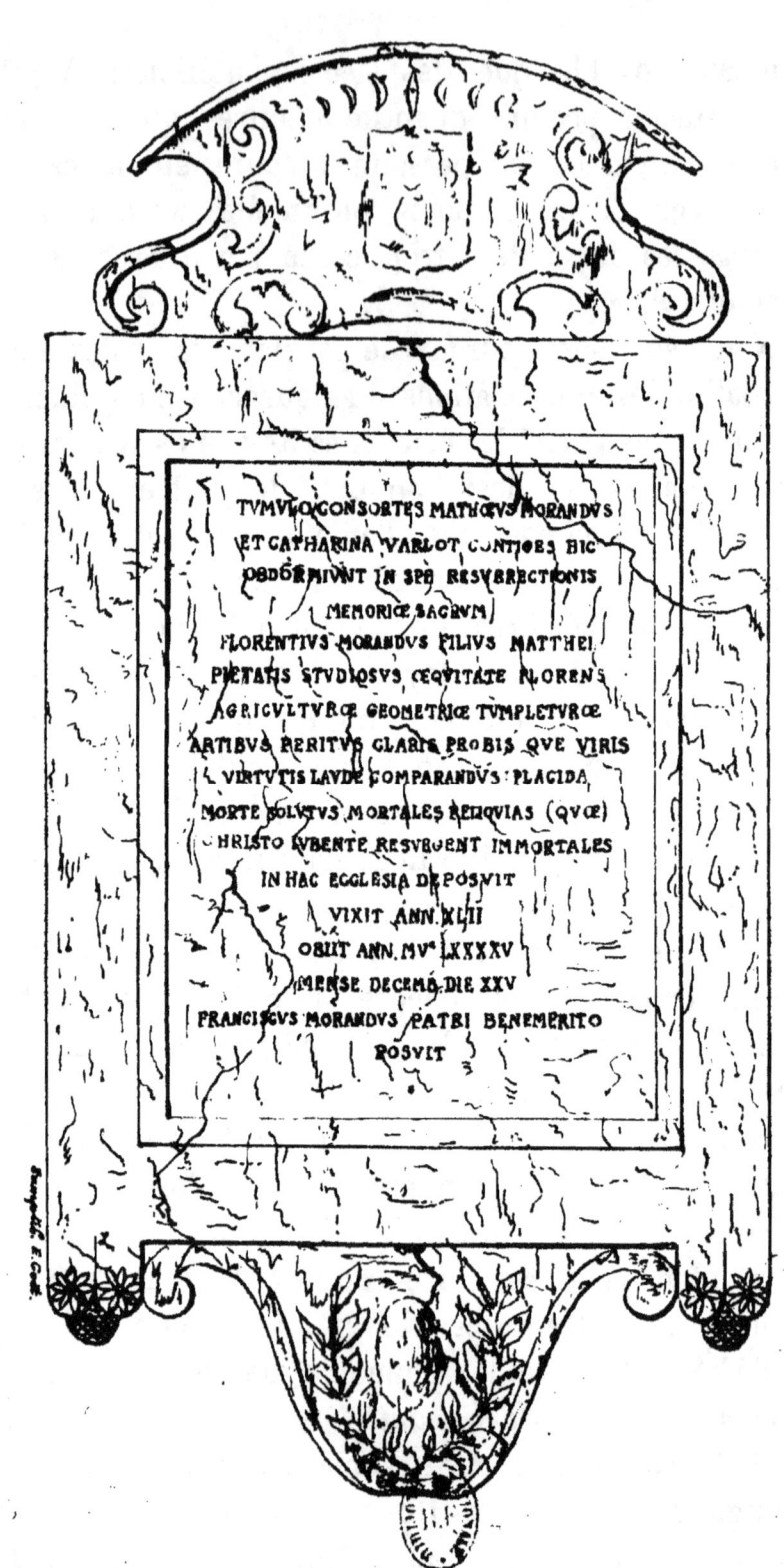

TVMVLO CONSORTES MATHÆVS MORANDVS
ET CATHARINA VARLOT CONIIOES HIC
OBDORMIVNT IN SPE RESVRRECTIONIS
MEMORIÆ SACRVM
FLORENTIVS MORANDVS FILIVS MATTHEI
PIETATIS STVDIOSVS ÆQVITATE FLORENS
AGRICVLTVRÆ GEOMETRIÆ TVMPLETVRÆ
ARTIBVS PERITVS CLARIS PROBIS QVE VIRIS
VIRTVTIS LAVDE COMPARANDVS PLACIDA
MORTE SOLVTVS MORTALES RELIQVIAS (QVÆ)
CHRISTO IVBENTE RESVRGENT IMMORTALES
IN HAC ECCLESIA DEPOSVIT
VIXIT ANN. XLII
OBIIT ANN. MVᵒ LXXXXV
MENSE DECEMB DIE XXV
FRANCISCVS MORANDVS PATRI BENEMERITO
POSVIT

de son protecteur, sa réputation comme graveur était faite, et, sous l'Empire, il fut chargé de refaire les cartes à jouer.

Charles Normand est l'auteur de beaucoup de travaux d'architecture, de sculpture et de peinture ; il composa aussi un certain nombre d'ouvrages.

Parmi les illustrations nées dans le Bailliage de Roye, nous citerons : AUBÉ DE BRACQUEMONT, de Damery, dont un des ancêtres fut amiral de France en 1417, d'HAUTEFORT Gilles, de Champien, DUMAITZ DE GOIMPY, de Billancourt, qui s'illustrèrent dans la marine.

GOGUET (Antoine), avocat au Parlement, auteur d'un ouvrage sur les arts-et-métiers.

MORAND (Mathieu), né en 1553, savant distingué dont parlent Ducange et Dom Grenier. On voit dans l'église de Fouquescourt le mausolée élevé à sa mémoire par la piété filiale, comme le constate l'épitaphe ci-contre :

PARVILLERS (Adrien), qui naquit à Parvillers, le 22 avril 1619. Il entra chez les Jésuites en août 1634 ; après dix années de prédication dans les Missions étrangères, il rentra en France. Parvillers mourut au collège de Hesdin, le 11 septembre 1678, et laissa plusieurs ouvrages.

LONGUEVAL (Jacques), que l'on croit né à Fouquescourt en 1680, auteur de l'*Histoire de l'Eglise gallicane* et d'autres écrits théologiques, mort d'apoplexie le 14 janvier 1735.

Nous nous contenterons de donner les noms des enfants de Roye, qui, par leurs emplois, leur mérite personnel ou leurs écrits, se sont acquis une certaine réputation.

AUBERT DE MONTOVILLER (Louis-François-Luglien) naquit à Roye le 25 novembre 1784. Il était fils de Florent Aubert de Montoviller, officier au corps royal du génie, et de dame Catherine-Eléonore-Françoise d'Angest. Il épousa, le 27 décembre 1813, Mlle Denise Du Puy, née à Montdidier, fille de Jean Du Puy.

Il fut sous-préfet de l'arrondissement de Montdidier de 1830 à 1848, et chevalier de la Légion d'honneur. On a de lui :

Discours prononcé à la distribution des prix aux élèves adultes de l'école des Frères, le 20 février 1846. *Montdidier. Radenez.* In-8°, 14 pages.

AUBRELICQUE (Jean-Louis), né à Roye le 10 avril 1814, était fils de Marie-Valentin Aubrelicque, receveur d'enregistrement, et de Victoire-Esther Decrouy, mariés à Roye en 1811. Aubrelicque fit ses premières études dans sa ville natale, et les acheva dans les collèges de Montdidier et de Compiègne. Il entra ensuite dans l'administration des domaines, fut nommé receveur d'enregistrement à Ribécourt, puis vérificateur à Pontoise et à Compiègne.

Aubrelicque fit son entrée dans la carrière administrative par les fonctions électives de conseiller d'arrondissement de Compiègne, puis de conseiller général de l'Oise ; il fut maire de Compiègne en 1872, sénateur en 1876 et chevalier de la Légion d'honneur en 1877. Il se démit alors de son mandat, « toujours éprouvé » par la maladie de cœur, qui l'emporta le 30 mars 1879. Aubrelicque est l'auteur d'une *Notice sur les rues de Compiègne*, insérée dans les bulletins de la Société historique de cette ville.

La famille Aubrelicque possédait le *fief de Ronquerolles* dont elle portait le nom ; ce fief situé près de Rozières consistait en terres labourables et en droits seigneuriaux. Aubrelicque de Ronquerolles avait pour armoiries : *de gueules au coq d'or au chef d'azur chargé de trois étoiles d'argent.*

Babeuf (Robert-Emile) naquit à Roye, rue de Paris, le 29 septembre 1785, et fut baptisé le lendemain à l'église de Saint-Pierre ; il était fils de François-Noël Babeuf et de Marie-Anne-Victoire Lenglet. Il fut élevé par son père d'après les principes d'éducation de l'*Émile* de Jean-Jacques Rousseau.

Pour fortifier le corps de son enfant, quelle que fut la saison, Babeuf le plongeait tous les jours dans la rivière d'Avre ; l'hiver, il cassait la glace pour lui faire prendre son bain.

Emile manifesta de bonne heure des instincts pervers et un caractère méchant ; il était la terreur des enfants de son quartier. Un jour, il enferma dans un grenier un de ses camarades du faubourg de Saint-Gilles, et insensible à ses cris, il l'eut laissé mourir de faim, si les parents qui étaient à sa recherche, ne l'eussent entendu. Cet enfant prit tellement peur qu'il fut depuis atteint d'épilepsie.

Babeuf quitta Roye avec sa famille en 1792. Après la mort de son père qui porta sa tête sur l'échafaud, il fut adopté par le conventionnel Lepelletier de Saint-Fargeau, et plus tard s'établit libraire à Lyon.

En 1814, il suivit Napoléon à l'île d'Elbe ; l'année suivante, il publia une brochure dans laquelle il protesta contre l'acte additionnel, puis une adresse au comte Carnot. Il proposait d'ouvrir une souscription en faveur des victimes de la seconde invasion. Cette adresse eut un tel succès que la ville de Troyes en décida l'impression en lettres d'or.

Sous la deuxième Restauration, Babeuf se fit le rédacteur d'un journal intitulé : le *Nain tricolore*, portant les trois couleurs nationales. Cette feuille s'imprimait à Troyes ; le premier numéro avait paru et deux mille exemplaires avaient été distribués, lorsqu'ils furent saisis par la police, et dans le même jour, rédacteur, imprimeur et distributeurs furent arrêtés.

Accusé de conspiration contre l'Etat, Babeuf fut condamné à la déportation. Il subit sa peine au Mont-Saint-Michel, et fut gracié en novembre 1818 ; il revint à Paris et reprit son commerce de librairie.

BILLECOCQ (Louis) était fils de Louis Billecocq, notaire et procureur au siège de Roye, mort le 4 septembre 1701, inhumé dans l'église de Saint-Pierre, derrière le chœur, et de Marie Lagoul enterrée près de son mari, le 16 mars 1663.

Billecocq fit ses études au collège de Roye et montra dès sa plus tendre jeunesse d'heureuses dispositions d'esprit, du goût pour l'étude et « surtout de la sagacité pour deviner des énigmes et des rébus, comme le prouvent les anciens *Mercures galants.* » Devenu conseiller du roi, lieutenant particulier civil au Bailliage, il ne s'occupa plus que de sa profession. Il épousa le 1er juillet 1693, Marie-Anne Cabaille, fille de François Cabaille, gentilhomme de la grande vénerie du roi, contrôleur au Grenier à sel, et de Anne-Marie Pinspré. Billecocq perdit sa femme le 26 décembre 1713 ; elle était âgée de trente-huit ans, elle fut inhumée dans l'église de Saint-Pierre. Il en eut neuf enfants.

Billecocq publia en 1729, un ouvage intitulé :

Principes du droit français sur les fiefs, in-12.
Cet ouvrage fut réimprimé avec des notes et un commentaire par M. Boucher d'Argis, avocat au Parlement de Paris ; il contenait des modèles pour dresser des actes de foi et hommages, des dénombrements, etc. *Paris. Louis Sevestre.*

Billecocq mourut le 14 octobre 1743 et fut enterré dans l'église de Saint-Pierre, près de ses père et mère.

Billecocq (Louis-François) continua la branche cadette de la famille Billecocq, il était fils aîné du précédent et naquit à Roye le 25 avril 1694.

Après ses études faites au collège de Roye, il fut reçu avocat au Parlement, puis conseiller du roi et son procureur, au lieu de Mᵉ Pierre Turpin, par provisions du 23 décembre 1745, et installé au siège du Bailliage de Roye, le 21 janvier de l'année suivante. Il épousa, par acte célébré le 22 mars 1725, en l'église de Saint-Pierre, Louise-Charlotte Gaudefroy, fille du lieutenant-général au Bailliage, et de Louise Honoré, dont le père était marchand et bourgeois à Roye.

Billecocq Louis-François contribua « par des ouvrages instructifs à former la jeunesse au christianisme ; » il mourut dans un âge fort avancé, le 30 juin 1780.

Il publia un traité sous ce titre :

Les Règles de la prononciation française. Volume in-12. *Paris*.

Billecocq-Du Miraille (Louis-François de Paule) dont nous avons donné les productions littéraires, était fils de Louis-François, né à Roye le 3 janvier 1741. Il fut un élève distingué du collège, on le voit plusieurs fois nommé dans le palmarès du mois d'août 1753. Nous ne savons pourquoi il ajoutait à son nom celui de Du Miraille ; déjà, le neuvième enfant de Louis Billecocq et de Marie-Anne Cabaille, né le 2 mai 1705 et qui mourut célibataire, portait le nom de Charles-Louis Billecocq-Du Miraille ; peut-être était-ce le nom d'un fief.

Billecocq-Du Miraille fut avocat au Parlement, et au Bailliage de Roye, le 10 septembre 1764 ; sur la résignation de son père qui avait obtenu des lettres d'honneur, il fut conseiller du roi, son procureur au Bailliage : sa nomination fut confirmée par un arrêt du Parlement du 14 décembre 1771.

Il épousa le 5 janvier 1784, Marie-Joseph-Charlotte de Fiennes, âgée de trente-quatre ans, native de la paroisse de Saint-Maurice d'Arras, veuve de maître François-Honoré de Bazon, baron de Montbérault et fille de Charles Laurent de Fiennes, chevalier de Saint-Louis, capitaine au régiment royal.

Billecocq-Du Miraille est l'auteur d'un écrit publié en 1790, ayant pour titre :

Observations des députés de la ville de Roye en Picardie sur la démarcation de leur province et sur la formation des districts. Imprimé à *Paris, chez Moutard, rue des Mathurins, hôtel de Cluny*. Petit in-8°, huit pages.

Le 1er juillet 1800, il fut nommé président du tribunal de première instance de Montdidier et mourut en 1814.

Chivot (François-Marie-Antoine) naquit au faubourg de Saint-Gilles de Roye, le 9 octobre 1752 ; il était fils d'Antoine Chivot, marchand tanneur, et de Françoise Du Moustier. Dès son enfance, il annonça les dispositions les plus heureuses ; il commença ses études au collège de Roye, dont un de ses parents Chivot Joseph, chapelain de Saint-Florent, avait été directeur en 1720. Vers la fin de ses classes, le jeune Chivot composa, en latin, l'oraison funèbre du principal Debonnaire.

Son père l'envoya de bonne heure à Paris, au collège des Grassins, où, formé par des maîtres habiles, il réalisa bientôt les espérances que l'on avait conçues de lui. Il s'adonnait surtout à l'étude des auteurs anciens, dont la lecture était devenue sa passion dominante ; Homère et Virgile étaient ses auteurs de prédilection. Avant d'avoir atteint l'âge de vingt-cinq ans, il était professeur de seconde, puis de rhétorique au collège de Montaigu.

Chivot travaillait avec une ardeur extrême ; étant entré dans les ordres, il se livrait principalement à l'étude de la langue grecque ; il préparait un ouvrage dans lequel il s'occupait notamment de l'article et du verbe, puis des racines grecques. Il avait l'intention de faire un travail d'ensemble sur la filiation des langues anciennes et modernes.

Lors de la distribution des prix de l'Université de Paris en 1771, Chivot qui, l'année précédente, avait eu deux prix et un accessit en rhétorique, obtint le premier prix de vers latins, le premier accessit de version latine, le premier accessit en amplification française, le troisième en amplification latine et le troisième en version grecque ; il eut donc ainsi des succès dans tous les sujets proposés.

L'abbé Chivot devint professeur de belles-lettres ; en 1782, il prononça, au nom de l'Université, un discours latin à l'occasion de la naissance du Dauphin ; « le plan en est heureux, sa distribution ingénieuse, la première partie roule sur les avantages que le dauphin nous prouve par sa naissance, et ceux qu'il nous fait espérer ; rien de plus délicat et de plus adroit pour consoler les femmes, et les réconcilier avec la loi qui les exclut du trône. » (*Année littéraire 1782.*)

Chivot fut couronné à Rouen le jeudi 22 décembre 1784, par l'académie établie dans cette ville, sous le titre de : Immaculée conception, pour un mémoire intitulé : *In laudem spes christianæ*, qui réunit tous les suffrages. « Cet ouvrage, dit le rapporteur, annonce un maître formé par Horace, et digne de remplacer Santeuil. »

Mais le travail excessif auquel il se livrait, affaiblit sa santé ; Chivot fut obligé de renoncer au professorat, et revint à Roye. Après quelques mois d'une douloureuse maladie, il s'éteignit dans les bras de sa famille le 3 avril

1786; il fut inhumé dans le cimetière de l'église de Saint-Gilles, sa paroisse.

Son père était inconsolable de cette perte, le chagrin le conduisit au tombeau, et le 30 juillet suivant, il allait rejoindre son fils.

L'éloge funèbre de l'abbé Chivot fut prononcé au collège de Montaigu, lors de la rentrée des classes, par l'abbé Crouzat ; l'auteur fait ressortir les qualités éminentes de ce savant modeste, et ses rares talents ; sa mort fut une perte pour les lettres.

L'abbé Chivot laissa quelques ouvrages imprimés et surtout beaucoup de manuscrits ; parmi les premiers, on remarque une pièce de vers latins, publiée en tête des poésies de M. Lebeau, dans laquelle « l'auteur a déployé « toutes les richesses de la poésie et toute la sensibilité « d'une belle âme. »

La bibliothèque de Roye possède un exemplaire du *Jardin des racines grecques*, chargé de notes de la main de l'abbé Chivot.

Les manuscrits de Chivot sont égarés et devenus introuvables, malgré toutes les recherches ; ils avaient été confiés à un de ses amis, M. de Villoison, qui devait les faire imprimer, mais la mort est venue le surprendre avant qu'il ait pu réaliser son projet.

Voici la liste de ses écrits :

1° Oratio in recentem ortum serenissimi Delphini, habita nomine Universitatis Sorbonœ scholis. Die septimo januarii, anno MDCCLXXXII, à Maria-Antonio-Francisco Chivot humanarum litterarum professore in collegio Montacutio jussu universitatis edita. Parisiis apud viduam Thiboust regis MDCCLXXXII.

2° Orphée sur les bords du Tanaïs, poëme grec imprimé avec la traduction chez *Didot l'aîné*, in-4° 1782. Ode grecque digne d'Anacréon, sur le voyage de l'empereur en France. (11 pages).

3° Le prêtre d'Osiris fait donner la sépulture à une reine d'Egypte. Poème en vers français « élégant et harmonieux », sur la mort de l'impératrice Marie-Thérèse, présenté à la reine de France, imprimé chez la veuve *Thiboust*.

4° Epitaphe de Marie Thérèse, en vers grecs, avec traduction française, 1 page in-4°.

5° In sacram Ludovici XVI inaugurationem. Ode imprimée chez la veuve *Thiboust*, in-4°.

6° Mars trompé. Ode sur la naissance d'une princesse, imprimée chez la veuve *Thiboust*.

7° De inventione sermonis carmen, imprimé dans les principes de versification d'Aubert-Audet, in-12. *Paris*. 1807.

Manuscrits. — Vue sur la langue grecque considérée dans son état primitif et en particulier sur le verbe et l'article. — Racines de la langue grecque. — Traité des lettres grecques. — Observations sur Homère et sur Pindare. — Traité des accents grecs.

Notes sur les déclinaisons grecques, sur la formation des cas en latin, sur l'hébreu, le grec, le latin, l'allemand, sur la physique et la musique.

DARTOIS (Jacob) naquit à Roye ; il existait, en effet, dans la ville une famille de ce nom, qui comptait parmi ses membres : Jean Dartois apothicaire, Pierre Dartois avocat au Parlement, Louis Dartois, docteur en médecine ; ce dernier composa une pièce en vers grecs contenant l'éloge de Martin Meurisse, qui les a fait imprimer en tête de son traité de métaphysique.

Dartois Jacob est l'auteur d'une syntaxe latine dédiée aux habitants d'Alençon et dont voici le titre :

Jacobi Artesiani Roiani, Alenconiœ scolœ pedagogi, de latinœ syntaxis ratione, libri undecim, ad Cives Alenconiœ. Cadonii ex officinâ Philipporum. 1557. In-12 de 281 pages.

Livre des plus rares aujourd'hui. (*Picardie*, 1864).

DE CAMBRAY DE DIGNY (Louis-Guillaume) naquit à Roye le 16 décembre 1723, il était fils de messire Jacques-Louis de Cambray, écuyer, sieur de Digny, receveur des Aides, conseiller du roi, commissaire aux prisées et ventes de meubles à Roye, et qui mourut le 10 juillet 1730, âgé de soixante ans, inhumé dans l'église de Saint-Pierre, et de dame Anne-Madeleine Gardon ; il eut pour parrain son grand-père Guillaume Gardon, receveur-général des Aides à Péronne, et pour marraine dame Marie-Louise Dufaye, femme d'Antoine Budier de Verceil.

Louis n'était âgé que de sept ans lorsqu'il perdit son père, il était le quatrième enfant.

De Cambray devint directeur de l'Epargne du grand duc de Toscane, à Florence, et membre de l'académie des sciences de Sienne : il est l'auteur d'un ouvrage ayant pour titre :

Description d'une machine à feu pour les salines de Castiglione. Volume in-4°. 1766. *(P. Daire.)*

Louis de Cambray passa ensuite en Amérique, où il rendit de grands services à la cause de l'indépendance des Etats-Unis, pour laquelle il combattit en qualité de colonel ; des certificats émanant des Etats de l'Amérique témoignent de sa bravoure et de son intelligence.

La Caroline du Sud dans une assemblée des députés tenue le 7 septembre 1778, décida qu'il serait offert au colonel de Cambray, une médaille d'or représentant, d'un côté : la ville de Charlestown et la retraite de l'armée anglaise, avec cette légende : *Una mens plurium sapiens vincit manus*, puis sur le revers, cette inscription : *L. de Cambray urbe opportunè permunità hostium consilia irrita reddidit ac de Republicâ præclarè meruit*, et en exergue, la date de 1779. Le congrès décida en outre, que sa paie de colonel serait augmentée et qu'un équipage de campagne, en rapport avec son rang, lui serait délivré.

Le congrès chargea une commission de veiller à l'exécution de ses décisions.

Des attestations les plus honorables sont délivrées à de Cambray, entr'autres une, émanant du secrétaire de la guerre B. Lincoln, qui le recommande comme un officier actif, brave et intelligent ; un certificat du général Washington s'exprime ainsi : « M. de Cambray fut appointé « du grade de lieutenant-colonel, ingénieur dans le « service des Etats-Unis de l'Amérique en juin 1778, il « n'a jamais servi sous mon commandement, mais par les « témoignages amples et mémorables qui lui ont été « accordés par les généraux sous lesquels il a servi, par « les observations que j'ai eu occasion de faire, après avoir « eu fait connaissance avec lui, je suis persuadé qu'il est « un officier très habile dans sa partie, d'un grand « zèle et d'une grande activité dans tout ce qu'il « peut être chargé. Quartier général le 14 octobre 1782. — « Washington. »

Après des services aussi éclatants, De Cambray désirait revoir sa famille et rentrer en France, il en fit la demande. Dans une lettre des plus flatteuses, le général Lincoln lui annonce en ces termes la décision prise par le Congrès : « Par les Etats-Unis de l'Amérique du Nord « assemblés en congrès le 30 octobre 1782. Résolu que le « secrétaire de la guerre informe le colonel de Cambray « que le Congrès entretient une haute idée de son mérite « et de ses talents militaires, de son zèle, de son activité « dans le service des Etats-Unis et qu'il a la permission « de s'absenter pour un terme non excédant douze mois, « pour visiter sa famille en France. « Charles Tompson. »

Nous ignorons ce que devint ensuite ce célèbre Royen, dont le souvenir mérite de passer à la postérité ; il doit être signalé à ses compatriotes, comme un des glorieux enfants de la cité, combattant pour l'indépendance et pour la liberté.

Évérard de Roye, préchantre de la cathédrale d'Amiens, commença l'an 1191 le directoire du chant ou l'ordinaire de la messe ; ce travail fut achevé, plus tard, par Jean Lemoine, neveu du cardinal de ce nom. (1337). (*P. Daire*).

Gilles de Roye connu sous le nom de *Œgidius de Royà* était fils de Gilles Regnault, procureur du roi, mort le 15 mai 1466, et de Etienne Soyer, sa femme. Gilles de Roye entra dans l'ordre de Citeaux, fut docteur en théologie de la Faculté de Paris, et pendant dix-neuf ans professa dans le collège de son ordre, dont il était proviseur.

Il devint abbé des Dunes (abbaye de Montréal) en 1454, et vécut dans l'humilité la plus complète jusqu'à sa mort arrivée en 1478 ; son corps fut inhumé dans l'abbaye de Sparmailles, enclavée dans la ville de Bruges.

Gilles de Roye fut le continuateur de la *Chronique de Brandon*, qui n'allait que jusqu'en 1414, il la continua jusqu'en 1478. Cet ouvrage fut imprimé en 1520, par François Swert, à Francfort. (In-folio). Les Carmes déchaussés de Paris possédaient le manuscrit de ce livre.

On attribue à Gilles de Roye un autre écrit en latin, conservé manuscrit à la bibliothèque nationale, et ayant pour titre :

Dunensis prima pars ab urbe condita ad Christum. Sanderus. — Bibliotheca belgica.

Grégoire d'Essigny (Louis-Antoine-Joseph), membre correspondant de l'Académie d'Amiens et de la Société des Sciences académiques de Paris, naquit à Roye le 3 novembre 1787.

Il entreprit jeune encore l'histoire de la ville de Roye ; cet ouvrage qui contient « une assez bonne division des

matières », est incomplet : le chapitre des annales est sans intérêt, les faits sont cités « sans liaison avec les principaux évènements politiques qui doivent servir à en expliquer les causes. » L'auteur s'est trop hâté de donner le jour à une œuvre qui perd son mérite, quand on considère « qu'elle est, dit M. J. Corblet, d'un bout à l'autre,
« le résultat du plagiat le plus timoré, qui n'a pas même
« le courage d'avouer les sources auxquelles il a puisé.
« Aujourd'hui que nous avons entre les mains les manus-
« crits de Corselles, il est facile de voir que tout le talent
« de d'Essigny a été de copier ces œuvres, et encore d'une
« manière incomplète, décousue, mal exposée et mal
« décrite. »

Dans un mémoire lu à la Société des Antiquaires de Picardie, M. l'abbé J. Corblet cite tous les emprunts que son compatriote a faits à ces manuscrits, et termine ainsi son appréciation sur le travail de l'historien de Roye :
« En retranchant de l'histoire de Roye ce que d'Essigny
« a servilement copié dans les manuscrits de Corselles,
« dans une notice manuscrite sur les tombeaux de Roi-
« glise, en soustrayant les passages qu'il a transcrits de
« Moréri, La Morlière, Colliette, P. Daire, Dévérité, Louvet,
« du trésor des chartes et de la topographie médicale du
« docteur Midy, en mettant de côté la liste des curés, des
« notaires et des juges de paix (ce qui n'est pas d'une
« haute importance), et les chapitres sur l'histoire natu-
« relle, qui appartiennent à Coulon père ; sur quatre cents
« pages, il en restera cent seize que d'Essigny pourrait
« revendiquer comme siennes. Mais qui m'assurera que
« ces pages n'ont pas été copiées dans le manuscrit de
« l'abbé Chivot, qui avait laissé des notes sur l'histoire de
« Roye, notes qui ont été entre les mains de d'Essigny et
« que l'on n'a point retrouvées ? Remarquons encore que

« la neuvième liasse du deuxième paquet des manuscrits
« de Dom Grenier, intitulé : Histoire de Roye, Etaples et
« autres lieux, a disparu de la bibliothèque nationale et
« nous pourrons répéter avec Virgile :

« *Sic vos non vobis, nidificatis aves.* »

Nous serons plus indulgent, nous dirons que l'œuvre de Grégoire d'Essigny n'est pourtant pas sans mérite ; il n'a pas fait, il est vrai, assez de recherches, et s'est trop facilement contenté des documents qu'il avait sous la main, mais son histoire renferme beaucoup de renseignements qui sont ainsi conservés. Quant à l'accusation que porte contre lui le savant antiquaire, il ne la mérite pas, car la liasse de Dom Grenier existe aux archives nationales.

Du reste, Grégoire, en faisant une courte notice sur Roye, a pu la faire imprimer ; tandis que s'il eût composé une œuvre complète, une histoire volumineuse, il aurait été exposé à laisser son travail manuscrit, livré à l'oubli et à l'indifférence. C'est là le sort réservé aux travailleurs qui n'ont pas assez de fortune pour publier leurs œuvres, et qui n'ont d'autre récompense de leurs travaux que la satisfaction personnelle d'avoir accompli un acte de dévouement et de patriotisme.

Grégoire d'Essigny a publié encore un mémoire sur :

L'Origine de la langue Picarde. In-4°. *Paris*. 1881.

C'était une question mise au concours par l'Académie d'Amiens, le 16 août 1807 ; l'auteur a obtenu le prix décerné par cette société savante. Le sujet à traiter était difficile pour d'Essigny qui n'était pas un érudit. Là encore l'accusation de plagiat est lancée contre Grégoire d'Essigny ; comme parent de l'abbé Chivot, il a eu connaissance des manuscrits de ce savant, de celui surtout dans lequel Chivot comparait plusieurs langues pour en connaître l'analogie ; il a dû puiser encore de précieux renseignements dans d'autres travaux linguistiques du même savant.

L'Académie d'Amiens proposa un prix pour le meilleur travail sur les voies romaines traversant la Picardie. D'Essigny laborieux, et avide de lauriers fit un mémoire qui obtint une mention honorable. Ce travail qui a exigé de l'auteur de patientes recherches est entâché d'inexactitude ; H. Dusevel dans la biographie du département de la Somme, soupçonne beaucoup Grégoire d'avoir compilé : *l'Essai sur la Picardie de Dom Grenier*. Il aura peut-être découvert les éléments de son travail dans les notes de son parent Goret, qui était lié avec le savant bénédictin de Corbie.

Ainsi de tous les ouvrages qu'il a publiés, Grégoire d'Essigny n'aurait eu que le mérite de résumer et de faire imprimer les travaux inédits de savants modestes.

D'Essigny s'occupa non-seulement de l'histoire de Roye mais il publia en 1808, dans le journal de l'arrondissement de Péronne :

Une Notice historique sur Péronne, huit pages in-8°.

D'Essigny avait le travail facile, il consacrait tout son temps à l'étude, il était d'une santé délicate. Il cultivait aussi les muses et nous possédons de lui quelques morceaux de poésies : Une ode sur la mort de l'Impératrice, une autre sur la dédicace d'une chapelle, des strophes ayant pour titre : *Une tribu pleure la mort du bon Lévite*, puis différentes pièces de poésies légères. Il fit aussi quelques comédies, l'une d'elles : *Le spectacle dans une petite ville*, fut représentée sur le théâtre de Roye, par une troupe d'artistes ambulants, la représentation de cette pièce valut à son auteur, l'épigramme suivante :

> Corblet hier, présidant au parterre
> De la pièce blâmait jusqu'au moindre couplet,
> Corblet, je crois, est un apothicaire,
> En fait de drogue... il s'y connaît.

Le prolifique royen avait aussi en portefeuille un travail ayant pour titre : *Notice sur les hommes nés dans le département de la Somme qui se sont fait un nom par des erreurs, des vertus, des emplois, des connaissances dans les sciences.*

La bibliothèque de Roye possède encore un manuscrit de Grégoire d'Essigny : *L'éloge de Jean-Baptiste Vaquette de Gribeauval*, ouvrage destiné à concourir pour l'un des prix proposés par l'Académie d'Amiens et qui devaient être distribués le 16 août 1811. Ce travail fut présenté à cette Société savante et voici la réponse qui fut communiquée à l'auteur : « Les commissaires ont trouvé votre « ouvrage un peu gazette, point assez nourri de réflexions, « le style n'a pas obtenu beaucoup plus de grâce à leurs « yeux... »

Néanmoins d'Essigny ne se découragea pas et tenta d'envoyer son mémoire à Mme de Fréchencourt, belle-sœur de Mme de Vaquette de Gribeauval, en l'accompagnant d'une pièce de vers, dans laquelle perce « sa franchise picarde. »

> Par l'éclat des vertus, semblable l'un à l'autre,
> L'éloge de sa vie est celui de la vôtre.

Nous savons que les mémoires adressés à la Société ne répondant pas au but qu'elle s'était proposé, ce sujet fut retiré du concours.

Cependant il présenta encore à cette docte compagnie un *Mémoire historique sur les tombeaux romains et particulièrement sur ceux découverts au village de Roiglise près Roye*. Ce travail est resté manuscrit.

Grégoire d'Essigny atteint d'une maladie de poitrine, expira le 23 juillet 1822, le jour même de l'enterrement de son père.

Il publia les ouvrages suivants :

1° Histoire de la ville de Roye, département de la Somme, avec des notes historiques et statistiques sur les communes environnantes, par M. Grégoire d'Essigny fils, lieutenant-commandant les sapeurs-pompiers volontaires de ladite ville, associé correspondant de l'Académie d'Amiens. *Noyon, chez Devin, imprimeur du roi, sur la Grand'Place, n° 259.* MDCCCXVIII. In-8°, 406 pages.

2° Mémoire qui a remporté le prix de l'Académie des sciences, agriculture, commerce, belles-lettres et arts du département de la Somme, le 16 août 1807, sur la question suivante proposée par cette Compagnie :

« Quelle est l'origine de la langue picarde ? A t'elle des caractères, ainsi
« que des rapports avec les langues qui l'ont précédée et avec celles qui
« ont subsisté et qui subsistent encore, notamment avec la langue
« Romaine ?

Par L.-A.-J. Grégoire d'Essigny fils, de Roye. *Paris, de l'imprimerie J.-B. Sajou, rue de la Harpe, n° 11.* In-12. 1811. 74 pages.

Extrait du *Magasin encyclopédique* (septembre 1811).

3° Mémoire sur la question suivante proposée par l'Académie des sciences, agriculture, commerce, belles-lettres et arts du département de la Somme, pour sujet de l'un des prix qu'elle devait distribuer dans sa séance publique du 16 août 1809 :

« Donner la description des voies romaines, vulgairement appelées
« *Chaussées Brunehaut*, qui traversent la Picardie et particulièrement de
« celle qu'Agrippa conduisit depuis Lyon jusqu'à Boulogne et qui passe
« par Soissons, Noyon, Amiens, etc. Indiquer leurs anciennes directions,
« les changements qui y ont été faits, leur proximité ou leur éloignement
« de quelques-uns des camps connus dans cette province sous le nom de
« *Camps de César* ; leur longueur et leur épaisseur, si elles sont formées

« de différents lits de pierres, de cailloux, de sable, d'arène, etc., les
« comparer avec nos routes modernes sous le rapport de la solidité, des
« frais de construction et d'entretien. »

Par L.-A.-J. Grégoire d'Essigny fils, de Roye. *Paris*. Imprimerie de *J.-B. Sajou, rue de la Harpe, n° 11.* In-12. 1811. 86 pages.

Extrait du *Magasin encyclopédique* (décembre 1811).

Aux manuscrits que nous avons cités, il faut ajouter les suivants :

Mémoire sur les bornes miliaires. — Discours sur les chants profanes. — Eloge de Parmentier. — Du langage des enfants. — L'Amour de son état, vaudeville. — Huit morceaux de poésie. — Eloge de J.-B. Bossuet, composé pour le concours du prix d'éloquence de l'athénée de Niort.

GRÉGOIRE (Clément-Alexis) naquit à Roye, le 27 thermidor an VII (1799), il était fils de Michel, Alexandre, Marie Grégoire, notaire, et de Jeanne-Marie-Sophie Graval.

Grégoire fit ses études à Roye, puis à Paris, où il se fit recevoir licencié en droit, il acheta ensuite une charge d'avoué ; mais sa santé l'obligea à quitter la capitale. Il voyagea successivement en Italie, en Egypte, en Orient ; à l'occasion de ces voyages, il fut obligé de subir des quarantaines, c'est dans les loisirs des lazarets que Grégoire composa :

Mes quarantaines. — Sentiments, Satyres et Voyages, poésies, par M. Al. Sainte-Marie. *Paris*, imprimerie *Poller et Cie, rue Saint-Denis.* 1839. in-8°.

Grégoire fit aussi une tragédie présentée aux Français, intitulée :

Le dernier des Girondins (inédite).

Alexis mourut à Nice, en 1868.

HENNEPIN (Louis) natif de Roye, fut religieux Récollet ; dès qu'il fut ordonné prêtre, il manifesta son goût pour les missions, il fut envoyé en 1676, dans l'Amérique septentrionale pour y porter la parole de Dieu. Après être resté quelque temps au Canada, en qualité de missionnaire, il partit de Québec en 1678, et remonta la rivière de Saint-Laurent. Il quitta les grands lacs deux ans après, pour gagner la source de la rivière des Illinois, et descendre le fleuve du Mississipi, dont on lui attribue la découverte. Avec l'appui de Colbert, le navigateur Cavalier de la Salle chargea Hennepin de remonter le Mississipi jusqu'à ses sources.

Hennepin revint en France, puis se retira en Hainaut, où il publia :

1° Description de la Louisiane. *Paris*, 1683, in-12.

2° Nouvelles découvertes d'un très grand pays, situé dans l'Amérique, entre le nouveau Mexique et la mer glaciale, avec les cartes, les figures nécessaires, et de plus l'histoire naturelle et morale et les avantages qu'on en peut tirer pour l'établissement de colonies. *Utrecht*. 1699, in-8°.

LARABIT (Marie-Denis), naquit à Roye le 15 août 1792, il était fils de Nicolas Larabit, officier municipal, et de Jeanne-Marguerite-Henriette Boulanger.

Larabit commença ses classes à Roye et les termina au lycée Napoléon ; il entra ensuite à l'Ecole polytechnique d'où il sortit second, et fut admis dans le génie militaire. Il fit la guerre en Saxe et en France, puis suivit l'Empereur à l'Ile-d'Elbe ; à son retour, il prit part à la campagne de 1815. Lors de la chute de l'Empire, Larabit se retira du service ; il y rentra en 1818, comme officier du génie.

En 1830, il fut nommé député de l'arrondissement d'Auxerre et fut successivement réélu jusqu'en 1848 ; il était alors du parti modéré et votait avec la droite de la Chambre. Aux journées de Juin, accompagnant Mgr Affre, il fut fait prisonnier par les insurgés, il leur proposa de transmettre à l'Assemblée les prétentions de l'insurrection; sa mission ayant échoué, Larabit fidèle à la parole donnée, vint se constituer prisonnier.

Il fut ensuite élu représentant du peuple par le département de l'Yonne, il désapprouva le coup d'Etat, et fut arrêté à la mairie du 10e arrondissement ; néanmoins, il se rallia à l'Empire et fut nommé sénateur le 3 mars 1853, puis commandeur de la Légion d'honneur le 8 juillet 1855, enfin, grand-officier.

Dans un rapport fait à l'empereur Napoléon III, pour des décorations à distribuer aux sénateurs, le ministre Rouher s'exprime ainsi : « M. Larabit aspire à la dignité « de grand-cordon de la Légion d'honneur, M. Larabit « est un homme très honorable, d'un dévouement sans « borne à l'Empereur, il n'a pas eu dans l'armée un grade « assez élevé et ne jouit pas dans le Sénat, d'une assez « grande autorité, pour que je croie pouvoir recom- « mander sa candidature. » *(Papiers trouvés aux Tuileries en 1870.)*

Le royen Larabit prononça quelques discours à la Chambre des députés et au Sénat. Ce n'était pas un orateur. Comme président de l'Association polytechnique, il fit différentes allocutions insérées dans les bulletins de cette Société.

Il épousa en 1824 Mlle Elisabeth Michaud, fille du général de division baron Michaud.

Larabit mourut à Paris le 25 janvier 1876, et fut inhumé dans son domaine de Luzancy, près de Laferté-sous-Jouarre.

La Vacquerie (Antoine), naquit à Roye en 1573 ; à l'âge de vingt-quatre ans, il fit profession dans le couvent des Minimes de Nigeon. Il vécut longtemps et se distingua par ses vertus et par une longue expérience des choses de la vie ; l'ambition n'eut jamais d'empire sur lui, son cœur demeura pur, ses mœurs intègres, son esprit s'orna beaucoup dans le cours des études qu'il fit Paris « et il en rapporta son innocence. »

« Ce pieux Minime mena sans relâche une vie pénitente, mortifiée, qui le rendait le modèle et l'objet de l'admiration des étrangers, sa sobriété le mettait à portée de profiter du temps et de le partager entre la prière, l'exercice des vertus chrétiennes et l'observance régulière de son état. La goutte le fatiguait de temps en temps et il en éloignait les attaques en se rendant à pied dans les villes et dans les villages, où il annonçait la parole divine. Son air grave faisait entrevoir la simplicité de son âme, il se chargeait avec plaisir du soin d'instruire les jeunes gens, pour peu qu'il leur trouvât de bonnes dispositions ; il a formé plusieurs poètes qui se sont distingués et quelques orateurs dont l'éloquence a brillé dans l'Université de Paris : il était le fléau des impies. » (*Dom Grenier*).

C'est son amour pour son pays natal qui lui fit doter la ville d'une maison de son ordre ; en effet, un couvent des Minimes fut fondé à Roye en 1638 et La Vacquerie en fut directeur. Pendant son séjour dans le couvent, La Vacquerie réunit les matériaux nécessaires pour écrire la vie de saint Florent.

Il mourut à Paris, en odeur de sainteté, dans la nuit du 9 au 10 mars 1657, à l'âge de quatre-vingt-quatre ans.

La Vacquerie a laissé différents écrits :

1° Traité de la feuille du Siècle.

Les exemples que l'auteur a rassemblés dans ce livre, sont de nature à encourager la jeunesse à surmonter les obstacles que les passions lui opposent contre la vie monastique.

2° *Abrégé des devoirs et des prières du chrétien pour tous les jours de la semaine.*

Ce livre a été composé à l'usage d'une dame de qualité dont il avait la direction.

3° *Histoire de la vie et des vertus de saint Florent, confesseur, patron de la ville de Roye.* In-12, 1638. *Paris. Fiacre Dehors, au Mont Saint-Hilaire, à l'image Saint-Fiacre.*

Ouvrage très rare et très intéressant pour Roye.

LESCARDÉ (Jules-César-Charlemagne-Joseph), naquit à Roye le 11 septembre 1799, il était fils de Lescardé César-Auguste-Joseph et de Marie-Adélaïde-Sophie Le Comte : son père, natif d'Arras, ancien chirurgien des armées, s'était fixé à Roye, où il exerçait la médecine.

Après de bonnes études faites au collège de Roye, le jeune Lescardé partit pour Paris et fit, sous la direction du professeur Fouquier, de sérieuses études médicales ; son travail le fit entrer comme interne dans les hôpitaux. Il acquit une certaine pratique qui développa en lui ces qualités précieuses qu'il possédait à un haut degré : le tact et le jugement médical.

Reçu docteur le 17 juillet 1821, après de brillants examens, il vint se fixer à Roye. Il sut bientôt par son savoir, son diagnostic sûr et prompt, obtenir la confiance publique ; actif, laborieux, infatigable, il était tout à ses malades, parcourant à cheval les nombreux villages de sa clientèle, car sa réputation s'étendait au loin.

Le choléra de 1832 le trouva sur la brèche, luttant contre le fléau, publiant des avis pour éviter la maladie, et indiquant les moyens à prendre pour conjurer les ravages de l'épidémie.

Au mois d'août 1833, Lescardé fut nommé adjoint au service de santé à l'hospice, et médecin en chef le 19 mai 1836. Comme médecin du bureau de bienfaisance, le docteur Lescardé consacra une grande partie de ses soins à la classe nécessiteuse ; pendant près de cinquante ans, il remplit ces fonctions avec un zèle, un dévouement dignes d'éloges ; toujours prêt le jour et la nuit, tout entier à ses devoirs « que de misères n'a-t-il pas soulagées ! que de pères, que de mères de famille n'a-t-il pas rendus à leurs enfants et à leurs travaux ! » Dirons-nous que la reconnaissance fut toujours la récompense de ses soins, nous n'oserions l'affirmer.

Le docteur, qui dans la vie privée était parfois d'humeur difficile, montrait envers ses malades qu'ils fussent riches ou pauvres, une douceur, un empressement qui consolaient le patient, lui rendaient l'espérance et souvent plus que tout autre moyen, contribuaient à le rendre à la santé.

C'est surtout dans le service de la vaccine qu'il déploya une activité, une ténacité que rien ne ralentissait, aussi le Comité eut-il souvent à récompenser ses efforts pour la propagation de la vaccine.

En 1849, une épidémie de suette miliaire et de choléra vint sévir sur la ville et sur les communes voisines, faisant de nombreuses victimes ; le docteur se multiplia, ne prenant ni repos, ni relâche, il était constamment au lit des malades, exposé chaque jour aux atteintes du fléau, arrachant à la mort de précieuses existences. Pour prix de son dévouement, il reçut du gouvernement une médaille d'honneur. Lescardé méritait mieux, mais sa modestie, son désintéressement ne faisaient pas de lui un solliciteur, il attendait une distinction que des services rendus lui donnaient droit d'espérer. Il eut fallu qu'une légitime influence fît ressortir ce mérite modeste, mais réel.

Son confrère Glory, médaillé de Sainte-Hélène, fut plus heureux ; il fut décoré.

Lescardé exerça la médecine jusqu'à ses derniers jours ; après une douloureuse maladie dans laquelle il montra une grande force d'âme, il expira le 15 juin 1875.

Deux discours furent prononcés sur sa tombe, l'un par M. Bellenger, maire de la ville, l'autre par le docteur Poitevin, au nom du corps médical.

Lescardé écrivit plusieurs articles dans différents journaux, et publia la *Relation circonstanciée* dont nous avons parlé ; il laissa inachevé un volumineux manuscrit sur « le plaisir », considéré au point de vue physiologique et médical.

Liégault (François) naquit à Roye ; il existait, en effet, au faubourg de Saint-Médard, une famille de ce nom.

Dès que Liégault eut achevé ses humanités, il entra dans la vie cénobitique, au monastère des Célestins de Marcousy, où il fit profession le 25 juillet 1613. Après quelques années de prêtrise, il fut envoyé à Metz en qualité de sous-prieur ; la peste régnait alors dans la ville et Liégault exposait chaque jour sa vie, en prodiguant aux malades les secours de la religion.

Il retourna ensuite au couvent de Marcousy, où il enseigna la philosophie et la théologie ; il fut alors nommé Prieur de la communauté d'Hévene, près de Louvain, où il resta six années, au bout desquelles il eut successivement la direction des monastères de Sens et de Marcousy, jusqu'à ce qu'il fut élu supérieur général de la Congrégation de France.

Liégault élevé par trois fois à cette dignité, y brilla par sa prudence, sa piété, ses bonnes mœurs et son amour pour la discipline. Il s'appliqua principalement à établir des noviciats, il créa dans plusieurs maisons des études pour y faire revivre la ferveur religieuse, la dévotion et le savoir qui les avaient autrefois distinguées. Après son second provincialat, il devint prieur de Paris, visiteur général de l'ordre ; et le 4 mai 1654, l'archevêque-cardinal de Retz le nomma visiteur des religieux de Gérin, de l'ordre de Saint-Augustin.

Quand il fut avancé en âge, il se démit de ses fonctions et se retira dans le couvent de Marcousy, où il mourut simple religieux, le 6 octobre 1680, à l'âge de quatre-vingt trois ans, six mois, vingt-sept jours.

Liégault laissa plusieurs ouvrages manuscrits conservés dans la bibliothèque du couvent des Célestins, ce sont :

1° Lexicon hebraïcum. In-4°.
2° Psalmi aliquot Davidis ex hebræo in latinum sermonem conversi. In-4°.
3° De rebus theologicis. Trois volumes, in-folio.
4° Commentarii in aliquot theses sacræ theologiæ academiæ Lavoniensis. volume in-4°.

Louvart (Louis-Nicolas) était fils d'un avocat de Roye, substitut du procureur ; il avait une grande facilité pour les anagrammes et pour les charades, « travail qui n'a son point vertical que dans des cervelles blessées. »

Louvart excellait dans tous les jeux d'esprit, « il avait, dit encore le P. Daire, le misérable talent de deviner des énigmes. » Il annonça au grand Dauphin la naissance d'un fils : « Prince ! lui dit-il, si tu as la foi, Dieu te donnera un fils ! » et, en effet, le 6 août 1682, à onze heures du soir, Louis dauphin de Viennois vint au monde.

Mangon de la Lande (Charles-Florent-Jacques) naquit à Roye le 1er février 1770 ; son père Louis Jacques, ancien officier de la garde du dauphin, blessé à la bataille de Minden en 1759, était controleur des actes à Roye, reçu au bailliage le 19 août 1765. Il avait épousé en premières noces Madeleine Bellot de Rougeville, fille d'un notaire, morte sans enfant, et en secondes noces, Antoinette Hannique, au mois d'avril 1769. Louis Jacques mourut à Roye, le 17 février 1794, des suites de sa blessure; il laissa de son mariage deux enfants, une fille Anne-Charlotte Philippine, mariée à Roye, le 11 janvier 1791, à Lefebvre Dhédancourt, qui fut juge de paix.

Son fils Charles Florent fit avec succès ses études au collège d'Harcourt et après avoir terminé son droit, vint se fixer à Roye, où il succéda à son père dans les fonctions de receveur des domaines, le 21 février 1791.

Le 4 mai suivant, il épousa Mlle Adrienne-Françoise Charlotte de Bazon de Montbérault, native de la paroisse Sainte-Croix de Béthune, âgée de dix-huit ans, fille de défunt Honoré de Bazon, chevalier de Saint-Louis, et de Charlotte de Fiennes.

« C'est cette compagne dévouée qui, concentrant sur
« lui toutes ses affections, devait pendant cinquante-six ans,
« lui rendre tout le bonheur dont lui-même l'entourait. »

Mangon de la Lande demeura à Roye jusqu'en 1796; pendant son séjour dans cette ville, il ne se fit remarquer que par son talent poëtique; nous possédons quelques morceaux de poésies légères dûs à sa plume, les vers sont faciles et pleins d'une spirituelle finesse.

Ce fut plus tard que Mangon de la Lande s'adonna aux études archéologiques; son premier travail date de 1820, c'est un mémoire *sur les Calètes*, et sur la *ville de Lillebonne*.

C'est pendant l'exercice de ses fonctions de receveur des domaines à Saint-Quentin, qu'il se fit connaître par ses travaux archéologiques. Son *mémoire sur les fouilles du Camp de Vermand*, présenté à la Société académique dont il était le président, eut un tel succès, que la première édition étant épuisée presqu'aussitôt sa publication, fut réimprimée par ordre du préfet de l'Aisne. Ce travail valut plus tard à son auteur, une mention honorable de l'académie des inscriptions et belles-lettres.

C'est encore pendant son séjour à Saint-Quentin, qu'il présenta à la Société académique une dissertation sur *Samarobriva*, dans laquelle il entreprend de prouver que la ville d'Amiens n'est pas la *Samarobriva* de César, et que ce nom appartient à la cité de Saint-Quentin. Devant cette contestation inattendue, plusieurs athlètes se jettent dans la lutte pour soutenir les droits d'Amiens ; Mangon de la Lande fait face à tous et publie successivement plusieurs mémoires en réponse à ces réfutations.

Nous ne suivrons pas l'auteur dans cette lutte héroïque dans laquelle paraît l'érudition, la science éclairée de chacun des champions ; jamais question plus ardue ne donna lieu à des débats aussi intéressants, aussi nourris d'arguments. Mais après les savantes recherches de M. Em. Lemaire sur Saint-Quentin, après ses démonstrations logiques et convaincantes, la ville d'Amiens peut seule revendiquer le nom de *Samarobriva*. *(Essai sur l'histoire de la ville de Saint-Quentin).*

Mangon de la Lande n'était pas seulement un archéologue distingué, mais il possédait encore un certain talent poëtique ; nous citerons une intéressante élégie sur le *Paast* ou banquet des échevins de Saint-Quentin, dans laquelle on voit l'origine du *benedicite de Saint-Quentin*. Mangon de la Laude quitta cette ville en 1832, pour passer directeur des domaines à Guéret, et l'année suivante, il fut envoyé à Poitiers, par avancement de classe.

Il créa dans cette ville une société d'archéologie sous le titre de : *Antiquaires de l'Ouest,* il en fut le président, et donna un tel essor aux travaux archéologiques, qu'elle compta bientôt parmi les sociétés savantes les plus recommandables par leurs études historiques.

Il publia dans les mémoires de cette Société une spirituelle anecdote sous ce titre : *Un médecin de Poitiers en 1745.*

Mangon de la Lande, par son savoir et par sa science étendue avait attiré sur lui l'attention du gouvernement, qui le nomma inspecteur des monuments historiques pour le département de la Manche, et le 8 mars 1839, chevalier de la Légion d'honneur. Admis à la retraite l'année suivante, il se retira à Avranches près de son fils ; il trouva dans cette ville une société d'archéologie dont il devint le président. Il prit une part active à ses travaux, tout en continuant d'adresser à ses collègues de Poitiers de nombreuses communications.

Dans la séance solennelle de la Société d'Avranches tenue le 2 mai 1844, le spirituel président lut une pièce de vers intitulée : l'*Archéologue*, dans laquelle il montre les ridicules dont on abreuve l'Antiquaire.

Le climat brumeux d'Avranches ébranla profondément une santé que les longs travaux de l'administration, que des études continuelles, que l'âge même avait à peine altérée : Mangon de la Lande se détermina trop tard à aller résider à Paris, près de son fils Amédé, alors chef d'escadron d'état-major. Les deux années qu'il passa dans la capitale ne furent pour lui qu'une longue souffrance supportée avec tout le courage de l'homme de bien ; sa maladie ne put l'empêcher de se livrer à ses études favorites, et en 1847, il mettait la dernière main à un de ses travaux les plus importants : *Recherches sur l'empereur*

Julien. Cette étude historique est restée manuscrite; la bibliothèque de Roye en possède une copie, ainsi *qu'une Chronique rimée sur le Mont-Saint-Michel*, dues à l'obligeance du général, son fils.

Le 10 juin 1847, Mangon de la Lande expirait sans agonie, avec la pleine jouissance de ses facultés intellectuelles.

Les Sociétés savantes auxquelles il avait appartenu ont publié sa biographie et signalé ses travaux; « sa physio« nomie révélait son esprit, son sourire fin et doux était « l'expression de la pensée spirituelle, tempérée de bien« veillance, d'honnêteté et de sympathie qui forme le fond « de ses vers qu'il disait avec une bonhomie mêlée d'atti« cisme. Comme poëte, c'était du Voltaire mêlé de Lafon« taine. Partout et toujours Mangon de la Lande avait su « se faire aimer, estimer et respecter de tous. » Son nom a pris rang parmi les archéologues les plus distingués; aussi, dans la réunion des Sociétés savantes à la Sorbonne, en 1874, le secrétaire de la section d'archéologie (M. Chabouillet), à l'occasion de la médaille d'or décernée à la Société des Antiquaires de l'Ouest, citait-il Mangon de la Lande comme un savant des plus érudits.

Mangon de la Lande a laissé un grand nombre d'ouvrages; nous citerons :

1° Mémorial sur le département de la Vendée. Récit des événements qui s'y sont passés de 1815 à 1819. — M. S.

2° Mémoire sur les Calètes et sur Lillebonne. 1820. Publié dans le premier volume des Mémoires de la Société des antiquaires de Normandie.

3° Dissertation sur Genabum, ancienne ville de la Gaule, tendant à prouver que cette ville est Gien. 1824. Publié dans les Mélanges d'archéologie, par Bottin. *Paris.* 1831.

4° Essais historiques sur les Antiquités du département de la Haute-Loire. 1826. *Saint-Quentin. Tilloy,* imprimeur.

5° Observations sur un Mémoire de l'abbé de Fontenu, suivies d'un rapport fait à la Société académique de Saint-Quentin, par une Commission chargée de l'examen de ce travail. 1826.

6° Dissertation sur Samarobriva et réponses à MM. Bruneau, Rigollot, de Cayrol. 1825, 1827, 1828, 1829. 4 brochures. *Tilloy*.

7° Mémoire sur l'antiquité des peuples de Bayeux. 1832. *Bayeux*. Imprimerie *Groult*. In-8°.

8° Mémoire sur les Fouilles du camp de Vermand. 1826. Publié dans l'annuaire de l'Aisne de 1830. Tiré à part.

9° Rapport sur les colonnes milliaires de Chauvigny. 1835. Publié dans les Mémoires de la Société des antiquaires de l'Ouest. *Poitiers. Saurin*. 1836.

10° Dissertation sur le Tombeau romain de Varenilla, situé derrière le temple Saint-Jean, à Poitiers. Publié dans les mêmes Mémoires. 1838.

11° Notice sur l'Autel gallo-romain de Bapteresse. Mêmes Mémoires.

12° Notice sur une Tessère en ivoire. Adressée à la Société de Poitiers et publiée après la mort de l'auteur.

Mangon de la Lande était d'une famille du Cotentin dont la noblesse fut confirmée par une charte du mois d'octobre 1576, il avait pour armes : *d'or au chevron de gueules, accompagné de trois gonds de sable au chef d'azur, chargé d'une main d'or sortant de nuages de même, assortie de deux étoiles d'or.*

MANGON DE LA LANDE (Amédé-Charles-Louis), naquit à Roye le 2 juillet 1793 ; il était fils du précédent (Charles-Florent) et de Charlotte de Bazon, qui mourut à Paris, le 1er mai 1862. Amédé commença ses études à Roye et fut envoyé au lycée de Douai, où il obtint de brillants succès; il était destiné à l'Ecole polythecnique, mais entraîné par sa vocation militaire, il contracta un engagement volontaire pour le 20° régiment de dragons, le 12 janvier 1811 ; au mois de mai, il partait, comme brigadier, rejoindre en Espagne les escadrons de guerre, puis fut successivement maréchal-des-logis et de logis-chef. Rappelé en France, il partit pour l'Allemagne en avril 1813 ; promu sous-lieutenant la même année, il fut mis en non-activité par suite du licenciement de l'armée le 27 novembre 1815. Après trois années de repos forcé, Mangon de la Lande fut admis, au concours, dans le corps d'état-major ; détaché au régiment de chasseurs à cheval de la Sarthe, il fut nommé lieutenant au 23e de ligne, puis au troisième régiment d'artillerie et aide de camp du maréchal Borelli, major-général de l'armée d'Espagne. Rentré en France, Mangon de la Lande fut promu capitaine le 11 mai 1828, attaché successivement comme aide de camp aux maréchaux de camp Dhautefeuille, de Véron, Renou de La Brune et au lieutenant-général baron Teste. Comme chef d'escadron, il fut appelé, le 2 novembre 1839, à l'état-major de la place de Paris, et promu lieutenant-colonel le 27 avril 1846, puis colonel le 10 juillet 1848.

Il devint chef d'état-major général de l'armée de Paris et général de brigade le 7 mars 1854 ; il fut admis au cadre de réserve par suite de la limite d'âge, le 4 juillet 1855. Mangon de la Lande était chevalier de la Légion d'honneur depuis le 24 juillet 1823, il fut nommé officier le 26 août 1841, et commandeur le 10 décembre 1851.

Lors de la guerre de 1870, le général fut rappelé à l'activité, et nommé au commandement de la subdivision militaire du Pas-de-Calais ; malgré son âge, il déploya une grande activité dans l'organisation des moyens de défense.

Le général avait épousé à Caen, le 4 mai 1825, Henriette-Hermine-Sophie Legripp, morte à Paris le 17 juin 1873, laissant au général deux fils : Charles et Jules ; ce dernier, capitaine d'état-major, trouva la mort sur le champ de bataille de Sedan, au village de Floing.

Mangon de la Lande mourut à Paris le 10 août 1879 dans sa 87e année. (*Mangon de la Lande, sa vie, ses œuvres*, par E. Coët.)

Masson (Antoine), né à Roye en 1620, était frère de Jacques Masson, qui pendant quelque temps se trouva le doyen des Minimes de la province de France, et qui mourut le 25 janvier 1699.

Antoine entra au couvent des Minimes de Nigeon le 29 janvier 1640 ; ce fut un religieux plein de ferveur, exact à remplir ses devoirs et scrupuleux observateur de la règle de l'ordre. Il termina sa carrière à Vincennes le 9 janvier 1700, après avoir passé cinquante-neuf ans dans son ordre, dont il mérita l'estime et les regrets. Masson avait fait une étude particulière de l'Ecriture sainte, comme le prouvent les ouvrages suivants :

1° Questions curieuses et morales sur la Genèse, expliquées selon les sentiments des Saints Pères et des plus habiles interprètes. *Paris*. 1685. In-12.

2° Histoire de Noé et du Déluge universel. *Paris*. 1687. In-12.

3° Histoire du patriarche Abraham. *Paris*. 1688. In-12.

4° Traité des marques de la prédestination.

Il a laissé encore d'autres écrits « où l'on remarque un « théologien rempli de piété, mais l'histoire des savants « de l'ordre ne les fait pas connaître. » (*P. Daire.*)

Mercier (Pierre), fut baptisé à l'église de Saint-Pierre de Roye le 29 octobre 1620 ; fils de parents peu favorisés de la fortune, il quitta Roye de fort bonne heure, pour aller à Paris chercher à se placer. Il s'adressa à la maison des Mathurins où on le retint pour servir des messes. Quelques années après, lui trouvant de l'esprit et de la sagesse, avec une grande envie d'étudier et beaucoup de dispositions pour apprendre, les religieux lui donnèrent des leçons de latin ; il fit des progrès rapides. On l'envoya ensuite dans un collège de l'Université pour continuer ses humanités et faire son *quinquennium*. Les Mathurins voyant ses succès dans les études et craignant qu'il ne leur échappe, résolurent de le recevoir religieux, sans payer de dot. Après son admission, Mercier fit des progrès plus rapides encore dans ses classes et parvint au doctorat ; il se fit admirer dans les épreuves comme un des écoliers les plus capables qui ait paru de longtemps. Il passa rapidement par tous les degrés de l'ordre et fut en 1654 nommé général des Mathurins ; son choix fut confirmé par le Pape Alexandre VII, au mois de juin de l'année suivante.

Pierre Mercier mourut en 1685, très regretté de son ordre et de tous les savants qui le considéraient comme un théologien distingué. (*P. Daire.*)

MEURISSE (Martin) était fils de Meurisse, maréchal au faubourg de Saint-Médard, et de Françoise Beaupuits. Meurisse commença par aller servir la messe au couvent des Cordeliers de Roye, et fit là une partie de ses études ; lorsqu'il eut atteint l'âge nécessaire, il entra comme religieux profès dans l'ordre des frères mineurs, où il ne tarda pas à donner des preuves de ses heureuses dispositions.

Le jeune cordelier fut appelé à Noyon par l'évêque Charles de Balzac pour y prêcher un Avent et un Carême, ses prédications furent très suivies et eurent d'heureux résultats.

Meurisse se fit recevoir bachelier en théologie ; il professa la philosophie avec un honneur et un succès peu communs ; son mérite seul fit sa réputation. Le programme des thèses de logique soutenues au grand concours des Cordeliers de Paris, aux mois de juin et de juillet 1613 et auquel il présidait, est unique par sa singularité ; le P. Meurisse l'a personnifié dans une estampe d'un mètre de haut sur cinquante centimètres de largeur, gravée par L. Gauthier, l'un des plus célèbres graveurs de ce temps.

Il existe à la bibliothèque de Metz (M. S. 73) une dissertation sur une thèse de Martin Meurisse, intitulée : *Clara totius physiologiæ synopsis* et dédiée à Louis XIII. (1615). Martin Meurisse fut tiré de son couvent pour être sacré évêque de Madaure et suffragant de Metz, sous Henri de Bourbon, prince du saint Empire. A propos de son sacre, Dom Grenier raconte une anecdote qu'il dit tenir d'un petit-neveu de Meurisse, tourneur au faubourg de Saint-Médard. Au moment de la cérémonie, ses consécrateurs traitaient des armes qu'il devait porter ; son père arriva sur ces entrefaites et décida la question en disant : que le maréchal d'Hocquincourt portait des croisillons, et que Meurisse n'avait qu'à les prendre, étant fils d'un maréchal. Ces armoiries *à trois clous d'or posés 2 et 1*, étaient peintes sur un tableau qui se trouvait dans le réfectoire du couvent des Cordeliers de Roye.

En 1623, il consacra la collégiale Notre-Dame-de-la-Ronde dans l'église de Metz, devint administrateur-général du diocèse et fonda les Bénédictins de Montigny.

Après avoir publié plusieurs ouvrages, Meurisse mourut en 1644 ; il fut inhumé dans la cathédrale de Metz, dans la chapelle du Saint-Sacrement ou des évêques ; il était représenté debout sur son tombeau, en habits pontificaux, ayant l'air de dogmatiser. La tête était d'une expression imposante et hardie. Ses armes : (*d'azur à trois croix ancrées d'or posées 2 et 1*), étaient au-dessus de l'épitaphe gravée en lettres d'or sur un marbre noir, la voici :

L'évêque Claude de Rouvroy de Saint-Simon, comte et pair de Noyon, étant mort évêque de Metz le 29 février 1760, fut placé dans le tombeau de Martin Meurisse, on en retira alors une crosse dorée, et une croix en plomb conservée à la bibliothèque de Metz. On y lit l'inscription ci-contre :

Columine destituta, quo virtutū ornamento nudata, et exemplo Domini, privata fuerit ecclesia die XXII augusti, año MDCXLIV, dùm è vivis excessit reverendissimus pater, frater MARTINUS MEURISSE,

natione gallus,
patriâ picardus,
solo royanus,
natalibus parvus,

professione minor,

mētis acumine et eximiis dotibus planè magnus,
magisterio doctor et professor parisiensis,
ministerio suffraganeus ac vicarius gēeralis
metensis, titulo MADAURENSIS EPISCOPUS,
vir inclytus, vir verè religiosus observantiâ.
ecclesiastes zelo,
omni eruditione doctor,
professor perspicuitate,
pontifex sollicitudine.
Franciscanus oblatas opes vidit, ut contēmneret;
episcopus excepit, ut piè effūderet.
Ex minoribus assūptus, et in solio pōtificæ

*dignitatis sexdecī añis cōstitutū, stabat ut
colūna eminebat ut ulmē, effulgebat
ut lumē, hæresim profligabat ut fulmen.
Hujus ecclesiæ præsulū cōtinentē ordinē ab
apostolorū ævo in lucē edidit.; altero volūīn
aperuit quo tēpore quâ re arte hæresis irrōsit.
Corpᵒ ejus infatigabilis, animi labore et doloribᵒ
acutissimis cōfectū, vicino, mādatū est tumulo.
Ut anima in pace quiescat,
ora, viator, et vale.*

I. ✠H. S.

REVERENDISSIMUS . D . D .
MARTINVS . MEVRISSE . EPISCOPVS
MADAVRENSIS . EX . ORDĒ . FF
MINORUM . ASSUMPTUS . EPISCOPATU
METENSIS . SUFFRAGANEUS . ET
VICARIVS
GENERALIS
OBIIT . DIE . 22
AVGVST .
MDCXLIV

Par son testament déposé chez M⁰ Cordier, notaire à Roye, Meurisse légua aux Cordeliers de cette ville, une rente de cent livres, dont soixante-dix devaient être affectées à l'entretien et aux études d'un écolier profès du couvent de Roye, désigné par le père gardien; à défaut de sujet, il devait en être choisi un dans un monastère de la custodie de Picardie. Les trente autres livres étaient destinées à chanter des services dans l'église des Cordeliers pour sa famille et pour lui. Ce digne prélat donna aussi au couvent plusieurs ornements, qui existaient encore en 1788 ; on y voyait son écusson armoirié.

L'obituaire du couvent de Roye portait cette désignation : *Illustrissimus ac reverendissimus pater Martinus Meurisse sacræ facultatis Parisiensis doctor theologiæ, et in conventu magno Parisiensi lector, dein episcopus Madaurensis, fuit hujus conventûs alumnus.*

Martin avait un frère du nom de Charles, qui après avoir été gardien des Cordeliers de Roye, occupa plusieurs places dans divers monastères du même ordre, et qui mourut le 16 juillet 1633, âgé de 37 ans ; il avait gouverné le couvent de Sainte-Claire.

Meurisse a laissé les ouvrages suivants :

1° Apologie de l'adoration et de l'élévation de l'hostie. *Paris.* 1620. In-4°.

2° Rerum metaphysicarum libri tres. Ouvrage dédié à Henri de Bourbon. *Paris.* 1623. In-4°.

3° Tractatus de sanctâ Trinitate. *Paris.* 1631. In-8°

4° Histoire des évesques de l'église de Metz, par le R. P. Meurisse, de l'ordre de Saint-François, docteur et naguères professeur en théologie à Paris, évesque de Madaure et suffragant de la même église. *Metz.* 1634. *Jean Anthoine,* imprimeur. In-folio, de 690 pages, non compris l'épître dédicatoire, la préface, les tableaux chronologiques et la table.

Le livre de Meurisse dont le but évident est de démontrer la souveraineté des évêques de Metz, ne pouvait être bien vu par les magistrats municipaux qui, malgré l'oppression qu'ils subissaient alors, avaient pieusement conservé le patriotique souvenir du pouvoir exercé à une autre époque par « les maîtres-échevins »; ces dignes et seuls chefs de la République messine. Aussi Claude Félix, imprimeur de la ville, conformément aux obligations imposées à sa charge, reçut-il l'ordre formel de ne pas mettre sous presse l'ouvrage que Meurisse lui avait donné mission d'éditer. Félix rendit le manuscrit et perdit le titre d'imprimeur de l'évêché ; Meurisse confia alors son œuvre à Anthoine. L'histoire des évêques a été dès son origine sévèrement jugée ; elle fut surtout critiquée d'une façon fort acerbe dans la préface des *Antiquités de Metz* par Dom Cajot. Ce savant bénédictin prétend que Meurisse n'a que prêté son nom à cet ouvrage ; suivant lui, la préface serait de Jacob Le Duchat, le texte à très peu de chose près, viendrait du chroniqueur Philippe de Vigneulles ; Meurisse n'y aurait mis du sien, « que pour falsifier volontairement quelques chartes contraires à son ambitieux système. » (*Communication de M. V. Jacob, bibliothécaire à Metz.*)

5° Cardinalium virtutum chorus. *Paris.* 1635. In-4°.
6° Histoire d'Olympias diaconesse de l'église de Constantinople. 1640. In-4°.

L'auteur a composé le livre de cette femme célèbre par ses vertus, d'après ce qu'en ont dit Saint-Grégoire de Naziance, Saint-Jean Chrysostôme et autres.

7° Histoire de la naissance, du progrès et de la décadence de l'hérésie dans la ville de Metz et dans le pays messin. *Metz.* 1642. In-4°. Réédité en 1713.

« Le nombre d'éditions qu'on a fait de ce livre sont de solides garanties du bon accueil qu'il a reçu du public. On y trouve un enchaînement de plusieurs affaires curieuses et remarquables par différentes constestations qu'il y eut entre les catholiques et les protestants de Metz ; plusieurs pièces originales pour et contre les deux partis et aussi plusieurs traités d'histoire fort curieux, qui concernent le pays Messin. » (*Journal de Verdun, 1713.*)

Nicole Gilles qui fut secrétaire du roi Louis XII et contrôleur du trésor vers l'an 1500, était natif de Roye.

Nicole Gilles doit sa réputation d'écrivain à ses Annales et chroniques de France, qui ne sont qu'un résumé, qu'une compilation des Grandes chroniques de Saint-Denis. « Nicole était à la fois uu savant et un bel esprit, » son ouvrage eût tant de popularité, qu'il en parut successive-jusqu'à seize éditions. Celle de 1522 est la plus recherchée, la dernière est de 1617.

Un tel succès n'est cependant pas justifié par la valeur de l'ouvrage, car Nicole ajoute aux Grandes chroniques beaucoup de fables et de miracles apocryphes comme : les fleurs de lys apportées par un ange, la dédicace de l'église de Saint-Denis par Jésus-Christ en personne, l'érection du royaume d'Ivetot, en expiation d'un meurtre commis dans l'église par Clotaire Ier, le jour du vendredi saint. Un des passages les plus originaux de ce livre est le portrait de Charlemagne présenté comme une espèce de Gargantua, haut de huit pieds et mangeant à lui seul le repas de plusieurs personnes. « En résumé, l'histoire du secrétaire de Louis XII, dit Aug. Thierry, est totalement dépourvue d'érudition et de talent. » Nicole Gilles mourut en 1503.

La bibliothèque de Roye possède un curieux exemplaire de cet ouvrage intitulé :

Les Annales et Chroniques de France, de l'origine des Français et de leur venue ès-Gaules avec la suite des rois et princes des Galles jusqu'au règne de Charles. *Paris* 1522. In-folio. Gravures.

PARADIS (Antoine) était fils d'Antoine Paradis, boulanger, et d'Anne Lenain, il naquit à Roye le 28 novembre 1782.

Jeune encore il s'engagea le VI nivôse an IX, dans le 19e régiment de dragons. Il prit part à toutes les campagnes de l'Empire, fit la guerre en Allemagne, en Espagne et en Portugal.

Engagé simple dragon, Paradis fut nommé brigadier le 7 mars 1807, maréchal-des-logis le 9 août de l'année suivante, et vaguemestre le 1er juillet 1809. En Espagne, il fut blessé dans l'affaire de Toralba et fut obligé de quitter le service. Il rentra dans son régiment avec le grade d'adjudant, fut promu sous-lieutenant le 28 juillet 1813, et nommé chevalier de la Légion d'honneur, le 4 décembre suivant.

Paradis prit part à la campagne de France ; il fut créé chevalier de la Réunion le 25 février 1814, et fut blessé à la jambe devant Saint-Dizier.

Après l'abdication de l'empereur, il donna sa démission; mais il dut reprendre son service, en vertu d'un ordre ministériel. Licencié le 22 septembre 1815, il rentra dans la vie civile.

Paradis commanda le peloton de la garde nationale de Roye en juin 1848 ; à son retour de Paris, ses concitoyens lui offrirent un sabre d'honneur. Il fut conseiller municipal et membre de l'administration de l'Hospice. Paradis mourut en 1870.

PLINGUIER (Edouard-Antoine), naquit à Roye le 9 floréal an III. C'était un homme spirituel, il avait le vers facile et composa un grand nombre de poésies légères. Il publia dans le *Journal du Santerre et du Noyonnais*, différents articles, et notamment les premiers chants de la *Jérusalem délivrée du Tasse*, traduits en vers burlesques.

Edouard mourut de mort violente le 1ᵉʳ mai 1850, en laissant un quatrain dans lequel il annonçait son intention d'en finir avec la vie.

On a de lui en manuscrit, *un Traité du burlesque*, divisé en sept chapitres.

POPINCOURT ou POUPAINCOURT (Jean), natif de Roye, tirait son nom du domaine de Popincourt donné en fief à sa famille en 1186, par Gosson, abbé de Corbie. Il se livra de bonne heure à l'étude des belles-lettres qu'il préféra à la carrière des armes, à laquelle il était destiné ; puis il alla s'établir à Paris, où il se distingua tellement dans la judicature, qu'après avoir été conseiller à la cour du Parlement, il fut élu premier président en 1399, par Charles VI et installé le 14 avril suivant, par le chancelier accompagné de l'amiral de France. Il dût son élévation à cette haute dignité moins au crédit qu'il avait près du roi, qu'à ses talents et à son savoir.

Popincourt possédait à Paris une maison de campagne dans le voisinage de Ménilmontant, quelques habitants étant venus fixer leurs demeures auprès de celle du président, donnèrent ainsi naissance à un quartier nouveau qui prit le nom de Popincourt, et que le roi Louis XIII réunit plus tard, au faubourg Saint-Antoine.

Popincourt mourut à Paris le 21 mai 1403, d'un excès de galanterie. Il laissa une fille du nom de Blanche, née en 1380, qui en secondes noces, épousa (1410) Simon de Morhier, prévôt de Paris ; elle mourut le 10 décembre 1429, et fut inhumée dans l'église Notre-Dame de Le Mesnil-Aubry ; sa pierre tombale portait des armoiries ; *d'argent à la croix dentelée de gueules, chargée de cinq coquilles d'argent et cantonnée de quatre besants*, qui étaient les armes de Popincourt.

Jean de Popincourt avait par son testament manifesté le désir d'être enterré dans la collégiale de Saint-Florent, dont il était le bienfaiteur ; la cour du Parlement voulut accompagner son corps jusqu'à Saint-Denis. Il avait, en effet, donné à la collégiale quarante journaux de terre, et beaucoup de rentes sur des maisons qu'il possédait à Roye.

En 1518, Jean de Sangters qui était de la famille de Popincourt, devait huit sols au chapitre pour une messe qui se disait pour Jean de Popincourt, à Noël et à la Saint-Jean-Baptiste.

Popincourt (Jean III), seigneur de Liancourt, fut d'abord avocat à Paris, puis conseiller au Parlement en 1455, substitut du procureur général l'année suivante et président des comptes ; il fut nommé par Louis XI qui l'estimait beaucoup, premier président du Parlement. Les chroniques de l'époque parlent souvent de ce magistrat dans les termes les plus flatteurs ; le roi l'envoya comme ambassadeur en Angleterre, et lui confia plusieurs missions importantes.

Popincourt fut chargé d'annoncer au connétable Jean de Luxembourg, seigneur du château de Ham, l'arrêt de la cour qui le condamnait à la peine capitale : « Vous avez été, lui dit-il, criminieux du crime de lèse-« majesté et comme tel êtes condamné à souffrir mort, c'est « à scavoir que vous serez décapité devant l'Hôtel de cette « ville de Paris. »

D'après un document tiré des archives de la Mairie d'Amiens, il semblerait que la famille de Popincourt n'occupait pas dans le pays, la position élevée qu'on lui accorde généralement. Cependant ses membres comptaient parmi les nobles de la province et possédaient beaucoup de biens. Une délibération de l'échevinage d'Amiens citée par M. Dusevel, nous apprend que le président Jean de Popincourt ayant écrit au Corps-de-Ville, pour que son frère qui habitait Amiens, ne payât pas d'Aides, comme noble ; les Mayeur et Echevins lui auraient répondu qu'il leur semblait : « Que son frère dût payer, parce que bien qu'il « se dit noble, toutefois estoit-il que son frère n'avoit été « oncques en guerre servir le roi, ni monseigneur de « Bourgogne, qui est office de noble, et qu'il se tint comme « simple bourgeois. »

Jean de Popincourt mourut le 23 mai 1480, ainsi qu'on le voyait par son épitaphe placée sur son tombeau dans l'église Sainte-Croix de la Bretonnerie.

Il laissa une fille du nom de Claudine qui épousa en 1463, Jean de Plessis, auquel elle apporta en dot la terre de Liancourt (Oise). De ce mariage naquit Jeanne-Charlotte mariée en 1639 à François VII dit de La Rochefoucault, tige des La Rochefoucault-Liancourt, alliée à la maison de Roye.

POPINCOURT (Nicolas) était en 1322, chapelain perpétuel de la collégiale de Saint-Florent de Roye ; il fournit le dénombrement d'un fief de quatre-vingt-trois journaux de terre, en neuf pièces, sis au terroir de Popincourt, et mouvant de l'abbaye de Corbie.

PRÉVOST (Marc-Florent) était fils de Marc Antoine, avocat du roi, et mort le 15 décembre 1754. Florent succéda à son père dans la charge d'avocat au bailliage, dont il obtint des provisions le 16 décembre 1768.

C'est Préyost qui lors de la rentrée du Parlement, prononça devant l'assemblée, le 19 décembre 1774, un discours de circonstance, « dans lequel il fit adroitement « entrer l'éloge de la justice, de la bienfaisance et du « monarque. »

Prévost avait été reçu au Parlement « avec éloges » en janvier 1769, c'était un profond jurisconsulte ; en 1787, il fut nommé par le roi membre de l'assemblée des notables, puis député du Tiers-état aux Etats-généraux le 4 avril 1789, avec Masson, avocat, comme adjoint; enfin membre de l'Assemblée nationale.

C'est comme député qu'il soutint à la Chambre avec une chaleur et une conviction dignes d'un meilleur sort, les droits de Roye au partage des administrations du district; « Les Royens, dit M. de Beauvillé, avaient dans M. Prévost, « le député le plus capable de réaliser leurs espérances. »

Prévost se mettait en rapport avec ses concitoyens et les tenait au courant de ce qui se passait à l'Assemblée. Le 24 septembre 1789, il écrivait de Versailles à son parent Longuecamp, en lui envoyant deux décrets concernant les subsistances : « Nous sommes toujours inquiets « de l'état de nos finances. Le roi et la reine ont envoyé « avant-hier leur argenterie à la Monnaie, c'est, dit-on, « un objet de douze cent mille livres ; dès que l'Assem- « blée en a été informée, elle a député vers le roy pour le « prier de ne pas faire ce sacrifice, mais il a répondu qu'il « le croyait utile pour l'augmentation du numéraire et que « la reine et lui ne mettaient aucun prix à cette privation. »

Après la dissolution de l'Assemblée nationale, Prévost ne reparut sur la scène politique qu'en 1793, par suite de son élection de député du département de la Somme, au Conseil des Cinq-Cents ; la révolution du 18 brumaire l'en fit sortir l'année suivante. Il rentra alors dans la vie privée, et rendit encore des services à la ville.

La famille Prevost est fort ancienne à Roye, elle fut alliée aux maisons les plus considérables de la ville et des environs.

Dans l'église de Sainte-Marguerite de Saint-Quentin, on trouvait au pied de la chapelle de la Vierge, une tombe en ardoise sur laquelle un personnage était représenté avec cette inscritption : « *Pierre Prevost, natif de Roye. Marie de la Marcq, sa femme.* » Sur le mur de la chapelle se voyait une épitaphe portant que les défunts avaient donné une maison située Rue au sel, pour dire chaque jour, après la messe de sept heures, un *salve regina*, et que Prevost était mort le 3 août 1587, sa femme le 29 du même mois 1596.

Prévost François de Roye décéda en 1634, prêtre et chanoine de la collégiale de Saint-Quentin.

Les Prévost portaient : *de gueules à un vol en chef, et une roue en pointe, le tout d'argent.*

Roye. Beaucoup de personnages qui n'appartenaient pas à la famille des seigneurs de Roye, ajoutaient à leurs noms celui de Roye, soit qu'ils fussent nés dans cette ville, soit qu'ils l'habitassent, soit qu'ils y possédassent quelques fiefs.

Il existe encore une famille de Roye qui descend de celle des anciens comtes, représentée aujourd'hui par différentes branches disséminées en Belgique et en Hollande : les de Roye, seigneurs de Binckhorst et les barons de Roye de Wichen.

A Roye même, il y a une famille Deroye qui n'a rien de commun avec les anciens comtes, et qui n'a d'autre justification à donner de son nom, que d'être native de Roye.

Le nom de Roye est d'ailleurs fort répandu, un grand nombre de personnes s'appellent ainsi, sans qu'elles soient nées à Roye, leurs ancêtres non plus ; la commune de Roye n'est pas la seule en France qui porte ce nom.

Ancouf de Roye est cité dans un acte de Philippe-Auguste, daté de Compiègne du mois d'août 1201. Le roi atteste que Raoul de Roye, chevalier, a renoncé aux droits qu'il pouvait avoir sur Ancouf de Roye et sur plusieurs autres hommes.

ASCELINE DE ROYE, d'après un rôle des tailles, tenait à Paris, rue Saint-Victor, la seule fabrique d'encre que possédât la capitale en 1292.

AUBRY DE ROYE fonda à Crapeaumesnil en 1250, un oratoire dépendant de l'église de La Neuville-les-Beuvraignes, sous l'invocation de la Vierge, et qui devint plus tard l'église paroissiale de Crapeaumesnil.

AUBERT DE ROYE faisait partie de la cour du Parlement de Paris sous le règne de Philippe-le-long, en 1316, il appartenait à la Chambre des requêtes ; il est désigné comme clerc dans un rôle de la Chambre.

BAUDOUIN DE ROYE avec Guillaume de la Tournelle et autres grands seigneurs du royaume, intervient en 1220, comme témoin, dans un procès existant entre Phiiippe-Auguste et Guillaume de Seignelay, évêque de Paris, touchant le clos Bruneau.

BAUDOUIN DE ROYE, maître-d'hôtel de Philippe-le-Bel, reçoit le 20 avril 1313, en gratification, le droit de péage que le roi percevait à Pont-l'Evêque. Il fonde avec sa femme Helvide nne chapelle dans l'abbaye d'Ourscamp, pour leur servir de sépulture.

BERNARD DE ROYE, chanoine de Noyelles-sur-Mer, est commis par l'évêque d'Amiens pour accepter la vente de la terre de Pissy, que font à l'évêché Jean de Nouvion et Nicolette de Mailly, sa femme. (*Mailly et ses Seigneurs*, par M. l'abbé J. Gosselin).

FRANÇOIS DE ROYE (saint), naquit à Bruxelles vers la fin de 1548, il était fils de François de Roye et de Barbe Appelmans ; sa famille était établie en Belgique depuis longtemps, elle portait : *d'azur à trois couronnes d'or.*

François entra au couvent des Frères minimes et fit son noviciat à Bois-le-Duc, où il prononça ses vœux et reçut la prêtrise. En 1572, il fut envoyé au couvent de Gorcum, en Hollande ; la ville ayant été prise par les Calvinistes, François fut mis à la torture pour lui faire abjurer sa foi. Après des souffrances inouïes, il fut pendu par ses bourreaux, le 9 juillet 1579.

La béatification de Saint-François de Roye eut lieu le 24 novembre 1675, dans la basilique de Saint-Pierre de Rome. (*Hagiographie diocésaine*, par M. l'abbé J. Corblet, Tome II.)

FRANÇOIS DE ROYE, malgré son nom, ne serait pas Royen, mais Angevin, il était fils de Claude de Roye, conseiller au présidial d'Angers ; il fit dès sa jeunesse des progrès si considérables dans la jurisprudence, qu'il disputa des chaires à Bourges et à Orléans ; il fut professeur de droit à Angers. Louis XIV le nomma professeur à la Faculté de Paris, mais François de Roye s'en excusa sur le mauvais état de sa santé ; il fonda l'académie des Belles-lettres d'Angers et mourut dans le célibat en 1686. (*Moréri*.)

La bibliothèque de Roye possède un ouvrage attribué à François de Roye, intitulé :

Vita hœresis et penitentia Berengarii Andegavensis archidiaconi. *Angers*. M.D.C.LVI. Petit in-4°.

GEOFFROY DE ROYE, bourgeois, fut trois fois mayeur de Péronne, en 1231, en 1233 et en 1235. Au mois de décembre de cette année, Jean, châtelain de Noyon et de Thourotte, le nomma son exécuteur testamentaire.

GEOFFROY DE ROYE, écuyer, qui avait successivement appelé d'une sentence des échevins de Péronne et d'un jugement du bailli de Vermandois, fut débouté de sa demande par un arrêt du Parlement du 12 novembre 1330 ; la Cour lui fit grâce de l'amende.

GILLES DE ROYE. Le surnom de Roye donné à Gilles ne vient pas du lieu de sa naissance, mais c'était celui de sa famille, dit Claude Héméré. Il vint au monde le jour de la fête de Saint-Quentin (1415) et devait porter le nom de ce saint (*Quintinus de Royà*), mais Gilles de Cerisy, son parrain, lui donna son prénom. (*Œgidius*).

GILLES DE ROYE, seigneur du fief de Sauvillers, était prévot de Montdidier en 1351 ; il eut pour lieutenant : Mathieu Vieille en 1352, et Henri Du Cange en 1347. Gilles de Roye habitait Montdidier dans une maison, rue des Juifs, en face du puits ; son sceau représentait : *trois coqs*.

GUY DE ROY fut doyen de la collégiale de Saint-Quentin. (*Cl. Héméré*).

HUGUES DE ROYE était chanoine de la cathédrale d'Amiens ; il fut assassiné à la fin du XIIe siècle, d'après son épitaphe ainsi conçue :

> HUGO ROYENSIS *graviter quem percutit ensis*
> *Ipsius cerebro trajecto vulnere crebro*
> *Haste furente nimis, malo quem stimulabat Erinnys*
> *Luce sub hac cecidit, quis tam crudelia videt ?*
> *Huic lugendum certè nimis, atque dolendum.*
> *Oremus, fratres ! Cum tam male desiit esse*
> *Illius ut culpas purget stips regio jussu.*

JEHAN DE ROYE fut deux fois mayeur de Péronne, en 1238 et en 1242.

JEHAN DE ROYE, archidiacre de Bourbon, est choisi comme arbitre dans un procès pendant entre le chapitre de Saint-Prix et le vicomte de Limoges.

JEHAN DE ROYE figure dans un rôle des membres du Parlement du 3 décembre 1319, parmi les huit clercs, sous le titre de : « Jugeurs des enquêtes » ; il était conseiller aux requêtes et portait l'écu chargé d'*un fretté semé d'aiglettes.*

Jean de Roye, chanoine de Lille, est désigné comme arbitre, en 1319, dans un procès pendant entre le Chapitre de Laon et le Jurage de la même ville. Le 22 août 1321, il reçoit avec Jean de Hallis, chanoine de la collégiale de Saint-Quentin, un mandement, comme clercs royaux, à l'effet de procéder à une nouvelle enquête sur le différend élevé entre le procureur du roi et l'abbé de Sarlat.

Jean de Roye dit le *Bauduain*, chevalier, était capitaine-gouverneur de la ville de Saint-Quentin en 1399, élu par les mayeur et les échevins ; il mourut en 1404.

Lambert de Roye est cité dans une charte d'environ 1144, dans laquelle son petit-fils Dreux, religieux d'Ourscamp, donne à l'abbaye, du consentement de ses frères et de sa sœur Marie, une terre située près de Montdidier. Lambert devait foi et hommage à Gauthier, châtelain de Péronne, pour les biens qu'il possédait dans l'étendue de la châtellenie, et tenus en fiefs du roi.

Odard de Roye assiste avec Jean son frère, comme témoin, à une donation que fait, en 1189, Roberta, épouse d'*Elmarri de Kirriaco*, à l'église de l'abbaye de Saint-Laurent.

Oilbolde de Roye. Robert, fils de Gaultier de Guise, fait don aux moines bénédictins d'Homblières, de quelques biens qu'il possédait au terroir de Courcelles, en reconnaissance de ce que les religieux avaient reçu parmi eux son beau-frère Oilbolde de Roye.

Pierre de Roye est décapité en 1367, sur la place du Marché de Péronne, pour ses démérites. Il possédait à Raucourt un fief qui fut confisqué au profit du roi.

Pierre de Roye, moine de Clairvaux, est qualifié de bienheureux par le P. Daire, mais à tort, dit l'Hagiographe du diocèse d'Amiens. Pendant son noviciat à l'abbaye de Clairvaux, il écrivit une longue lettre insérée dans la : *Bibliotheca patrum cistercum* et adressée au prévôt du chapitre de la cathédrale de Noyon, dans laquelle Pierre de Roye raconte sa conversion, et fait un tableau édifiant de la vie de ses confrères.

PIERRE DE ROYE était en 1694, curé de l'église d'Etalon, paroisse du doyenné de Curchy et du diocèse de Noyon.

RAOUL DE ROYE, fils de Pélerin Hue de Roye, fut le premier chapelain de la chapelle de Marquivillers, fondée dans ce village par Mathieu de Markaivillers, chevalier, le 3 février 1271, jour de Saint-Vincent.

RENNEVAL DE ROYE donne en 1132, à l'abbaye de Prémontré, un tiers du moulin de Bailleul, sous la réserve de quatre muîds de froment.

SAMUEL DE ROYE, juif, est cité dans les registres de la Cour des comptes, pour l'année 1298.

SIMON DE ROYE signe comme témoin dans une charte de donation d'Helwide, abbesse de Sainte-Marie de Soissons, en 1190.

SIMON DE ROYE fait au bureau des finances d'Amiens, le 28 mai 1367, l'aveu et le dénombrement d'un fief sis au terroir de Rancourt (canton de Combles).

THOMAS DE ROYE donne à l'abbaye de Saint-Prix de Saint-Quentin, tout le droit qu'il avait sur des terres situées au village de Dallon. Cette concession fut faite du consentement de Raoul, comte de Vermandois, et d'Albéric de Roye, qui signent à l'acte passé à Roye (*apud Royam*), en 1138. Cette charte, en latin, publiée par Colliette dans ses mémoires sur le Vermandois, porte aussi les signatures de l'évêque Simon, de Hugues, abbé d'Homblières, et de Baudouin, abbé de Saint-Quentin.

Thomas de Roye fut aussi le bienfaiteur de la collégiale de Saint-Quentin ; il était frère d'Eudes de Péronne, sénéchal du Vermandois, et allié à la maison de Roye.

Thomas de Roye, frère du précédent, était chancelier de l'église de Saint-Quentin ; il donna à la Collégiale différents ornements, entr'autres une chasuble et des dalmatiques. (*Claude Héméré.*)

Vagnier (Antoine) de Roye, religieux augustin, qui florissait vers 1640.

Vasset (Jeanne-Françoise), fille d'Antoine Vasset, prévôt royal, naquit à Roye en 1643 ; elle épousa par contrat de mariage passé devant Me Machart, notaire à Amiens, le 27 septembre 1670, Antoine Berthe, fils d'Antoine Berthe, seigneur de Coursebonne, président du Grenier à sel de Roye et trésorier de France à Amiens. Les Berthe de Roye portaient : *d'argent à la bande de gueules, chargée de trois coquilles d'or.*

Le jour même de la noce, au retour de l'église, les époux se séparèrent d'un consentement mutuel ; Jeanne se retira au couvent de la Visitation d'Amiens, où elle mourut religieuse, le 6 décembre 1710.

Antoine Berthe s'enferma dans un séminaire de Paris, où il étudia la théologie ; il reçut la prêtrise et mourut en odeur de sainteté, deux ans avant sa femme.

PIÈCES JUSTIFICATIVES

Charte de la commune de Roye.

1183. — In nomine Patris et Filii et Spiritus sancti. Philippus, Dei gratiâ, Francorum rex, omnibus has litteras inspecturis notum facimus, quod nos burgensibus de Roiâ communiam concessimus, et eis ad laudem et gloriam et honorem ecclesiæ, sanctorum que Georgii atque Florentini, et salvo ejusdem jure et nostro et hominum nostrorum ad has consuetudines quæ in hâc chartâ scriptœ sunt statuimus et eas firmiter et inconcussè tenendas assecurari fecimus.

1. — Cum primo communia acquisita fuit, omnes communiæ Roïæ pares, omnes que clerici salvo ordine et jure suo, omnes que milites, salvâ fidélitate nostrâ et jure suo, firmiter juraverunt.

2. — Communia itaque in hunc modum statuta est. Quod homines communiæ cum omnibus rebus suis liberi permaneant ; nec nos aliquid, nisi recto judicio scabinorum, super eas clamare possimus, nec nos, nec alius super hominem de communiâ mortuam manum clamabimus.

3. — Si quis intraverit communiam, salvo corpore suo et rebus suis et pecunia sua permaneat, nisi sit de potestatibus nostris, aut de placito burgi : nec aliter domino de forisfacto respondeat, nisi de suo cavagio.

4. — Si quis tenevram aliquam in pace anno et die tenuerit, deinceps liberè et quietè possideat, nisi aliquis qui extra provinciam egressus fuerit, aut aliquis nondum emancipatus super hoc clamorem fecerit.

5. — Si quis forisfactum fecerit, de quo clamor in præsentiâ majoris et juratorum factus sit ; major recto judicio juratorum super hoc emendationem accipiat talem, quod domus forisfactoris diruetur si major voluerit.

6. — Et si major redemptionem accipiet de domibus diruendis, hujus redemptionis medietas erit nostra, et alia burgensium. Nos autem nullum bannum facere poterimus super res burgensium, nisi assensu ipsorum.

7. — De forisfacto autem bannorum quos major et jurati fecerint, nos unam medietatem habebimus, et burgenses aliam, salvo vini foro, quod nostrum est et salvis nostris redditibus.

8. — Si de forisfacto bannorum, vel redemptione domorum diruendarum, burgensibus non credidimus quod ad bonam fidem nobis fuerint, major cum tribus juratis, jurabit super sanctas reliquias quod nulli pepercerint in diminutionem nostri commodi nec indè ultra super eos clamare poterimus.

9. — Forisfactor autem si domum non habuerit quæ dirui debeat recto judicio juratorum, pro forisfacto comprobato à villà bannietur, nec pro hâc justitiâ nobis fiet emendatio.

10. — Si quis extraneus, sive miles, sive serviens, sive rusticus, forisfactum fecerit, major eum de hoc forisfacto submonere debet: et nisi ad mandatum majoris venerit, major et homines villæ ad diruendam domum ejus exeant. Quod si sit adeo fortis ut vi burgensium dirui non possit, ad eam diruendam vim et auxilium conferimus; excepto hoc quod forisfactor fuerit de feodatis nostris, domus ejus non diruetur, sed vetabitur ei villa donec ad satisfactionem venerit, ad arbitrium majoris et juratorum.

11. — Si quis alium intrà villam interfecerit, ubicumque malefactor inventus fuerit de ipso vindicta accipetur; et si domum habuerit diruetur, reliqua ejus pecunia nostra erit; et si capi non poterit, à villà perpetuo bannietur.

12. — Si quis aliumquem odio habuerit alicubi persequatur, et ei insidietur aut eum interficiat, à villà bannietur in æternum et si domum habuerit, diruetur, et alia bona ejus nostra erunt.

13. — Si major et jurati quempiam bannierint, qui post bannum in villam redierit, de eo vindicta, sinè emendatione nobis exhibendâ, capiatur.

14. — Si super burgensem de forisfacto clamorem fecerimus et nequaquam ei per duellum rem faciemus comprobari; sed burgensis super hoc forisfacto recto stabit judicio scabinorum, eo que se defendet, nisi aliquis clamator forisfactum recto judicio eorumdem disrationare possit, et talis sit clamator quis disrationare sufficiat.

15. — Serviens enim noster hominem de communiâ per vadia non poterit appellare. Si super burgensem forisfactum nostrum assequi poterimus, burgensis à nobis tamen cathenari poterit, nec alio vinculo

stringi, nec extrà villam duci debet, nec aliquis custodum ab ipso victum accipiet, quamdiù captivus tenebitur, nisi pro multro, aut furto captus sit, vel pro raptu, aut proditione, vel homicidio, vel aliquo hujusmodi criminum.

16. — Postquam nox erit nemo de communiâ de catallo, vel forisfacto submonebitur.

17. — Si quis suam teneuram tenuerit de quâ vis ei inferatur, major reddet ei aut hæredi suo teneuram, undecumque sit de hæreditate, aut de alio jure; itạ ut destitutus restituatur, deinde causa ubi tractari debuerit tractetur.

18. — Quidquid à bigis aut quadrigis accipitur ad faciendam calceatam detur. A bigâ non ferratâ, obolus accepi debet, et à ferratâ denarius, et à ferratâ quadrigâ duo denarii, et à non ferratâ unus denarius.

19. — Si uxor alicujus burgensis sinè concessione mariti sui fidejubere præsumpserit, fidejussio illa stare non debet. Si vero pro viro suo fidejussionem subierit, quamdiù in mercaturâ vel in peregrinatione morabitur mulier de eâ re non submonebitur, nisi ipsa mercaturam exerceat.

20. — Si majorem aut homines villæ de re quæ ad nos pertineat submoneri fecerimus, causa intrâ villam Roïæ recto judicio scabinorum finietur, nisi sit aliquis qui feodum à domino suo teneat.

21. — Si rusticus extraneus causâ intrandi communiam, in villam venerit, de quocumque districto sit, quidquid secum adduxerit, salvum erit; et hoc quod districto domini sui remanebit, domini erit, exceptâ hæreditate, si hæreditatem illam, sive hærediter vel ad censum tenuerit.

22. — Si vero aliquid sub districto alterius habuerit, dominus ejus clamorem non faciet super hoc, et quod secum adduxerit quocumque voluerit liberè remittet: ipse itiam et res ejus ubicumque voluerit morari liberè poterit.

23. — Si quis venale suum in domo suâ vendiderit, et rusticus superveniens vim super hoc faciens asportare voluerit, burgensis eum potest detinere donec catallum suum habuerit; et si super hoc aliquid forisfactum fecerit, nullam emendationem ipse vel auxiliatores ejus facient.

24. — Si vero burgensis in aliquâ villâ intrâ terram nostram habuerit terram aut aliud, et illuc causâ negotiationis ierit, de aliquo submoneri non debet, nisi tantum de redditu terræ.

25. — Servientes communiæ et illi qui portas villæ servant, nulli respondeant justitiæ pro catallo, nisi coràm majore et juratis.

26. — Servientes clericorum qui in domibus eorum ipsis serviunt et de pane ipsorum clericorum vivunt, nulli debent justitiæ respondere pro catallo, nisi per decanum et ipsos clericos.

27. — Burgensis qui de nostro districto ad alium districtum fugiet, extra illud ad quod fugerit tentus per justitiam nostram et scabinos persequatur justitiam.

28. — Si quis furem cum furto ceperit, justitiario nostro coràm scabinis reddere debet, ita quod nequaquam burgensis de fure quem ceperit ultra se immisceat ; sed major et jurati furem in pilorico poni jubebunt ; deinde justitiarius noster faciet inde justitiam.

29. — Quandiu puer aut juvenis aut adolescens sub tutelâ patris sui, aut matris suæ, aut alicujus hominis moratur, nulli debet domino cavagium, nec alicui debet justitiæ respondere, donec proprium habeat catallum de quo lucretur.

30. — Quando major et jurati ad congregandos homines villæ pro negotiis suis, campanam sonare faciunt, si fortè aliquis justitiam vitans simul advenerit, illuc venire et ad domum suam liberè redire poterit.

31. — Si nos in villam Roïæ nuntium miserimus mandantes ut homines villæ parati sint ire in expeditionèm nostram, quandiu arma sua quarent nulli justitiæ respondebunt.

32. — Burgensis de communiâ qui homini intrâ villam catallum crediderit, à debitore creditor extra villam exigere non potest.

33. — Si homo de communiâ hominem de communiâ per vadia appellaverit, per se ipsum, aut per advocatum qui sit de communiâ respondebit. Nullus ab utrâlibet parte erit advocatus qui non sit de communiâ.

34. — Si vavassor aut serviens burgensi catallum debeat, et justitiæ nostræ recto judicio scabinorum stare nolit, major eum debet ad hoc cogere ut infrâ quindecim dies talem habeat dominum qui pro catallo burgensis recto judicio stare faciat. Quod nisi fecerit coram justitiâ nostrâ et scabinis nostris de eodem catallo prosequatur justitiam.

35. — Si homo extraneus qui burgensi catallum debeat intrâ villam venerit ; burgensis, sinè forisfacto, eum detinebit, ità qond non tractet turpiter, donec justitiarius noster ad eum veniat et eum detineat : et si extraneus burgensi super hoc vim inferre voluerit, nullum burgensis in hoc aut auxiliatores ejus forisfactum facient.

36. — Ubicumque burgensis pro catallo à milite habendum acceperit, sinè forisfacto, accipiet : et si miles negaverit, burgensis justitiæ nostræ recto judicio scabinorum illud disrationare debet.

37. — Ubicumque major et jurati villam firmare voluerint, in cujuscumque sit terra absque forisfacto firmabitur.

38. — Nos monetam mutare non possumus nisi assensu majoris et juratorum ; sed si eam prout necesse sit, sufficientem non viderimus,

et non leviorem quàm anteà fieri permittemus, veteremque cum novâ currere faciemus.

39. — Quicumque venale suum vendiderit et emptor venditorem ad solvendum catallum suum secum duxerit, et statim ei solvere noluerit; major venditori, sinè dilatione, solvi faciet catallum si ante eum clamor venerit.

40. — Nullus panifex panem faciet nisi ad obolum.

41. — Nullus de communiâ respondere debet personæ christianitatis extra villam; sed tantum coràm decano Roïæ et capitulo, burgenses de communiâ respondere debent; et si aliquis extrà capitulum, sive extrà villam burgenses appellaverit, super hoc eos tuebimur, quandiu qui appellatus justitiam non vetaverit per decanum Roïæ, in capitulo.

42. — Si quis gastellos vel flatones, vel hujusmodi, quæ villæ noceant fecerit, major poterit prohibere nè amplius fiant.

43. — Hæc est voluntas nostra ut in foro construatur hala ad vendenda ibi mercimonia. Nos autem medietatem sumptuum ad prædictam halam faciendam et reparandam apponemus et medietatem proventuum percipiemus, et burgenses similiter medietatem apponent et medietatem percipient.

44. — Si burgensis operarium conduxerit et mercedem statim solvere noluerit, major, sinè dilatione, operario mercedem reddi faciet.

45. — Burgensis poterit sinè forisfacto manere extra villam à Purificatione beatæ Mariæ usque ad exitum aprilis pro suo martio et à festo sancti Joannis-Baptistæ usque ad festum sancti Martini pro suo augusto.

46. — Si major aliquem submonuerit, liberè poterit qui submonitus est ante majorem venire, et ad domum suam redire.

47. — Si burgensis fuerit atemptus de catallo, vel forisfacto quod nos super eum disrationaverimus; nec uxor ejus nec vestes quibus induetur super hoc capi poterunt.

48. — Burgensis ubicumquè submonebitur, nisi sit in templo aut in atrio. Et si in domo, aut in viâ, aut alibi non inveniatur, in domo in quâ manebit fiet submonitio quam si audierit vel scieret accedet; si vero nec audierit nec sciverit primâ die postquam sciverit, accedet et jurabit se non audisse vel scivisse submonitionem, satimque prosequetur justitiam. Servienti nostro tanquam nobis ex omnibus agendis respondebitur.

49. Si aliquis burgensis ut uxor ejus alicui filatrici lanam commiserit filandam, sub mercede, et filatrix filata pignori obligaverit ultra quàm in filando deservient; major communiæ, pro debitâ tantum mercede, filata reddi faciet ei cujus extiterit lana.

50. — Si quis pannos alicui paratori commiserit ad parandum, non poterit parator ponere eos in vadium pro majori pretio quam merces et ultra quam mercedes parandi se habeat ; et si plus per invadiationem inde acceperit, major pannos reddi faciat, salvâ tamen mercede paratoris.

51. — Si major et jurati aliquem bannierint, non poterit redire in villam nisi assensu nostro. Et nos possumus reducere bannitum quandocumque voluerimus ; et si fortè eum reduxerimus, bannitus quadraginta solidos emendationem faciet communiæ, solvet que catallum si fortè alicui debuerit.

52. — Si quis clamorem de forisfacto sibi illato nobis aut servienti nostro fecerit, major et jurati querelam nequaquam super hoc facient, vel movere poterunt, nisi forisfactum apertum fuerit et si domus ejus ob hoc diruitur et nos ab hominibus villæ aliquid fecerimus, et testibus credere noluerimus, major et tres jurati jurabunt quod pro clamore quem burgensis nobis aut servienti nostro fecerit, illud damnum non fuerit illatum.

53. — Si super burgensem clamorem fecerimus, nequaquam super eum amplius quam sexaginta libras clamabimus, nisi pro multro, vel furto, vel raptu, vel proditione, vel pro aliquo hujusmodi crimine, et eum super hoc quod habebit in villâ aut in districto in quo manebit, dimittemus abire, nec alium dabit fidejussorem burgensis donec causa finiatur.

54. — Si vero omnes clerici qui non tanquam clericis se habent, sed uxorati vel mercaturam vel fenebrem pecuniam exercent, si super hoc possunt convici, sint de communiâ et servitium nostrum faciant tanquam homines de communiâ.

55. — Homines autem qui in villâ sont accisi feodum tenentes, qui ingenuos se faciunt et milites non sunt, volumus et præcipimus ut de communiâ sint vel villam vacuent, nisi feodum de nobis teneant.

56. — Si qua vilis aut inhonesta persona aliquem virum probum aut mulierem turpibus conviciis inhonestaverit, liceat alicui probo viro de pace, si supervenerit illum objurgare et uno aut duobus colaphis eum sinè forisfacto ab importunitate suâ compescere.

57. — Sed si pro veteri odio eum percussisse criminatus fuerit, si percussus clamorem inde facerit, percussor super sanctas reliquias jurabit quod non pro veteri odio eum percusserit, sed tantum pro eo ab importunitate suâ compescendo.

58. — Quicumque ad forum nostrum in villam venerit, salvum ire et salvum redire habeat, ita quod nec ipse, nec res ejus capiantur aut disturbentur nisi ipse catallum debeat, vel nisi ipse forisfactum pro quo à villâ sit bannitus, vel nisi in præsenti forisfacto fuerit deprehensus.

Quod ut ratum in perpetuum inconcussa permaneant præsentem chartam sigilli nostri munimini formari jussimus.

Actum Compendii anno ab incarnatione domini millesimo centesimo octogesimo tertio. Anno regni nostri tertio. PHILIPPUS.

Une copie extraite par Dom Géron d'un manuscrit conservé à la bibliothèque publique d'Orléans, donne à cette charte la date de 1197. « Je ne « sais quelle confiance mérite cette date, dit M. L. Delisle dans une note « du cartulaire des actes de Philippe-Auguste, dans tous les cas, le « chiffre 17 est fautif, il faudrait 18 ou 19. Bréquigny (ordonnance XI, 228 « et table des diplômes IV, 47), ainsi que M. Pardessus. (Table chrono- « logique des ordonnances, p. 95), ont classé la charte de Roye à « l'année 1183, »

Bulle du pape Luce III par laquelle il prend sous sa protection l'église de Saint-Florent et ses possessions.

1184. — Lucius, episcopus, servus servorum Dei, dilectis filiis Bernardo decano, canonicis Roiensis ecclesiæ, et præsentibus, et cânonicè substituendis in perpetuum effectum. Justa postulantibus indulgere et vigor æquitatis, et ordo dirigit, orationes præsertim quando potentium voluntas et pietas adjuvat, et veritas non relinquit; quapropter, dilecti in Domino filii, vestris justis clementer postulationibus annuentes, et prefatam Royensem ecclesiam in quâ divino mancipati estis officio, sub beati Petri et nostrâ protectione suscipimus, et præsentis scripti committimus, statuentes ut quascumque possessiones, quæcumque bona eadem ecclesia impræsentiarum justè et canonicè possidebat in futurum concessione pontificum, largitione regum vel principum, oblatione fidelium seu aliis justis modis, præstante Domino, poterit adipisci, firma vobis, vestris-que successoribus, et illibata permaneant. Inquibus hæcpropriis ducimus exprimenda vocabulis :

Quidquid habetis intrà habitum Royæ et extra ex dono bonæ memoriæ Herberti quondam comitis Viromandensis, ecclesiæ vestræ fundatoris, et Ermangardis uxoris ipsius. Quidquid habetis in potestate Sancti Georgii, in potestate Sancti Petri. Quidquid habetis apud Thoulam. Quidquid habetis apud Andechiam. Quidquid habetis in molendino Galerii, in molendino de Bracheuil, et in aliis molendinis. Quidquid habetis apud d'Avenescourt. Quidquid habetis apud Raisinviller, Hangest, Harviller, Méharicourt, Lehunum, Froissier, Campuni, Manicourt, Nigellam, Marché, Carepuy, Villers,

Fresnières, Canny, Belleriam, Conchy. Quidquid habetis apud Bernastrum, et in aliis locis, ecclesiam Santi Petri cum omnibus pertinentiis, ecclesiam Sancti Ægidii cum omnibus pertinentiis, ecclesiam Sancti Medardi, cum omnibus pertinentiis.

Sive novalium universorum quæ propriis manibus aut sumptibus colitis, sive de nutrimentis animalium universorum, nullus à vobis decimas extorquere præsumat. Cum autem generale interdictum terræ fuerit, liceat vobis, januis clausis, ecclesiis excommunicatis et interdictis, non pulsatis campanis, voce submissâ, divina officia celebrare. Inhibemus quoquè nè quis in vos vel ecclesiam vestram excommunicationis, vel interdicti sententiam, sinè manifestâ et rationabili causâ, promulgare præsumat. Ad hæc libertates et immunitates à personis tàm ecclesiasticis quàm mundanis ecclesiæ vestræ consuetudines hactenus observatas, illibatas manere præsenti dicto sencimus. Inhibemus insuper nè ecclesias, aut terras, aut quodlibet beneficium ecclesiæ vestræ collatum liceat alienis personaliter dari, sive alio modo alienari, sinè consensu totius capituli, aut majoris aut sanioris partis ejusdem ; si quæ vero donationes, aut alienationes aliter quàm dictum est factæ fuerint, eas irritas esse censemus, pacique et tranquillitati vestræ paternâ volentes sollicitudine providere, auctoritate apostolicâ prohibemus intrà claustrum domorum vestrarum nullus violentiam, vel rapinam seu furtum admittere, seu ignem apponere, hominem capere vel interficere audeat.

Decernimus ergo ut nulli hominum fas sit præfatam ecclesiam temerè perturbare, aut ejus possessiones auferre, vel ablatas retinere, minuere, seu quibuslibet vexationibus fatigare ; sed omnia integra conserventur eorum pro quorum gubernatione ac sustentatione concessa sunt usibus omnimodis præfutura salvâ sedis apostolicæ auctoritate, ac diocesani episcopi canonicâ justitiâ. Si qua igitur in futurum ecclesiastica, secularisvepersona hanc nostræ constitutionis paginam sciens contra ipsam temerè venire tentaverit secundo, tertio-ve commonitu, nisi erratum dignâ satisfactione correxit, potestatis, honorisque sui dignitate careat, reumque divino judicio existere, perpetratâ iniquitate, cognoscat, et à sacratissimo corpore et sanguine Domini redemptoris nostri Jesu-Christi aliena fiat, atque in extremo examine divinæ ultioni subjacet ; cunctis autem eidem loco jura servantibus sit pax Domini nostri Jesu-Christi ; quatenus et hic fructum bonæ actionis et apud districtum Judicem præmia æternæ pacis inveniat. Amen.

Datum Verul, per manus Alberti, sanctæ romanæ Ecclesiæ presbyteri, cardinalis et cancellarii, quarto decimo kalendas maii, indictione secundâ,

Incarnationis Dominicœ anno millesimo centesimo octuagesimo-quarto, pontificatûs vero Domini Lucii tertii, papæ, anno tertio.

(*Archives de Roye, titres de Saint-Florent,*)

Charte de Richard, évêque d'Amiens, concernant la paroisse de Toule.

1205. — Richardus Dei gratia Ambianensis episcopus ad quos præsentes litteræ pervenient salutem in domino. Cum inter nos ex unâ parte et Roiensem ecclesiam ex alterâ super juridictione et villæ Roiensis querela veneretur discretis viris mediantibus et maximè de consilio arbitrorum quos compromissamus suprà hoc modum. Decanus Roiensis ecclesiæ debet tenere ab episcopo Ambianense curam totius Roiæ excepta parochia de Tole, ubi presentationem decanus fecit et capituli sacerdos curam recipere debet ab episcopo, etiam decanus cum capitulo habet justitiam omnem in clericis sui chori, nisi ad episcopum fuerit appellatum et nisi aliquis eorum itur ad depositionem. Item in omnes laïcos Roiæ habet decanus cum capitulo juridictionem, excepta parochia de Tole et potest excommuniare et absolvere presta cautione juxta formam ecclesiæ, clerici et laïci possunt appellare ad episcopum, et episcopus omnes laïcos et clericos qui non sunt de choro Roiense potest in omni causâ citare quamdocumque voluerit sive consilati à decano, sive non super eodem articulo et tenebantur coram eo litigare, decanus vero cum capitulo non potest cognoscere de causâ inter laïcos sive clericos de causâ devotiâ mora sive antè contractum matrimonium vel post sive heresios. Sed hœc ad solum episcopum pertinebit. Item. Emolumentum quod et justitiâ sive excomunicatione ferenda vel lata quocumque modo de villa Roiense procedit particietur ita quod episcopus duas partes decanus vero cum capitulo tertiam habebit, si ab archidiacono Ambianensi se patuerint expedire sive illa excommunicatio facta sit ab episcopo sive à decano cum capitulo sive causa ad episcopum fuerit per appellationem delata, sive non. Item. Decanus cum capitulo non potest deferre excommunicationem malitiosè nec pro lucro suo nec pro domino episcopi. Item. Episcopus non poterit alium officialem ponere Roiæ quam decanum vel ejus vicarium qui simonidatum episcopi neglexerint, qui emendabant et episcopus poteret litare per quemcumque alium voluerit illam personam.... illicitare neglexerint, si vero decanus convictus fuerit contrà aliquem istorum articulorum venisse, licebit episcopo alium ponere officialem canonicum scilicet Roiensem de concilio quum in duobus vero capellanis parrochialium ecclesiarum Roiæ sanctorum Petri et Georgii decanus cum capitulo plenam et liberam habebit justitiam nisi pro criminale causà, tum episcopus erit cohertio, servato juris ordine. Preterea si aliquis excommuniatus fecerit pro detentione, reddituum Roiensis ecclesiæ licebit decano et capitulo in consulto episcoporum poterit absolvere, sive pœna pecuniaria et si aliquid indè receperirit duas partes habebit episcopus. Omnia ista facta sunt et affirmata salvo jure archidiacum Ambianensis signum habet et iste decanum et capitulum omnia ista jurant de bonà fide observaveros et quilibet decanus idem jurabit capitulo in suâ institutione vicarius vero decani, item jurabit episcopus quando eum ponet, has vero supradictas conventiones in cyrographum devidentes scriptas fecimus commendàri et tam nostri quam Roiæ ecclesiæ sigilli munimine roboraris. Anno domini incarnationis mil ducento vero quinto, mense januario.

(Archives de Saint-Florent.)

Dénombrement concernant le droit de péage et de pontenage dans la ville de Roye.

1340. — C'est le dénombrement d'un fief que je Jehan d'Abancourt, seigneur de la mairie de Warloy (Baillon), tieng et avoue tenir noblement de haut et puissant seigneur Monseigneur Mathieu de Roye, de Guerbigny et de Muret, à cause de sa terre et seigneurie de Roye, de tout un fief ainsi qu'il s'étend et comporte nommé le fief Maigneliers qui s'appelle le pontenaige de Roye par le relief de marché, de hoir, à autre de ligne collatérale, c'est à scavoir : la valeur et revenu d'un fief, dudit fief et pontenaige, la prisiée de l'une des trois années faites par aultres hommes de fief dudit s' de Roye, en la manière accoutumée et de père à fils ou fille, en ligne directe et en ce qui dépend de la ligne directe xx sols parisis de chambellage tant seulement avec le quint denier des ventes quand elles y échoient, et par hommage de bouche, de main et en payant et servant les plaids de quinzaine en quinzaine en la cour de mondit seigneur quand j'y suis suffisamment ajourné.

C'est à scavoir : que j'ai droit de prendre, avoir et recevoir, à cause dud. fief de pontenaige, sur tous chevaux, jumens et austres bestes quevalines, mules, mulets, ânes, ânesses passant ou repassant sur le pont-Avre, soit chevaux de harnais ou aultres bêtes quevalines et harnaquées ou non tirant à car, carette, portant à somme, soit seul ou accompagné en tel nombre qui passent ou passeront ledit pont, venant au marché de Roye, ou autrement. C'est à scavoir : de chacun desd. chevaux, un denier parisis ; et sur toutes bestes à pieds fourquiés passant dessus ledit pont venant ou non au marché de Roye j'ay droit de prendre cueillir ou recevoir, c'est à scavoir : des moutons, brebis et autres bêtes à laine et des truyes et pourcheaux, de chacune bête, une maille parisis. Et aultres ay droit et sont tenuz toute personne passant de pied sur le pont, portant à son col quelques denrées ou marchandises, soient tenues pour le droit de pontenage de dire chacun et pour chaque fois, une patenote à l'église de Saint-Gilles seant au faubourg. dudit lieu de Roye en despriant Dieu pour ceux à qui le pontenaige apartient. Item j'ay encore droit de prendre, avoir, cueillir et recevoir à cause de mond. fief de pontenaige, sur tous chevaux, mules, mulets, ânes, ânesses et autres bêtes quevalines, passant la rivière d'Avre, au dehors dudit pont du faubourg, et au terroir dudit lieu de Roye tant à un lès comme à l'autre desd. chevaux et autres bestes étant de tel état que dit est, qui passent et repassent par le faubourg, par le chemin qui est dit le chemin qui mène dudit lieu de Roye à Noyon et marchés d'Amiens, Corbie ou Bray, c'est à scavoir de chacun desdits chevaux : une maille.

Et n'est mie à oublier que nuls de quelquétat quils soient ne peuvent, ni doivent cueillir ledit pontenage, sinon moy ou personne de par moy ayant le pouvoir de ce faire lequel droit de pontenage se doit demander de par moy ou mon commis, à ceux qui le doivent et s'ils sont sans le payer chacun et par chacune fois ledit pontenage, ils écheunt en l'amende de soixante sols parisis avec mon droit de pontenage en laquelle amende de soixante sols j'ay droit d'en avoir la moitié et le prevot forain l'autre moitié. Et sont tenuz lesd. délinquans et mêmement s'il y avait aucun desdits gens de pied passant par le pont portant à son col comme dessus est dit, quils fussent refusans après ce qu'on leur auroit dit et commandé qu'ils disent la patenote ils s'en étaient refusés, pour chacune fois soixante sols parisis d'amende. Pour laquelle amende et perchevoir led. prevot de Roye est tenu de faire poursuivre ainsy et par la manière qui s'en suit, en laquelle amende, ne doit avoir que la moitié et l'autre moitié à moy, avec mon droit, comme dit est.

Et pour le droit de pontenaige, poursuivre et demander, j'ai en mond. commis, à cause de mon droit seigneurial et mêmement led. prevot de Roye, nous ensemble être trouvé, tant en allant le chemin de Paris qu'en icelle ville, le chemin de Flandre jusqu'à Bruges, le chemin de Noyon jusqu'à Noyon, et pareillement jusqu'aux lieux d'Amiens, de Corbie, de Bray et de partout ailleurs quelconque chemin quils tiennent et veuillent tenir jusques à lieux de Paris, de Bruges, et au pays d'environ, et par tous les lieux et limites de la prévoté de Roye, pourvu que ladite poursuite se fasse par dedans sept jours et sept nuits, comptant dudit jour de pontenaige ainsi poursuivi par toutes les limites dessus dites prises et apprehendez par dedans le jour dessusdit ramenés audit lieu de Roye, à leurs dépens, ils sont et doivent être tenuz de l'amende à la main du prevot, l'amende de soixante sols parisis et à moy payer le droit de pontenaige.

Et ne peut led. prevot supposé quil reçoive ladite amende soit en mon absence, soit en ma présence, ou de mon commis quitter ni diminuer aucune partie de mond. droit de l'amende ou de pontenaige, si ce n'est de mon autorité et consentement ou de mond. commis. Sur lequel fief de pontenaige, le chapelain de Saint-Ladre a droit de prendre et luy sont tenuz payer les possesseurs dudit fief, dix sols chacun an, au jour de Noël, pour ce quil est tenu, chacun an, de dire un obit dont il doit faire apparoir.

Et je suis tenu, à cause de mond. fief de pontenaige de cuider et retenir ledit pont et pour ce payer le tiers denier de tous frais, mises et loyaux coustement, qui à cause de ladite retenue et réfection d'icelui se peut encourir à l'encontre du Roy notre sire et ceux qu'il appartient.

Et s'il y avait une grande affaire et auparavant cette affaire, j'eusse offert à payer mon tiers et requis qu'il fut refait. et s'il y tint aux autres et non à moi, on ne peut empêcher en rien mon droit, fors faire payer mondit tiers denier. Et à cause d'icelui fief, je suis tenu de servir les plaids de mond. seigneur quand j'y suis suffisamment appelé et ajourné.

(Archives de la ville.)

Lettre du roi Charles VI concernant les droits de péage de la ville de Roye.

1393. — Charles par la grâce de Dieu, roy de France à nos amez et feaulx les gens de nos comptes et trésoriers à Paris salut et délection, notre procureur général en notre cour du Parlement nous a exposé que comme de long et ancien temps et de tel qu'il n'est mémoire de contraire, tous avoirs passans de Flandre en France ou en Bourgoigne ou en Champaigne ou oultre les monts ou en Provence soyent tenuz de passer et les conduiseurs diceulx pour ce, paier acquit et paâge à Bapaulme et semblablement les avoirs venans de France ou de Bourgoigne ou d'aucun des autres païs dessusdits et que l'on mène audit pays de Flandres doyvent aussy paage et passage audit lieu de Bapaulme, aucuns exceptés qui vont par quelques lieux que il leur plait, en payant toute fois les coutumes anciennes, et jaçoit ce que tous les avoirs qui doivent paages ou passages ou paages seulement en icelle ville de Bapaulme le doyvent pareillement en nos villes de Péronne, Roye et Compiègne, selon certains arrêts du Parlement, registres et usages anciens sur ce fait ; néanmoins plusieurs marchands et aultres pour frauduleusement usurper le droit qui nous y apartient à cause de nos paages d'icelles villes de Péronne, Roye et Compiègne ont mené au tems passé et font mener chacun jour audit pays de Flandres, leursdits avoirs par d'autres chemins que par nosdites villes et les avoirs quils ont chargies en Flandre pour mener en France ou en Bourgoigne ou en Champagne, ou outre les monts ou en Provence ont fait et font charier, mener et conduire par Esclusiers, par Cappy, par Bray, par Corbie, Amiens, Abbeville, Pont-à-Nouvion par Chaalons, par Reims et par plusieurs aultres lieux et destroits de notre royaume tant par eau que par terre, sans passer par nosdites villes de Peronne, Roye et Compiègne ni payer en icelle le paage et acquit quils nous en doivent, par quoy lesdits paages qui sont de nostre pur domaine ont esté et sont grandement diminués à nostre grand dommage et préjudice et plus porrait estre si pourveu ny estoit : pourquoy nous, ces choses considérées voullant obvier à tels fraudes et désirans en nostre tems garder les choses apartenant au droit de nostre couronne et à nostre dict domaine sans diminution, vous mandons et estroitement enjoignons que veues ces présentes, vous par toutes lesdites villes et partout ailleurs en aultres villes, et lieux là où vous verrez estre bon et expédient, commetez et ordonnez ou faites commetre et ordonner gardes de par nous pour cueuillir et lever les paages à nous deues de ceux qui leurs avoirs n'auroient deument acquittiez esdits lieux de Peronne, Roye et Compiègnes et pour arrêter yceulx avoirs, quands ils auroient passé les limites desdits paages d'aulcun desd. lieux, soit par eau ou par terre, sans payer l'acquit, jusques à ce que les conduiseurs d'iceulx en auront paié les paages et pour deffaut de l'acquit les amendes coustumières là où il appartiendra ; et auxdits gardes taxés faittes paier gaiges ou sallaires compétans par nos receveurs des lieux, au cas que lesdits paages se leveront en nostre main et s'ils estoient bailliès à ferme, leur faittes paier par les fermiers d'iceulx et lesdit gaiges ou sallaires si paiés avoient esté auxdits gardes par nos receveurs, comme dessus est dit ; vous gens de nos comptes allouez le compte de celuy ou ceux qui paié les aura ou auront, sans contredit aucun, car ainsy nous plaist estre fait nonobstant quelconques lettres subreptices, empetrées ou à empêtrer au contraire : Mandons aussy à tous nos justiciers, officiers et subjez, que à icelles gardes, en foisant ce que dit est, obéissent et entendent diligemment et leur prestent conseil, confort, ayde et prisons si requis ils en sont.

Donné à Paris le vingt-quatrième jour de mars, l'an de grâce mil trois cent quatre-vingt-treize et de nostre règne le quatorzième. — CHARLES.

Par le roy à la relacion du Conseil. — J. REMOND.

(Mémorial de la Chambre des Comptes, folio 303.)

Lettres patentes de Charles VI portant établissement d'une chambre à sel dans la ville de Roye.

1401. — Charles par la grâce de Dieu roy de France à tous ceulx quy ces présentes lettres verront salut. Scavoir faisons que pour relever le peuple des metes d'environ la ville de Roye de la grant despence et travail que lui a convenu faire et suporter à aller quérir et prendre sel par impost et aultrement ès greniers où ils ont jusques à présent accoustumé d'aler et dont ils sont à longue distance, et afin desviter que les faulx marchands de sel qui y ont accoustumé de conserver et admener sel non gabellé ès villes voisines dudit lieu de Roye, n'y aillent, et aussy pour l'évident prouffit de notre dicte gabelle, avons par meure délibéracion de notre conseil, ordonné et par ces présentes ordonnons et establissons une chambre à sel en ladite ville, respondant au grenier à sel de Montdidier, et que les villes voisines plus prouchaines de ladite ville que d'autres greniers, y aillent et soyent tenuz, et contraintes de y aller quérir et prendre sel, ainsy quil a esté et est accoustumé en noz autres greniers, selon les ordonnances et instructions sur ce faictes ; laquelle chambre nous voulons estre mise sus et commencher le XII de décembre prouchain venant. Sy donnons en mandement par ces présentes à nos amez et feaulx les généraulx conseillers sur le fait des Aydes ordonnez pour la guerre, que ladite chambre à sel ils mettent et fassent mettre sus et commencer au jour dessus dit, et que appelés les grenetiers et controleurs par nous ordonnez en ladite chambre, et ès greniers plus prouchains d'illec environ, et des marchands de sel fréquentans lesdits lieux, soit ordonné aux marchands que en ladite chambre de Roye, admeneront sel tels quils verront estre convenable d'avoir pour leur droit en telle manière que lesdits marchands n'y soient perdans, ny le peuple grevé, duquel prix soient faites lettres et baillées aux dits grenetiers et controleurs de la chambre pour en faire recepte et despence comme il appartiendra. En témoing de ce nous avons fait mettre notre scel à ces lettres. Donné à Paris le IV° jour de novembre l'an de grâce mil quatre cent-un et de notre règne le vingt-unième. — CHARLES.

Par le roy à la relacion du Conseil estant en la chambre des aydes de la guerre, — DROCO.

(Ordonnances du Louvre. — Archives de la ville.)

Commission de Henry, roi de France et d'Angleterre, en faveur du chapitre de Saint-Florent.

1431. — Henry par la grâce de Dieu roy de France et d'Angleterre au premier notre sergent qui sur ce sera requis salut. Nos bien amés le Doyen et le Chapitre de Saint-Florent de Roye, étant de fondation royale nous ont exposé que pour avoir payement de la somme de soixante-quatre sols parisis a eulx dus d'arrérages au temps de certains procès par eux commencé par devant les prévot et échevins de Roye à l'encontre de Colart Herault comme garant de Pierre Chiquet demeurant audit lieu de Roye à cause de soixante-quatre sols parisis de rente que lesd. exposants à cause de lad. église ont droit de prendre et percevoir chacun an à certains termes sur une maison et ses appartenances où souloit pendre l'enseigne des maillets, assise sur le marché dudit lieu de Roye où demeure Pierre plus à plain déclaré aud. procès, auquel procès tant fut procédé que parties ouies elles furent apointées a bailler leurs faits devant la cour... auquel jour ou autre dépendant d'icelui, led. Colart Héraut pour faire intenter certaine appellation icelluy Héraut au decès desd. exposants et de leur procureur qui lors etait, qui depuis est allé de vie à trespassement, renonça le troisième jour de décembre l'an mil quatre cent-trente, laquelle renonciation n'est venue à la connaissance desdits exposans jusques à naguères tant pour fait d'occupation des guerres, à cause desquelles ils ont esté occupés à la garde d'icelle ville comme parce que led. procureur est trespassé comme dit est, lad. cause dénoncée, interceptée depuis le vingt-deuxième jour du mois de décembre dernier passé qui font quatre mois ou environ et doutant lesdits exposans lesdites interruptions intervenues aud. procès lesdits prévot et échevins ne fassent difficulté de contraindre ledit Colart Hérault à procéder audit procès au point et état contraindre qu'il étoit au temps dud. appel intenté par ledit Hérault et que led. Hérault ne les veuille rendre responsables desdites interruptions et discontinuations et par ce requérir aucun profit à l'encontre d'eux pour toujours deloyer le bon droit desd. exposans qui ont perdu la plus grande partie des revenus de lad. église par le fait des guerres, laquelle chose se seroit et pourroit encore leur être en plus grand préjudice et dommage et en retardement du service divin qui chacun jour est fait et célébré en lad. église, ils requerent humblement sur ce notre provision. Pourquoy nous ces choses considéré désirant abréger le procès d'entre nos sujets et mémement d'entre lesdits exposans qui sont gens d'église, qui ne voulant perdre aucun bon droit mais la verité des choses estre sure et certaine, te mandons et commettons que tu fasses commandement de par nous auxd. prévot et échevins de Roye, que présentes ou appelées lesd. parties, ils contraingnent led. Colart à procéder au procès au point et état quil estoit dont et desquels nous par considération avons relevé et relevons lesdits exposans de grâce spéciale par ces présentes, avons mis et mettons à néant, nonobstant autre usage et règle de la cour desd. prévot et echevins et quelconques lettres subreptices impétrées ou à impétrer à ce contraire, mandons et commandons à tous nos justiciers, officiers et sujets que à toy en ce faisant obéissent diligemment.

Donné à Paris le vingt-sixième jour de mars, l'an de grâce mil quatre cent-trente-un et de notre règne le dixième. — HENRY.

Par le roy à la relacion du Conseil. — FONTENOY.

(Archives de la ville.)

Lettres du roi Louis XII touchant la réforme dans le couvent des Cordeliers de Roye.

1505. — Louis par la grâce de Dieu roy de France à nostre bailly d'Amyens et aux gouverneur et prévot de Péronne, Montdidier et Roye ou à leurs lieutenants salut. Humble supplication du ministre des Frères mineurs en la province de France et des gardien et religieux reformez du couvent de Roye, avons reçu centenant que ledict ministre supérieur, après ung an de réforme audict couvent de Roye et en icelluy mis aucuns religieux reformez vivans en observance régulière et pour les y entretenir, institua pour gardien frère Pierre Waudin, espérant qu'il fust à ce capable. Et parce que tel ne s'est trouvé au plaintif de luy fais par lesd. religieux reformez qui soubs luy ne pouvoient faire leur salut et vivre en estat d'observance, sans ayde, ledit ministre supérieur a envoyé aud. couvent aulcuns bons frères reformez et manda aud. Waudin les recevoir pour subvenir au soustenement de lad. réformacion. A quoy il n'a voulu entendre et à défaut de ce amender, l'admonester deux ou trois fois en peine d'excomuniement et aussy de estre déposé de sa charge et de prison. Et au lieu de à ce obéyr, il s'est allié de religieux vivans en irrégularité et de gens séculiers, par iceulx a fait bâtre et mutiller les réformez, dont led. ministre supérieur de ce duement informé a par sentence déclaré led. frère Pierre Waudin excomunié, et icelluy privé de sa charge comme rebelle et désobéissant et si a mandé au Custode de Vermandoys, parce que au dedans de sa charge est led. couvent, mettre à exécution ladite sentence et déclaration et mettre en son lieu aultre gardien. Pour ce faire led. Custode s'est transportez aud. couvent a insinué sa charge aud. Waudin et à ses adhérenz lesquels n'en ont tenu compte ; ainçois au lieu d'obéissance ont chassé hors led. Custode et menassé le murtrir et tuer et mis hors les réformez.

De ce plainte a esté faite en nostre chancellerie et mandement décerné s'adressant au prévost de Péronne, en vertu duquel il a remis aud. couvent lesd. frères envoyez par led. ministre suppérieur, où ilz se sont tenuz vivans d'aulmones, en observance régullière et faisans le service divin jour et nuyt, jusques à naguères que les aulmones à eulx envoyez ont esté substraictes par led. Waudin et ses alliez, vivant en irrégularité qui pour ce mieux faire, se seroient tenuz en armes en l'ostel du sieur de Bosquiaulx à Roye, tellement que lesd. religieux réformez ont esté en voye de mort par poureté et nécessité. Que ainsy soit faict et sçachant nostre procureur en la prévosté de Roye, il en a faict remonstrance en nostre dite chancellerie et d'y celle en tirer pour faire cesser l'entreprinse et usurpacion d'aulmones et aultres et mestre en nostre sauvegarde lesd. réformez ; mais ledit Waudin et complices, de ce avertiz, le lundy en huict jours sur l'eure de onze eures de nuyct entrèrent aud. couvent par eschelles, garniz de bastons et aians des espées nues, rompirent les huys de l'église et dortoirs et lieux où estoient prenans repos lesdits gardien et religieux supplians, battirent, navrèrent et oultragèrent à effusion de sang lesd. réformez, et à un des navrez fut percée la joue d'une picque. Qui pis est, à l'instant les expulsèrent et misrent hors du couvent à ladite eure, violament, à force de voyes de faict en les espolians, sans leur vouloir souffrir chanter matines, à l'occasion de quoy, elles demourèrent et le divin service discontinuez, sont lesd. réformez par les champs despourveuz et en voye de désordre au grant scandalle de la religion saint François et au détriment et salut des ames des gens d'église, bourjois, manans et habitans de la ville et prévoté de Roye, en laquelle ung a seulement suivy ; led. couvent rendre et dommaige desd. religieux réformez humblement requérans sur ce nostre provision. Pourquoy voulans pourvoir auxd. supplians desquels et aultres semblables sommes protecteur et garde, nous mandons et pour ce qui estes nos plus prochains juges dudict couvent où la spolliacion a esté faicte et que les spolliateurs quy estoient lors dissimulez et incongneus se tiennent à Roye votre juridiction, comettons par ces présentes et à chacun de vous sur ce requis que appelez ceulx quy seront à appeler et il vous appert lesd. religieux réformez supplians estans aud. couvent de Roye vivant paisiblement en réformacion avoir esté spoliez et mis hors dud. couvent de nuyt et eure indue, de voye de faicts et sans acte de justice, réintégrer ou faire réintégrer ès-dits réformez suplians aud. couvent en tel estat de jouissance qu'ilz estoient lors de la spoliacion et ne souffrir ny wuider hors d'iceluy couvent, contraignez ou faictes contraindre et de force les spolliateurs et tous ceulx quy seront à contraindre par prinse de corps et de biens et aultres voyes et manières deues et raisonnables en rendant ou faisant rendre aud. ministre suppérieur le frère Pierre Waudin et ses alliez religieux Cordelliers quy vivent irrégulièrement pour les rendre à l'ordre, faire vivre en réformacion et procéder contre eulx ainsy qu'il devra estre à faire et ce sur la réintégration nonobstant débat ou opposition à ycelle réintégracion, au cas dessusdit préalablement faicte les dessus-dits contraindre en la manière dessus-dite par provision, nonobstant opposition et appellation quelconque. Vous gouverneur de Péronne ou votre lieutenant au siège de Roye où ledit couvent est assis, faictes aux parties raison et justice en procédant toutement contre les spoliateurs et navrures et voyes de faict et à tel appel notre gouverneur que auriez être à faire selon l'exigeance des cas et qui fust exemplaire à tous. Mandons et commandons à tous nos justiciers, officiers et subjets que, à vous, vos commis et députez en ce faisant soient obéys.

Donné à Paris le xxvie jour de novembre, l'an de grâce mil cinq cens et cinq, de nostre règne le huitiesme. — LOUIS.

Par le Conseil : TESTE.

(Original en parchemin, sceau perdu. *Archives de la ville*).

Charte du roi Charles VIII en faveur des Annonciades de la ville de Roye.

1493. — Charles, par la grâce de Dieu roy de France, scavoir faisons à tous présens et à venir salut. Nous avons reçu lhumble supplication des pauvres sœurs religieuses de la tierce ordre Monsieur Saint-François de notre ville de Roye, contenant que, à cause de la place où est leur église et maison nouvellement construites, elles nous doivent et sont tenues annuellement payer à notre recette ordinaire de cette ville, la somme de vingt-quatre sols parisis de cens, lesquels obstant la pauvreté d'icelles, qui sont fondées en mendicité, sans rente, sans revenu ou maniement de deniers quelconques ne sauroient nous payer, si à ce étoient contraintes, leur conviendroit quitter et laisser le lieu, au retardement et diminution du service divin qui nuit et jour se fait en icelle, humblement nous requérant icelle somme perpétuellement amortir et charitablement la leur donner, quitter aumoner et sur ce benignement les pourvoir de notre grâce en libéralité. Pourquoi nous, ce considéré et mêmement que la fondation et construction d'icelle maison aide à l'augmentation du divin service, lequel ne voulons empêcher ni retarder, mais sur toutes autres choses être de nous tenu toujours à augmenter. Et à ce que comme fondateur et bienfaiteur soyent comprinses prières et oraisons qui par lesdites sœurs assidûment se font en ladite maison, inclinant libéralement et en faveur de pitié en leurs supplication et requête, les dits vingt-quatre sols parisis de cens à nous dus par chacun an par les dites sœurs et religieuses, à cause et sur la dite maison comme dit est. De notre certaine science, grâce spéciale, plaine puissance et autorité royale avons amorti, donné, quitté, délaissé, aulmoné et à Dieu dedié par ces présentes, donnons, quittons, délaissons, aulmonons et du tout dedions au service de Dieu et aux sœurs religieuses, pour perpétuellement à toujours en jouir par elles et celles qui leur succèderont en ladite maison sans jamais à nous et à nos successeurs payer aucune chose desdits vingt-quatre sols parisis, ainsi amortis comme dessus.

Sy donnons en mandement par ces mêmes présentes à nos amez et feaux les gens de nos comptes et trésoriers de Paris, au gouverneur de Péronne, Montdidier et Roye et à tous autres justiciers et officiers ou leurs lieutenants présens et à venir, et à chacun d'eux si comme à lui appartiendra que de nos présents amortissement, don et de tout l'effet contenu par ces présentes ils fassent, souffrent et laissent les dites sœurs et celles qui leur succéderont en lad. maison jouyr et user perpétuellement, plainement et paisiblement sans leur faire mettre ou donner, ni souffrir être fait, mis ou donné au présent ou pour le tems à venir, aucun destourbier ou empêchement à ce contraire, lequel ce fait, mis ou donné leur était, mettent ou fassent mettre incontinent et sans délai en pleine délivrance et au premier état ce don, et en rapportent les d. présentes signées de notre main ou *vidimus* dicelles fait sous le scel royal avec reconnaissance desdites sœurs sur ce suffisante pour une fois seulement, nous notre receveur ordinaire de Roye present et à venir, être diminué perpétuellement quitté et déchargé par nos dits gens des comptes, sans difficulté : afin que ce soit chose ferme et stable à toujours, nous avons fait mettre notre scel à ces dites présentes sauf en autre chose, notre droit et l'autruy en toute.

Donné à Lannoy, au mois de juin l'an de grâce mil cccc quatre-vingt-treize et de notre règne le dixième. — CHARLES.

Lettres patentes du roi Henri IV accordant l'octroi d'un impôt sur chaque minot de sel.

1594. — Henry par la grâce de Dieu, roy de France et de Navarre à nos amez et féaulx les gens de nos comptes à Paris, les président trésoriers-généraux de France en Picardie, salut. Nos chers et bien amez les prevost, échevins, manans et habitants de nostre ville de Roye, nous ont faist dire et remonstrer que pour subvenir aux réparations, fortifications et entretènement de ladite ville qui est en paiis frontière et limitrophe, nos prédécesseurs roys même le feu roy nostre très honoré seigneur a fait don et leur auroit permis de prendre, cueillir et lever six sols sur chacun minot de sel vendu et débité au magasin et grenier à sel dudit lieu pour estre les deniers employés aux réparations, fortifications des murailles, tours, portaulx, remparts et fossés de lad. ville, duquel octroy lesd. supplians ont jouy et jouissent encore depuis, mais d'aultant que depuis nostre advènement à cette couronne, quelques-uns ont esté rebelles, estimant qu'en ces derniers troubles il ny allait que du faict de la religion, ils n'ont obtenu de nos lettres des don et continuation dud. octroy et qu'au moien de ce ils puissent être empêchez en la jouissance d'iceluy. Ils nous ont supplié et requis leur voulloir sur ce pourvoir. A ces causes désirans faire jouir lesd. exposans de la même faveur dont ont usé nos prédécesseurs, affin de leur donner moien de se fortiffier et résister aux entreprises et efforts de nos ennemis estant tant au dedans que dehors nostre roiaume et garder en nostre obéissance. Nous avons permis, accordé et octroié et par ces présentes de grace spéciale, pleine puissance et autorité royale, permettons, accordons et octroyons qu'ils puissent prendre, cueillir et lever pour le tems et terme de six ans prochains et consécutifs à compter du jour et date de l'expiration du dernier don et octroy de six sols sur chacun minot de sel vendu et débité au magasin et grenier à sel de lad. ville oultre nos droits de gabelle, celui du marchand et autres charges qui peuvent estre sur led. grenier à sel pour estre les deniers qui en proviendront convertiz et employez aux fortifficcations, réparations et entretènement des murailles, pons, portaulx et fossez de lad. ville et non à d'aultre effet, pourvu toutefois que les marchands en fournissant led. grenier à la plus grande et sayne partie des habitans se soient à ce consentiz ou consentent que nos deniers n'en soient aucunement retardez ny diminués et à la charge que celuy ou ceulx quy ont ou auront y après le maniment desd. deniers seront tenuz en rendre compte *a reliqua*, par chacun an, pardevant tous gens de nos comptes, c'est assavoir, du passé si faict ne l'est avant que de jouyr de l'effet des présentes, dorenavant de trois ans en trois ans. Si vous mandons et consentons qu'en faisant lesd. manans et habitans jouir et user de notre présente grâce, continuation, permission et octroy pour par les Grenetiers contreroleurs dud. Grenier à sel de Roye, faictes le sel qui sera vendu durant led. tems et distribué aud. grenier vendre et distribuer, de six sols tournois oultre nostre droit de gabelle celluy du marchand et aultres charges estans sur led. grenier et les deniers qui en viendront baillés et distribués auxdits supplians pour emploier comme dessus et en rapportans lesd. lettres en vidimus d'icelles faict sous scel royal pour une fois seullement avec quitance et congnoissance desd. habitans ou de leur procureur et receveur, nous voullons lesd. deniers estre allouez ès compte de la recepte desd. Grenier et controleur par vos gens de nosd. comptes auxquels mandons ainsy ce faire sans difficulté. Car tel est nostre plaisir, nonobstant quelconques lettres, ordonnances, restuitions, mandemens et deffenses à ce contraires.

Donné à Paris le quatorzième jour de juing de l'an de grâce mil cinq cent quatre-vingt-quatorze et de nostre règne le cinquième. — HENRY.

Par le roy en son Conseil : DE BEAULIEU. — *(Archives de la ville.)*

Titre de fondation du couvent des Minimes dans la ville de Roye.

1633 (19 janvier). — A tous ceux qui ces présentes lettres verront Louis Seguier chevalier, baron de Saint-Boisson, seigneur de Reaux et de Saint-Firmin, conseiller du roy, gentilhomme ordinaire de sa chambre et garde de la prevoté de Paris, salut. Sçavoir faisons que pardevant Simon Charles et Charles Richer notaire du roy notre sire au chatelet de Paris, soussignés furent présents haut et puissant seigneur messire Maximilien de Belleforière chevalier, marquis de Guerbigny, comte de Tilloloy, baron de Soyecourt, de la Neuville-le-Roy et d'Ivon, vicomte de Tupigny, seigneur de Roye et des grandes Tournelles de Montdidier, de Crapeaumesnil et Chessoy, de Renier Lécluse, Machy, Champignolles et Veronceaux, de la Vacquerie et de Saint-Martin-en-Rivière, conseiller en ses conseils d'Etat et privé, maistre de camp d'un régiment entretenu, et maréchal de camp en ses armées, demeurant ordinairement en son chateau de Tilloloy, prévosté de Roye, étant de présent en cette ville de Paris, logé rue Michelle-Comte, paroisse de Saint-Nicolas-des-Champs, d'une part ; le révérend père Antoine Duprez provincial des religieux minimes de l'ordre de Saint-François-de-Paul, en la province de France, étant de présent en cette ville de Paris, en son couvent des religieux minimes de la place royale de cette ville, assisté de ses vénérables pères collègues Jacques Margerin Philippe Mussin et Gilles Conart aussi à ce présents, au nom et comme le reverend père provincial ayant charge et se faisant fort en cette partie des religieux de l'ordre, auxquels il promet de faire ratifier les présentes, savoir au prochain chapitre provincial au jour de Saint Michel prochain et au chapitre général de l'ordre qui se tiendra à la fête de Pentecôte 1635, et après chacun des chapitres finis en fournir ratification et approbation valables audit seigneur comte à peine de nullité desdites présentes, si bon lui semble, d'autre part, disant même que le seigneur-comte, que de longtems, il a dévotion de fonder en l'une desdites terres une maison et couvent religieux dud. ordre des minimes, à la gloire de Dieu et pour l'utilité de ses sujets, afin de les exciter par la bonne vie et exemple de ces religieux à la crainte de la divine majesté, observations de ses saints commandements et aussi pour faire prières continuelles pour led. seigneur, ses prédécesseurs et successeurs à l'avenir, ce qu'ayant cy devant communiqué au révérend père provincial et religieux dudit ordre, auraient loué et approuvé la dévote intention, pour l'exécution dicelle, ont convenu et accordé entr'eux ce qui s'en suit :

C'est à scavoir que led. seigneur comte a fondé et fonde par les présentes, à perpétuité, en la ville de Roye, une maison et couvent de religieux de l'ordre des Minimes, en un lieu, maison et place sis en la ville de Roye, ainsi que le lieu se poursuit et comporte, contenant environ un journal de terre, tenant d'un lez à la rue d'Ourscamp et d'autre bout à la rue Coûppegueule, lad. maison et lieu audit seigneur comte appartient et par lui acquis de ses deniers par contrats passés devant Le Blanc et Prevost notaires royaux à Roye les 9 août, 10 septembre et 15 octobre 1632 dernier passé, laquelle maison et lieu sera et demeurera à l'avenir, en main-morte quitte et déchargée de tous droits de cens et autres droits seigneuriaux fonciers et censives, même du droit d'indemnité que led. seigneur comte comme propriétaire et seigneur haut justicier et censier de la ville de Roye avait et pouvait prétendre demander sur icelui, dont le dit seigneur comte le quitte et décharge, à condition que cette fondation porte son effet et non autrement, lequel lieu et place, il donne, cède, quitte et délaisse dès maintenant et du tout à toujours audit ordre des Minimes. Ce acceptant par led. révérend père provincial pour led. ordre, duquel ordre lesd. religieux Minimes seront tenus et obligés, comme led. révérend père provincial promet à leurs frais et dépens faire bâtir et construire le plus tôt que faire le pourront et qu'ils en auront le moyen et commodité une maison et couvent de religieux dud. ordre composé d'une église et maison telles et ainsi que bon leur semblera, et à leurs dits frais et dépens obtenir les provisions nécessaires pour y faire planter la croix, bâtir et établir led. couvent soit du roi ou du seigneur évêque d'Amiens et autres qu'il appartiendra de laquelle maison et couvent des minimes ledit seigneur-comte demeurera et sera nommé à perpétuité seul fondateur, quelque nombre et qualité de bienfaiteurs qu'ils y puissent avoir après et pour marques perpétuelles de cette présente fondation seront mises et détaillées ses armes tant aux clefs de voûtes, aux deux premières et principales vitres du chœur, qu'au dessus la principale porte et autres lieux éminents de ladite église et couvent, sans que lesdits religieux y en puissent faire mettre ny souffrir en être mis d'autres. Et lorsque ledit couvent sera bâti, y sera mis par ledit supérieur du couvent jusqu'au nombre de dix religieux pour y servir Dieu et vivre selon les règles et les institutions dud. ordre, lesquels religieux et leurs successeurs seront tenus et chargés, à perpétuité, comme dès à présent, led. père provincial pour et au nom dicelui couvent, de faire faire prédication par l'un des religieux en l'église paroissiale du comté de Tilloloy annuellement en chaque jour et fête de Notre-Dame, excepté le jour et fête de Notre-Dame de septembre, dont la prédication est déjà fondée en lad. église paroissiale de Tilloloy, comme aussy de faire faire autre prédication par l'un des religieux les jours et festes de Pasques, Pentecoste, Toussaint et Noël, ès quatre premiers dimanches de carême, les deux autres prédications des deux autres dimanches suivant du carême étant aussi déjà fondées, l'une à Tilloloy et l'autre à Laucourt, plus ès quatre dimanches de l'avent, plus lorsque ledit seigneur comte fondateur ou madame Judith de Mesmes son épouse seront audit lieu de Tilloloy, les premiers dimanches y faire aussi la prédication et catéchisme, en outre faire dire à perpétuité en lad. église de Tilloloy une predication chacun jour et fête de Saint-Sacrement et une autre prédication le dimanche dans l'octave et à chacune des prédications fondées, comme aussi à toutes celles qui seront faites dans ledit couvent faire faire par le prédicateur commémoration et recommandation aux assistants envers Dieu, dudit seigneur fondateur le nommant monseigneur Maximilien de Belleforière chevalier seigneur de Roye et madame Judith de Mesmes son épouse, comme aussy en la prédication qui sera faite le second dimanche de carême sera, par le prédicateur recommandé aux prières des assistants l'ame de feu Desportes vivant maître dhôtel dudit seigneur comte à l'intention duquel Desportes les religieux dud. couvent seront aussi tenus et obligés de dire et célébrer, à perpétuité, par chacun an deux messes basses, davantage seront tenus les religieux dire et célébrer à perpétuité, à l'intention dudit seigneur fondateur et de lad. dame son épouse leur vie durant une messe basse en ladite église et après leur décès elle sera dite de *Requiem* ; plus à tel jour que led. seigneur decèdera seront aussi tenus lesd. religieux dud. couvent, dire et célébrer, à perpétuité, à son intention, par chacun des mois de l'année, une grande messe à diacre et sous-diacre et après icelle les suffrages accoutumés et l'antienne : *Domine salvum non secundum* en outre lesd. religieux sont dès à présent priés par led. seigneur comte fondateur de choisir à leur commodité et quand bon leur semblera quelques jours de dimanche ou fête de chacun mois, pour par chacun d'eux prêcher et catéchiser en ses villages de Beuvraignes, Crapeaumesnil, Conchy, Le Plessier et Guerbigny et pour subvenir à la fondation et charge d'icelle led. seigneur-comte a volontairement donné et donne par ces présentes pour et au profit du futur couvent et acceptant par led. révérend père provincial et collègues, la somme de sept mille livres, en ce compris la somme de trois mille quatre cents livres ou environ, payée par led. seigneur pour l'acquisition par lui faite dud. lieu et place ou led. couvent sera bâti, et trois mille six cents livres ou environ et remises comptant que led. seigneur comte a promis et promet payer et mettre ès-mains de Louis de Louân, écuyer, bailli général dud. seigneur-comte, en toutes lesd. terres, demeurant en lad. ville de Roye pour être par le sieur Louan distribuée aux ouvriers qui travailleront aux bâtiments et construction du couvent, au fur et à mesure que les ouvrages se feront, selon l'ordre qui lui en sera donné par les religieux qui auront charge du bâtiment, sans pouvoir divertir les deniers à autres effets ; en outre, lad. somme, le seigneur-comte a encore donné et promet payer aux religieux la somme de mille livres pour être aussi employée en la construction de la table du principal autel de l'église, tabernacle, pavillon et parement dud. autel, davantage lorsque ledit couvent sera habité par les dix religieux et que le service divin y sera par eux dit et célébré et qu'ils exécuteront les susdites charges, led. seigneur a encore promis et promet de donner, cedder et transporter et délaisser et promet garantir de ses fruits et promesses seulement, pour et au profit de lad. maison et couvent futurs ce acceptant pareillement par lesd. père provincial et collègues, neuf cent quinze livres quinze sols de rente en cinq parties assignées sur les Aydes et impositions de ce royaume, à sçavoir : quatre cents livres de rente, que dès le 7 d'août 1573, furent vendues et constituées par MM. les Prévot et Echevins de cette ville de Paris à Louis de Saint-Jean ; plus trois cent quarante livres quinze sols de rente vendues et constituées aud. comte par lesd. Seigneurs de la ville de Paris le 25 janvier 1627, cinquante livres de rente à lui appartenant, comme ayant droit par déclaration de M. François Le Charon, faisant partie de six mille deux cent cinquante livres de rente constituées le 22 avril 1627, par lesd. sieurs prévot des marchands et échevins aud. sieur Le Charon. *Item* vingt-cinq livres de rente à lui vendues et constituées par lesd. seigneurs prévots des marchands, le 22e jour de juin 1627 en cent livres de rente aussi à lui appartenant comme ayant droit par déclaration de Me Guillaume Cornuelle, faisant partie de dix mille livres de rente à lui vendues et constituées par lesd. seigneurs prévot et échevins de lad. ville de Paris, le 14e jour d'avril 1632 sur lesd. Aydes pour être et demeurer lesd. neuf cent quinze livres quinze sols de rente perpétuellement fonds ordinaire aud. futur couvent et les arrérages d'iceux, ainsi qu'ils se payent à présent par le Roy, employées à la nourriture et entretien desd. religieux lorsqu'ils commenceront à en jouir et à recevoir les arrérages qui se payeront à bureau ouvert, lorsqu'ils commenceront à habiter led. couvent, au nombre de dix, et y célébreront en communauté le service divin et jusqu'à ce, led. seigneur comte réservé et réserve la jouissance des arrérages desd. rentes, et néanmoins en attendant et pendant le batiment dud. couvent, led. Père provincial envoyera et établira dans ledit premier avril prochain an trois religieux dud. ordre qui n'en bougeront, auxquels led. seigneur comte promet donner et bailler par chacun jour leur vivre et entretènement, la somme de quatre cent quarante livres, aux quatre quartiers également et moyennant les choses dessus-dites, ainsi données et promises par led. Seigneur comte, il ne veut et ne prétend plus être sollicité, ni à lui rien demander pour lesd. religieux, lesquels agiront pour le bâtiment de la maison et le couvent et leur entretènement, ainsi qu'ils aviseront, se contentant lesd. révérends père provincial et collègues de ladite fondation et lesdites choses données en faveur d'icelles, même dudit lieu destiné pour le couvent, sur lequel il y a un bâtiment avantageux et utile pour lesd. religieux, louant Dieu et remerciant led. Seigneur fondateur de ce bienfait et même ont promis et promettent de faire écrire et insérer au commencement des archives du futur couvent la présente fondation, laquelle led. Seigneur comte pourra faire graver en marbre, en pierre, en tel lieu qui lui plaira dud. couvent sans pouvoir être ôtée à l'avenir. Et arrivant cy-après que Dieu ne veuille que ladite fondation ne peut sortir effet par le défaut des religieux, en ce cas, led. lieu et choses dessus données et promises demeureront et retourneront aud. Seigneur fondateur ou à ses successeurs après son décès, et néanmoins il veut et entend, led. cas venant, lesd. choses données être employées à quelques autres œuvres pieuses et dévotieuses, sans en amender par lui ni ses successeurs en façon quelconque ; car ainsy a été convenu et accordé entre lesd. parties lesquelles promettent rendre et payer l'une d'elle à l'autre, tous couts, frais, mises, dépens, dommages et intérêts qui seraient faits de l'entretènement et entier accomplissement du contenu ci-dessus, sous l'obligation et hypothèque de tous et chacun leurs biens meubles et immeubles présens et à venir, qu'un chacun en droit soi, soumis et soumettent à la justice, juridiction et contrainte de la prévosté de Paris et à toutes autres justices, juridiction, et renonçant à ce faisant de part et d'autre à toutes choses à ce contraires.

En témoin de ce, nous, à la relacion desd. notaires, avons fait mettre le scel de la prévoté de Paris aux présentes qui furent faites et passées en la maison ou led. Seigneur comte est logé, en la rue Michel-le-Comte, l'an mil six cent trente-trois, le dix-neuvième jour de janvier après-midi, et ont lesdites parties signées à la minute des présentes demeurées vers ledit Richer, l'un d'iceux notaires soussignés. — RICHER et CHARLOT.

(Archives du couvent.)

Lettres-patentes autorisant l'établissement du couvent des Minimes dans la ville de Roye.

1633. — Louis par la grâce de Dieu roi de France et de Navarre à tous présents et à venir salut. Nous avons reçu l'humble supplication de nos amés les frères, père provincial et religieux minimes de l'ordre de Saint-François-de-Paul de la province de France, contenant qu'outre les privilèges à eux accordés par les rois nos prédécesseurs et par nous, il leur est permis de prendre acheter et accepter places et lieux en notre royaume et en iceux faire construire et édifier couvent et monastère de leur ordre, ainsi que plus au long contiennent les lettres de concessions confirmées de tems en tems, suivant laquelle institution et établissement ils ont esté appelés en plusieurs villes de notre royaume, spécialement en notre ville de Roye ou le sieur Maximilien de Belleforière, comte de Tilloloy, baron de Soyecourt et autres lieux, ils désireroient qu'il nous pleut leur permettre pour la singulière affection qu'il a pour eux de les fonder.

A quoy désirant pourvoir pour l'augmentation de la gloire de Dieu, propagation et adoucissement des dits minimes et consolation des citoyens et habitants de lad. ville de Roye, afin qu'ils puissent recueillir quelques fruits de leurs bonnes œuvres de piété religieuse, conservation et édification de leur sainte vie, tant par leurs prédications, confession que autres exercices spirituels qu'ils y exerceront conformément à leurs règles et statuts. Sçavoir faisons que, inclinant à la supplication dud. frère provincial et religieux minimes, après avoir vu le contrat de fondation du sieur de Soyecourt, consentement du sieur évêque d'Amiens, ensemble des chanoines et chapître de Saint-Florent de lad. ville de Roye, des lieutenants général et particulier et autres nos officiers, citoiens et habitants dicelle ville y attachés sous le contre-scel de notre chancellerie. Nous leur avons de notre grâce spéciale, pleine puissance et autorité royale promis et promettons dériger ou faire ériger, fonder et exécuter en notre ville de Roye en Picardie, un couvent de religieux minimes vivant en société et communauté suivant les règles et constitution de Saint-François-de-Paul leur fondateur pour vacquier à prier Dieu pour nous et la reine notre très chère épouse, voulons et nous plaise led. couvent étant de fondation royale qu'il jouisse de tous les privilèges dont jouissent tous les couvents dudit ordre des minimes, permettons auxd. religieux d'acquérir, recevoir et accepter tous dons, legs, fondations et autres, bâtir et construire tous les lieux et maisons qu'il leur conviendra suivant nos ordonnances et coutumes dud. pays, avec les biens et revenus qui leur appartiennent à présent ou leur appartiendront après, nous avons mis et mettons en notre protection et sauvegarde spéciale, et défendons expressément à toute sorte de personne de quelque qualité et condition qu'elle soit, de donner empêchement à la fondation dudit couvent et construction des lieux qui seront nécessaires sous quelque cause et occasion que ce soit à la charge de ne quester austrement suivant les permissions et consentement ci attachés.

Sy donnons en mandement à nos amez et féaulx conseillers tenant notre cour du Parlement de Paris, et à tous nos justiciers et officiers quil appartiendra que ces présentes ils fassent lire, publier et registrer et du contenu en icelles jouyr et user lesd. suppliants pleinement, paisiblement et perpétuellement, cessant ou faisant cesser tous troubles et empêchements à ce contraires, nonobstant tous privilèges, arrêts, usages et ordonnances tant anciens que modernes auxquels nous avons pour ce regard, dérogé et dérogeons par ces d. présentes. Car tel est nostre plaisir et afin que ce soit chose faite et établie à toujours, nous avons fait mettre nostre scel à ces dites présentes, sauf nostre droit et l'autruy en toutes.

Donné à Saint-Germain-en-Laye, au mois d'avril, l'an de grâce mil six cent trente-trois et de nostre règne le vingt troisième. — Louis.

Et sur le reply, par le roy : De Loménie.

Scellées du grand sceau de cire verte, sur lacs de soie rouge et verte.
(Archives de la ville.)

Procès-verbal de l'élection faite en présence de l'Intendant de Picardie.

1647. — L'an mil six cent quarante-sept, le samedi quatorzième jour de septembre, nous Henri Gamin, conseiller du roi, intendant de la justice en la province de Picardie..... étant en la ville de Roye, pour pourvoir aux nécessités d'icelle, sur l'avis qui nous était donné par aucun des habitans dudit lieu que depuis quelques années, il s'était commis de grands abus et désordres en procédant à la nomination et élection d'un mayeur et de quatre échevins, par des brigues et monopole d'aucuns desdits habitans, pour y obvier et affin que le roi fut mieulx obéi et le publicq soulagé. Nous aurions prévenu la nomination à faire au jour de Saint-Remi prochain et ordonné que lesdits habitants seraient incessamment convoqués par le son de la cloche pour procéder à la dite nomination, à la charge de n'y faire l'exercice et fonction qu'au jour de la Saint-Remy prochain, à l'effet de quoy, nous nous serions transporté en la Chambre commune et auditoire de la dite ville et après avoir fait assembler au son de la cloche, les habitans s'y sont trouvés en grand nombre, nous leur aurions observé que la chose publique était fort solennelle et absolument importante ayant à faire choix d'une personne accomplie des qualités nécessaires, pour leur mayeur et de quatre autres pour échevins, et comme nous étions sur le point de leur faire prêter le serment de bien fidèllement et en leur conscience procéder en ladite nomination et que si aucuns desdits pratiquent brigues ils s'en départiroient ; aucuns des dits habitants nous auroient dit que Louis Le Blanc, receveur des octrois et biens patrimoniaux devoit être du nombre de ceulx qui pouvoient être nommés pour mayeur et échevins et requis qu'il fut adjouté et compris au mémoire. Et Monsieur Jacques Rousselle, lieutenant général audit Roye qui se seroit levé et nous auroit observé que il n'y pouvoit avoir dans ledit mémoire que les enfants et originaires de la dite ville. A quoi maître Antoine Fraillon, avocat et maître Nicolas Chevy, lieutenant particulier audit lieu, mayeur et échevins et autres ayant exposé et remontré sçavoir : ledit Chevy qu'il étoit véritable qu'il nestoit originaire de la ville mais qu'estant pourvu d'une des principales charges, qu'il est sans difficulté, autant intéressé que les originaires, d'ailleurs qu'il ne paraissait d'aucuns statuts et ordonnances particulières, que ladite ville étant une des moindres du roiaume et fort peu peuplée y soit dépourvue de personnes qui puisse faire l'exercice de ladite charge, qu'il debvoit sans contredit être compris dans le nombre des neuf sur le mémoire, qu'il y avoit été couché et employé toutes les années précédentes, et ledit Fraillon qui avoit employé les mêmes motifs y ajoutant auroit dit, qu'il avoit été non-seulement couché et compris au mémoire du mayeur, mais que par effet, il y avoit été nommé par suffrage commun des dits habitants, qu'il en avoit fait la charge, s'en étoit demis, acquitté, ce qui nous avoit obligé de prendre les advis des officiers royaux, mayeur et échevin et principaux habitants, et après avoir minutieusement délibéré sur le subjet, nous aurions ordonné que lesdits Chevy et Fraillon seroient compris dans le nombre et mémoire du mayeur estant pour la présente année, que l'advis sans aucun contredit, et à l'égard dudit Le Blanc ayant esgard à l'incompatibilité de sa charge, avons fait défense de le comprendre dans ledit mémoire tant et si longuement quil sera pourvu des dites charges. Ce fait, nous avons desdits habitants pris et reçu le serment de bien fidèlement et en leur conscience procéder à la dite nomination, ce quils auroient fait ; et après quils eurent ensemblement, séparément sans témoing rendu leurs suffrages, ledit M⁰ Nicolas Chevy, lieutenant particulier de ladite ville, se seroit trouvé avoir soixante-dix-huit marques et par conséquent quil demeureroit pour mayeur ; Nicolas Cornu, Anthoine Dreue, Ponthus Le Blanc, Florent Douillez, élus pour eschevins et à l'instant ouy le procureur du roi, nous aurions d'iceulx pris et reçu le serment, tous ils ont promis fidélité au roi et leur vie au public et sur la remontrance du procureur du roi quil importait pour le bien public de changer et intervertir le temps de la dite nomination, et de la remettre à la veille de la Saint-Jean-Baptiste de chacun an ; et après en avoir communiqué auxdits officiers, mayeur, échevins, manants et habitants et de leur consentement, avons ordonné que ladite nomination sera faite désormais la veille de Saint-Jean-Baptiste. Néanmoins pour cause et considération que lesdits échevins Cornu et consors feront et conserveront leurs charges jusqu'à la veille de Saint-Jean-Baptiste de l'année mil six cent quarante-neuf, auquel jour sera procédé à la nomination des mayeur et échevins et continué par chacun an et ordonné que ces pièces seront enregistrées. — Signé : Gamin.

Le procès-verbal ci-dessus a été enregistré par moi greffier nommé ci-après, de l'ordonnance dudit seigneur intendant, le premier jour d'octobre mil six cent quarante-sept, lequel procès-verbal est demeuré vers ledit sieur Chevy mayeur. — Prevost.

Lettres de surannation pour foires et marchés accordées par le roi Louis XIV.

1665. — Louis par la grâce de Dieu, roy de France et de Navarre à nos amés et feaux conseillers les gens tenans notre cour des Aydes à Paris, prevost de Roye ou son lieutenant et autres quil appartiendra, salut. Nos bien amez les maire, échevins et habitans de la ville de Roye, nous ont très humblement faict remontrer qu'ils ont obtenu des lettres-patentes de nous, au mois de septembre mil six cent cinquante-quatre par lesquelles et pour les causes y énoncées, leur aurions confirmé une foire franche que les roys nos prédécesseurs leur auroient accordé par chacun an le lendemain de la Casimodo, ensemble un marché tous les derniers mercredis de chaque mois de l'année, ainsy quil est plus au long contenu aux dites lettres et à vous adressantes, mais d'autant qu'elles se trouvent surannées, les supplians appréhendent que ne faciez difficulté de procéder à l'enregistrement d'ycelles sous prétexte dud. sur an. Pourquoy ils nous ont très humblement fait supplier leur accorder sur ce nos lettres de suran. A ces causes, désirant favorablement traiter lesd. exposants, nous vous mandons et ordonnons par ces présentes que sans vous arrêter aud. sur an que ne voulant nuire, ny préjudicier auxd. exposants, vous ayez nonobstant icelui, à procéder à la vérification et enregistrement des lettres cy-attachées sous notre contre-scel et de continuer d'icelles faire jouir lesdits impétrants selon leur forme et teneur, de ce faire vous donnons pouvoir, car tel est notre plaisir.

Donné à Paris le vintième jour de mars, l'an de grâce mil six cen soixante-cinq et de nostre règne le vingt-deuxième. — Louis.

De par le roy : Truchot.

Arrêt de la Cour des Aides concernant les foires et marchés et l'établissement d'une foire en septembre.

1665. — Vu par la Cour les lettres-patentes du roy données à Paris au mois de septembre 1654 signées Louis et sur le reply par le roy : Philippeaux scellées de lacs de soie rouge et verte obtenues par les maire et échevins, habitants de la ville de Roye, par lesquelles et pour les causes cy-énoncées, sa majesté aurait confirmé les foires et marchés francs en ladite ville de Roye et en tant que besoin serait, de nouveau créé, ordonné, institué et établi ensemble une autre foire par chacun an, pour être dorénavant tenue en lad. ville perpétuellement et à toujours ; scavoir : la première, au jour du lendemain de la Quasimodo et l'autre le vingt septembre suivant et le marché franc tous les derniers mercredis du mois, le tout ainsi que plus au long est contenu esdites lettres à la cour adressantes pour la vérification et registrement d'icelles lettres de surannation du 15 mars 1665, requête desdits maire, échevins et habitants de Roye, enfin d'enregistrement dicelles du consentement donné par Jean Douvilly, fermier général des Aydes, le 26 mars, qu'il n'empêche point la vérification desd. lettres, acte d'opposition formée par M⁰ Robert Aubry seigneur de Coursy, baron de Ponthieu en la salle de Roye, autre acte signifié à la requête desd. maire, échevins de Roye, le 16 avril dernier par lequel ils consentent que lesdites lettres ne soient vérifiées qu'à la charge de l'opposition, ensemble l'acte de désistement signifié à la requête du sieur de Coursy en conséquence, le 4 mai 1665 et autres pièces attachées aux dites lettres, conclusions du procureur général du roy ; tout considérant. La Cour a ordonné et ordonne lesd. lettres être enregistrées au greffe dicelles pour être exécutées et pour par les impétrans jouir de l'effet y contenu, selon leur forme et teneur, à la charge qu'elles ne pourront préjudicier aux droits qui peuvent appartenir aud. Robert Aubry en qualité de seigneur de Ponthieu en la salle de Roye, suivant le consentement desdits maire et échevins. Prononcé le 20 mai 1665. LE BOUCHER.

Délibération de l'échevinage concernant les marchands drapiers et sergiers.

1670 — Nous mayeur et échevins de la ville de Roye ayant reçu les ordres de sa majesté pour faire exécuter les statuts touchant les manufactures de teintures, avec de nouvelles instructions pour obliger les marchands qui sont à ce employés, d'accomplir ce que désire sa majesté pour l'établissement de la maîtrise ayant été avertis que M. Macaire, avocat au Parlement, commis pour la province de Picardie et Beauvoisis pour l'exécution desdits statuts, était arrivé pour connaître ce qui avait été par nous fait depuis la réception des présens règlemens, nous aurions fait assembler les marchands drapiers, sergiers et façonniers avec leurs jurés pour lui rendre raison de toutes les choses qui concernent la commission et la satisfaction dudit seigneur. Ensuite l'ayant avisé de la convocation et assemblée et prié de s'y trouver, il avait pris la peine de s'y rendre avec nous, et là nous avons exhibé tous les ordres et nouvelles institutions dont il a esté chargé, desquels il nous a baillié copie pour être enregistrée, gardée et observée et ayant en sa présence fait faire lecture après laquelle lesd. marchands ont promis de les garder inviolablement selon leur forme et teneur. Mais d'autant que jusqu'à présent les marchandises qui sont dans les boutiques des marchands, acquises auparavant l'établissement de la maitrise n'ont jusqu'à présent été marquées ; avons ordonné qu'elles le soient incessamment à l'effet de quoi ayant été dans chaque boutique desdits marchands, elles ont été marquées d'un plomb sur lequel est : *anciennes marchandises de Roye* et les mots : *ancienne fabrique*, de laquelle marque il a été fait une empreinte accolée au registre des marchands sergiers, façonniers, ensemble les deux plombs.

Après quoy avons fait rompre ladite marque en la présence du sieur Macaire, et avons fait défense à tous les marchands tant de cette ville que forains de faire décharge de leurs marchandises et les apporter ailleurs que au Bureau qui est établi en la maison où pend pour enseigne *le Mouton* pour y être visitées et marquées suivant les statuts comme pareillement aux sergiers, façonniers, d'y apporter leurs ouvrages pour y être pareillement tenus, marqués aussy lorsqu'ils seront achevés.

A la chambre de l'hôtel de ville de Roye, le 21 juillet 1670.

Signé : BOULANGER, mayeur, BILLECOCQ, SOUCANYE, échevins.

Lettres-patentes confirmant l'établissement des Filles de la Croix.

1686. — Louis par la grâce de Dieu roy de France et de Navarre, à tous présens et à venir salut. Sur ce qui nous a esté remontré que nostre amé et féal le sieur Evesque d'Amiens ayant reconnu dans le cours de ses visites, le grand bien que faisoient depuis longtemps dans son diocèze des filles et femmes maîtresses d'école, leur auroit donné pouvoir d'instruire les personnes de leur sexe en la crainte de Dieu, piété et modestie chrestienne et de leur apprendre à lire, écrire, coudre et à faire d'aultres ouvrages convenables à leur sexe, qu'ayant depuis examiné les règlements et statuts sous lesquels lesdites filles maîtresses d'école s'estoient associées dans la ville de Roye, et avoient pris le nom de : Filles de la Croix, il leur auroit donné son approbation comme avoit cy devant fait le feu évesque d'Amiens, son prédécesseur, qui les avoit reçues dans cet employ dès l'année 1642. Et elles ont travaillé sous la conduite des supérieures que lesdits évesques leur ont données, avec tant de succès et d'édification que le public en a esté très content, en sorte quelles y ont acquis une maison commode pour continuer ces pieux exercices et vivre en communauté. Et en considération du profit et avancement quelles font en ce charitable exercice et des bons exemples quelles donnent dans tous les lieux où elles résident, elles ont esté appelées à Paris, Brie-comte-Robert, Rueil, Moulins, Barbézieux, Saint-Quentin et Chauny, où même elles sont establies par lettres du feu roy, nostre très honoré seigneur et père, ou de nous obtenues à la prière et du consentement des magistrats, eschevins et habitans desdites villes qui ont témoigné désir d'avoir toujours quelques unes desdites filles pour continuer vers leurs enfans lesdits exercices et instructions, vu principalement quelles sont utiles au public sans luy estre à charge parce quelles gaignent leur vie par leur travail ce qui est un des articles de leur règle, que leurs maisons sont un azyle pour les pauvres filles qui ont bonne volonté et bon esprit, quoiquelles n'ayent aucune dot parce qu'il n'en faut pas pour entrer chez elles, que leur genre de vie estant purement chrestien et leur estat aussy bien que leur habit simplement séculier est plus propre qu'aucun autre pour élever les jeunes filles qu'on destine à la vie civile, tellement qu'il paroit que le proufit spirituel quelles ont fait depuis plus de quarante ans par leurs soins, bons exemples et louables instructions tant dans lesd. lieux où elles sont établies que dans la ville de Roye, pouvoit avoir une grande suite à cause de plus grands biens sil nous plaisoit confirmer lad. société et lestablissement desdites filles et femmes veuves maîtresses d'école, en forme de communauté dans la ville comme nous les avons confirmées ailleurs. Nous supplyans de leur accorder nos lettres sur ce nécessaires et d'autant que nous ne désirons tant que de favoriver en tout ce qui peut tourner à la gloire de Dieu, au bien de la religion, au salut et édification de nos sujets : scavoir faisons que nous pour ces causes et autres à ce nous mouvans, de l'avis de notre conseil qui a vu les statuts et reglements desd. filles, copie des lettres du feu roy nostre seigneur et père, données en faveur des filles de la Croix de Brie-comte-Robert et du diocèze de Paris, au mois de juillet 1641, copie de nos lettres données en janvier, de celles de Saint-Quentin et Chauny du mois de may 1682, les permissions et approbations tant desd. sieurs évêques d'Amiens du XXII novembre 1684 que de son prédécesseur du XXVIII octobre 1641, le consentement des doyen, chanoines et chapitre de la dite ville de Roye du XXVIII juillet 1627 du quatre juin 1645, le tout cy attaché sous le contre scel de notre chancellerie, avons par ces présentes signées de notre main loué, approuvé et confirmé, louons, approuvons et confirmons lestablissement desdites filles et femmes veuves en ladite ville de Roye, sous le nom de : Filles de la Croix, pour jouyr par lesd. filles et femmes veuves et celles qui leur succéderont en communauté, conformément auxdits statuts et règlemens et ceux qui leur ont esté donnez et seront donnez par led. sieur evesque d'Amiens et ses successeurs. Voulons aussy que ladite communauté jouira de tous les privilèges, franchises et immunitez dont jouissent les autres maisons establies sous le même titre et les communautés ecclésiastiques de notre royaume leur permettant d'accepter tous dons et legs qui pourront leur estre faits sans néanmoins quelles puissent prétendre aucun amortissement des héritages quelles ont acquis ou qu'elles pourront acquérir ou qui pourront leur estre donnez ou léguez à l'exception toutefois de leur maison et closture que nous avons admorties et admortissons, à la charge de payer les droits et deniers qui pourroient estre dûs à d'autres que nous et que lad. communauté ne pourra estre changée en maison de profession religieuse. Sy donnons en mandement à noz amés et feaulx conseillers les gens tenans nostre cour du Parlement à

Paris, et à tous autres nos justiciers et officiers qu'il appartiendra que ces présentes ils ayent à faire enregistrer et du contenu en y celles faire jouyr et user lad. communauté plainement, paisiblement et perpétuellement, cessant et faisant cesser tous troubles et empeschement à ce contraires, car tel est notre plaisir et afin que ce soit chose ferme et estable à toujours nous avons fait mettre notre scel à ces dites présentes.

Donné à Versailles au mois d'aout l'an de grâce mil six cent quatre-vingt-six et de notre règne le quarante-quatrième. — Louis.

(*Archives de la ville.*)   Par le roy : Phelyppeau.

Jugement rendu qui met fin à un procès élevé entre les Chanoines de Saint-Florent et les Paroissiens de Saint-Gilles.

1705. — Louis par la grâce de Dieu, roy de France et de Navarre; au premier huissier ou sergent sur ce requis, sçavoir faisons, que comme de la sentence donnée par nôtre bailly de Roye, ou son lieutenant général au Bailliage de ladite ville, le treize decembre dernier, entre les manans, habitans, paroissiens et syndic du fauxbourg de S. Gilles de Roye, demandeurs aux fins de leur requeste du treiziéme juin mil sept cens trois, suivant l'exploit du même jour, d'une part; et les vénérables doyen, chanoines et chapitre de l'église royale et collégiale de S. Florent de Roye, curez primitifs, et gros decimateurs de la paroisse de Saint Gilles, défendeurs, d'autre part; et entre les sieurs doyen, chanoines et chapitre de l'église de Saint Florent de Roye, demandeurs aux fins de leurs requestes signifiées de procureur à procureur, le onze juillet mil sept cens trois, d'une part; et lesdits syndic, habitans et paroissiens dudit fauxbourg S. Gilles de Roye, demandeurs aux fins de leur requeste, par avertissement, aussi signifié de procureur à autre, le vingt-un juillet mil sept cens quatre, d'une part; et lesdits sieurs doyen, chanoines et chapitre de S. Florent de Roye, défendeurs, d'autre; par laquelle lesdits doyen, chanoines et chapitre de S. Florent de Roye, curez primitifs, et gros décimateurs de la paroisse de S. Gilles, auroient esté condamnez à faire parachever le chœur encommencé de ladite eglise, enceint et fermé par un mur de vingt-huit pieds de haut, ensemble la chapelle et sacristie y attenant, et en faire faire tous les ouvrages nécessaires, pour que le service y puisse estre commodément et décemment fait : auquel parachevement lesdits du Chapitre seroient tenus faire travailler dans le premier jour de mars lors prochain, et rendre lesdits ouvrages parfaits dans les six mois suivans : sinon et à faute de ce faire dans ledit temps, et iceluy passé, permis auxdits paroissiens de S. Gilles d'y mettre des ouvriers ; et pour ce, emprunter deniers à intérest, jusqu'à concurrence de la somme à laquelle lesdits ouvrages se trouveroient montés, suivant les marchéz qui en seroient faits par lesdits paroissiens avec lesdits du Chapitre ou eux dûement appellez : obliger et hypotequer au payement du principal et interest de la somme qui seroit empruntée, le tiers des dixmes de ladite paroisse de S. Gilles que lesdits du Chapitre perçoivent, et duquel tiers ils seroient tenus d'abandonner la joüissance auxdits paroissiens, à compter du jour de la demande, jusqu'au parfait payement desdits ouvrages ; et pour connoistre le tiers desdites dixmes, seroient lesdits du Chapitre, tenus d'en representer les baux auxdits paroissiens, aprés l'expiration desquels lesdits du Chapitre ne pourroient les renouveller sans y appeler les marguilliers de ladite paroisse, et le syndic desdits habitans de S. Gilles, et lesdits du Chapitre condamnez aux dépens. Eust esté appelé à nôtre cour de Parlement, en laquelle le procés par écrit conclu par arrest du sept mars dernier, entre lesdits vénérables doyen, chanoines et chapitre de l'eglise royale et collegiale de Saint Florent de Roye, curez primitifs, et gros decimateurs de la paroisse de S. Gilles, appelans de ladite sentence renduë au Bailliage de Roye, le treize decembre dernier, d'une part ; et lesdits manans et habitans, paroissiens et syndic du fauxbourg S. Gilles de Roye, intimez, d'autre, pour juger en la maniere accoûtumée, si bien ou mal auroit esté appelé, les dépens respectivement requis par les parties, et l'amende pour nous, et lesdites parties appointées à fournir griefs, réponses, faire production nouvelle ; et icelle contredire, le tout dans le temps de nôtre ordonnance. Vû iceluy procés, griefs fournis le vingt-deux juin dernier, par lesdits doyen, chanoines et chapitre de l'église royale et collègiale de S. Florent de Roye, contre ladite sentence du treize decembre dernier, par lesquels ils auroient conclu à ce qu'il plust à nôtre dite Cour, mettre l'appellation et ladite sentence au néant ; en émendant, debouter les intimez de leur demande : ce faisant, les condamner aux dommages interests soufferts par le Chapitre de Roye, tant pour les dégradations des lieux causées par les injures du temps depuis leur injuste empeschement au rétablissement du mur qui fermoit le chœur de Saint Gilles, et pour la perte des chaux, sables, et autres matériaux préparez pour ce rétablissement, causée par leur fait et violence, que pour les journées des ouvriers retenus pour y travailler, lesquels sont demeurez à rien faire à cause dudit empeschement. Faire défenses aux intimez, leurs femmes et enfans, de troubler à l'avenir le Chapitre de Roye, à peine de cinq cens l. d'amende, au payement de laquelle les contrevenans seront contraints par toutes voyes, même par corps : de condamner en outre les intimez aux dépens, tant de cause principale que d'appel. Réponses desdits habitans et paroissiens de S. Gilles du fauxbourg de la ville de Roye, du huitiéme aoust mil sept cens cinq ausdits grief. Production nouvelle desdits du Chapitre de S. Florent de Roye, reçûë par requeste du vingt-cinq juin dernier. Contredits fournis contre icelle par lesdits habitans et paroissiens de Saint Gilles, du huitiéme aoust audit an mil sept cens cinq. Salvations et réponses à griefs et à contredits de production nouvelle desdits du Chapitre, du treiziéme desdits mois et an. Production nouvelle desdits habitans et paroissiens de Saint Gilles du fauxbourg de Roye, reçûë par requeste du douziéme dudit present mois d'aoust, avec le plan en relief mis au greffe de la Chambre. Contredits fournis contre la production nouvelle par lesdits du Chapitre, le treiziéme dudit present mois d'aoust mil sept cens cinq. Salvations desdits habitans et paroissiens du dix-neuf dudit mois. Autre production nouvelle desdits habitans et paroissiens de Saint Gilles, reçûë par requeste du dix-neuviéme desdits present mois et an. Contredits fournis contre icelle par lesdits du Chapitre, le vingt-un desdits mois et an, servans de réponses à salvations et contredits. Requeste desdits habitans et paroissiens, du vingt-deux dudit mois, employée pour réponses ausdits contredits. Requeste desdits habitans et paroissiens, du vingt-deux dudit mois, employée pour réponses auxdits contredits. Tout joint et diligemment examiné : Notre dite Cour par son jugement et arrest, a mis et met l'appellation et sentence de laquelle a esté appellé, au néant. Emendant, deboute lesdits habitans et paroissiens de la paroisse Saint Gilles de leurs demandes, et les condamne pour tous dommages et intérests en tous les dépens, tant des causes principales que d'appel. Si mandons faire tous exploits en execution du present arrest. Donné à Paris en Parlement, le vingt-sept aoust mil sept cens cinq, et de nôtre règne le soixante-trois. Par jugement et arrest de nôtre dite Cour. Signé, Du TILLET. Et scellé.

Lettres de commission de lieutenant-général de police à Roye.

1706. — Louis, par la grâce de Dieu, roi de France et de Navarre, à tous ceux qui ces présentes lettres verront salut. Scavoir faisons que par l'entière confiance que nous avons en la personne de nostre bien amé

Eloy Dhervilly et en ses sens suffisans, loyauté, prud'hommie, capacité et expérience en fait de judicature et de police, fidélité et affection à notre service. Par ces causes et autres à ce nous mouvans, nous luy avons donné et octroyé, donnons et octroyons par ces présentes l'office de notre conseiller lieutenant-général de police de la ville et faubourgs de Roye, généralité d'Amiens, créé héréditaire par notre ordonnance d'octobre mil six cent quatre-vingt-dix-neuf auquel n'a esté encore pourvu pour ledit office avoir joui et dorénavant exercer et jouir et user par led. Dhervilly héréditairement aux honneurs, auctorité, prérogatives, prééminences, franchises, libertez, privilèges, pouvoirs, fonctions et attributions, gages effectifs de cent trente-trois livres six sols huit deniers par an, à prendre sur les deniers patrimoniaux et d'octrois de la ville de Roye, exemption de tailles, subsides, logement des gens de guerre, tutelle, curatelle et nomination d'icelles, du serment du ban, arrière-ban et de toutes charges publiques, droit de *committimus*, franc salé, droit et fruits, proffits, émoluments audit office appartenans ensemble l'exécution de toutes les ordonnances, arrêts, règlements concernant le fait de police de ladite ville, circonstances et dépendances et en faire les fonctions en la même forme et manière que le lieutenant-général de police créé pour notre bonne ville de Paris, par notre édit du mois de mars 1667, à l'instar duquel nous avons créé led. office, et ce sans incompatibilité d'autres charges ny offices, le tout ainsy qu'il est plus au long porté par notre dit édit du mois d'octobre 1669 et arrests de notre Cour rendus en conséquence. Pourveu toutefois que ledit Dhervilly ait atteint l'âge de vingt-cinq ans accomplis, suivant son extrait baptistaire du trente décembre mil six cent cinquante-sept cy avec notre édit attaché, sous le contre scel de notre chancellerie à Paris, sous peine de perte dudit office, nullité des présentes de sa reception et aussi pourveu quil n'ait parmy les officiers de police de ladite ville aucun parent ny allié au degré prohibé par les ordonnances sous les susdites peines, et d'autant quil n'est point gradué, il n'aura pas l'entrée, rang, séance et voix délibérative au siège de la Juridiction royale ordinaire de la ville, attribuez par nos édits

Sy donnons en mandement à notre amé le lieutenant-général de Paris, tenant le siège prévotal de la ville, que leur estant apparu des bonnes vie et mœurs, âgé de vingt-cinq ans accomplis, conversation, religion catholique, apostolique et romaine dudit Dhervilly et de luy pris et reçu le serment en tel cas requis et accoutumé, ils le reçoivent, mettent et instituent de par nous, en possession dudit office, ensemble des honneurs, auctoritez, prérogatives, prééminences, franchises, libertés, privilèges, âge, droits, attributions, pouvoirs, fonctions, fruits, proffitz, revenus et émoluments susdits et audit office, appartenans pleinement et héréditairement conformément à notre édit et à luy obéir et entendre de tous ceux, ainsy qu'il appartiendra et choses concernant led. office. Mandons en outre à nos amez et feaux conseillers les président, trésoriers de France et généraux de nos finances que par ceux de nos officiers receveurs, payeurs, comptables ou autres qu'il appartiendra, ils fassent payer et délivrer comptant audit Dhervilly dorénavant, par chacun an, lesdits gages et droits audit office appartenans aux termes et en la manière accoutumée, à commencer du jour de sa réception, raportant copie de laquelle et de ces présentes duement colationnées pour une fois seulement avec sa quittance sur ce suffisante. Nous voulons lesd. gages et droits estre passés et alloués en la dépense des comptes de ceux qui en auront fait le payement par nos amez et feaux conseillers les gens de nos comptes auxquels nous mandons, ainsy le faire sans difficulté. Car tel est nostre plaisir. En témoing de quoy nous avons fait mettre notre scel à ces présentes. Donné à Paris le trentième jour de janvier l'an de grâce mil sept cent six et de notre règne le soixante-trois. — LOUIS.

De par le Roy : ROLLÉE.

(Original parchemin. archives de la ville.)

Lettres-patentes en forme de provisions des offices municipaux réunis au Corps-de-Ville et communauté de Roye.

1750 — Louis par la grâce de Dieu, roi de France et de Navarre à tous ceux qui ces présentes lettres verront salut. Nous avons par notre édit du mois de novembre 1733, créé et estably en titre les offices municipaux des villes et communautés de notre royaume et par arrêt de notre Conseil du 21 novembre 1747, nous avons ordonné que ce qui restait à vendre desd. offices serait réuni aux Corps-de-Ville et communauté de la généralité d'Amiens et quil serait expédié sur les quittances des finances desdits offices, des lettres de notre sceau, en une seule et même patente, au nom du sujet que chacune desd. villes et communautés auroit nommé à cet effet, sans que led. sujet put prendre le titre n'y faire les fonctions d'aucun desdits offices en exécution de cet arrêt. Les maire et échevins de la ville de Roye, nous ont par leur délibération du 27 novembre 1749, nommé et représenté la personne de Louis-Florent

Jobart et nous ont très humblement fait supplier de leur accorder au nom dud. Jobart les lettres de réunion au Corps de leur communauté de seize offices restants à vendre de la création du mois de novembre 1733 dans la ville de Roye, dont la finance montait à onze mille cinq cent cinquante livres y compris les deux sols pour livre, a eté payé suivant et conformement à la quittance du sieur Bertin, trésorier de nos revenus casuels ; pour ces causes en agreant et confirmant lad. nomination, nous avons aud. Jobart donné et octroyé, donnons et octroyons par ces présentes, les deux offices de nos conseillers maire ancien, alternatif my-triennal, les deux de lieutenants de maire ancien, alternatif my-triennal, les quatre d'échevins, scavoir : deux anciens et deux alternatifs my-triennaux, les deux d'assesseurs ancien et alternatif my-triennaux, les deux de secrétaire greffier ancien et alternatif my-triennaux et les deux d'avocat et de procureur pour nous de la ville et communauté de Roye, lesquels offices nous avons reuny et réunissons par ces présentes au Corps de lad. communauté pour en etre les fonctions faites par le sujet dont elle aura fait élection et en jouir par eux aux honneurs, pouvoir, autorité, fonction, privilège, rang, séance, exemption et droits attribués à leurs offices par les édits de leur création, déclarations, arrêts et reglements rendus en conséquence, sans que led. Jobart puisse prendre titre ny faire les fonctions d'aucun desd. offices, le tout conformément audit arrêt du 21 novembre 1747, cy avec la nomination la quittance du sieur Bertin et autres pièces attachées sous le contre-scel de notre chancellerie. Sy donnons en mandement au bailly de Roye ou son lieutenant et aultres nos officiers quil appartiendra que ces présentes, ils ayent à faire registrer et de leur contenu faire jouyr et user plainement et paisiblement, les maire, échevins et autres officiers municipaux de la ville et communauté de Roye, conformément aux édits et arrests de notre Conseil cy-dessus énoncés, ensemble des honneurs, pouvoirs, autorité, fonctions, privilèges, rangs, séances, exemptions et droits susdits et leur fasse obéir et entendre de tous ceux et ainsy quil appartiendra et choses concernant lesdits offices. Car tel est notre plaisir, en témoing de quoy nous avons fait mettre notre scel à ces présentes. Donné à Paris le dixième jour d'avril l'an de grâce mil sept cent cinquante et de notre règne le trente-cinquième. Louis.

Publiées et enregistrées lesdites lettres-patentes sur les conclusions des gens du Roy, à l'audience du Bailliage de Roye le premier may 1750.

Arrêt de la Cour du Parlement concernant l'exercice de la pharmacie dans la ville de Roye.

1760 — Louis par la grâce de Dieu roy de France et de Navarre au premier huissier de notre Cour du Parlement ou autre, notre huissier ou sergent sur ce requis, seavoir faisons qu'entre Jean Godebert Delaporte maître apothicaire en la ville de Roye, d'une part et Claude Garde, marchand d'autre part. . . . .

Ouï Joly de Fleury pour notre procureur général. Notre dite Cour reçoit la partie Bonjon (avocat de Claude Garde) incidemment appelante de l'ordonnance du quatorze janvier mil sept cent cinquante-huit et de la sentence du vingt-sept du même mois, et la partie de Thuillier (avocat de Jean Delaporte) incidemment appellante de la dite sentence..... Ordonne qu'en justifiant par la partie Thuillier dans quinzaine du jour de la signification du présent arrêt, d'examen suffisant, de son expérience et capacité au fait de la pharmacie, aux officiers de police de la ville de Roye, il sera par eux permis à la dite partie de Thuillier sans frais et si faire se doit, d'exercer la profession d'apoticaire et de vendre, composer et d'ébiter toutes les drogues et médicaments relatifs audit art de la pharmacie; enjoint à ladite partie de Thuillier audit cas, de servir le public à toute heure de nuit comme de jour, et de se contenter d'un gain légitime ; en ce qui touche la partie de Bonjon. Ordonne qu'elle sera tenue de justifier dans le délai de quinzaine, aux officiers de la police de la ville de Roye, de ses qualités de chirurgien ou de droguiste sans qu'en sa qualité de chirurgien, il lui soit permis d'avoir chez lui autres drogues ou médicaments, que cautères, emplâtres, onguents, linimens, baumes et poudres convenables aux opérations de son art et sans qu'il puisse toutefois les vendre, ni débiter autrement qu'en pansant ou médicamentant ses malades, comme aussi sans qu'il puisse en qualité de droguiste, vendre et débiter autres drogues simples et non composées ; fait défense à la dite partie Bonjon soit en qualité de chirurgien, soit en celle de droguiste d'entreprendre ou exercer la pharmacie, ni de faire aucunes potions laxatives, altératives et confortatives, déclare nulle la saisie du quatorze janvier mil-sept-cent-cinquate-huit et néanmoins ordonne que, par le nommé Boulanger, médecin et lieutenant du premier chirurgien à Roye, il sera fait bref état des drogues qui avaient été saisies sur la partie de Bonjon et déposées pour distinguer les drogues simples d'avec les composées et être remises à la partie de Thuillier si elle veut s'en charger, à la charge par ladite partie d'en remettre, à l'instant, le montant à la partie de Bonjon suivant l'estimation qui en sera faite par ledit médecin et lieutenant du premier chirurgien.

Fait défense à tous épiciers, droguistes et autres de la ville et faubourgs de Roye, de vendre aucunes drogues composées et d'en composer ; ordonne que ceux qui voudront en vendre de simples seront tenus dans huitaine du jour de la publication du présent arrêt de faire leurs déclarations au greffe qu'ils entendent faire le commerce d'épicerie-droguerie. Ordonne que tous les six mois et plus souvent s'il y échet, il sera fait par le médecin le lieutenant du premier chirurgien et le plus ancien apoticaire de la ville de Roye, visite chez les épiciers-droguistes pour examiner la qualité des drogues simples et seront tenus les susdits médecins lieutenant du premier chirurgien et le plus ancien apoticaire de ladite ville d'informer sur le champ le substitut de notre gouverneur général et les officiers de la police au baillage de Roye, des contraventions si aucune y a, pour y être pourvu suivant l'exigence du cas.

Ordonne que le présent arrêt sera imprimé et publié tant dans la ville que dans les faubourgs de Roye et notifié à la requête de notre procureur-général à tous les épiciers de ladite ville et faubourgs, enjoint audit substitut de tenir la main à l'exécution du présent arrêt. Si mandons mettre le présent arrêt à due, pleine et entière exécution selon la forme et teneur, de le faire, te donnons plein et entier pouvoir.

Donné en Parlement le trente avril, l'an de grâce mil-sept-cent-soixante et de notre règne le quarante-cinquième. — Louis.

Collationné : Langlet. Par la Chambre : Dufranc.

Administrateurs de l'Hospice.

MM.

Balin, Perin, Plinguier, Hadengue fils et Cleuet, nommés le 13 frimaire an V (3 décembre 1796).

Dobbé (Charles-François), nommé le 1er pluviose an VII.

Prevost (Marc-Florent), nommé le 4 ventose an VIII.

Larabit, nommé le 10 ventose an XIII (30 janvier 1805).

Bellot de Rougeville, notaire, nommé le 1er avril 1806.

Louvet (Louis), nommé le 19 septembre 1807.

MM.

Longuecamp (J.-B.), nommé le 9 août 1808.
Grégoire (le jeune), nommé le 17 septembre 1809.
Masson (Florent-Ferdinand), nommé le 28 juillet 1810.
Leclercq (Marie-François-Marguerite), nommé le 3 mars 1814.
Clérentin, curé de Saint-Pierre, nommé le 19 août 1816.
Torchon de Lihu, nommé le 15 février 1817.
Minard-Gomart (Florent), nommé le 5 octobre 1819.
Guillemont (Louis), nommé le 1er février 1820.
Vion (Adolphe), nommé le 14 mai 1822.
Seret (François-Alexandre), nommé le 6 octobre 1822.
Bellenger (Claude-Antoine), nommé le 4 novembre 1830.
Bertin (Edouard), nommé le 5 avril 1831.
Dautrevaux (Claude-Aimé), nommé le 21 janvier 1832.
Quenescourt (Simon-Thomas), nommé le 26 novembre 1835.
Graval (Jean-Baptiste), nommé le 7 juin 1838.
Caboche, receveur d'enregistrement, nommé le 22 octobre 1839.
Corblet, pharmacien, nommé le 2 avril 1841.
Villain (Zacharie), juge de paix, nommé le 28 janvier 1842.
Larcher, receveur, nommé le 5 septembre 1846.
Thory Balin, propriétaire, nommé le 22 décembre 1846.
Leroy, notaire, nommé le 6 avril 1847.
Paradis, officier en retraite, nommé le 16 mai 1850.
Derreulx-Douvillé, négociant, nommé le 28 décembre 1854.
Quenescourt-Douvillé, nommé le 28 mai 1857.
Bellenger (Auguste), nommé le 7 novembre 1859.
Guilluy (Hyppolite), nommé le 5 décembre 1859.
Lafosse (Bienaimé), nommé le 8 avril 1868.
Decroix (Charles), curé-doyen, 13 octobre 1873 (membre né).
Lavalard (Emile), manufacturier, nommé le 26 décembre 1876.
Vasseur (Elie), délégué du Conseil municipal, le 16 décembre 1879.
Guérin (Louis), délégué du Conseil municipal, le 16 décembre 1879.
Demouy, notaire, délégué du Conseil municipal, le 8 février 1881.

TABLE DES CHAPITRES

(TOME II)

CHAPITRE PREMIER

PAGES

La Ville. — Position topographique. — Aspect. — Population. — Statistique... 1

CHAPITRE II

Places. — Rues. — Hôtelleries. — Enseignes. — Célébrités. — Maisons remarquables. — Faubourgs........................... 12

CHAPITRE III

Hydrographie. — Rivières. — Fontaines. — Puits. — Lavoirs. — Ponts.. 57

CHAPITRE IV

Droits féodaux. — Péage. — Pontenage. — Travers. — Chaussée. — Guionnage... 69

CHAPITRE V

ADMINISTRATION MUNICIPALE

Mairie. — Charte de commune. — Beffroi. — Hôtel de Ville. — Echevinage. — Elections municipales. — Suppression de la Commune. — Edit du roi Henri IV. — Lettres de Louis XIII. — Troubles dans les élections. — Changements dans l'organisation municipale. — Comptes et revenus......................... 85

	PAGES
Banlieue	130
Noms des Maires	133

CHAPITRE VI

ADMINISTRATION JUDICIAIRE

Prévôté royale	138
Prévôté foraine	146
Gardes du Scel	147
Bailliage	149
Justice de Paix	171

CHAPITRE VII

ADMINISTRATIONS DIVERSES

Subdélégation. — Election particulière	176
Grenier à Sel	178

CHAPITRE VIII

ÉTABLISSEMENTS D'INSTRUCTION PUBLIQUE

Collège	184
Maître d'école	197
Les Frères des Ecoles chrétiennes	200
Ecole des Sœurs de la Croix	204
Ecole des filles	216
Salle d'asile	217

CHAPITRE IX

ÉTABLISSEMENTS PUBLICS

Bibliothèque	219
Musée	224

CHAPITRE X

ÉTABLISSEMENTS HOSPITALIERS ET DE CHARITÉ

	PAGES
Maladrerie	226
Hôpital Maître-Bernard	231
Hôtel du Béguinage	232
Hôpital Saint-Jean	233
Hôpital de la Charité	235
Hôpital des Femmes	244
Hôpital militaire	248
Bureau de charité. — Bureau de bienfaisance	249

CHAPITRE XI

ÉTABLISSEMENTS MONASTIQUES

Cordeliers	254
Minimes	263
Annonciades	275

CHAPITRE XII

MONUMENTS RELIGIEUX

Eglise de Saint-Georges	287
Collégiale de Saint-Florent	308
Doyens de la Collégiale	360
Eglise de Saint-Médard	364
Prieuré de Saint-Mard	370
Eglise de Saint-Pierre	374
Eglise de Saint-Gilles	408

CHAPITRE XIII

Commerce. — Industrie. — Foires et Marchés. — Corps de métiers. — Professions libérales	418

CHAPITRE XIV

COMPAGNIES PRIVILÉGIÉES. — SOCIÉTÉS DIVERSES. — JEUX DIVERTISSEMENTS

	PAGES
Compagnies des Archers et des Arbalétriers	464
Nouvelle Compagnie de l'Arc	500
Société des Francs-Maçons	502
Société littéraire	507
Jeux. — Divertissements. — Promenades	518
Salle de Spectacle	521

CHAPITRE XV

Biographie	523

Pièces justificatives	575

TABLE GÉNÉRALE

DES

PIÈCES JUSTIFICATIVES

TOME PREMIER

	PAGES
Charte de l'abbaye de Morienval concernant Raoul de Vermandois et le village de Fonches	555
Charte de Philippe, comte de Vermandois, touchant l'abbaye de Saint-Eloi de Noyon et Pierre de Hérita	555
Bulle d'Alexandre III approuvant la fondation du prieuré de Saint-Taurin, faite par Rigord de Roye et par Elisabeth sa femme	556
Charte d'Ermentrude, chatelaine de Roye femme de Guillaume de Mello	558
Consentement de Jean de Roye à un échange de terres entre l'abbaye d'Ourscamp et Cotèle de Thoule	559
Charte de Barthélemy de Roye confirmant à l'abbaye de Joyenval, la donation faite par Marguerite sa fille	559
Donation de Jean de Thoulé à l'abbaye Sainte-Marie de Monchy, de trois muids de froment à prendre sur la grange de Toule située en la ville de Roye	560
Testament de Colard de Roye en faveur de l'abbaye de Monchy-sur-Aronde	562
Charte de Philippe de Valois accordant à la ville le droit de percevoir un octroi	563

	PAGES
Lettres de sauvegarde accordées par le roi Jean à la ville de Roye..	565
Lettres de suppression de la commune de Roye..................	566
Dénombrement de la terre de Carrépuits fait à Jean, seigneur de Roye...	568
Lettres-patentes de Charles IX qui continuent pour quatre années, l'octroi sur les vins..	569
Lettres d'Henri IV portant continuation de l'octroi sur le vin pour six ans...	571
Lettres-patentes du roi Louis XIII confirmant les habitants dans le droit de percevoir un octroi sur le vin et sur le sel............	572
Lettres de commission données à Giles Charmolue de la place de lieutenant-civil, criminel et prévôt royal......................	574
Procès-verbal du siège et de la prise de la ville de Roye.........	575
Lettres d'anoblissement de Pierre Turpin, mayeur................	581
Commission de capitaine-gouverneur de la ville et du château de Roye...	583

TOME SECOND

Charte de la commune de Roye.................................	575
Bulle du pape Luce III par laquelle il prend sous sa protection l'église de Saint-Florent et ses possessions	581
Charte de Richard, évêque d'Amiens, concernant la paroisse de Toule...	583
Dénombrement concernant le droit de péage et de pontenage dans la ville de Roye..	584
Lettres du roi Charles VI concernant les droits de péage dans la ville de Roye..	586
Lettres-patentes de Charles VI portant établissement d'une chambre à sel dans la ville de Roye...................................	588
Commission de Henri, roi de France et d'Angleterre en faveur du Chapitre de Saint-Florent.....................................	589
Lettres du roi Louis XII touchant la réforme dans le couvent des Cordeliers de Roye...	590
Charte de Charles VIII en faveur des Annonciades de la ville de Roye...	593

	PAGES
Lettres-patentes du roi Henri IV accordant l'octroi d'un impôt sur chaque minot de sel..	594
Titre de fondation du couvent des Minimes dans la ville de Roye..	596
Lettres-patentes autorisant l'établissement du couvent des Minimes dans la ville de Roye...	601
Procès-verbal de l'élection faite en présence de l'intendant de Picardie...	602
Lettres de surannation pour foires et marchés accordées par le roi Louis XIV..	604
Arrêt de la cour des Aides concernant les foires et marchés, et l'établissement d'une foire en septembre........................	605
Délibération de l'échevinage concernant les marchands drapiers et sergiers...	606
Lettres-patentes confirmant l'établissement des Filles de la Croix.	607
Jugement rendu qui met fin à un procès entre les chanoines de Saint-Florent et les paroissiens de Saint-Gilles.................	609
Lettres de commission de lieutenant-général de police à Roye.....	611
Lettres-patentes en forme de provisions des offices municipaux réunis au Corps-de-Ville et Communauté de Roye.............	613
Arrêt de la cour du Parlement concernant l'exercice de la pharmacie dans la ville de Roye..	615
Administrateurs de l'Hospice..	618

TABLE DES MATIÈRES

A

Abattoir, II, 43, 449.
Abbaye-aux-Bois, II, 159.
Abbaye (ferme de), II, 57.
Abbaye d'Ourscamps, I, 19 ; II, 19.
Académie, II, 538.
Administration de l'hospice, II,
Amis de la Révolution (les), 1, 439.
Anglais, I, 198, 208, 223, 229, 243.
Annonciades (religieuses), II, 275.
Apothicaires, II, 450, 453.
Arbalétriers, II, 464.
Arbres de liberté, I, 453, 461, 525.
Archers, II, 417, 465.
Archives, II, 97, 101, 417, 465.
Archiviste (l') terrier, I, 431.
Art céramique, II, 446.
Asile (droit d'), II, 87.
Asile (salle d'), II, 217.
Atelier monétaire, I, 30 ; II, 27, 28, 29, 46.

B

Bailliage, II, 140.
Banlieue, II, 130.
Barbiers, II, 468.

B.

Bas au métier, II, 432, 438.
Beffroi, II, 92, 93, 94.
Béguinage, II, 232.
Belles-femmes (rue des), II, 45.
Bénédictines, II, 22.
Bibliothécaire, II, 223.
Bibliothèque publique, II, 219.
Bienfaisance (bureau de) II, 249.
Biographie, II, 523.
Biscuits (fabrique), I, 504 ; II, 450.
Blé (marché au), II, 420.
Boîte fumigatoire, I, 420.
Borne-haute, I, 17 ; II, 131, 132, 315
Bouchers, II, 448.
Boucheries (rue des), II, 17.
Boulangers, II, 450.
Boulevards, I, 140 ; II, 520.
Bouloire II, 518.
Bouvines (bataille de), I, 173.
Brigands, I, 428.

C

Cabaretiers, I, 427, 428.
Caisse d'épargne, I, 522.
Calvaire, I, 455, II, 27.

C

Calvaire des Moissonneurs, I, 535.
Camp des Bourguignons, I, 218.
Camp romain, I, 9, 10, 11, 12.
Canal, II, 61, 62, 458.
Canonicats, II, 314.
Capitaines de Quartiers, I, 362.
Caves, I, 375 ; II, 422.
Cercle, II, 518.
Célestins d'Amiens (les), II, 41, 42, 52.
Celle (la), I, 39.
Censes, II, 33, 342.
Chaires, II, 351, 398.
Chanoines, II, 312 et suivantes.
Chapeliers, II, 444.
Chapitre de Saint-Florent, II, 312 et suivantes.
Chapelle du Chessoy, I, 17.
Chapelle Notre-Dame-de-Paix, II, 401.
Chapelle de Fourment, I, 536 ; II, 54.
Chapelle Marie-Madeleine, II, 229.
Charité (bureau de), I, 389 ; II, 249.
Charité (hôpital de la), II, 235.
Charte communale, I, 164 ; II, 87.
Chartreux, I, 199 ; II, 161.
Chasse (la), I, 234.
Château de Beaulieu, I, 231 ; II, 498.
Château de Beaurevoir, I, 231.
— de Beauvoir, I, 233.
— de Guerbigny, I, 44, 234, 356
— d'Herly, I, 463.
— de Lagny, I, 235.
— de Liancourt-Fosse, I, 311.
— de Moyencourt, I, 320.

C

Château de Roiglise, I, 358.
— de Roye, I, 397.
— de Tilloloy, I, 397.
Châtelains, I, 124.
Châtellenie, I, 125, 222.
Chaussées romaines, I, 1, 10 ; II, 53.
Chemins de fer, I, 537 ; II, 161, 162.
Chevaux (Marché aux), II, 53, 427.
Chirurgiens, II, 454.
Choléra-morbus, I, 516, 523 ; II, 546.
Choule (la), II, 519.
Cimetière, II, 53.
Cloches, I, 145 ; II, 378.
Collège, II, 184.
Comité permanent, I, 428.
Comité des rapports, I, 440.
Comité de surveillance, I, 462.
Commune (suppression de la), II, 97, 145.
Communes (les), I, 442 ; II, 38, 39.
Comptes et revenus, II, 123.
Confréries, II, 388.
Conseil général, I, 483 ; II, 484, 532.
Contrôleur des fortifications, I, 337.
Coqueluche, I, 300.
Cordeliers, II, 32, 254.
Corps de métiers, II, 443.
Cosaques (les), I, 496.
Coutume (la), I, 287.
Croix de Saint-André, I, 453 ; II, 12.
Curés-doyens, II, 405.

D

Dames (les) de Louvencourt, II, 22, 35.
Damery, I, 409 ; II, 22.
Députés (élection de), I. 259, 294, 302, 429, 513, 536.
Diligences, I, 294 ; II, 83.
Dinants (société des), II.
District, I, 433.
Divertissements, II, 518.
Doyenné, II, 386.
Doyens (liste des), II, 361.
Drapiers, II, 443.
Droits féodaux, II, 69.
Droit d'asile, II, 87.

E

Eau minérale, I, 408 ; II, 68.
Echevinage, II, 85.
Ecole (maître d'), II, 197.
Ecole des filles, II, 216.
Ecole de tissage, II, 439.
Edit de Nantes, I, 375.
Election particulière, II, 177.
Elections municipales, II, 99.
Emotions populaires, I, 411, 422, 452.
Enseignes, II, 52.
Epiciers, II, 453.
Esgards, II. 433.
Espagnols, I, 331, 347, 356.
Être suprême (fête de l'), I, 469.
Etuves, II, 45.
Exécutions capitales, II, 164, 165.

F

Fabrique (bureau de), II, 428.
Fabriques de sucre, I, 57 ; II, 491.
Faubourgs, II, 39, 47, 53.
Fédération (fête de la), I, 497.
Ferme des Granges, II, 41.
Feux de joie, I, 377, 512.
Filature de coton, II, 439, 443.
Filature de laine, II, 438.
Filles de la croix, II, 204.
Foires et marchés, II, 423 et suiv.
Foires de Champagne, II, 420.
Foire de la Quasimodo, II, 423.
Fontaines, II, 66, 68.
Fortifications, I, 139.
Fort du Chessoy, I, 17, 147.
Forts détachés, I, 147.
Four banal, II, 28.
Franciscaines, II, 278.
Francs-maçons, II, 502.
Frères (école des), II, 200.

G

Gardes du corps, I, 520.
Gardes du scel, II, 147.
Garde nationale, I, 436, 507, 516, 519, 527, 530.
Gendarmerie, I, 521.
Généalogie des seigneurs, I, 38.
Glorieux de Roye, II, 16.
Gouverneurs-capitaines, I, 131.
Gouverneurs généraux, I, 341.
Grêle (la), I, 167, 267, 305, 339.
Grenier à sel, II, 179.
Guérinets, I, 227 ; II, 304.
Guionnage, II, 84.

H

Hallage (droit de), II, 418, 423.
Halle, II, 418.
Hôpital, II, 231, 233, 235, 244, 248
Horloge, II, 94.
Hôtel-Dieu, II, 233.
Hôtel-de-Ville, II, 95.
Hôtels, II, 13.
Hospice, II, 233.
Hydrographie, II, 57.

I

Illuminés, I, 327.
Industrie, II, 428.
Innocents (fête des), II, 184.
Instruction publique, II, 184.
Invasion allemande, I, 545.
Incendies, I, 209, 253, 263, 265, 380, 387, 420 ; II, 29.

J

Jacquerie (la), I, 202.
Jardin anglais, II, 520.
Jardin de l'arc, II, 468, 470.
Jeu d'arc, II, 501.
Jeu de battoir, II, 518.
Jeu de la Choule, II, 519.
Jeu de la Crosse, II, 519.
Jeu de longue paume, II, 518.
Jeu de tamis, II, 518.
Juges de paix, I, 438, 539 ; II, 550.
Justice municipale, II, 85.
Justice de paix, II, 171.
Justice (champ de), II, 43.
Jeudi absolu II, 352, 391.

L

Langueyage, II, 36.
Lanternes publiques, I, 416.
Lazaristes (les), II, 193.
Léproserie (la), II, 226.
Libraire, II, 450.
Lieutenant de police, I, 403.
Lieutenants du roi, I, 136.
Ligue (la), I, 245, 296.
Ligue du bien public, I, 245.
Loups (les), I, 339 ; II, 39.
Loups (ruelle des), II, 39.
Louvre (le), I, 394.

M

Maçons, I, 148 ; II, 461.
Maires (liste des), II, 134.
Mairie, II, 95.
Maisons, II, 5.
Maladies, II, 9,
Maladrerie, II, 226.
Mal des ardents, I, 299.
Malvivants (les), II, 20.
Marché aux chevaux, II, 38, 52, 427.
Marché aux fils, II, 439.
— aux moutons, II, 23.
— aux porcs, II, 36, 38.
— aux vaches, II, 38.
Marguilliers, II, 381, 385, 412.
Médecins, II, 454.
Menuisiers, II, 445.
Merciers, II, 379.
Mercuriales, II, 421.
Messager, I, 367.
Milice bourgeoise, I, 411.

M

Monnaies, I, 27, 29, 38 ; II, 46.
Montdidériens (les), I, 346, 349.
Mont-Herbert, I, 34.
Montjoie, I, 8.
Mort marié (le), II, 515.
Moulin Bayard, I, 386.
— Dupuis, I, 18, 415.
Moulins, II, 59, 60.
Musée, II, 224.

N

Navigation de l'Avre, II, 61.
Noblesse (lettres de), II, 356.
Normands (les), I, 30, 31, 33.
Notaires (les), II, 151, 152, 153.

O

Octrois, I, 376 ; II, 84.
Officiers municipaux, II, 101.
Orfèvres (les), II, 444.
Orgues, II, 400.

P

Pacte de famine, I, 423.
Pain d'épices, II, 426, 450.
Papier-monnaie, I, 451.
Parnasse royen, II, 508.
Pâtés de canards, I, 362, 370.
Pâtissiers, II, 450.
Pêcherie (la), II, 60, 65.
Peigneurs de laine, II, 431.
Peintres-verriers, II, 447.
Perruquiers-Étuvistes, II, 460.
Pestes, I, 200, 261, 268, 327, 339, 363.

P

Pestiférés (champ des), II, 42.
Petite ville (la), II, 515.
Pierre du Martelois, I, 8.
Pierres tombales, II, 258, 269, 354, 373, 389, 395.
Place du Martroy, I, 235.
Places publiques, II, 12, 16, 30.
Poissons, II, 64, 420.
Pompes, I, 460.
Pompiers, I, 460.
Ponts, II, 60, 65.
Population, II, 4.
Portefaix, II, 421.
Postes, I, 142, 144.
Poste aux chevaux, II, 14.
Poste aux lettres, II, 21.
Presbytère, II, 27.
Prevoté foraine, II, 146.
— royale, II, 138.
Prieuré de Saint-Mard, II, 370.
— de Saint-Taurin, I, 39.
Prisons, II, 15, 34.
Procès à des cadavres, I, 320 ; II, 158.
Processions blanches, I, 300.
— de St-Florent, II, 336.
— de Ste-Jeanne, II, 282.
Procureurs, II, 151, 153.
Professions libérales, II, 150.
Promenades publiques, II, 518.
Protestants, I, 375.
Puits, II, 68.

Q

Quartier du roi, I, 312.
Quasimodo (foire), II, 423.

R

Raison (temple de la), II, 358.
— (déesse de la), I, 469.
— (fête de la), I, 468.
Reliques, II, 267, 353, 369, 387.
Remparts, I, 146, 148, 408.
Revenus, II, 123, 128, 129.
Réverbères, I, 416.
Rivière Saint-Firmin, II, 65.
Roiglise (*Rhodium*), I, 2, 23.
Routes, II, 12, 13, 371.
Roye (seigneurs de), I, 37.
Rues (des), II, 17 et suiv.

S

Salle de Ponthieu, I, 190 ; II, 269.
Salle de spectacle, II, 521.
Sayeterie, II, 428.
Serges (fabrique de), II, 428.
Serment civique, I, 436.
Serruriers, II, 415, 416.
Sociétés diverses, II, 464.
— des Dinants, II, 588.
— du jeu d'arc, II, 500.
— littéraire, II, 507.
— philharmonique, I, 538.
— populaire, I, 468.
Sœurs de charité, II, 241.
— de la Croix, II, 204.
Souscription patriotique, I, 432.
Statistique, II, 4.
Subdélégation, II, 176.
Suette miliaire, I, 528 ; II, 547.

S

Sépultures anciennes, I, 3, 17, 21, 23, 26 ; II, 251, 751.
Sépulture de Jeanne de Bourgogne, I, 196, 197.
Sépulture (refus de), I, 531.

T

Tanneurs, II, 445.
Tapisseries, II, 97.
Télégraphe, II, 463.
Temple païen, II, 49, 288.
Temple du silence, II, 502.
Templiers, I, 190.
Tirage à la milice, I, 401.
Tisserands, II, 439.
Tombelle, I, 8.
Topographie médicale, II, 248, 458.
Tours, I, 142.
Tragédie, II, 194, 331.
Translation de reliques, II, 310.
Travers (le), II, 79.
Tribunal du district, I, 433.
— de paix, II, 171.

V

Villa (regalis), I, 5, 26, 27 ; II, 48.
Visites monastiques, II, 283.
Vitraux peints, II, 281, 298, 379.
Voitures publiques, I, 694 ; II, 83.
Volontaires nationaux, I, 453, 454.

FIN DU DEUXIÈME VOLUME

COMPIÈGNE. — IMPRIMERIE A. MENNECIER ET Cⁱᵉ, RUE DES PETITES-ÉCURIES.

www.ingramcontent.com/pod-product-compliance
Lightning Source LLC
Chambersburg PA
CBHW050328240426
43673CB00042B/1577